貓頭鷹書房

有些書套著嚴肅的學術外衣，但內容平易近人，非常好讀；有些書討論近乎冷僻的主題，其實意蘊深遠，充滿閱讀的樂趣；還有些書大家時時掛在嘴邊，但我們卻從未看過……

如果沒有人推薦、提醒、出版，這些散發著智慧光芒的傑作，就會在我們的生命中錯失——因此我們有了**貓頭鷹書房**，作為這些書安身立命的家，也作為我們智性活動的主題樂園。

貓頭鷹書房——智者在此垂釣

從黎明到衰頹

二十世紀終極歷史鉅著，史學大師巴森帶你追溯西方文化五百年史

下

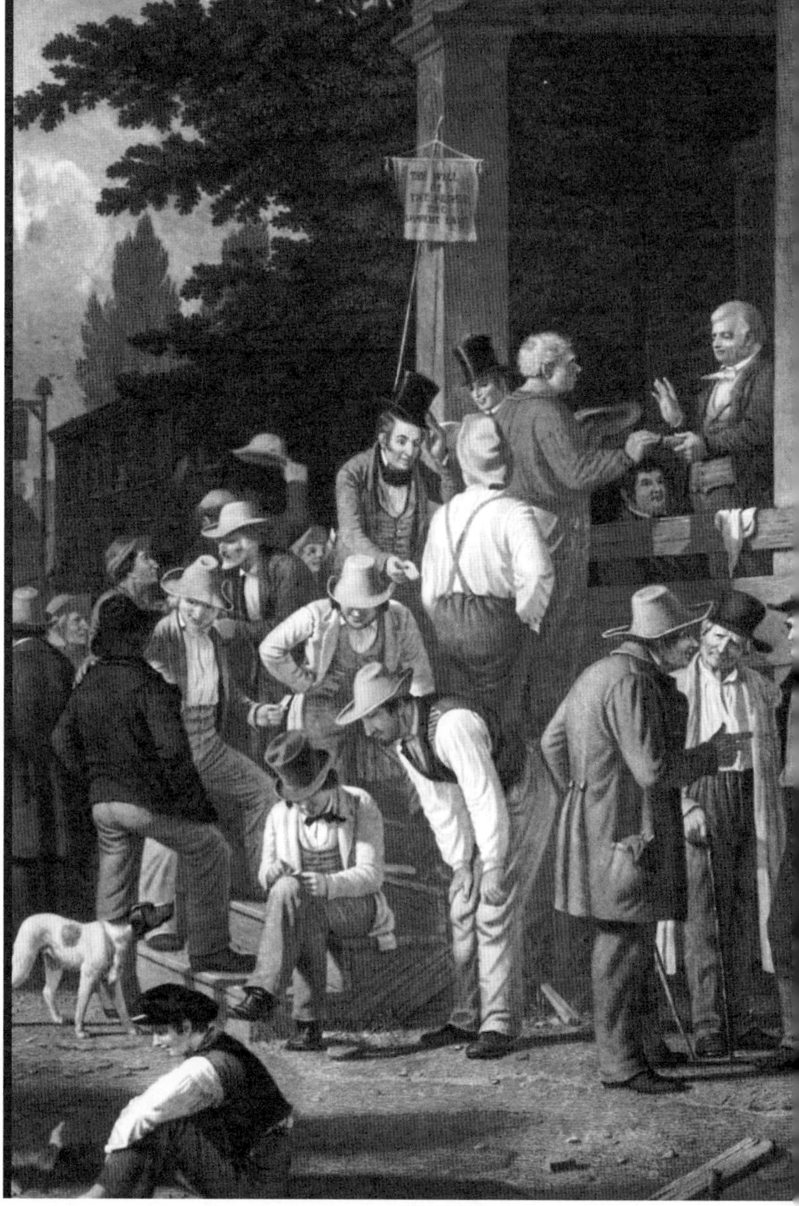

From DAWN *to* DECADENCE

1500 to the Present: 500 Years of Western Cultural Life

Jacques Barzun

巴森——著　鄭明萱——譯

從黎明到衰頹：二十世紀終極歷史鉅著，史學大師巴森帶你追溯西方文化五百年史（穿線精裝＋雙絲帶典藏版，下冊）

作　　者　巴森（Jacques Barzun）
譯　　者　鄭明萱
執行責編　張瑞芳（第四版）、李季鴻（第五版）
編輯協力　曾琬迪、曾時君
校　　對　林昌榮、魏秋綢、張瑞芳
版面構成　張靜怡
封面設計　莊謹銘
行銷統籌　張瑞芳
行銷專員　段人涵
出版協力　劉衿妤

總 編 輯　謝宜英
出 版 者　貓頭鷹出版

發 行 人　凃玉雲
發　　行　英屬蓋曼群島商家庭傳媒股份有限公司城邦分公司
104 台北市中山區民生東路二段 141 號 11 樓
畫撥帳號：19863813；戶名：書虫股份有限公司
城邦讀書花園：www.cite.com.tw　購書服務信箱：service@readingclub.com.tw
購書服務專線：02-2500-7718~9（週一至週五 09:30-12:30；13:30-18:00）
24 小時傳真專線：02-25001990~1
香港發行所　城邦（香港）出版集團／電話：852-2877-8606 ／傳真：852-2578-9337
馬新發行所　城邦（馬新）出版集團／電話：603-9056-3833 ／傳真：603-9057-6622
印 製 廠　中原造像股份有限公司
初　　版　2004 年 8 月／二版 2007 年 12 月／三版 2011 年 3 月／四版 2018 年 2 月
五　　版　2023 年 1 月
定　　價　新台幣 1450 元／港幣 483 元 (上下冊不分售)
I S B N　978-986-262-604-7

讀者意見信箱　owl@cph.com.tw
投稿信箱　owl.book@gmail.com
貓頭鷹臉書　facebook.com/owlpublishing

【大量採購，請洽專線】02-2500-1919

城邦讀書花園
www.cite.com.tw

國家圖書館出版品預行編目資料

從黎明到衰頽：二十世紀終極歷史鉅著，史學大師巴森帶你追溯西方文化五百年史／巴森（Jacques Barzun）著；鄭明萱譯 . -- 五版 . -- 臺北市：貓頭鷹出版：英屬蓋曼群島商家庭傳媒股份有限公司城邦分公司發行 , 2023.01
冊；　公分 .
穿線精裝＋雙絲帶典藏版 .
譯自：From Dawn to Decadence: 1500 to the Present-500 Years of Western Cultural Life
ISBN 978-986-262-603-0（上冊：精裝）
ISBN 978-986-262-604-7（下冊：精裝）

1. CST：西洋文化　2. CST：文明史　3. CST：生活史
4. CST：學術思想

740.3　　111020260

本書採用品質穩定的紙張與無毒環保油墨印刷，以利讀者閱讀與典藏。

從黎明到衰頹：二十世紀終極歷史鉅著，史學大師巴森帶你追溯西方文化五百年史

目次

第二卷　從凡爾賽的泥沙到網球場

（下冊）

第三卷　從浮士德上部到「下著樓梯的裸女二號」

第四卷　從「大錯覺」到「西方文明，非滾不可」

第十六章　時代的橫剖面：一七九〇年前後從威瑪看世界

三十年戰爭之後，留下約有兩千各不相屬的大小單位，及至十八世紀中期，這些「日耳曼諸國」已減至三百左右。其中有一個薩克斯威瑪公國，論面積、影響力都遠在漢諾威、巴伐利亞、薩克森尼等大國之後，它只是一個小城，有著坡地與林木的宜人鄉間。十九世紀中期，喬治·艾略特造訪此地，小城看來似乎仍極具鄉下風味，然而回到十八世紀的最後二十五年，此地不但享有日耳曼文學中心盛名，而且一手將四鄰宮廷的習性與文化觀令人矚目地整個反轉過來。

一百年間，如前所見，路易十四的影響力在許多方面都無法抗拒，日耳曼大小王公都花大錢起造以法文命名的宮殿，在各自的宮廷強加上荒謬可笑的繁瑣禮節。他們以法國或模仿法式的戲劇自娛，專制地統治臣民——這可是真正標準字義下的專制君主，路易十四則既不是也不願為（<423）。向法國文化稱臣，當然有程度上的不同，一如以下將會提及的各方面；可是總的來說，這些法蘭西化的日耳曼人真是覺得悶極了。他們在醉中找發洩——醉酒已如禮節般成為規律、義務，向打獵、賭博找刺激、往毫無風流殷勤的愛情事件找排遣。他們的四周則遍布貧窮，簡直窮到極點，被壓迫的子民卻不准向外遷移。半東方式的統治中，最慘的受害者則是這些王公的妻子——娶她們是為她們的嫁妝，

是用來生出子嗣，除此就只有全然忽視，直等於囚禁在日復一日固定的牢籠裡面，卻沒有男性的逃避出口。這類小單位一旦苛捐雜稅使得民窮財盡，便透過購買或親族關係成為另一較富之國所有。原先的兩千單位，就是如此逐漸縮減成為三百。

威瑪城的老公爵夫人安娜．阿美利亞，則是另一種性情氣質：她向自由找樂趣——從例行事務、繁文褥節、各種規矩禮儀中得解放。她又喜歡閱讀、戲劇、音樂和談話，她邀請詩人兼哲人兼史家的赫德來到她的宮廷，他則幫她將同樣心性傳授給她的兒子卡爾．奧古斯都。當兒子需要一名同齡的家教為師為伴，她做了一個重大決定，選來了一個只有二十六歲的年輕作家入宮。此人之名，當時因寫了一部暢銷作品人人皆知——

歌德

年輕的公爵發現，這位師傅跟他自己一般急於以漫遊鄉間、在小酒館午餐，以及談論年輕男人愛談的話題的方式來進行教學研究。這可不是從《愛彌兒》推衍出來的進展式教學法，卻是年輕人氣味相投，搭檔共事，希望可以彼此得益，助自己在所選的事業上勝利成功。這個評比也許有點怪，因為歌德作為一名作家，並不需要也不能指望從奧古斯都得到任何助力。事實上世人都已經忘了，在歌德那超凡的才具性格裡面，還有空間容納政治上的雄心——亦即統治的欲望，雖然可能純屬對權力的欲求，但若推往更深一層的複雜性質看去，也可視為一種對秩序美感的愛好。總之歌德便是這般心情，他也有所需的天賦才幹，第一樁便是周到老練。他受命出任樞密顧問一職，當時的樞密閣揆弗理奇，見這「歌德博士」竟隨便就得到不次擢升，憤而辭職。歌德輕鬆地便踏入了新的角色，卻很費了一番心思去與弗理奇建立友誼。

從那個時候開始，歌德便是（算是）威瑪的城市經理人，督導所有活動，從國家劇院到自然資源保護——並非奧古斯都這名公爵一事不做，或老夫人安娜．阿美利亞對政策毫無強烈主見，或公爵夫人路易絲（雖然在婚姻上受到忽略）完全沒有聲音。可是歌德卻是總執行人兼點子總監，他在其間斡旋協調，他監督計畫實現完成。有時來自各方的麻煩、職責，令他如此頭痛，甚至想乾脆放棄不幹。但是他畢竟堅持到底，使威瑪一躍而成普魯士外的日耳曼國知識重鎮，並間接地領導其他宮廷，教化他們的風俗禮儀。

前面那段日耳曼描述，在此還得再加一句：當路易十四的身影漸微，各國王公轉向另一處尋找新範本，此即奧地利女皇瑪麗亞．特瑞莎在維也納的宮廷，及其日益僵化愚蠢的禮儀——其核心部分在奧地利一直實質存在，直到一九一八年帝國瓦解。或許奧地利模式過度極端，正是威瑪新作風在日耳曼其他地方生根之因；而盧騷的家居理念、對自然的愛好，時正臻至高峰，也更助長眾人改採這種較為溫和的方式。這種風氣如此新奇，驅走了永久不去的倦怠感。只有符騰堡抗拒新風氣不肯改變，直到法國大革命時；而普魯士作為獨立王國已久，自然也無須他人擔任榜樣：它自己早已身在西方文化主流。腓特烈大帝是詩人、哲學家、笛手，也是巴哈的東道主人，是藝術、科學的贊助金主，自即位起已使柏林成為一座光之城，比威瑪更早一代。歌德本人自少年時代起，在法蘭克福[1]就是名「腓」黨。

在文化顛覆之中，還潛藏著另一元素——國家民族感情。之前，王公、人民都視自己為巴伐利亞人、漢諾威人、薩克森人、赫森人，諸如此類，只有在國外旅行之際才是日耳曼人。如今在幾名作家攻擊法國文學（尤其是伏爾泰）獨霸的現象之後，日耳曼境內終於也開始興起語言統一的意識。最後擊倒巨人歌利亞的小大衛，是漢堡批評家也是劇作家萊辛，他的劇評把伏爾泰的悲劇才情支解以至破碎，卻宣講莎士比亞才是扎實的悲劇天才；赫德這方也指出大眾文學有其深度，並真實反映生活。盧騷拒斥人工、人為，如今亦開始結出果實；就在這樣的過程之中，赫德發現了**國民**（Volk）。關注焦點既發生轉移，每個人非得是日耳曼人不可，而不再是赫森人或圖林根人或達姆城人，日耳曼人民的自我意識誕生，正自「威瑪」之時始。

或許因為日耳曼最強勁的啟蒙心靈之中，有幾位是牧師之子，當然也絕對因為法國啟蒙似乎與強烈道德意識分家，日耳曼對法國文化支配的抗拒，就因此更生根於路德教派的道德倫理。連同萊辛、歌德，以及其他已成日耳曼國經典的作家（席勒、赫德、諾瓦利斯、黑格爾、費希特、提克、史萊馬赫和施勒格爾兄弟）都特別強調認真、勇氣。康德的設計裡面，科學與道德的空間同大、權威亦同重，顯示他感到有一個為哲人所忽略的需要存在。在「狂飆與突進」時期（581>），年輕的叛逆分子選擇了火神普羅米修斯，作為他們挑釁舊規的自我象徵，而在席勒早期的劇作裡，對權威所做的攻擊也有異於博馬舍的風格，不是那種自信滿滿的輕率無禮（587>），而是見諸不義而大膽干犯發出正義之聲：英雄與被壓迫者[2]，站在同一水平面上。

這一型的反抗挑戰，預示了日耳曼諸國及至世紀中期或稍晚發生的幡然轉變——從一個普遍被人嘲視只會做夢、私底下人人都是哲學家的民族，最終變成在戰爭、政府、教育和科學各方面，包括哲學本身，都擁有自負領先人才的國家。這些轉變首先為普魯士利用發揮，一八一五年因此打敗了拿破崙，在過程中學得紀律，更成為文化特質——亦即「實質的」秩序與系統組織，以及尊敬遵守有助國家統一、強大的各種規條。兩百年作為他人王朝戰爭遊戲場地的羞辱，此仇非報不可，及至十九世紀末，歐洲其餘國家都開始以為，德人係穿著軍服、戴著軍盔出生，有那許多令人討厭、而且根本可能就是種族天性的特質。

在這個可以稱為日耳曼的覺醒當中，威瑪的貢獻既在文學也在道德，可是有一個問題始終懸而未決，必須先予解答：那本足使歌德夠格挑起行政大任的暢銷作品，到底為何？原來就是《少年維特的煩惱》一書。故事敘述一名年輕人愛上了朋友的未婚妻（後亦嫁與此友）而且受到回愛——說起來毫無創意。他們的感情描述，令人想起《克萊佛公主》的大意要旨（<519），以及理查森的風格特色。忠於友情的維特，尊重婚姻誓言，選擇了自殺。其中的**分析**顯然確切無比，一時颳起了一陣自殺風，與這本書同被嘆為感傷癖的最高潮，當時在其他國家也極猖獗猛烈（601>）。

這個評語沒錯，卻忽略了一件事：維特的委屈，部分係因為對社會的歧視忿忿不平。宮廷講究儀文禮節的風氣，已經流滲到中產階級，階級名銜分得更細，既傷人自尊又使人心生反感。拘泥形式的癖性，在日耳曼上中下人等心中如此根深柢固，連威瑪人也無法完全擺脫：詩人席勒之妻即受人輕看，因她的法文不合標準，得專門赴瑞士充電改進，才得以被接納擔任公爵夫人的隨侍女官。不過維特的自棄，以及類此的認命之舉，很快便讓位給年輕一代旺盛的叛逆精力，因受兩齣暴力劇的作者激勵，亦透過他們的筆下表達。一是克林格的《狂飆與突進》，劇名更成為整個運動之名；一為席勒的《歹徒》，將亡命之徒定位為社會的批評家。

＊＊＊

一七七五年歌德來到威瑪，一年之後，他們這一夥志同道合的友人便聽說北美的英格蘭殖民地已經宣告獨立。《獨立宣言》開宗明義，以啟蒙運動的格言發端，而且不僅在傑佛遜等人執筆的文件出現，其他好幾州也提出如此宣示——不過緊跟在理念之後的內容則比較舊式：明列出一張具體該行的清單。一年多以來，英軍已與當地游擊隊流血交鋒，如今全面開打，便需要一份明確的宣示陳述楬櫫行動大義。可是儘管《獨立宣言》的序文擲地有聲，這場抗爭真是啟蒙思維的結果嗎？其言鏗鏘，的確彷彿意味著一個巨型的現代國家，正在主張它的權利，要在舊世界無法實現的先進原則之上自行立國治國。這樣的闡釋，頗合進步派思想的歐洲人士脾性——事實則不然。美洲的兩千兩百萬人口，當時無論風俗舉止或生活形式，依然粗糙原始。斯土不是一個國家，斯民也非哲學家一路氣質。美洲移民與鄰界的印地安部落作戰，欺騙印地安人，南方人更靠二十

> 幸福之地，無邪所在，在此
> 自然指導，德性作主，
> 人不自命真理，強做理性
> 賣弄空談宮室、學院的學問；在此
> 黃金年代再得頌，
> 帝國起，藝術興，
> 美好、偉大、鼓舞的史詩之興亦大發
> 最智慧的頭腦，最高貴的心靈
> 絕無那衰頹歐洲培植之物……
>
> ——巴克萊主教〈詩頌美洲沃植藝術、學術之苗的展望〉（"Verses on the Prospect of Planting Arts and Learning in America",
> 一七二六～五二年）

萬非洲奴隸的苦力血汗過日子。儘管返璞派人士心嚮往之，並有半世紀以前巴克萊主教的預言，此時此刻，看來歐洲人實在沒有任何事情可以向這海外之民學習，也不用擔心他們的經濟競爭能力。

> 可是我的朋友啊，血氣之臂且收斂，（過度狂暴，無益眾人福祉）也不要過度大膽卻徒然地，將那暗殺者的瘋狂，與愛國者的熱情，合為一爐。
>
> ——杜魯布〈時代悲歌〉
>
> （"An Elegy on the Times"，一七七四年）

從殖民地本身的角度觀看，經濟事務卻正是促發獨立的一項動機。那位同情美洲的英格蘭政論家潘恩，對此早已著墨多矣。英格蘭為在美洲驅走法國佬，一場戰事已經耗費太多銀子，為補開銷，早就開徵各種名目稅捐，並壟斷殖民地的貿易；憤怒的《獨立宣言》之前，抗議與暴力行為已在各殖民地進行十年以上。宣言序文讀來頗似洛克、孟德斯鳩教義，這個事實只顯示殖民地有著一批菁英人士，他們或曾造訪過巴黎，或讀過進口書籍。可是文中列述的牢騷苦情，則顯示這場抗稅的武裝行動實非革命——竟而得到革命名號，因為與歐洲日後的事件發生混淆。

如果有任何目標可言，美洲獨立戰爭的目標可謂保守反動：「重回美好的舊日時光！」納稅人、議員諸公、商家和居民百姓，都想要重歸英方新政策前的生活條件。他們的訴求是針對英格蘭人古老的權利而發：透過代議而行自治，稅徵由地方議會核可，而非國王獨斷——卻不見任何新意造成權力形式的移轉，而權力移轉正是革命標誌。控訴英王喬治的二十八款罪狀，在英格蘭早是舊聞；宣言所用的語言，也是抗議權力的濫用，而非建議新主張以新原則重新打造新政體。

宣言出現之前亦然——大量的宣傳小冊、演講、書信、決議、會議報告和報刊文章，提出的問題總是該採哪些步驟？是否該走到獨立這個**極端**？發生在宣言前一年的康克列辛頓之役本身，甚至根本算不上革命烈火的爆發；將華盛頓部隊與克倫威爾「鐵軍」並較，兩方高下立見。兩戰都有其英雄偉烈，而華盛頓帶著一支不穩當的隊伍，卻始終堅忍不拔，更是史詩風範。可是發動這場美洲戰爭的英方有時卻不大帶勁，反獨立者更受到普遍的強烈抨擊，許多人只好出奔加拿大[3]，另外有多人稱病避禍——得了所謂「忠君熱」也，事後也不曾因此招惹麻煩。這一切，全不帶革命氣息。

最後贏得獨立戰爭的意志力量，柏克形容得最好，時在列辛頓役前。當時他正在力勸下議院採取懷柔，安撫倔強的美洲佬。他們不是叛黨，他說；他們只是在抗議——而且只針對一事抗議，亦即徵稅權，被他們視為所有其他「自由特權」的根本。這些各自獨立成「邦」的殖民地，其實只設法組成了一個虛軟的「邦聯」，而且要保留他們一向的半貴族化社會——甚至在戰爭期間，也仍乏國家精神。如果細查宣言原件摹本，便可注意到標題如下：「十三個聯合之邦」《獨立宣言》的「聯合」是用小寫u，可未曾允諾未來大寫的U。只有十五年前接近七年戰爭末期，才曾聽到過這裡那裡發出一些主張聯合與「民主」的聲音；甚至連這些呼聲，最多也只提議將投票權擴大及於無產之人。總而言之，這場十八世紀末為歐洲人歡欣鼓舞或輕看抨擊的美洲盛況，並非托克維爾在半世紀

> 對這必須的政體之運作，其中若有不足之效，宗教已予完全補足。其民乃更正宗，且屬最不願臣服於各種有形無形心靈、意見鉗制之一派。但凡更正之派，皆屬某種異議不服。宗教也者，於我們北方殖民地，更屬反抗精神之極致。實乃異議中之異議，更正宗中之更正。
>
> ——柏克對美洲懷柔政策演講
>
> （一七七五年三月）

後描寫的美國民主，也非一七八九至九三年間法國革命人士追隨的典範。

所餘者只有一事為真，亦即回顧之下，確有一智性成分聯繫了美、法兩次事件——此即《百科全書》標榜的精神，以及其部分抽象理念。以美國開國之父大名見稱的那些人士，即係受此影響，更在需要以理論來支持具體的「英式自由」之際，將之派上用場。也正是同樣的精神，在法國打動了一個人，是這場戰爭中殖民地人士最有力的幫手，此即

博馬舍

凡閱讀節目介紹單的歌劇觀眾，都認得這個名字。名字的主人在羅西尼、莫札特歌劇的作詞者為以下兩齣劇本賦予另一層意義、並以音樂演出之前，便寫下了《塞維亞的理髮師》及《費加洛的婚姻》。可是這些耀目喜劇的創造者，除劇作家外還有多重身分。在他暴風雨般的一生所締造的成就，使他在一個充滿了特殊人物的時代裡面更顯特殊。的確，正因其天才作為繁多，連同他在法國大革命期間去世一事（620>），遂使其生時享有的盛名為之黯淡。當其時也，不只在法蘭西，西班牙、英格蘭和日耳曼等地也驚嘆他的冒險經歷。

沒有他，美洲獨立戰爭可能會轉上另一方向（590>）；沒有他，一七八九年法國革命前夕的七嘴八舌改革意見可能不會如此下定決心打倒所有現存制度，只差國王除外（590>）。比伏爾泰、狄德羅更甚，與盧騷有所不同，博馬舍其人正是當時時代精神的化身：他代表當家作主的中產階級、是那赫赫知名的文學之士，是治國不可少的知識分子，是用字句令群眾意識到本身權利、力量的叛逆分

子。這一切，博馬舍都是在不顧反對壓力（個人的與社會的）之下，以身作則地展示出來。他選的座右銘是：「我這一生是一場長久的戰鬥。」他的影響因行動大無畏愈顯效力，而不只是一名高明的外交家與政論家而已。

出身寒微，卻出人頭地，正是他作為當代代表性人物的特徵之一。父祖兩代皆名卡隆，均業鐘表，他第一份工作就是在父親店裡當差；不過其父也頗有學識，滿腦子百科全書思想。這名叫皮爾奧古斯汀的小男孩，幾乎沒受過什麼正式教育，卻抱負不凡，自修自研。而且歌喉甚佳，又會吹笛子、彈豎琴，一手好文章，談吐流利機智；作為手藝匠人，還發明了一流的手表控速裝置，為豎琴設計了改良踏板。二十五歲娶了一名比他年長的女子，妻子帶來小小采邑，使他可以在姓氏後面加上頭銜變成博馬舍的卡隆。不過這貴族身分的立足之處，在他看來似乎嫌窄，另外又捐官購來一個可以增其廣度的王家書記之職。不久便得與公爵、貴人往來，與路易十五閒談，並成為法王四個女兒法蘭西公主們的音樂、文學伴從——此時已沒有那種路易十四或聖西蒙類人物，在宮廷中拒斥這等低級的中產暴發之徒了（<579）。

博馬舍卻不乏其他敵人。他設計的鐘表裝置，另一人也聲稱自己發明，得由專家成立委員會決定卡隆首先得標。早先一場戀愛，引來不能忽視的侮辱，隨之而來的決鬥竟把對手重傷致死，博馬舍陷入良心譴責。他的同情心一向既敏感又深刻，此事尤其嚴重，因為決鬥是項死罪，他的貴族對手卻拒絕說出是誰造成他的致命傷口。

接下來，博馬舍又落入另一場名譽攸關的情事。他有兩位才氣出眾的姊妹——慧黠善談又善詩，其中一妹與一文不名的西班牙貴族克拉維霍訂了婚，由人護送隨男方前往西國，在那裡將有一份閒差可以供他結婚養家。沒想到到了彼處，他卻解除婚約；博馬舍趕到西班牙，勸年輕男子再仔細想想，不久卻逮到他正迂迴用計打算再度偷溜。博馬舍威脅要用暴力，總算取得可以讓妹妹保留清名所需的承認書：追求者一旦公開洩漏兩人私訂終生，「女方」就非得解除這個婚約不可，否則別想在任何國家找到丈夫。依據這場當代糾葛——旋即廣為人知，歌德寫下了那部通俗感傷劇《克拉維戈》。

正如他後來的代言人費加洛，博馬舍從未懷疑過自己的能力，不是他自視甚高，而是因精力自發無窮，看來如此不可抗拒，如此恣意快活，令有的人追隨崇拜，有的人恨之入骨。他一再掉進大麻煩或險境，卻鮮少喪氣膽寒，事實上他的天才遇困更強，緊急狀況下反而急智、力量愈形加倍。

任職半司法的林獵官時，因斷事公正遭人攻擊，三十五歲之年的博馬舍此時正以一齣五幕劇《歐琴妮》展開文學生涯（蕭伯納近四十方才開始，不過他警告這是入門者最高年限）。《歐琴妮》屬於狄德羅、塞代納等作家創始的那種中產趣味感傷文類（607>）；博馬舍似乎最先開始以**戲劇**（drama）一詞，指稱那種在傳統意義下既非悲劇也非喜劇的劇型。《歐琴妮》前三幕極受喜愛，後兩幕卻得噓聲，顯然因為它們聽來像是又要揭開一幕新戲。這位作者一點也不發窘，他重新裁剪劇本，再度呈演，在法國還算成功；再經加里克改編，在英格蘭也得到熱烈歡迎。博馬舍在劇本序言做辯護說明，曾附帶說過一句值得注意的話：他抨擊長久以來的劇作規條，稱之為「野蠻、古典主義派」——這是「**古典主義者**」此名詞首次以貶義使用。

博馬舍的下個角色在政治場上，而且如前文曾經暗示，對歐美兩洲有重大意義影響。第一樁影響法國，但是日耳曼、英格蘭同感吃驚，由一場極為複雜的官司稱為「葛茲門事件」而起，意外暴露了法國（無疑也發生在其他地方）的司法真相。博馬舍控告一名伯爵，追討一份因第三者遺囑而該給他的款項，同時也正陷入一場桃色糾紛，遭一名公爵對他做人身攻擊。博馬舍不甘示弱，打了回去，兩方都因破壞治安由王印封書鋃鐺下獄（這類「王印封書」，順便提一句，卻是唯一由法王發出而不蓋其璽的御函）。

身在獄中，博馬舍自不能親訪另一場官司的法官，但是若想有任何勝訴機會，依習俗卻非如此不可。事實上已有一名法院推事提出報告，指稱博馬舍所據的文件出自偽造，法院遂只能宣告文件無效，結案斥回，連同費用、償金和利息；此推事大名即葛茲門。法院這紙命令，激使其他不知名者也紛來向博馬舍提出索款要求，說他欠錢未還，結果證明都是扯謊揑造，完全是為了惡作劇搗蛋。可是因欠債官司而起的謠傳卻成最後一擊：全城意見都變成反博馬舍：原來這傢伙是個惡棍，終於被拆穿面具。

入獄之前，博馬舍對公爵的攻擊原不大在意。此事發生當晚，亦即被捕前日，他包紮好傷口便逕赴友人家讀《塞維亞的理髮師》的第一稿。可是如今情勢急轉直下，要是事情就此下去不變，在他這第四十一年的人生，這輩子就算毀了，身家名譽都完了。此情此景，這高堂父母、姊妹甥姪唯一倚仗的他——人卻在監裡。這一回，他終於失去了精神勇氣；他自言感到丟臉、自憐。他向警備隊長上訴請求，後者批准他白天可以在警衛監視下離獄外出，好向另案法官申訴開庭，聽取他對葛茲門報告的抗辯——雖然在監看之下發言，本身就會造成不利偏見。二度上訴，終獲自由，卻已經坐了兩個半月的無妄牢災。

博馬舍深信他的對頭拉布拉謝在庭上打贏官司，一定是因為給葛茲門的賄賂比他自己更大筆——這話聽起來好似半斤八兩、鍋笑壺黑，卻是當時法界弊習，甚至連請某些法官允准開庭聽證（更別說判案下決）都需要送上禮物，好幾件禮物。葛茲門法官的老婆大人對此行規甚為開心，還明告所有來者：他們一家大小若無這些穩定外快，根本不能過一點像樣日子。經友人出主意，博馬舍送她百枚路易（約合兩千四百法郎），以及一隻同值鑲鑽手表；如果案子輸了，她答應原款退回。然後又開口索取（也得手了）另外十五枚路易，表示要送給法官大人手下的文員；博馬舍其實早就給過他十個路易，疑心她可能是要放進自己荷包。最後博馬舍要她退錢，並且興師問罪，認為她根本整件事都在騙他。她否認收過他這筆錢，更造謠說他想透過她，賄賂她那位高風亮節的法官夫君。反正博馬舍的官司已經打輸，她顯然打算退還大款之餘，可以吞沒這十五路易，打量著博馬舍不會為小錢跟她斤斤計較。

至於葛茲門這一邊，則感到泥足深陷，一開始先試用那萬用之策——請出王印封書，好封住博馬舍之口；結果不成，有關事情真相的新一波謠言又開始流傳了。攻擊是最佳的防守，葛茲門叫手下奴才簽了一份具結，宣稱博馬舍曾來找他，手上拿著錢，想要賄得有利裁判。假文件準備就緒，葛茲門便把博馬舍傳來；這等混戰之下，沒有律師願意接他的案子，他只能自己抗辯，不但在法庭之上，也要在公眾意見中洗刷名聲。

他開始說出並出版他這面的事情經過；關於葛茲門夫妻檔的這部《回憶錄》，已成文學與官司藝術經典，成功之處，在博馬舍於事實、法律的敘述之中，摻進大量社會、政治批評，使全文讀來趣味盎然。他身在其中的對話，一會兒喜、一會兒怒，一會兒機智風趣、一會兒通情達理，輪流出之，就像寫喜劇劇本一般顯示出人物、事件。公眾急著等下回分解；歌德在法蘭克福表示，每一期都有眾人大聲聚聽。

在法國，這些文字及官司本身造成的政治影響，則因近日又一起事件升高。此時司法之庭（即國會）已經在新任首長手裡以一種獨裁作風重組，法庭權勢被滅，法官職位被辭，其他如葛茲門這類傢伙卻得職務任命。博馬舍用熟練的影射手法，指涉這些不得人心的作為，遂廣受支持，在所有人眼裡成為一時英雄，只有少數例外。全案重審，肯定了他每一點答辯，連同葛茲門兩口子的罪行——他的不名譽一掃而空。

《回憶錄》暴露了國會作為一政治司法機構的醜陋內情，即使十二年後仍未為人忘記——全法國都在辯論著改革大事的一七八九年前夕。但是同樣的十二年間，博馬舍的全副心神卻被另外一件同樣決定性的重大事件占據。早在一七七五年的九月，博馬舍還在修改《塞維亞的理髮師》之際（此劇演出大失敗）即寫了一封長信給法王（路易十六已上台），指出樞密大臣們對北美洲狀況的消息不太靈通；那裡的殖民已經打定主意，一心要追求他們的大義。博馬舍表示，如果武器配備良好，他們必會爭得他們的自由——又加上一句：「這樣一個國家，將成無可征服。」

博馬舍有兩重用意。他欣賞一民自暴政中得到自由的想法，而且早已用為題材寫成歌劇劇本——當葛路克在巴黎顯示他為這個劇種帶來的新形式之際（608＞）。葛路克拒絕為博馬舍的劇本寫曲，推薦他的門生薩利耶里效力，後者做出的曲子卻軟弱無力，配不上原作那種戲劇性又壯觀的大場面：一名心高志潔的戰士，推翻了獨裁之君，並從王那邪惡的陰謀裡救回自己的妻子。博馬舍心存自由公義，並意識到英格蘭政壇對美洲問題意見如此分歧，便主張法國應提供財力物力，助殖民地解放出來。如其成功，同時亦可削弱英格蘭在世界上的勢力。眾樞密大臣為怕與英國交戰而駁回此議；但是博馬舍可不會因一回拒斥就此作罷，堅持表示自己對英方輿情的看法正確。路易十五先前曾派博馬舍赴英，代他祕密用錢打發一件以出書相脅法王情婦狄巴利伯爵夫人的勒索。博馬舍不但使三千本書當場燒毀，附帶把作者也一變成為對法國有利的消息來源。這份情報，可是無價珍寶。

博馬舍重新再來上書，也提出一個新的點子，請政府撥他百萬資金，其餘就都包在他的身上——換句話說，發包由他民營這場親美活動。這一回，首相大人首肯，博馬舍搖身一變，成為幌子公司羅赫商號，其活動屬官方正式禁止，卻要供給美洲國會兩百尊大砲連同臼砲、兩萬五千枝火器以及同額彈藥，包括二十萬磅火藥，外帶兩萬五千人份被服營帳。所有一切都將祕密取得，以免英國駐巴黎使節人員得悉。

這項任務本身就很難辦，更有慣常的官僚體制行動阻力，再加上一名美方代理心存不良，另一名疑神疑鬼，更使事情難上加難幾至不可能的任務。結果博馬舍贏得後面這位多疑仁兄的信任，向他拍胸脯保證：「我會當作自己的國家般，為你的國家服務！」於是就只剩下王家兵工廠的眾廠長、海軍船塢的眾將領和負責護押運送的眾艦長，需要收服搞定了。每個人都有問題、都有意見、都有延誤，人人都有自己的主意。最後，博馬舍全盤掌握住他的大隊人馬，更以法王名義發出王本人毫不知情的命令，直到連海軍將領人等，都開始用起「您的船隊，您的海軍」——絲毫不帶反諷。

那二十艘在獨立戰爭關鍵時刻扮演重要角色的船隊，說起來還真是博馬舍自家所有：美方國會代理人原應允回航運送農產（主要為菸草）以交換這批戰爭物資。結果什麼也沒有從美洲回航。博馬舍只得自掏腰包，借錢出貨，送到了連個謝字也沒收到。最後，在他首次行動三年半後，終於從國會領袖傑伊處收到一封謝函，承諾不久即通過法案，償還所欠債務；在此同時，收信的閣下應知：他已「獲得這初生共和國的敬意，並將自一個新世界收到配得的掌聲」。

整齣冒險傳奇，簡直稱得上真人實事的費加洛，對美洲解放戰爭成功的貢獻，絕對不下於華盛頓的侍從武官拉法葉。那位年少氣盛的青年，富於勇氣、熱愛自由，任何書中給他一席之地自是受之無愧，連帶還有兩名技術高明的水軍德格拉塞、羅尚波。可是對博馬舍卻始終略過不提，簡直是無可寬恕的罪過。

> 我們事務的狀況，較之開戰以來，更處於低落、毀滅、可悲之境。據我親眼所見所聞，以及部分所知，我得說，如今安逸、浪費、揮霍之風，已然支配人心牢不可破。投機、貪多務得，朋黨、個人之爭，於今正盛；財政破產、幣值貶跌，信用俱無，卻成次要之急。
>
> ——喬治・華盛頓（一七七八年十二月）

更糟糕的是，四十年後博馬舍的女兒，貧困潦倒，向美國國會訴請發還欠她父親的兩百二十五萬法郎（亞歷山大・漢彌爾頓於一七九三年的估算），國會竟答道：「要就拿三分之一，要不拉倒。」

＊　＊　＊

雖然在歐洲人眼裡，北美文化依然落後、微不足道，及至十八世紀末期，殖民地人民卻已做出雖不均衡卻屬切實的進展。隔著遙遠距離望去，有一樁簡單事實當時卻無人察覺：美洲人民分成了兩股不同群體，一支向西邊空曠地域開墾拓殖，另一支在東岸則已於一百五十年後，形成了一個富於教養文化的當權體制。

從一開始，宗教信仰就是一股知性力量；進入十八世紀更再次發揮影響，遍及各個階級。美洲一如英格蘭，目睹宗教熱情復甦，推動著舊有思想：意識人有罪、承認神有憐憫，自我革新則是保證恩惠、救贖的絕對必要。在英格蘭，這股運動係以循道派見稱，美洲則為「大奮興」。雄辯滔滔口才流利的宣道家（英國有衛斯理兄弟、美洲有懷特斐德）造出一種群眾現象稱為「復興」；據說懷特斐德布道，音量可及兩萬五千群眾。他們唱詩，他們呻吟，他們頌揚，他們在地上打滾。有錢、有權、有識者自然都不可能喜歡這種信仰復興的動作，其中的政治面往往傾向民主。

對「無限關心」此題目的感情大興，有助於另一運動——極端不同的一項運動，即安．李「師娘」及其從人發起的「震顫派」，從麻薩諸塞的哈佛開始，傳至康乃迪克、紐約，然後達於中西部。安．李是英格蘭曼徹斯特的工廠工人，由於對工業生活厭惡，已使她成為虔信派，並渡海移民，而且是女性主義者。她的教派相信兩性平等與基督再臨，而基督則兩性皆具，正如自然之神。在此同時，震顫派（如此被稱，以示與「震撼派」性質接近，後者即音譯貴格派）的生活極其簡肅樸素，而且無師自通地發展出一種儉樸風格的住家建築，不但先於日後所謂形式追隨功能的原則，而且至今仍公正地受到讚譽。

愛德華滋係新英格蘭一位牧師，也是一流的哲學家（他的全部作品現今正重新出版），見敬虔心重新取得地位，非常欣喜。兩波運動在美洲立下了宗教熱狂的傳統，至今未曾打破——如今更加上麥克風、電視機，群眾規模可以比當年懷特斐德的群眾更大，或選擇與眾人營聚一處，享受具體接觸熱度，或坐在居室之內，一人獨聽密談。

對於十八世紀的上層美國人而言，真正新奇處則不在宗教（宗教是舊回歸，而非新出發）卻在科學與美藝。整個國家忽然有了一群造詣甚佳的畫家——斯圖亞特、科普利、皮爾、厄爾、韋斯特，最後這位雖遷往英格蘭定居，仍繼續做精神導師，影響著來訪的美國藝術家。正因為這些畫家，我們今日才得有當時的名人肖像、男女模樣、歷史場景，合起來為我們的想像提供了當日的「時期風貌」。而更前一世紀卻乏此類印象，因素人派畫家多循固定風格作畫。

另一項文化性進展則在科學，世紀中期之前發生，即班哲明・富蘭克林在費城創辦「美洲哲學學會」；這裡的「哲學」，包括純科學、醫學，以及各類機械之術。他本人的發明、發現，先前已曾提過（<552），而他的這座城市另外還擁有天文學家暨物理學家瑞騰豪斯，不但在數學上卓有貢獻，並製作鐘表及其他科學儀器。《獨立宣言》起草期間，更向賓夕法尼亞議會申請撥款蓋一座天文台，由他任公共天文觀測人。提案獲正面肯定，可是戰爭一起，計畫遂告流產。

戰爭則青睞拉什醫生的工作性質，他是《獨立宣言》簽字人之一，也在費城教書、開業。正式的醫學訓練，已於一七六〇年代在當地學院以及紐約的國王學院開辦（旋將成為哥倫比亞大學），第一本手術教科書亦將於十年之後出版。美洲各殖民地一共有三千五百名醫生，可是每十位只有一人擁有正式醫學學位，而且均如拉什本人，係在愛丁堡取得，愛城是當時醫學進展的中心所在，由偉大的卡倫領導坐鎮。回到美洲，拉什推廣醫事教育，堅持化學對疾病知識的重要性，並就此主題出版首部教科書。黃熱病在費城流行期間，他如英雄般工作奉獻——雖然他使用放血治療結果證明災情慘重，但是他對症狀的診斷確做有實用觀察，算是稍補其過。他堅信身心必須一起治療，身為精神病院院長，也實地應用這個看法。

原創性文學方面，十八世紀的殖民地人士可稱交了白卷。早期值得一提的詩人當中，安妮・布萊茲特里特不受重視，泰勒作品至今猶未付梓。一七七〇年代耶魯的同好圈中，巴羅、漢弗瑞茲、戴特和杜魯布等人俱缺適當才能，難以配合他們挑選的宏偉題材，詩的觀念更受到誤導。杜魯布的詩

（<583），顯示他認為什麼是高級的語言；巴羅的《哥倫布的眼光》則根本篇是一篇有韻論文——他的社會自然成長理論，以及對戰後美國的預測，如果當初係以散文為之，必然較能顯出其中的智慧與創意。

至於劇本寫作，分量、產量均嫌微弱——雖然兩部本土作品中的一部喜劇，邰勒的《對照》，情節布局複雜感傷，「演出」效果滿好，今天時而也當作新鮮骨董[4]重新搬演。一七六〇年代之前，尚無本土職業劇團——既無演員、歌手或舞者，亦無劇院場地。可是看戲的需要卻確實存在，也因此造成社會歧異；反對戲劇演出的意見始終不斷——認為它有害道德，更有地方法律撐腰，邦聯國會亦通過決議，將賭博、賽馬、鬥雞，以及「所有表演、演劇」，全部納入「奢侈放蕩」的特種營業一項。

放蕩歸放蕩，這類的需要還是有一家英格蘭劇團提供服務，道格拉斯團主兼任演員，帶著法夸爾、森特李維夫人、西伯和李洛等人所寫的英格蘭戲碼，在殖民地先後巡迴演出兩次，表演中穿插芭蕾歌劇，如亞恩涅的《鄉村情事》、蓋伊的《乞丐歌劇》。莎士比亞的某些劇本亦經大量改寫，有時則以小段演出，也在節目之中出現。查爾斯敦民眾愛極了這類演出，波士頓的反應可能也不差——否則，為什麼會有一七五〇年的禁令阻止它們的演出呢？在此必須再加一句：當時觀眾還非得有點精力，才能面對一晚上的觀劇活動——整晚演出包括一齣五幕悲劇，或係全本喜劇，或芭蕾歌劇，隨後還有加演（鬧劇或假面劇），中間更不時穿插歌唱、器樂，常常引來安可之聲不絕。整場娛樂的考驗，靠著當場邊吃邊看保持體力，晚上六點開始，座位即由各家僕人預先占好。在南方，一排排黑奴早早就端坐在場，為主人家守住位子。

掙扎生存的職業劇團之外，業餘人士在家中、年輕學子在校中，亦可滿足自己對「戲」的愛好，尤其是另一項更大的愛好——音樂。如前所見（<284），清教徒對音樂並無敵意，在他們登陸百年之後，這門藝術更以各種方式旺盛不已——教音樂、寫音樂、教會音樂、交響演出，以及家中餘興。波士頓一地就有一家以上的音樂學校；賓夕法尼亞的摩拉維亞兄弟會更浸透在音樂之中，巴哈生時他們就在演奏他的作品，並在伯利恆（近費城）開辦年度音樂節向他致敬，至今每年仍吸引人潮前往。

> 我對這世界簡直厭惡透了，而要不是今晚有這「想頭」，可以前去歌唱會，並讓自己沉溺一點「肉體歡愉」，比方親吻、摟摟抱抱什麼的，我現在就向它告辭了。
>
> ——賓特利，耶魯大學學生（一七七一年）

獨立戰爭更添音樂獻禮：軍樂隊經常演出，本地的、法國的、愛爾蘭、英格蘭、日耳曼和赫森傭兵各顯神通，都展露他們最高的樂器技巧；華盛頓更敦促麾下所有軍官，為部隊提供音樂。戰前戰後，民間音樂的曲目也因不列顛軍人及其司令長官在此，與時並進保持最新動態，英國佬喜歡韓德爾、海頓、小巴哈、普賽爾和亞恩涅，英格蘭讚美詩的作曲也不時採用。加以各類手冊、指南、技法的出版、樂器的製造、原創作品的演出，在在都使殖民地人士（不論在獨立前或獨立後）堪稱一音樂民族[5]。

美洲政治、社會思想的表現，亦可與音樂相比擬，才幹展現也不相上下。而且一提及此，馬上就想到漢彌爾頓、麥迪遜執筆的《聯邦主義者》系列文字，合起來足有一本書的長度，係為確保各州批准擬議中的《憲法》而寫，對代議政體提出了一套完整的理論與實務。《聯邦主義者》之前，大量的政治思想已經填滿殖民地報紙版面，尤其在與母國的衝突瀕於危機之際，也正是期刊數額激增之時。

文字出版而外，別忘了還有各地議會演說、決議，包括湯瑪斯．傑佛遜執筆的幾項知名文件——《獨立宣言》中由他起草的部分、對維吉尼亞教育事務的建議、為他成立的大學所寫的校章（維吉尼亞大學），更遑論他在其他話題、建築設計和家居發明方面所寫的文字。

可惜富蘭克林的思想、文字，雖具同等重要的決定性，在眾人共同記憶中卻不曾得到應有地位。每當開國諸父一一唱名，以提醒其豐功偉績之際，往往遺漏富蘭克林大名，一如他的諸多科學發現，如今也削減成僅剩閃電實驗一項。唯一猶為人記憶者，只有那《窮老查的曆書》的諺語智慧，以及在他各式諷刺文及《自傳》裡面有關友人、情婦的忠告。結果整體印象，只餘精明敏銳；事實上更成不高級的機心巧智，只在教人如何發跡，而非促進有意義的人生目的。

法國人對他的記憶，則比較符合真人實像（＜552），這是一個哲學家暨科學家的形象，同時也是鼓吹自由大義的英雄人物。重讀他許多簡潔明快的篇章，論殖民地戰前戰後面對的重大議題，可以見其政治家的身量風範。他的黨派觀念是很強，卻非為其

> 我們北美殖民地，將被視為大不列顛帝國另一頭的邊區。任何地域遭到攻擊，不僅「攸關」直接遭到攻擊的人民，而且也「攸關」全體。因此這場戰爭中犧牲的「生命財產」，若只視為「攸關殖民地」而付出，就未免太差勁了！而且他們真是「可笑、忘恩負義」，如果一心以為我們一事無成，除非能為他們「有所斬獲」，還得弄來加拿大滿足他們的「虛榮野心」。若說，有所謂國家戰爭，這場戰爭就是一個。
>
> ——班哲明．富蘭克林〈大不列顛帝國在其殖民地之利益〉（"The Interest of Great Britain in Her Colonies"，一七六〇年），引用並反駁某英方對手之語

州，也非為其區，而是為著各殖民地全體著想。他的政治、社會見解，絲毫不帶他那些處世箴方的瑣細氣息。他察覺人口統計的重要性；他敦促管制土地贈予或曰授地；他了解若要與印地安人維持良好關係，就不該用英式教育教導印地安青少年，因為只會使他們被自己族人疑心。早在戰前，富蘭克林就主張殖民地聯合起來；將近二十年間，他已在倫敦用其外交手腕解釋美洲事務，希望可以改變剝削政策，但不見效果，便寫了兩篇斯威夫特式的反諷文章，預告不列顛終將失去帝國。最後，他更以其謙虛樸素的公開言談、科學名聲、頂上氈帽，成為那「新人」[6]（即美國人）的活見證，使得法國對新生國保持友善。

至於漢彌爾頓，重新審視也可以發現他的其他優點——絕不致犧牲傑佛遜的地位，而是作為思想家與行動者，他對這個新生國度之形成所做的貢獻，並不僅限於《聯邦主義者》系列多由他執筆一事。我們已經忘記，在成為「聯邦主義者」之前，漢彌爾頓原就是「大陸主義者」，亦即他曾以這個舊筆名寫過一些最早主張殖民地密切聯合的議論文章，此時《憲法》之議尚未成為流行。待得邦聯成立，他又看出一個以出口原料、進口加工成品為主的國家，唯一可保留易平衡以助繁榮穩定的手段在促進生產。誠然，製造業造出了一個新的企業階級，破壞了傑佛遜的自給自足繁榮小農理想——正為此故，民粹情緒一向認為漢彌爾頓是破壞單

> （這項計畫）是要募集兩三營，甚至四營隊的黑奴，由各黑奴主人依其蓄奴比例交獻。我一點也不懷疑，黑奴一定能做個好戰士。計畫中有一個不可少的部分，就是連同毛瑟槍，也給他們自由。
>
> ——亞歷山大．漢彌爾頓
> （一七七九年三月）

純幸福的敵人，而傑佛遜則為民主的英雄。事實上，此中衝突並非只因意見對立而生，而是在一個世紀的不斷發明之後，「術」演進的必然結果。今日工業化與非工業化國家之間，生活水準的不等便是如此明顯，而其對策亦然。

＊＊＊

日耳曼的**解放**，不僅自二手的法蘭西文化而來，也是當地每隔幾年就起戰事、遭蹂躪的續集發展——九十六年之間一共四十三次。這種自己加在自己頭上的暴政，一七七〇年代開始漸消，法式思維也隨之告退，遂騰出空間，讓本土人才一顯身手。這些在尋找典範的日耳曼心靈，遂轉向英格蘭及其傳統，前面已見萊辛即引莎士比亞做此榜樣。英國小說家開始為人閱讀、受人讚賞；斯特恩那奇妙的散文，被黎希特拿來作為範式。造訪英國回來，也帶回藝術、政治理念；李希屯伯格消息靈通，前往倫敦搜索霍迦斯作品（<576）。海頓則在那裡找到聽眾，為之譜出他最後十二首（也是他最好的）交響樂。

不過這是一個單行道：此類拜訪直到下世紀（英格蘭終於發現文化的日耳曼之際）才有回訪出現。但是在此早期從威瑪望去，他們恐怕並不清楚當時的英國文學，已經在放棄奧古斯汀派占據的山頭，卻渴慕遲疑地尋路通往另一座稱作浪漫主義的峰頂。十八世紀晚期的詩家（華騰兄弟、柯林斯、格雷）都開始換用題材，顯示出一種欲望：想在已為前人踩遍的風格領域之外，另闢蹊徑。德來登、波普、斯威夫特、約翰生，以及他們的跟從者，已經將那種思路清晰、宣示口吻的風格表現得盡善盡美，不留任何添加踵事的餘地。後一代中的高史密斯與寇伯，雖也係使用舊法，有時卻也透露些許新的氣味——一種憂鬱、神祕，一種全新性質的東西。另外則有對激情的讚譽（前此被視為心靈病態）、對迷信的尊重，以及棄概括性而取具體細節的努力方向。

同樣具指標性的作品，還有查理·衛斯理的宗教抒情詩、年輕的查特頓偽製的「中世」歌曲（他最後只好自殺謝罪——當時的時代風氣仍然太過理性主義，不肯原宥人誤導欺瞞），以及女詩人亞當斯、林德賽和奈仁等以蘇格蘭方言寫作的農村主題詩。這種返古與返璞的詩風，意味著一種認知——原來「非啟蒙」的東西也有其優點價值。一件駭人的新奇事，更使藝術家分門別派之爭遭受考驗。此即麥克菲森推出的《奧西安》，各式譯本立時橫掃全歐，他表示這首英詩係他譯自一篇僅餘殘章的古老蓋爾語史詩。此作掀起了狂喜的推崇、激烈的爭議，約翰生博士公開抨擊其中有詐——果不其然。然而用古體喚出野生自然的古老風情，卻填補了一個情感上也是智性上的渴求：新的名稱、新的景色、新的生活模式，都正風行：厭倦之情，已經再度為「更新改換」做好了準備工作。《奧西安》（今日是沒法讀了）當年扮演著治療角色，直到拿破崙的時代，他欣賞這部作品，也鼓勵他的宮廷作曲家勒敘厄以此編成歌劇（674>）。

> 夜了。我獨自一人，在暴風雨的坡頭孤獨絕望。山間可聞風聲呼號，大雨滂沱打在石上。沒有茅舍容我避雨，孤身於風坡之上。哦月兒從雲後升起吧。夜空的星子啊，升起吧！
>
> ——麥克菲森〈科馬的悲吟〉
>
> 摘自《奧西安》（一七六二年）

散文虛構小說方面，則有三大文類共享公眾興趣。起而效法理查森、費爾汀者中，頗有一些女性在內，有的甚至寫出大量冒險作品，其他則提供社會風俗剪影；其中有一位芬妮·伯尼，音樂史家伯尼的女兒，以《依芙萊娜》贏得了倫敦的心：共印五百冊，在倫敦售出三百冊，便建立了她的文壇地位，領先那些多產對手如史密斯、羅賓森、甘寧、歐芘和英克伯德；她們的作品裡面，不止一部暗示著女性心中對男性支配地位的憤慨。唯一地位相埒的男性小說家斯摩萊特，因對十八世紀生活的粗糲肌理觀察入微，與費爾汀、狄福齊名不見遜色。

第二種文類始於沃波爾，他酷好風雅，賞鑑繪畫與建築藝術，為自娛起造了一座「哥德式」宅，放滿「哥德式」珍玩——在此光之世紀，不啻突兀墮落之舉。此事使他突發異想，做起夢來，其中一夢更為他埋下第一部哥德式小說《奧藍托城堡》的種子。他的目標在誌異，用怪誕事件來駭人，卻讓它們**無從**合理解釋——待時候到了，這種荒誕玩意兒便生出了無數奇形怪狀後代（可讀人人文庫版《沃波爾書信選》）。及至世紀之交，萊德克里夫夫人、瑞芙更致力開發這個文類，此類作品可謂成果豐碩，多數出自女性之手。同時代年輕作家劉易斯的一部作品，則為其肌理組合又加上了一股「性」趣；他寫的《安布羅西奧》書中（一般又稱《僧人》），並稱作者為僧人劉易斯）有一位流血的神祕修女，她在故事中的角色，已經被形容為離猥褻只差一步。不過時至今日，後起的大膽作品實在太多了，相較之下《僧人》那的「快感」效果已經全部清空了。

第三種類型的小說，則以感傷為名；這項特質（或缺點），如前所指，在理性時代卻蔚為流行。伏爾泰、狄德羅、盧騷，以及與他們同類之人，都在字句間、眼淚中顯出這類氣質，筆隨意到，不勝其良善、慷慨、純潔之情。理查森與費爾汀也不能免於此疫，斯特恩更使之成為榮譽表記；他們的仿效者把劑量加重，讀者一帕在手，忠實追隨。到了世紀末，麥肯錫的小說《感觸之人》，更以嘉許口吻描繪一名不僅僅偶爾、乃根本無時不感傷的角色。這類虛構類型，從不曾完全消失，而其存在也不盡然於理不合——真實生活中不斷提供有模型範本（可讀 Harrison Ross Steeves 著 *Before Jane Austen*）。

可是感性主義或謂感傷癖究竟為何？若問那些應該知道答案之人，答覆往往如下：感情過濫，或謂感情誤置——兩個答案卻都沒抓住要點。誰能評定什麼樣的感情是為過濫？人之不同，不只在感受以及表達其感受的能力，也在其想像力的不同。因此一個不易激動的人，一見愛恨鮮明的強烈表達，便立刻認為過火。莎士比亞的戲劇就充滿了「誇張」情感，卻從無感傷之嫌。同樣的說法也適用於另一個答案；什麼樣的感覺是為誤置？為悲劇英雄的苦難而悲哀？為寵物的死去而傷心？為傑作的毀滅而難過？也許可以辯說，任何異常情感的流露，在公眾場合都應予以壓抑，不過這屬於不同層面——亦即社交禮節方面的問題，與「其情是否合於其境」毫無關係。因此得另尋診斷方式。

所謂感傷，是一種將「行動」關在外面的情緒——實際或可能的行動，係以自我為中心，屬假裝之族類。威廉．詹姆斯舉過一個例子：同一個女人，見舞台上的英雄受困不由得落淚，在此同時自家車夫卻在劇院外凍得半死。事實上，感傷主義者的感情能量離法定上限極遠，遠到可以指控他感覺遲鈍，低到無法驅動他採取任何行動。正因如此，他才在悲傷中感到樂趣，才只談戀愛卻從不求婚。斯特恩將他那部小說命名為《感傷之旅》，真是再正確不過：主角對驢子之死潸然落淚，對小旅館女孩念念不忘，卻不曾因此心煩意亂、脈搏加快或呼吸加速；他喜歡耽溺在毋須負責的哀苦與愛情裡面。這種情況可以解釋為什麼感傷主義與玩世不恭正是一體兩面。在這類事上，藝術是透明的，行家一眼就可以鑑出贗品與真情。

* * *

一七八〇年代的英格蘭，發生了一件不單驚動當地的文壇大事，即約翰生博士去世，不久之後，包斯威爾記其二人交誼的紀錄旋即出版。三十年來，約翰生是執英格蘭文壇牛耳的大老[7]，仲裁意見人事，一言九鼎。他是詩人、為詩人作傳，編輯莎士比亞作品、撰寫道德論述、著有《剌塞拉斯》——此作故事氣氛可比《憨第德》，娛樂性稍差一點。最最重大卓越的成就，則是編出第一部也是最大的一部英語辭典。包斯威爾的記述問世，世人可以看見約翰生也的確不愧其一流口才的稱號。

此處特意不用包斯威爾的書名《約翰生傳》，因為此書其實並非傳記，亦非戲劇描寫，而是一幅自畫像。書一開頭，先對主人翁最前面五十三年光陰略做概述，包括他的許多書信；接下來用整整一千兩百頁的四分之三篇幅，涵蓋二十一年時光，全在報告他的言談，穿插了更多信件（可讀克羅區著 *Samuel Johnson*）。包斯威爾為此書備受讚譽，的確也名副其實——確是一部少見文類的大傑作，超過大多數傳記作者的能耐所及。多數內容（都是談話）讀來真是愉悅，呈現出一個強悍而又充滿意外之趣的心靈，雖博學而實在，顯然是其時代的產物，卻又有天真質樸的信仰，保守而不落陳套。約翰生的天才，正在其「常識判斷」，而非富蘭克林那可憐理查的「陳腐俗識」；是透過犀利眼光的觀察而推出的非凡見解，並做成珠璣之銘言。

一般以為，英文散文因約翰生而文風華麗作勢，太易仿效，也被人學得太久。文句對仗工整，用字長而抽象，乍看之下軍容盛大令人肅然起敬，終了卻使讀者昏昏欲睡——節奏、結構，實不應如此刻板。反之請見下世紀初麥考萊初試筆鋒，據說就嚇人一跳，同時卻為之欣喜，正如解放大員親臨。以上評語，其實有嫌誇張。誠然，約翰生的「漫談」、「閒人」系列文字確使用所謂「約翰生體」，但是平衡對比、抽象字眼，以突顯不同理念之間的細微差別，絕對可以用在此類論道德題目的小品文中。而且這種文體亦非約翰生所創，他只是以自己的風格使之更臻完美，吉朋亦然，兩人各有其風格。何況約翰生寫三大卷《詩人生平》，就不是用此筆法，而是出以明快的敘事體，用字也相當簡短。包斯威爾書中記有一段交談，卻使約翰生散文體的迷思永遠不去：他老人家口吐簡潔雋語，立刻又將之鋪排成漫談體[8]——其實是心靈遊戲，很可能只是在開自己的玩笑。

> 我親愛的朋友，清清你言不由衷的「心思」吧。你對人說：「大爺，我是你最謙卑的僕人。」你可不是他最謙卑的僕人。你對人說：「真抱歉，你竟碰上這麼糟的天氣，弄得這麼濕。」你其實一點也不在乎他是乾是濕。你用這種德性「講話」，這是社交場上的應酬話，可不要也這麼呆笨地「思想」。
>
> ——約翰生對包斯威爾言
> （一七八三年五月十五日）

要公正評價約翰生的奧古斯汀風格，不妨以那封有名的信為實例，他在信中斥責契斯特菲爾德爵爺食言，遲遲不兌現對《辭典》一書的贊助。其文充分配合寫信、收信雙方的社會地位，不卑不亢，更非華麗誇張，述事清晰，情致透徹——所謂風格文體，僅此而已。至於信中內容，需要做個注解。幾世紀來一直無人說明：約翰生此信其實是個誤會，契斯特菲爾德並未犯下信中指稱的罪過——更應為他加分的表現是，他甚至也不回信反駁約翰生的錯誤，卻把信拿給朋友觀看，作為高妙文章[9]的範例。

約翰生有其偏見，不過只是虛張聲勢，實際卻未身體力行，其一正指向一項極具文化意義的成就：他公開抨擊那些跑到倫敦發跡的各類蘇格蘭佬——包括作家在內。蘇格蘭官員為信仰故，堅持所有兒童都應受有些許教育，及至十八世紀終於開花結果，產生了一個知識階級。愛丁堡、格拉斯哥、聖安德魯斯和亞伯丁都有興旺的大學，也是心智醞釀發酵的中心，知識力旺盛滿溢之餘，溢入了倫敦，把這位文壇大老給惹怒了。然而當他親自北上造訪，卻也彬彬有禮並頗表賞識之心（可讀其《蘇格蘭西島記行》）。

高等教育方面（在此必須指出）蘇格蘭在南方的確沒有競爭對手。此時兩所英格蘭大學均暮氣沉沉，講座大師如詩人格雷等，一輩子只開講一回，任何研究也都掩藏不見。越過海峽，索爾邦的專長更在專門查禁書籍，真正思想活躍處卻在小城鎮裡的學院。整個歐陸之上，獨有日耳曼諸大學雖靜靜偏居一隅，才真正在執行著傳遞知識的任務，養成了許多更正派牧師；正是他們，生出了後世熟知的詩人與思想家一代。

此時期有兩大教育新猷，當時雖未遠揚，有鑑於當前學校的混亂不明，值得在此一提。其一雖微不足道，卻頗能標示亟欲模糊區別的意圖。愛丁堡蘇格蘭人威瑟斯龐，係紐澤西學院校長——後日普林斯頓大學前身，首次使用**校園**（campus，拉丁文等於場〔Field〕）一詞——指稱其機構所在地。此字一路旅行，意義亦隨之膨脹，如今美國初中級學校也如此稱呼，法國亦然；甚至連公司行號也群起仿效，尤其有時連校區亦無，只是城中幾條街道而已。除此之外，校園也意味所有學院、大學——如校園暴動、校園犯罪。十八世紀貢獻之二，則是我們這時代稱為「看說教學法」的識字教學，分別由兩名法國思想家提出[10]，兩人的靈感卻同基於一項謬誤——到了我們這個時代又再度出現，造成災情慘重。亦即成人讀書，是一瞥即看出整字，因此也教幼兒如此去行——二十世紀應用此法，是一頁無處不敗的長久失敗史，卻直到最近方始為人承認。

再回愛丁堡，因隨世紀進入尾聲，擁有歐洲最先進的醫事學校，已有「北方雅典」美稱；又有三大哲——休姆、里德和哈特利；一對卓越史家——又是休姆，還有羅伯森；以及那獨一無二的經濟學家兼道德哲學家亞當・斯密（668>）。說來叫人高興（或許悲哀，端視觀者角度），為宗教作育鍛鍊的結果，竟是一套唯物論的醫學系統，以及一群俗世派懷疑論者，由休姆居首領頭，以一篇極佳的對話文，例證奇蹟不可信、基於奇蹟的宗教有違理性。但是他很公平，同樣也顯示科學亦無扎實的理性根據；所謂因果關係，不過是事件在時間上慣常的先後次序——並無任何關聯可悉。這類結論遂置人於進退兩難、雙重圍困之境，攪動了日耳曼的康德，「將他從教條的沉睡中驚醒」（康德自言）。及至一七八〇年代，康德已在重新建構哲學、宗教之路（738>）。

＊＊＊

日耳曼反法「聖戰」，係於世紀三分之二將逝之際展開，對巴黎文化大事的普遍好奇心卻未能就此終止。狄德羅評介畫家新作，先前描述過的沙龍展（<574），只是從法國而來的「文學通訊」上登載的其中一類文章而已。這份新聞信是日耳曼人格林，特為其祖國上流文化的教養宮廷而辦；此人定居巴黎，也是狄氏友人之一，兩人輪流執筆，寫下生動活潑的報導，多數關乎心靈智性之事，不過也不排除人事新聞——訃聞或醜聞皆有。在國外讀者手上彼此傳閱，一如當時習慣：詩、文，甚至整本書都手抄傳閱——也說明了〈通訊〉訂戶為何始終不出三十名，卻為中歐定下了文化基調之故。

各項報導之中，歌德及其威瑪友人無疑讀到博馬舍新出的一部喜劇《費加洛的婚姻》[11]大獲成功。這位作者之所以名揚國外，並非只因醜聞（<590-592），同時也由於他的第一部費加洛劇本《塞維亞的理髮師》，其中充滿挖苦諷刺砲火。在這第二部裡面，他似乎更打定主意對貴族階級發出全面

攻擊；藉由費加洛這位貼身男僕（至少在一段長篇大論之中）具現並抨擊了「懷才不遇」的人生定律。而伯爵大人只消「費點勁呱呱落地」，就可以享受費加洛極盡其才也不能獲得的人生好事。此劇首演，據說樓下後排座位有人扔了一個蘋果核丟向包廂裡的一位公爵夫人，有些人更在劇中隱隱窺見法國大革命的先聲。

不過博馬舍此作本身，是否真是齣革命劇，卻很難講。暴露那些無所事事貴族的真面目，本來就是劇場老招，莫里哀即用過此法；路易十四既已馴服貴族戰士，隨之而來必有這等挖苦現象，而且毫無風險。博馬舍在費加洛劇中展現的主題精神，一如以往，是愛與權謀——同時期席勒的《愛與權謀》亦然。兩劇都描繪一種階級、能力不再相當相配的社會秩序；席勒的批評更烈，不僅是喜劇也是中產戲劇，帶有共和情懷，劇中王公將其子民送往美洲當作傭兵賣力（如赫森人的遭遇），好供他為情婦購買珠寶。可是一如《費》劇，責難對象在於為不當目的而欺騙、操弄人民；同樣主調也出現於當時另一作品拉克洛的小說《危險關係》之中（<251）。博馬舍當時正忙著四面作戰幫助美洲人民，他在劇本中嘲弄那些有礙其目標者的愚魯；但是他征服了後者，而非在其手下犧牲——可以想見他心裡一定不止一次暗喜，正如費加洛，用智打敗了想要挫敗他大計的諸位伯爵大爺。

海峽對面，約在同時則有一名歷來國會最機智的成員，此君也在經管一家劇院，正向那單調劃一的濫情喜劇痛擊一拳。這個劇類原係法國進口，主要為一名叫做康伯倫的傢伙大肆利用，另有幾位女作家也來幫忙。打敗了這群寫手的那位仁兄，大名稱謝雷登，正是其中某位女作家之子，其母另外還寫小說，是這一群人最富才情的一位。一如博馬舍及席勒，謝雷登早年奮鬥，因此有一股旺盛的鬥志，在《情敵》、《造謠學堂》和《劇評大家》幾劇中重現復辟時期的戲劇精力，卻無那種粗鄙之風

——此時道德風氣已形精緻，早期那批劇作家的光燦已為人所淡忘，而芬妮·伯尼筆下的女主角依芙萊娜，連看一場康葛列夫的《以愛還愛》，都被弄得害臊臉紅。此時英格蘭的社會風氣，正往維多利亞式的「正派體面」緩緩邁進——早在維多利亞出生的一個世紀之前。

此處論到的幾十年間，正當喜劇劇作家以「酸辣」還擊「糖蜜」之際，一種新型歌劇則正取代舊型，不是悄悄進行，而是正面痛擊。新型歌劇的創始人兼鬥士，乃是

葛路克（Le Chevalier Gluck）

首次提及此君，必須使用其法式名銜，因為這場歌劇大戰主要係在巴黎進行，對戰雙方則是葛路克劇迷與義大利人皮契尼的朋黨——其實將後者視為舊派旗手並不公平，因為他絕非一名微不足道的小作曲家。至於葛路克本人，則經常穿梭來往於維也納、巴黎之間，維也納是他旗開得勝之地，在巴黎則教音樂，學生是嫁與懶散自在的路易十六為妻的新任王后。瑪麗·安東尼特很喜歡她的老師，派他往她的祖國跑腿辦事，后寵為他帶來許多朋友，同樣也製造許多敵人。

音樂上，他的功（或曰過）在打破**嚴肅歌劇**的規條（<483）。舊劇熱愛對稱，已有過度之嫌，在那不勒斯樂派手中每齣歌劇甚至必有三對歌者，輪流獨唱，形式與長度固定——對某些人來說，這種可以預期的固定安排無疑更增音樂樂趣；不管劇情布局如何，音樂之趣都不受到打岔，甚至剪裁情節以符如此公式。

葛路克卻不此之為，他要戲劇表現，而且一定要在舞台上明明可見，流露真切的人情趣味。音樂

則應在每一轉折變化之處烘托情緒——抒情的、多情的、激烈的、消沉的、興高采烈的。而戲劇張力所需，不僅在劇中宣示的對對錯配情侶身上，還該有更多東西——台上還得有閒雜人等才行。如此一來，劇中音樂的音量、意蘊，自然有變化不同，而且連數量也減少了，因為一舉翦除了獨唱系統所要求的無意義重複——葛路克說：聞之有音樂臭味（*puzza di musica*）。

> 凡爾賽，一七七八年二月十三日——老夫人
> 我最親愛的母親：……我不知道葛路克是否會在正常郵班之前抵達。經他轉致，我已經送話給我親愛的母親，我的月事已在八號又來——比平常早了六天。
> ——瑪麗・安東尼特致女皇瑪麗亞・特瑞莎

此即音樂「新經」，而且非含蓄暗示，卻在樂譜序言中明明寫出，作品亦步步循之。葛路克保留了新古典悲劇題材，音樂則抒發其中所有的熱情心聲，他的傑作《奧菲斯與尤麗黛》、《阿爾切斯特》，以及兩部《伊菲吉尼》，分別在歐勒斯與陶瑞斯，在在實現華格納日後將在「樂劇」（music drama）名下再興的理念（916>）。在他們之間的年代裡，各式風格的歌劇亦努力捕捉、再現歌劇劇種的原始概念，亦即透過音樂，既表達情節也表露感覺；在嚴肅歌劇裡面，感覺情愫則被弄得太沉著安靜了。

在此無意減損葛路克的價值，卻一定得指出其實改革之風，當時已甚囂塵上——他自己即將新歌劇的原則，歸功於其作詞者卡沙畢其。葛路克的另一位作詞者羅雷似乎也將新風氣視為理所當然，為莫札特作詞的達蓬特亦然。從嚴格的安排規定之下釋放出來，巧妙恰適地表現主題，這項新原則不只將支配音樂，同時也將主導所有的藝術形式。葛路克想要表現嚴肅戲劇之心，也可以觀諸當時文壇人

士對歌劇的訕笑，此時他們所知的唯一歌劇種類，只有韓德爾的作品（<483）。許多人更深信，美藝（fine arts）既以生活為題材，就務必肖似生活，方法則是以真實的經驗或正確想像的經驗為本。

如維科在世紀之初即已指出，藝術的目的不為取樂或載道，卻在照亮有關人類的行事（<465）。大約在此同時，影響力既廣且遠的杜博斯大院長，也宣稱藝術的功能在「激起熱情卻不致造成悲慘後果」，同樣是為要洞悉這些熱烈情緒的本質。幾年後包佳頓創出了**美學**或**美感**（aesthetic）一詞——他可不知道在要來的年日裡面，此詞將掀起多大的風浪、造成多少的破壞。他當時純粹只想試構出一門感知的科學，並證實藝術之事，需要對感官進行專門的使用以及刻意的訓練。正如他所指出，顯微觀物亦然：一開始透過鏡孔看去，什麼也看不見，只見一團朦朧。此說正與杜博斯的主張相合，後者認為「品味」屬第六官，是許多人不得有的器官機能，不能單用理性即得。所謂「俗人」這個品種（缺乏這品味第六感的人）於是正朦朧成形漸漸浮現。

在英格蘭，那位尚未轉進政壇的年輕愛爾蘭人柏克，此時已出了一本《探雄渾與優美之因》，以細微精密的心理、生理細節，細細描繪二者的質性與異同。「優美」：流暢、和諧、宜人；而「雄渾」則粗糲、奇巨、懾人。其實有關各類藝術的性質，以及對靈性造成的影響，古人與文藝復興人士並非漠然；但是卻要到十八世紀，**分析**一事才發展進如此境地——理論當鞍，一腳踢刺得各路評者躍起，務要勝過對手：能看得更深，能吹毛求疵找出最細微的特色來。於是十八世紀，有狄德羅論畫，有萊辛論「拉奧孔」（西元前一世紀希臘化時期名雕像），最後有溫克爾

> 一如繪畫，音樂亦有其單一目的：整體描繪，自然之中的諸般真理。
>
> ——杜博斯大院長（一七一九年）

曼論希臘，遂使精細的藝術批評成為建制，其角色半學術、半推廣。溫克爾曼一生致力於光耀希臘藝術、敗壞羅馬名聲，並因此復甦柏拉圖的信念，認為美是神聖的，應愛之、崇之——也許是象徵上的巧合，溫克爾曼卻遭一名同性戀殺人犯殺害。

但是各個時代都有其不同的古希臘，而溫克爾曼的版本則撼動了十九世紀，經由歌德、拜倫、濟慈和額爾金伯爵（額爾金於十九世紀初土耳其統治希臘時期，自雅典原址移去有名的巴特農神殿大理石雕，運往英國，現由大英博物館收藏，視為「館寶」，希臘多年索還不得，為國際性大爭議。簽定《天津條約》並火燒圓明園的英法聯軍統帥額爾金，即其子八世爵），激發了普遍欲求，每間課室裡都要擺上一張巴特農神廟圖片。這也促使西方支持當代希臘人起來作戰，推翻土耳其的統治（747 >）；更重要的是，希臘新典範也有助於迴避那古老格言——所謂藝術係在模製意義下仿效自然。「大自然」那滑不溜丟無處可著力的質性，一向令政體理論家苦惱，如今亦使藝術批評者惶惑，被迫之下只好表示，藝術模仿的對象乃在「美麗的自然」（*la belle nature*），言下之意暗示著畫家、詩人，常常得「干預」自然，以增其美。然而，建築藝術又是在模造什麼自然範本呢？若以秩序與和諧代之為必要條件，難度也未能因此消失，只是變淡而已——可是在同樣又要求逼真感與戲劇性之下，秩序與和諧又如何禁得這個壓力？

> 在那些激起愛意與自得的物事之前，我們的身體會受到影響，據本人觀察，極可能以下列形狀出之：頭向一邊歪斜、眼皮子比平常更攏合，眼珠子也輕轉，瞥向該物；嘴微張，吸氣轉緩，不時低嘆一口氣；全身鎮靜下來，雙手閒置兩旁。
>
> ——柏克論《探雄渾與優美之因》（一七五六年）

種種不確，遂激起永遠打不完的音樂論戰（917>）。

＊＊＊

一七八一年五月九日，薩爾斯堡大主教的內侍長嚴責一名身材短小的二十五歲青年人，最後更把他踢出宮門。年輕人名叫

沃夫岡．阿瑪迪斯．莫札特

他原是大主教的音樂苦力，待遇比家丁還更不如——直到他起來反抗。凡諳古典音樂者如今皆知，年輕的沃夫岡由父親教導，乃是一名天才，被逐出宮的那一天之前，已作有幾十首各式作品，包括十一齣歌劇及其他舞台用曲。可是直到那時為止，這些才藝表現均屬模仿性質——雖然充滿了創意與莫札特式氣味——所以引人矚目，全因為作曲者實在年輕。進入這一七八〇年代的十年之間，莫札特轉而建立了他的獨特音色與風格，此時葛路克的改革已成氣候，不能再倒轉回頭，莫札特因此不須為形式或類型戰鬥，葛路克作品12對他的影響也可稱微乎其微。他最愛的音樂卻正是歌劇，勝過其他任何一種樂類。

為掌握機會，表現聲音裡的個性，他甚至寫了一齣通俗音樂劇，亦即一系列場景以字詞相連，有些則透過音樂說出。對他而言，劇中人的思緒不只是一種刺激，也是一帖興奮劑。自他那時以來，莫札特的音樂一再因迷人、雅致、纖細而受到讚美——一言以蔽之，正如洛可可。在此同時，其他一些

比較「強」的大師，則被視為「比較嚴肅」。這等於用半耳、半心聆聽莫札特；他的感情深度、他對人類困境的掌握領悟，事實上位居真正能用音樂傳遞真相的少數音樂家。但是莫札特也不離貴族趣味的優雅禮儀；一名批評家即曾指出，聽莫札特的音樂，常常很難分辨到底是喜是悲，因此正是那個時代完美的寫照表達：盱觀那個世紀末的年代，實在無法決定究竟是無憂無慮率性而活的時光，還是最後夕照的金色片刻——其實兩者都是。

> 當我想像歌劇應該是何模樣之際，火花竄流我的血脈，全身熱切發抖，我恨不得趕快一示法國人：他們一定得開始認識、欣賞、敬畏日耳曼人。
>
> ——莫札特，年方二十二（一七七八年）

歌劇方面，莫札特的天才在於他把每一個音樂元素都拿來描繪個性，而且不僅在一出場時如此：戲中每個人物的音色聲調，都隨劇中情境而變化轉折，交響配樂更將那閾下知覺的細微處與歌聲明示的感情交揉。意志力交錯跌宕之中，沒有一事靜態，每一齣歌劇又各有其殊異氛圍。源源不絕的繽紛展示，卻又在古典規律的形式之下出之，正是其表現力的奇蹟之處——溫克爾曼的希臘式和諧之美，透過層層音塊重現。這種毫不費力的自然對稱，部分來自其旋律材質，入耳但覺豐富、獨創，實際上屈指可數——鮮少長於四或八個小節，而且也不離十八世紀常用語彙。就是這無懈可擊的適境適性，並透過適得其所的巧妙處理，使人高呼：「完美已極！」

然而和諧就不會雄渾，正如柏克明確指出，後者需要的是粗糲與規模。可是有些時候，在《登徒子喬望尼》，以及在他最後一部歌劇作品《魔笛》裡面，莫札特卻以他自己的方式達到這個境地。他雖未能生見浪漫主義的藝術熾熱，卻很難令人不去揣測，這等熾烈會對他的風格產生何種影響。當然他的性格使然，不會陷為世紀末心態的囚徒，只消一讀他的書信，就可見到一種強韌結實的氣質，有時簡直達粗鄙之境，而且隨時會跳起來反抗。共濟會的信條，他在《魔笛》中頌揚，必已使他準備就緒，迎接理性的革命。

莫札特作的曲子遍及當時所有類型，他靠客戶委製以及自辦的鋼琴演奏會維生。雖有王侯時時邀約，對金錢不甚當心的莫札特卻老是缺錢，正顯示音樂家此時作為專業地位的低下。上層階級尚未趕上藝術理論家的潮流，對這些高貴的客戶而言，教堂之外的音樂不過純屬娛樂。因此莫札特所作的曲子，多數只是一流的謀生作品，可是在他大量的交響曲、協奏曲、奏鳴曲和室內樂中，許多都擁有一如歌劇的抒情與戲劇用意，也同樣的完美已極。從G小調交響樂起，莫札特更自由地表達其生命感——或喜或悲，連同他對形式的創新意趣。

交響樂正是他那個時代的發明。曼海姆（今德國西南）有一派作曲家，創作豐富，在史塔密茲父子領導下建立了交響曲式；較莫札特年長的同時代人，也是他忘年敬友海頓，更將之發揮到淋漓盡致，用在一百零四首為取悅他在埃斯特哈齊的東家之作。在海頓的交響樂及弦樂四重奏裡面，可以發現從新古典中釋放的跡象——旋律加長，不總是對稱，卻保持平衡，以及由一調始、以另一調終的樂章，卻不致驚嚇聽覺。除此之外，海頓也喜愛民歌，以及在神劇《創世》、《四季》中放入景致效果。他的藝術與那些背離奧古斯汀風格限制、另闢蹊徑的英國詩人藝術，是如此強烈相似，都受到民間歌謠所感，並唱頌自然。

但是與自由奔放、豐郁新穎的海頓並存者，卻僅有聽來悅耳、有時確也感人的樂聲而已；觀諸海頓一百零四首交響樂，不可能首首皆有貝多芬注入其九首交響曲的那種濃密度。而且也在這幾十年間，音樂藝術的概念有了改變，歌劇方面，也出現類似交響樂現象的大量創作與反映；有些十八世紀作曲家，成打地寫出歌劇，最高紀錄為一百六十部。海頓因寫來容易，遂使自己的地位屈居其真正的天才之下，只有室內樂演奏家發現他的深度，一般對他雖敬重卻乏熱度。

與此轉型相關，還有十八世紀末管弦交響樂團的性質，雖對音色做出各種可能應用，卻仍受某些木管樂器的不足所礙。樂團本身在管、弦之間，也尚未達到標準平衡；銅管可有可無，就算有也只限一二之數，而一個完整齊全的樂團，通常約達四十五支。除歌劇是為例外，音樂依然屬於家宅內部活動，須有豪門或宮廷之力，才養得起相當規模、長期性質的樂隊。在巴黎，僅有一位稅務承包商拉普派利尼耶[13]，擁有匹敵埃斯特哈齊的樂隊。音樂會鮮少屬於真正公開性質，直到一件新事出現：萊比錫的中產人士決定要有一間音樂廳。他們選中了羊毛交易廳作為永久交響場地，入場僅供長期預約認購，只保留五個座位以饗偶一為之的愛樂人士或外地來客之用（可瀏覽 John Peyser 編 *The Orchestra*）。

＊＊＊

古典音樂聽眾，向來不是多數人口，甚至不是教育階級中的多數；比較起來，繪畫更易親近，文學更甚。除去這些精緻樂趣之源，另有二事也能塑造身屬一代文明高峰之感，其一為生活中無可描述的閒適感受。在「舊體制」末葉，此事當然純屬富貴人的專利，尤其是那些游走於西洋「世界人」社會之人；因為在此，禮俗舉止、物質事物都已組織起來，使生活既順遂又愜意。這方面最成功的範例，首推威尼斯，如今正全面衰頹中，卻依然是歡愉之城，美麗（並商業地）存活著。威尼斯的四海交際圈是最精煉文雅的，博弈是最文明的，廷臣是最令人神迷的。

威尼斯甚至可以藉著卡納萊托、瓜第的作品，號稱一個小規模的藝術復興，他二人則豐富地描繪這個城市。每名進行「大旅行」的年輕人，回程都必經威尼斯，以為其難忘的記憶承載再加一層閃亮鍍金，同時也買一兩件卡納萊托作品紀念——有幾分未來印象派氣息的瓜第，當時則勉強相當於今天的風景明信片地位（他的作品在印象派興起後方才獲得重視）。盧騷的《懺悔錄》裡，便記有一名敏銳觀察者對此時此地的威尼斯投下的一瞥，現代學者對威尼斯其城與盧騷其人所做的雙重側寫，則可見Madeleine B. Ellis[14]著*Rousseau's Venetian Story*。

促使文明不僅成心中意念，更成為感覺力量者，其二因素則在重大事件不斷發生，不僅限重大禍事，而且亦有重大成就時時提醒。本章檢視的數十年間，這種好奇心可說獲得極大滿足。盧騷、狄德羅和伏爾泰相繼去世，不可能未受注意；一名船長布萊，則因其麾下的邦提艦叛變而大大有名。其他海事新聞如下：在美洲，某位費區安裝了一具蒸汽引擎，駛船沿德拉瓦河航行。在法國，某名貝爾博士製了一部機器，可以發出母音；居諾造了一架蒸汽車，蒙哥費爾兄弟則做了一只氣球，裝滿熱空氣，將他們大膽強韌的朋友諾吉爾送上藍天，球面由兩兄弟製造的壁紙（加厚加強）做成。次年又在里昂再現這場絕藝，此次由一位賽伯女士擔綱，她升空達里昂城上方一哩之高，一路飄搖、一路高歌；沒多久，一對旅人便搭乘著這個新的交通工具橫越英倫海峽。第一架降落傘也製造出來，亦在巴黎，卻有致命結果。

在此同時，一名法國工程師名沃康松者則利用空餘時間造出自動機器——即機器人。他的吹笛機器人笛聲悠揚，他的自動鴨搖擺游水、能啄穀粒，而且還（可以這樣說嗎？）把穀粒消化掉了。比較實用之物，則有阿爾岡燈問世，此即長久以來家喻戶曉的油燈——燈芯浸在裝滿燈油的瓶肚裡面，有小鈕可以調節，火焰則罩在玻璃之內；也有人嘗試用瓦斯點燈，不過未能成功。鋼製筆也露面了，寫字人不用再重複那煩人瑣事：每隔一陣子筆頭寫斷或寫鈍，就得重新削切羽毛筆尖。

同樣來自巴黎，還有一大堆滿足好奇的八卦醜聞，再度證明理性時代絕不意味著人類愚行告終。一名自稱卡里奧斯特伯爵的傢伙，正做出各種奇蹟治療，並預言未來，還有辦法通靈。高級社會人士仰仗他的服務、吹捧他、向友人保證大師確是超自然的神人——事實上他只是一名義大利旅店老闆的兒子，一個江湖郎中。他的騙術之一，以王后項鍊情事15而大大聞名：他與一名有名銜的女冒險家拉莫特伯爵夫人合作，說服那位行事怪異、卻愛上王后瑪麗．安東尼特的樞機主教羅哈恩——如果能贈予王后某一條價值一百六十萬法郎的鑽石項鍊，她將會青睞以報。項鍊先經過這一對花言巧語的搭檔之手，鑽石全部拆下在倫敦脫手；他們的詭計及樞機主教的迷戀傳入國王之耳，隨之遭求刑起訴。拉莫特獲罪，罰以烙印，結果卻逃之夭夭；卡里奧斯特亦然，最後跑到羅馬，在那裡（近生命末期）因共濟會員身分被定死罪，卻又易科為終生監禁。

倫敦也不下巴黎，不斷供應愛說是非者以各類新聞。一七八〇年年中，倫敦城落入五萬名暴動者的手裡，戈登爵爺發出那古老呼聲：「不要羅馬教廷！」並與暴民一起示威前進，要求撤回最近一項解除天主教徒某些資格限制的法令。抗議行動膨脹成野蠻破壞，整整持續了一個禮拜之久，戈登的神智其實並不怎麼清楚，獲赦其叛逆罪名，最終更擁抱猶太教信仰。在此同時，新門監獄則遭搗毀，旋即重建，並在那裡為他找到一個落腳之處。

經由補償作用，此時有一名新出的悲劇女星西登斯夫人，帶給了劇場鑑賞行家永遠難忘的快感，詩人、評論家也都有文字記載在冊，為她戴上英格蘭最佳女演員的頭銜，而且從此之後，再無人挑戰過是項地位。接近她初次登台亮相之時，發生了另一大事（如今已被忘卻）則為英國戲劇批評畫下了尖銳的轉捩點，一名叫做莫瑞斯．摩根的作家，出版了一篇長文，主張他先前已不顧眾人恥笑而出言表示的意見。孤身對抗眾人，他堅持莎士比亞作為詩人、戲劇家，作為先見、思想家[16]，其地位無人可比。摩根是第一位莎氏偶像迷——卻不像後起的歷代莎迷那般生搬硬套。

簇擁在這事件頻仍的一七七六年四周，還有其他幾件堪稱智識史上的出版大事。七六年本身，就出現了吉朋的《羅馬帝國興亡史》，以及亞當．斯密的《國富論》。其他還包括蘇格蘭史家羅伯森的《美洲史》，獨具創見又包羅豐富，不幸寫到獨立戰爭爆發就沒寫下去。又有邊沁的《立法原則》，通常被視為下世紀的作品，因為其思想屆時方才發生作用。還有休謨的《自然宗教對話錄》，是這位蘇格蘭理性論者悄悄破壞基督教信仰與對理性的信仰的最後一個動作（739>）。

日常生活方面，讀者可仰仗兩大新知來源：倫敦的《泰晤士報》，以及三卷帙的《大英百科全書》。同樣的倫敦佬，不管是否愛好音樂，也可以享受在西敏寺舉辦的首次韓德爾紀念音樂會，既示懷念大師之情，同時也展現對巨型聲樂、器樂整體效果的喜愛——五場音樂會，每場均有五百二十五人共同演出，第一場太受歡迎，不得不再加演四場。

> 待得時間的指針，已掠過如今的編著、評論人，以及伏爾泰的大名，甚至連他用以執筆的語言之記憶，亦將不復存在之際，阿帕拉契山脈、俄亥俄河水兩岸，賽歐他的原野之上，卻將響徹這蠻人（莎士比亞）的音韻。他仍無可朽壞。
>
> ——莫瑞斯．摩根（一七七七年）

一七八八年法蘭西國庫枯竭，破產指日可見。緊急關頭，法王被說動召開三級會議，由三大階級（貴族、教士、平民）共商國事，是一百七十五年以來首度召集。會議功能一向只供諮商，而非立法，除表決開徵新稅是為例外。此番開會的期望因此有二：一為政府提供資金，二能建議改革事項；為此目的，會議必須代表全國，與會者將由近於全民投票方式選出。在此同時，也徵詢改革意見，**集成**（*cahiers*）（等同英式「藍書」）在各區分別擬就。結果各地提出的要求內容驚人地類似，啟蒙思想已經遠入各個角落，幾乎所有人都主張君主立憲，無異於向愛英派的伏爾泰、孟德斯鳩思想致上無聲贊同。並沒有人打算除去法王，但是大家都想終結所謂獨裁專政，亦即那龐大官僚體系以及那迂腐司法體制之下的專斷、失控行事（<590）。單單就選出與會代表一事，即顯出政府機構陷在何等的狼狽泥濘之中：有些城鎮竟屬兩區，有些同區分成兩半相隔數哩之遙；紀錄散失，轄區重疊；特別法庭、豁免條款充斥，使得常態運作完全失去意義；稅徵更永遠不得公平。

為助改革得到徹底、普遍的接納，法王已下詔准許新聞自由。於是書籍、小冊一下子冒出來奔流現身，宛如戲法——顯然法國境內男女、小兒，人人都是政治科學家。不知怎地，他們知悉盧騷，也曉得眾位百科全書大家：思想理念如何在沒有公然交流之下，竟能如空氣般四下傳布，實在太不尋常。千種喧譁之中，有一個聲音尤其令全國興奮有如電流通身，來自一名沉默寡言的修院院長西耶士，他在一則簡短聲明中表示：「第三階級（即平民）即全國——整個國家。」這裡那裡，臨時召開

> 笑（Laughter）——人類特有情愫，因某種逗趣之事而發。笑時，眉毛近中處上揚，並向下拉近鼻處，眼睛幾乎全閉；嘴張露齒，嘴角後拉上掀；兩頰如鼓，幾乎蓋眼；臉多脹紅，鼻孔歙張，眼睛濕潤。
>
> ——《大英百科全書》初版（一七六八～七一年）

的會議聚集，通過決議，宗旨類似如上。制憲成了支配眾人情緒的最大熱情。

所有這一切，都發生在一七八八年。次年，就程序頻頻爭執角力之後，三級會議終於揭幕，爭執更甚，迫使上兩層階級與第三階級合併，變成國民會議。不久，吉勒坦醫生（Dr. Guillotin，法式斷頭台即由此名來）即向大會提出經他改良並以其姓命名的裝置；巴斯底監獄遭民眾猛撲，守衛無必要地濫殺，暴動遂在幾處城池爆發。貴族中人也出面相助放棄自己的權益，西耶士作為其中一員，寫了另一篇文章，詳列日後人權宣言的內容。一時之間，君主制改革似乎正走在正確的路上，尤其在將王室由凡爾賽帶回巴黎之後（一個象徵）更是如此。

一七八九年此年，在法國境外亦有其他意義。喬治．華盛頓當選合眾國總統，這是全世界歷史上第一位總統。第一屆眾議會也在紐約召開；第一個波本威士忌由浸信會牧師在肯塔基蒸餾釀成；慈善機構坦慕尼會成立（由中產階級成立，反對聯邦主義派「貴族」，後成民主黨運作機關，一度因腐敗聲名狼藉），終將成為一個不可取代的政治兼慈善事業機制。

透過傳聞、電影，或學校課業，人人都大致知道一七八九年一連串事件之後，法國發生何事，以及原屬自由解放的改革，卻如何一個轉彎變成新式獨裁。有關這方面的一些細節，將在下章有所提及（626-630>）。第一階段改革體質的脆弱，其實顯而易見，從感情用事者與動用暴力者合流共事即可看出——正是全民皆兄弟，同恨那各種「嫌疑分子」。

由某人際遇的浮沉興衰，即可佐證當時的狂熱氣氛。那位驍勇的美洲之友博馬舍，應巴黎市長之請督導如今空空如也的巴斯底獄拆除工作，地點正是那再度易名的協和廣場之處。他帶著他慣常的熱心赴任，及至一七九〇年時卻莫名其妙成為嫌疑分子之一，被帶上法庭受審，運氣好，免了下獄：否則兩年之後，必定免不了隨其他幾千名可疑罪犯一起在此就戮。受審期間，博馬舍幸見自己的歌劇《塔拉勒》再度上演，為配合當時氣氛場合曾予修改。劇中主角原本打倒了壞國王並滿懷好意地取而代之；如今則加了一幕，只見眾人民才是英雄，簇擁著一個獻予自由的祭壇，男高音及合唱隊高歌著憲法詞曲。歌劇較之民族國家，可容易改造多了。

第十七章　被遺忘的隊伍

「法國大革命」這幾個字，世人往往一見即知，腦中也同時浮起適切的相關圖像——所以如此，原因甚多，雖不似法國人般能記得一七八九年這個確切日期，卻僅僅是「不久以前」發生的天翻地覆大變動，一樁戲劇、個人的流血事件，然後又與拿破崙的史詩故事合股，其人則至今仍是位大名人。

那二十五年間楬櫫的諸多議題，今日猶在引起黨派爭辯，更是我們政治、社會體系[1]的源頭。所謂只要生而為人，就擁有某些天賦權利之說，正是那場大革命的理念：如前所見，始萌芽於更正派宗教改革，主張「基督徒的自由」（<9），人人可自由平等地通往神。繼而間接發展於君主革命，貶低了貴族的威望、權勢，並使眾人相類（雖有例外），同在民族國家之內共為君王子民。其次又有那「光的世紀」，啟動了政治、社會和經濟各方面的新信條，原本可以使法蘭西的君主政體，從所謂的絕對專制轉為英式立憲，甚至更為徹底。這項宗旨當時也廣為眾人所領會（<618），因此激發了一七八九年中召開的三級會議最先幾項舉措，更促使貴族自動剝除本身特權。只差那麼一點，就幾乎真正大功告成了。

實則不然，隨之發生的卻不是一段雖起伏卻持續的改變，而是一場大混亂，期間政權興替、暴力頻仍，延續了四分之一世紀。第一期長達五年，也許可以分成兩段：頭三年半試圖建立自由化的君制以及現代化的國家，其後一年半卻成在內恐怖、在外作戰的獨裁。然後是一段相對而言尚稱自由的過渡時期——五年的輝煌戰果使拿破崙功成名就，然後便重回專制，由他先做執政後登帝位，號令了十五個年頭，其間戰事從未停歇。

造成這一連串奔瀑般變化結果的人、事、思想極多，不可能在此一一予以注目，其中卻隱隱透露一種狀況，極具文化意涵：此即當時黨同伐異的各路領導或權傾一時之人，往往缺乏成熟的政治才幹。政績若要斐然，務須靠兩項不同長才：一為政治技巧，二為行政性向；兩者皆屬稀有，不論一人兼備或分別獨具。前者繫於感應正確，知道何事可行、何時當行，以及如何打動他人、製造需求。任何人只要張大眼睛，在某個委員會任過事，就知道有多少「好主意、好點子」為成員所提出，用意都很良好，卻根本不可能實現——因為所提內容只有結果，卻完全不見由此而達於彼的方案。在某地方政府的機構任職之後，蕭伯納估計世間具政治能力者大約只有百分之五。

但是一個人可以是十足政治動物，同時卻拙於行政。所謂行政，即在化時時傾向於無序之事為有序；不論經管任何機構組織，人與事都須日復一日保持井然，否則可行的想法也變為不行。而且徒有才幹仍嫌不足，必須是天縱英才，方能設立出國家級的行政系統。拿破崙在國內外功業彪炳，即歸因於這項異秉，不下於其長於用兵之貢獻。

有人說美洲人民事例（自由之民）影響了法國革命人士。誠然，後者有關自由天賜等語，有時的確與美國獨立有關，可惜美國制憲諸君的智慧光芒，卻完全未曾照耀到正在法國立憲之人。美洲經驗中，只有獨立戰爭席捲了法國人而對歐洲發揮作用；拉法葉、德格拉塞、羅尚波、格納森諾等人，均曾在美洲作戰，親見舊式的保守戰術遇上美洲人、印地安人的神槍狙擊，是何等施展不開。於是歐洲也改採小型縱隊的靈活隊形，由小規模戰鬥掩護；這種戰法需要的操演較少，砲火輜重又較輕，大大增加了部隊的機動性與速度（請閱 Peter Paret 著 *Understanding War*。）

連續三屆的法國國民會議，代表集聚，任重道遠，才具配備卻欠佳——這也難怪；他們多數如羅伯斯比，只是小鄉鎮的律師，或其他學有專長的專業人員；也有些是手工藝匠，或小地主、地方官吏。若干人或許長於「搞政治」，卻不見得嫻悉建立體制、做成憲法，或在緊急壓力下解決國家重大議題。這些人當然能言善道，他們擬就、發表無盡講詞，他們滔滔不絕辯議、討論；中間卻只有一位政治家米哈波，不斷敦促大家趕緊採取行動，卻白費唇舌。法國大革命雄辯滔滔留給了後人數量龐大且是未來所有競選演講術的範本——抽象、散漫的概括之言，良詞美意，為博得掌聲而發，細節卻朦朧模糊，唯有抨擊對手或指責「叛徒」時才有例外。長篇贅言之中，只有一人與眾不同：清晰有力的丹敦。

新秩序下的頭兩年間，本來米哈波或可帶領大家走向持續的改革之路，避開一系列最終導致軍事政變的合法、非法變故。他本想將政體轉為立憲君制，並自任領袖；不幸他私人方面與國王有財務往來，所言遂不免帶有銅臭利益，而且他咄咄逼人的強勢也令人不快。他預見到革命政治即將來到的律動：任何穩定局面的措施，勢將被視為叛離自由與平等大旗的腳步。而且當反革命的威脅從國外王公壓來，真正有心

> 在這節骨眼上，不要求更多時間考慮。大麻煩從不給人時間。
>
> ——米哈波致大會論聶克爾所提「愛國所得稅」
>
> （一七八九年九月二十六日）

革命者又得與煽動家抗衡競爭——這是歷史現象的通則。

因此遂有所謂「革命吞噬它的兒女」之言（原文為，革命如羅馬神祇薩圖恩，即土星，吞噬它的兒女）。然而如此後果，可能性雖然很高，畢竟還是可以做出其他假設：當初米哈波若能活著，再加上稍帶有半兩政治頭腦的君、后，君主制說不定能夠繼續存活。可是一錯再錯，接連做出錯誤選擇：是法王自己向奧地利宣戰，是法王本身失策（常出於王后慫恿）才造成他失去王位。之後就有一股新的力量進來發生作用：各種結社、黨團和「區域」紛紛出現。

雅各賓黨因其名為世人銘記，如今用來意味（尤其在英文中）具有群眾煽動性的極端主義思想。他們是法國大革命組織性最強的黨派，全國[2]各地都布有「基層組織」。而「區域」也者，是指巴黎市四十八個新分區，各取有一個象徵名稱——借用英雄大名如威廉・泰爾（神箭手，傳說一箭射中其子頭頂那顆蘋果），由區議會負責轄理，下置委員會及其他成員，人人可自由發言辯論。結社則為獨立團體，推動各自選定的使命，早期有過一社稱兩性友愛會，另有一平等社，還有一社為女演員蘭克姆所立，是首倡共和之議的團體。它們發刊報紙，最激烈也受歡迎者為醫生馬拉的《人民之友報》。而這位「人民之友」，卻主張由獨裁者主政，對待各方的崇拜者（包括蘭克姆在內）他也儼然獨裁姿態。

因此教科書上稱之為巴黎暴民的群眾，事實上是一群有組織且言詞便給的人，雖非凡事意見一致，卻能同心合力到足以在緊要關頭一起行動。那一連串令立法代表苦惱不堪的暴動、抗逆和殺戮，就正是他們的傑作。他們也一再派員赴會遊說或威脅。他們是愛國者、是真理與美德的捍衛者、是革命的守護者——不，是革命的「救贖主」。

這股革命勢力，得了一個外號叫「無褲黨」（*sans-culotterie*）（636>），成員有工人、小店主、教師、藝術家、作家、小吏，身家富裕者只有一星半點。「下層中產階級」這個標籤，並不能充分反映他們的智性休閒活動、他們對教育的渴望追求（並非個個識字）、他們對本身一技之長的引以為榮、他們的自尊自重與熱心認真。他們聚在一起，為研讀盧騷、伏爾泰，以及其他大師著作，也為演說、歌唱，或享受年輕姑娘的道德吟誦——簡言之，為過心靈生活。

除此之外，它也是行動派組成的兄弟會。當教堂尖塔的警鐘響起，當鼓聲雷鳴總動員，他們開拔出發，去執行領導人（一般地方政壇人物）交代決定的任務。有些區隊特別暴烈，於是私刑、小規模屠殺層出不窮，成為每一次形勢扭轉的標誌，形成各種為歷史所紀念的「某事之日」。如此而行之下擁立的原則極少，卻很一致：主權在民、平等，以及稱之為「可敬的平庸」。這最後一項，毫無輕貶之意，卻意味著不上不下介乎中的人生況味——正是盧騷、傑佛遜的理想境界（前者的《民約論》，在一七八九年後的十年之間，發行了三十二個版次，口袋本還不計在內）。這種理想，很容易流於反菁英主義：無褲黨人即視狗為貴族動物（因為貴族狩獵之故）——真正的民主人士，有貓即已滿足。

就從這股騷動狂熱之中，出現一個新的理想畫面，觀念老早就有，未來也會有更進一步發展，亦即建立共產制的美好社會（<24），由一獨裁政權以恐怖手段操作。結果在後來真正發生的大恐怖時期裡面（非此恐怖時期），這些共產理論家有幾位喪了性命。還有一名共產人士巴貝夫，也因其〈庶民宣言〉的理念企圖發動政變而走上斷頭台。可其友波那若提，米開蘭基羅的後人，卻大難不死並寫了一份宣傳文字，名為〈巴貝夫密謀平等〉，此文的教誨一再為小型革命團體的領袖回響附和再附

和，至十九世紀不衰，尤其是布朗基領導的一支，據說列寧的手法（如果非目標）便是借自於他。

＊＊＊

大革命的直接遺產，當然與共產主義完全是兩回事，此即民族或曰國族主義；連同自由主義，以個人權利、代議政體的意義出之。一頁十九世紀政治史，正是要將它們遍植於歐洲的奮鬥史，同時卻也是這兩項精神之間的競爭史。因為戰爭之故，自由派革命只好放棄自由主義：革命時期的恐怖統治就是因見「父國陷於危難」而生的副產品。外有敵人在凡爾登，內有旺地的保王派小農為亂；糧食危機狀況緊急又持續；公安委員會必須採取強力手腕：鎖定物價、搜捕異議者及黑市商人。

公安會上眾員平等，羅伯斯比則是那眾員平等中的首席，短短時間從地方一躍登上全國舞台。他原在家鄉阿拉斯任地方法官，因必須判處某人死刑而心情沮喪，乾脆辭職不幹，後在第一次國民會議上曾推動廢止死刑法案，其後心意雖改，關懷窮苦受壓者的心卻始終不懈。固定物價之舉，即在保障普通小民，也可保軍隊補給不斷。他領導著第一個高效率的警察國家，國中各處都派有特務指揮清算整肅，對象為「嫌疑分子」、「叛國分子」，以及他們的妻兒。在前線，他的特務也可以動輒解除戰場指揮官的職務，只要落入嫌疑或下令撤退即成罪名。在巴黎，革命審判庭日審夜訊永遠在開庭之中，檢察官福卡唐維夙夜匪懈勤力從公，十七個月內（據他自己吹噓）就約有二千顆人頭滾落塵沙。

然而文化之內，沒有任何心性趨向——或謂任何「感性」，姑且再用一次這個名詞——可以永遠毫無異議，即使以極端力量壓迫也不成。**極權主義**（*totalitarian*）一詞，只是個概括的簡寫，雖勉強可以代表它在二十世紀的意義，事實上從不曾真正「全面控制」（total）。到了一七九〇年代晚期，便依然有一群少數，頑強地反對革命的每一步驟，他們的敵意或明或暗：有些外表順從，其他則躲起來不現身，由沒有嫌疑的人士窩藏，後者雖屬百分百的革命派，卻願意為親友提供掩護。至於太知名者，則必須向外逃亡，一波又一波，隨著當道或巷議的風向變化而逃。亡命者集聚在萊因河東，向奧地利、普魯士請求召集軍隊，密謀著領軍歸國。留在國內的人，有些奇蹟地活了下來：日後有人問修院院長西耶士（<620），恐怖時期他在做什麼，他答道：「在活著[3]。」也有幾位在美國尋得庇護，其他人則乾脆主動自首，提心吊膽被追捕的日子已使他們疲憊。有的則遭告發，被人洋洋得意捕獲——每逮到一名都可領賞，更是為自由大義做出勝利一擊。

受難者名單簡直是名人榜。化學家拉瓦錫上了斷頭台，因為他有位親戚以前是稅吏；有學問又虔誠的科黛，則因她特意從挪威前來刺殺狂熱的馬拉；詩人謝尼埃，為寫了一篇大膽社論。羅蘭夫人，也是當時的知識人，以「溫和共和黨人的繆思女神」之名見稱，全黨都被問罪受死；死刑台上，她喊道：「哦，自由，多少罪行假汝之名以行！」還有法王路易及王后瑪麗．安東尼特，當然也不免同一命運，他們的兩個孩子，則因人大意疏忽或其他原因致死。與王后一道死的，還有美麗的藍貝兒公主，拒絕離開女主人獨活。他們之前與之後，更有許多貴族男女只因有爵銜而送命；一名侯爵夫人本可以救自己一命，卻表示：「不，生命不值得用謊言來換。」及至最後，從丹敦到羅伯斯比在內，主要黨派領導也都難逃一死。

一些意外場面，更使行刑印象深刻，往往比戲劇還精采，畫家大衛亦在現場畫下鉛筆速寫。路易十五最後一任情婦狄巴利夫人，見自己身處斷頭台上，她尖叫、哭號，必須又拉又扯才能使她就範，一心想看流血的旁觀群眾都驚呆了。這是他們頭一回忽然悟及，這被殺的原來是個人，前此被宰的傢伙都只是貴族、叛賊、人民公敵——抽象的歸類項目而已。

可是懼意與恨意，此時已在國民會議成員中逐漸升高、漫布。他們聆聽羅伯斯比宣講：純淨的社會，將從淨煉的革命之中生出——意味著還要肅清得更乾淨。在他的公安政策裡面，他們再不見自己的主張；整整兩天狂風暴雨般的激辯之後，街頭觸發了組織騷動，羅伯斯比及其團隊被捕收押定罪。又一場混戰扭打之後（期間他可能曾試圖自殺，打碎了自己的下巴），只見再添二十二名愛國者步上前人後塵——關在死囚車裡，往革命廣場而去。

一場政變，可謂相當輕鬆快速完成，顯示當時奪權初成、政治領導新鮮出爐最強之際，卻有著一個弱點：廢去路易王位，竟比除掉羅伯斯比費時為久（欲重溫當年大事及參與諸人下場，請閱 Charles Downer Hazen 著 *French Revolution*，行文生動，敘述鮮活，兩卷分量讀來似比許多僅長一冊者同類主題為短。較現代的觀點，請閱 Albert Goodwin 著 *French Revolution*。卡萊爾的同名之作，以其獨特筆觸，亦描述逼真，歷歷在目，也是第一本持平的英文記述，雖表同情卻無黨派之見，因此甚為重要。Simon Schama 的編年巨冊 *Citizen*，細節豐富，發人深省）。

＊　＊　＊

以上摘要回溯，萬不可留下錯誤印象，以為法國大革命一事無成，不曾做出任何傳之久遠的事物。相反，它成就了許多——就某種意義而言，甚至太多，遠超當初改造政體原意。而這場革命所以會走過頭，驅迫力量有二：一為革命的理念，亦即百科全書世代對「普世理性」一事持有的絕對信心；二是那股萬眾一心的狂熱情懷，國內國外，眾人興奮地為「人權與公民權宣言」具現的精神歡呼。各行各業，不分老少，尤其是知識分子，都因法國傳來的消息雀躍不已：終於自那視為千百年之久的奴役狀態下**解放**出來了。在華茲華斯的追憶裡，它是如此美妙，如聞天籟，如登天界（<12; 69）。日耳曼哲學家康德，則視此為「公共事務終由理性掌權」。其他人亦載歌載舞歡慶不已。歌德時年四十，雖未喜極而泣，卻與他所說的日耳曼普遍反應一般，極表欣慰。在英格蘭，國會領袖福克斯宣稱，巴斯底獄之陷是歷來最重大的事件：不列顛派駐巴黎的大使也評定為「史上最重大、流血卻最少的」革命。十二年來一心要改革國會的英格蘭人士，更滿心仰仗法國情勢幫助他們的改革主張。

此外，也有一支類似無褲黨，性質上卻更屬智性、見聞也更廣博的運動在英格蘭施展開來，大量汲取潘恩，以及柏克臭罵的「通訊協會」文字為養分。當時的詩人、批評家，即為此造成分裂：一方是「變節者」，有華茲華斯、柯立芝和勁狄，加入「反動勢力」；另一方則是被迫害的哈茲里特、亨特及其友人[4]（742>），遭人辱斥，指稱他們也想要來一場法式的「流血成河」，雖然他們根本無此用意。其時英國民間的一般感情，係贊成透過國會改革，以承認政治權利，而非一全新政體。彭斯論「雖然如此，一個 man 畢

> 當法蘭西震怒，其巨大四肢高舉
> 以此誓雷鳴空中、全地、
> 海洋
> 重頓其足，說她要得
> 自由，
> 為我做證，我是如何又望
> 又懼。
>
> ——柯立芝〈法蘭西賦〉中
> 追憶一七八九年事（一七九八年）

竟仍是一個 man」（a man's a man for a'that，仍是他自己）的那首詩，便係應和十七世紀溫和派清教徒的主張，要求公平作業與社會尊嚴，而非鏟平差異或共產之制。

在法國，狂熱的一心一德不出幾個月即告消散，每有變動，不論是意外或必然現象，都愈使個人或團體離心離德、歧異滋生。但是各地湧來的敬頌之詞，卻使國民會議自以為在為全宇宙制定法律，在拯救全世界於無知與暴政之中。不尋常的事情卻是，事實發展到最後，這一場革命竟真的將其理念加諸於全世界之上——亦即「男權」（the Rights of Man，廣義及通行譯名雖指「人權」，但論當時字面與實質涵義都偏限於男性之權），如今更擴張為「人權」（human rights）。這項理念既非自行傳布天下，也非靠法人一國之力，如今依然有疆域尚待征服，各地卻都有男女在為之呼號、喪命。

這些權利的內容，對抗爭中人而言，似乎再清楚不過，事實上卻視實際應用的安排而有異。寫出第一部《憲法》的一七八九年人士發現，投票大權可不能頒賜全民：那些無知無識、無產無業的文盲小民，怎可託付信任；女子同樣不能，只有極少數的怪人才會如此異想天開。不過最後投票權畢竟開放給所有男子，只要擁有等同三天工資的身家即可——比起英國選基，自是普遍得多。待得必須重新選出國民大會之際，法國更有了全面的成年男子選舉權（一八四八年）。新制更張，舊制的三十二省分全部廢除，以從原有的不列敦尼省人、普羅旺斯省人或多芬耐省人中，造出新生的法蘭西國兒女。如今既為同胞、做手足，過起新生活，眾人的「原籍」就務須更名也得改形。一開始，打算全部畫成方格，大方格內再分小方格；可是最後還是「自然」勝出，依各地地理特徵畫分為八十三個行政區域。

這種「凡事務新」的意志，加上財政困境，遂帶來一個靈感：換作今日可以稱之為將教會收歸國有。於是教會龐大的財產俱皆歸公，並用為發行紙幣的背書。地產售予求土若渴的小農（以及投機者），便成現金可資償付票據。主教、神父，經地方教區與主教教區分別投票選出，宣誓後便如公務員般成了受薪人員。不久，紙幣發行太過鬆動現成，售地收益追之不及，通貨遂告膨脹；在此同時，攻擊教會之舉也令甚多民眾萌生異心。**俗世主義**雖在前進，卻付出了「兩個法國」的結果作為代價（<441; 907>）。

其他改革的步伐卻不曾因此中斷。國民教育系統成立——在紙上，因為缺乏資金。舊有的各種度量衡也「科學化」地統一，新公制如今全球通用，以公尺（meter）為基本單位，源自希臘的度量（*measure*）一字，其長為地球子午線或稱大圈的四千萬分之一。重量、容積，則依相對的水量或長度設定。新制一律以十位數相遞增減，不再是原先那種三分一、四分一，或十二分一的方式；金錢單位亦然，即法郎。所有單位名稱，都係新古典風。

這個親切好用的數字「十」，也同樣用於「革命曆法」：一月三十天，分成三「旬」（decades，此處指十天非十年），每旬最後一日為休息日。年尾再加上五天，便成三百六十五日，這五天也是假日。革命曆不久就有了一個戲稱為「無褲曆」。這些三十天一月的新月份又各有新名，或令人聯想自然——花月（*Floréal*）、草地月（*Prairial*），或以其希臘字根暗示季節現象：熱月（*Thermidor*）——「熱的贈禮」，時序為七月半至八月半間。

藝術也受到重視，不下於科學。原有的文學、繪畫、雕刻、音樂（以及分別設立的歌劇）等國家院，重新改組為五個專門單位，沿襲至今。王家圖書館也重組為國家圖書館，並新成立音樂學院，以公款訓練各種音樂人才，日後成為典範，成績斐然。革命人士心繫音樂，與利用節慶製造激情有關

——或許不該說「製造」，而是「表達」，因為各種紀念這樁革命行動、那件出擊成功的大小「節日」，激發出驕傲、希望、欣喜之情，在法國各地城鎮掀起前所未有的集體情緒，正需要一個出口。

慶祝方式包括演說、盛會、崇拜和音樂，由畫家大衛或其畫室一員負責設計場地，包括巨型具有寓意的雕像（用臨時材料塑製），並由他一手籌組慶典事宜。在此同時，又由某些天才橫溢的「巴黎派」成員（葛雷退、戈賽克、梅裕爾、蒙西尼）編歌寫曲（675>），作進行樂與俗世頌詩。這一切都具有同等的重要性；從第一波暴動開始，人民就配上流行通俗曲調，高歌或叛逆或喜洋洋的字句，或者編作新歌新曲。再後來，為填補情感上的空白，非得做點什麼事情，以供化為世俗外貌的宗教情緒之用，一種「讚美感戴」（*sursum corda*）——隨那高亢的樂聲與儀式，提升了你的心情。革命人士以自然神論（<530）為養分，傾向無神，一度曾想推動理性崇拜為新宗教，有一女神形象，薄裳飄飄，取當時一美貌風采的女演員為模型。可是理性未能長久；在嚴峻的羅伯斯比主政下，發現無神論原來是「貴族的奢侈玩意」，於是又設立一「對至高者的崇拜」。既為至高，當然不可具人的形狀，但比起哲人傾心的抽象之神，卻能點燃較多的感覺。

這分崇拜有多少來自共濟會的啟發，很難斷定。但是這類兄弟性質的結社在啟蒙時期相當盛行，並在思想家與政治人中間，同樣產生一種強烈的結合力量，這一點卻很確定。共濟會是一支特別的自然神派，酷愛儀式、好把神話當作歷史，敬崇宇宙的大建築師，並遵從一套習俗，根據他們的說法係襲自古時營造工匠——即石匠，可以遠溯埃及。海頓、莫札特都是該會成員，為組織製作了偉大音樂；美國開國諸父亦有多位為共濟會員，而且如前所提，至今一元美鈔依然印有那金字塔的象徵，正是石匠業最早也最巨大的偉績。

事實上，石匠行會的歷史僅始於中世紀，至於它的政治傾向與共濟結社，以及接納所有自然神論者的開放性，則可歸溯於十八世紀初英格蘭成立的一處集會之所。從那裡迅速遍及歐洲，吸收了所有思想與行動界的領導人才。某些歷史學者便據此以為，法國這場革命以及後來的大變亂，都係因共濟會員從中密謀[5]造成——其實兩者的關係更可能反過來：那些脫離了教會、為共和國作戰之人，往往加入共濟組織；它是替代性的俗世宗教，也是自由派的政治氣質。

於是政治、國族崇拜和音樂，奇妙地合成一體，揭開了一七九二年七月十四日的巴斯底日慶祝活動，各地城鎮均派出大型國家自衛隊代表前往參加，雖然中央政府三令五申禁止。前線消息不佳的同時，首都則擠滿了喧鬧作樂的傢伙，便有這麼一群六百個人——從馬賽浩浩蕩蕩上來，行軍了二十七天方才抵達，一路上唱著革命歌曲，好讓時間過得快些。其中一曲，也是最新一首，剛從史特拉斯堡小道輾轉傳來，原是一名年輕尉官德律在那裡寫的詞曲，為「萊因營部隊」打氣之用。這支激昂歌聲，在巴黎又由六百壯士口中怒吼發出，終變為法國國歌，以「馬賽進行曲」為名——還好，差一點就叫做「史特拉斯堡進行曲」了。

革命浪潮期間，風俗舉止也自動發生改變，如前已見。而一七八九年際帶來「自由、平等、博愛」銘言的時代精神，更在在主導著這類改變，隨時間過去愈發強化。爵銜廢除了，「*de*」也從署名、稱謂消失，人人以某某公民為名並相互招呼（到了另一場革命及世紀即成「同志」）。你（*tu*）、你（*toi*，法文中的受格），而非您（*vous*），方屬政治正確。路易十六即係以公民卡佩的身分受審，此乃創下他家八百年一系王業的始祖之名。

男子衣著也展開民主、簡化之途，雖非完全不帶色彩，卻開始變為低調，並漸漸去掉虛飾如假髮、髮粉、飾帶，及膝褲（因此有無褲黨之稱）、吊襪帶、絲質長襪、銀鞋釦和毛氈帽等。改穿卡曼紐拉裝（原為義大利卡曼紐拉地方的農民服束），係一種藍衫，某支革命歌舞亦得自此名，頭戴紅色鴨舌小帽，源自古典時代獲得解放的奴隸所戴之佛幾里亞式無邊圓錐軟帽，經新古典改良而成。羅伯斯比凡事講究清爽俐落，則固守前朝款式，只是樸素許多；不過為安全計，最好還是愈類似工人階級愈佳。今日的男裝長褲，即因此成為男子常服，如今更幾成全球制服，西方女子愛之已極也紛予採用。路易十四及其朝臣酷好露出美腿，滿足其愛美的虛榮心腸，這類服飾已經重新分派給更坦然愛現的那一性了。

＊ ＊ ＊

在此同時，從一七九二年末起，戰事也在兩方面進行。除了要驅趕日耳曼兵力之外（此時已正在緩慢進行），西北方境內的叛變也證明非常頑強而且極具威脅。不列敦尼及旺地兩處的農民，都是虔誠的天主教徒加保王派，他們的貴族爵爺與農民戰術軍師，領軍也極為有方。最後國內叛軍終遭撲滅，東邊對外的戰場也旗開得勝，一如十七世紀的英格蘭，持有信念激發的一方，戰勝了老練的職業軍人。不過法方也不乏出身王家軍職、訓練精良的軍官——拿破崙即屬此類。除此之外，二十、三十歲出頭的年輕人，前者如奧什、馬爾索，後者如喬登、克萊貝爾（652>），也很快便嶄露頭角升任指揮，一顯其出色將才。

在他們背後運籌帷幄，則有卡諾，與羅伯斯比來往甚密。此人為一流的行政人才，不久就被冠上「勝利之組織者」的稱號，他召集了七十五萬員兵勇，負責一切軍需，維持所有必需品的生產，用視訊信號傳遞命令，升氣球進行偵測，並遠離國民會議及其各委員會的可怕政治漩渦，因而保住性命。其子為物理學者，其孫曾任第三共和總統，卡諾大名遂長留法人心頭不去，尤其因其孫係被刺殞命（999>）。但是開創這一家世系的始祖爺爺，其英名千秋絕不比他在政治場上的同僚遜色；他當時面臨的重任非常人所能，因為革命政府的十四支軍隊事實上等於舉國動員，是這類行動的首次出現，以全民徵兵（*levy en masse*）之名行世，是二十世紀主要戰事效仿的範本。

> 從此刻起，直到敵人從地上逐出，所有年輕男子都將作戰。已婚男子鑄製武器、運送補給，女子製作帳篷，在醫院幫忙。任人都不准僱人代役，政府文員留守原職。十八歲至二十五歲男性公民，凡單身無子者將首批出發。
>
> ——一七九三年八月二十三日法案，卡諾起草

一般用法，**國**與**民**往往同義，事實上未必指向同物，可以進一步區別如下：舊政權可稱「民族國」——以國治民，「儼然」是一個中央集權之國，依法管理，在廣大領域之內力求規範、一致；托克維爾考察舊式政權，便顯示法國在革命之後的結構，其實很像君主舊制。可是如前所見，世代沿襲下來的分歧，加上交通傳播的不便，俱使舊秩序顛躓難行，連各省舊名一項，都使一民不能成其一國。必須靠一場國族戰爭之力，為個人與群體烙下全民共同奮鬥的記憶，才能把各部焊為一體。不消說，只能在最最完整意義之下的國家已經成立之後，才有國族主義的觀念之起。法國革命軍與拿破崙．波那帕特的部隊，將這具有傳染性的「國家」種子，及其「主義」，帶給了全歐各地——不僅提供範本，更迫使各地人民起來抵抗這侵略者，使他們也能一瞥那異乎尋常的觀念——平等。

算學上的平等概念很簡單，一旦領會，永無猶疑。社會中的平等卻複雜又難捉摸；從自然狀態出

發的思想家，辯論起人人生而自由平等很容易（<534），因為在那個想像的狀態裡面，沒有任何標準衡量眾人，亦無天生才能可供比較，而神眼中的眾魂平等，也全繫於一個我們無從接近使力的審判評定。於是便從這些抽象概念之中，下一步又推出權利上的平等，暗示著「法律之前的平等」：亦即案件類同，程序亦必須相同。但是程序安排只能清楚規範到某個地步，逾此便得靠人為判斷決定——陪審團定罪、法官判刑，平等原則在此再度無法獲得驗證。

> 所謂人生來自由平等之說，既真實卻又有誤導之嫌：人生來其實有所不同，卻在尋求使彼此相同之中，失去其社會自由與個人自立。
>
> ——理斯曼（David Riesman，美社會學家），《寂寞的群眾》（一九五〇年）

第三層次的平等——社會生活、工商企業、政治，雖設有原則卻同時不足。人類意志與文明世界的面向如此繁多，因此若有多少優秀的心靈贊成平等的真義、價值、意蘊，就有多少同樣優秀的心靈提出反論。正是為機會均等之故，法國革命者通令成立公立教育。然而，學校教育就能使人平等嗎？答案立刻轉成個別能力的問題：「人非平等：看測驗分數即知。」對此的答覆則是，學校課業只是「一項」測量標準而已，且測量效度不明；然後跟著又列出一長串偉大人物，都是課堂上的劣等生。而且，再試想加拿大林區那不識字的嚮導：在他的專業版圖之內，難道不比邱吉爾、愛因斯坦更厲害嗎？最後，如果人的長處真可以用能力衡量，衡量的結果也發現確有高低，不是太不公平不道德了嗎？無褲黨就發現了這一層，激進者遂要求「享樂平等」。今日對不平等的抱怨，則認為所謂績優制或唯才主義造成菁英階層，因此換湯不換藥，只不過是貴族階級換了一個名字而已。社會正義要求條件狀況的平等；據此邏輯，應意味人人同資同酬，不過這一點一向少人極力主張。

平等的界定、平等條件的敲定，既然都如此之難，難怪在那些號稱平等並且用幾十種方式強制平等的獨裁政權裡面，因著政府與日常生活的需要，又重新引入各種差異區別。正如蘇維埃政權初起，英國史家蓋德拉即有此觀察心得：「有些人比其他人[6]更為平等。」此中弔詭提醒了我們，當前國際法沒有其他選項，雖然證明俱在，卻只能假定所有的主權國家皆為平等。

因此只能有一個結論：人類是無法量度的。接下來的結論自然就是：平等乃一項社會性的假設，獨立於事實之外。如此設定係為內部和平、為更近公義、為支撐自尊，還可以防止奴性屈從、減少傲慢淩虐、降低妒羨心理——些微而已。平等從家中開始，家中成員享有同樣特權，來客也得到同等款待，而無須先通過考試測驗，或出示資格印信。商界、政界和專業界，也都基於相同原因假定平等原則：所有初級文員、所有少尉官階，都領同樣薪資。其他情況如運動場上或養育兒女，則根據年齡、體重、殘障，或其他標準算出均值，以求機會均等——這是平等原則能夠延伸的極致了。

* * *

這場轟轟烈烈的法國革命大劇，第一幕主要演員大名鼎鼎，一點名就可以立刻認出。同樣知名的狀況，移至下個十年及其顯赫人物亦然：彼特、納爾遜、拿破崙、威靈頓、塔列朗、梅特涅，都在書本留名，或常為人所道及。可是兩單並看，卻不得不注意到榜上之名幾乎盡皆政、軍中人——這些行動派已經占盡了集體記憶的空間，卻使另一群同樣出色的心靈不得留名。被遺忘的隊伍當中，數來有作家、藝術家、哲學家、學者、醫者和科學中人，必須花上長時與不怠的努力，才有可能把他們的大名與作為打進大眾心坎——文化之網密不通風，抗拒任何半路的插入；名望女神不喜歡緊擠進來的模樣。

這種說法，並不表示這些值得注目的人才當年也不為人知，或為閱讀廣泛的傳記作者所忽略。他們錯失的不是讚譽，而是不斷的複述——即名聲。眾人之中，作為戰士或戰爭大臣的輝煌事功，往往蓋過其他優點的光芒。因此之故，區區幾頁文字，另外略述幾項樣本，實無法反轉已成定局的印象。唯一可做者只有快速掃描一下誰是誰，依名人榜慣例提供少量細節，以供追根究柢者少許線索——坊間另有他書，不難找到，可提供相關事實滿足好奇心，並證實確曾有過這麼一群出色人士值得認識，追本溯源，也可為某些文化進展的真正緣起，做出時間定位。

或許最令人驚奇的發現，是一七九〇至一八一五年四分之一世紀期間的實驗醫學成就。主要在生理學方面：計有比夏、馬讓迪、肖西埃、勒克勒（布馮伯爵）、杜彼唐、勒伽洛瓦，以及其他六七名人士，都對正常人體與病理機制的認識有快速進展。他們使用新化學、從事嘗試錯誤，更養成對疾病全程勤做筆記的新習慣，再加上團隊合作精神，產生了持久效果。杜彼唐氏的大名，今日與手掌收縮「攣縮」聯名，有很長一段時間，則與某種專治梅毒的暢銷軟膏相關；可是他真正值得我們注意的成就，卻在實驗腦的功能，以及神經與其他器官作用的關係。少年早秀，十六歲就開始從事研究，兩年後就成了解剖專家；二度事業生涯成為出色的外科軍醫，促成醫學方面重大發現（可讀 John E. Lesch[7] 著 *Science and Medicine in France 1790-1855*）。甚至早在革命之前，法國及各地醫院即已開始轉型，從不分貧病的收容所，變成專事研究、治療疾病的系統化經營機構。護理也成為俗世而非神職性質的專業，新生理學日趨複雜亦鼓勵醫生走上專門化的道路。同樣的理性精神之下，瘋人院也從重病監獄轉成研究、治療精神疾病的所在，皮內爾是這方面改革的領導先進，也許可稱之為首位精神病學家8。雷奈克則功不可沒，發明了聽診器，並奠定了胸腔醫學的基礎。

值得注意、紀念的英國醫生則有：

湯瑪斯・貝多斯

他是詩人小貝多斯之父，詩人兒子也是位醫生，父子倆都擁有創意的心靈與堅強的性格。老貝多斯眼光遠大、手法創新，把他的同僚與病人都嚇一大跳。他在近布里斯托的克里夫頓開業，治過的病人包括華茲華斯、柯立芝和劭狄。貝多斯醫生對淋巴結核頗感興趣，這是一種淋巴腺的腫大，為「肺結核」的先兆，日後十九世紀的頭號疾病——他開的方子是注意飲食、保持恆溫的新鮮空氣。他也就「新氣體」（氧氣、氫氣、氮氣）進行實驗，發現氧氣對呼吸不適有益，設計出第一種原始氧氣罩。他曾與戴維從事氧化氮的研究，證明有麻醉效果，遂建議外科醫生使用。終其一生關心農區貧民，致力找尋能夠配合他們財力物力的治療方法；他告訴一名農場勞工，將生病的孩子放到穀倉睡覺，因為那裡的空間大，且牛隻可保恆溫，比小陋屋裡的霉悶空氣健康。

貝多斯是一位人文主義者，在牛津求學，又先後赴日耳曼、愛丁堡兩地，精研了所有正在迅速進展的新科學，尤其是化學，他相信化學一門將左右醫學的未來，因此特為醫界同僚譯出一部德文專論。不到二十六歲即已在牛津教導化學，學生人數眾多，但一場紛爭涉及思想教條，包括科學與政治兩面，迫使他辭去教職——貝多斯贊同當時法國情勢的發展，曾在那裡與拉瓦錫晤面談話。

貝多斯一生專務執業，同時也出版寫作，以拓展他本身的「革命」理念。他主張預防性的醫療與公共衛生，他教導病人注意個人衛生與攝生，他堅信清潔、新鮮空氣及均衡飲食三事，比藥物更有益健康。他強烈贊成女子教育，見女學校的伙食感到非常氣憤：「四十名學生，接連兩天全體只以一隻羊腿果腹。」女子心智不輸男子，卻「被刻意忽略而犧牲」；男孩女孩在家在校均應一同受業。他還建議設計教育性玩具為幼兒啟智，但是這念頭看來實在太可笑無法施展。他主張應教導少年人以性事——包括身心兩面，而且不可閃爍其詞。

> 反對醫學實驗者，可能不曾體認到如此一來，不啻斬斷了現階段不治之症一切的治療希望；（不過）若一味投入其中，只為獲得別出心裁的美名，建議一些根本不可能試驗的計畫，也同樣毫無意義。
>
> ——貝多斯醫生（約一八〇七年）

他的觀察精細，得出「肺癆」具有傳染性的結論，他告訴染病的母親不要哺餵母乳。他寫道，父母應該是「健康的第一線稽查」。他痛罵當時流行的年輕女子晚裝——胸部上方全裸，又在通風的跳舞廳裡流汗。他認為男性的臆想疑病症與女性的歇斯底里其實是同一毛病，在此他對歇斯底里一詞的使用，係以現代醫學專門術語的意義出之。身體上的疾病與「精神不振」密切相關——即心身症，在他眼裡再明顯不過，他視躁狂症與憂鬱症為同一病症，只是輪替發作的不同病徵，如今統稱為躁鬱病徵候。他甚至將此病及其他神經機能症狀，歸因於「熱情不得滿足」而起。

這些診斷性的洞見，遂使貝多斯提出一套理論，認為人類的想像力正是產生各種典型心靈產物的機能：包括宗教性的恐懼、狂喜囈語的錯亂狀態、妄想症、虛構捏造和浪漫詩心等等皆是。他診斷精神病例，也將縱情酒色、腦部震盪、工匠聽覺傷害等影響納入考量；他遺憾睡眠一事尚未經嚴肅探討。湯瑪斯．貝多斯四十八歲死於肺氣腫，噩耗[9]傳來，柯立芝聞之「嚎啕抽搐」。

貝多斯非今日家喻戶曉之名，革命期間及其後帝國時期的許多純粹科學界先進人物亦然。前面曾提及的戴維，回到採煤猶是主要工業的年代，他發明的礦工安全燈可謂廣為人知，此燈有一金屬紗網罩，可防沼氣爆炸。科學實在欠他甚多：化學方面，他修正拉瓦錫多項論點，包括氧化燃燒的性質；他解釋伏特電池的化學作用；年紀輕輕即任貝多斯醫生氣體研究所的負責人，正是他的實驗，確立了氧化氮的麻醉性質，他也顯示長久以來為人熟知的各類酸，實與這些新氣體大有關係。

《科學家傳記大辭典》收錄的第一條，就是介紹拉普拉斯（男爵），說他「躋身歷來最具影響力的科學家之列」，這項評價的根據，係基於拉普拉斯於革命十年間的成果，亦經他本人在《天體力學》、《或然理論》兩書內綜合撮要。更早之前，他還研究過賽局理論，也參加一七八九年公制的準備工作（<633）。十九世紀使用他的數學，解決了電學與磁學問題；他的嚴格精確方法「對現代科學的形成卓有貢獻」。他更不厭其煩地寫下他的研究主題，以饗教育階級的讀者，讓他們也能熟悉他的世界觀。

此處討論的「失落」一群，天才橫溢，可惜今日的知識男女卻不認識他們，其中最大的損失尤屬

李希屯伯格

一例。一七九〇年，日耳曼大學城哥廷根住有一位思想家，變成如此「名士」，以致上自王公下

到學生，不分階層，人人都從外面更廣的天地前來聽他講授物理之學。二十六歲起他就在此大學執有講座，然而卻是在起居間內，更進一步地寓教於樂。他有著令人著迷的魅力，嘴角時浮笑意，談起最新的科學發現，總添上機智風趣與天南地北的離題或旁白。他的科學發現包括熱浮凸印刷原則，二十世紀的影印機是其具體實現。

他的物理學包羅萬象，還包括地質學、氣象學、天文學、統計學、化學和數學的豐碩研究成果，可是物理學卻非他唯一的知識興趣。他還以哲學家、道德家、心理學者、論文家、藝評家、文評家的身分知名——身後世人更發現原來他也善作創意格言，十六本札記[10]收有警句千條。他的書信，以及他廣受歡迎的年鑑文字，更在在展現出不尋常的想像力，既能一眼看穿隱藏的真相，又能對貌似當然的表象提出質疑。以物理學為例，他就擁有超現代的觀念，認為光波理論與微粒子可能皆為屬實；又以為幾何學上以常識為基準的歐幾里德定理，也許不是唯一真理。李希屯伯格真可謂文藝復興全才，此稱絕不為過——而且幾乎是最後一人（<599）。

李希屯伯格正是當時日耳曼新運動裡的一員，這項時代運動（就文化而言）向英格蘭尋找新鮮空氣。他兩度前往英格蘭，雖然倫敦像「地獄」，卻頗享受那裡的政治自由氣氛；也在霍迦斯的版畫中發現一種道德、圖畫性質的想像力，與他本身契合，並特為這些作品寫了一部《釋》，據歌德告訴我們，立時造成轟動。李希屯伯格讚美英式常識思想，認為是一種美德，與日耳曼人僅憑觀察基礎就建立大型抽象體系的習性正好相反，後者徒使分心，忽略實際政治（660>）。可是法國革命又已教給眾人一組思想理念，也不易連根拔除；那麼（李希屯伯格忖道）一旦獨裁者當權，會不會重返有計畫的野蠻手段？他的形而上學，遠超一般世俗之說範圍，非但不曾套入系統，卻係省思日常事物與人類行為而生的心得，含有二十世紀從實用主義、現象學，一直到語言學分析、邏輯實證主義的立論思想根源。歌德、康德、赫歇爾、伏特，都曾在李希屯伯格生時向他致上敬意，其後的叔本華、尼采、維根斯坦和以薩·柏林亦然。

除去先天即有、後天又再培養的懷疑心理，李希屯伯格終其一生，多數時間其實都很快活。他是個多情駝子，紀錄在案顯示他風度迷人，無須藉諸金錢即可滿足愛情欲求；兩回戀愛都既深且長，其一成就了他的姻緣。然而雖與妻兒家庭生活美滿，最後十年人生卻苦於器官疾病而告陰暗，一年半間纏綿病榻，使他不斷陷於憂鬱。他無疑知道此病因兩個緣故造成，因為更早之前，他就察知精神官能對肉體扮演的角色，指出身心症疾病的大方向，並認為天才有幾分來自瘋狂——這些看法雖非他所首創，卻極具資格做此認知。

> 別用假設這個字眼，甚至不要用理論一詞，應該用「想像的形態」。
>
> 他吞下許多知識，但看來多數都下錯了路徑。
>
> 根據不可否認的經驗，我知道「夢」可以導向自知。
>
> 摘下帽子，身子變短，是使其變小之舉。
>
> 人人都有其道德之臀，盡可能以禮節之褲遮掩。
>
> 人人都應該修習哲學、文學，攝取之量，至少應能使其性經驗更為可喜。
>
> 他的鞭笞，顯示著一種性的驅策：他只鞭答其妻。
>
> ——李希屯伯格《札記》（年日不詳）

之前曾經提過，一七八〇年代的康德，專心研究自然科學的理論基礎（＜606），進入下個世紀，這方面的探討成就如此斐然，以致康德的另外兩個形象完全掩而不現：他是熱情的啟蒙信徒，也對早期的革命甚示同情；他研究盧騷，配上自己的哲人式理性主義，兩者合起來激發了他的《普世和平建議書》11靈感。一名蘇格蘭軍人奧斯華也抱持同樣心願（此人曾在美洲獨立戰爭作戰，後在旺地的法國軍中戰死），即受康德此文感動，提出一份建立普世共和國的建議書——既有政治上的民主，又有永遠的經濟平等。

另一名年紀更輕的理想派，也在這世紀末期間提筆就紙，講論道德事務。這名少年郎是法軍少尉，名叫波那帕特（拿破崙），雖是小戶貴族出身，但作為科西嘉人氏，在社會上確也感到屬於邊緣外人。加入軍校，法文帶有口音，在校飽受勢利嘲笑；可慰者學業優異，尤以數學為優，十六歲那年寫下的第一篇論文倒很合宜：〈論軍校的奢侈〉。從那時起，十二年間他產出了四十篇文章，數篇論政治、軍事——或感時或因本身狀況而發，其餘則範圍廣泛，從小說到倫理學、社會理論均有。比方說，〈野兔、獵犬、狩獵人〉、〈寓言一則〉、〈論自殺〉、〈阿拉伯故事：先知的面具〉、〈科西嘉故事：新科西嘉〉、〈對談論愛〉（附有注釋論愛與友誼）、〈共和制抑君主制〉，以及一篇論幸福何來的文章，係應里昂學院有獎徵文而作，還有小說《克利森與尤琴妮》。

這最後一篇作品，只能透過一些筆記略知端倪，卻足以顯示其述事技巧以及對人物性格的掌握。創作之由，有人認為係對其未婚妻黛絲麗．尤琴妮．克萊里（法馬賽布商之女，後為瑞典皇后）情深意重之作，倒也不無可能；雖然也有學者認為年代應該更

> 啟蒙，是人類終於離開其自致的不成熟而做出的新出發。所謂自致的不成熟，非因缺乏智能，卻係膽氣所限，無法在乏人指導之下進行思考。敢於求知！這是啟蒙運動的口號。
>
> ——康德（一七八三年）

早。如果較後的日期正確，如女主角的名字所強烈暗示，這篇依盧騷的《新愛洛綺思》風格而作的羅曼史作品，正與這位年輕軍人生涯中的重要事件有所巧合，有些更是具體表現。作為雅各賓黨人，羅伯斯比下台之後他即遭到軟禁，旋即獲釋，受派指揮一支軍旅與旺地農民作戰。他覺得這件差事可恥，拒絕領軍，惹火了戰爭大臣，飭令解職。失業期間，他在國家圖書館、戲院消磨時光，心情極度消沉，思索著要自殺；可是緊急狀況突發，一七九五年十月巴黎爆發動亂，召他重回軍中；軍旅事業繁重，使得他解除了與克萊里小姐的婚約；六個月後，成為義大利遠征軍總司令。

> 波那帕特，身量中等，相當纖細，膚色褐黃，外表無甚可觀，除了那雙黑眼珠特別璀璨，習慣性定睛凝視地面。
>
> ——倫敦《泰晤士報》
> （一七九七年八月四日）

在義境的成功，使波那帕特成為頭號將領，更進一步表現本事之後，他進行了另外一項冒險，可以稱之為

智囊大軍埃及行

這樣一樁由西方人從事的史無前例壯舉，不論在行動規模或文化影響上都屬轟轟烈烈，卻幾乎不為西方世界的教育階級知曉，這種現象雖不足為奇——卻實在太不像話。多數史載、傳記，即使有所提及，也只有寥寥幾行，而且僅著重波那帕特軍事之敗，而非其文化之功。這個一向為人忽視的大

事，係一七九八年際法國學者、科學家和藝術家隨軍赴埃及遠征之壯舉，實在是一支被遺忘的隊伍：一百六十七名條件資格優越的成員，在法國政府令下專門自學校、畫室和實驗室徵調出來，由波那帕特大將軍領隊，原始構想則來自塔列朗。

政府、波那帕特，以及這些**大學者**（*savant*）——隨同出發的東方遠征軍如此稱呼他們——三方人馬對此行的目的各自不同。政府（短命的督內閣）要把這位年輕將軍送到遠遠之處——在義大利的勝利已使他聲望大漲。波那帕特本人則想望著光榮正在向他招手，一心想成為東方大帝國的創立者：如果他可以打下印度，英國勢力必滅，他豈不就是第二個亞歷山大；而往印度之路，首先須經埃及。至於學者隊伍，所要的則是新知識，說不定也包括冒險經歷。

學者年齡平均二十五歲，波那帕特的數學家朋友蒙日最為年長，為平均年齡兩倍，與化學家友人貝特羅共同負責多數作業。最年輕的一位不滿十五歲，來自綜合工藝學校，該校師生各來六名，以及三十三名校友。其餘則為：物理學家、化學家、工程家、植物學家、動物學家、地質學家、醫生、藥師、建築師、畫家、詩人、音樂家（其中有一位是音樂學者），總務支援中尚有一印刷師傅。受邀者當中，只有兩位科學家、四位藝術家以年紀與家裡有事為由拒絕，另外卻有許多人極想加入——雖然一百六十七人（以及軍隊本身）當中，沒有一人知道這支隊伍係前去「東方」何地。全程保密（直到登陸之前）事屬必要——地中海上有著納爾遜與英方艦隊巡弋。

那位才氣傑出的數學家蘇菲．姬曼，當時要是年紀夠大，是否也會中選，加入這個團隊呢？原則上，女人不能成為遠征隊的一員，卻有些扮成男子偷偷潛入，部隊另外也募有女性擔任伙員、護理；至於水手則一如慣例，僱有年輕男孩幫忙零工打雜。

此行組成精采已極，亦如百科無所不包。除去足可以配備一整個城鎮的大量補給、輜重，船上還裝載著各式供機械、科學之用的各種儀器；全套印刷設備兩組，希臘文、阿拉伯文，以及其他文字字形一應俱全，外加書寫、繪畫材料；五百種參考用品用書。一七九八年五月，土倫港口船桅雲集如林：十五艘戰艦、一打三帆快船，還有雙桅船、各式單桅船——凡三百艘各型大小船艦，到科西嘉島又另有三艘護航艦會合，運送三萬八千名兵員與一萬名非軍事人員。陸軍軍官陣容比平常為多，將軍更甚。

學者之中，銓敘為「將軍」職等者包括學術界權威如多洛米厄（地質學家，日後多洛米山脈即從其名）、傅里葉（物理學暨數學家）、康特（化學家）、聖希萊爾（動物學家）、奇納（天文學家）、拉萊伊與德斯金內（醫生）、蘭可特（外科大夫）、皮耶（工程師）、赫杜蝶（花卉畫家）、維永朵（音樂家）。共有兩對兄弟，一對父子；出航時無人懂得埃及古物，回程時有了許多專家。

旅途的辛苦多不勝書，無法全面詳載。對學者大隊而言，此行意味著必須硬著頭皮吃苦將就，軍士也憎厭他們，輕蔑之情全不保留，還好將軍們不曾如此。一行艦隊躲開了納爾遜，不費吹灰之力便拿下馬爾他，在那裡波那帕特大顯其統治、改革才能；他廢除奴隸制度，翻修行政、財政、教育系統。但是在埃及登陸卻是另一回事——如今大家都知道此行的目的地了，納爾遜冒險挺進，駛入法方艦隊停泊的避風港，擊沉了幾艘法船，造成軍士損失，學者部隊則安然無恙。

從此刻起，這支學人隊伍也一再暴露於升高的戰鬥之下，以及當地人的暴動之中。最糟糕的磨難，則可能是許多長途跋涉、各種不同方向的穿越沙漠之旅，又累、又渴、又中暑、又沙盲，還得忍受軍隊的愚弄嘲笑，這都是為求科學成果與驚人發現的代價。對史家來說，實非小可之事更包括以下：這些人方從他們的實驗室、畫室、教室新鮮出爐，一夕之間就把自己改頭換面變成火線上的作戰者，又建造工事、治理攻占的鄉鎮、挖掘廢墟、利用不熟悉的材料打造器械。這些讀書人的勇氣之高，只有他們的足智多謀可以匹配；化學家暨畫家康特，發明一種新幫浦、做出無鉛鉛筆、改良水磨的傳動裝置，還發現一種複製彩畫的方法——這可是在石版印刷發明的十年以前。所有這一切，都係因應埃及當地困境而生。植物學家奈可圖，研究埃及農業及當地農工的習慣；數學家蒙日算出摩西井泉（地下泉，據聞永不乾涸，相傳為摩西遇其妻處）的奇特水力原理。陸軍工程師皮耶為波那帕特指定做總部的官邸造了一座樓梯及露台。傅里葉在微分方程與主持審訊（臨時設立，卻屬必要）之間，來回穿梭忙碌。馬賽爾是阿拉伯專家，變成報刊負責人，每十天定期發刊一次，不時包括學者的報告，更經常的內容則是給部隊看的新聞。外科大夫拉萊伊對當地混合人口記下人種學的筆記——埃及人、土耳其人、亞美尼亞人、希臘人、猶太人和貝都因人；木乃伊發現了，他又研究香料藥物防腐的方法。當腺鼠疫、傷寒開始猖獗，隊中的眾天文學家又搖身一變，成為氣象學者，幫醫生觀測天氣、風向。科學征服了一切。

日子便如此過去。遠征隊伍的官方任務有三：（一）研究一切有關埃及的事物，（二）傳揚啟蒙開化的理念與生活習慣，（三）提供政府可能需要的任何資訊。任務一與任務三圓滿豐富地完成，任務二則差強人意。當地人對這些機器、技術，可一點也不覺了不起；但是竟有這麼多外國人為了可笑理由，研習阿拉伯語文、在沙漠裡跑來跑去，才令他們感到萬分驚奇。二十萬人口的首都開羅，總算同意屈就，每天把主要街道清掃兩次，並把垃圾清走。可是女人不戴面紗，則令當地人大為震驚；看見自己被人用鉛筆素描畫下，吃驚的程度稍輕，不過竟然還塗上顏色，這可真嚇死人了，豈不成了巫術作法的工具。

在西方人這一邊，對眼前的景象風光、生活形式和當地人民，倒頗覺開心有趣。幾個月過去，他們就已經把當地人視同法國人了；這種心態一向是各地法國殖民者的特色（與英式作風完全不同）。在埃及，他們容忍當地所有做法，只除不講衛生一項；他們納當地女子為情婦（有位將軍還娶了穆斯林女子為妻，並改信伊斯蘭教），他們研究本地風俗習慣，完全不帶降尊紆貴心理。音樂家維永朵一開始很拒斥各個民族的不同音樂，久之卻進而欣賞享受，甚至能分辨其中優劣，興起應有的情愫反應。調查疾病之際，醫生德斯金內吩咐助手仔細留意民間醫藥——「迷信也許能教我們一些有用的東西。」除去這最後一項智慧之言，這支學人大軍的表現及態度，實可稱「啟蒙精神付諸行動」。

波那帕特是這整項活動最高詮釋者。他建議、組織、批評、激發靈感；他師法國內各研究組織（<633），立刻在埃及成立研究單位，切記他本人也正是其科學部門一員。蒙日任院長，波那帕特為副院長，三個月後更親自接任院長之位。成員在一起討論，報告在地研究的資料與成果，論文一經認可，便穿越納爾遜的警戒線，連同眾人的家書一起送回國去。邸中閒來無事，波那帕特也將思想理念做成休閒活動，把小批來客分成正反兩方，辯論事先備下的各種議題：哲學、政務、宗教或倫理等等。

這支智囊團體可謂此類首創，規模也屬最大，二十個月內的成就何其豐碩，區區幾頁甚至一本書都難以盡述。最後出版的《埃及記述》，足足二十卷超級巨冊——約五十四吋高二十八吋寬[12]。超大尺寸，是為容納埃及紀念建築物的圖片——尤其是其中一圖（652>），畫出了最微密的細節；埃及全地則製成四十幅地圖。出版工作在回到法國之後開始，耗時耗力，長達四分之一世紀，作者雖可享有版稅，但是此時依當代標準多數都已達耄耋，更有不少已然去世。不過遠征期間傷亡屈指可數，最重大的傷亡要數克萊貝爾將軍被刺，發生在他繼波那帕特接任主帥職務之後。

若為這一百六十七人銘刻一個共同墓誌銘，也許可以如下：他們採集了可及範圍之內所有的動植物相、發現了新品種、填補了已知類別之間的空隙。聖希萊爾孜孜不倦搜尋，採集魚類、哺乳類的標本，對他本人以及他之後的拉馬克的演化觀念俱有決定性的地位（666>）。化學、地質、地理和數學方面也有若干重大進展，埃及當地環境提供的新事例居功厥偉，茲舉一例：貝特羅研究埃及現成的碳酸鈉、碳酸鎂，證明了所謂化學親和力的觀念不正確，並提出更好的假設代之。埃及古文明也向他們大大敞開，供他們調查研究；一開始，受希臘羅馬觀點餵養教育長大的探險家們，覺得獅身人面像、金字塔是野蠻玩意兒，但是帝王谷、石棺、木乃伊（玉手上還握著張紙草製紙）浮彫、古廟天花板上的黃道十二宮圖等等，終令他們讚佩得五體投地。他們進行測量、繪製建築圖樣、根據殘跡推斷歷史、宗教。德農筆不停歇，以畫勤做紀錄，繪下每一件事、每一個人——活著的或已故的，此外更描製了一板又一板的象形文字。

在羅塞他，士兵清理地面準備構築防禦工事，意外發現了那塊黑色的大花崗岩石板，學人大隊的歡欣更達到高峰：板上共有三種文字，象形文、俗體（埃及人日用草書）和希臘文，破解埃及文字遂有望焉，二十年後，在兩位未參與此行的人士各自努力下共同完成，一名商博良，一名楊格。《記述》卷中收錄的石板圖片為原件尺寸，原件如今則安居大英博物館內，說明文字寫道：「由不列顛軍隊所擄獲（一八〇一年）」，按字面雖然無誤，但若加上「擄自從埃及撤出的法軍」，就更合乎事實經過了。

除此之外，埃及社會、政制、律法、宗教、經濟、技「術」，若情況許可，也都用統計方法勘查測量；這類調查有一個副產品，就是在開羅等地提供社會服務以及各類生活便利設施，尤其是十九家醫院，還有緊急救護輸送，利用當地常用的交通工具駱駝執行。為己之用，學人們又設立澡堂、戲院、跳舞廳和閱覽室，所有的設施無疑都向埃及菁英階級開放（只限男性）。波那帕特堅持當地名流都是他的友人，全體黎民皆為他的百姓——他豈不正是阿拉真主最虔誠的敬拜者嗎？

地形方面的測量調查，同時也進行、完成，目的是為實現一個舊有的主意，或者該說，為重現一個舊有的狀況，亦即在蘇彝士開鑿運河，打通紅海、地中海之間的交通。他們做了所有地形測量，該有的溝渠、水閘等位置也都分別指定，諸事就緒可以動手了，但是卻無錢開工，整個大計畫遂進入休眠狀態，直到進入下個世代，一位駐開羅的法國領事重新使之甦醒，運河（經重新計畫）終於一八六九年完工啟用。

然而當年的壯舉，早在運河最後完工的七十年前，便集中了各方面的努力，實屬史前無例。學人大隊像瘋子般拚命幹活，非為趕上截止期限，而是生活中沒有其他目標，同時也想好好利用這個難得機會。還有一事也很獨特：這麼一大批知識分子，任他們放手去幹，而所在的這個國家，當前藝術、科學頗為落後，卻有著一段高度文明的過去，「巨大怪異又雄渾」。更不尋常的是，這樣一支平民隊伍，竟可以在毫無準備之下突然投入戰爭，苦差還不只充軍打仗一事：在埃及、在敘利亞，波那帕特都另行發動戰役，損失慘重，法國軍隊還犯下大規模的滔天暴行，溫柔的文人被迫目睹屠殺，見之不覺膽寒——直到電影、電視將這類血腥送入起居室前，還沒有見過這類事例。早在《埃及記述》問世之前，歐洲即已透過文人大軍成員的出書、作圖，對這個國家有所認識。德農的作品最先出版，立刻大量譯成他國文字，印行量高達四十版。巴黎的某些街道名稱，就是遠征任務留下的零星紀錄。

> 惡靈言道：太平無事的日子，讀起來實在無趣。因此我支持波那帕特，因為他可以為後代帶來樂趣。
>
> ——哈代《群王》（一九〇三年）

波那帕特也有斬獲——雖然他自以為亞歷山大再世的自我想像終成海市蜃樓。他把東方遠征軍棄在埃及，隻身趕回國去廢了督政府，自立為首席執政，然後是終生執政，再來就登基為帝。執政之銜是為暗示步羅馬共和國之意，藉以撫平不安心理，同時也在衣著、舉止上復甦一種假古典的氛圍，卻不大適合隨之報到的帝國政權。帝國風格既無任何前法可供復古仿效，於是但凡埃及事物，便成為最理想的補白。此風巨大、厚重、嚴峻，適應性又強，可任予改造：獅子爪用在椅腳，其他埃及、近東的圖案也為設計家帶來靈感，因此而生的帝國時期風格，遂比執政時期風格時興為久，包括在各地城市豎立埃及尖形石碑即是。至於真正更長遠的影響，則得把視線投向波那帕特執政期間實現的行政改革：是一種權責分明、高效率的中央集權體系，連帶一套高明的法典，為舉世所仿效，美利堅的路易斯安那更全盤承受。

＊　＊　＊

年輕的波那帕特打出名號前所寫的文章，對當代文學並無任何貢獻，既未能使之增色，亦不致使原已低落的品質更趨下流。大革命期間，以及其後的二十年裡，文藝之事受政治、愛國主義影響而委靡不振，詩文、劇本、小說，都只在複製當前的心態與陳腐。公民同胞的美德、為自由為國家付出的英雄作為，除陳腔濫調與通俗情調外做不出其他任何作品。貝多芬歌劇《費黛里奧》的情節正是一例：為堅持真理，佛羅倫斯坦下獄兩年，典獄長唯恐這名犯人在高官視察時開口胡話，打算先把他弄死埋了。進行中途，佛羅倫斯坦之妻偽裝男子，破壞了這件陰謀，用槍口抵著典獄長——節骨眼上正好總理大臣的大駕蒞臨，於是各方曲直得到公義解決。此劇內容，係改編自布里的《蕾奧諾爾》，或稱《婚姻之愛》；其他劇名如《馬拉松日》，或稱《自由的勝利》、《國家艦隊返航》、《解放者》——也在暗示著同樣的宣傳理念，一再要命地重複。

真正的文學作品與原創思想則卻付之闕如，簡直屈指可數：計有詩人一、小說家三、格言作者二、心理學者一、美食家一。謝尼埃是一名真詩人，三十二歲死在斷頭台上，作品在一八一九年方才首度刊行，被譽為抒情、輓歌之風重生，同時還帶有幾分不久即將在文學舞台出現的浪漫派技術創新。

兩位小說作家中，其一為薩德伯爵，常被稱為侯爵，生時輪番被視為瘋子、罪犯，好大一段人生係在監獄與瘋人院內度過——為此卻正合我們這個時代的口味（原因之一）。兩個時代之間，他的大名則在精神醫學派上用場，專用來指稱為提高性趣而施酷刑的變態癖：性虐待狂不單單將痛苦加諸人身取樂，還擅長匯總各種忘形狂歡——薩德便一再僱用妓女（或誘拐男女童），來進行他設計製作的歌舞狂歡，事後遭到某些受害者告發。即使結婚成家，也不能停止他這等娛樂的嗜好，反之，妻子也加入作樂。待得拘留時刻，正好讓他有閒暇提筆寫作，他的小說（《所多瑪一百二十日》、《茱斯蒂娜》、《茱利葉》，及其他著作），俱在描寫鼓吹他的性作風，不僅為推廣五花八門的性經驗，也為將大家從傳統的禁忌裡解放出來——而且，係以科學真理之名出之：他有一篇未完的文稿，被他的繼承人燒掉，題為《揭露自然》。

至於薩德的文學藝術，無疑頗有才華，他擅於描寫，細節生動如畫，也能別出心裁、富有機趣，理所當然的筆法頗具現代味的反諷：「一旦回復鎮定，他們便把那兩具屍體埋了。」我們這個世紀喜好脫軌錯亂，認為如此方為常態，前此則因偏見而蒙蔽不彰；這種看法遂使薩德的行為與作品成為「思想暨文學13史上的重大時刻」，自是當然結果。二十世紀德國劇作家魏斯的劇作，英文名《馬拉與薩德》（亦拍成同名電影），便自這個革命時期取材，忠實描繪兩種人物，可以辨認出我們這個時代某些名人的身影。

薩德同時代還有一位不大為人所知的作者，拉布雷東的勒蒂夫，也有意藉其小說、論述和日記來「揭露自然」。此人來自下勃良第，出身小農，姓氏勒蒂夫（原沒有那「de」及附帶名目），在冉森派文法學校受有良好教育，在世七十二年寫出了兩百四十卷帙的作品——十六部為自傳，十部專寫其父一生，四十二部描繪那個時代的婦女，其餘則滿了軼事掌故、觀察所得，全部加起來凡一千五百餘則故事，有虛構也有部分屬實。

如此地全面報導，動機係為補遺。勒蒂夫表示，盧騷展示了思想人（即天才）的面貌，如今該輪到普通人的思想、行為就位了。如果華萊利的說法可信，勒蒂夫比盧騷還要優秀——若未被勒蒂夫那冷酷無情的社會學「調查」弄花了眼，應該可以看出他的才賦靈光其實時隱時現。他的確滿「現代的」——心心念念於博學炫學、追根究柢幾至偏執焦慮、嚴詞批評城市、時時記掛「性」事。他對自己的紀錄頗為自負，一一詳列七百樁私通情事（其中十二件係在不到十五歲時），尚未成年就已有二十名私生兒女。

有人曾將他與風流的卡薩諾瓦並列，後者第一回愛情冒險文字問世之際，正是勒蒂夫自家文學生產高峰，可是兩種情誘之間，相似處只在數目。卡薩諾瓦長相迷人；勒蒂夫則個子粗矮、臉孔黝黑、大勾鼻子，眼睛卻如寶石燦亮，有時不甚整潔，容易暴怒口出穢言——絕非他所想要描繪的區區常人。種種著魔作為，包括夜半徘徊、牆上塗鴉，寫下到此一遊日期，以便日後周年紀念重返舊地，檢視先前的感覺與現下做一比較。他出沒舞廳，以及易裝癖者愛好光臨的場所；不知怎的，還介入一名爵爺的私事，記下這位貴人可以想起來的各種風流勾當。他在塔列朗主持的一場晚宴上發表談話，大談女人應如何裝束打扮：腰要拉緊，好托起胸部，足登高跟鞋，「以使腿部線條纖細美麗」；與會的爵爺貴婦都戴著面具。

勒蒂夫所寫所為，都以道德改革為目標。比方說，《春宮作品作者》（*The Pornographer*，據說春宮此字即係他發明）一書，即在寫娼妓社會學，並指示如何減低這一行的罪惡；此書是他一系列講論「某型作品作家」（-graphers）之一部。他主張的改革，今日許多均已實現，卻非因他披露之故；他的文風亦然，也被人視為一種改革。勒蒂夫行文漫不經心，而且常常寫得很壞，傷情的詞藻、簡潔的文體混合使用，後者似有海明威的散文風格卻乏巧思，很快落入無趣。至於真正的獨創，則在他排版別具一格：邊想邊排，把他開鍋沸騰的點子直接就排入。不過這一抹神來之筆，只突顯出一幅時代寫照：但見這位不厭其煩、怪癖多多的仁兄，目睹著一個時代陷入衰落之中（可讀勒蒂夫14著《巴黎夜》）。

讀了勒蒂夫，另外那位令人難以置信的維多克真人實事就使人也願意相信了。此君自述一生經歷，巴爾札克創造他筆下的服藤（出自《高老頭》），便予大加採用，是首次在虛構小說15中出現的幕後犯罪主謀型人物。維多克也是雙重間諜的原型，早年即以犯罪開端，坐過牢，在船上任過苦隸，將一些天賦不及他的同僚組織成高效率的搶劫集團，然後搖身一變成警察。可是此番改業絕非一時為利益或安全而背叛的粗糙之舉，而是有新的呼召、新的眼光，一支特種安全部隊於焉誕生，組員多為最棒的專家——就是罪犯本身。維多克特別留意要他們嫻熟「踢功」（*savate*），一種用腿腳的街頭戰法，如今在法國又開始復興再生。他徵募的人馬在新角色上果然高明，較之舊業毫不遜色（可讀其《回憶錄》英譯本16，長一卷，可能有人捉刀代筆）。維多克退休之際，已然名利雙收，另一項招聘前科罪犯進廠工作的善舉卻使他失去錢財。

> 我正走在太子妃路上，（接下來是三行感傷的廢話）只見一個男人撞倒在地，大家高呼：「停下來！」那車夫是個沒心肝的惡棍——肇了禍竟然還揮起鞭子就要跑走。輪子輾過那可憐傢伙的胸口，（又三行粗言怒罵）湧出一腔子血。車子消失了。我先前的敏捷也不見了，沒法子追上它（可憐那一旁的小女孩，這男人是她老子啊），到了半夜就死了。
>
> ——拉布雷東的勒蒂夫《巴黎夜》（一七九四年）

另一名小說家兼社會批評家，作品與前面這兩位截然不同，她是路易十六末任財政大臣瑞士人聶克爾之女，早早便嫁與一名瑞典男爵為妻，文學生涯期間卻多半與其夫分居，不過還是以夫姓寫作出版，名為

斯達爾

她起步甚早，為文論盧騷、論小說、論幸福。接下來便是小說《黛爾凡》，書中女主人翁也許可以稱為新女性的原型，心智優異，因此倍感孤單。同樣的主題，多年之後在《可琳》重現，並添加了一項元素，正是斯達爾夫人對當代人[17]影響巨大的原因之一。原本對她的作品敬而遠之的讀者，讀了這第二本小說，發現原來生活也可以塑成他種面貌，是十八世紀的理性生活所無，亦即感官與美感的一面。故事內容本身無甚重要，文字技巧也非作者最佳表現，但是透露的意念卻很明晰：藝術以及藝術的品質，對人生有另一層新的意義，可改變人的內心，因此也改造了社會。十九、二十世紀奉藝術為宗教，其中的觀念即源於此時，而斯達爾夫人與她同代人夏多布里昂，正是這個藝術新宗教的主要倡導者之一（681>）。

兩部小說之間，她也寫出她第一部具有先驅地位的作品：《文學與社會制度的關係》，從希臘人談起，一路披荊斬棘開路，直下中世紀而及於更遠，的確是一部野心勃勃之作——區區六百頁實不足夠，不得不略去所有詩的文學；於是「文學」遂等於思想、文化，制度則意味風俗、道德。她的作品啟動了「藝術家必須是其時代的產物」之說。高級文化的試金石，乃在德性、自由、榮耀、幸福和宗教——以及它們的繁盛、影響的效果。結論一段獲致最大喝采，簡直具有預言性質：自由的範疇與力量不斷擴增，勢將把文學送上新的高峰，人類因此將愈臻她所謂的至善至美之境，意指知識、意識的累積與使用都在加增。

波那帕特執政大人雖佩服卻不喜歡斯達爾，因為她是個政治人物。她視父親為偶像，做女孩子的時期便隨父出席百科全書人士的聚會場合，曾與布馮、奇奈、杜爾哥等人交談，此後她本人的思想談吐，也永遠儼然世人的精神導師。她的伴侶貢斯當是護民院一員，此乃執政政府期間專門辯議法案的參議會，他也是反對派的領袖，波那帕特認為此人發表的演說都是其情人手筆。她的沙龍同樣也聚齊了各路麻煩人物，她那本以自由作結的大書出版了，三年之後被命令遷出巴黎三百哩外。

> 在民主國度裡面，一個人必須不斷起戒心，不要老想著從眾得歡迎，否則會去模仿最糟糕的行為。然後不久就會開始想，實在沒有必要太過明白地顯示——事實上簡直危險哩：自己遠比這些想要籠絡的群眾傑出。
>
> ——斯達爾《論文學與社會》（一八〇〇年）

她卻選擇到威瑪去，旋即父逝，遂搬回科北——她家在瑞士老家的田產。在那裡，她寫作其父生平，然後赴義大利旅行，回來時滿載藝術體驗，寫出了小說《可琳》。她也曾在法國停留，立刻被敵人（如今是法國人的皇帝了）打斷行程。二度往日耳曼行，提供了她第二部傑作的素材，共花了兩年時間準備：《論日耳曼》。

透過瑞士方面的關係，她對日耳曼的生活、文學早已有所悉；又造訪法蘭克福、慕尼黑、柏林等地，並再訪威瑪，對此地各個區域亦添認識。她積極地訪談歌德、席勒、威朗、施勒格爾兄弟，以及任何可以提供事實資料，或助她判斷、了解的人。這部書向歐洲揭露了一個鮮為人知的文化；誠然，她描繪日耳曼人行動緩慢、富音樂性、屬深思型，對思想理念比對行動更感興趣，愛好大厚書更勝沙龍——這些講法並不新穎，但是她介紹詩人和劇作家的大名與作品、哲學家的思想體系、對大自然的愛好以及不同層次的宗教虔心、道德良心的深度，在在都是新的話題，筆觸極其生動明快，細節豐富完整。

於是她便以這個方式，向歐洲心靈介紹了兩種新奇概念，並使之永遠改變。其一為日耳曼文化脫胎於騎士理想與騎士風文學——以這種觀點視之，中古時代便絕非野蠻時代，反而像是一個真正的文明。另一項新奇之點，則在「古典」與「浪漫」的強烈對比，不僅在詩，也在感覺、品味。古典風格出自異教羅馬，在南歐最為顯著；浪漫氣質則承襲北方的騎士精神與基督教世界。這種說法當然禁不起再思，因為騎士文學乃是由遊唱詩人所創，起源與名稱都來自普羅旺斯（＜349）。可是無妨：人類思想史上從此又有了一大陳腔，創造者就是斯達爾夫人，她一反前人的指責態度，對人性這兩項特質讚不絕口：即激情與想像。

但是《論日耳曼》一書本身，當時卻幾遭湮埋。法國文字檢查當局在書中找不出什麼害處，除了這裡或那裡一點小毛病，本來只要稍加修改即可通過；但是警察大臣顯然讀出了主子的心事，下令將印好的一萬冊全部沒收損毀，手稿、校稿若經查獲亦一律不得放過。所幸有一本漏網之魚，跑到英格蘭出了新版，大獲成功。她稱許莎士比亞（帶著如常的保留），令四散在英國、日耳曼兩地的莎氏聲援者相當開心，她評論法國「文學貧乏不毛」，他們也覺得極為中聽。

人生最後六年，前此以輪換情人為已足的斯達爾夫人，此時卻嫁了一位年輕的義大利人，又造訪奧地利、俄羅斯和瑞典，然後往英格蘭拜訪作家，多數都被她緊迫釘人的質詢嚇得目瞪口呆。接著她再訪義大利，於滑鐵盧役後重返法國，去世前一年在那裡又結了一次婚，這一回是嫁入法國有名家族德布洛伊；寫下《法國大革命沉思錄》，雖然身子有部分癱瘓，卻重拾主持沙龍大任。

＊＊＊

兩位道德格言家尚福爾與朱伯爾，擅以此方式表達自己的道德思想，名氣卻不夠大，未被廣泛閱讀及賞識，殊為可惜。前者為避開斷頭之刑在獄中自殺，被捕前原是標準的共和分子與愛國者，以言語辛辣、一針見血知名。他甚至比斯威夫特、拉羅什福科還要堅持（<515），認為集體行動下的人類可憎可鄙；也一如斯威夫特，卻正是對「個別人」的喜愛，造成了他這種厭憎之情（<478）。

至於朱伯爾，則逃過恐怖時期一劫，其後二十年裡成為最受人歡迎的健談大家之一，他沒有尚福爾那麼刺人，觀察卻同樣深入敏銳；他製作的警句格言不事攻擊，只解釋並予忠告。不消說，兩名大格言家都精通將思想濃縮成三言兩語的藝術，因巧見難，因此不易翻譯。

這段時期的心理學家，自成系統者為德斯蒂．特拉西，他與另一位醫生卡伯尼斯的觀點，促成了一小群思想人士出現，以意識思想家（Idéologues）之名見稱；此稱並沒有任何現代意涵的弦外之音，只表示思想、心靈方面的專家，因此即心理學家。他們的創新發明，與先前提及的醫學進展很有關係（<640），係研究心靈方面的疾病，藉此了解健康的心靈如何思考。他們研究腦與神

凡年過四十卻不厭棄世人者，從不曾愛過世人。

端方之人，只是人類物種之一。

公眾、公眾——要多少笨蛋，方能湊成所謂公眾？

我們社會上所謂的愛，只是兩個幻念的交換，兩層表皮的接觸。

——尚福爾

經功能，以及思想者的感官與其思想之間的聯繫。發現的結果令拿破崙不悅，他需要教皇、教會支持，非得定罪他們這種「唯物作風」不可。因此這群意識思想家雖未遭到放逐，卻始終在陰影之下工作，不過也非完全不為人知：斯湯達爾即視自己為他們的門徒，在他的小說與其他作品裡面（695＞），便應用德斯蒂的觀點，探討在人類意圖背後的種種驅迫力。

> 娶妻當如擇友，把她假想成男人當作擇友來選。
>
> 如果你要眾人聽見你——他們其實都是聾子，就得低聲地說。
>
> 當人下筆得心應手之際，往往自以為比實際上聰明。
>
> 我若有友獨眼，就只從側面看他。
>
> ——朱伯爾

意識思想家、勒蒂夫、薩德、斯達爾，以及以上兩位道德格言作家，都透過他們的作品為自我意識範疇的愈廣做了見證。歌德亦是同時代人，則對此感到心驚，他想知道這種意識若繼續傳布下去，會發展到何等地步，對藝術的自發性、對人際的關係，又會造成何種破壞。其實一個有意識的心靈未必一直意識自我——蘇格拉底不就得一口一聲，務要人「認識自己」。中世紀教會更規定人要認罪悔改，經常的自我反省遂成不可避免之事；而自有宗教改革以來，宗教情感更達新的濃烈境界，使人不得不做如下考慮：「我的靈魂，注定得贖嗎？」尋求答案之旅，可能痛苦已極，而且經年累月，路德、本仁即將他們的經歷告知世人。但是這類努力有確定的範圍、目的，俗世的自覺意識卻不知止境，也鮮有既定目標——它是一個沒有最終目的地的探索，可能會使人癱瘓無力（1125＞）。

這樣的研究，向內心世界致力，事實上正與科學家查考自然的努力並行，卻又與科學不同，因為如此孜孜矻矻探討的結果缺乏真相的驗證。實驗室裡的工作者發揮想像，可以構成一百種不同概念，再由實驗敲定其中一項；非科學人的腦袋也有其百般想法，出口入耳，在他人腦中隨機發展變化。只要說得通、說得生動，就被視為真理，便可以影響行為、可以產生懼心。

> 深入分析我們的記憶，即可顯示出為何一向以為須將感覺與思考，亦即心與智，看成兩宗在本質上完全相異之事。事實上，這是一種膚淺的結論。這兩種知覺之間毫無差別，除了能量與生動程度或有不同：兩者皆屬同一「感覺」。
>
> ——德斯蒂．特拉西《意識成分》（一八一七年）

說起來，那位講究美食烹飪哲學的布利亞－薩瓦蘭，可能也助長了某種有害的自我意義？他沉思冥想（其本人之言）佳餚的組成、美點的品嘗。時間在革命與帝國期，卻要到十年之後方才自費出版——百年之間卻都不曾譯成英文，顯見英、法兩國的「世界觀」[18]（*Weltanschauungen*）之不同頗堪玩味。不過（他這《味生理學》可非狂熱派之作，文筆不時逸離原有的主題另行發展，趣味橫生——〈論肥胖〉、〈拿破崙〉、〈論睡眠〉等等，都透露出作者的文化素養，基本上是個法學家。炊事之外，他所居的時代並不合乎他的天性，恐怖時期必須逃往瑞士，還在美國避過一段短時間。

書名帶「生理學」一詞，意味深長，不妨回想一下前面曾介紹過新興醫學關心的重點。可是此書只論營養之藝術，而不談營養之科學，竟使用這種「科學式」的書名，其實正是當時風氣使然：巴爾札克的《婚姻生理學》就是其一，另外還有上百種藉此為題的寫法；過去有段時期喜用**解剖**一詞，也是同樣的意義。

布利亞－薩瓦蘭的作品問世時間趕得正巧，因為此時剛好是烹飪史上一大重要紀元。炊饌之術此時正被視為雖小技卻配得嚴肅注目的藝術——而且是有學問的注目，相關技術文件源源產出。作者都有實務經驗，在歐洲宮廷或富有的中產宅邸任事，優厚的待遇堪比王侯。拿破崙戴上王冠之際，烹飪界最佳好手與權威為御廚卡萊姆，會做一百九十六種法式羹湯與一百零三種外國湯點。他勤做筆記，記下每道菜的準備過程與每樣更動，寫成幾乎等同一整套全集的文字出版，《糕點御廚》一書為最高潮。如果人的名字影響命運，這位老兄的大名卻很難解，乃「齋期」之意。

> 動物飼食，人類吃食，只有聰明賢達人知道「如何」吃。
>
> 發現一道新菜肴，對人類的貢獻比發現一顆新星更巨。
>
> 沒有乳酪的甜點，猶如只有單眼的美女。
>
> ——布利亞－薩瓦蘭《沉思錄》
>
> （*Meditations*，一八二五年）

至於法國菜的烹飪原則，其實並非一般以為——所謂每種食物只不過為表現某樣新奇調料而已。非也，如前所提，烹飪之道應提現食物特有的味道，有時靠調味品直接提味，有時則藉調料的對照烘托出來。不過除此之外，另外也還有別種極佳的做菜方式，尤其是法英兩國的家常烹飪；前者稱之為中產烹調，後者因要求標準普遍低落而受盡訕笑，殊為不公——標準欠高，其實是社會欠學而非烹飪欠佳[19]。

布利亞－薩瓦蘭書中名為「美國客旅」的那段沉思，內容是六行點點點（一共只有一句：「從瑞士我去了美國。」〔From Switzerland I went to America.〕）。他顯然同意塔列朗，此君原為主教，脫去僧袍還俗，又是貴族、革命家、波那帕特黨和保皇人士——真可謂一個多朝元老了（a man for all regimes）。據說塔列朗曾表示，任何人若不曾享受過君主制下那最後幾年的時光，就無法想像生活能夠多麼甜蜜美好。姑且將繼起的暴動年月所造成的扭曲觀感計入，他的說法也許頗有道理，先前那段日子的確是「美好時代」（*belle époque*）。其時的思想大膽令人興奮，其時的韻事談吐已臻完美藝術之境，其時的風俗禮儀優美細膩，甚至連意識到政府各部已陷入熄火狀態的感覺本身，也產生一種順溜的滑行感，只要仍在持續，感覺就還算愉快。當處於衰頹而不感焦灼之際，反而是最棒的時節，正如狄更斯所察覺——《雙城記》開宗明義便如此聲明。三級會議召開之前兩年，上級階級本可一試以挽救時局，卻拒絕了這個機會。那個令人肅然起敬的定律：所謂「高貴人的義務」或「位尊責重」的概念，過去卻從未有人提及——直到高貴人已成過去[20]，此中似大有深意。

* * *

在實驗中進步的生理學，也重新指導了心理學的方向，而在另外一個同性質的領域裡，研究人員也基於各類動物形態的比較，推動一項大膽假設：即演化。想當初十八世紀中期，布馮即曾指出哺乳動物之間結構的相似，還小心翼翼地暗示，聖經所記活物各從其類分別創造的說法可疑（<554）。十九世紀前夕，拉馬克直接承繼他的思想，提出一種解釋，說明物種自然生發的過程——器官的用盡廢退，都是為適應生存所需。不尋常的是海峽對岸，植物學家兼詩人老達爾文氏，那位有名的查理·達爾文的祖父，也出版了一部兩卷作品[21]，詳細解說演化之事，強調各種生物永恆的掙扎努力。

兩位理論家各自研究，對演化的基本面有相當一致的看法，只在演化方法上有所不同，或者更精確地說，只在方法的應用有異。拉馬克假定環境條件令動物的功能發生改變，以至於形貌更易，而且這些改變會遺傳給下一代，因此隨著時間過去，便產生了新的物種；而老達爾文則推斷生物本身有改變自己的意願，以適應外在世界。達爾文表示，生命的法則為：不是吃就是被吃——新物種因特徵改變而興（即演化），也只能有這兩項不同結果，不論是拉馬克式或達爾文式。日後查理．達爾文讀到其祖之書，此時他自己的書已經出版甚久，不由得驚呼：「太有趣了，整本書簡直就跟我的一模一樣。」

祖孫達爾文之間的年月裡，科學領域還發生了許多性質相近之事（729＞），最早一件是地質觀點有了修正，查理（此時仍未睬其祖之作）正是在萊爾所寫的地質概論，發現了有關拉馬克理論的摘錄，亦即演化的概念，遂使查理心中升起一股欲望，想要探究演化發生的手段（825＞）。萊爾之所以將動物學家的拉馬克寫入地質學內，係用以平行比較，來加強他自己的論證：地球本身也曾有過演化。

萊爾其人，以及他這位年輕的讀者查理．達爾文，同屬於一八三〇年代。在此為以恰當的角度視事，不妨在時間上倒退一點，回看那位地質學家赫頓，他不理聖經說法，向不相信他的世人提出他的見解——地球如何在歲月之間改變、地上的石塊如何自海中升起、如何為至今仍在運作的自然力量模成。他描述這些周期發生的過程，如此準確，今日仍被公認為科學地質學的創始者。可是他那兩卷《地球理論》，卻必須度過一代光陰才為人所接受。萊爾因年輕的達爾文的聲名而沾光，但是赫頓，連同拉馬克、老達爾文，卻始終留在那被遺忘的一群之中。

時序上，這裡還應當加上一言：當時有一門假科學出現，卻造成長久的不良後果。法國大革命之前不久，瑞士有一位牧師雷瓦特，出版專文論面相學——從長相推斷個性。兩名素負聲望的解剖學家前往醫院、收容所工作，更動這項假說，將推斷線索由臉部特徵改成頭殼的凹凸，命名為顱相學（等於「腦的科學」），並發展成遍及全世界性的超級迷信。之所以受到歡迎，部分原因在於還可以當作某種室內遊戲，同時也成為「眾教授」安享舒服生計的手段，因為認真相信這套說法的人紛紛上門請益。更有《家庭用手冊》供公民觸診彼此的頭顱，對個性、前途發出鐵口直斷（732>）。

另一門從來不曾如此流行的科學——經濟學，也在此時出現了一位被遺忘的先驅：瑞士人西斯蒙第，頗有資財，是斯達爾夫人圈中成員。對學界而言，他是位著書眾多的史家，專論中世紀義大利諸共和國以及南歐早期文學，可是他也寫過四部論政治經濟的作品，所涉不僅限歷史一面。美洲《獨立宣言》那年，亞當．斯密的《國富論》即已用具體細節，陳述十八世紀的自由放任原則（laissez-faire）——由自由市場調節供需（「自由化經濟」即此信條學名），至於政治上政府亦須棄置重商主義，也不再干預市場機制。西斯蒙第亦信仰這份自由，一開始他推廣斯密理念，並與他自己的人口、憲政看法拉上關係。

可是除此之外，他也呼籲在另一領域從事實際觀察，亦即「社會科學」——此詞係他首創。《大英百科全書》請他執筆寫一篇論政治經濟文章，進一步的思索與資料查證之下，卻使他開始質疑自由化經濟的效力；這套系統係由斯密門派所創，西斯蒙第遂成

> 人類社會的目的何在？是大量生產那些有用的美物，以迷眼目嗎？是以船隻布滿海面，鐵路蓋滿地面嗎？還是授權予十萬人中的兩三人，讓他們處理可供那十萬民眾舒服生活的財富？
>
> ——西斯蒙第《政治經濟學研究》
>
> （*Studies in Political Economy*，一八一八～三六年）

其中第一位異端，有段時間更成絕無僅有，卻始終與他們保持友誼，繼續得其敬重，可見他辯論風度之佳。

西斯蒙第曾造訪英格蘭，見工業進展造成的慘狀大受震撼。為什麼這些看似有益的機器生產，卻致使「富裕之中卻有貧窮」？答案是自由競爭使工資低廉，自由興業助長生產過剩，「危機」遂一再出現——工廠停工、生意失敗，失業、饑饉。

他批判這個新社會，做出以下觀察：它使勞動力與資本分離敵對，權力卻全歸一方，所謂兩邊可以就工資「議價」的想法可笑已極。這種關係只能以暴君與受害者形容，但是一方其實並無殘忍的惡意，另一方對自己的壓迫者到底何人也全不知情。再者，過度生產之下，資本家務必去國外尋找市場，使國家陷入戰爭，國內則進行著無休無止的階級鬥爭：「窮人因此認為：雇主活，自家即死，因此他若死，他們即活[22]。」可是西斯蒙第並不慫恿革命式大屠殺，所需者乃是保護性立法措施。

西斯蒙第也不反對機器工業，他乃是拒斥當時正統派的斷言：所謂經濟狀況，是某種自然律運作下無可避免的結果。他認為這些弊病是社會、法律的作為所致，而這些人為安排可以更改，他舉行會系統為例，有一項優點即在謹慎控制產額。他還為現代勞工人口創了一個新名詞「無產階級」（*proletariat*），造自「普羅」（*proletarii*）（源於拉丁文*proles*，意指子孫後代或產物），是古羅馬社會最低階級。西斯蒙第看事眼光深入銳利，再舉一例：他指出在現有條件之下，資本與勞動結合可以增加雙方的價值，產生了一個「好的價值」（*mieux-valeur*，原文照錄），頗近馬克思用以證明勞力受剝削的「剩餘價值」（*Mehrwert*）（851>）。西斯蒙第自一八一八年起開始評論政治經濟，正是馬克思出生之年。

＊＊＊

無論怎麼看，百科全書諸家均非民主人士，但是他們也關切不平等的弊病。表面上，革命似乎用「人」權宣言治好了這個問題，可是此處的人（Man），卻像其他語境一般，也包括女性在內嗎（<132）？一位熱情激昂、言詞流利的女子便不如此認為，遂挑起任務，以最簡單的方法使女性也包括其中：乾脆也寫了一篇〈女權宣言〉，針對先前那篇宣言逐項對應，不放過任何細節。

德古日是個私生女，十六歲便出嫁，不出數周即成富孀。有此作為後台，她的獨立個性愈強，行為因此不甚檢點，加以韻事頻傳，名譽難免受損。她試寫過劇本，不成功，最後全力遊說自己的兩大主張：女權與君主制度。她提倡婚姻是一紙契約，雙方權利對等互惠，若涉及誘姦或須確定父子關係，則可訴諸法律；女子當然也得以參與政務，如此方可保證所有立法均兩性平等。最後卻付出性命，不為她提倡女權，而是因鼓吹君主制度。

這段時期還有另一位女子造成騷動不安，馬西特組織了一隊女將如亞馬遜女戰士，她們在街頭抗議行軍，露出一胸，紀念她們的遠古前輩，據說亞馬遜女戰士自殘己身，為了在戰鬥中方便拉弓。巴黎婦女往凡爾賽押解路易還都，據悉正是由馬西特領軍。她為女子政治社團招募成員，向國民會議發表演說，會中領袖亦視她為其中一員。某次示威，她遭到暴民攻擊，可能是出於錯誤。她的生涯最後在薩佩特雷[23]的精神病院結束。

正當這兩位行動派令巴黎意識到她們的存在之時，一部理論性的作品則在英格蘭寫就推出；瑪麗·伍史東考夫特此名，一直到相當近期，仍不為閱讀廣泛之人所識，即使冠上她的夫姓高德溫也無人知悉。其夫高德溫本身，亦屬湮沒一群，他是那種雖然總會名列在冊卻永遠面目朦朧之人。他的夫人所以能夠得名，是拜其大作《為女權辯》[24]之賜，之前已寫過《為人權辯》駁斥柏克對法國大革命的議論，更早還有《試思女兒的教育》。她的女性主義思想，先於法國革命，她與高德溫的婚姻即屬女性主義做法，雙方同意不必住在一起，並在工作上保有各自的獨立性。

> 男人啊！你能公義嗎？這是個女人在問。至少，你不能剝奪她發問的權利。告訴我，誰給了你那作主之權，來壓制我們女性？是你的體力？你的才智？
>
> ——德古日《女性的權利》（一七九〇年）

女性主義角度的《辯》立刻遭到攻擊，被視為不列顛境內革命派騷亂的一部分——所有的極端分子都應打倒。此書確受惠於法國的《人權宣言》，以及潘恩的《人權》一書，但是源自於作者為自立女性的親身體驗更多：伍史東考夫特自力更生，為出版商約翰生審稿、翻譯法文；他的出版社址是急進派會面地點，在那裡她的智識得到眾人平等相待。她也行使性權利，要在這事上與男人一般自由、主動。半自傳的小說《瑪莉亞》，死前猶未完成，內容係討論《女性冤屈》（此書全名《瑪莉亞或女性冤屈》）議題，包括法律、道德和情感三方面。

《辯》書有點難讀，力道在一些傑出段落，全篇卻架構不佳、論述重複，也許正是此書始終未受注意，直到十九世紀末女性主義思想復起（1000>）方才改觀的緣故。但是即使到了那個時期，也不曾為運動的火焰旺盛添薪，因為此書詞藻無力，同時也沒有任何新穎的見解可補其散漫之失。事實上眾哲人也並未忽視「女性問題」，也幾乎都贊成女子教育，而且當時也有許多女子在接受教育，她們的文章與政治活動足資證明。狄德羅主張對性道德與婚姻習俗加以改革，以利男女兩性；盧騷宣揚溫柔、敬重，更指出歷史上應命前來統治的女子，經常證明她們比任何王公都為優秀；孔多塞解說男女同權一事實屬合情合理；勒蒂夫建議立法保護被誘姦的女子，亦可以向誘姦者要求財產，他也力稱丈夫若使用暴力、酗酒、嗜賭，或染患性病，妻子可以申請離婚。

這些範圍廣泛的思想，組成了大量文獻，也鮮少遭人反證或辯駁——只有傳統派予以敵視。十九世紀整體而言，其實並未放棄對社會的關懷以及**解放**受壓迫者的那份理想。只不過在經常被人提出的改革建議之中，他們優先挑選了幾項，暫置了其他幾項，尤其是有關女性的部分。原因之一在於凡嗅來有「法式思想」風味的事物，傳統派心裡都有幾分顧慮（雖然多數其實是英式思想）。再者，歐洲各地都同有這種心理，造成了圍堵政治與道德壓抑合流的新現象。狹隘的限制所致，不只改革難伸，藝術、人際關係和人類感覺亦同樣受壓（797>）。

＊＊＊

大體而言，這段過渡時期的平面藝術與音樂，算是逃過了其時正為虐戲劇、小說的宣傳式病態風格，在此只稍舉幾例，即可示其成就，真要詳列恰當細節，將寫滿一大本書。所幸者其中音樂部分的表現，近來終有一些作品25幹練地加以考察。

勒度是建築師，卻滿腹社會理想，為工人設計房舍，風格樣式令人聯想起二十世紀的科比意，簡約了新古典主義形式為立方、圓柱，質地脈絡粗獷、形制厚重巨大。他的原創性處處可見：在貝桑松的劇院為普通百姓設觀眾席——而不僅是站位；為巴黎眾多的入城口造了五十座收費站，採用巨型幾何形狀，此即巴黎眾城門，卻已幾乎全毀，只餘一座拉維雷特存留至今聊示他的天才。他寫了一本專著《建築與藝術、風俗和律法的關係》，概述其藝術信條，書名再度顯示他對文化的自覺——藝術與社會，宛如練拳過招的對手。

朗法曾志願參加美洲獨立戰爭，華盛頓總統委派他設計新國首都，與勒度同為一代建築大師。他為新都城所做的設計，前所未見，不但考量地面的不平整特性，還容許無盡的成長延伸。另外又在國內外建造大型宅邸，最值得注目者為莫瑞斯在費城的豪宅，廣廈無際，當時首見，正如傑佛遜的蒙地卻羅（其故居）、漢彌爾頓在哈德遜河畔的那維思。政府欠朗法很大一筆金額，經國會的典型節約手法，縮水成微不足道的小款（<592）；朗法一文不名而終。

那一代的畫家，有些也顯出相當的原創力。瑞士人佛謝利，因其自由派的主張不合於蘇黎士政治，遂往英格蘭落戶安身，受到雷諾茲鼓勵，依例往義大利瞻仰，技巧既精之後，便開始畫出姿態扭曲肌張、激烈情緒流露的裸體，或創作一些描繪性愛、死亡的奇幻題材，其友布雷克亦感受到他的影響。

在此同時，普呂東在法國放棄大衛筆下那種英雄場面的僵直古典線條——後者乃當時盛行畫風，改而開發柔和、感官的效果，尤以其女性繪像為著，賦予一種神祕魅力，而不再是那種戰鬥氣息的革命風格。他在畫布上的作品，因為顏料不佳都已變黑，繪在紙上的許多作品則足以使他名列一流藝匠。另一位藝術家弗拉戈納爾，被認為是十八世紀畫壇的詩意派，充分展現了那個世紀的風格；後期作品甚少，俱畫於革命期間，卻屬於另一類別——僵硬陰森、令人想起時間上相當以後的表現主義風格（936>）。

兩名女畫家考夫曼、勒布侖，鑽研肖像繪畫藝術大獲成功，前者也為羅伯．亞當設計的英吉利高雅宅邸製作壁畫。考夫曼係雷諾茲密友，助他成立王家藝術院，並躋身頭批院士；極類似他後期風格，她專畫上層階級的代表人物。勒布侖亦然，尤長仕女，為瑪麗．安東尼特繪了二十五張肖像，其餘六百件（藝術家本人統計）則係遊歷歐洲各地王廷及城中富麗大宅所作；透過她兩件作品，我們知道了斯達爾夫人和詩人拜倫的長相。今日我們既授予布萊迪、納達爾的攝影作品以「圖像社會學」之譽，那麼這兩位女畫家正等同她們那個時代的攝影師，應該也可稱得此譽（849>）。同樣的評語亦適用於雕刻家諾勒肯斯，他曾為加里克、斯特恩、彼特、英王喬治三世、韋斯特和福克斯等人塑製胸像，屬烏東一路，後者所塑繪包括從伏爾泰到喬治．華盛頓（<575）。

另兩名雕刻家（卡諾瓦、托爾瓦德森）則屬新古典派，卻也力求逼真。事實上有人指控卡諾瓦在真人臉上塑得模型，所塑的面部表情因此才如此栩栩如生。他曾為拿破崙的妹妹塑過一尊全身半裸像，也正是她本人肖像，所有人也都如此認為，雖然作品名帶有神話標籤「維納斯勝利女神」。托爾瓦德森在後世已經完全失去名聲，當時則是人體形象最完美的復現者，如今卻被貶為太「冷」。可是如果畫家大衛追求的目標與做出的成品都受人稱許——他也不見得熱，這兩位同代畫家照理亦應同獲恩寵才是。至於美國畫家（<593），這段時間都在產製只有到後來才為人欣賞體會的傑作。

類似的晦暗效果，亦使革命時期與拿破崙帝國的音樂家始終不聞，徒在書上留名。他們為革命慶典所作的曲目無人知悉聞問——卻正是他們首揭戶外古典音樂之幕，他們的歌劇、器樂，也從未曾演出。然而至少有三部革命之作、半打歌劇、幾部序曲、數首宗教樂與室內樂，在質地與技巧的重要性上，不下於音樂會聽眾熟悉的名家作品。其實只需要把戈賽克、梅裕爾、勒敘厄、波阿地歐等人的作品拿來一奏，必可立刻打入樂迷心坎。

至於通俗流行音樂的作曲，革命第一年的六個月間，就有一百一十六首歌曲印行，四五年後分別增加到五百九十首與七百零一首；政變事起，半年內減產至一百三十七首；全部五年之間共有兩千四百三十八首。從這些作品之中，我們當代[26]一位能幹的女中音編了一份選本，做成半舞台性質的演出（沒有全套布景、效果、裝束，或演員），在歐洲各國大受歡迎。至於此時期的古典大師史邦替尼、凱魯碧尼，或許較其他同僚稍微知名——可是也還不夠。今日熱心的愛樂人士只能偶聆單曲錄音，現場演奏則全憑運氣。

這巴黎一派的藝術家（姑且如此稱之，雖然其中外國人多不勝數）完成何種成就？他們尋求情感的流露，默默擴大了達成這項任務的手段：除擅長豐富的表情旋律之外，又加上了半音體系、不協和音程、節奏的變異和新式的管弦編曲。他們首創使用休止（無聲）造出戲劇效果，又將演奏者分群放置隔開，形成對比進行對話；此即空間元素，常被歸之於電子時代某些作曲家的新猷，事實上早在中世紀教堂即已使用，其後威尼斯作曲家亦予採納。

集中在音樂學院之內，巴黎的音樂生活緊湊濃烈，以上許多作曲家亦在該校任教。拿破崙喜愛歌劇，也是一可靠的贊助人，他的芭蕾專家加德爾是真正能創新形式的大師；御前音樂家勒敘厄除作曲外也創作理論，原創理念影響了他的得意門生白遼士。這整批隊伍贏得了貝多芬全心讚嘆。

以上匆匆一覽，依然輕易便可察覺到欲望躍躍欲出、浪漫主義技巧隱隱浮現。此時在英格蘭、日耳曼兩地，總結在這個新主義之下的感覺、思想和表現模式，已充分為人意識——南方諸國卻因戰事與檢查制度，陷入藝術空白。在那裡，整整一代遭受文化落差荼毒，只有在為自由而戰的奮鬥再度爆發之後，方才趕上歐洲其他地方（717>）。

在英格蘭，背離新古典主義的腳步早在世紀最後十年即已踏出（<599），有關的驚人事例可從雷諾茲的《畫論》窺見。他是此時的畫壇大老，也是王家藝術院的主席。到一七九〇年，他已向該院學生做了連續十年的年度演講；早幾年的談話內容，都忠告大家遵守既定規條，指示的方向也全屬新古典式的理想典型：平衡、安寧和普遍性。一七八八年起，一直到末了一年，卻開始表示其實畫無定則：「自然」、靈感、天才，才是使作品有生命、使觀者[27]受感動的唯一指南。

時間之流蜿蜒曲扭，又更有一個意想不到的轉彎，須知早期英國浪漫派詩人——華茲華斯、柯立芝、布雷克和劭狄等，有一段時間亦身屬這支被遺忘的隊伍。一七八三年布雷克談當代詩作，作為〈致繆思〉的結語：「其音強作，其調則稀。」幾十年後，華茲華斯與柯立芝的《抒情歌謠集》出現了，宣示性的序言敲定了這個新的藝術：它開始存在了——可是對公眾來說，卻尚未存在，還需要再等待十年以上的時光，才能為人所悉所賞。同樣的延誤也影響他處的第一代浪漫派；全面的欣賞認識，要到一八一五年各國終於放下武器之後方才來到。

> 正是貝多芬吸取了法國革命派（作曲家）的全面衝擊——歷來作傳者卻未能充分體認其中意義。貝多芬後，則見韋伯，以及舒伯特、孟德爾頌——雖衝擊程度較次——接受了某些法國風影響。
>
> ——史瓦茲《法國器樂：一七八九～一八三〇》（一九八七年）

第三卷

從浮士德上部到「下著樓梯的裸女二號」

第十八章 智與心並用

滑鐵盧之役後，拿破崙生死全憑英國定奪，法國為聯軍占領，波旁王室重登王位，維也納會議條約簽定，勝利國組成防禦同盟。此時面對歐洲的任務有二：一為圍堵革命，二為文化重建，兩大關切點都各有反對勢力對峙。圍堵一事須藉俄羅斯沙皇的神聖同盟或列強的四國同盟達成，可是軍事力量只能在事後對付新起的叛變，另外還需要一些力量，才能防患未然，後面的章節將一睹其方式與運作（796>）。

在此同時，情感的大洪流也在激動著、攪拌著；一七八九年至一八一五年之間興起的種種希望，四分之一世紀以來奮戰、鎮壓、誤導或誤解的種種理念，則將受到檢視，進行合乎時代的調整，重整出某種秩序。反對抽象的理性、尋找新式的秩序——兩股爆發力遂合成一股持續的努力，在歷史

> 斯蘭尼艦的撒多瑞厄艦長昨日抵達，證實先前所有關於波那帕特已經投降、安全遞交英國的報導。因此，我們可以這樣說，他，是在這兒了。
>
> ——《泰晤士報》，倫敦
>
> （一八一五年七月二十五日）

上以浪漫主義留名。它原是好幾起不同運動湊在一道，最終卻成時代精神，因此在某些批評家眼裡這個標籤似乎無甚用處，附著了太多互不相干的事實與趨勢。首先是一簇燦爛的藝術家（詩人、畫家、音樂家、藝術與社會的理論家）大量天才湧出，數量與種類都非其他任何時期可以抗衡。其次又有多面多方的宗教復興——十八世紀的自然神論、無神論立顯枯燥膚淺，無法面對人世的奧祕奇異。再者，浪漫主義又包括政治、經濟的思想理念，或新出爐或基於先前已有的觀點再開發。最後，還有浪漫主義式的哲思、道德、心態，以及科學的創新，更有對過去的重新發現——拜十九世紀顯學「歷史」所賜。

因此浪漫主義不是一般意義下，由一群特定人士採納推動的所謂運動，卻是一種意識的狀態，展現著任何時代均可窺見的分歧，難怪所有為它下定義的功夫都失敗了。批評家每每問道：「那麼這個元素該怎麼說？」「那個誰誰的思想又將如何？」一位受敬重的美國思想史[1]學者，就發現有十八種不同的浪漫主義，那麼不如乾脆放棄這個稱呼算了？不成，它已經根深柢固，深埋在歷史之中，長存於千萬書籍與心靈，並勢將在那裡永遠活躍下去。因此一如清教徒之名，此稱呼必須繼續保留使用，並且（再重複一次）是用來表徵一種時代的精神、思潮（*Zeitgeist*），而非意識形態。這份精神兼容並蓄：有自由派的雨果、有他的反動派同胞麥斯特，有急進派的哈茲里特，也有他的敵人柯立芝與劭狄——他們現在是、過去是、永遠都是所謂浪漫主義中人，而且不相上下，沒有濃淡深淺的不同。其中一以貫之的中心思想，則是對人的概念已改——必然會改，因為教條上已然發生變革，帶來非比尋常的經驗體會，又有那位白手成家當上全歐宗主的奇觀，以及一連串由「國家」而非「王朝」發動的連番戰事。

浪漫派的斯湯達爾，一八二〇年代曾做過一項區分，可以拿來一用。他說浪漫主義作品，是「為活在今日的我們享用，而古典派則是為我們父祖的樂趣而設計」。雖未能界定浪漫主義，卻指出三代人的心靈與感覺。因為十八世紀（祖父一輩）將信念建立在理性之上，如今則大異其趣，有人形容為「向理性做出反抗」，但是這種近乎漫畫式的譏嘲，卻往往使學術與批評的效果不彰，而且**理性**一詞面目模稜，應以智性取代。浪漫主義者說：「光有智性還不夠」——然而此處並不排除智力與**理性**思考。理性是十八世紀的熱情所在，而浪漫主義的熱情則是針對心、智互用的產物而發。

浪漫主義正如文藝復興，乃是一種現象，一旦認清這個事實，需要找定義的功夫就消失了。兩段時期一先一後，卻極為類似：都是幅度廣被、人才鼎盛、內有相對衝擊、實則整體一致。早先的那個時期：有柏拉圖派，也有亞里斯多德派；有的有信仰、有的沒有或裝著有；有些人視「文采」為藝術至尊，有些則認為繪畫才是極品。另外更有一批陣容堅強的僧侶教士集團，堅守中古的經院學派信條不放，被新思想嗤之以鼻（<89）。同樣的，當今的浪漫主義也要面對永遠都會存在的舊衛隊。

浪漫主義距離我們較近，相對之下，內在的分歧也比文藝復興愈顯巨大、深刻。有人也許會問，既有如此歧異，還老談什麼一致？所有時期都只有一個答案：亦即困境本身，正是最終將時代整合成一致的力量來源——各種緊急迫切的需求、妨礙社會進步和平的險阻，與斯湯達爾指稱的那種對新藝術的需要，在在都非警覺的心靈所能忽視。但凡思想家或藝術家只要身在此中，就會對這些呼召有所回應，也許投入也許否定，手段路徑雖然殊途，卻同歸於一個挑戰。

有的浪漫主義者要保留君王，有的則要國會；有些是天主教徒，其他則奉新教；有人受中世紀的吸引，有人傾慕東方；有人好詩意的散文，有人則深惡痛絕。還有如雨果，經歷漫長一生從保王黨變成社會主義；或如盧騷，從正統的天主教投向沒有教義卻狂熱無比的信仰。詩語言也多彩多姿，從象徵到口語皆有，一如繪畫，有豐溢欲流，也有平板實際；巴哈的巴洛克「音樂戲劇」，自長時間的沒沒無聞裡復甦（<571），而另一類法式大歌劇，也繼續規矩因襲卻興旺不已。

然而浪漫主義這個字眼本身，卻成障礙，不易冷靜持平地對它進行了解。如果說**清教徒**別有一種涵義，浪漫（romantic）一詞就有百種意蘊——此數絕非修飾詞藻，五十多年以前作者年輕時出版過一部作品，就曾在討論之外附列了用法樣單，採自當時坊間各類印刷文字——從學術著述到廣告文案，足足有九十小段，分別根據原文語境，註明原作者使用浪漫（主義）[2]一詞的原意。結果沒有任何兩義相同，也不像一般多義字般各義有所關聯，有時甚至完全相反，極端對立的例子更從無有形式到形式主義、感官肉欲到禁欲苦修、非現實到全寫實。其中一則是講馬志尼，短短幾句話竟顯示馬氏對義大利統一所扮演的角色，既浪漫又非浪漫[3]。這種幾乎永遠矛盾混淆的狀態，需要再度

離題解字

romantic（浪漫、羅曼蒂克）一詞，英文裡的使用可回溯十七世紀，當時係形容說故事時富想像、善發明的能力，不久則用來刻畫景致與畫作的特色，與和諧、如畫同義。此稱的核心深處，顯然是個專有名詞——**羅馬**（Rome）、**羅馬的**或**羅馬人**（Roman），但是從一開始，它就有多方面的意象。羅馬帝國傾覆許多世紀以後，沿地中海區所說的本地話已不再是通俗拉丁語，卻是一種變種方言稱**羅曼語**（roman），從中生出了法語、西班牙語、義大利語，以及其他各種羅曼語系（romance）語

言，今日學界依然以此稱之。再過了一段時間以後，roman 一字又開始用為法國南部地區以方言寫作的故事體裁。

這類故事多為愛情、冒險，與史詩敘述或諷刺詩文大異其趣。法文的小說一詞，今日仍用 roman，而英文裡的**浪漫言情**（romance），則自成一型小說，更延伸為一種愛情韻事。因此之故，所謂**浪漫**（romantic）又習慣指一種幸福美妙到極點的境界，以及當事人的氣質性格。待等得韻事即「羅曼史」不幸告終，下一步發展亦來報到：這個節骨眼上的 romantic，又冠上了一層新義：夢幻、愚蠢、不切實際、不能從經驗記取教訓、簡直是愚不可及——好像先前的切身經驗不曾真實存在，也沒有半點價值。至於一些已成陳腔的說法如「浪漫點子」（romantic scheme）、「無可救藥的浪漫」（incurable romantic），也開始進入語彙；那貌似相反的「合乎實際」（realistic），則演變成對計畫、意見、行動的最高禮讚。不過這個叫人看不起的字眼，畢竟仍保有某些迷人魅力——的的確確正意味著迷人魅力，當旅行社應許我們船上的「浪漫夜晚」（romantic nights）之際；而世間夫婦，也不見得都鄙視自己少年之時的浪漫史或浪漫情懷。

進入十八世紀最後幾年，romantic 又在日耳曼、英格蘭兩地取得了-ist（主義者）的形式，用以指稱那些不滿於新古典風格，卻對藝術、思想的新形式感到興奮之人。但是 romantic 字義五花八門，卻沒有一義能助人領會這股新的感受。如此豐富的一個年

> 「浪漫的」（romantic），在我的詞彙裡，意味著不實，以虛偽的魅惑力上光加飾，誘陷那些看不透這層外飾的人。廣告便完全有賴浪漫，女人在社會中的位置亦然。
>
> ——海布倫（美國教育家，一九八六年）

代，在每門藝術上都留給後人如此之多的曠世傑作，又有如此至今不衰的源源創意——想當然耳，它的時代兒女不可能都是那種判斷力薄弱、時陷相思、飽受錯覺支配的男女罷。新時代的氣質與 romantic 的原始意義只有一項聯繫，即在浪漫主義認為肯定「熱情」、「冒險」，兩事也無可避免地彼此息息相關。而且如下所悉，它們也不排除理性，不忽略實際。反之，浪漫主義的冒險精神，正是在探勘真實面向，以擴展經驗層次。

討論特定細節以先，也許應該介紹另外兩字，與 romantic 同一字根，意義方向卻更不同。羅馬式（Romanesque）指稱一種建築風格，介於古羅馬、哥德兩種風格年代之間。今天法文的 romanesque 卻非建築，而是指向作為小說的 roman，意指**如同小說**（novel-like）、**如在小說之中**（as in a novel），以小說為形容詞表示某種經驗或行為狀態。凡此種種簡直夾纏不清，何不乾脆令 romantic、romanticist 兩字分家，各賦予特定任務，也許勉強可以釐清字義，不致讓前面那個已經一貶三級的歧義字眼，再來混淆堂堂十九世紀上半期的卓越成就。此議聽來甚佳，但是行文若用較短的形容詞態才合文句節奏，或 -ist 名詞用作形容說來拗口或有失做作，這個法子就立時不靈光了。保險的做法，最好還是第一手了解浪漫主義者（Romanticist）的作品。

當然，classic 與 classical 兩字（經典的、正統的、一流的、模範的、高雅的），也同樣曖昧難辨，雖然程度較輕。浪漫主義詩人與小說家，是日耳曼、波蘭和俄羅斯等地首次榮登歐洲文壇的代表，為此榮銜更旋封本國文壇經典（classic、classical），如歌德、席勒，普希金和密茨凱維茨即是；他們卻非古典主義者（classicists），亦非新古典主義派（neo-classical）。席勒更唯恐天下不亂，愈增混淆，稱古希臘、羅馬之後的文學皆為「有感派」（sentimental）。他的意思是希羅的古詩乃自然生發、看法直接、不受任何法式約束，他稱之為**天真意趣**（naive）。但是其後的詩人，他指出，除了必須研究生命本身與古人作品之外，還得探討自我的感受——即「感」（sentiments），其實正意指現代所稱的**自我意識**。

＊＊＊

浪漫主義成為時代精神的那些年月，約介於十八世紀最後十年與十九世紀上半期之間，六十年的時光，目睹了三代人的努力與奮鬥，時間上卻非各國同時進行。日耳曼、英格蘭首發其端：一七七〇年代出生的藝術家、作家，在一七九〇年代及一八〇〇年代初期推出他們的新猷（華茲華斯、柯立芝、康斯塔伯）。同一時間，法蘭西、義大利、西班牙、中東歐，在大革命家拿破崙之下文化似有停滯（<654）。第二代約生於一八〇〇年間，進入一八二〇年代開始展現實力（普希金、拉馬丁、德拉克洛瓦、愛默生），也是最後一批與時代氣質完全同調的生力軍。再來的後浪則中途斷輟；一八一〇年左右出生的人才，雖然也有份於當初的源頭（華格納、李斯特、高堤耶、梅爾維爾），但是事業生涯半途，世界卻變了面貌，他們遂也重新設定自己的方向與信念（807>）。

浪漫主義的產物不止於藝術一端，藝術之多又不可勝數，如此洋洋大觀自無法以區區一章道盡，必須分為三章。本章專述「人」的概念發生何種改變，以及在開拓先鋒手裡，如何以不同藝術分別表述這個「新人」。下章〈一八三〇年前後從巴黎看世界〉繼續討論藝術作為，直至世紀中期，連同哲學面的表現。至於社會理論、建制以及科學進境，則留置再後一章〈眾國會之母〉討論——若要用想像重建事實的三度面向，必須對此三條線性敘述進行同時對位式的思考。

三章故事道畢，應該就會顯示我們這個時代，並不只是「啟蒙年代的繼承人」，如許多人所抱怨或誇耀。我們其實也是啟蒙之後那個年代的後嗣——那個改正了啟蒙的過錯、同時卻也加上本身一些謬誤的年代，那個加深加劇了所有藝術、思想的範疇的年代（可讀巴森著小書*Classic, Romantic, and Modern*）。

在第一批烙有浪漫派正字記號的作品背後，矗立著四大名家思想，依其出生年月與成長背景，本應屬十八世紀之人，卻與十八世紀格格不入：盧騷、柏克、康德和歌德。盧騷其人不論生前死後，都為詩人、藝術家，還有政治學者深入研究。他的讀者從他學得了以下觀念：人受熱情推動，思想或謂「理性」只不過是欲望的工具；兩者之間並非總在交戰對立，理性選擇目標，也選擇完成目標的手段。這種說法，不啻指稱心與智（heart-and-mind）（或反過來說智與心）乃是同一具引擎，由道德、社會，與科學三方面進展組成；德斯蒂．特拉西即如此表示（<662）。其實一向被視為純粹十八世紀理性主義者的休謨，也抱持完全相同的觀點，不過從未生動點明，因此也不曾烙下「拋卻理性、放任衝動」的罪名。可惜西方語言不似中文，單單用「心」（hsin）一字就可包含頭腦和心感兩面（<304），否則所有的無謂爭議就都可以免了。

於是浪漫主義者將「人」，設想成一個有感覺、能思考的生命物，他的每個思想、念頭，都負載有幾分情緒、感觸。這個新見解在文化中初來乍到，不免覺得有必要把心與智的運作合起來當成一種力量考察，同時也為其意識層次比較不明顯的活動賦予形貌——思維行走

> 心不能接受的事，頭腦也無法接收——還有比這個更賢智、更公義、更的確有憐憫的律嗎？
>
> ——紐曼（一八四一年）

於兩個層次，可以在「雙騎」（*Doppelgänger*）的浪漫主義圖像裡面看見其中象徵（691>）。對內在生命如此密切地省視，說明了浪漫派作家何以如此「自我」（egotism）與「主觀」（subjectivity）。這個時期的詩以抒情為要——以第一人稱報告對自我內部的發現，由此出發，陸續尋得其他。想像力遂成領銜機能，因為它可以多角度全面觀物，它既思又感，而非只憑字句設想。於是興奮激情從危險的愚行搖身一變而成所有偉大作為的先決；歌德的浮士德涉險之初即言：「太初無道，太初有行動」（In the beginning was not the Word, but the Act，歌德在此係更動《約翰福音》第一句「太初有道」）——抽象的道，其後才來。華茲華斯肯定盧騷之說，也在「有感的智性」中窺見了驅使人類與所有生命活物交感共鳴的作用力，單憑理性則無法喚出。

賦有這份驅動力又能將自己所見充分抒發的人，乃是大寫的天才，於是對浪漫主義者以及從此之後的世代而言，天才之名便代表著創作生產的能力——因此如今某某人「就是」天才，而不再如以前所稱「具有天才、天賦」，可以從事某種活動云云。天才也者，是一種不尋常的人，這個榮銜的外在記號，在於其人想像力幅度的深廣，並具有適當手段，可以將想像化成具體而持久的表達。

一如天才天生，宗教情懷亦屬天生，而且賦有者不限少數。如今許多浪漫主義者也重新承認這份天賦之情，此情自然發展的結果便是組織性的宗教，此時也重新復起，成為心與智共用下不可或缺的成品之一。在歐洲每個國家，祖先傳下的教誨取代了自然神論的抽象命題——不過它能夠復行視事，卻係拜正統思想

> 「能」，是唯一的生命，而且係從「體」（Body）而來；理性，只是「能」的外圍或周邊。
>
> ——布雷克（一七九三年）

改頭換面之賜，因此除主要仰仗宗教本能之外，也以不同程度借助當代另外兩項典型的情致：亦即對自然的熱愛以及對歷史的尊敬。盧騷的《愛彌兒》充沛著信仰的告白，以自然為證明——自然正是神的作品，顯示神的存在與神的性情。自然那具象具體的美，直接向有感受力的心靈發話，於是便從這同一源頭，如前所見，興出了對大自然的崇拜——喜愛花木、園事娛情、觀鳥、露營；務須離開不自然的城市，一年至少一次，回歸鄉間休養生息。

在此同時，自然亦感動我們，使我們心曠神怡，拜倫在旅途中說道：「山亦有情。」十八世紀則畏山懼山，認為山又醜又惡，只會阻礙行旅，近山而居者真是可憐。浪漫主義者則以為宇宙浩瀚，令人油然而生敬畏驚嘆，意識到人本質的矛盾：既有能力又脆弱，既偉大又卑微，正如巴斯噶所見（<328）。人既有愛的驅動，又具屈從本能，遂透過自然或在自然中尋求神，以得安息之所。史賓諾莎就顯示過這條路（<530）；一百五十年來，他被定罪為無神論者，如今卻忽然轉性變成「中了神的迷」。因為他視神性無所不在，瀰漫一切事中；相信神，就是被「神那智性的愛」所占有。泛神觀念是浪漫主義信仰的一個形式。

> 不是白費，其言誠然，
> 他們說：當詩人逝去，
> 那無言的自然也悲悼她的崇拜者，
> 悼念他的葬禮。
>
> ——史考特《最後的吟遊詩人之歌》（一八〇五年）

另一個途徑是歷史，重新振興英格蘭國教的牛津運動即走此路線（英國國教會內強調聖公會公教性的宗教復興運動。旨在抵制低派教會的自由主義），因受紐曼先例的啟發——此君後皈天主教徒並任紅衣主教，單張派（因就個別話題大量使用單張宣傳而得名）向早期基督教會眾教父的教誨取經，找回可以恢復敬拜的熱情以及敬拜實際的信仰及做法。這些改革派聲稱，繼續走老路已使英國國教派成為小寫的普世，遂在既有國教之上又另建了高派教會（重視教會權威及禮儀，頗似天主教，與強調儀式簡單與宣傳教義的低派教會相對照）。同時代的循道派，更早之前即已憑信仰之力創設他們的宗派，以滿足次中產階級小民類似的欲望；他們是第一批「狂熱派」。在美洲，約瑟夫・斯密得蒙十年天啟，一八三〇年成立了末世聖徒教會，或稱摩門教。

在此同時法國出現了一部奇異作品，《基督教信仰的真髓》（*The Genius of Christianity*），書名本身就表示一種意見：「genius」一字兼具「神示」與「精通」雙重意義，而基督信仰這項建制，作為宗教也向人揭示神的奧祕，兩相並用，正是要為前者的偉大與後者的靈性真理做證。作者為夏多布里昂，是政論家、史家和小說家，一度為政治家，最終成為聖西蒙公爵（<523）以來法國最偉大的回憶錄作者。

在這本關於基督教的厚書裡面，夏多布里昂將宗教感情觸及的所有話題聯成一篇護教理論，包括日常生活、自然、內在、社會、政府、歷史和藝術，遍及一切，卻強烈偏向美感與異象。首先講述基督教故事，以及諸聖事於人生旅程的適當性，接下來是一連串短評及具有暗示性的關鍵，合組成前後連貫、讀來愉悅的朝聖之旅，一路上途經主題如下：天文、大洪水、地與各種生命、鳥巢等等。再

> 單從表面看，我就覺得它真了不得，竟能靠一擊之力，於瞬間在萬千心中喚起同樣情愫。進一步思此和諧之音，鐘聲也者，無疑擁有一級的美，亦即藝術家稱為莊嚴壯麗之美。
>
> ——夏多布里昂〈論教堂鐘聲〉
>
> 《基督教信仰的真髓》（一八〇二年）

來有愛國心、良心、不朽和最後的審判日。跳讀過去，視線又觸及詩歌，但丁、塔索、彌爾頓等人的史詩，維吉爾與拉辛的比較；愛洛綺思與愛伯拉德（中世紀神學家，因與學生愛洛綺思相戀祕密成婚產子，被女方家人怒閹，後各成修士、修女）。接下來又有：近代文學中的歷史、異教神祇、聖人、天使、撒但一夥；再往下還有一些美藝方面的發明設計；地獄、煉獄和天堂。因此實現了該書副標題的許諾：「基督教的詩意美與道德美」；此書非常轟動，一時蔚為流行，夏多布里昂還得趕往法國各地，遏止那些正忙著盜版的印刷商，正巧此時波那帕特亦重立羅馬天主教為國教。時至今日，夏多布里昂精采小語的魅力不再，其論證精髓的說服力卻依然強大——豈不見每一代裡都有人幡然皈依，正因為教會打動了他的藝術感性。

* * *

《基督教信仰的真髓》中的系列故事之一《瑞內》，也捉住了浪漫主義一絲氣氛。故事講述一名與外界隔絕下成長的年輕人，姊姊發現自己對弟弟的愛竟是一種有罪的情愫，遂進了修道院，他則嚇得逃往美洲，在那裡向某位印地安酋長回溯自己的人生，卸下了靈魂重負。他們都信奉自然崇拜，年輕人更要探究自己那種強烈卻無法集中的混亂心情（*le vague des passions*）——亦稱厭世心理（*mal du siècle*）。如此心情顯然非常普遍，因為類此共鳴甚多。聖柏甫即說：「我就是瑞內。」（*René, c'est moi*）白遼士也在《回憶錄》裡記有類似感覺，他的《幻想交響曲》的開場旋律，係少時所作，無疑就是這類不確定情緒波動的又一表現，正是青春期的典型特徵。這種茫無目標的感覺，先前亦曾在日耳曼非常急切猛烈（<577）。所有徵候在在提醒我們，這段時期的藝術家多極早熟——成長期

間世界紛擾不定，難怪對他們造成如許影響。

這樣的條件狀況，容易使人傾向宗教。日耳曼的史萊馬赫牧師便帶領新派復興，呼召眾人相信，所據者為「宗教感情的自發性」——此乃人生而固有，正如盧騷所言。神這個概念，不從思考也不從意志來，卻源自天生就有的依存感，亦即在那**自覺**的片刻，意識到人的脆弱。這個前提若可以成立，信仰就有合理性、實用性可言。而且一如十六世紀，十九世紀的更正信仰也自認有兩項優點：一不迷信，二不盲從。在此，浪漫主義者的姿態呼之欲出：先感覺，理性自會給它形狀與方向，人生是一場冒險，信仰是它的推動力。

一般而言，這新一波的信者認為自己的信理與現代科學假設相合，亦即神沒有理由干擾自然的律。但是詩人（信與不信）卻有理由尊重迷信。其一，迷信為虛構作品提供大好良機，產出了這等傑作如彭斯的《譚姆的故事》，以及史考特的《流浪威利的故事》。其二，迷信係人的詩化心象。《浮士德》中兩幕極具震撼力的場景，描繪撒但的儀式，流露潛藏在人心與自然的黑暗勢力。迷信自有其意義，卻已為啟蒙忘卻忽略，比方日耳曼「雙騎」傳奇，飛騎的身後，有時可以看見另一個一模一樣的騎馬者，正代表我們心中另一個我，可能是道德的也可能是邪惡的。如此寓意的智慧卻被忘得一乾二淨，直到一八九〇年代方才以神話之名被心理學、人類學重新找了出來，再度受到詩人與說故事人的歡迎與使用。

將神話與文學繫在一起的關鍵，正是浪漫主義幻想機能的登峰造極——想像力的大作。如前所見，如今這個機能重獲尊重，這個詞的意思卻依舊含糊不明。柯立芝指出想像非指單純的幻想，因為若只將點點滴滴經驗收聚到思緒之中，無須任何力氣——比方說，想像出一隻會說話的動物，很簡單。但是想像並非迷人的假裝而已，若要寫一則寓言讓那個會說話的動物在裡面發話，對世情發表詼諧譏嘲的高見，則非想像力不為功。從已知或可知之中，想像力與天邊搭上線，對熟悉的事做出新詮，將隱藏的真相發掘出來。想像既是一種發現的手段，因此務必稱為「對真實的想像」。科學上的假說正扮演著同樣功能，也同為想像產物。

> 迷信是生活的詩，兩者都發明出想像中的事物，兩者都感受到在真實可觸的成分之間，那最奇特的關係——正是同感與反感的交互作用。迷信對詩人無害，因為他可以用各種方式，好好利用這種半真半幻的錯覺。
>
> ——歌德（一八二三年）

如此觀物觀事，說明浪漫主義者為何不再把藝術當成徒悅感官的精緻樂趣，亦非文明生活的妝點配飾，而是生命最最深刻的反思形式。雪萊為自己的藝術辯解，便宣稱詩人是「世間未被承認的立法者」。藝術傳達真理，是結晶的想像，藝術蕩漾神魂、重塑感應，甚至可能重塑觀者的生命。要做到這等神乎其技，需要天才，因為絕非機械之舉。誠然，所有藝術都利用成法，但是徒從傳統規則，套遵既定模式，必無法達到那種理念與形式融而為一的境界，是謂創造。**創造**一詞如今固定用於藝術作品，正緣起於浪漫主義者對藝術的討論（如前所提，雪萊認為十六世紀的塔索即首先有此一說，不過此說無法證明）。請注意十九世紀所謂的天才創造，與二十世紀後期的**創作力**或**創意**（creativity），在涵義上相當不同（1127>）。

這些浪漫主義的字眼，於是重新有了意義，助成藝術宗教的建立。當時的宗教復興，不是人人有份，而藝術作為信仰卻人人可用。將藝術熱情稱作宗教，絕非比喻之詞或讚譽方式，自十九世紀之始起，獻身藝術者就一再將它定義為「人類最高的性靈表現」；如此說法自無餘地留給其他更高事物——最高之位，對其他人而言多為宗教所有。對十九世紀的藝術崇拜者而言，藝術遂成為裝滿啟示的寶庫，是載滿聖言的經文，寫出這性靈之約的作者則為先知先見。及至今天，他們之中的幸運兒，依然被視為半神半人的英雄。

＊＊＊

作為先知，從這個藝術宗教最早的年日開始，他們就在申斥矯正他們所在的社會。而社會已經沉陷在泥淖裡了，工商活動麻鈍了感官，狹窄了心靈，殺死了想像。隨著藝術新教義的來到，攻擊中產階級的戰役於焉展開；在小說《夢蘋小姐》那篇才氣煥發的序言裡，高堤耶大聲抨擊因交易買賣而成流行的物質主義人生觀，而布爾喬亞之徒就只關心交易買賣。

這可恥之徒的標記，正在其沒有能力了解或欣賞藝術——他只認識學院或濫情之作。更糟糕的是，他根本不知道真正的藝術並不是用來載道的工具，藝術係為本身的目的存在，而不是為任何外在之物服務——除了令夠格的觀者迷醉是為例外。此即「為藝術而藝術」的教義，一般經常相信是一八九〇年代出現的新思想（887>）。那個沒有素養的傢伙——「俗物」（philistine），也隨著藝術家開始追殺布爾喬亞而誕生——然而正是這個階級，給

> 小說，不是一對手縫的鞋子；十四行詩，不是一支獨家專利的注射器；戲劇，不是一條鐵路。因為唯有前面那些——而非後面這些（物質）——才是使人類得以文明之事。
>
> ——高堤耶《夢蘋小姐》

了他們生命，提供了他們最棒的贊助人與欽慕者。

在此必須指出，「欽慕之情」可不是歷來所有時期的共同特質，回到批判性超高的啟蒙年代，就極端憎厭這種興奮性情，因為它暗示人目瞪口呆狀似傾倒，事實上完全不懂。如今欽慕的熱情隨浪漫主義重回人間，尤其是年輕一輩，對他們而言，能欽慕正表示有想像能力。人有想像力，所以才欽慕天才，因為透過想像才能看出天才及天才的作品中沒有任何**機械成分**，無可分析、無可做任何合理化的解釋。欽慕之情再往上走，即是熱愛之情（passion），同樣地強烈，因愛的力量而起。重要性也許可以從**浪漫**一詞的愛欲性質尋出脈絡，真正的特質卻遠超於此——浪漫之情是簡單的、天真的，只有一個層次：心蕩神搖。至於十九世紀的愛情，同樣也否定十八世紀的概念：所謂求愛如宮廷小步舞曲，雙方都熟知舞步，樂趣來自目標物，也來自（說不定更多哩）追逐遊戲本身。另外那種純屬獵者與獵物的粗糙做法，也不再予以認可，一如音樂藝術，浪漫主義者堅持愛情不以感官樂趣為已足，深邃的意蘊、靈魂最深刻的劇烈顫動，才是精粹真髓。有一本書《情愛如藝術作品》[4]，描述當年那段時期著名情事，但是這本二十世紀式的傳記手法與心理處理，卻有模糊十九世紀觀點之嫌。浪漫主義者的情事，融合了熱情與想像、欲望與風險。情熱意味痛苦折磨，愛人，宛如被對方附身。自然的黑暗一面，那屬乎酒神狂歡性質的成分固然驅動著他——（《浮士德》中則為魔鬼），在此同時，他也被一種崇高神聖的情感提升，因看見所愛者的美，不僅是外在肉體的美，更有一種人的天然與靈性達於和諧之境的美——日耳曼人稱之為美麗的靈魂（*schöne Seele*）。便在這種高亢狂喜的境界中，浪漫主義者進一步認可了那產生藝術的心靈脈衝。

歌德在《浮士德》中稱這種刺激為永恆的女性。因為愛，遂有獻身，每個人都在所愛的對象身上尋覓另一個自己，一個雖不同卻對等的自我，尤其是對情愫與藝術的敏感性。這種概念產生了實用效果；盧騷的《新愛洛綺思》之後——此書雪萊拜讀甚勤，先進思想家再也不懷疑女子教育務必與男子同等同質。從理論來到實例，當時的藝術家似乎也尋得許多「繆斯女神」刺激他們的靈感，她們富才華、有膽識、受尊敬，茲舉幾例：卡洛琳．施勒格爾、普魯士王后路易莎、范哈根（與歌德同時代的沙龍女主人）、俄國的莉文公主、賀卡米埃（巴黎沙龍名媛），那位活潑動人的斯達爾更是不在話下（<659）。不消說，這樣的組合當然有其浮沉興替，社會條件、個別缺失造成的影響眾所周知，至於其他形式的情愛，也不因有了這等高貴的羅曼史而告絕跡。

斯湯達爾尤其善挑毛病，寫了一篇專文《論愛情》，根據特拉西的心理學（<662）以及在不止一國所做的實地觀察心得，將愛情分為四類——肉體型、情趣型（十八世紀的調情遊戲）、虛榮型（因愛人的美麗或地位而洋洋自得），以及因熱愛情愫而生的情愛型。這最後一型，斯湯達爾認為，才是最高的幸福來源，在法國很少見，在義大利則盛行。在此又是想像力的創造，將一個人的驚嘆與欽慕之情，「結晶」（他的用詞）投射到所愛者的身上。這正是愛洛綺思與愛伯拉德的愛情，也是許多浪漫主義者包括斯湯達爾本人在內的愛情。

若要有這種熱愛情愫，戀人在社會上必須平等，因為幸福來自於在一起相聚相談，遠勝於來自性事的樂趣。斯湯達爾認為男性可有的一切才能，女性也都有，因此男女教育應該完全相同——雖然女性對能力的用法可能有異。無論如何，能夠熱愛型的男子，絕不會做出主子姿態，他在熱戀關係中反而羞怯缺少自信；他被愛附身，如為藝術所附身。

於是美麗的靈魂之間有愛情，與這種愛情主義暗暗相對的則是赤裸裸的肉體。高堤耶的《蔓蘋》

今天傍晚我獲得證實，當音樂臻於完美，心裡那份感受正如心上人出現眼前；也就是說，音樂能令人產生世間最濃烈的一種幸福感。

——斯湯達爾《論愛情》（一八二二年）

小說，對各式肉欲做出巡禮，異性的、同性的，外加跨性別的，均係愉悅筆調出之。此書面世之年，德國的古斯科也出版了《華利》，書中女主角在與另一名男子成婚前夕，裸身站在愛人面前，「象徵地嫁給」她所愛的這個男人。施勒格爾的《魯辛達》、蒙特的《聖母》，也都大大稱頌自由性愛冒險。

斯湯達爾聲稱他寫的是「愛情生理學」，因此也認定這兩項最濃烈的心神貫注經驗——愛情與藝術，都係因神經、腦部受到興奮刺激所致。他又說熱情式的愛可使心境長保同情、寬大氣質，這種年輕情懷往往在飽嘗世事之後即告乾涸。不過他筆下的「性愛」（Eros）並非只有性愛，還帶進歷史、傳記、當代政治、各式律法和民族性格——五花八門，進一步證明浪漫主義者的愛，絕非供那些空洞的心、腦消遣之用。

在斯湯達爾的時代，此書並未發生任何作用，形式與風格都太過陌生，小小三版過了十五年；他自己也說，他只是為一百位讀者而寫。然而他表達的信念、心態，卻普遍見於當時；論到人類同情心與寬大氣質，更是切中要點——就社會觀點而言，十九世紀大可稱為愛的世紀，當其時也，個人、團體都積極起來保護窮人與弱者，助他們脫離生活的苦難，尤以英格蘭為然。霍華德在一七八〇年代即已著手獄政改革；沙夫茨柏瑞伯爵亦推動立法，禁止婦女、兒童工時過長；工人本身也發起慈善組織，以在逆境時相互支援；邊沁信徒則使刑法較富人道；教會團體為「失足」婦女成立收容所；孤兒院也不再由無心肝的謀利者經營；虐待動物開始被視為可憎的惡行；濟貧法的施行重新改設；美國的克拉拉．巴頓創立紅十字會；比利時達彌盎神父奉獻一生給夏威夷島上的痲瘋患者；國內外傳教士身兼二職，半宣道半做社會工作。種種安排、做法，雖非件件設計良好，但是及至世紀中期均已俱在而且付諸行動。小說家自狄更斯起，亦紛紛運用他們手中的媒介，喚醒眾人對某些社會罪惡的良心。歐陸則漸漸效行。

誠然，推動這些愛心慈悲的人士，不見得都是受到斯湯達爾式那種結合了愛與音樂的熱情感動，卻常屬政治或宗教動機的成分，不過目標依然新而有心。這種做法的出現，是因為對人的概念發生轉變，當時風俗禮儀日趨溫和自制即是證明——不過半個世紀以前，費爾汀既病且跛，離開英格蘭赴葡萄牙的溫暖氣候，水手見他登船，仍高叫嘲弄，譏他無助之狀。費爾汀的小說裡面也顯示，其時一般仕紳的舉止也很粗鄙，那些低等爵級更為粗野。但是慢慢發展之下，所謂淑女紳士的理想典範開始扎根成形，這是揀選自貴族與上層中產階級行為的最佳一面。在此同時，權利的抽象觀念亦已喚醒人心，務要通過法律、習俗，使人人得公平、尊嚴（<632）。

＊ ＊ ＊

斯湯達爾皇皇四百頁巨著，收有一百則軼事，刻畫愛情與戀愛中人，當事人大名往往全錄，非為譁眾或也不為物議，卻為做成「一宗精確的科學研究」。他總是在尋找小真相（*petit fait vrai*）；而且正與一般以為相反，他的浪漫主義同道其實也同樣熱中於實事。他們知道自己身在的世界已然改變，必須重繪地圖，也知道那個「啟蒙開化」的知識太過籠統已成無用——這個新世界必須以具體細節描述。因此華茲華斯在《抒情歌謠集》序言引述一首十八世紀的十四行詩，批評它抽象字句連連，他認為詩應該用一般人的一般語氣，記錄他們的思想、感覺。其後眾詩人（維涅、繆塞、普希金、雪萊、萊奧帕爾迪）也都表示同意。平常用語與日常人生，遂成為文學素材，雨果說甚至連最醜陋的事物也可以用入藝術。請注意華茲華斯的歌謠，不是那種帶有蘇格蘭邊區古老傳說風格的愛情故事，而是步街頭歌謠之式；後者傳講日常事件，格律粗略，細節露骨。

> 我這一生，曾見過法國人、義大利人、俄羅斯人，不一而足。多虧孟德斯鳩，我甚至知道還有所謂波斯人。但是至於「人」嘛，我就得說了，可從未遇見過。
>
> ——麥斯特（一七九五年）

於是事實、細節、平常，便成真理標記——或謂某一種真理之標記。巴爾札克的小說布滿銀行作業、鄉村醫療、小文員的生活、金繐的製作，以及其他無數實務事項的細節。史考特首創歷史小說，記錄翔實，尤其是蘇格蘭系列作品，精密記載故鄉貴賤人等在某段特定辰光裡的生活。曼佐尼、大仲馬、斯湯達爾、尤金·蘇，以及一大群步史考特後塵也寫起歷史小說的作家，都借用背景襯托之力，使筆下的杜撰讀來如同實事。雨果在《巴黎聖母院》（即《鐘樓怪人》）裡記乞丐窩處一章，令人想起左拉：正是全然自然主義之風（897>）。

普希金給了俄羅斯詩一種新的率直氣息，尤其在韻文故事裡面，用談話口吻表述平凡細節，卻絕對仍舊是詩，而非散文打落成長短不一的詩句。繪畫上，從席里柯取近日船難為題材，到哥雅描繪拿破崙、威靈頓兩軍在西班牙、

> 所謂通學，是白癡之學。專精，方為真才。
>
> ——布雷克（約一八〇八年）

葡萄牙兩地交鋒留下的戰火無情蹂躪，再更近一步德拉克洛瓦畫出土耳其在希臘大肆屠殺的受難者，都因為講究逼真，更助長以當代情事入畫之風。在此同時，英格蘭的康斯塔伯，也顯示自然界的色彩遠比當時盛行做法所容許的鮮亮繁複。示範的方法很簡單：他取來一把小提琴（琴漆因舊已褪成褐綠，正是當時作畫標準用色）貼近草地一比，兩下差異立見，立刻說服了贊助金主貝爾蒙特爵爺。年輕的水彩畫家博寧頓，也使用漸次變化的色澤畫出海邊風光，德拉克洛瓦因此徹底改換他的色調。畫家術語「當地色彩」旋即進入文學寫作，意指正確描繪服裝儀容舉止，作為傳遞真實感的手段。抱持著類似用意，年輕雕刻家巴里研究巴黎動物園的大型動物（最後被任命為該處教授[5]），克服了美術學院的抵制之後，受委製作一批青銅野生動物，根據真物大小，增飾城中各處園林。同時在美洲，奧杜邦正沿密西西比河而下，尋找鳥兒入畫，一八三八年大功告成，共繪有四百三十五幅實物大小的鳥圖。

種種創製，證實浪漫主義者在藝術上有一項為人忽略的真相：其實他們也是寫實派。可是「大家都知道」，寫實主義明明在一八五〇年左右「才」興起，而且是為向浪漫主義反動而起——陳腔濫調，不必因此大惑不解，因為只要如以上般對前半世紀作品做出正確描述，便可看出浪漫主義本身，其實包含其後三種不同運動特色：寫實主義、象徵主義和自然主義，而後面這些畫風與浪漫主義的不同處，只在它們各專長一種技法；追本溯源，三大運動卻同承自一位祖師。只因後輩作畫的心境不同、目的有異，卻把師承的關係給模糊了。

換個方式來說，新古典主義之後的藝術共歷四個階段：第一階段為全面性，繼起的三個階段則為排他性，各自從源頭獨沽一味全力發展。再以《抒情歌謠集》為例，部分特色正如前頁所述：取日常題材，用日常字句——此乃寫實一面。接下來則是歌詠愛情、自然的抒情，用詞依然簡單、貼近生活真實，卻不再呈現那種被視為真正寫實標誌的平凡無奇氛圍。第三部分是柯立芝的《古舟子之歌》，雖為敘述體，卻以奇異、「不真實」的事件，象徵道德世界的真相——一首象徵主義的詩。

下一代裡，以及法國，不只雨果、繆塞、維涅，納瓦爾也呈現這種同樣的包攝氣質。他翻譯歌德的《浮士德》，依其各種風格，從粗鄙到崇峨；他在《夢》中寫「浪漫的」十四行詩；他蒐集家鄉省份的民間詩歌；他的《金色詩句》，句中每個名詞都是象徵，指向一隱藏的精神領域。他的象徵主義詩風如此強烈，他的十四行詩〈不幸者〉意涵至今為人爭議不已，散文詩《奧慧莉亞》亦然。

布雷克的作品，先不論其寓言部分，也是因為象徵主義的元素，而使《天真與經驗之歌》裡的許多詩篇意蘊悠長。賀德齡、諾瓦利斯與克萊斯特，亦以同樣的用意描述自然、感覺。克萊斯特尤其深信所有經驗都模稜多義，被視為里爾克甚至卡夫卡、皮蘭德婁等人的先驅。模稜多義，如果是特意為之，可謂象徵手法的登峰造極之器。與含糊多義、象徵同源同種，那遍浸於黎希特作品的奇思異想（<204），則彷彿回應阿克曼的主張——可以在夢中尋覓詩的素材。黎希特如此受到歡迎，一般只以喚其名尚保羅（Jean-Paul）而不帶姓——或以「獨一無二」（*Der Einzige*）稱之，卡萊爾向英人介紹日耳曼文學，第一個就討論他。海涅則如拜倫，作風正相反，以其嘲諷、口語風格，自日常小景取材為詩，偶爾外帶一點傳奇、歷史之筆。

至於那個負載過重的寫實主義，後稱自然主義（897>），其源也許可以在高堤耶、雨果[6]某些詩句尋出跡象；以及博雷爾的作品——他一點也不顧忌，公然把自己筆下的杜撰命名為《不道德故事》。不過這類藝術探險雖始於浪漫主義年代，並不意味後來者徒事模仿，或只在利用已臻完善的現代風格。這卻表示場地淨空之後（如革命所做的大清場）重建工作待立，各樣事物都會一試，但不見得件件追求到底，許多只成白費力氣；這些都是**解放**之後的必然結果。

在「形式」的領域裡，浪漫主義者的解放並未造成任何白費，今日藝術享有的自由，正是他們當年的成就。雨果自詡他為字典戴上了雅各賓黨的紅帽（紅帽意指自由），其實華茲華斯早已發過同樣信號：沒有任何東西會低級到成為禁忌（<697）。為使醜物也可入眼，雨果宣布「凡可入自然者皆可入藝術[7]」。各處詩人也放手使用各種格律、韻法、段落，並以本國語言出之。雨果跑得更遠，乾脆容許自己「破格」，被學者認為向二十世紀詩人[8]指出方向。

百無禁忌之下有一個副產品，先前世代的文學重新出土——在日耳曼為中世紀文學，在英格蘭則為喬叟、伊利莎白時代作品及盎格魯．撒克遜的英雄史詩《貝奧武夫》，在法國是七星詩社（<248），還有維庸、拉伯雷也一併找出來。巴爾札克對拉伯雷如此傾心，如前所述，甚至採近十六世紀詞風寫了一些極好的模仿作品：《滑稽故事》。

散文也在改革，把伏爾泰文風與夏多布里昂兩相比較即知。前者全然明晰、流暢、平順，道盡伏爾泰想說的一切，可是就只在「說」而已。夏多布里昂的文筆同樣清楚明白，也同樣盡在作者掌握之中，卻能點燃想像、激發感官得「見」。這多出來的效果，乃是悄悄透過思緒與感覺流露。至於同屬浪漫主義派的斯湯達爾，以及其他幾位人士，則拒絕背棄本身就事論事的實事風格，斯湯達爾坐下寫他的小說之前，還特意先讀一兩頁簡潔俐落的拿破崙《民法法典》。夏多布里昂則沿著自家這條路走得更遠，他某部作品[9]更被人視為韓波在《照明集》裡的先聲。至於其《回憶錄》中的動詞組合、斷裂，以及其他句構語法，更令批評家預見紀德、普魯斯特、喬艾思，以及超寫實諸家的現代散文元素。不過相似不見得就有直接影響，類似的發明創新，普現於藝術的共同狀態。回溯之下卻可以清楚看出，正由於不是千篇一律，因此是一個形成時期。

＊＊＊

文學、藝術上既用想像力遍做搜尋，難怪浪漫主義者的知識愛好也非獨沽一味。他們發現中世紀也是一個值得尊敬的文明；他們覺得民俗藝術、音樂和文學津津有味；他們研究東方哲學；他們張臂歡迎各種民俗民情，甚至及於十八世紀世界主義人的圈外；他們興奮考察各地方言文字。這是真正的多元文化觀，真心全意接受遙遠的、異國的、民俗的和以及已被忘懷的一切。雨果一頭鑽進所有能到手的歷史、文學，從它們的數字、事件中寫成一本洋洋大觀的《歷代傳奇》。偶然讀到一種馬來式詩體稱作**迴體**（*pantoum*），便也試寫一篇。納瓦爾蒐集法國地方歌曲，並著手譯出。李斯特作為鋼琴名家，經常在歐洲各地演奏，記下各地流行民歌形式，並編寫這類樂曲，他收錄的歌曲讀來如同一本地名大辭典。他更使匈牙利音樂重新得力，向世人介紹原先不為所識的吉普賽音樂（或應正名稱為羅馬尼亞音樂）。正出於他的努力，誕生了維也納作曲家的吉普賽式藝術音樂。

種種興趣一直延續下來，有些今日已成學院專科，浪漫主義的批評者卻毫不遲疑將它們總稱為「逃避」——而且大家都知道，逃避現實可是滔天罪行。浪漫主義好奇心重，無所不涉，比較合理的評判，應該是把它們視為一種釋放，脫離狹隘的地方視野。至於浪漫之前的那個年代，雖著力於實際，卻只採概括性真理的形式，更糟糕的是它們把文明局限在六個國家的四個時期。誠然，在那本風俗歷史巨著裡面（<558），伏爾泰確曾努力反對此種觀念，可是內心深處，卻始終抱持這個想法。

> 我兒務應多多讀史，並思之忖之；史乃唯一真哲學也。
>
> ——拿破崙政治遺言（一八二一年四月）

其餘百科大家亦然，只有狄德羅是個例外。

事實上正是這批躊躇滿志的世界公民，在他們的教義信念之下，雖做出許多新的、好的東西，卻受其本身綱領所限。比方休謨，寫了一篇文章論民族性，顯示他徒有歷史知識卻缺乏深刻史識；對他而言，法國人就是新羅馬人，英國人是新希臘人。進入十九世紀，則浸淫在對過去的「感覺」裡，首先是各種個人回憶錄的氾濫，以及大部頭的歷史著作，以無數方式描述一七八九年之後那四分之一世紀的經驗。從來未曾有過如此大量的細節，熱情、偏頗、真的、假的，在這麼短的時間之內一下湧印出來。其次，正因為這類作品，興起了一種新的觀念，亦即蒐集現存有關國家過去的任何文件。於是法國、英國、日耳曼，但凡擁有檔案文獻的人都被各方請託，公家機關的閣樓間都被搜索遍尋，政府也開始出資大規模編纂卷帙。政治辯論也愈發使用史事，作為行事前例或未來[10]範本。讀史成為十九世紀人的普遍消遣，不久遂使歷史成為當然，處理任何題目都從歷史著眼。即使今日風氣已消，醫生問診，依然先要聽取病史；生意人提出年報，用過去為美好未來之兆。

徵諸以上種種熱情、資料，二十世紀史家崔衛林響應卡萊爾之言，認為「史考特使歐洲學會了歷史」，意指藉著這位小說家筆下的蘇格蘭、中世紀故事，眾人開始習慣把過去視為一個多彩多姿、巨大的活動全景，活生生的真人男女在其中忙碌著日常事務。至於國王女王在他們的寶座上簽約、發話，自然也是歷史，卻不是歷史的全部。史考特故意自嘲反諷，將自己第一部「考證」小說《艾文何》（即《劫後英雄傳》），獻予「枯燥大學士」——他早期的蘇格蘭小說，則係採自大量豐富記憶而作，與這本學究式作品正相反。回看十九世紀，法國史家索爾勒認為寫歷史之前都應該先好好「閱讀吸收」巴爾札克。欲知「事情分曉」的意識，預先就假定人事、習俗、言談、服裝因時地不同而各自精采有異；而世事的變化，則因領導者與被領導者之間的互動，再加上意外、巧合造成。歷史讀來就像一本小說，小說則是歷史——幾乎就是。

史考特的《威弗利》系列，係在拿破崙退出歐洲舞台前一年匿名出版，轟動一時，熱潮更持續向外廣傳，日耳曼出了五種不同譯本，其一使舒曼的父親發了大財。史考特的普世性史觀，其實十年前赫德即已在日耳曼推出，後者的《人類史論》[11]，描述人類全體係由各種不同民族組成，不同係因過去有異。每個民族或曰「民」（*Volk*），都是其群體文化的創造者也是保存者，透過與他群的接觸，意識到本身的身分認同。理論之下還有與事實佐證：革命部隊與拿破崙的大軍，已經重畫了歐洲的心理地圖，十八世紀那種由王朝及上流階層世界公民組成的橫向世界不再，如今西方改由縱向單位組成——亦即國族／國家，雖然全然分立，卻個個不同——而且截至此時為止，尚未有相互敵意流露，歐洲猶是一把斑駁多樣的花束——浪漫主義者的國家民族自尊是一種「文化性」的民族主義。就這一面而言，史考特寫他的家國，竟可令英格蘭人改變看法，從輕蔑變為同情且好奇，可謂意義深長。喬治四世更北上穿著蘇格蘭裙，以示對北國及其文學肖像的作者致敬，並賜爵封他騎士。

這個新的文類——歷史小說，帶來了歷史英雄人物，且看他們如何在史考特心中萌生茁長，頗為有趣。從早年開始，因受珀西主教蒐集的蘇格蘭邊界歌謠影響，他就熟讀蘇格蘭歷史——對內的部族械鬥、對外與英格蘭作戰，種種知識滾瓜爛熟；並涉獵法蘭西、日耳曼的傳奇故事，還翻譯了歌德《伯利辛根之葛慈》（<23）。這份準備功夫結出的第一批果實，是六篇故事詩，建立其詩人聲名。

《最後的吟遊詩人之歌》及其他作品，均屬想像情節，充滿了劇情動作與精確的地方色彩。雖已不再合乎今人對詩或小說的期待，卻依然值得翻閱，一讀其中若干優美的詩歌。

史考特接下來又出版了許多地方傳說以及英格蘭作者之作，並於創作那兩部大型系列小說[12]之間，撰寫歷史、傳記。記載他最後幾年英雄年月的《日誌》亦不應予忽視。他的小說今天鮮有人讀，真是一大損失，書中有一些人物、場景，如此深刻有力，一旦讀過再也無法泯滅——當年可是與莎士比亞最具戲劇力的場面相提並論。這個評價絕非過譽，不過讀時必須知道如何翻找出這些精采之處，找到前也得有耐心才成（可參閱 Edgar Johnson 著 *Walter Scott*）。

＊＊＊

既負重建大任，浪漫主義者自不能沒有理想中的英雄典型，這位英雄的內容豐富多元，卻不致扞格不合——也許他們知道「英雄」（hero）的字源正同時與「僕役」（servant）、「保護者」（protector）有關吧。首先，浪漫主義敬仰天才，主要是具有先見之能的藝術家，歌德先在《威廉·邁斯特》身上繪出最早的典型，於浮士德完成定筆：他乃是一個尋覓之人。舊有的傳奇裡面（< 174），這位浮士德醫生向魔鬼提出的要求三分之二屬於物質——食物與現金，最後一項則為「要在群星之間飛翔」，正可喻為十九世紀的渴望。浮士德的冒險緊緊攫住浪漫主義者的心靈，追求的目標即在「發現」；大至宇宙、小至人類意識，無垠無限，搜索追尋永無止盡。莎士比亞正合此氣質，因為他的劇本從沒有最後的定論，人生、人物的結局往往只屬暫時，隨時可以逆轉。歌德即曾寫過一篇文章題為〈莎士比亞與無結局〉。

拿破崙在藝術家與眾人的想像裡占有一席之位，正因他的英雄氣概與冒險意志。哈茲里特寫拿氏生平，認為他是革命象徵；史考特也寫他讚他，雖然帶有幾分不甚情願。自俄羅斯撤軍期間，斯湯達爾曾在他麾下任事，更專為他寫了一本書。拜倫對他貶譽交加，後來卻悲悼他的失敗。歌德則說他實在無法恨惡這樣一位敵人。貝多芬將第三交響樂獻與英雄波那帕特，沒想到英雄戰士竟一轉身變成暴發皇帝，一氣取消這項獻禮。拉馬丁、馬志尼、雨果等人，都寫過詩文稱頌或思索其人其事。白遼士受到波那帕特率軍翻越阿爾卑斯山脈的壯舉鼓舞，提筆寫下樂稿，部分可見於現存作品《勝利交響曲》及《頌主曲》。無數畫家畫他繪他，在畫布上想像他決定性的戰役場面。他在各地創下偉大功業；這四處征伐探求的英雄，正是人類向前邁進的代表人物。

> 當我斗膽寫下拿破崙史的第一句際，油然感到某種宗教之情。此文係述自凱撒以來的最偉大之人，他的卓越，全在他能以難於置信的速度，找出新的思想，又以全然理性加以判斷，更以無與倫比的意志力予以實行。
>
> ——斯湯達爾論拿破崙（一八一六年）

黑格爾在《歷史哲學》以「世界級歷史人物」（world-historical character）形容這等英雄形象——在某一既定時刻，聚時代所有意志於一身，又神祕地賦有實現的力量。正是因為千萬人之力累積聚集，於是每隔一陣子便會出現這種明明血肉凡軀的超人：英雄一出，乾坤扭轉，社會改觀，前此卻再怎麼努力也不能變其分毫——黑格爾恭逢其盛，有真人實事可為英雄畫像藍本：拿破崙在日耳曼境的耶拿地面作戰稱勝之際，黑格爾剛好在此地一處地窖。最後拿氏失敗，全歐亦如他所預測同感鬆了一口氣，但是心頭壓力雖去，記憶卻永遠不能抹殺。對大多數思想家、藝術家而言，拿破崙始終是天才，在他身上，他們看見了那歌謳讚美的對象——不是他們作為個人的自己，而是他們那必欲成功的驅動力。英雄的黑暗面：他的愚行、過失（有些人視為罪行）、毀滅性情，人人遺憾，但是他的另一面光耀長在。在此可不是一般為擄掠而戰的征服者，卻是塑造出新歐洲的非凡英雄；他的影響所及，他的行政效率，他的《法典》、他對藝術與科學的積極、他對人與社會的精妙見解，甚至連他無情卻高蹈的雄心在內，都充分流露英雄的性格。

種種混合、散亂印象，在失位皇帝本人的回憶省思裡亦獲致印證，這些文字係由伴他度過聖赫勒拿島上最後年月的人蒐集出版——某些敵人連對他的恨意也隨之消散了。

拜他之賜，中歐有了良好的道路網，港口為之改善，尤其是國家數目由三百減至三十六——這些都不曾受到漠視。封建遺蹟因此完全消滅，他以騎士精神相待當地王公，亦顯示他果然是人民鬥士。即使在今天，世界似乎依然站在他這邊，而

茲設獎六千法郎，鼓勵能以提升吾人電學知識者。余意係為督促物理學家專注此學，余以為電學也者，乃通往重大發現之路之學。

論某座雕有水精裸胸噴水的噴泉：「把這些奶媽給我去掉：人家水精可是處女。」（一八一一年）

那個女人（斯達爾夫人），教那些從來不知思考為何物，或根本已經忘掉思考是怎麼回事的人去思考。（約一八〇〇年）

——波那帕特（一八〇二年）

拿破崙了解時代的精神。作為日耳曼人，我原是他最大的敵人，實際的狀況卻使我甘心與之和好。他了解藝術、科學，瞧不起無知愚昧。

——貝多芬（約一八二〇年）

非威靈頓——只看各地都將滑鐵盧一詞視為敗北而非告捷的同義詞，即可見其一斑。

拿破崙之敗的意義，不僅限於政治，更為拿氏作為英雄的理想典型增添又一層面：生命是悲劇的，英雄都得向命運低頭。這項認知提醒我們在浪漫主義者眼裡，人既偉大又脆弱，而脆弱一面往往是罪惡力量的作為。有些人在人生事業生涯之始，就感受這種宿命，其中一位更經常被視為浪漫主義者的原型，透過虛構的創造與自己的生命，愈使這意識生動活現。他就是年輕詩人

拜倫

經由文字、行事，他在世人心頭留下了與拿破崙一般悠久的印象。拜倫主義是西方心靈史上的一個階段：大膽、叛逆、憂鬱、自責，以及對災難的想像。拜倫筆下的主人翁，不論故事、劇作，都如他自己一般乃是偉大與失敗的人格化表現。一八一二年拜倫出版《查爾德・哈洛德遊蹤》中的最前兩篇，一夕成名，此事卻非偶然。十年來，英格蘭都在擔心敵人入侵。海峽對岸，波那帕特已經組成配備有氣球的征英大軍，西鄉（英格蘭西南部地區）更不斷謠傳他已於夜間登陸偵查[13]。焦慮、恨意頻見於談話與報端；忽然之間，出現了這樣一個流暢的韻文故事，敘述在南歐旅途沉思以及所見。根據主人翁的大名，顯示他是一位年輕的遊方俠客，喜愛藝術、自然，每至一處都使讀者分享到他的善感。身陷包圍的英人，忽見此景，彷彿開了一扇窗迎向新鮮的空氣與陽光照耀的天空。這等樂趣，也許可以稱「逃避」一例，卻是戰爭囚徒的逃避出口，並非飛向想像仙境（never-never land，童話彼得潘的島）的解放，而是去到一處人人都知道確實存在、許多更親身造訪過的歐洲。

查爾德．哈洛德是拜倫式英雄的第一張素描，全面的人格顯現隨之即告登場，形貌稍有變化，此即韻文故事——《海賊》、《不信者》、《阿畢陀斯新婦行》，以及另外三篇，都被歐洲從這一端到另一端的讀者熱烈捧讀。每一篇感傷情節的主角，都令他們覺得聲氣相通，因為其人往往是脫韁野馬，至少也快要變成這號人物；學生、知識分子、藝術家（他們天生反骨如反射作用）已經嘗過波那帕特每到一處設立的自由化機制的味道。隨著時間過去，一八一五年歐洲重新底定後登台的掌權者，似乎已將人權全部抹去（<632），那些不安好動的心靈，感到在拜倫那強壯、沉思、代天行道的強盜冒險家身上，找到了自己的精神代表：他對仇敵殘酷無情，對女人雖然熱情卻不屈從。女性讀者的反應同樣愛慕有加：時時威脅的邪惡，揮之不去的罪咎感，這股陰暗意識愈增魅力，使親密的誘惑更形完全。拜倫式英雄不久便充斥詩歌、小說，蠱惑力始終不去——只看愛彌莉．白朗特《咆哮山莊》裡的赫斯克里夫，今人海葉兒的英國攝政時期小說（英國偵探浪漫冒險小說家，作品常帶歷史背景。以一八〇〇至一八三〇年間喬治四世為其父三世攝政時期為背景的小說是一專門路線），以及通俗浪漫小說及電影的賺錢路線即知。

可是亦如先前指出，浪漫主義者腦袋裡的想法不止一個，拜倫的作品正是這種駁雜性質的明證。他的情詩，他的政治題材詩《威尼斯頌》、《塔索悲歌》，以及那迷人的《夢》，在在顯示各種不同的心靈衝動。另外一面更為今人偏愛：詩人拜倫始於亦終於一名諷刺家，以攻擊「英格蘭詩人與蘇格蘭詩評人」始，以《唐璜》終。他寫這部曠世傑作（同時在進行另外兩篇同性質的諷刺作品[14]），描寫人生所有可能情境，滑稽的、卑汙的，充滿機智、反諷——高度傷感與戲劇張力之中，忽而筆鋒一轉而成評論，嘲笑當前場景或本身，正是浪漫主義者常用手法，在《唐璜》中更因雙音節韻[15]手法而馬力強大。這部史詩終未能完工，不同面目身分的拜倫之外，還有另一個拜倫有更重要的大事待辦——幫助希臘人爭取獨立（747>），最後死在希臘的米索隆吉，時年三十六歲。

眾傳記中，拜倫婚姻的失敗，以及與眾女的愛情，往往占去了主要的注意力——有關他生平的作品不斷出現，他屬於蘇格蘭瑪麗女王、拿破崙一級人物，關於他們永遠有東西可寫。但是這等的「浪漫」好奇心，一般而言卻往往忽略拜倫與男性友人之情誼，以及情愛之外的實際作為。在這些方面他表現沉著、善於判事，在希臘顯示良好的組織能力，在上議院發言堂堂有政治家之風——有人要嚴厲懲罰那些破壞機器的勒德派（Luddites，Ned Ludd，十九世紀英國手工藝匠，破壞紡織機抗議機器取代人工），他提出強力反對。最後，還有如斯湯達爾般屬於社會批評與尋求事實的拜倫，以及一流書信作者的拜倫。他偏好波普勝於莎士比亞，認為自己的詩雖不怎樣，其中的歷史細節則絕對正確（可讀巴森編選的 *The Letters of Byron*，所選內容可略見其生平及主張輪廓）。

* * *

本章概述浪漫主義，一開始曾指出盧騷的《愛彌兒》解析宗教信仰，感動了許多十九世紀的心靈。其餘論教育處也同樣有力；對盧騷而言，以正確的方法教養兒童，可以教導出共和國成功所需的「人與公民」。這樣的國家，將是一個由自由人與負責任者組成的國度——所謂自由不受約束，不是免於文明教化的藝術與科學，而是不再為「舊體制」的人為之事與不平等所羈絆。舊制度垮台了，良好的教育章法對參與重建工作者而言更加迫切，且除政治目的外，又受到新時代典型的愛心激勵——對個人充滿了同情、寬大。這個愛的對象移到小孩身上更為加倍，一八二〇與三〇年代，三大思想家幾乎同時提出新式辦學之議，福祿貝爾靈感最富，步如今已普遍為人接受的盧騷思想，主張真正的教育乃是人格的逐漸展露，透過自由卻有方向的引導，開發天賦的性向才能。他本身的童年不甚愉快，正與此理想境界相反，使他不但創新也嘗試改革。

繼母不友善，父親也疏忽冷淡，再加上沒有玩伴，福祿貝爾的個性長成喜怒無常、適應不良、缺乏長性、叛逆霸道，普遍不為人喜；又有學習困難，被看成笨孩子，送往林務學藝。極度愛好自然，是他唯一能逃避羞辱的慰藉。最後是一位兄長救他免於絕望自殺，為他打開了智識樂趣之門，更於哥廷根修業結束後助他任裴斯泰洛齊的助理，此人是浪漫主義教育理論的另一大家。福祿貝爾首先為他失怙的五個姪兒創立了一所學校，使用「教育成自由人」的課程設計。他否定原罪，主張社會上所有罪惡都來自教育的不良；又主張成長中兒童最需要的便是自我表達，僅次於母親的撫育。可惜他的文字卻摻雜進一些不相關的新奇空想，再加上個性使然，妨礙了他努力的功效。

之後在五十五歲那年，至此一事無成的他發明了幼稚園（kindergarten），本係為極端貧窮者設計，終使他感到總算尋獲了自己的天職。他為這個新制度取了一個令人難忘的名字 *Kleinkinderbeschäftigungsanstalt*（大意為幼兒學園），直到三年之後，才又在偶然之下創出 *Kindergarten* 一字（kind 為德文幼兒，garten 即園地）——這位自然的愛好者忽然想到，兒童就如一株植物，天生就要它自由成長。福祿貝爾的創意迅即受到仿效：母親的角色受到重視，兒童歌曲出現，「具有世界合一意味」的玩具當成禮物送給小孩玩耍。剪紙、塑泥、編織、「手指畫遊戲」，都成為課程的一部分。這一切看來似乎都無害處，反對卻很強烈，學校遂告失敗。福祿貝爾另外想辦法找到梅布男爵夫人做贊助人，她在國內外宣講他的發明，在倫敦還贏得狄更斯的支持。及至世紀中期，福祿貝爾已逝，幼稚園在俄羅斯遭到禁止，卻在合眾國大有進展，首先於威斯康辛的水鎮出現，然後是波士頓，拜那位永遠活力充沛的皮芭迪女士16（美國教育家）之賜，並於首度獲得接納的二十年後，抵達了紐約。

福祿貝爾一度曾任裴斯泰洛齊助手並尊其為精神導師。裴斯泰洛齊是一名狂熱的盧騷信徒，因此兩人係同源而非互學。裴斯泰洛齊先為文談理論，在西方各地享有持久名聲，實務工作則始於一七九八年，時在法軍摧毀瑞士琉森湖某鎮，留下眾多孤兒待哺之後——比起福祿貝爾的五名姪兒，人數多上太多。裴斯泰洛齊供他們吃住，用他們測試他的教學信條——絕對稱得上萬世信條（<273），「實物，而非字句」——或換用大師本人的說法：「活著的靈魂，而非已死的人物，信與愛的作為，而非深奧難解的教理，實質而非虛影。」。

法軍又臨，裴斯泰洛齊被逐，往別處另設一校，忍受慣見的反對；六年之內卻成功地激起驚嘆讚許。自然發展，心、智合一，隨年齡增長；自發直接地使用感官觀察，老師只是嚮導，而不用材料填鴨——這些如今耳熟能詳的概念，當時覺得（一如常例）簡直是鵠候已久的**解放**。但是後日再度出現，卻反而絆倒了自己（1136>）。福祿貝爾與裴斯泰洛齊外，先前提及的巴伐利亞小說家「獨一無二的尚保羅」，也獨自寫了一本長書，對教師角色提出修正，認為在盧騷等人的理論裡面太過消極——積極的教師務必超越實際面，而以理想境界為最終目標。

黎希特之後，又過了三十年，海洋彼岸有一名身任麻薩諸塞州議員的年輕律師，受聘主持新成立的教育委員會之職。他從未思考過教育課題，卻毅然接受這個機會，出清了他的法律書籍，事務所也轉租出去，還被朋友說了一頓。此人即曼恩，在政治上他堅守原則，如今著手思考教育，也屬於政治與道德的合成；他的關心重點主要不在改革，卻在促進。如早先傑佛遜為維吉尼亞立法，曼恩也認為教育一事與共和國關係密切——他雖屬盧騷一派，不過想法可能來自直覺信念。知識必須普及、免費、共享，才能有自尊自重和人格獨立的個人。沒有自重獨立的個人，就沒有憲法；沒有權利，就沒有司法體系可言。美國人民來源多元，宗教與非宗教的傳統亦多樣，此事扣動曼恩心弦；因此公立學校應培養社區意識，方法是分享一種他稱為「公共哲學」的人生態度，此時雖尚未系統明述，顯然係基於公民教育、倫理、歷史。

> 教育，不能只由「揭曉開展」構成——因為凡活著的事，都能揭曉開展，也不能單靠開發所有能力，因為我們永遠不可能對之同時著力。
>
> 孩子受教育，不是為眼前——即使沒有我們幫助，也照樣會發生，而是為了與立即之未來相對的遙遠將來。
>
> ——黎希特，《列華納》（一八〇六年）

根據以上的前提假定，曼恩在十二篇報告中引申、詳述出他對文科教育的規畫，涵蓋範圍從好書到聲樂，強調基本三R（讀〔Reading〕、寫〔Riting〕、算〔Rithmetic〕），再加上人體生理學方面的教導（用我們今天的術語即健康教育）。要實行後面這項「健全之心寓於健全之身」（*mens sana in corpore sano*）規箴，校舍務必空氣流通、乾淨、光線充足。雖然曼恩達成了目標，在美國教育史上也占有不能動搖的地位，到了我們這個年代卻責他為德不卒：為何不提供免費的高等教育，又為何不全面公辦教育？這第二項批評，如今也許得重新考量。不過無論如何，曼恩的理念應放在一八四〇年代的社會、政治時空下評斷：當時農事還得靠兒童幫手，家長看不出讀書認字有何好處，公費辦學也不得立法諸公支持。再者，曼恩主張成立免費公立學校，因為是共和國之內政治權利與義務生存之所繫——這個論點提醒了我們：一八四〇年的國家，並不都屬共和，憲法更絕無僅有；更別忘了此時的歐洲，許多人都以為一七八九年在法國宣告的那些權利，已經從此作廢了。

第十九章　時代的橫剖面：一八三〇年前後從巴黎看世界

以上對浪漫主義「心、智」的描述，如若大致正確，應得概略印象如下：在浪漫主義裡面，思想與感覺融合；浪漫主義偏好探險、發現，甘冒任何失敗與錯誤的風險；而且天生具宗教情感，必須表達流露。靈性雖屬真實，但卻地位不定，而屬次要：神的境界可以經由自然、藝術達成。個人本身，亦是知識來源，亦須據此行動，因為人在其中——「投入」（*engagé*），正如二十世紀存在主義者所言。要行動，就得用激情克服漠然、絕望；衝動一事須由想像、理性引導。探尋是為找出真相，真相則存在於特定事項，而非概括籠統之中；世界遠比任何抽象所得為大，也更為複雜，其中包括過去，而過去從未結束。思考過去、未來，得到的評價是人既偉大又可憐；然而英雄卻確有其人，而且絕不可缺。英雄出於眾民，英雄的心、智提供了高等文化的構成。英雄與眾民的過錯，是知識、宗教和藝術付出的代價；生命本身，正是可歌可泣的英雄悲劇。

浪漫主義便是帶著這些有意無意的感知，在四分之一世紀的掙扎與懷疑之後，開始力扛重建大任。及至一八三〇年，地面已重新夷平，正如繆塞所言：「已過的事都不再存在，將有的事尚未存在。」事實證明並不乏高度原創力的心靈，他們在政治、經濟、科學各方面的思維、作為，當年發軔之初即已引起注目，一直到今日此刻，只見我們的高級文化又開始與他們走在同一方向。

一八二〇、三〇年代的巴黎，顯然已成海內外藝術家、作家的聚集之地，三〇年代更將第二代浪漫主義者帶至舞台前方。不過首先來關注一下這座城市本身——假定當時搭氣球飛越巴黎上空望去，看不見今日那些眾所周知、甚至連從未到過巴黎之人也知道的地標：沒有艾菲爾鐵塔，沒有協和廣場，也沒有廣場中央那座方尖碑，只有一大片溝渠交錯的泥濘。香榭麗舍大道是條寬泥巴路，通向一處堆積的石材，即尚未完工的凱旋門。

塞納河穿過市中心，泥濘溷濁，擠滿了駁船與洗衣船，浮動浴室繫泊在不平的河岸，堤面尚未砌石。橫越河面有十四座橋，約為今日橋數之半，有些橋面依然矗立著房舍、店鋪。可以見到羅浮宮幾乎快告竣工，收有若干藝術作品，也有幾位藝術家借住於此，一些房間則成政府堆棧的倉庫。正對面的杜樂麗園，宮室廣袤（如今已毀不存），是復辟的法王查理十世御居之地。緊挨在旁，希沃里街接向王街，一如今日；路盡處那神廟模樣的瑪德蓮教堂（方才打下地基，地面上一點跡象也無）。土地投機者（巴爾札克赫然其中）不久將競標周遭空地，指望著那幢建築是座火車站；第一條鐵路線從巴黎通往聖傑曼，不久即將通車。那龐然大物的歌劇院，此時尚無人動念建造；至於另一個紀念建築，鑄自多年戰爭掠獲槍砲的佛日廣場紀念碑，則已高高豎起，頂端矗立的卻非拿破崙，而是朵巨型的鳶尾花（法國王室象徵）。

鑽進兩旁街弄，則是件涉險的事。街弄多很狹窄，有些是死巷，路面大都未鋪，兩旁也無人行道；不少路中央還有古老的排水溝，供兩側人家每天潑出髒水。一言以蔽之，這堂堂國都大部分仍屬原始，依然是當初那未經計畫、擠滿人口的城鎮。斯湯達爾曾見過米蘭的潔淨模樣，總是咒罵巴黎又黑又黏的泥漿，嫌它缺少樹木。四圍城牆更使市區狹隘不得開展，直到一八四〇年中期，城牆方始外移，周遭村落才能加入都會區內。在此之前，蕭邦、維涅赴蒙馬特造訪白遼士，可是一個出城下鄉之旅。

即使如此，巴黎的確也有進步跡象。長期怠忽之後，房舍正洗刷清潔，主要幹道也重新鋪設調整。新住宅區開放：雨果便住進近星形廣場（二次大戰後改名戴高樂廣場）一處新居。一萬兩千盞路燈開始改用瓦斯，取代煙臭的燈油。兩項創新正怯生生地露面：一用馬克當新近的發明鋪設路面，二以公共馬車1形式提供公共交通運輸。人口已達七十八萬六千之數——三十年間約增百分之五十，而巴黎城也愈來愈需要現代住房，亦即高樓式公寓住宅；房間格局雖差，總體而言卻有很大躍進，不同的社會階級在此雜居同處，一如街頭與十四家劇院之中。樓底可能是店面，店主與家人、傭役、學徒亦同住在此。二樓是有錢住戶，再往上是小康之家——比方退休夫婦、領有養老金的退役將領；寫字員、藝匠（非工廠人手）。再上層樓，閣樓則供製帽女工與快餓死的詩人相擁而棲，也許能稍減他們的悲慘不幸吧。

對於所謂「全巴黎人」而言（非指整個巴黎，而只是文化製造者，以及跟在他們身後奉承拍馬之人），這一年有三件大事使一八三〇年值得紀念。首先是二月間的「艾那尼之役」，由「法蘭西少年」（或稱燦爛年少）發動，抵制老舊衛道之士。年輕詩人高堤耶身穿一襲鮮紅背心，權充召集大旗，指揮他的聖戰勇士前往雨果的《艾那尼》一劇首演助威，以確保此劇不被噓下台來。此時人人都已經聽說過羅曼蒂克一詞，再加上法蘭西的少年，意味著推翻詩的成規，以及正確的用語成制——只見那一晚舞台上犯下的罪行簡直滔天，一聆即知：詩行的用韻完全不合規矩，甚至越行溢到下一句去，行間本來該有的固定停頓因此不見。優雅的歌唱，讓位給結巴的節奏，更要命的是用詞不雅：低俗、高貴的字眼衝撞一堂。某個節骨眼上，劇中人竟直言「半夜」，全不輾轉表達。而且更像炸彈一樣，竟有如此（粗鄙）音節入耳：「手帕」（*mouchoir*）！

還沒有表演到這些危機關頭之前，場內觀眾即已噓聲大作（在法國係以口哨表示），頓足踏地、高叫怒罵——這一切，又都有年輕一派文人的掌聲做基礎低音反擊，同樣叫罵叫好回去。樓座前排，更有特派隊備有繩線魚鉤而來，吊起下面那些布爾喬亞之徒的假髮——因此愈增假髮（*perruque*）一詞在智識、藝術上的頑冥意味。年輕大軍當天大獲全勝，第二場演出更確立了勝利果實。順便請注意艾那尼是個強盜，贏得了一位有銜淑女的愛情，同時還有貴族、國王各一名也在追求佳人。這位拜倫式的英雄主角，劇終崇高地犧牲，他正是觀眾群中所有年輕藝術反叛分子的好兄弟——這齣戲簡直令人感覺寓意賦形，完全地演出來了。

下一樁解放大事，則在七月底來到。兩名波旁家的法王接連試圖恢復舊制的形式與權力，漸次升高終達顛峰於新聞管制檢查，為要杜各式抗議的悠悠之口。最後終於激起爆炸；三天奮戰，除去了法王查理十世，改立其堂兄弟路易士．菲力普為「法人之王」，此銜之別正暗指責任歸屬。暴動的背後，有著一名銀行家及其他殷實公民予以支持，並受新聞界歡呼喝采，出動成員則由學生、藝匠組成。他們高歌革命的〈馬賽曲〉（在此之前一直被禁）以為信號，鮮亮的三色旗幟取代了全白旗，在德拉克洛瓦畫作《自由領導人民》的正中飛揚。此畫不全屬宣傳海報藝術：在那名象徵自由、大步邁前的女子身旁，也有一個生動逼真的街頭頑童在戰火的瓦礫殘破之中揮舞槍枝。是役造成兩千兩百一十二人死亡，五千四百五十一人掛彩；為築起那四千零五十四座防柵，叛軍挖開了八百一十二萬五千顆路石[2]——那些鬆動不實的路面以及狹窄的街道，可真是天賜良物。

暴動的第一天，年輕激情派中有一人正與其他參賽者同鎖在音樂學院之內，為羅馬大獎競賽作曲。中午出來，他見街角有群人正在談話，便向他們大聲歡呼，做榜樣領頭高唱〈馬賽〉之歌。此人的大名是

白遼士

該年第三件劃時代大事將由他所提供，不過還得等到十二月間，離此時尚有四個月份。眼前他只是一個二十六歲的學子，六年前從近阿爾卑斯山的家鄉小村來此學醫；父親也是醫生，家業甚富，受人尊敬，原希望男孩在奏樂、作曲方面的音樂早慧只做副業消遣。可是一旦到了巴黎，看了歌劇，聽了葛路克的作品（<608），學醫一事立時忘到九霄雲外。年高德劭的勒敘厄收了這名二十歲的小夥子為徒，當徒弟疏忽醫課，家裡起風波，這位故皇的宮廷作曲家親自為徒請命，請家長萬勿阻撓這偉大志業的實現。

接下來白遼士進了音樂學院，與雙親關係更為緊張——生活費來源斷絕，不過也經常重開——他按部就班地上既定學程，因此每年都參加羅馬大獎競賽。卻連續三年失利，其中某些作品如今遍奏於世界各地的音樂廳堂，一聆即可聽出其原創之處，難怪當年令裁判困惑。一八三〇年大獎終於到手，在此同時，他已作有三首序曲、兩部清唱劇、一首安魂彌撒曲和半齣歌劇，外加一首五樂章的交響曲；他希望在赴羅馬為期兩年行前，能夠得聆演出，曲名《幻想交響》。

此時的白遼士，已與歌劇院內外願意彈奏他的作品的演奏者為友，也已著手寫作樂評，發現了報業的影響力。聖柏甫告訴我們，此時報紙的發行量雖然不大，凡是讀者卻幾乎自成一家人，都知道正在發生的一切事情。白遼士對此了然於胸，開始為自己的交響曲一一寫下旨趣，用文字將各個樂章聯結起來，前後形成故事，頗有一種自傳風味；遂因此激起好奇。事實上此曲何來敘事——音樂根本沒法述說故事；五個樂章只在表達情緒——第一樂章渴求愛情，第三樂章有田園之風，其餘則都是動作：有華爾滋、有行進、有巫舞。

> 表現，絕非戲劇性音樂唯一目標；如果棄旋律、和諧、節奏、器樂等純然感官之美的愉悅不顧，將之與其刻畫熱情的能力分別開來，毋寧太過愚昧，有賣弄學問之嫌。
>
> ——白遼士（約一八三五年）

故事動線之說似乎能夠成理，純在新的音樂手法：建立一個主題，以之或融合或對立各個樂段。這項創新，遂為日後稱為交響詩的樂類提供了一個典型，作曲家因此可以寫出以《塔索》、《但丁》、《唐吉訶德》或《英雄的生涯》為題的作品。這些「故事」，大家也照單全收，但是白遼士綜合音樂與說明的做法，卻不幸產生了所謂「標題音樂」的迷思，亦即如此說法：所謂有些音樂純屬「純粹」，不假外力即能自在成立；有些卻屬「文學性質」，須伴以文字才能領會欣賞。這種區分根本純屬想像，後文將予明證——另一個時代裡的批評人、審美家，也染患了類似教條，規定所有藝術務必「純粹」（919>）。在此只須指出，白遼士的第一首交響曲，無論過去、當時或現在，都只純屬音樂，因為這些供人聆聽的組成樂音，不可能是其他任何玩意兒。一首曲子，無論是否因標題而與他物發生關係，本質將無所改變，事實那重關係往往可以不論。

在此同時，「純粹」與「標題」兩個字眼造成混淆，令人注意到音樂史上一個重要事實。貝多芬的交響曲從第三交響曲《英雄》始，初聆者便往往覺得不易領略。為助了解，深悉這類形式的音樂心靈便寫下意見注解，供不知所措者參考；而且既然音樂的意圖與效果俱屬戲劇性質，最明顯的法子自然就是暗示其中有一個故事：有人亦有事──如當時所熟知的歌劇一般。交響樂的「情節」毋須亦步亦趨──對某些關節略提暗示，就足以發揮想像力了。貝多芬早期仰慕者之一，指揮家兼作曲家霍夫曼[3]即太過強調夢幻傳奇（奧芬巴赫的歌劇《霍夫曼故事》即據其作），使他的歌劇作曲價值不彰，殊為可惜。也就是他，首先將貝多芬的交響曲標題化了；其後又有舒曼、李斯特、白遼士、華格納，以及其他許多作曲家，都將他們的音樂塞滿了這類假想的所謂戲劇故事；一路發展到世紀最後三分之一之際，公眾心理已經完全準備就緒，可以透過標題或作曲者的自述──自己製作的理念、歌詞、時地、狀況，聆聽一曲帶有標題聯想的演奏。今日的聽眾通曉事理，自不會去猜想德布西當年寫《海的晨曦到中午》之際，面前是否放著一份時刻表對照寫去──然而內心深處，難免潛藏著將之視為標題音樂的嫌疑。一八三〇年十二月發生的矚目事件，為題旨寫手們提供了太精采的範本，以致他們一再重複學樣，幾致令人作嘔。

白遼士說，貝多芬停筆之處，正是他拾筆之處。他的意思是說，器樂藝術那不斷流露的「表現性」，正是浪漫主義對音樂的貢獻，由貝多芬首開其始，稱之為「詩化」。白遼士更視為己任，進一步擴大開拓手法。他打破了傳統的「嚴整方正」旋律成規、嚴格的節奏限制和可預測的和弦公式。不僅在音色上延伸音域使用、增添音色，更使其成為結構與對位效果的元素──在此同時，卻也不放棄他所崇敬的大師葛路克、史邦替尼、韋伯和貝多芬早已開發利用的資源。但是白遼士的風格卻全屬於他自己，絕對聽得出來，人間何曾聽過任何像《幻想曲》中女巫發出的狂亂之音，或《哈洛德在義大利》中土匪發出的喧鬧之聲（技術分析面可讀普立姆〔Brian Primmer，見引文〕著 *The Berlioz Style*）。

然而，新音樂不見得俱都煙硝火燎。詩人韓利在〈浪漫主義札記〉刻畫「一八三〇年的英勇兒郎」，說他們因「痛恨約束」、決心「歸返真實、自然」成狂。此評似乎言之成理，卻混淆了兩件事。偉大的藝術時期，的確會升高藝術家齊集、辯論、較勁匯聚之地的熱度；可是這「癲狂」之謂，如《艾那尼》、《幻想曲》引起的興奮情緒，卻未曾改變藝術那永恆的創造條件：長時的孤獨，辛苦的工作，許多必須學習的知識，一再的深思、修改，全部合起來才得藝事的精煉。

首部傑作之後，十年間白遼士又做出五部傑作：《哈洛德在義大利》、《安魂曲》、歌劇《契里尼》、戲劇交響樂《羅密歐與茱麗葉》（令方抵巴黎時年二十六歲的華格納印象深刻），以及因拿破崙而發靈感之作《送葬與凱旋》交響曲。其後的三十年裡，他全力投入在全歐指揮自己（以及貝多芬）的作品，將浪漫派音樂[4]的實質與詩意教導給音樂世界，同時在巴黎大報上撰寫樂評——沒有經理人也無經費補助——另外又寫出五部同樣重要的作品，包括那部史詩音樂戲劇《特洛伊人》。他於普法戰爭前夕去世，因此得免那段時期的瘋狂、磨難之苦。

就作品中可辨認的風格而言，白遼士沒有傳人，因此並未成為一派；這正是他獨特之處造成的結果，也因其廣度所致。他在旋律上的創新發明——荷蘭作曲家范德倫認為

> 就是在那個時候，我展開我的三十年戰爭，對抗教授、對抗墨守成規的人、對抗聾子。
>
> ——白遼士（一八五五年）

自莫札特之後無出其右——亦無可仿效。「因他的韻律節奏，」指揮家克拉夫特曾說，「白遼士直入二十世紀」——意指他所帶來的解放，比同時代人所利用的各種創新更為廣博；藉空白而改變音效即是一例。歷來學作曲者，在他的樂曲以及《論器樂與交響》一書中，不僅可以找到實務指南，同時也找到音樂美學，並不是一套可資遵循的系統，卻是可供開發利用的概念。同樣，除了為其他作曲家借用的某些主題、和音之外（尤以華格納為著），促發他人也去自我創造的誘因，不在其樂曲形式，卻在其創造模式——那種可以從音樂元素之中，創造出可稱為修辭性的表情變化與詞藻。任何藝術最終的傳情表意之力，全在於其風格——誠哉斯言。

> 白遼士不僅向其同代人顯示了最有效的發展音樂之法，同時也總成了音樂已成之事。他恢復了旋律的自由性，他的音色變化，利用了貝多芬所設想的一切可能性。他的和音變化，顯示出音樂的語法可以如何翻新，是一項了不得的「技術」成就。
>
> ——普立姆，《白遼士風格》（一九七三年）

＊　＊　＊

在這不尋常的一八三〇年的前後數十年間，大多數巴黎人無疑也看到、聽到許多事物，比任何藝術事件更能提起他們的興趣。叛亂在許多地方爆發：西班牙、葡萄牙、那不勒斯、教皇國、波蘭、美國南方[5]；比利時反抗尼德蘭，不久便成為獨立國家；日耳曼地方也有騷動鬧事；英格蘭的第二大城布里斯托，暴力衝突因改革法案而起。路易士・菲力普的新法蘭西政府征服了阿爾及利亞為殖民地，正組織其外籍兵團；里昂的絲工罷工，起來纏鬧了兩年之久。

在首都，從遠東悄悄潛跨歐洲而至的霍亂，此時開始肆虐，甚至以一種浪漫主義、戲劇性的姿態擊到：在歌劇會上，只見某人忽然大叫一聲便即倒斃，立即原因係脫水之故。有位蘇格蘭醫生找出療法——喝下一大杯鹽水即可，卻只為當地得知。在巴黎雖有各種所謂祕方，那位甚得民心的總理貝希阿竟也還是不免死於此病；在柏林，黑格爾也因此倒下（可讀 Norman Longmate 著 *King Cholera*）。在此同時，巴黎市民也正掀起又一輪的英國熱潮，此時英國攝政期的各種作風癖性（英王喬治三世瘋狂，由子攝政，後登基為四世）是他們仿效的對象——正如所有攝政時期，這是一個道德放鬆、消費惹眼的年代，娛樂尤其受到重視：喬治四世及他的朝廷極其需要作樂。他們開辦了更多的馬「會」，將拳擊提升至時髦盛事地位。在布萊頓蓋了座豪華館閣及碼頭，以供各式休閒之用，包括海水浴場。海邊度假勝地成為常事，內陸溫泉城鎮巴斯吸引來花蝴蝶、藥罐子，以及各路賭徒（可讀狄更斯《匹克威克外傳》第二十五章的描寫）。

然後，還有那極端講究的「雅爺」（dandy）。這悅目的新發明，係因布盧默爾而起，他可不是什麼爵爺——只不過是位高等僕人之子，作為攝政的友人，為男性衣飾、舉止設立了新奇標準。這號人物常與十八世紀的「花哥」（Fop）混淆，事實上兩者正好相反。雅爺其實一點也不愛炫，反之，他衣著極其簡單，卻臻完美之境：絕不能有一線、一褶、或一絲頭髮亂了位置。他也不語帶機鋒耀射全場，卻寡言肅穆——太活潑了可會弄亂他精心打好的領巾，活像會走動的服裝畫片。不過在這謹飭端莊的模樣之中，他也容許自己偶發頗具殺傷力的機敏對答，而且值得重複（可讀 Ellen Moers 著 *The Dandy from Brummel to Beerbohm*）。

雅爺不久就在法國生出同類——尤以奧賽伯爵以及優秀詩人繆塞為最；英國作家中唯一採納此風者，只有小說家布維魯頓。作為藝術家，這種姿態可以用來挑釁，也的確有藐視布爾喬亞舉止之效。純布盧默爾型的樣式，自然很難一板一眼跟從，可是若再配以更早之前的一些元素（貴族派頭的從容閒適，以及高等布爾喬亞階級的誠懇風度）頗有助於所謂紳士理想典型的形成，泰然自若一如公子哥兒，卻更比後者優雅一些（可讀 Harold Nicolson 的 *Good Behavior*）。

其他一時蔚為熱潮的英國事物之中，法國人還取了賽馬一事，並成立馬會，名門公子坐著敞篷式輕便馬車，依山羊命名（*cabriolet*）——計程車（*cab*）之名則從此而來——四處蹓躂。更講究的，還會配上一名僮僕，有時是黑童，因不明原因稱之為「虎」。衣飾則比雅爺有所增潤：色彩鮮豔的上裝，短而貼身，尖領戳進下巴頦子，腿上是緊繃的踩腳褲管。有關方面權威將這款打扮稱為「該世紀[6]二度創意服飾期」，其中倒有一項真正的提升：徵諸這等嚴格的裝束，小孩子倒不再被打扮成小大人了。

也有比較不屬於一時之熱的娛樂，而且甚受歡迎。義大利歌劇源源譜出、頻頻演製，多虧三大天才——白利尼、羅西尼和董尼采第，把斯湯達爾樂得暈陶陶的，一如他先前聆聽他們的前輩祁馬羅沙之作。這一切更合而觸動他的靈感，寫出一本大部頭的《羅西尼生平》，重現這整個一派所製造的氛圍。義大利歌劇之所以令人神魂顛倒，在於其旋律曲調的泉源沒有窮盡，抒情味雖甚於戲劇性，卻變化多端，充滿神韻活力，又不容易忘記。配合角色、情境調適，卻不特別強調陰鬱一面。比方白利尼的《羅蜜歐與茱麗葉》，就是齣音樂喜劇取代了莎士比亞；一八四〇年代中期董尼采第精神漸弱，開始轉向一種悲劇風格。可惜因布局輕浮、處理失真，使這類優美音樂多已為人遺忘，羅西尼某些歌劇劇名，則多虧其序曲總算存留下來——也就是在這個時期，序曲蛻變成獨立樂種。

此時白遼士的交響樂已在音樂學院的廳內演出，至於坐在他處的樂迷——就說歌劇院中吧，可能會辯說一八三〇年真正的樂壇大事，是歐貝爾在布魯塞爾的新歌劇，描寫十七世紀那不勒斯叛黨馬贊尼洛的悲劇故事。比利時人便是受到此劇鼓舞，點燃了叛變火花，脫離荷蘭人獲得自由——也難怪：劇中最後一幕正是維蘇威火山爆發。這個不尋常的藝術勝利，次年又有麥亞白爾的《惡魔羅勃》在巴黎首演再現，歷來已被人稱為第一齣超大型的法式大歌劇，因為它有物皆大（足長五幕），而且豪華（一片天鵝絨、金光閃閃）。這部新作引人入勝，在於其一絲不苟，雖常至造作地步，觀眾也照單全收，遂成為作曲、寫詞的模型法式，直到華格納打破它的魔咒魅力（918>）。強力的抒情詠嘆、戲劇性十足的宣敘調，均使歌者有機會表現出悲劇印象。

這種「來真的」的逼真感，因有（姑且這樣說吧）新的配件助陣，因而保證達成。家具、地毯、門窗、梁柱、寺室和墓石，都不是空心布景道具——俱為實物（後來連真山羊、真瀑布，也照搬上場），這一切都不由得你不信。地板上的活門使劇中人物可以一陣霧氣忽然出現、消失，新置的瓦斯照明亦使黑天、白日時序任意改換。《惡魔羅勃》首演之夜，一朵雲意外掉到芭蕾舞女主角身上，活門吞掉了男高音，卻都毫髮無傷繼續演出，這一晚在滿堂掌聲[7]之中落幕。各形各式歌劇，帶著其支脈芭蕾，風靡獨霸了這個世紀，後者亦為另一種豪華劇類，或獨立演出或附屬歌劇。次年更有令人驚心動魄的舞蹈家泰格麗昂尼（750>），揭開了完全用真實尺碼的壯觀場景序幕。一般而言，當時音樂會的規模也普遍擴大，一場盛會可以將巨匠級鋼琴家與歌劇領銜女高音匯聚一堂，輪番演出一打以上曲目；有位樂評即曾提及午夜之時，可見部分觀眾開始離場。不錯，音樂廳內有人愛好音樂，也有人只是愛好鍵上特技表演，各方混處一堂；可是眾人都不能饜足地嗜看芭蕾、浪漫故事、各種器樂獨奏，尤其是取自知名歌劇的詠嘆獨唱，由知名女高音唱出，還有鋼琴家指下行雲流水敲打出的各式「精采」變奏。李斯特有一度即靠這種需求而發達，可是漸感厭乏，遂轉向更扎實的作品；蕭邦則很早就決定不與李斯特或塔爾貝格較技，後兩者是其時領先鋼琴界的對手。另兩名樂壇明星帕格尼尼、貝里奧，則在其他表演台上發光，兩人都是小提琴家。鼎鼎大名的歌唱家則從國外來，女高音瑪里布安最受人稱道讚譽，二十八歲早逝之後地位依然不墜。繆塞為她寫了世間最偉大的輓歌之一，將她比作那藝術家的原型，將自己的生命獻予藝術，雖為眾人喝采，卻只有極少數真正珍惜。

新奇流行大豐收中，還有各式新式舞步。華爾滋首開其風，如今更往西方世界以外的國家與鄉野風情開發取材。波卡、波蘭的馬厝卡、西班牙的塞桂第拉，以及加樂與其他各種農村民俗熱鬧舞蹈，都大量採用、改編成適合優雅鞋履與光滑地板之用。每個國家的公民大眾，都在隨著另一國的樂聲輕快流轉。蕭邦不介意把祖國的這些曲調，做成音樂會上的迷人曲目，許多次級樂師也利用同一股流行風尚，寫出各國風味舞曲以供跳舞會上之用。

華爾滋尤其造成舉止禮儀的巨大改變，甚至是性史上一大要事。所有舞蹈都有其肉感成分，可是多少世紀以來，卻只有農村低下階級才能充分享受它的樂趣。城裡人自認文明有責，跳舞時畫地自限，只能你來我往地來回走踏，全場以固定隊形，一起優雅地移動——所謂舞步，不過是有節奏的步伐，定時欠身屈膝，只有在轉身或調換舞伴時才輕觸手部。

源出日耳曼的華爾滋，卻改變了這一切。如前所提，藝匠行會以它為消遣活動已久，待得向外移植，那〈哦，親愛的奧古斯汀〉的傳統旋律也隨之而來。它的詞曲永遠地打破了優雅的群舞，一變而成對對起舞，原本略帶羞澀的嬉佚舞步，擴大如漩渦流轉。乍看（並且身在其中）兩性親密貼合，踩著四分之三拍子，以令人暈眩的速度迴旋——這股吃嚇程度實在不輕，後效亦久。如此不體面的玩意兒，花了十年以上的工夫才終於對它認命（理由是常見的「有什麼辦法，這玩意兒已經賴下不走了」）。一八一二年的拜倫還寫過一首諷刺短詩〈華爾滋〉，到了一八三〇年的白遼士，已經可以不受拘束地把他的《幻想曲》第二樂章寫成華爾滋了（請讀拜倫並聆白遼士曲）。

> 見到可憐的何能姆太太，兩臂半繞著那位巨大的紳士的腰，這位好似騎兵的先生我從未見過，他的兩臂亦半圍她的腰部，轉啊轉地，跟著一個上下來回顛倒的曲調旋轉——想想看，我有多吃驚吧。我問這是什麼玩意；「難道你看不出，他們在跳伐爾滋（valtzing）嗎——哦還是華爾滋（waltzing）？」（我也忘了到底是哪一個）。現在我既然知道這是什麼玩意，我也喜歡它了——鄉紳何能姆先生語。
>
> ——拜倫〈華爾滋〉中的「致出版者言」
>
> （一八一二年）

此時室內樂在巴黎尚未受到重視，只有小提琴家巴約全力投入。歌德極喜愛這種樂類，描述此中樂趣猶如聆聽四個文明人的對話；如果他人亦有同感，可能是因為它的氣氛太有十八世紀的沙龍情調。此外，貝多芬的四重奏當時猶無人知，後來的一些嘗試則令聽者不知所以。

* * *

一八三〇年另有一樁要事，卻未曾激起巴黎文化人士的騷動，想當然耳，因為此事發生在科學院的門牆之內。消息傳到威瑪的歌德，雖然他一向不輕為外物所動，這次卻顯出興奮之情。那些時日裡，他正愉快地接受一名年輕詩人的騷擾，後者名艾克爾曼，記下了兩人交談。以下是該年八月二日所記大要：

「來來來告訴我，」我正進門，歌德便大喊，「那件大事你有什麼看法？火山已經爆發，全都燒起來了，再也不是什麼關在門後進行的祕密了。」

「真是可怕呢，」我答道，知道一八三〇年的革命剛剛爆發，「在位王室恐怕會被趕下台流放了。」

「我們講的是兩回事吧，老弟，」歌德接口回道，「我不是在說那班傢伙……我是講居維葉、聖希萊爾在科學院公開決裂了。他們對一件最重要的科學問題相持不下……我聽到七月十九號那天開會的新聞，你簡直不能想像有什麼感覺。」

這樁科學爭議，係針對拉馬克所提物種轉化假說而發——即演化論（<666）；聖希萊爾有他當初在埃及所做的研究支持（<652），與這位解剖學大師的意見相左——拉馬克曾說他可以只憑一根骨頭，就重建出該隻動物的全貌。歌德之所以對此感到興趣，並非僅因他是個愛好科學的外國知識分子，他本身就是科學家，研究植物成長期間的變態現象有成，早已為植物學界認可，他對顎間骨的發現，也為解剖學者接受。地質學上他亦提出有用見解；並長期研究色彩，雖未能取代牛頓所言，卻足夠以實驗學者自居，與那些將畢生精力投注於此的人士並列。

演化觀念無疑亦投他所好，正與浪漫主義者觀點同調，亦即視將一切事物都看成活的，而且都在動中——如現代術語所言：一個動態的宇宙大千；因此生物學為「當代之學」，而非物理學。一如十八世紀，此時亦不斷有遠征隊前往地球各個角落探險，去研究一切生命形式，包括「人種」在內。年輕的查爾斯．達爾文甫出劍橋校門，既不適合教會職務，遂於一八三一年揚帆出洋，正是這類多任務的域外冒險活動之一（732＞）。亨伯特與邦普郎德在中美洲漫遊徜徉，採集了六萬種植物，其中有十分之一尚不為當時的歐洲知曉。回程後亨伯特為一般讀者寫了一本引人入勝的嚴肅作品《宇宙》，「科學」從此亦成獨門生意。對比之下，這十年之間出現的其他新奇事物，如羅斯的探考磁北，羅巴切夫斯基提出「非歐氏」幾何（三角總和不等於一百八十度）則未引起大眾普遍興趣，因為比演化學難懂得多，何況後者更有與聖經創世之說相違的新聞價值。一八四四年出現了一本匿名之作，在虔信者當中大大引發憤慨，此時離達爾文《物種起源》尚未滿一代時間。書名為《創造史的遺蹟》，將演化論放在整個宇宙觀點之下討論；那些自由精神者（如迪斯累利在小說《坦可里德》中所譏嘲者）則大感興奮。

生物演化論能夠為人接受，因為進步明明可見，也因為歷史題材在當時受到歡迎。一八二〇年代起，有關過去的記述更往往寫為「成長」紀錄——所謂思想或制度的進展。柏克即顯示社會為一有機體，由環環相扣的生命鏈所組成，作為個體雖會消蝕，作為人類全體卻生生不息，時時常新。於是有

> 「你知道，此乃發展是也——原則就是，永遠繼續下去。首先，什麼都沒有；然後，有了點什麼。再來——我忘了下面是什麼——我想應該是蜆類吧。接下來有魚，再下來就是我們上場了——讓我想想看，我們是接著來的嗎？沒關係，反正最後我們終於來了，再下一步變化，就是某種非常優於我們的東西，一些有翅膀的。」
>
> ——迪斯累利《坦可里德》（一八四七年），貴夫人康斯坦絲言

機論、生物學、歷史、演化——都宣稱可以解釋當前或任何實體的存在，只要能尋出其前事或前身即成。這種做法雖有其資料價值，卻也有危險性；因為若只把事情視為過去狀態的總和，就只能做成跟**分析**一般化約式的結論。因為錯把一組元素作為持續論點，隱隱拒絕了新的成分。這是一種很容易犯的錯誤，已被人稱作「發生說謬誤」（genetic fallacy，將過去無關之事視為證明現有議題的論證）。

＊　＊　＊

探討所有事物「發展之史」的風氣所及，語言自不能例外。十八世紀之時，已對語言源始、文法組成從事過許多思考，兩者在理性崇奉者眼中都極為重要。十九世紀初，更由這些話題移向語言的具體事實面及各地變異，遂帶出稱之為「律」（laws）的規則性，由格林兄弟建立，以及存在於大方言群如日耳曼語與羅曼語之間，或次語群（如居爾特語與閃語）之間的相類性；又將東方語言一路溯回梵語，與西方語群做出比較，竟然也發現足可證為同源的相似之處，「印歐」語系從此成為西方學者最感興趣的一系，自稱為語言學者（philologists）——愛字者也。

言詞可表個人，語言亦指向整個族群；語言學者遂開始大談所謂居爾特族、拉丁族、閃族、印度族云云，以及許許多多從文字紀錄推想的部落或國族。這些紀錄多屬信筆之談，又難於求證，於是一場學術大戰遂起，使眾多十九世紀作家無暇陷身其他禍事，卻為他人製造出一大禍端。他們將印歐諸語的源頭，歸諸於一個假想的原型稱作亞利安語，由此又推出一個亞利安種；此字既意味高貴，這支想像中的種族遂被視為最高級的品種。

接下來的後續發展很容易猜想得到：特色分明的不同種族，遂往其巨大迷信之路發動。那個已等候多時老掉牙的塔西陀《日耳曼誌》，亦重新挖掘開棺，再一度用來界定日耳曼「種」。至於其他族群，則有凱撒的《高盧戰記》以及凡含有任何「族裔」資訊的古典文字，都可以拿來派上用場。先前即有過一種說法，主張歐洲各地貴族全都源自當年征服羅馬的日耳曼人（<438），如今語言學者重新恢復這項假說，從中又生出一個想法，認為有一支超級優種，即日耳曼族或北方族。此族也以其他名稱出現，如十九世紀初的學者平克頓，就是位專研「撒克森學」的學者。

於是古代作者筆下記載的所有特徵，無論身心、道德，既不歷時而變，也不因人有異——在當時卻認作理所當然。豈不見日耳曼人個頭兒高、髮毛金、眼珠子藍，而東方古老紀錄則有證據顯示：亞利安人具有類似容貌——可見居住在十九世紀歐洲北方的人口，便係亞利安老祖宗遙遠而不曾墮質的嫡親子孫。這種觀念完全不顧演化說法，一脈相傳竟沒有任何改變；它也是無思辨性、無批判力的史觀、粗糙的族裔學，以及不經大腦的語言學，混在一起為民族自尊自信服務。因此當時更由研究人類特質出發，方向一變，轉到腦相學上，就絕非巧合所致（如前所見，<668）。腦相學也，可以由腦殼的凹凸看出「情欲傾向」，即情色之愛，或「親子傾向」，對己身所出後嗣之愛。這一套理論可不是目不識丁者的又一迷信，卻為優秀心靈所深信，而且據此行動。達爾文申請「小獵犬號」上的自然學者職位，費滋洛伊船長就觸診其顱，而且船長大人既然又精通面相，還仔細端詳了他那可疑的鼻子。我們今天可以嘲笑這所謂的腦相學，可是它的直系嫡學——如今已遭棄置的十九世紀「頭顱人類學」，連帶其有關優劣「人種」的意涵，卻都是當時某些科學大師的成品哩（835>）。

* * *

話說東方：近東，中東和遠東一向對西方如磁石具有吸引力。赴耶路撒冷的十字軍，從東方帶回了文明生活方式；文藝復興派出宣教隊伍，傳入進口貨物；十七、八世紀對東方文學的認識更上層樓，甚至可以假冒所謂旅人報告，暗中破壞基督教神學與君主理論。浪漫主義中人——拜倫、拉馬丁、夏多布里昂、金雷克——更親赴東方，描寫在基督教世界東端之外那全然不同的人生觀點。在此同時，精通波斯語、梵語、印度語的一流學者，如日耳曼的葆樸、布洛克豪斯，巴黎的畢爾奴夫、英格蘭的瓊斯——也透過授課、出版，使詩人、哲人誦讀的東方文字更為重要。一八〇〇年左右，歌德即受此感動寫下了他的〈東方〉詩，最後更有麥斯繆勒將這些文獻編成《東方聖典集成》供一般讀眾欣賞，由東印度公司印行在英格蘭出版。

這些古籍古經，如《吠陀》，更證實了當時旅人的描述。那是一個「時間」無關緊要的世界；運行、改變，不是思考的重心；在這樣的宇宙天地之間，事件雖有意義，卻幾乎沒有任何作用力，而且是永恆地重複著。人為的努力徒勞無益，個人不過是那永遠不變的全體中的一個小點。對這樣的人生觀，消沉一面的浪漫主義者予以贊同，叔本華就是如此一位（804 >）。更值得注意的是，卻另有一群極具生命力的年輕思想家，設法將這種東方思維加以改造，合於其樂觀目標之用；此即新英格蘭的先驗論者，是北美第一批璀璨的創意天才。

從一八三〇年的巴黎以及其他歐洲重鎮看去，那個合眾國看來並不怎麼討喜。雖然主人家接待甚為熱誠，客人亦回表恭維，一般訪客對這個國家其餘地方的評價卻毫不留情。一七八九年的法蘭西革命人士，原認定一七七六年的美洲人民與自己氣質相通，同為自由鬥士——其實可搞錯了，不過這個形象隨著世紀過去，亦已消失無形。進入下一世紀，從霍爾船長到狄更斯、特羅洛普夫人（753 >）

筆下，整個印象更是一批毫無風度禮儀、缺乏鑑賞品味的國民，卻還愛自吹自擂。只有一項例外值得注意，另有一群遠離斯土的批評人士，將這片新生國度詮釋成一個維護了平等、卻犧牲了智識與藝術的地方——後兩項甚至等於完全不存，取而代之者，則是以精幹進取之心、洋洋自得之情，滿足了每一個人的雄心抱負。一八二八年竟然更選出一介平民傑克森擔任總統。當初開國諸父襲自法、英兩國啟蒙運動的文化若還有任何餘緒，至此也可謂完全打消。

如此畫面雖嫌粗略不夠真切，一八三〇年代美國確曾存在的知識階級，也的確愈來愈少向英法尋找靈感泉源。如今他們的養分來自日耳曼，甚至在閱讀柯立芝、卡萊爾之際——英格蘭兩大先進思想領袖，也帶有一劑日耳曼思想（<599）於其中。美國的日耳曼專家，由哈佛的提克諾教授領銜，他與班克羅夫特（後為美國首位國史學者），以及其他幾位學者，均曾赴日耳曼大學取經，帶回了赫德、歌德、康德和席勒的訊息，以及他們全盤的詩意與哲思強度。提克諾又轉而將它們分授予年輕的愛默生及其同學。

新世界的處女土地之內，沒有中世紀等待重新發現，那裡的人民對波旁王室與拿破崙也無一手的記憶。當時壟斷美國年輕天才心靈的事物，是宗教的情感、自然的愛好、藝術的性靈、**個人主義**的價值，以及一股熱望：希望可以根據美國經驗的獨特性，創造出國家民族文化。在所有這些方面，愛默生

> 遙遠或遺忘，近前，
> 黑影與日光，無異；
> 消失的神祇，顯現，
> 恥辱與聲名，是一。
>
> ——愛默生，〈梵天〉
>
> （一八三〇年，一八五七年）

都極具代表性，他的養成訓練係為擔任神格唯一派教會神職，這是基督教各派中要求最不嚴格的一支；後因受蒙田影響而放棄所學，轉而思索自然的教誨，就東方思想生發出他自己詩意版本。一位無感之神，瀰漫於宇宙天地之中，帶給他的感覺不是他在《毗濕奴古事記》中所讀到的認命感，卻是喜悅的祥和寧靜。

一八三〇年代中期，愛默生一篇對美國優秀學生會的演講，影響了許多心靈。他呼召本土思想家與藝術家們（他稱之為「美國學者[8]」）斬斷與歐洲典範的關係；（老）霍姆斯推崇此文為「我們的智性獨立宣言」。一群意氣相投人士遂在麻薩諸塞的劍橋、康克定了下來，形成第一批自覺的美國「學派」，包括梭羅、霍桑、霍姆斯、布朗生、瑪格麗特·福勒、帕克、維瑞、奧考特和皮芭迪。愛默生更宣布教會已死，任何形式的牧會組織都不合時代，因此與一些友人產生疏離。但是他不改宣道者身分：他的論文原先都是講詞，係以平信徒身分講道，內容都是從他的哲學之中必然生發的話題。他的演講生涯甚為成功，是其生計來源，更顯示波士頓以外地區對他的原創教義反應良好。新日耳曼哲學界定的精神領域，再加上已有相當數目的美國人投在門下，遂與愛默生「超靈」（Oversoul）概念式的東方宇宙觀融為一體。

這股吸引之力，也在另一人身上展現，亦即愛默生的鄰人暨同伴梭羅。其大作有人願意出版，其人又為康克鎮所容忍——尤其值得注意的是，稅務官也肯容忍他，催他繳稅卻一再不予理會。如果你稀奇「梵天」（Brahma）也者（姑且以此縮寫代表先驗主義），怎麼會與建立本土美洲文化一事搭上任何關係，須知梵天之用，大體上正如歐洲藝術家對布爾喬亞世界的拒斥。藝術家生活在一個理想領域裡面，並從那裡頒賜文化予凡間社會。一名美國批評家即曾做過類似表示，認為愛默生、梭羅

（以及後來的惠特曼）都展現了他所稱的「至尊之我[9]」。這個「我」，對自己的**個人**具有充分信心，也告訴他人擲棄與社群的聯繫，轉而享受自築宇宙的全然純粹。

結果證明這個教誨與許多美國人心氣相通，尤其是梭羅版本。直至今日，《華騰湖》仍是一個可以祭出的字眼，意味著逃離日常苦役，住在自然心田，自由自在地呼吸、冥想。不過自力更生的**歸於原始**，雖是此中訊息，卻非梭羅逃離世俗的真相：他隨身帶著文明而去——衣服、釘子、種籽、木材，沒有一樣是他親手所造。一如魯賓遜，他之能以存活，全賴絕對必要的社會共同努力所成。事實上梭羅甚至需要友人直接出力，才能把屋頂放到他的小茅屋上；兩年實地示範期間，他也從未停止返赴康克。這許多不一致處，都因讀者分享其人娓娓道來的敘述樂趣而輕易放過。今日的野營度假客、獵人與伐木工、男女童軍，也都覺得天生有權，可以重現先民的開拓生涯，領略他們的生存滋味。

梭羅的主張比愛默生更進一步，每一代的「不合作主義（公民不服從）」都因他受到慫恿激促。他以此為題的這篇單張，係歷來論政府[10]的文字中，最扣人心弦也最前後不一貫的陳述。說得通、說不通的原因，種種自我矛盾，卻匯成一股驚人清醒的說詞，主張人民只應該服從政府的合理要求。這篇文字之所以效力宏大，係因其漫談內容恰與叛逆情愫相通，那些正踩在外面廣大世界門檻之上的年輕人，都具有這種心情，藝術家不分年齡，也往往帶有此類傾向。梭羅本人也正是一名詩人，他的遊記、日記都應視為散文詩來閱讀，沿一條哲學敘述路線[11]進行。同樣，其中描寫部分的寓意性質，則較懷特、米爾抒寫自然的風格更強。

先驗主義不似浪漫派，鮮少對「人民」具文化關懷。茲舉一例可知：他們的歷史感很淡薄——顯然梵天治下必定如此：過去、目前和未來，都無分別。霍桑確曾回想過去，可是未曾因此感到快樂。

既乏歷史觀照角度，「人民」自無莊嚴法相——此名只讓人想起同代之人，枯燥無趣又徬徨歧途，而不是那個一點一滴、耐心建造自家寶貝遺產的無名製作群。何況在新英格蘭全地，日常所觸所視，見不到半點具體事物可供提醒那所謂遺產——沒有祖產大屋、沒有古老教堂、沒有創痕斑斑的廢墟、沒有一再交戰爭奪的古戰場地。歌德，那唯一對美國有好感的歐洲人士，卻正因著這些缺失而恭喜他們呢。

阿美利加，你勝過
我們，老舊的，大陸。
你沒有傾頹的古堡，
也無黑陶供瞻望。
在你內心的，最深處
你不曾受
無用的記憶，及
無謂的爭端，干擾
直到今日的每一天
善用這份禮並祝福你
而當你的兒女開始寫詩
讓他們戒慎其所有
防堵騎士、強盜和鬼魂的故事

——歌德（威瑪，一八二一年）

新英格蘭之外，同樣漫溢著這種無憂無慮的快活心情。華盛頓．歐文在紐約，盡職地應和著英語作者的風格與關懷，他筆下的本土人物題材則因其幽默已成傳奇。往南，有愛倫坡運用其詩人兼批評家的天賦，與「那群眾中人」脫離關係，並拒斥那些自稱文人卻只會寫些模仿詩文的傢伙。他既非先驗一派，死亡籠罩的神祕、推理科學的邏輯推演，遂對他具有雙重的吸引力，更發明出偵探與恐怖故事予以表達。他的寫作刺激來源，得自法國文學處甚於英國。

當然，一八三〇年代晚期的法國公眾，也有過一個機會可以重新搞定自己對那個新生國度的觀感，參考來源是托克維爾所著的《民主在美國》。此書書名，固然可以吸引那些急於知道革命對歐洲有何威脅影響的讀者，但是藝術家、知識分子見了，卻依然不為所動，而且更肯定他們對這個國家的偏見。請切記，對這兩類人士而言，「民主」一詞並不意味著代議制度與法治，卻表示一種自古希臘以來尚未嘗試行過的政體——由文盲暴民統治。

＊　＊　＊

乍看之下，彷彿只憑美國東北區少數幾個強壯腦袋，就幾乎已經把這個國家強烈的宗教情緒給快速、悄悄地一掃而空。事實上四周人等多仍堅定不移，其他各地亦然。但是在知識分子中間，日耳曼文學、思想方面的學識卻的確帶來了替代性的宗教。根源則來自康德，他與休謨所提的問題纏鬥，以日耳曼唯心論（idealism）之名見稱——為免混淆，此字實應拼成 Idea(l)ism 才是。休謨提出的難題如下：如果經過推理顯示，我們所稱的「因、果」，其實只不過是我們觀事的習慣：見一事在另一事之後發生——雖非千篇一律，那麼我們據以自傲的科學又如何呢？心靈自經驗習得一切，不確而各自有異；因此任何所謂系統，都只是自以為得計的錯覺。

康德不質疑「分析」本身；反之，他重新界定經驗。他進行「純粹理性批判」，以此區別兩個領域：一為事物其然，一為它們在人類心靈顯示的貌然。我們永遠不會知道事物的本然，當我們在經驗之中觀物，我們的心靈早已塑成其部分的貌然。我們在時空下看見它們，在容許分別數算的狀態下看見它們；諸如此類由心靈做成的貢獻，其一即因果關係——絕非幻覺，卻與時、地、數一般真確。於是科學中人，可以再度放心安眠，可以信心十足地相信：他們的調查研究，確能展露事物的真確關聯；而「常識」之見也同樣再度獲得保證。

休謨的展示，乃是經驗論的邏輯結果——心靈由「明擺在外面」的事物塑成；康德則斷定心靈如同一個將蛋糊煎壓成格子蛋餅的烙模。此中差異，正解釋了唯心論此名：哲人，非由物以至於觀念，而是由觀念以至於物。康德這種倒轉看法，以及其他各種修正說法，遂在大西洋兩岸說服了多人風從，唯心論成為西方獨霸哲學，直下一八九〇年代（961＞），尤以第一代康德派後由黑格爾從中發展的形式為最。

在黑格爾的系統裡面，「理念」與「實在」之間，乃是一「存在」的兩面，即「絕對」。實存以歷史或經驗顯現，理念則是一切事物中的真精神，在人類即等同靈魂。人一死，這精神——靈魂便回歸位於「絕對」之中的泉源，「絕對」則等同於神。這樣的世界觀，自能吸引某一種心靈——他們再也不能相信基督教對真實的闡述，卻依然為宗教感情所動，因此需要一種肯定靈魂與不朽的說法。而且黑格爾敏銳地覺察到世事多元，有實際的異同，因此更見說服力；所有事物、生命，都在無休止的運作與敵意的混亂之中。他最可讀的作品《歷史哲學》，便藉著一種新奇「邏輯」解決此中衝突：理念之戰，止於兩項相反「命題」的對立——正命題與反命題交兵辯證，從中生出了合題。正反之合，保有了各個命題中最好的質素。於是歷史便如此演進，所謂觀念，絕非靜態，而是不斷進展；黑格爾認為這種前進之勢，正是自由愈增愈進之勢——卡爾．馬克思建立他自己一套歷史觀與前進目標，便是整套批發借自黑格爾的邏輯（796＞）。黑格爾經歷過法國大革命與拿破崙之後的年代，可以清楚看見自由已交付予西方之人。

觀諸以上事實，黑格爾怎麼竟被弄成國家暴政的提倡者，以及德國侵略野心的鼓吹者呢？這種現象，只能以兩次世界大戰造成的後果解釋，並為堅守字面意義所戕害。黑格爾的確表示過他贊同強大的國家——哪一個有智慧的日耳曼人，難忘兩百年來的無力弱態，會希望國家衰弱？在黑格爾的時日，普魯士覺醒（<580）之下創造的國度其時尚未滿二十年，絕不許再度枯萎——若忽略這些歷史條件，合眾國憲法的創立者豈不也可以形容成強大國家的倡言人了。黑格爾的確說過，他認為政府應該強大；然而更早在一八二一年際，他即已主張代議制度，十年之後快離世前，更撰文讚譽英格蘭待決中的改革法案。他的立場如此鮮明，以致世紀中期之後甚久，仍被視為革命一派[12]。

另一位逸離康德、黑格爾兩人之路的思想家謝林，在此亦須稍做介紹，因為近來才獲得哲學界的注意。他稱自己的理論系統為**自然哲學**（*Natur-philosophie*），因認定自然世界的獨立客觀性，遂減少了觀念的抽象性質。自然的精華所在乃是「能」，人的意識亦然。謝林將藝術定義為有機形體，此說影響了柯立芝；又將「人類處境」刻畫成焦慮來源，亦先於存在主義。

形上學方面，十九世紀唯一能與日耳曼唯心論抗衡者是孔德的系統。對他來說，形上學是個錯誤，應予丟棄。原始社會相信泛靈／萬物有靈（animistic），在每樣自然事件中都看見活的作用因子。然後中世紀思想改而將抽象字句做成促因，認定有一種「形而上」（meta-physical，即在物理形體世界的「背後」[13]）的力量存在，並以此解釋事物。最後，終有現代科學與事實直接打上交道。此即實證主義。孔德為各門科學做出定義並依次排序，從數學、天文學起，一路往上到生物學、社會學，每一門在上的科學都自下方取材，再增以本身的複雜性而成。他還為當時一門新科學創出**社會學**一字，有了這門學問，對於真實世界的考察遂告完整，再也沒有任何事物落在科學方法的掌握之外了。

於是一些被休謨搞得氣餒的經驗論者（<739），一些覺得沒有必要引用任何哲學理論以為奧援的人士，以及一些絕對不受康德、黑格爾錯綜複雜語言吸引的科學家們，成為實證主義的信奉者。在英格蘭，年輕的約翰・彌爾即受實證主義吸引，為之廣做宣傳；著作甚豐的道德、社會議題作家馬提諾，更將孔德的四大卷原文縮成一本厚書。英國遂有這麼一群忠實專注的實證主義者，一直延續到一八九〇年代。不過卻始終無法動搖英國版觀念論的優勢地位——身為實證主義者，畢竟不大需要太多思考上的努力，也無甚機會須做精心的辯論推敲。孔德學說在南美有過最長久的影響，對一位缺乏純思索性向的科學家或生意人士來說，它一點也不深奧難解；至於那些愛鑽研形上學的鄰舍，就讓他們陷在他們的虛幻裡去吧。

在此同時，法國卻發生了一件例行的人生事故，遂使孔德不得不在他原本腳踏實地的系統上方，再建了一層類宗教性質的上層構築：他墜入了愛河。孔德原為數學家，後成聖西蒙伯爵的祕書（760>），結有一門不愉快的婚事。提出了他的偉大系統之後，認識了夫婿有案在身的克勞狄黛；但是她只把孔德當成熱情友人。情感上的覺醒使孔德成為女性主義者[14]，並創立一派教義，以克勞狄黛為護佑聖人，自己任大祭司，並特別挑選出一批於人類卓有貢獻的先烈先賢在一旁配饗受奉。實證主義宗教絕無任何先驗式的神聖光芒，每一層面都屬世俗現世，教義問答包括約百本好書在內，都是用來滿足純粹實證所不能滿足的需要。

* * *

一八三〇年有一樁訃聞，在巴黎未受注意，在英格蘭也幾乎未得任何注目，卻具有重大意義，因

為那個時代最偉大的文學、政治批評家去世了，此即

哈茲里特

此君亦可列入被遺忘的一群（<639），因為他的名字並非家喻戶曉——不過說起來，倒也非全然忘懷，而算是半知。他那一型的思想，早已不受青睞，他的學問範圍太廣，難於將他歸類。不似他的友人蘭姆，他無法令人心生親密溫暖之感，進而為他成立「某某之友社」般的組織，附帶發行類學術性的通訊。

哈茲里特原為畫家、形上學者，後為劇評、政治評論家、自傳作者，更擅寫隨筆。他精通所有文類，字裡行間全是批評本色，更名列獨具風格的英國文體大家之列。如史蒂文生透視半世紀時光曾言：「我們都是聰明傢伙，可就是沒法寫出像哈茲里特那樣的文章。」他的批評文名卻未與柯立芝、德昆西和蘭道爾等人並列，因為在政治上是對頭，被他們的刊物抨擊辱罵。「季刊」笑他寫的是倫敦土腔，又稱他是「疙瘩臉」，雖

> 如果我們愛好某種特定的風格或法式，不妨保留自用，也讓他人各有所好。如果我們口味比較廣泛，喜愛各式精采、美好，那麼各類書中也應有盡有可供我們取之不盡。如若達不到想像中的完美，就要加以申斥驅逐，這種人這麼做，不是因為他們的品味能力比他人好，或智識範圍比別人高，而是因為意在毀去，一味「劃地為限」，除了他們本身所愛，不容其他任何喜好或意見。
>
> ——哈茲里特〈論批評〉（一八二一年）

然他明明面容亮潔平滑。他的罪過在於他不似柯立芝那幫同道公然棄絕法國大革命，也不曾加入英國上下一心齊把拿破崙打成鬼怪的行動。一如史考特，他也為這位皇帝寫了部四卷生平，立場卻在另一邊。

哈茲里特筆下所言，介紹起來不難，但是它們造成的印象效果卻難輕易表達，也許給人最強烈的感覺就是：他的思想理念不是「事後平靜回想」而得的結論，而是當場在你眼前做成。那些層層密裹的長句，熱騰騰的彷彿方才出爐。他的《莎劇角色論》，他的《英國詩人講》，他的〈論天才與常識〉一文，事實上他的心靈所照亮的任何之處，都見他掘出事物的最深本源，循跡破解言外之意與歧義後果。他能見事件、本能衝動、眼光視界因何成形，他能解作品之內、之間的關係，更及於與作者生平、概括人生，或他本人的關聯。這不是分析，而是鑑識力完全覆蓋了目的之物，使它全面完整、照亮明透。

如前所論，這型批評法如今已不受青睞，因為它不循任何系統，缺乏一套術語，更有甚者竟讀來可喜——如此批評，焉能「嚴謹」？實乃「印象派式」的批評。這等非難之詞，正是藝術與科學相互角力所致。今天若要能趕上潮流，並為人所接受，任何腦力活動都得以原理出之，既有特殊抽象術語表白，又能自成一家體系（1048>），結果只見汲自作品的印象，當初倒入這個系統模組的原物卻不得分明。反之，如果能夠不帶先入為主的觀念一讀哈茲

> 我最喜愛的閱讀指南，是哈茲里特、約翰生、愛默生等人的評論文字，他們三人，是英語批評界中影響我最深者。我不知道有任何文字，比哈茲里特所寫的《莎劇角色》更好。
>
> ——卜倫（一九九八年）15

里特，就可以看出他其實既嚴謹又靡遺。他的做法係先描述再定義，然後再描述，這裡加一線，那裡添一筆，逐漸開發出全面形象。他就如同製圖者、畫家在進行工作，執意不放、堅持到底，一定要你也見其所見——不是說服你接受某個想法，而是要你也如他般做一個善讀之人，不僅比漫讀、茫讀者所知更廣，讀趣也更勝一籌。

在他的雜文閒筆裡面，哈茲里特落筆有如蒙田：讀來有趣又得益，如親眼目擊般娓娓道來，並不時引證說明。只是他係以英文出之，也比較緊守自己所立的文題：〈論只想一件事的人〉、〈論耍瓶特技的印度人〉、〈論活出真我〉、〈為何遠物悅〉、〈論年輕人以為自己不死〉、〈演員應否坐在包廂〉。他的題目可分成兩類：或出人意表，或來自一般共同的經驗（其孫W．C哈茲里特編有小本選集《溫特斯洛》〔哈茲里特居處〕，是一組入門佳文）。

如若迷上他的文字，可繼續往兩個方向行去：接下來或讀《愛之書》，或讀《時代精神》。後面這本係針對當時重要政治人物所做的傳記性評論，人物刻畫犀利，卻絕無漫畫式譏刺之虞。比方他形容上議院大臣靄爾登爵士：「此君稟性膩滑，可以撫平熱浪掀起。」最突出的一幅素描則首推柏克：要知道反革命思想之所以在英格蘭得力，全拜此人之功，實乃保守主義化身。若無柏克其人，當權的保守派只能啞巴似地以守勢硬撐場面，卻不能為自己說出半點像樣理由——簡言之，此人正是所謂哈

> 我們不妨想想，若非以浪漫主義為其思維中心，哈茲里特還能把這個（中介）功能，扮演得這麼好嗎。他的思想，與浪漫主義創造力的前進風勢同時並行。其重大議題，相遇、相交，相透，合股向前，而至解決或衝撞之境。
>
> ——基納德（一九七八年）

茲里特的頭號死敵。但是他下筆卻如此平衡，整篇文章成了最佳的頌詞，雖清楚道出柏克在自由、政府、宗教、英國國會等方面認識的錯誤（他所認為的錯誤），但是對於柏克思想、寫作的稟賦，以及人格的優點，卻也以熾熱的光亮與緻密的色調再現，充分展現他完美的評鑑才華。

《愛之書》則講述他愛上的一名年輕姑娘：她奇特的行止，以及他受挫的反應。同樣也採用直接立即的語氣，卻又能超然無涉，介乎個案研究與小說之間，頗似貢斯當的《阿道爾夫》書中的敘述者剖析自己對斯達爾夫人的愛戀與奉從（<659）。哈茲里特還有一部作品《與諾斯克特對話錄》，顯示他能與畫家平坐論藝——早年實地從事藝術、一生亦熱愛藝術，他確有資格做這方面的評論（可讀基納德[16]著 *William Hazlitt* 以觀其人全貌）。

作為哲學家的哈茲里特，亦不乏原創思想，後文談到日耳曼唯心論及其各式變種於十九世紀末開始失去把持地位之際（961>），將會有所討論。至於一般意義下的哲學氣質，哈茲里特也配得哲人封號：多少年為半迫害、失望所苦之後，臨終榻上，他吐出最後遺言——無疑思及他親愛的藝術與文學：「我這一生，總算是幸福的。」

* * *

諾斯克特屬於老一輩，我們不見哈茲里特對同代藝術家有過任何關注。當代畫家之中，首推泰納與年紀更輕的德拉克洛瓦，為未來的幾十年闢了新路。不過回到一八三〇年間，他們的位置卻很尷尬，屬於不能取悅當時口味的怪才之流。及待羅斯金寫了一本熱情洋溢的長篇著作介紹，泰納才終取得應有地位，而德拉克洛瓦則多靠歷來其他畫家（直下至畢卡索）為他揚名，得自於批評家之力則少。此中緣由，但看他們多樣且極端的創新即知。泰納將實際的景物，變成猶如雲隙照射下來的耀目彩光，大手筆的光、色設計，嚇壞了觀畫者，他們一心只找見實際的輪廓與確定的人形。強烈的對比，卻正是泰納作畫策略之一。有一回，羅斯金甚至發現他將一張黑紙黏到手邊正在畫的一幅畫上——「其他都不夠黑」。純屬巧合之下，從未見過這些畫作的巴爾札克，寫了一則短篇小說〈未知的傑作〉，文中一名神祕畫家創造了新型作品，只由光線與色彩組成（926>）。

因此便是光與色、色與光，界定了浪漫主義的畫風。一八三四年，德拉克洛瓦因公赴摩洛哥，當地的陽光與巴黎陽光雖同稱陽光卻如此不同，為他留下了深刻印象。早先，博寧頓已使他的用色有所修正；如今這北非的漠沙、天際、動物、當地阿拉伯人所穿的白色罩袍和古銅的膚色，又再度使之改變，並得以在畫布上投射出泰納也有意做成的戲劇效果。這個時期的特色，亦使雨果那黑白的夢幻世界及「抽象」作品躍然紙上。

泰納與德拉克洛瓦都留下大量作品——油畫、蝕版、素描、水彩。德拉克洛瓦另外還裝飾過兩處宮室，分別為參眾兩會議事之處。豐富多量，是這個時期的另一特色：詩文、論述、小說、歷史、傳記，以及為教會、舞台、音樂廳製作的樂曲。傑作盛產，廢作亦不遑多讓。或說，既有如此大隊的天才人馬，這種情況自是可以期待，然而其中卻有多人少年早逝。這種過剩狀況，也許可稱之為浪漫主義帶來的「文化性激勵」所致。在這種氛圍之下，創作者不懼失敗——也不怕自己做了傻瓜；他們不必步步為營、戒慎恐懼，好使自己合人意、狀尊貴、貌「成熟」或「寫實如真」。

大量的可笑嘗試與白費功夫而外，浪漫主義也在兩項領域繳了白卷，沒有傳之久遠的作品：一為建築，一為劇院。回到十八世紀，當「浪漫」性質還只是一種心緒之際，它的解說者選擇了哥德式廢墟作為安身之處，以滿足個中情懷——從此便不曾自此中脫身。研究中世紀之風大起，更增哥德風格威力，勢不可當，普金富於才華，修改哥德元素成適合英格蘭的實用需要——此即哥德復興式風格；舊國會毀於一八三四年大火之後，他也參與新廈設計。但是除他以外，同樣的理念在其他人手中卻只產生模仿。在法國，杜克如此醉心哥德風格，以致全副才華精力都花在拚命主張復古，也實地做了許多，如今雖不為人喜但畢竟保留了古蹟。時間與革命已經破壞了許多美麗的教堂。在柏林，辛克爾也採哥德復興式風格建造，不過並未因此放棄新古典式。可惜勒度竟無傳人（<672）。

不過這段時期有一項創造，對建築無疑稍有影響，此即希臘的新形象。十八世紀主要是透過羅馬作品才看見希臘，一般而言，維吉爾受青睞的程度勝於荷馬。如今進入一八二〇年代，因支持希臘人反抗土耳其的統治，古希臘亦因此更近西方。這股同情不僅令拜倫親臨此地（<710），更打動了全歐之心：泛希臘的結社在歐洲如雨後春筍冒出；詩人寫賦歌頌（白遼士將其中之一作成曲子）；研究紛出，明辨兩大古文明異同；尤其在額爾金爵士救下巴特農神殿浮雕並運回之後更係如此（土耳其人在廟中存放軍火）。這個「新希臘」如今以西方文明搖籃的姿態出現，是完美藝術的原鄉。雅典居民個個都是藝術家；希臘悲劇含有人生終極智慧；蘇格拉底是歷代以來最智慧的賢人——咦，當年不正是那些完美至極的藝術之民，把他表決處死的嗎——這一點無須深究啦。且讀柏拉圖，寬大為懷之。十九世紀的拜希臘教，鎮中大街那間長得像希臘神廟的銀行建築，教室裡掛的巴特農神廟圖片，俱都源自於這個熱情

> 何者使得簾幔如此輝耀？
> 無他，唯德拉克洛瓦矣。
>
> ——葉慈〈降生〉，《最後的詩》
> （一九三六～三九年）

時刻。

日耳曼的詩人、思想家，也常將他們對本土傳統的依戀，與他們對南國的渴慕合而為一。歌德曾造訪義大利，並寫過一首名詩，傾訴對檸檬花盛開的渴想之情，就是一個顯眼的例子。他也在好幾部著作裡面試圖捕捉那古典式的平衡，當年學者溫克爾曼就是稱頌此等平衡的第一人（<611）。值此一八三二年之際，歌德方逝，《浮士德下卷》也終於刊行問世。第一部詩已使浪漫主義精神成為世界性格，這部續集再度將它喚出於一幕象徵性場景之中，顯示歌德希望將浪漫、古典熔於一爐：浮士德與特洛伊的海倫成婚，他們的結合所出，大名優福良（Euphorion），即安寧福祉（well-being）之意——詩人在此，讓世界知道他的心頭正是想著拜倫。浮士德的人間世漂泊之旅，中間竟插進這段情節，意義殊為重要；因為早先一度狂熱迷戀古典性情之際，歌德曾說過浪漫主義是個病態，古典主義方為健康。對十九世紀整體文化具有敵意的批評者，一向喜歡引用這個對比作為最後定論；殊不知歌德自己在寫出《浮士德下卷》之前即已收回前言，而此卷正是他最後之言。這齣戲原應以浮士德之死告終，因為他要求再多一點辰光，眼前這一刻太美好了——當初與魔鬼的交易卻規定，一旦做出這種願望，撒但即奪去他的靈魂。但是浮士德卻竟而獲救，原因在於他要求再多一些時間的緣故，不是為了自我中心的享受，而是由於尚未完成一項公眾福祉工程的監督之責。

這第二部《浮士德》，迫使男主角在遍歷自然與自我的冒險之後，又歷經俗世世界。劇中場景無論似真或貌假，種種象徵事件都與歌德關切的當前議題有關；某位現代學者即曾以為，此作有點像一篇論述，提出了相當扎實的經濟政治主張。其實它的長處正在它的多面，可是不管哪一面，都無法搬上舞台演出，也缺乏（姑且如此說吧）能以持久的戲劇氛圍。而且許多浪漫主義劇本都有這項缺點：

拜倫的六部悲劇，維涅、巴爾札克，以及大仲馬的散文劇本，以及蘭姆、柯立芝付出的努力，雖然不見得無趣，卻都缺乏一種劇場的震撼力。其實整個浪漫主義年代都染上了同樣缺陷，不過亦有一些趣味的例外，如雨果的韻文戲劇，讀之仍顯其天才印痕，卻是他「不拘一格」下所做，不受當時習用行規限制（*Théâtre en Liberté*），因此生時從未搬演，如今方得演出並受稱道。其中的魅力在其觀點的奇特以及對白的斷裂性質，兩者都暗示著二十世紀荒謬劇的氣息（1082＞）。

同樣的質性，也從畢希納的作品透出，他是一八三〇年代的日耳曼叛逆一代，二十四歲上便死了，留下兩部劇本，以及自然主義劇場的片段遺稿，被貝爾格拿來作成他的歌劇《沃采克》[17]。畢希納其他劇本之中，《丹敦之死》以巨大無比的戲劇張力，刻畫出一幕幾乎是由受害者本身意志所招致的失敗，萊恩哈特的製作是此劇最合適的表現：大量的情節行動、多重的衝突。至於他的喜劇《萊翁采和萊納》，則類似雨果筆下那種故意的不一貫性，以及對「常識」的嘲弄，正是繆塞幾部《喜劇與格言》的旨趣；今日法國劇場對此風格亦頗喜愛。這些預現了自然主義以及無意識作用的浪漫主義作品，令人不由得也想加上普希金所謂的八卦劇（tabloid plays），是浪漫主義劇場力量的另一展示。可是西方世界是見不到普希金搬上舞台了，做這種聯想也許有點危險。

另一個相關的例外，則是芭蕾。芭蕾是以啞劇方式演出的戲劇，要求的條件亦然，亦即其中步向高潮、收場的情節與進展必須明晰。十八世紀晚期觀眾喜歡以神話或熟知的古典歷史為本的芭蕾舞劇，兩者都可以透過相當制式的肢體動作與搭配，輕易地描繪、想像。十九世紀的三幕式巨大場面，則取用一些難度較高、概括性較低，而且一般也較少知悉卻為浪漫主義詩人或作曲家所喜的主題。一八二七年，一位活躍的年輕劇作家斯克利布寫了一部複雜的劇本《夢遊者，或新地降臨》，編舞家歐梅添以豐富細微的象徵。五年之後，《仙女》更以其多項創新使觀眾震驚如電流通身，只見泰格麗昂尼（<726）舞出其中風情，她纖細苗條的身段，她的髮式，她糅合其他舞步的腳尖起舞（*pointes*），在在立下了十九世紀的標準風格。從那時起，芭蕾劇作成為專業行業，高堤耶的《吉賽兒》只不過是各式題材、眾多產出中的一部，其中最好的範例，仍有不少在今日製作演出，或直接照本搬演，或依現代口味改頭換面。

> 《仙女》一劇之後，歌劇院就被精靈、人魚、魔神、水精、女妖——種種怪誕、神祕玩意攻占了，大大增益了編舞的豐富想像。希臘戲劇的悲劇厚靴，全讓位給了絲緞繡鞋。
>
> ——高堤耶《浪漫芭蕾》（一八五八年）

浪漫主義劇本卻為何缺少更多傑作，可能的原因有幾：大革命的活生生戲劇，以及英雄人物如拿破崙，都在人人腦海中難於忘懷，這些自命劇作家者實處於不利之地，很難再造出更精采的情景、角色。不過他們的戲劇意識並未完全鈍蝕——不但表現在他們的詩與小說，並且如前所見，也流露於繪畫、音樂。在所有這些藝術裡面，觀者的想像力都可以有效受到撼動，而無須訴諸具體的行動情節表現。

何況，還有一個更巨大的障礙難以超越，那就是

莎士比亞

上一回向他說再見時，他是位成功的十六世紀劇作家，不但滿足了不分上下流的觀眾口味，更受

到那位比他有學問、技巧也高明的巧匠班・強生讚譽。但是班・強生亦與他人一般，批評他製作粗率、「藝術性不足」。在以下兩個世紀裡面，莎士比亞這號人物被視為作品不甚高明（畢博恩言）；然後又有人說他的東西值得拼裝、改造，因為其中倒也有些好玩意（加里克言）；詩人們則發現他的劇本中滿是偉大好詩——這裡一塊那裡一片，但是錯誤也多到難以置信（德來登、約翰生博士言）。最後，英格蘭出現了一個聲音，宣稱他是不死的劇作大師，人性的永遠刻畫者（摩根言）（<618）。

可是早在摩根之前，日耳曼即已展開莎氏聲譽的第二春。首先有萊辛看重他，以非難伏爾泰式悲劇；赫德、席勒、歌德、提克和施勒格爾兄弟，也藉著讚美、評論、翻譯，叮叮咚咚敲打出他的高聳形象——今天我們尊崇的莎士比亞，正是日耳曼創造的版本。然後便是柯立芝、蘭姆和哈茲里特，在日耳曼的評價已經道出、並且入耳之後，分別在十九世紀的頭兩個十年間全力投入宣傳。

這股捧莎風的內容總結如下：莎士比亞的藝術與其天才相配；他的刻畫與戲劇表現無懈可擊；他對生命與人類的認識，沒有一位詩人或劇作家能與匹敵。如此偉大的威力加在一起，其他那些缺點實在不值一提；何況許多根本非他之過，而是我們的錯，或是他的時代之錯。這造神運動末了，更有卡萊爾下了一個結論，稱莎氏為「迄今最偉大的詩人」。

因此「至聖詩尊」誕生了。「莎翁崇拜」現象，又依次產生了學院與商業的莎士比亞。查爾斯・蘭姆與其姊姊瑪麗，寫下了動人的《莎劇本事》；又有包德勒（Dr. Thomas Bowdler）不辭辛勞，為這些劇作薰香消毒，把其中所有可能玷汙貞潔之耳的東西全部掃清，造出一個適合家人晚飯後共同輪流朗讀的「潔」本。包德勒的《莎劇閫府讀本》，遂在機械化休閒尚未出現之前，填補了一個空白所需；他這份好意則為語言貢獻了新的動詞：「竄改淨化」（*bowdlerize*）。

搶救莎士比亞的行動，將他從發出「鳥語天籟」的「自然純淨之子」的角色之中解救出來——既有必要也早就應該發生。在此之前，只能見到半個莎士比亞——如同他在安格爾的「荷馬封神」畫中只有半面：安格爾正是個古典主義派。正好法國、義大利對所謂「哥德蠻族」的罪名提出反駁，藝術新事亦終獲雪冤。當初斯湯達爾的《拉辛與莎士比亞》問世，係在一隊英國莎氏劇團被巴黎觀眾噓下舞台之後。五年之後另一劇團於一八二七年來到，這一回法蘭西少年為之瘋狂，連帶許多長者亦然。

大家終於看見了，莎士比亞是第一位將圓滿的角色性格（而非類型）放到舞台上的詩人。我們對這些角色的認識之深，比生活中其他可能知道的人物，包括對我們自己在內更深。莎士比亞以予人印象深刻的情節與情境，將他們呈現出來，而這些情節情境乃是近代的，而非古典的——因為劇中有國家、有君主、有基督教的信仰。除此之外，莎氏又為它們喚起的人生困境與七情六欲，塑造出無數新詞新義，還不包括其中一大段又一大段的生動詩篇，無論在語言或情感上都屬奇蹟。

在評者、演員、教師合力使莎翁大名成為聖名之後，學院與劇場之外，也興起了一個莎士比亞工業，莎氏的顯學地位就此確立，再也無可攻堅。從此之後，若對這位詩尊有任何微言均成尷尬之舉，除非你真心以挑釁為樂。不過一八三〇年代期間美國發生過一樁小事，則可以一顯保守衛道者的心態。英國小說家特羅洛普夫人，兩個兒子也都是小說家[18]，為重振家業，移居辛辛那堤開了間乾貨店。她寓居期間，某日與該城某位要人共進晚餐，她那部生動的《美國人家居習俗》如此記道：此君可真是「一位嚴肅紳士」。兩人就拜倫等詩人交換意見：

「那麼莎士比亞，先生以為如何呢？」

「莎士比亞，女士，乃是淫篇褻詞，還好感謝上帝，我們夠長進，已經發現了[19]。」

這位仁兄的評語，也許有點兒太過簡要，卻顯示他的確讀過莎作，對其中許多片段亦頗了解；而她蔑視的憤慨反應，亦反映一種盲目的崇拜心態。至於其他較特羅洛普夫人及其主人家高明的批評家人士，則已一再地在他們的日記、書信和評論裡面，靜靜寫出自己對莎氏心靈與藝術的看法。這些負面看法都很有道理：枯燥乏味的段落，包括雙關語在內，經常意帶淫猥而且太過囉嗦；膨脹的濫情、可笑的形象、不可解的句構、矛盾的細節、彆扭的劇情轉折、應當簡潔或乾脆安靜為上策之際，卻有過溢多餘之嫌等等。某些嫻熟舞台劇技巧者如紀德，更非難全套莎劇；葉慈也只見其中有一些「美麗的詞章」；其他如二十世紀美國詩人蘭塞姆，則認為莎士比亞是「毛病最多的詩人」。歌德本人雖長篇歌頌莎氏，卻也對《羅密歐與茱麗葉》中的滑稽角色另有看法：「簡直難以忍受。」多年來，許多忠實莎迷如蘭姆、哈代，也曾表示這些劇本實在只能用來拜讀；如此一來，那些汙點視之便彷彿朦朧淡化了。

這些苛評亦有事實為證：自莎士比亞當代以來，演製人員都發現必須大手剪裁、調換他的場景。至今也從未有人聽過他的十足全本；三十七部劇本之中，只有半數曾經真正演出。而且雖不似十八世紀藉熊戲招徠觀眾，製作單位也確實得添加花樣：或加上一些特技，或更動情節的時空場地，或改裝成現代衣飾、電話；或重新詮譯成完全與原意相違的構想。簡言之，這是批上好的十六世紀布料，隨人別出心裁憑喜好量身訂做。

但是這些毛病，雖然令之前與之後的批評者困擾，卻從來不曾影響一八三〇年代的熱情莎迷。他們不瞎也不聾，但是正如每一代人，他們知道自己已經找到了那長青的「所需元素」——亦即理念、形式、名目，用以為此刻的戰鬥目標效命。正如《浮士德》出，浪漫主義的視界與信仰遂成具體，莎劇亦然——且不管是哪一劇，浪漫主義藝術的品調與成分從此獲得認可。從平常的散文體、真實生活的粗卑，到雄渾的抒情奔放昂揚，又從哲學味的絕望之感到霸道的暴力狂放，莎士比亞戲劇如此橫蓋廣闊，全面地實現了浪漫主義想要擁抱一切、表現一切的壯志雄心。

第二十章 眾國會之母

儘管行事百般矛盾，一七八九年的法國大革命的確是一場「自由解放革命」。誠然，**自由解放**一詞，在這五個高熱年頭結束之後甚久，方才取得它的政治、經濟意涵。但是正如前面幾度指出，革命的理念持久耐長，而這一回的革命理念，更在亂事初起的兩年之內，便透過一項實際立法取得其主要定義。此法明定：「除了個人的特定利益以及全體的共同利益之外，沒有其他任何利益存在。任何人亦不得為其他介乎其間的利益招聚公民，並藉此結社精神斬斷他們與公共利益[1]的關係。」

這段文字，擺明了反對行會或其他團體，以及它們的特殊需求，並明令一國應致力於**個人主義**——人人視其所宜自由行事，只要不侵及他人權益即可，包括個人與國家全體在內。於是整個十九世紀，便是在這項命題之上進行筆戰、槍戰，甚至連部分的二十世紀也依然在如此進行（1112>）。種種要求主張：選舉權、立憲和現有體制改革等等，都是以這項簡單的運作設計為目標，並由民選的代表執行，庶幾人人得有公平較技場地，競逐各式各樣更多利益。

要求這項新權力的呼聲，在歐洲處處可聞，四面襲擊著一八一五年勝利復辟的諸國君主，促使他們共採圍堵政策，由奧地利首相梅特涅親王一手精心安排而成。於是整整一代人吃盡辛苦，要求的怒潮、武裝的叛變，前仆後繼接連不斷。學生、教授，以及其他受過教育的布爾喬亞階級，時而亦有藝匠出力，偶有銀行家、實業界相助，鼓動著爭取投票權，揮舞著憲章大旗，吶喊著要共和國。**自由者**（*Los Liberales*）一詞，一八二〇年代在西班牙首度啟用，專指某一批「自由鬥士」，他們反對君主制度，要求保留當年拿破崙頒布的《一八一二年憲章》。稍後不久，年輕的丁尼生，此時仍是個無名詩人，亦自告奮勇前去參加這類典型的「西班牙內戰」，不過還未出法國南境，就改變主意抽身回頭。半島上隔壁的葡萄牙，也因同樣的要求導致武裝衝突，君主一方也同樣獲得勝利。

日耳曼境內，則以各地大學與學生會為抵抗梅特涅系統的中心。路德〈九十五條論綱〉的三百周年紀念，正是以「自由」（liberty）為名起來鬧事抵制「反動」的適當時機。兩年之後，耶拿有一位學生名桑德，更以暗殺行動展示同樣的違逆精神，對象是「反自由主義」的劇作家柯策布。這也是一場「三十年戰爭」，而且亦如前一場般，其間戰火或斷或續，作戰的疆場卻更廣：法蘭西、希臘、波蘭、俄羅斯、北義大利、那不勒斯、教皇國和比利時，令沙皇、各家皇帝與國王們時時警戒不安。但除了比利時贏得獨立國地位之外，局勢卻鮮少真正改變。一八三一至三二年間，英格蘭因國會改革法案懸而未決，贊成改革的騷動幾乎造成全國叛亂。美利堅合眾國則有傑克森當選總統，「人民」獲得決定性的勝利，一反當初開國諸父建立的「貴族統治」。加拿大八年的騷動不安與武裝衝突，終於在諸省統一並確保政治權利之下結束。南美洲為脫離西班牙而獨立，早於十八世紀即已開始奮鬥，一八〇〇年代初期更成全面努力，最終分別建立了十二個國家；巴西也斬斷了與葡萄牙的關係。要求**解放**，是普世共同的心聲。

更特別的是，英格蘭雖然與歐洲其餘各地一般熱心鎮壓，卻軍援西、葡兩國叛黨，只是未見其功。不過因英方支持美國的「門羅主義」，警告歐洲列強不得干涉西半球的事務，南美殖民地自由的確也因此得保。

對啟蒙人士而言，英式政體一向是自由的堡壘砥柱，或者應該說，這項角色係由其下議院負責擔任。甚至連盧騷本人都認為，純粹的民主政制無法在大型國家運作，必須改以代議政體。如今各地革命叛逆分子遂都以此為己任，希望在自己國中設立這般體制；**國會**一詞，在所有語言中亦都帶有其中連帶的一切意涵。

如今我們有民主的後見之明，卻不該因此以為當初梅特涅的鎮壓政策一開始便注定失敗，或認為主張君主制者都是惡人。若問誰願意再一度掀起二十五年的戰火或革命？合理的答案應該是誰都不願。各地都普遍需要安定和平，但是環顧眼前，除「法統」之外別無他途可投，亦即回頭訴諸長久以來即已確立的統治者與統治形式——這也是一種常識性的立場。十八世紀後期最偉大的政治思想家柏克即已清楚顯示，政局的穩定不在以威勢相脅，卻在習慣的建立——絕非愚從，而是對國家一向擁有的律法與行事作為完全風從。

因此若想要憑一紙政令，就能以某位改革家構想出來的新制取代舊制，不論此人聰慧才智如何，這種做法想當然耳必以大災難告終。一聲令下便幡然成功，根本是不合理的期待，因為習慣非一夜之間形成。改變固不可免，而且經常可欲，卻只能在漸進之下方得為用——演變，而非革命，才能生出改良，且看任何時期的所謂眾人都是由好幾代人組成即知。因此看事的角度不可能全然相同，即使最年輕的一輩，雖有人偏好大規模的激烈變革，但是新奇事物欲成其功，必先成為習慣，卻是他們所無。更何況贊同革命之人，在細節上亦無法取得一致，一七八九年以來的各種事件即已充分證明。於是雙重的不足：既無習慣贊同，對改變又意見相左，局面自然永遠不穩定。因此法統自有其價值——事實上有其必要，法統也者，不過是「習慣性贊同」的又名。在此應再加上一句，柏克晚年也承認（雖非依照一七八九年的革命理念）歷史上確有某些時刻，因某種緣故，漸進式的政治演變再也行不通了——於是水壩崩裂，全地覆於洪水之下，直到另一個新的法統建立。

有了法統，也可以恢復「歐洲和諧」，另一種講法就是勢力平衡。丹敦與波那帕特治下的法蘭西，卻打破了這個和諧、傾覆了平衡，更改變了戰爭的用途，從平衡工具變成掠奪懲罰。但凡獲得解放，並以議決方式制定政策的人們，都會有同樣做法。戰爭或許有其必要，卻應該有所限制；若要稱為正當，更不可舉國動員，四處奔命再建起一個多民族大帝國取代民族國家（可讀亨利・季辛吉著 *A World Restored: Europe After Napoleon*）。

＊＊＊

即使柏克本人，後來也已看出及至一七九〇年，無論政治或社會，歷史都已經轉了一個大彎；觀察之下，可以看見文化亦然。崇古的文藝復興，已然結盡了它的果實；三世紀長的古典主義，以及從中衍生的新古典主義，依然是批評家的準繩，也是死硬派用作攻擊武器的磚頭。但是三百年間創造的巨量傑作，如今都勢將往博物館、圖書館而去；「現代人」終於打贏了這場大戰。而且多虧科學、工程學立下榜樣，「現代」一詞更生出新的力量，不再只是添加新事於既有舊事之上，而是近乎瞧不起地摒棄每個昨日。典型的十九世紀聲音，便是這樣不停地絮叨著漸變、改良、進步，凡事都不放過，簡直生來即屬向前看的未來派。這種新的氣質思潮，遂使法統原則無法扮演它在政制上的角色，難怪必須矛盾地藉諸武力，才能得以續命。

革命與浪漫主義，既造成如此巨大的裂痕，那麼五百年來始終堅續不斷的各項主題，是否亦因而中輟？這樣的疑問，不啻忘記主題也者，不僅指定了內容或所謂結果，同時也標示了希望與需求。欲望會漂浮移換，主題卻長存不變。十九世紀要求國會自治，正是**解放**大主題的呼聲；科學不斷擴張版圖，遂將**分析**延及人生的其他部分，隨行還帶著**俗世主義**；三者都具有使**抽象**雲層愈趨密布的傾向。自由、平等、國家、進步、演化，都屬於抽象概念，可以填入各式各樣的內容。同樣的氣質心性之下，這個世紀也愈來愈將藝術、科學、政治，視為負有某種成敗任務的事體；勞力、資本、人民，亦落入同一窠臼。是這些字眼如果能就近取譬、具體刻畫，自然不失方便，否則政策辯論也只是字句口舌之爭罷了。

一八三〇、四〇年代為「自由」而戰的人士，不幸卻正落入這般光景，尤以中歐、義大利為然。自由，到底是指贏得政治權利，還是變成獨立國家？類此狀況也在法英兩國發生：擴大投票權、擴大改革國會，種種要求主張都認定，有了政治力必可改善經濟力。相互重疊的目標，分別成為不同異議團體的訴求動力——英國憲章派、德國青年學生運動、義大利燒炭黨和青年義大利黨，法蘭西地下共和派——直到一八四八至五一年間，終告荒腔走板，徹底地崩流瓦解（793>）。

在此同時，政經兩調對彈的社會批評，正顯示種種要求選舉權的呼聲顯然弄錯了對象。政治改頭換面，並不能治癒新工業秩序帶來的弊病；機器已然改變一切，卻只為無情的少數擁有。在他們的揮舞之下，機器聲隆隆打散了原有的社會束縛力，碾碎了個人，陷入孤立隔絕。更糟糕的是，大小機件取代人手，「實際作手」的自然律動不再，工作實踐的完整性亦遭剝奪。貨品雖大量生產，興旺卻未見普及；「富裕之中卻有貧窮」，這個曾令西斯蒙第煩惱的事實一再重複出現，正是這個時代的標準寫照。

對工業現象批評最力的人士當中，影響力最巨者首推聖西蒙伯爵的門徒，而這位伯爵則是那位十七世紀公爵的遠親（<437; 523）。他在《新基督教信仰》之名下，刻畫出一個新社會，任務、財貨均獲得有秩序的分配，因有銀行家、科學家負責統治；這份職務使他們專精規畫、計算，成為所有機器社會的中心要角。結果這項新教義發展成一種運動，因為伯爵大人的門徒也都是標準的浪漫主義中人，看出徒有專精與計算不足，思想必須靠感覺發動，才能真正活躍、溝通。因此必須徵用藝術家，使這個社會理想產生魅力，新生活投其所需。於是設計出類似宗教的儀式，透過歌曲、慶典，以一層神祕氛圍的外衣包裹住科學與金錢的嚴密。比方巴黎居民就得飽眼福，一睹其遊行隊伍，只見他們身穿古代吟遊詩人的淺藍服束，沿各大道歡唱前進。

邀請藝術家出力相幫，乃是革命常用策略，既能討好他們，又可以喚起他們的社會良心，否則這些人對政治原本都漠不關心。一八三〇年代熱情回應革命呼籲的藝術家中，便包括早已成名的年輕音樂家李斯特，以及那位充滿活力的性格人物：喬治．桑，她的愛情、友誼和女性主義小說，使她在多方面均成一大力量。李斯特參加會議、編出合用歌曲，還寫了一篇動人文章，談論藝術家處於布爾喬亞社會是如何不能獲得滿足。李斯特和喬治．桑成了朋友——而非愛人，一度同樣懷有聖西蒙式的理想。可是這類學說，場中並非獨此一家；改造社會的欲望，縈繞在許多

> 那個黃金年代，迄今為止原本被盲目傳統置於過去的那個黃金年代，如今正在我們前頭。
>
> ——聖西蒙（一八二五年）

不同類型的知識人心頭；可以一路回溯至巴貝夫，以及他的解說人波那若提（＜627），兩人是歐陸最早具有自覺的社會主義者。十九世紀要以社會革命完成政治革命，這份催促驅力普遍存在；因此宗教信仰熱誠的大修道院院長拉梅耐，也有一份基督教式社區的理想，李斯特（又）受到吸引，加入他在拉謝內成立的禱告圈子，並且在那裡為此作了更多樂曲。

此時的喬治．桑，則被波治激動得站不住腳，這位共和人士宣揚用血與鐵來革命；她也想和院長做個朋友，但是她的性愛氣息嚇壞了他。對女人地位、情愛地位仍然充滿反叛情緒的她，又飄呀飄飄到了勒胡的軌道圈中。他算是個小發明家，為《地球報》寫稿起家，這份聖西蒙派的刊物風行全歐——歌德讀它，約翰．彌爾也為之撰文。不過勒胡又自立門戶，宣講所有權應逐步取消、女性地位平等（不論已婚未婚都有戀愛權利）、轉世再生而不朽——這一切，再加上為撒但除罪而告成。桑女士是勒胡忠心不二的門徒，雖然在某些教義實踐上有點兒鬆懈，終其一生卻都公開信奉社會主義。

還有一位理論家名查理．傅里葉，不是那位幾乎完全同時代的傑出數學家傅里葉。他提出的新社會改革藍圖，是最詳盡的一份計畫：追求勞力與回饋的均平，並依職責、才幹、衝勁，分門別類，配合個人性情調派工作——情緒能獲得滿足，是社會風從、穩定的先決條件。這裡應該加上一句，孔德曾任聖西蒙的祕書，他的理論系統有許多都受惠於這份早年的工作關係；神祕性與儀文乃社會凝聚力之所需的這項主張，即來自於此。

十九世紀初期法國方面提出的意見，已經被攏總合為一流，稱為烏托邦社會主義。事實上這些理論之談，很快便帶來實務——確有殖民地或多或少地據此藍圖而行。美洲正是它們命定的實行地；那裡有空間，土地便宜，最棒的是還有一個傳統，容許特立獨行的團體在此生存——與其說是容忍，不如說是懶得去管。早在這些新起的優托邦主張之前，就已出現一打左右的「怪異」社區，始於一六九四年賓夕法尼亞的「野地女子會」。兩個世紀之後成立的怪異團體之數，從緬因州到德克薩斯州，多達八十以上。最出名者即受傅里葉靈感啟發而設，因他對新英格蘭區的浪漫主義心靈產生影響，愛默生、霍桑、福勒和丹納，都屬領銜的傅里葉派。紐約的布里茲班、葛里萊、老亨利．詹姆斯，也強力支持、宣傳。新英格蘭人先在小溪農莊，又在水果地，成立了這位大師定規的「同心團」組織——雖不曾恪遵他規畫的精密細節。小溪農莊即是霍桑《福谷傳奇》書中背景所在，其實是個悲劇。

其他聚居地追隨的藍圖不一，經常都選用「和諧」概念為名，但各有不同變化，尤以伊利諾的「新和諧村」值得注意。這個社區係蘇格蘭棉布製造商歐文所創，原先在家鄉已有過成功範例：以他在新拉納克的工廠為中心，創立了一個模範城鎮，提供工人良好的住房、學校、娛樂和生計；美洲的複本在他當家作主之際，也很成功興旺。歐文又在英格蘭、愛爾蘭演講寫作，推廣他的主張，得到許多信徒跟從。他們雖未成立任何社區，卻依照他的建議設立「合作組織」，成員能以批發價格消費，並共享利潤所得。

以上這些自居的社會工程師在一點上意見相同——他們都認為當行的政治經濟學說根本大錯特錯。後者包括亞當．斯密、李嘉圖、馬爾薩斯、西尼爾、薩伊、巴師夏、約翰．彌爾，都宣稱已經尋得經濟事務的永久法則；事物的本質決定一切現狀，如同地心引力不由得你不從。然後就是所謂的「放任」教義，十八世紀的重農學派早已諄諄諭示，再經亞當．斯密以史實全面為證複述，並告誡各自「當心」，如今已透過經濟法則推演證實。

事實證據到底何在？依本性，人謀己利；於是在貨幣經濟裡面，買價要最低，賣價要最高。但是價格不能專斷，須依供需關係升降；比方說一筆土地的租售，即視其產值與鄰近土地相較而定價。「經濟人」錙銖必較。

至於工資，也來自一筆「固定源額」，受資本（金錢與設備）市場的狀況與勞力供需的條件調節限制。如果勞力供應充沛，工資必低，雇主「不可能」付出比這些供需比率作用之下指向的費率更高的酬勞。歐文可以在蘇格蘭為他的工人做出瘋狂事體，可是如果大家都這麼搞，英格蘭整體貿易就只有垮台一途。他老兄根本不顧「古典經濟學」的道理。

但是若以為創設、贊同這些學說的人都只是偽君子，動機全在幫助他們的朋黨（工業的龍頭大老）正當化其所為，卻對工人所受的苦楚漠然，那可就弄錯了。這門學術理論，同樣也漠視工廠老闆因生產過量而遭受的失敗打擊。而且像馬爾薩斯這樣的經濟學者，就非常關切窮苦的工人階級：這些人口其時正以不尋常的速率加增，就經濟學觀點而言，他們不該有如此多的兒女，不但擴大了勞力供應，更使自己陷入窘境。但是可想而知，除了床笫之樂，他們鮮有其他樂趣。馬爾薩斯並不否認這一點，雖然他也無任何對策，唯有勸大家少行房事——只是想到戰爭、疫癘可以減少人口，勉強在痛苦上建立一點安慰。他算出糧食供給只能以一、二、三、四等差級數增加——人口卻以二、四、八、十六等比級數遽增。馬爾薩斯的憂心至今不去，隨著衛生、醫藥不顧後果地延長壽命，今日人口統計學家仍在擔憂人口會快速暴增。

那些「反經濟學」的美洲社區，多數只維持不到幾年，而震顫派、艾米許人、摩拉維亞兄弟會和門諾會雖面臨外界壓力，卻可以存活下來；其中一個原因，正在傅里葉派等團體缺乏後者擁有的宗教結合力量。十九世紀雖也有信仰復興（<688），教條性質卻不夠，無法造成同樣的束縛效果，新編

的神話也太薄弱無力。這種現象，又因另一個分裂因素造成：亦即**個人主義**盛行。不妨細想一下那些新英格蘭的先驗主義派，再設想如果這些仁兄共居小溪農莊的奇景，必可會心一笑。這一群才俊之士，極力讚揚獨立思考與自給自足，完全看不起正在他們四周建立起新國度的一般大眾。他們心目中的英雄，不論真實人生或虛構世界，是天才，是單槍匹馬的拓荒勇士，是離群索居的漫遊者如梭羅，是庫柏小說中孤獨的林中人邦波。任何法術，也不能把這等人和諧地操練成一支傅里葉派同心團隊吧？

另一型批評者則質疑、否定「進步」，以證明優托邦的正確性——至少在原則上正確。生活條件日益惡劣之下，只有計畫社會才是救濟之道。窮苦的工人、陷於「生產過剩」的不幸廠商（後來重新命名為「企業經濟周期」）兩者都同蒙那沒有通融餘地的政治經濟法則所害。而且道德也低落了，因為「真正的」工作式微、爛貨充斥（所謂「便宜無好貨」是也）、新型的思考感覺只在「量」上打轉——什麼價格、成本、產額、成長，簡直是數字統治的暴政。數字凌駕一切：寬大的胸懷、心靈的平和、道德的良知和宗教的信心，全在數字之前低頭。

傳送這項信息的主要人物是卡萊爾，他天生就適合傳講，設計出一套獨特卻很有效力的說教風格，扮演著英格蘭的良心指導人達半世紀之久。另外則有教會、文壇和保守

> 這一世，他飽受鬼魔迷惑；下一世，又被神職中人支配、愚弄；在所有世代裡面，都為痛苦折磨。如今到了這機械時代，卻比任何夢魘都令他窒息得透不過氣來。地上、天上，他什麼都看不到，入目只見機械。再沒其他懼怕，也沒有其他希望。
>
> ——卡萊爾論人，《裁縫師》（一八三一年）

黨人，也擔任起抨擊工業、功利、進步的任務。這些保守黨多為地主，對製造業當權的缺點觀察特別敏銳，因為後者正是他們在財富、權位上的競爭對手。又受到第七世沙夫茨柏瑞伯爵的宣傳影響，因此通過法案縮減工時，限制對女工、童工的剝削。於是首開風氣之先，西方所有國家的機器工業從此開始受到多如牛毛的巨量法令管制，而且每日每時都在加增。可是卡萊爾對立法毫無信心，治標而不能治本；國會就會打「口水戰」，只要那兩股你高我低的力量在鬥個不停，就難有好東西能夠出現。必須由一位領袖主持大計，勒令正確方向，事情才能走上軌道。如此領袖，他稱之為英雄，必須受人民承認、崇敬。

由於這些字眼，進入我們這個世紀不免令人產生可怕聯想，卡萊爾的用意在此需要予以解釋。首先，這位英雄不必是「馬上英雄」；在他的《英雄與英雄崇拜》六講裡面，舉出的歷史實例包括異教的英雄神祇如奧丁，到宗教創立者如穆罕默德，再及偉大詩人如但丁、莎士比亞，一路直到「文采之士」——卡萊爾的意思是指知識分子如盧騷、約翰生博士。簡言之，英雄也者，係指任何卓爾不群、影響時勢之人。當然也有軍事上的英雄——克倫威爾、拿破崙即是，但是卡萊爾一再表示，如今需要的英雄乃是思想家與作家，亦即透過思想與字句進行領導的領袖，而且他「在未來所有世代也將是英雄氣質泉源」。同樣地，崇敬絕非匍匐迷信，而是全心地服膺讚佩——一個回饋當紅藝人甚於其他一切人才的年代，可沒有資格說嘴，批評什麼英雄崇拜的不是。

卡萊爾後來在《過去與當前》一書中，舉一則十二世紀記事為例說明他的旨趣。聖柏立艾蒙有一群僧侶，道德、財務都陷入一團糟的境地，卻在參孫院長主持之下，僧務、帳務俱皆恢復秩序。他為人謙虛卻堅定踏實，並不特別得人緣，臨危受命出任院長，在此之前自己也不知道原來天生是位領袖。他得以憑空籌措出恢復大計，對策雖然嚴格卻非獨斷，他肯講理，有時也必須妥協。唯一絕對的命令是「工作」——務要認真可靠、一絲不苟並有實效。遂從這個中心原則，源源生出一切好的結果——工作，是人存在的正當理由，是衛護靈魂不致邪惡的手段。

以上便是卡萊爾所舉的「過去」實例；至於「當前」，對比之下則是一片混亂：沒有人在領導，因此毫無明確方向；努力徒然，衝突無謂，貪欲掛帥，實用與否全然以物質衡量，自私自利，凌駕其他一切考量——豈不聞邊沁有言，對喜歡九柱戲的人來說，「它的美妙不下於詩」嗎？若以「最大多數人的最大幸福」為政策方針，就只能降低質的水平。當前非人狀態的普遍不幸，全都源自於這種謬誤，還居然誤以為文明——以上是卡萊爾所言，另外還有一打左右的反資本主義作家散布英格蘭各地，分別提倡不同形式的公營社會。湯普森（女性主義者）、柏瑞、查理·霍爾、霍奇斯金、瑪利·海諾爾，如今被公認為首批不僅以建立個別小社區為目標的社會主義人士，他們的計畫更要取消過往經濟學一切所言，重新導正社會走向全體公義。

約翰·彌爾是其中特例。他曾對聖西蒙和孔德（<741）予以短暫注意，事實上也開始為《地球報》寫文章，可是後來又打了退堂鼓，因為預見到在伯爵大人的系統裡面，生活將如同「困守圍城」。一直到修改他那本《政治經濟學原則》，彌爾才終與自由派正式分手，堅稱國家產出的分配可以憑意志重新導向，而且為了共同福祉也應該如此去行——不過這最後階段所謂共同福祉，只是一項預測，定義卻永遠都在改變。但是一百年的時光過去，所有這些不同主張——先後失敗的優托邦、卡萊爾一派的控訴、英格蘭社會主義者五將及其海外同類（796 >），始終都只是少數觀點，聲量經常很響，卻不能遏止進步於片刻，也不能消除公眾對進步抱持的樂觀於分毫。然而正是其背後的理念——

本質派社會主義最終獲得勝利，以共產主義及福利國的雙生姿態，落實於或一黨專政的黨魁獨裁，或民主國會的官僚體制之下。

同樣的百年之間，也塞滿了各種不同的自發運動：基督教社會主義要教會負起矯治重任：天主教、路德派或英國國教，各有版本；拉薩爾的社會主義則要日耳曼成為「法人國家」，以經濟正義指導企業活動；同樣也在那裡，拉薩爾門下人數日增的好戰成員，則一心想要設立工人國家——集社會主義於一國，最前進的一種。詩人海涅當時在法國流亡，遙見祖國在種種欲望下騷動不安，更何況還有那壓抑的建國狂熱，便曾警告歐洲要注意文明面對的雙重威脅：日耳曼與共產主義2——這一切，都發生在馬克思這個名字廣為人知之前。

＊＊＊

與「進步」同在舞台最前方的，是自由主義人士要求成立國會與擴大參政權的呼聲。他們提出的應許，不是從此社會習慣將會改變、社會層級將予打破等等的異想，卻指出有識有產者若都擁有政治權利，言論自由、報業自由必得保證，而公共意見既能自由，安定、繁榮亦將從中滋生。英格蘭就在這條路上做了榜樣。這個中產階級式的理想政制概念，亦有許多藝匠、工人擁護，於是示威、暴動叢生，都是為了全面民主的希望在前。

一般會以為，像不列顛國會這麼悠久並一直為人仰慕的制度，必可以徹底了解也不難仿效。結果證明不然；這個舉世公認的國會之母，兩個半世紀來全地目光焦聚所在，卻不曾生出半個與它同樣俊俏或真正健康的子女；個個都需要進行矯治，不止一名更早已夭亡，倖存者有些顯然也只在忽冷忽熱打擺子之中活著。這種現象普遍見於歐洲，只有美洲的合眾國是為幸福例外，多虧有生生不息的直接傳承。至於非西方的世界，所謂民選的立法機關，不是虛設的假象，就是一再循環的亂團。

不穩定、無效力，多半是因為用以成立這些議事單位的成文《憲法》太過精細；這些文件通常都想保護立法機構免於行政權力牽制，（自以為）遵行英格蘭的先例，君「臨」而不「治」。卻不知技術而言，英格蘭並非由下院統治，而是「王在國會」，意即上下兩院共治，進而更意味一組習慣，支配著英王、上院、下院各有的權責、避忌。比方說，一八三二年為使上院通過改革法案，特請英王賜封新爵，以使院中自由派席位超過反方多數——而且王也應當允請照辦，雖然私底下並不願意。這種在時間成熟之際典型的折衝推讓，當時是，現在也是英倫三島之外所無法理解的奧妙。

它卻無法寫入任何憲章，即使可以也最好避免，因為情況會有所改變；習慣卻可以因時制宜，比修憲容易多了。英國因此是唯一可以隨時自詡《憲法》日新月異的國家；所有其他《憲法》（包括美國在內），在一些根本安排上遲早都有過時之虞，難逃各國現代史上不時或見的所謂國會「危機」。法蘭西、義大利和德意志，自從建立議會政治制度之後都已經各歷五憲；西班牙《憲法》數目更令人眼花撩亂，一如巴爾幹諸國。

英國人深諳此中竅門，知道何時可變、如何去變，卻不致打翻整個蘋果攤造成大亂，這是歷經幾世紀痛苦修煉方才修成的正果。長久以來，這群人就以難於治理而聞名，但是最後終於力乏，又因一種根深柢固的反智心理，遂使各種改變缺乏系統，外加重重包裹。形式、頭銜、外飾，俱皆保留原狀，底下卻進行著各種不同動作，外在的穩定維繫著信心不致喪失。此即不受原則所困的法門，看似不一實則精明的所獲。須知這種狀態並非矛盾，矛盾會使一個制度自亂陣腳；此處的表裡不一，卻自有其妙用，日後可能也總會理出次序。一次更動一點，當然也有不敷之際，便需要大動作地清理一下了——十九世紀的第二個三分之一來到，英國《憲法》便遇到這樣一個時刻，那些現階段被稱為激進派日後將成立自由黨的民權黨人，將保王黨趕下台去，終結了二十年的反革命頑固鎮壓。以下介紹一位代表性的民權黨激進人士，此君天才橫溢，長於辯論又不失幽默，也頗值得一識：

希得尼．史密斯

初登台之際，英格蘭已經為改革大事辯論了五十年了，卻沒有任何決議。雖然只是個鄉下教區的牧師，史密斯匿名發表了《彼得．普利姆萊書簡》之後，卻躍登領袖角色。這些文章討論一個假設性的議題：「解放天主教徒法案」——亦指取消一切限制，容許天主教徒參加國會、進入大學、執行專業或出任政府公職。這是一個新聲，而且筆法也新：特意寫來，除了要打動堅定的反天主教派外，也要說服一般人與專業政客。之所以能夠奏效，因為他了解反對者的感覺，並在實際層面與對方交手。敘述採會話語氣，經常語帶幽默；藉著刻畫情境，使思想理念帶有戲劇效果；也能夠在節骨眼上提高嗓門，暢所欲言。這是一位宣傳作者，鼓吹公義、人道和寬容，下筆時也堅遵這些美德，不像狂熱分子口沫橫飛之際往往忘了自己的主張。

不久，史密斯便與當時民權黨內光環人士（有男有女）密切交往，他們都發現這位矮胖的教士，確是理想的晚餐座上客，機智、幽默又有見地，對人對政治的判斷都很敏銳，知識豐富，深諳史事、時事。這支新來的生力軍智力旺盛，不啻一劑補藥，無畏的精神更振奮士氣。他有辦法在紙上向一位

「逼迫人的主教」辯論挑戰，雖然不見得能夠說服對方，卻也不致惹來他的敵意，同時卻教化了一旁的觀戰者。若列出史密斯的長串戰役，直等於界定自由主義全面氣質，並揭示當代整體態度，包括社會與文化兩方面。《解放天主教徒法案》終在一八二九年達成，接下來的改革大事，就是英格蘭國會議員選舉辦法：不再是某些爵爺囊中的鄉間舊選區——一堆雜草荒丘，沒有任何選民住在其中。代表名額應該轉歸原先沒有任何名額的城鎮——伯明罕、曼徹斯特、里茲等等；並且擴大選民資格，及於任何擁有或租有小康產業之人。大體而言，每六戶即有一位選民（改革法案後的英國選舉印象，請閱狄更斯《匹克威克外傳》十三章對伊坦斯維郡選舉所做的報導）。

> 多怪異呀，親愛的賀蘭女士，當我正要在您那兒從五號待到十二號時，您卻邀我於九號星期日與您共進晚餐。這就好像正要跟某位先生在前一個周日結婚，卻約他在下個周三晤面——簡直像是將風流韻事的刺激，與配偶關係的安定，合在一道了。
>
> ——希得尼・史密斯（一八一一年）

史密斯對此法案有過四篇講章，批駁反對意見。反方以為此案若通過，將永無寧日，煽動家不會就此作罷，反而會開口要得更多。他的答覆是：「如果風不去煩浪，就不會有風暴了。如果男士們不去煩女士們，就不會有不幸福的婚姻，也不會有不幸遭始亂終棄的閨女了。因此我們務必著手，為那些肯定逃不過被煩命運的人立出法來。」史密斯具有約翰生式心靈，很擅長畫龍點睛，用一句金言點明旨趣：比方對於法官們的自利作風，他寫道：「能多當一天官，當然比穿著貂皮去速審速決來得好。」但是他也知道，改革之事不會因為合理便真的實現。「什麼別因為怕，而去做這件事云云，這種講法只是國會在假惺惺。我倒要請教，除了害怕之外，歷來我們憲法上的所有改進，另外還出於過什麼動機？如果我說，給這些人他們要的東西吧，因為這樣是公義的；你以為，我找得出十個人願意聽我這話嗎？唯一能使大家都看見公義之美的辦法，就是簡單直接地讓他們瞧見不公義會有怎樣的後果。」

雖然他很會說話，音色溫暖，帶有一種鼓勵味道，也從不雷鳴怒喝或怪腔怪調，他卻偏好用紙筆與對方交手。他與幾位友人辦了一份季刊《愛丁堡評論》，作為民權黨的輿論喉舌，立即在政治、文學上成為一大力量。這是一種全新形態的雜誌，不再是出版者本身的機關報，由受僱的寫手執筆，卻是各方獨立批評來稿共成的論壇。刊載的文章，依現在標準看來相當冗長，幾乎可成專題論文；「借題」發揮的名目，也許是一首新出的詩、小說，歷史、或某人遊記。但是作品、作者本身，可能只用一段文字就打發完畢，餘下則任由評者盡情藉作者的真正「主題」發揮他自己的所見。

麥考萊那些有名的文章，首先發表在《愛丁堡評論》，而且讀者熱烈等待。一名初出茅廬的作者，作品如果能登在這本「既有學問又有身分」的刊物上，就算「功成名就了」。文章雖然不署名，讀者卻能看出不同；除麥考萊外，評論主要來源有史密斯本人、哈茲里特、荷納和編輯傑佛瑞。就是這些人，被拜倫在他早期的詩作《英倫詩人與蘇格蘭評論》裡加以嘲諷。史密斯曾寫過一信給傑佛瑞，正表明他本身性情：「我勸你，切要約束你性情中那好拆解分析的強烈傾向，應該要培養合成能力。何為美德？真理何用？榮譽何用？一枚金幣還能是什麼，不過是個黃

> 評論一本書之前，我絕不讀它，因為很容易心生成見啊。
>
> ——希得尼・史密斯論評者的職責

圓圈罷了？你整個心思努力，都變成了破壞。只因為別人建樹少，又熱切，你就專門去踢倒他們的屋子，還染上規避責任的毛病，不肯自行好好建造[3]。」

史密斯費心挑戰不合常理的法律，其中有一項規定不准被控重罪者延聘律師辯護。他加入熱烈討論戰局，一針見血指出：「議員大人們最可笑的講法，竟是僱請律師這筆開銷對犯人來說太過昂貴——好像還有事情會貴到像吊死一樣！『你明兒個就要吊死了，沒錯，不過想想看，你省下多大一筆費用！』」叛國犯可否聘請辯護律師一事，國會已經足足辯論過七回：「人，就跟他們生的小孩一樣——對他們有益的東西總是愛做怪樣；因此有時候有必要捏住鼻子，硬把藥灌進喉嚨裡去。」

同樣殘忍、不公的還有《狩獵法》，只保護地主和他地面的鳥禽：「闖入者如果打下一隻雉鳥，本來只該罰五磅，可是地主老爺卻說此人該殺——在盜獵路徑上放了一把彈簧槍。比較有點人情味的老爺，設下獵捕陷阱弄得他血肉淋漓。最仁厚的老爺，只用機關把他抓起來，不傷他的皮肉，卻叫他跑不掉。這類做法既殘忍，也絕對不合法，是沒有疑問的。如果人人有委屈都可以私自量刑動刑，那就用不著法律了。」

對於掃煙囪業的陋規，史密斯亦如布雷克般怒火中燒，高聲指責：「一頓精采晚餐，是最令人愉悅的事體，也是文明生活的至勝，不只在下腹的美食，以及裏食的美醬，還（包括氣氛擺設與同桌進餐的友伴）。可是就在這一切美事當中，誰想到廚房煙囪忽然著了火，於是只見一名可憐的小傢伙，不過六七歲，火燄之中被送上去把它撲滅？小男孩五六歲，就當上掃煙囪夫。『小男孩專清小排煙管』，是那些留在門口的掃煙囪廣告名片上常見的字句。偶然也會用女孩子。」末了，史密斯用反諷語氣結論道：「禁用小男孩掃煙囪這項法案，的確應該否決——因為人道這檔子事，乃是現代發明。

如此法令若付諸實行，豈不會壞了產業，大大增加火警之虞。」

自由主義者關心的重要事項，有些卻還不能做成法案在國會投票議決，其中一項即女子教育，受到史密斯的關注：「如果女子教育得以改善，男子教育就也會得到改進」，因為「人生個性的模成，最早七八年裡似乎全靠她們。」何況一國應該盡量運用國人的「智力悟性」，愈多愈好，包括「女性的稟賦在內——機鋒、才氣，以及其他每一項已為男性善用的心靈特質」。而目前，「天地間的才情，半數卻遭到浪費」。至於認為「女子受教育？簡直荒唐可笑」的感覺，請想想看「不過一世紀前，誰會料見鄉下仕紳，也可以學得如今這般能讀會寫，而且輕鬆正確的模樣，我們現在豈不常這樣感嘆嗎？若以為眼前如何，就永遠只能如何，真是再蠢不過」。

不過這並不表示，史密斯對當時英格蘭公學（即私立預科）以及那兩家大學有任何敬意——教育的理想、實務，都因它們蒙羞。這些學校耗盡多年時間，只在教導滿懷抗拒的年輕心靈學寫拉丁詩文；及至畢業，史密斯說，一個聽話的乖學生「將已寫過萬首——比《埃涅依德》裡的還多，卻從此再不會多寫一首」。年紀較長的學童，則被放在一旁發呆，如此不服管教，以致夫子甚至可以領取一筆「石子償金」——專為賠他被石子打到的風險。至於那兩間大學，授業內容單薄又狹隘，送年輕學子進去求學，保證只能「學會壞事，白費銀子」。

在宗教、道德方面，這位小牧師的洞察力也同樣銳利，一如他對政治、社會事務的觀察。他是國教派教徒，信仰虔誠堅定，卻從不傳道說教。他雖然打趣循道派、溥西派（即單張派 <688）），以及狂熱福音人士的「克拉朋派」；可是他們若受逼迫，他一定會起來為他們爭取公道。種種作風令人想起斯威夫特，而且正如後者，他也熱心照顧教區裡的子民——他們的健康、住屋、紛爭，以及人生的

各種難處。他對「革弊會」這個組織非常反感，尤其可以看出他的道德見解實在明智。「一個專為杜絕弊病而成立的組織，很難持守分際，不離合情合理的中道。會中比較慎重的聲音，一定會被那些嗓門最大也最吵的成員壓倒；而最激烈的做法，也會被認為最合乎道德。」至於鐵路發明之後造成的人類新狀況，他那常見的邏輯推理最後也終於實現：「鎖上車門，將來意外一定不斷。不管大西鐵路公司董事們怎麼想，亂起來誰都耐不住，一定會試著從窗口爬出去。而且，為什麼只把門鎖上就算了？為什麼不乾脆綁上瘋子的緊身衣？既然怕出事，為什麼不把乘客用帶子綁住？」

史密斯不僅是政治動物，文學鑑賞力也極其敏銳。他力排眾議，讚美史考特的《中羅西恩區之心》（愛丁堡監獄別名）；他幾乎是獨具看法，對羅傑士作為詩人的評價很低；他不甚欣賞描寫當代生活的小說，可是狄更斯的《尼可拉斯．尼克貝爾》卻贏得他的稱道；斯達爾夫人的《黛爾凡》（<659）書中展現的道德風氣，令他想起復辟時期喜劇；羅斯金在《近代畫家》裡為泰納的藝術辯護，史密斯是第一位應和喝采之人。

史密斯被視為常識常理的化身，因此被認為必然缺乏想像。事實上此等最高級的幽默，如史密斯所現，正是純想像力的結果。回顧其南美之行，史密斯形容當地特產三趾樹懶，總是倒吊在一根枝椏下面：「牠一生就這樣懸掛著過，正像個與主教大人有點沾親帶故的小教士。」《愛丁堡評論》的印刷商老有延誤：這傢伙該被開除，「叫他到大街上『露天』叫賣那些不體面的畫片過活」。麥考萊說起話來叫人插不進嘴，但是「偶爾也有片刻安靜火花，能生愉悅之感」——也正是麥考萊下的評語，認為史密斯是「自斯威夫特以來，英格蘭最偉大的揶揄大師」。雖然他總令同伴爆出笑聲，本身卻如許多幽默家一樣經常為憂鬱所苦；而且亦同他們，由於暴露出嚴肅事物的荒唐面而招致非難。他很了解為何會得到這種評價：一般人只看表象，「可是鈍貨與賢者的外表往往一樣，輕浮人與機智人亦然」。他形容天才，正合他自己的模樣：「天才一人八面；妙趣到極點，簡直像不講道理，又講道理到一個地步，好像妙趣全無；謹言慎行、明辨是非，像是世上最乏味的人，卻又想像無限、燦然奇妙，彷彿全然瘋狂。」

前半生裡，他必須與貧困、沮喪時做掙扎，又窮又有一大家子需要養活。待得成為倫敦寵兒，卻立刻被一項新法所限（他也同意此法），必須常時住在他的教區裡面，因此所有的智性談話都被剝奪。但是他最大的樂事，就是以強烈的意志力戰勝低落的心境，正如他積極為教區服事，即是以道德良心打倒那誘惑人的自憐情緒——這一點又與流亡在愛爾蘭的斯威夫特相同。史密斯最後終於得到酬答，政壇友人為他爭取到倫敦聖保羅大教堂的牧師職位，總算能夠在財務無虞之下，並且在他珍愛同時也珍愛他的友人之中，終其餘生。其中有位友人說得好，大可用作史密斯的墓誌銘：「你呀，希得尼，已經取笑我足足有二十年了。可是卻不曾說過半句令我覺得你不該說的話。」（欲知其人生平，請閱 Hesketh Pearson 著 *The Smith of Smiths*，文字書信選錄可讀奧登編的 *Selected Writings of Sydney Smith*。）

* * *

擁有一點身家產業，才有資格投票，這個規定對十九世紀絕大多數時期而言，理所當然——而且也合乎邏輯：既然要分享一份政治權利的責任，自然也應該擁有一份共同財富才是；一如必須擁有股份，做了股東，才可投票選出董事。但是根據老舊的講法，這項限制是因為那些「新興的布爾喬亞」

(<363)(製造業者與銀行業者)自私自利的想法,一心只打算將所有權力攬為己有。可是正如前面曾經指出,這種萬用解釋其實是個迷思。所謂的十九世紀工業革命成就,雖然確使錢財落入一群新興人口手中——聰明的機匠、幹練的生意人、幸運的投機者,但是一如往常,他們不是一個「階級」,而是由我起你落的個別人士組成。法蘭西的下中階級抱怨,為什麼沒有財產就沒有資格投票,首相季佐告訴他們:「那就發財去!」這裡的假定是「有財」即「有能」,有能才會有財——同時也可以確保這些新興選民,不會利用他們的選票來妨害財產的所有權制。至於那些永遠的窮人,此時仍是國民義務教育以及便宜報紙出現之前的時節,今日實在很難想像這些被阻擋在公共事務之外的文盲,無知、閉塞到什麼程度。他們的存在,卻正好證明了不分任何時地的**解放**真諦:解放,不是把權力交給那些已經贏得這項權力的人,而是將無助者提升到一個層次,可以自由地去學習如何使用這項權力。

反對這項自由的人則辯稱,身為文盲、作為奴隸、既為孩童,就沒有能力管家管事,此話固然不假卻嫌量窄。一部西方政治史,正是在兩種意見之間不斷地搏鬥擺盪:一方是「實務派」,堅決否定一項又一項的自由;一方則慷慨地願意一賭那另一真理:亦即人人天生有才,端視發展條件是否公平而定。

《一八三二年改革法案》通過之後,投票之門略開了縫隙,英格蘭類此情況稍見改善。所謂「已興」的「布爾喬亞」(多虧其商業或工業技巧)現在也可以有國會代表,與仕紳、貴族抗衡——後者即保守黨,一心要通過工廠老闆反對的《勞工法》(<765)。雙方敵意明確,也各有斬獲;保守黨失去了舊有的穀類保護關稅,結果受惠者卻不獨布爾喬亞商人、雇主,也及於全體人口。

在此亦應指出，由《濟貧法》首開其端，一路到勞動條件管制的各項社會性立法，必須先要有兩項不但劃時代、而且更具前兆意味的工具才能成立：此即稽查員與統計學。現代的個人已經自階級屈從之下解放出來，換來的則是「稽查監理」，範疇及於生活所有行事。這項控制係以許可憑證、證件執照和明定限制等形式，以及實際的稽查行為出之。國家機構、民營單位也依類調查蒐集、發表數字結果。最常見的目的，是用以顯示助長或抑制某一活動的理由何在。公民切身相關，也養成靠統計為生的習慣，可以說過著一個統計生涯（1140＞）。這種發展無可避免。工業的本質，它的新奇意義——不再是不停地任事，而是不停地臣服於機器——使得管制成為必要；「術」進入每事每物，人類生活所需樣樣有它：食、衣、住、行和醫藥、娛樂，也都需要永遠不停地數算、控制，才得以保全生命本身。

＊＊＊

其他向英國學步的國會，之所以舉步維艱，更有一個原因使然：多少年來，這個有著各樣不規則處的母型國會，原非代表人民，而是各方利益——土地、實業、教會和學府。這些利害關係也許又分成黨派，但是隨著議題改變，國會代言的組合亦起變化。待得改用「一人一票」做法，體制下方的地基已然改換卻未被察覺。**個人主義**取而代之，以「公眾意見」替代了以上利益——但是公意何物？模糊、搖動、不成形、不可測，是公共馬車上那些光頭凡夫的觀點（如白芝特所形容）。想要將千百萬種這類私人概念弄出眉目，統合成還算清楚的利益事項，必須使用新的手段。直截了當去賄賂，已無法像過去那般有效；訴諸自利，加以間接性的賄賂，則需要政黨運作統合、公共策略和嚴格的選舉風紀。為求施政穩定，更只能有兩黨以及一個明確的贏家。

英國的兩黨政治體制堅固，部分亦出於另一傳統，卻從未為人仿效：議事廳中間那條走道。一八三四年大火燒毀了國會兩院，依原有安排重新起建，將國會成員分為兩邊對坐。面對面發表談話，遂造成一種對話性質，很難對著僅隔一條狹窄空間盯著你看的對手，發出「演說腔」的雄辯滔滔。其他各國國會卻都採用半圓式的劇場座次，除製造左、右之別以及中間光譜層次之外，也鼓勵那種高亢、抽象的言詞。

甚至在選戰上，英國候選人對民眾講話，也有如一對一似的非正式談話——當然，舉凡搧風點火的激情，或明顯賄賂的選戰承諾，並非就因此不見——但凡舉辦真正選舉的民主國家，這兩種事情都是標準手法，若把它們稱作「訴諸情緒，而非理性」，就未免老調得有點愚蠢了。所有的訴求都在訴諸理念，沒有候選人會說：「讓我喚醒你憤怒之情。」但是他也不免要激起感覺，才能有東西可以附著。選舉造勢，都是利用一些已經充滿強烈情緒的**熟知理念**：寧死勿屈、為了神為了國家、拒絕再接納移民、要有錢人好看、更多待遇良好的工作、我的對手是個大騙子——這些都跟十誡一般，絕對屬乎理念。連那些奇怪的新思想如生態、墮胎，也可以取得同樣的熟悉度與情感力量。

但是隨著工業社會日趨複雜，個別意見亦更多元混淆，政黨數目滋生繁增，極少有一黨能掌握扎實的多數。政黨聯合遂起、遂敗、又再起，今天一套明天又完全相反一套，施政內容前後矛盾。民眾開始失去信心、不滿意——以至煩膩。多年奮鬥，好不容易爭取到了選舉權，如今民主國家對它的態度卻很不尋常：一方面誇耀自家政體，一方面對政治人物卻除了輕蔑還是輕蔑——這些人卻正是他們自己選出來的男女。更糟糕的是，具有投票資格者中，只有不到半數行使這個權利。最後，「遊說團體」出現，對人民的代議士施加影響力，不啻大規模地重現了組織利益前有的角色（1116>）。

一八七〇年之前不久，阿克頓醫生、亨利．梅修分別對倫敦地下世界進行調查訪問。前者研究妓女業，倫敦當時是這個行業有名的世界中心，或者說，就數量、花樣之多而言，取代了當年威尼斯曾有的殊榮。德昆西筆下的描繪令人難忘，在那裡他邂逅可愛的「流浪女安妮」，她曾救他一命[4]。三十年後阿克頓醫生從諸多訪談得出以下結論：從娼對許多婦女來說實屬權宜之計，但是也有人是為喜歡；絕望的案例數目之高，現有慈善機構的工作與設施均應擴增。

梅修的四大卷，論《倫敦勞工與倫敦窮人》，比較為人所知，節本在我們的年代[5]也有刊行。此作所述對象，是書名所示兩大類別之下的各類次群，描述尖銳細密，刻畫每一型男女所過的生活細節（經常以受訪者本人所言寫出）。部分與阿克頓的調查領域重疊，又包括自願離家流浪者與罪犯。兩名作家都維持其超然態度；是他們筆下的題材本身，令人油然而生同情、厭惡、不耐，或絕望之感。

不過城市生活畢竟也帶來一些實質改善：預期壽命增長了；擠在都市廉價公寓，總比住在沒落農場的汙舊陋屋為佳；如此龐大人口就近聚居，也在原本空空如也的心靈裡放進一些想法。當然正是這些陰暗圖像，令十九世紀社會思想家不斷表達他們對「民主」一事的畏懼；他們所稱的民主，非指政治體制，而是廣大黎民，「低層無知庶民」——兩番法國革命的巴黎暴民印象，點滴猶在心頭。要到一八七〇年後，免費的教育才終將「暴民」轉為「民眾」。

歐洲人訪美歸來，也出版他們的民主國經驗，對於民治政體的看法比較不那麼怵目驚心，然而卻從未如日後造訪蘇維埃俄羅斯的訪客般大感興奮豔羨。事實上有關合眾國的報導，只有一部既詳盡又可靠的作品：此即托克維爾的《民主在美國》。上卷充滿了細節，一八三〇年代中期面世，密集觀察研究的時間其實僅不到十八個月。文筆冷靜，刻畫入微，顯示在自治平等之下許多值得稱道的特質：堅定、正直的人品，不向任何人卑躬屈膝；對地方事務安心自在，因為凡事都經公開討論行動，有關人士全部到場；而且身心同感自由，沒有沉重的過去以及過去的錯誤不公壓在肩頭；理直氣壯地使用權力，為群體利益或善事自願自發地結社而不受外力所制。

> 英國勞工工資微薄，這是數世紀以來長久壓制、輕忽所致。其中年輕的，都期望有朝一日可以放下田裡的勞動活，到鐵路或礦場上賺較多的錢。我記得很清楚，約克郡就有一小批人，經常走上好幾哩路，只為看黑夜裡快車馳過小站。
>
> ——本奈特，《村居問題》（一九一〇年）

托克維爾詳細介紹美國憲法、聯邦政府、地方建制、報業，以及整個系統架構之中各個成分相關的思想理念，充分證實合眾國可不是由一群笨蛋治理。反之，不分貧富，不論賢愚，每個人都能夠而且一般來說也都是負責任的公民，有能力參與制定政策。這幅畫面正證明盧騷與傑佛遜的說法無誤，也是啟蒙的精神所在。這個形象也已與美國人氣質融為一體，以致如今引用托克維爾，就好像引用聖經一般十足權威——歷任美國總統，離任時無不口占幾句托氏名言。托克維爾（其時年方二十四歲，任法院推事）毛遂自薦所得的官方任務，原係赴美考察獄政；對此他另有一份報告，廣泛得到閱讀，也有助於對美國產生正面觀感，某些正在從事改革的歐洲國家頗得裨益。但民主的好處雖然明顯，上卷中卻也同樣出一些令人掩卷深思的觀察、預測，即使心向民主的讀者也難免為之躊躇。最大的危險乃在多數暴力，未設有任何保護措施得以防範它的發生——或者應該說，基於一人一票原則，根本無法防止。而且這種多數暴力，非但從法律上來，也從社會中來——鄰人無言或直言的壓力即是。至於平等原則，更在鄰里間滋生妒羨之心，憎恨任何超人一等的跡象，結果每一種表現的品質，都被壓低成平均水準，有時甚至更低。托克維爾擅長預見未來，他描寫「美國詩人」，聽起來活脫脫就是幾十年後惠特曼其人其詩的量身寫照；不過眼前他卻不見任何美國文學作品當得優秀之評——此時離新英格蘭派出現為時尚早，美國文明也沒有任何層面令人興「高雅」之感。總結美國人民真正的成就與繁榮，以及他們成功的主因，托克維爾認為：「應歸功於美國女性的優異。」

托克維爾的美國下卷，是另一種不同性質的傑作，不再是事實與說明的鋪陳，卻剪裁資料推演西方政治制度的未來。托克維爾認為，民主之勢銳不可當——包括代議政體與群眾力量兩個意義下的民主。他並不喜歡這個光景，卻也不斥責，只是像先前一般，列數得失總計。

與《民主在美國》同時，還有一部著述評論合眾國，可惜已為人忽略。托克維爾並非獨身一人來美，而是與友人暨同事波芒一起。兩人約定同行觀察，分別撰寫，最後調查報告亦鮮有重疊。波芒的關心重點，主要在風俗習慣，寫出三篇長文分別論〈黑奴的政治、社會狀況與自由〉、〈合眾國宗教運動〉和〈北美印地安部落的過去與現在〉。不幸他又選用小說體裁傳揚他的心得，書名《瑪莉》，講述一名法國青年娶了南方「混血」女子為妻。此書從未譯成外文，作為小說也微不足道，雖然確有一些有力場景。但是他那三篇文章，以及這本故事中的許多章節，都是最高水準的社會批評。

> 我不知道世上有任何國家，像美國這般不具心靈的獨立、這般缺少真正論事的自由。多數人都圍著意見自由四周，豎起一圈無法打倒的藩籬；在這些欄柵之內，你愛寫什麼就寫什麼，但若敢越界一步，就要災禍臨頭了。
>
> ——托克維爾《民主在美國》（一八三五年）

他詳細記載某次種族暴動，以及造訪烏托邦社區奧內達的經過；他做藝術方面的討論，預測潛存在黑奴制度以及印地安人不當待遇裡的危機。雖缺乏那位同行友伴的綜合能力，卻具有同樣的透視報告才華。

托克維爾在下卷所做的結論，帶領他對下一個主題做出研究：即舊體制與一七八九年的革命。他指出在先後三名路易王當政之下，中央集權的官僚體制已使權力的內在平衡破壞無遺，整個國家因此準備就緒，等著接受單一權威的統治，再無過去各個階級舊有的特權傳統保護。作為毫無權力的個人，遂被捲入相互競逐的漩渦。自我利益變成全屬個人性質；既孤立互不相屬，所謂公意輿論，便減低成一種「智性粉屑，四散各處，無法凝聚結合」。

> 極精緻或極粗糙者都極少，最優雅的舉止或極粗鄙的品味也絕無僅有。既無大學問家，也沒有完全無知之地。天才愈少見，資訊則愈廣傳。各種藝術生產，鮮有完美之作，數量卻極豐富。
>
> ——托克維爾論未來民主化的後效（一八四〇年）

＊　＊　＊

於是民主思維、社會正義、改革立法，以及猶存的鎮壓勢力，一起改變了歐洲的文化面貌；在此同時，另有一股力量亦悄然加力，推往同一方向。一開始，機器的使用只影響了它的組織者與工廠男女，及至一八三〇年，卻出現了一種不同的機器，使所有人的生活、想法全部改觀。如今對它的記憶幾乎已然消逝，它卻是自遊牧部落在一地生根種穀飼養牛羊以來，人類最完全的一大改變——事實上，它把那定居生根的現象完全反轉過來。用蒸汽帶動的移動力：鐵路，如今將人類又連根拔起，再度造成遊牧的個人。這項改變，以及其他方面的文化後果，很快就可在第一次公開火車之旅中感受到。

這段「首途」之旅所經的這一小片土地，是曼徹斯特、利物浦之間的三十哩路，時間是一八三〇年九月十五日。首途通車的乘客，除出資支持工程師史提芬森的人士，也邀請了政府官員及他們的貴客一同搭乘，包括威靈頓公爵以及名經濟學家暨貿易署署長胡斯金森。三十三節車廂分成八列車，各有火車頭帶動，以一小時二十至二十五哩的速度帶著眾人飛越鄉間，還穿過一大片泥淖地——每個人都說不可能安然通過，一定會連車廂帶整樁投資事業一起沉下去。可是史蒂文生卻找出法子，將他的鐵軌浮建其上；一行貴客乘員，對此假定障礙亦不曾打退堂鼓。

但是行至半途，停下來為機車添水時，卻發生第一樁鐵路意外事故。話說驚嘆欣喜不置的乘客，正一擁而出第一列車，又有一列車卻在另一軌上緩緩開過——胡斯金森正站在威靈頓公爵打開的車廂門口講話，一時被「進去！進去！」的叫聲搞糊塗了，他想爬上車去，結果被引擎車撞倒，雖然二十五分鐘內即刻送醫，仍不幸傷重而亡。

這樁意外有一個特殊意義：從此之後，人類必須磨利反射能力，隨時提高警覺注意移動物體的威脅。愈來愈多藉諸視覺、聽覺的警告訊號出現，命令身體趕快中止某個動作，或繼續往安全方向前去——已經變成了神經系統的不斷再教育。眼要能觀速度，耳朵要能聽八方，測出未見之物接近的程度。除為求生之外，每日生活事務也必須時時接收、回應日益增多的燈號、警笛、嗶嗶叫，以及堅持不斷的鈴鈴響聲。

鐵軌上的危險也以多種形式存在，當初一問世就得予以防備。僱人騎馬快跑，趕在火車之前揮舞旗子，滑稽意味太濃，沒多久就棄而不用。可是歷四分之一世紀之久，意外事故的風險卻的確存在，而且不止一種形式。早期一場大災難在英倫通車之旅的十二年後發生，地點是巴黎往凡爾賽的鐵路線上，造成的驚嚇加倍，致命力也加倍，因為當時乘客都因安全故反鎖車內。當第一節機關車車軸斷裂，衝力之下，第二節機關車以及其後的車廂連環推撞，大火冒出，將傷者、死者一起燒成火葬堆——足足有五十餘人。鎖車政策在歐陸又持續了好多年，英國施行年間，史密斯曾予嚴厲批評（<774）——所以會採如此下策，顯見當時對於「人類竟能坐在箱中，飛馳前進穿越空間」一事，感到非常不安。

鐵路這項機械發明，並不只是在拖車上裝一具蒸汽引擎，然後再帶動另一節車廂而已。同樣重要的，還有那凸緣的車輪，可以自動遵照鐵軌方向而去；路基也一般重要，牢牢地撐住路軌，使之保持等距，承受一再的巨大壓力。丁尼生初見鐵路，吃驚不已，觀察也未仔細，以為火車輪子是在凹槽中向前跑去，所以才有那句詩：世界在「鳴響的變化常軌[6]」之中永遠不停前奔。通車之旅前不久，德昆西方才寫過一篇精采文章，論〈英國郵政驛車〉，歌頌道路的改良、驛車的牢靠、優良的馬匹、高明的車夫，加在一起提供了最快捷的郵政服務；打破了紀錄，也令車上乘客大感刺激——尤其是坐在車頂上的那四位，以九哩時速[7]一路奔馳。

郵務也需要各地旅棧組成的郵政網路，每家店都備好馬匹待命，筋疲力盡的前站車馬到達隨時可以接棒。但是這樣的組織，比起不久將要鋪設的鐵路系統可就太簡單了。首先，鐵軌所經之處必須封隔起來防止人畜進入；其次，得有一套信號才可能「單軌雙向行車」——幸好此時已有電報可用，多虧摩斯發明的一組電碼。整套作業系統，需要有人發送、破解電訊——發報員，還要有站長、訊號員、鐵軌檢查員、煞車手和列車長，當然更少不了引擎間的司爐及駕駛。此外還要在平交道上裝置柵欄燈誌，在一定距離之間架設信號與轉轍塔，不斷改良種種裝置及周邊設備：空氣煞車、自動安全信號、鋼材車廂、機車自動停止裝置，中央派車系統等等無數方法手段，費了七十五年光陰以及許多性命，終使鐵路成為一項幾近完美的人類成就。

鐵路工人不久便成了一支巨大隊伍，有長官也有一本規則手冊，在不斷的壓力與嚴格的紀律下執行任務，還得時時冒著違規傷亡事故的法律處罰風險。這也是「工作」性質的一大轉型。早前先已有工廠，意味著組織化的編制，不過畢竟單純，相對也比較靜態——完全不似鐵路員工這般攸關生死決定；他們的工作在本質上就比較不易避免受傷。於是鐵路遂成勞工中的貴族，其特色是要有體力、技術，以及全新種類的判斷能力。至於編訂規則、裝置設備增加乘客安全一事，從起初就被認定不屬政府職責；這方面的進步在英格蘭最為持續穩定，由一批聰穎的工程師挑起任務（經常係來自軍中）。他們研究每一起意外事件，向各大公司提出建議改進，而不是法律強制實施的定論。從那個時候開始，航空業的安全，也是以同樣的自由主義作風處理。

> 第三百三十一條規定：若因電報線或其他故障，訊號員不克與下站取得聯絡，應當攔下所有開往此向班車，查悉無須留置之後，方可在警示信號或警示卡下放行（六十四種必須攔車警示的可能狀況之一）。
>
> ——《賓夕法尼亞線的規則手冊》（一九〇一年）

很長一段時間，搭乘火車出門的男女依然對此物感到又驚又懼，他們執筆為文，描寫、預測、辯證。華茲華斯痛罵寧靜的山谷被鐵路破壞；維涅作詩揄揚人類的神奇改變，從牧羊者一路進展到飛上天從事能以言宣的冒險。拉馬丁在舒適輕鬆的旅程中看見各國將增進了解、國際和平有望。狄更斯對災難的感應最為靈敏，將旅人的身心感受幻化成噩夢光影，在他的小說中不止一次出現。一般人也難免開始說起這些老詞：「相不相信，我搭八點的車到X地去，十二點到。辦好了事情，坐兩點的車回來，到家還不到六點。」我們知道這些，因為福樓拜在他的《習見思想辭典》9裡嘲笑過它，以及其他眾多陳腐之詞。對於富哲學性的心靈而言，這個新鮮的神奇之物卻只引起悲哀的反思——徒然從一地移至另一地，絲毫不能添加任何心智、靈性價值；同一個人，不管在旅途的哪一端，都還是原來那個笨蛋或壞蛋。至於那些可以快快辦好的「事情」，也只更增物質主義的轄制。當然，生意人不會去聽這種乖僻之見，他們只管儘快地徵集資本建造更多的鐵路，一八四〇年代的英格蘭遂得了「鐵路狂」——幾十條路線同時規劃，結果鋪設過多，失敗、官司不斷；糟蹋了多處鄉間景致，城鎮則憤憤不平鐵路竟不

> 機關車十二點正會到站，所以我們當然分乘三輛馬車，也有人騎著馬，在指定時刻就位。能夠以二十哩的時速，進行是項五哩路程，我感到相當滿意——因為實在不能稱之為樂趣。準確既為我的重大目標，出發之際以及一路之上，便都執表對時，因為此表帶有秒針，所以絕對騙不了我。
>
> 五哩期間，這機器偶然得停停走走，隨後便以二十三哩時速前進，動起來很舒適，也沒有摩擦。不過動得最快的時候，我覺得「很可怕」，簡直像是在飛，讓人不由得以為快要死了。弄得我頭好疼，到現在都沒好。整個來說，我很高興自己見識了這奇蹟，不過既已乘過，這第一次，也是我最後一次，這就夠了。
>
> ——克里威8（一八二九年）

打自家門前經過；煤、鐵交易大為景氣，設計人員競爭改良引擎、鐵軌、枕石、車廂、煞車、信號和作業方式。

對合眾國這樣的國家來說，修築鐵路，自是快速開發空曠地帶及其自然資源之法。近來雖有些修正派的意見，但是當初若只靠運河水道與驛馬快遞，中西部以及更遠的西部不可能如此之快就有人居而且繁榮興盛。俄羅斯偏遠內陸所以落後多年，就是因為缺乏貪婪的鐵路營造商之故。在非洲及遠東，西方人帶來的鐵路則促成新帝國主義的發端，將貿易從條約通商口岸以及十五、六世紀打下的貿易站（<160），一路向內陸推進深入。鐵路並未在習俗、觀點上打開或造成所謂「天下一家」的局面，卻幫西方向世界其他地區做了最強力的滲入。

而工業年代的眾多產品中，獨有鐵路一項，令人生出一種特別的讚佩之心，而且的確還摻和了詩意之情——所謂的鐵路浪漫情調。這份聯想包括了夜晚汽笛的呼嘯聲，快車北上疾馳飛逝的窗格光影；白日裡，乍見那火車頭沿鐵軌遠遠爬上來的模樣，減速停下時頭上冒起的嘶嘶白色煙霧，火車司機與站長間交換的神祕字眼與「招呼」；還有如此龐然大物，一身的鋼鐵，滿載人貨威風凜凜離去——獨留我們在此。種種類此的印象、感動，記載無數，啟發詩的靈感直至我們今日[10]。火車歷十九世紀始終在文學裡面出現，以二十世紀飛機所沒有的姿態存在。左拉的《衣冠禽獸》、哈代的〈遊子〉、安娜卡列妮娜選擇臥軌自殺，只是眾多例子中的少數幾例而已。

順便提一句，托爾斯泰認為鐵路是魔鬼的發明；觀看那個年月裡對俄羅斯火車的描述，的確也讓人肯定這項臆測。過去四個人擠坐在驛馬車裡，固然意味著伸展不開手腳，但是鐵路聚集、運送的人山人海狀態，也造成另一種窒息的壓迫感。佛瑞斯那張名畫〈火車站〉，就很能傳達這種新型的眾人雜處混亂感覺。亦如杜米埃的畫作〈三等車廂〉所示，三等火車廂的模樣，正如同輪船或二十世紀後期噴射客機的大統艙。不過一八九〇年到一九四〇年之間的火車頭等廂，的確可以提供乘客舒適快速的旅行，還有許多獨特的樂趣：從隨車現做、排場侍候的一流餐飲，到寬敞的私人臥鋪；從一秒不差的全程準時，到完美的三度空間角度觀賞鄉野風光。反觀今日，歐洲「火車」只稱得上毫無迷人風姿的便利而已，在美國則又久又不舒服。至於將自己拔根換地一事，也不再有什麼身心聳動的感覺了；如今人不是附著在土地裡的植物，而是自動打包不斷於目的地之間移動的物體。動，才是正常狀態（可讀 L. T. C. Rolt 著 *The Railway Revolution*）。

鐵路的全盛時期也影響建築藝術走上新方向，因為它需要一種前所未聞的新式建築，即城區火車站，使用鋼鐵、玻璃為建材，建造方式在教科書上沒有，也非來自巴黎的美術學校，而是由工程師所發明。這群人也發現了新方法來設計鐵路交通所需的長距橋梁與巨量承重，他們這些製作全屬功能一派，非但不特意掩藏建物結構，反而將之暴露出來。其中尤以布律內爾天才最為卓著，雖是工程師實在也可名列藝術家。今日最新式的摩天大樓，以及當年的水晶宮——英國一八五一年的大博覽會在那裡令世界目眩神移，其龐大規模、金屬玻璃營建，都拜鐵路工業及其天才橫溢的建造者之賜（可瀏覽 Carroll L.V. Meeks 著 *The Railroad Station*）。

另有三項文化副產品，也在鐵路史初揭幕即已來到。其一即所謂的「票證」，於一八三八年飛落人間，如今凡資格權利證明莫不須它——身分證、入場券、旅館房間鑰匙、信用卡……不一而足。其二是「人工」時間；在鐵路與人人到處跑出現以前，每個村鎮各有其計時之道，以日正當中為正午，依次推算大致不差；往東五十哩，正午發生得早一點，往西就晚一點。但是這種多元計時不能用作鐵路時刻，起而代之者乃是廣大地域硬性遵循同一時系，到處都假，都不自然，卻都以同一條人為子午線為準。對這種**抽象**標準時間的抵制，卻出乎意外地強烈；美國必須派出一位聖戰先鋒，一州一州地費盡脣舌鼓吹，方才願意達成這通用時間制[11]。

其三則比較容易，亦即威士忌開始流行，先是庶民大眾，最終連仕紳階級也接受了。英格蘭人原嗜琴酒，愛爾蘭鐵路工人「泥工」（navvies）卻帶進這項新的飲料，他們徒手挖「路塹」，再把挖出來的土一車一車堆高成路基。「泥工」這個外號，從此便成苦工代稱，原係「領航工」（navigator）的縮寫，因為當初僱他們來係為建造水道，結果改派到這個速度更快的運輸業上做工。

＊＊＊

在製造蒸汽引擎、火車頭的嘗試錯誤之中，純粹科學研究也受到刺激發展，鐵路狂的時期同時也是凱爾文、焦耳和邁爾的年代，確立了功、熱的等值；壓力下氣體分子的運動也測量出來，光速亦然。科學家辯論著光到底是藉微粒還是光波傳送，因為分光鏡下顯示出有不連續的色段。既然大家都不相信超距作用（超距力），無形的「以太」遂被假定出來，成為所有波、粒以及其他「應力」、「應變」得以產生可見現象的媒介；規模大可至群天，小可及試管，總之都在機械論巨大的推拉之下主宰，正如前不久拉普拉斯、拉格朗日的新數學所預示（<643）。

這類調查需要研究者一心一意，因此原先那種心有旁騖的業餘家從此銷聲匿跡；有鑑於此，劍橋的惠威爾決意為這一行取個比「自然哲學家」更精確的名稱，建議改採「科學家」為名，大家都不反對[12]。在此同時，另一門也正在迅速進展當中的學問——電學，卻有相對觀點出現，將在未來打破眼前的機械觀點。法拉第那無盡的豐富心靈，誕生了電磁、電機，顯示了化學作用產生電流，電流則產生磁力。同樣的天才奇葩——安培（Ampère）、奧斯特（Oersted，用為電磁單位Oe）、歐姆（Ohm）、亨利（美國）——也同為這一門科學做出重要貢獻，實務應用雖然仍在將來，此時卻有助於證實一項令人滿意的通則：亦即所有形式的能量事實上都守恆不變，更妙的是彼此之間還可以相互轉換——當然，轉換最後的結果總不及原始的輸出可用。比方蒸汽一旦驅動了火車頭後，就消散於無形；原先那肉眼可見白色濃密水氣的聚成分子，如今雖不「得用」，卻依然完好未滅。此即熱力學第二定律記載的「熵」——不再可用的能，以此類推，便預告了宇宙終將結束。

此時的生物學，除繼續思考進化論外（<667），有機化學則在李必希、巴斯德手中開展，史旺辨認細胞，神經與腦方面亦有開拓進展——在在證實了拉瓦錫的概念：生命體如蠟燭燃燒，於是又意味著生命現象可以簡化成機械法則。遂從這種種觀念互換、類推之中，亥姆霍爾茲綜合出一個由中心力量聯絡眾原子而和諧組成的宇宙觀。

＊＊＊

浪漫派糅合歷史情節於歌曲，在舞台上起用真家具，製作出這個時期最偏好的音樂類娛樂——大歌劇，在此同時，也有其他浪漫派創作著全席管弦樂團的曲子。所謂全席，可以界定成樂隊編制大約由一百件樂器組成，以固定比率依類別平均分配音色，以確保在任何所要的音量之下，不同的音色仍能特色分明，不致朦朧遮蔽。這樣的組合，事實上本身便等於成了一件大樂器，恰如管風琴藉由眾多音栓與整調器取得自己的各樣音色。這整組交響樂團，以及所謂的浪漫管風琴，都同為新工業下的產品。至於弦樂器的改良包括清晰度與音量，在十八世紀晚期即因圖爾特拉弓（<572）出現達成；木管樂器的管筒雖然也有進展，卻要到按鍵裝置與活塞發明之後，各式木管、銅管樂器才能達到音準，並取得獨立地位，交響樂團方才真正多彩多姿，在所有部門上發揮出表情能力。

為達準確音高，各按孔位置必須正確分布，吹奏者卻無法直接伸指按及，如今有了這些按鍵，終能隨心所欲開闔，於是長笛、豎笛、雙簧管、低音管和英國管——都可以完美地發音，奏出前此無法吹奏的樂段。活塞的出現，同樣亦使法國號、小喇叭，以及各種銅管樂器音色精準、音域增廣。金屬漸代木質，遍及所有管樂器（如今「木」管一詞，只讓人憶起一樁幾乎完全已成過去的事實），更有新式銅管，從原本不甚完美卻有其可取之處的舊型樂器衍生變化而來——低音號，來自奧菲克萊德號，後者原係一種「蛇型樂器」。薩克斯發明了薩克斯風、薩氏號（也是一種銅管號），此君既似愛迪生是個發明家，也如同麥考密克（美國發明家兼工業家）實地生產製作。

同樣數十年裡，鋼琴在法蘭西的艾拉爾、英格蘭的布洛伍德、日耳曼的史坦威（最後一位）的手裡，也進行了機械化的改造。如今有鋼絲、固定栓，有改良後的踏板組合，還有高度精密的「打弦動作」，鋼琴遂展開首宗可謂以機械方式傳送音樂的樂器生涯，什麼都可以編成曲子，以供鋼琴一奏。待得它那醜陋的「繼子」——直立式鋼琴也問世了，價位變低，小地方亦可使用，連美國西部木屋也將發現它的身影。從這種大受歡迎的普及現象之中，遂產生錯誤印象，以為鋼琴差不多就等於家庭交響樂團，任何樂譜都可以經過改編搬到它上面彈奏，並且還能保留原譜原樂器的同樣效果。小孩子都送去學琴而不學其他樂器，「家道中落」的閨秀淑女轉任鋼琴教師，調音師傅經常到府造訪。

而且，交響樂作曲家也往往先用鍵盤醞釀測試靈感，卻不再從頭就交響式地構思。鋼琴乃敲打型的單音樂器，而且每音彈下去幾乎根本無法持久——這兩項因素本應造成警覺，但是先作好曲子然後再「交響之」的做法終成積習。事實上應該把「交響之」一詞改成「樂器表現之」，在不同節骨眼上選用不同樂器給予樂段性格、色彩；結果是許多原本非常精采的音樂，卻因彆扭或例行的器樂安排而拖累了品質。李斯特尤為一例，原係鋼琴創作好手，卻得僱他人為之交響樂化，直到全憑本身意志力自學而得一種特有的器樂風格。

風琴的改良，應特別歸功於一位年輕人卡伐列－科爾，十九世紀雖然也有其他發明家兼製造家做出貢獻，可是最早的創新則來自他。十一歲即已技藝不凡，在父親的風琴作坊做事；年猶未長，更解決了兩項長久以來在風壓與音栓間平滑轉換方面的機械難題。二十二歲離開家鄉蒙彼利耶前往巴黎，尋找更大的天地發揮才能，機緣湊巧，立刻得以參加競賽（三天之內），爭取為巴黎近處的聖德尼大教堂新造一座有八十四音栓的大風琴。這個年輕人贏得是項委任，從此展開他漫長的創新發明生涯，認定每一種樂器，都應該因地制宜並視用途調整改造。卡伐列－科爾風琴（這方面的權威告訴我們）對法國兩大派風琴樂[13]的形成，都具有「利其器」的貢獻（此處的器，具有實質的工具意義，instrumental的引申涵義為很有幫助）。

近來興起一股風氣，喜以當初原有的樂

> 所有直筒均以鐵製．樞軸以車床削製，軸承則係銅製。每部分均須仔細打磨上光。所有木管裡外上釉，以增音色以延耐久。金屬管均以錫製，各個管壁厚度，均應絕對小心以儀器精確測量，不得猜度。各管壁厚度遂可與長度、直徑呈一定比例，整體音色遂能一致。
>
> ——卡伐列－科爾，聖德尼風琴規格
>
> （一八三三年）

器演奏音樂舊作，於是差異立現：不僅個中的變化動態感覺不同，意義也大異其趣。因失去某些音色、音質，整個樂段的力量、氛圍俱受影響——連帶也打破了所謂「一個音就是一個音，不管是敲在定音鼓上，還是用陶笛吹出均無二致」的想法。同樣在我們這個時代，十九世紀交響樂也大舉撤退，室內樂異常盛行，部分原因固然係經濟因素，但是認為浪漫熱情已屬過時也是另一因素。那抒情式的愛之泉湧，那憂傷的扎心痛楚，那抗拒命運的怒潮洶湧，那「描繪自然」的寫實風格——在在都不合我們今日的焦慮、憎怨。正如今天已不再有表達公眾情緒的詩篇，卻只有私人心情證言；全席的交響樂亦已功成身退，其前身來自法國大革命的集體狂熱，其裝備生於工業年代的發明熱潮，遂帶著這兩樣一起向博物館報到——或者應該說，它成了一間博物館，專門收藏當初使它獲得如此殊榮殊位的曲目：從貝多芬、白遼士、舒伯特、舒曼、孟德爾頌、李斯特、布拉姆斯、柴可夫斯基，一直傳承到理查・史特勞斯、德布西、布魯克納、馬勒、西貝流士和蕭士塔高維契。

＊　＊　＊

一八四八這一年，在西方國家的「官方」心靈中意味著許多不同事物。一八四八年的一百五十周年紀念，在法國精心慶祝，也在歐陸他處回響。這個遙遠的年代被視為自由主義勝利、民主建制重生和工人階級自動覺醒團結的大日子。這段長久的記憶，也包括法國海外屬地廢除奴隸制度，以及蓋瑞森的《解放者報》，為同一目標在波士頓首度刊行。紐約州塞尼卡福爾斯鎮，則有婦女大會召開，揭示「權利與感觸宣言」，要求選舉權。

這一年亦不乏可資記憶的具體事件。一八四八年初，巴黎爆發武裝暴動，推翻了雖立憲卻保守的十八年君主立憲，路易士・菲力普及其首相季佐下台。後者非反動派，曾與復辟的波旁王室奮戰，也是為人所敬的歷史學者。但是身為嚴格儉樸的更正派信徒，他不忘自己的父親是在革命分子瘋狂自我整肅的時期，被送上了斷頭台；因此他堅持與「秩序」站在一起——在他那個年代，他將之闡釋為「放手不管」。動盪不安更加明朗化，已經進行了六七年，歐洲大為經濟蕭條所苦——這也是愛爾蘭大饑荒的時節，英國亦經歷過「饑饉的四〇年代」。在法國，工業年景、農作年成都不好，已引起嚴重危機。改革團體組辦「餐會」議事，其實是向政府示威抗議；主張共和的地下組織也擴大其網絡並加緊宣傳[14]，巴黎新聞界亦不斷藉文字、圖片提出有效批評。每一周都見杜米埃殺傷力強大的石版畫片譏刺法王及其黨羽，把王的臉畫得像只梨子；同時也把中產階級的言語、行事，刻畫成俗氣、乏味。

數日的打鬥，法王退位，法國第二共和成立（第一共和早在一七九二年），詩人演說家拉馬丁在議會領先起來反對社會主義領袖白朗。白朗強迫大家承認「工作權」，並為失業者成立「國家作坊」以為救濟，提供了恐怕沒有真正用途的「假性工作」，但也照顧到了約十萬人眾。但是自由派與社會主義者之間、布爾喬亞與工人之間，敵意卻繼續升高——一派只求政治改變即告滿足，一派則要為工人階級進行經濟改革。四個月相互挑釁叫罵之後，終成第二次武裝暴動，一場流血巷戰，巴黎前所未見。工人一方被打倒了，勝利者提出新憲，設立強勢的元首職權，卻為自己未來的毀滅種下禍根（850起>）。

六個月來在法國發生的一連串事件，也在國外許多團體點燃興奮之情，三十年來這些團體不斷密謀推翻梅特涅的鎮壓體系。中歐地區多處發生叛亂：匈牙利起來反抗奧地利，義大利的馬志尼及其跟從者成立羅馬共和國，愛爾蘭人起事，比利時人打退邊區的法國叛徒，波蘭流亡者成群離開巴黎返回祖國煽動革命。歐陸很快便成各地戰事上演的舞台，誤將自由主義憲法、建立民族國家兩項要求混成一個目標（可讀 Raymond Postgate 著 *1848: The Story of a Year*）。

衝突極其激烈殘忍，勝利卻未能長久，正如義大利、匈牙利，以及其他各處成立的叛變政權所示。屠殺、處決、強迫流亡、背叛，以及從頭就無意履行的妥協，製造出大股難民潮出奔倫敦——包括梅特涅本人，躲在一輛洗衣車內逃出維也納。保守鎮壓雖然不再，各路王侯卻仍在為他們的君權特權爭戰。青年華格納在德勒斯登差點就被打死，一些音樂同行卻難逃厄運。巴黎的生意、藝術呈現停頓狀態，新聞界亦噤口不言。白遼士也一如許多無計可施的人，只好渡海赴英尋找生計。

倫敦則在一八四八年的初春，由憲章運動者（支持一份幾千人聯名簽署的人民憲章）向國會發動了一場盛大的請願遊行，主要訴求在開放男子選舉權、不具名投票、無須財產資格規定，以及國會成員支薪。當時必須出動特別警衛隊防止暴亂，其中一員即拿破崙的姪子路易．拿破崙，世界不久即將聽聞他的大名。一場示威、請願，卻未有任何結果，憲章派黯然消退。日耳曼在法蘭克福也有一場類似集會，要為所有日耳曼人成立一個民族國家、設立自由主義憲法；與會者雖努力達成共識，最後卻一無所成。代表們很有才幹，卻缺乏政治經驗，他們的憲法設想太多狀況、考量太多利益，更像哲學系統，而非行動綱領。

> 為什麼做生意常是偽裝欺騙？法律是強詞奪理？醫藥是實驗殺人？文學是泡沫？政治是謊言？社會是一場巨大的戰爭？
>
> ——勒得羅《民享之治》，一本基督教社會主義派周刊（一八四八年五月十三日）

在此同時，一名年輕的日耳曼哲學家刻正流亡倫敦，規劃未來社會的面貌；海涅曾在巴黎會晤此人，認為他頗具才氣——此即卡爾．馬克思博士，係黑格爾門徒，在日耳曼、法國兩地早已因其革命傾向受到矚目。他與曼徹斯特一位廠主之子名恩格斯者，正合作起草一份《共產聯盟宣言》，文中綜合了工業社會分析與歐洲歷史回顧，列出十大立法改革項目（所得稅、遺產稅等），呼籲各地工人聯合起來推翻現有秩序。

> 看看工人階級中間，正發生什麼事。你難道看不見，他們的熱情已然從政治轉成社會的了嗎？你難道看不出，思想理念正漸漸在他們中間散布，不但將推翻某些法律，甚至要推翻社會本身，將之從立足的台基上打下來嗎？
>
> ——托克維爾對大會演說
>
> （一八四八年一月二十七日）

一八四〇至五〇年間的一切騷動、流血，在法國更延續到一八五二年際，傳達同一個訊息：單只追求自由化的要求（亦即徒有政治、國會改革）已經宣告失敗了，既未能壓倒君主政權，也無法滿足被激醒的人民。原因仍出在缺乏經驗，而非智慧不足。很早之前，拉馬丁論到詩時即已說過：「它將是哲學性、政治性，也是社會性的，就像人類將要歷經的時代一般。」一八四八年的共和會議上，雨果亦作雷鳴：「以社會政策取代政治方案！」換言之，要為個人提供福祉，因為平等已成定則。歷代浪漫主義的文藝人，都已然「投入」（*engagés*）——他們之中的發言人，多數亦已為自由派大義與社會正義寫出詩篇、散文。但凡主張社會主義優托邦者、但凡批評機械進步之人、但凡反對古典經濟學的異議人士，也都訴說著相同的話語。於是從純然政治思想，過渡到成社會思想，將成為下一個百年的任務。在此同時，其中卻有一襲謎樣外衣，有待揭發破解。

第二十一章　物御人

「維多利亞中期之人」一詞，是個普遍帶有貶斥意味的說法，用來指稱那種可笑地自大，又危險地壓抑的態度，意指道德主義取代道德本身。通常以為整個稱之為維多利亞時期的年代，都被此風薰得枯焦不堪；殊不知維多利亞女王在位長達六十四年，不可能有任何道德觀或其他觀點，能夠延續如此之久而不改變，所以這幅形象就整體而言，並不符合史實。首先，早在維多利亞誕生之前二十年，這股道德風即已吹起，係針對法國大革命，以及法國後來種種亂象的一種反應，在當時太子即日後喬治四世主政的英國攝政期間，氣味尤其可憎。此種道學跡象初露端倪，拜倫就注意到了：「言不由衷地喃喃念著道德、政治、宗教」，事實上正是這股勢力使他離國遠走。論其始，可溯自循道派；十九世紀之初更因一股向善之心，使英格蘭教會中的福音派起來熱烈鼓搗人心，主張種種道德大義，廢奴即為一例。

但是一旦變成了道德主義，企圖就更廣了。它要壓抑人心，壓制任何有違習俗規範的行動、字句，甚至思想，連帶就壓住了任何可能擾亂現狀的事物。人人自我監督，而且作為社會壓力的基本單位，也監督鄰人的一言一行。道德鎮壓遂與外顯的政治鎮壓並行並用，目的在做到「正派體面」。對等的法文是「其他所有人的看法」（la considération avant tout）——顯示「他者」在其中所扮的角色：由於顧忌別人怎麼看我們，遂務要莊重體面。無形的壓迫也來自階級，包括比自己高和低的上下兩級。這種內外壓力的制衡作用，與日後民主性質的社會壓力截然不同（1120＞），因為後者不見得也有個人內心的自制配合。此中差異正說明維多利亞時期為何會產生如此眾多性格強烈的人物，完全無懼於鼓吹自己的獨創觀點，習性作風也經常怪誕異於常人。自制至少會發展出一個自我，維多利亞時代的諸般成就證明了當時盛產這類男女。法國使用的形容詞也告訴我們，維多利亞道德主義大風所及，非僅限於大不列顛，整個歐陸也都在它的橫掃之下，連隔洋的合眾國也被風力掃到。不過別忘了在英格蘭也在其他地方，貴族勢力雖見縮減，卻依然可以蔑視成規——如果他們願意的話；至於最低下的階層，也享有同樣的獨立自主。因為對這兩者來說，怎麼做都無所謂損失。

這項自由，最常行使在性事方面；因為正是性之一事，道德主義最需要極力壓抑。性是最強烈的本能，令男女打破所有壓抑藩籬。他人的想法、權利，親友的意見、非難，自身的安全、顧慮，一旦欲煎情熱，都不成其阻撓（832＞）。更何況這種本我欲望形式的熱情，潛在於任何強烈野心的內層，不論政治或藝術，因此在兩者之中便都可能意味著反叛。性與政治是如此密切，以致幾乎所有革命或烏托邦社會，都以號召愛情解放為開端，然後一旦領袖們看見放縱會損及威權，又轉為清教禁欲。

因此若以為「維多利亞時代的人」追求人生淨化，遂盲目於性事現實，那可就大錯

> 各種小店主、零售商，最好別忘了，人只有在自己的本分圈子裡才受敬重、才有體面，如果貿然踏出，可就「沒這回事」了。
>
> ——佚名，《禮儀指南》（一八三六年）

特錯。無視不表示無知，反之，特意去無視正顯示極有意識，所以十九世紀道德主義設計出種種可笑言詞，就是要遮掩事實，並驅走不當念頭。於是絕不能提及身體和身體的任何部分——甚至連鋼琴也不得有「腿」。以今日為例，特用一些婉轉字眼，隱蓋身心方面的羸弱，免得事主聽了難過；有人覺得連「聽覺不好」這個說法，都成了無禮冒犯言詞[1]。

正因為十九世紀對欲念感到不安，才會有那種理論上的莊重正派淑女——不是活生生的人，卻是特別規定打造的典範。她絕對不可以是引人犯罪的女神，須知此等魅惑角色，對每天捧著聖經誦讀的大多數人來說，正是女人的天性——更有前例在案（指夏娃）。今日我們對所謂「家中那位天使」（angel in the house，維多利亞時代的理想女性典型，迷人優雅，柔弱無助，善良虔誠，自我犧牲，全心懸在丈夫身上，聽從丈夫之言，最重要的是純潔）的形象不以為然，誤以為這是多少世紀以來就有的理想典型，其實不然。中世紀騎士風裡的詩人，雖然讚揚他們心中的神聖淑女，卻不曾因此自欺。只有進入十八世紀後期，感傷主義滲透了啟蒙年代，女人的定義才開始變成嬌弱易碎。然後為了保護她們，十九世紀又封閉生活的真實層面：純潔無邪，輕靈飄逸，不食人間煙火，她遂成了神聖不可侵犯之物，永遠受男性供奉，不僅在詩中，追求之際亦然。

相襯之下，男性這傢伙的形象則強壯、粗糙，憑直覺本能行動，看起來毫無感情，從不哭泣掉淚，如果放他跟女人獨處，保證不出十分鐘就會侵犯人家的貞潔。因此除非近親，男女絕不可單獨見面。但是一看就知道，這類禮法和背後的假定，任何人類社會都無法真正嚴格照辦，甚至連當年奉行的同時，即已存在著與之矛盾的理論與實際做法。比方姑娘家務必養成某些才藝——音樂、素描、家務，才能吸引男人結婚，這類觀念就是一個反例。須知十九世紀，正是女性手冊這項文類大行其道的黃金年頭，讀者對象包括已婚和未婚者，經典之作係畢頓夫人所著。根據這類書籍的建議，女兒家的理想教育不僅在音樂、素描——還包括有關自然之學與身體的鍛鍊。故不聞抗議反對之聲，反見認可贊同——狄更斯將他《塊肉餘生錄》書中的男主角大衛．柯波菲爾，先與朵拉婚配——她小姐正是那種荏弱嬌嬌女的標準形象，連吃牡蠣先得打開殼都不知道——作者便在顯示這等甜蜜、純潔的活娃娃確有不足之後，便把她處理掉了，取而代之者為另一位實在、幹練的艾格妮斯。在後來一部小說中（《我們共同的朋友》），狄更斯更使年輕的貝拉（此名亦有美女之意）言道：「我想要更有點價值，不只是娃娃屋裡的娃娃。」這最後幾字，十五年後成為易卜生那齣關於新女性名劇的劇名（即《娜拉》又譯《玩偶之家》）。

歷史記載與維多利亞時期的文學裡面，均可見到富於才幹與旺盛心靈的女性，許多也都在家中發揮影響力。若果當時女性都如「維多利亞女性」這個抽象字眼所認定，俱屬朵拉一型，豈能生養出下一代能幹男性，那個年代不分男女亦將毫無成就可言。至於農村人口與都市勞工，更無須什麼體面可敬，照樣相處甚佳，男人女人在田裡、廠裡或店裡並肩辛苦做活，不去想也不希罕那所謂的完美女性典範。

這些掙取工資的人，亦與另一觀念恰恰相反：亦即男性會隨時勃起，害苦了無助處子。上一層級的維多利亞人士，採取並確立了十八世紀晚期對「紳士」的定義；此詞在更早之前原指出身，如今只要舉止如君子就是紳士——由言談、衣著起，但是也包括風度、禮貌，尤其對女性彬彬有禮。有關維多利亞時代旺盛性事，還有許多可說；在此只對十九世紀的道德壓迫力再贅一言：家庭仍緊緊控制個人，雖然父（或母）的高壓統治並不都如小說家山繆．巴特勒《肉體之道》所示那般極端（911>）。

在外言行良好，是正派體面之下的另一副產品，又有街頭巡警前來強化。十九世紀的倫敦前所未有地安全，不再落後於巴黎及其他國家首都。二十年前羅勃．皮爾爵士創立的設施，依其名綽稱的「巴比」（bobby，羅勃暱稱，指英國警察），雖被人以捍衛英國人古老的自由特權為理由聲聲反對，終於漸被接納。他們不配槍，舉止溫文，紀律良好，身穿藍色警裝，搖晃著備而不用的警棍，正是體面可敬的活形象。英國人遂成了守法的同義詞——這項發現的確令人感到快慰，尤其在一八五一年大博覽會揭幕之後，任何人都可以看出。六百萬群眾來自國內外，湧進水晶宮參觀，不搶、不鬧，彬彬猶如晚會中的紳士淑女。至於那些戶外休閒所在：沃克斯豪爾、海內拉克等時髦遊樂場所，以及其他六七處勝地，亦可見同樣的正經有禮——除了子夜以後，這些地方就心照不宣地變成祕密約見的場所，不過可不是為行暴力。久病於騷亂之後，大家都想要寧靜，歐洲人總算找到對症之策，稱得上是一種民間療法。

＊　＊　＊

愛默生言：「物當鞍而御人」[2]，一句話便道盡他那個時代的特色，一個為多人覺察、但更多人只能木然相對的特色。一如卡萊爾（他兩人交換意見看法），愛默生也認為繼機器強制了身體之後，機械觀也宰治了心靈。一民一國的高低，如今均視煤鐵的年產、船隻的總噸和貨品發明類額的多寡評定——而且更預期這一切數值年年加增。連古典經濟學也是一種機械觀點。並且同以「物」為衡量標準，製造者、經銷者遂有「身價」幾許，至於是否真正有「值」，就沒有這麼容易斷定了。

除了極端厭惡「物」和「數目」之外，十九世紀及我們這個世代對機械觀點的反感，還包括機器直接影響人類心靈——如此說法絕非想像，事實上更造成雙重影響，卻多為人所不察。明顯的一面，機器使我們成為俘虜，為它奔走不能自拔——時時受制於它的節奏、它的便利，和停止不用時所須付出的代價或不便。身陷囹圄，結果我們步伐的速度、行事的僵化和制式的期待，也變得與它相似。但是另外還有一層更微妙的影響：機器是**抽象**的作用因子，而且它本身即屬「抽離去象」作用：專務一事（至多兩三項），每次產出相同結果，不容任何奇思幻想，沒有美妙的錯誤或突然的創新，如手工藝匠的表現所為。因此機器製的物事，除在新鮮順手那少數幾次之外，很少能引起我們更多的注目。它不會誘發事後的幻夢、深思和愛意。機器「人」更是三分不像人的噁心東西。於是家居、公共領域，充斥著不具氣息靈動的物事，就彷彿這個活生命的世界，已經被抽象縮減成一個絕對的死物。

誠然，當年第一柄石斧、第一隻抽水把手，也都是機器；而且模樣也貌似任何一把斧頭或把手——卻又不盡然，因為不整齊、不劃一，每把斧頭遂有其個別性質。而且工業化以前的工具多係木製，木頭自有其生命。法國名匠波爾的櫥櫃，就絕對比一般檔案櫃令人珍愛；並非金屬材質不能愉悅我們的感官，或幾何形式缺乏美感——請看「裝飾藝術」風格，就顯示它們可以多麼地賞心悅目。機械化的暴虐重壓，始於當我們放眼望去，視線所及全都擠滿了抽離自生命、縮減為功能的事物。這類抱怨當然也忽略了一點：世人為進步感到興奮，以產量估算進步，倒非全然盲目或自私之舉，同時還帶有一種人道主義心情——希望那古老的貧窮與饑饉幽靈，可以被那位由工廠源源而出、經鐵軌與蒸汽送往各地的「豐盈」大法師驅走。機器更將人類自某些打斷脊梁骨的苦勞中解放出來。

因此遂有這項興隆的十九世紀建制：世界博覽會。近世初期，這類展覽會只是固定舉行的市集，因為道路缺乏，使得貨物分銷不易。十七世紀之時，羅馬、巴黎分別為一種特別產品辦過首次展覽

——美術品。然後在十八世紀中期，王家藝商工協會在倫敦成立，不久便組織了那類如今常見的博覽會——精心陳列各式加工產品，刺激購買欲、吸引觀摩。法國革命政府也於一七九一年辦了一場，並提供獎項競賽。一八四四年起在巴黎，一八五一年起在倫敦，大型工業展覽便不時舉辦直至今日，還加入觀光旅遊作為附帶招徠。

一八五一年的倫敦「大」博覽會，在不止一項上配稱為大。維多利亞女王的王夫，日耳曼來的艾伯特王子，急於要他的新子民看重他的價值，一手包攬了這樁大工程。王子不但長於組織，更有天生的「規模感」，他在海德公園矗立的水晶宮確是一大建築成就。派登爵士用預鑄建材，蓋起一個鐵杆結構，圍以透明玻璃；長型的展覽會場，全長（具有象徵意義地）一千八百五十一英尺，正中穿過一道圓拱頂的翼廊（或稱耳堂，十字形建築的橫向部分）。全部樓面共有八十萬平方英尺，延伸八英里長的展覽檯上，展示著一千三百家參展作品。令人印象深刻的合眾國展品，包括科特的「連發手槍」，以及一套靈活的活動假牙。維多利亞女王亦如眾人，深信「物」的至上，五月一日開幕式上宣布這是「我們歷史上最偉大的一天」。次年紐約市如法炮製，也是在一座「水晶宮」內舉辦，即今日紐約市立圖書館館址。

* * *

機器當家的是非，誰能在其間仲裁公斷？值此十九世紀下半時期，沒有人能夠否認物質上的增進改良，的確是一個可取的目標；但是也有許多人無法為進步叫好，卻也無計可施，只能大聲疾呼，感嘆著伴隨進步而來，道德與智性似乎失落了。浪漫主義那富想像力的哲思、詩般的熱情、文化國族的理想和慷慨的社會主張，都已然遭到替換；取而代之者一般稱為現實或寫實主義，在某大特定領域則稱「現實政治」（*Realpolitik*）。Real 在德文意指「物事」——比方 *Realgymnasium* 即係以職業訓練為主的學校。應用到政治方面，此詞便意味著追求現實利益，而非助長原則、理想的政策。從這種觀點出發，國族主義便是領土性質而非文化；社會改革也變成餵飽眾生，而且非做不可，否則就會有暴力——階級戰爭。在此之前，拚命競爭、趕快發財。

也許有人會說，國家、階級和個人的所作所為，不是一向如此嗎？但是這等勾當一旦成為典範，人在其中呼吸到的氛圍就不一樣了，它使有思想的人變成嘲世或悲觀。一八四〇年代的日耳曼地，就有一群稱作自由者（*Die Freien*）的團體，宣稱「上帝已死」，堅持他們不顧一切的自由；凡事可行，百無禁忌。其中有位史迪納，更發展出一套系統，名為《自我及其自家》[3]，主張人應利用一切可得方法，滿足自己一切所需，此乃人的天職；沒有理由不這樣做；**解放**沒有天然疆界。

其他形式的無政府言論，也在法國等地盛行。蒲魯東因其弔詭名言「有產即盜」聞名，宣揚以自發自治的小型單位取代中央政府。布朗基則準備好要行暴力（<627），採取「不要老天爺，也不要頭家爺」的口號。從俄羅斯則來了兩名作家，在外四處流亡煽動——一為巴枯寧，是十足的無政府主義者，也是卡爾・馬克思的死對頭；另一為（原屬）較為自由派的赫爾岑。兩人使多人投入蒲魯東理念門下，相信工人階級必自發地起來推翻國家政府，改由自治的合作團體取代——如果願意也可以合組成邦聯。俄國境內，這新的一代根據屠格涅夫小說《父與子》描繪，係以書中主人翁巴薩洛夫為典型，一名組織性的虛無主義者。

虛無主義一詞，暗示著生活沒有宗旨，行動不見意義。這種黯然心緒，在叔本華的哲學中找到解說。叔本華與拜倫同年出生，屬於浪漫主義一代；東方聖書受到注意，他也有一份功勞，並因此奠立了他架構完整的哲學理念根基，發之於其書《意志與觀念的世界》（又譯《意志與表象的世界》）。此書卻遭人拒斥，幾乎長達一世紀，如今虛無主義卻發現書中的眼光視界，正是生存之謎的解答。人世就欲望而言，乃是意志的表現：人生是一個永遠不停歇的奮鬥，只為要得到滿足——卻屬徒然。欲念不斷，一個又一個地來，並從中興出種種心象：真理、情愛、幸福、公義，以及其他永遠無法滿足的迷人欲求。印度教稱之為幻相（Maya），並將之人格化為女神。欲念的宿命，只有一個例外——就是藝術，是西方浪漫主義的一小塊實物：藝術不是幻象，也不似他物總在消散；藝術激發的欲望，藝術以其物填滿。因此藝術崇拜可以作為庇護，供那些被「進步」異化的旁觀者棲身。從他棺木一角，叔本華也抒發出幾大卷的論文與警語，都是高度可讀的好文章，佐有諷刺味而生動，論日常生活的不如意處，也論聰明通達人如何處理這些問題。

那個假定可以平息欲望的藝術，又如何呢？浪漫主義見棄之後，對詩的崇拜漸轉成對散文——也就是對小說的喜愛，其內容傾向遂取得寫實主義之名，並使這個名詞成為時髦字眼。這裡的「實」，係指每日生活中實際明確的經驗。先前曾經指出，若以精確的批判意義觀之，所有的藝術家都是寫實主義者：他們所寫所繪，對他們而言都是意識下的對象物：即使是夢、是鬼魂、是幻覺，都與啤酒桶或牙刷一般真切。但是因為文學評論所用的「寫實主

> 前不久，我在一份倫敦報上，看到有關某個工人階級的悲慘狀況報導，說是：「這個寫實描述，絕對屬實。」在此所謂寫實，作者的意思純指痛苦或讓人噁心。
>
> ——吉辛（一八九五年）

義」、「寫實」等詞，意義遂成晦澀，而且如此迅速轉訛，已經完全失去了精確性。

長篇小說勢必成為十九世紀的主要文類，部分因為其貌似「史」：下筆行文，弄成彷彿確有其事的模樣。更有甚者，它描寫社會情境中的人生困頓，結合了心理學、社會學，任意地述說著自己虛構的人事物，與史學同有一個用意——藉**分析**進行解釋。

福樓拜的《包法利夫人》，經常被視為寫實主義小說最早的典範。雖然這「主義」，先前已有尚弗勒里提出作為文學口號，並有其理論家同業杜蘭提舉實例為證。兩人都早在一八四八年即已被畫家庫爾貝的宣言所震懾（819>），後者宣布，他將只畫「現代的、鄙俗的」，其他一概不畫——意指只畫日常平凡瑣事。福樓拜厭惡寫實主義這個標籤——或任何其他標籤，但是他當初首部習作，卻頗能啟示此詞意圖。原來生於十九世紀第二個十年的他，汲取了浪漫主義的思想、理想，終其一生從未真正背離。第一部小說選用的題材，是寫沙漠中受誘惑的聖安東尼，完成後讀給眾密友聽，卻遭無情批評，一致認為這部冗長的作品缺乏說服力：風味、意象、濃極而流的文句、所敘的種種情事，都造作又無聊。福樓拜大受打擊，《聖安東尼》稿一火焚之，成了寫實主義底下的受難者。他必須另找題材，從完全相反的方向著手。

這個完全相反之物便是《包法利夫人》，故事記述一名鄉間少女嫁了個不知趣的丈夫，日子如一攤死水，心中卻對活潑的社交生活與愛情的浪漫懷抱著一點模糊渴求。未嫁時節，她曾讀過史考特的作品，恨不得能有冒險奇遇。於是接連跳進外遇，兩名男子各有其不同的平凡乏味，最後陷在財務醜聞、絕望激情裡面，不得不以自殺收場。此書連載時已有所刪節，卻仍然以敗德罪名被告上法庭——雖然照理說，愛瑪．包法利明明已為她的逾軌受到懲罰——不過福樓拜可不是為了這個緣故判她死刑，她的死是因為社會不容。結果此書（係指作者與出版商）未被定罪；但是對福樓拜而言，殺死了愛瑪，同時也令他自己的一部分死去，如他言中暗示：「**我就是愛瑪。**」她的熱望情懷，形式再明晰、強烈一些，正就是他的抱負想像，卻因時代的氣質已變而頓挫，弄成個傻子一般。

福樓拜在第二部小說《情感教育》裡提出報復；此名意指感覺方面的教育，沒有任何傷感主義的言外之意。背景是一八四八年暴動期間的巴黎，書中主人翁同樣也是個充滿模糊渴想的軟弱人，所遇人與事則盡皆嘲弄、惡意、悲觀且無精打采（可讀 Perdita Burlingame 譯本）。福樓拜遂藉此一吐惡氣，發洩他對「布爾喬亞之徒」的憎厭，認為他們「沒有一個念頭不低級」。這個浮動打靶，四分之一世紀以前即已是高堤耶攻擊的目標，如今更人人喊打，只要是藝術家都不例外。布爾喬亞的作風習氣，一再遭到指責，世間沒有指望，都是他們的錯。

寫實主義者覺得浪漫派的熱情放錯了地方，主張凡事應冷靜觀看，於是在美學的討論裡面，古典主義一詞再度露面，駁斥浪漫主義採取的藝術自由——放任不受拘束。但是這種「新新古典主義」，顯然既無法恢復當年路易十四一朝的形式、情感與社會態度，也不能重申十八世紀用以評價藝術、文學的標準。於是這新新一派，只能試圖重新捕捉服從的精神，並對想像力這匹野馬加上一副轡頭。

具有這類傾向的人當中，有許多係出於直覺，而非透過理性推演，是內隱而非外現；比方備受白遼士推重、極有才華的年輕音樂家布拉姆斯即是。他不談理論，只是後來感到自己的技術訓練不夠完整，於是去修習對位法；也是出於同樣的直覺反射，他選擇去寫貝多芬式的交響樂，而非如李斯特般的交響詩。中歐的首要樂評家漢斯利克則做有理論，也論美學。當初白遼士的影響於一八四〇年代來到此地之時，他原表接納歡迎，如今則結論道：此風走到華格納及李斯特，已有點太過頭了，為了音樂之美4他要抨擊他們。

美術方面，也見壁畫家皮維斯．德夏瓦納煞費苦心，極力將他的天才用在寓意畫類上，以滿足如今不再要戲劇性、卻要安靜和諧之美的需求。前拉斐爾派的英國畫派亦然，亦係自眼前的現世撤離（820>）。從所有這些動作裡面可以看出一個心情，不論是醜陋的工商世界，還是浪漫主義藝術那無窮精力，它顯然都退避三舍。反之，浪漫主義雖然也厭棄當世，卻勇敢地直接面對，並提出自己的浩蕩氣勢以為反制。

在法國與德夏瓦納同調者，小說家外最有這類自覺意識的藝術家稱作巴那斯派（希臘神祇的聖山）。他們的戰鬥刊物叫做《當代巴那斯》，刊名本身就暗示他們的議程：要與阿波羅天神及繆思眾女神同踞山巔，高高在上輕蔑冷對下方塵俗。他們的領銜才子勒孔特．德李勒，可不是書寫熱烈宣言的作家，他筆下的產品都是精工製成的長詩，形式嚴整，歌頌自古典世界取材的場景與故事。而且亦如多位歐洲作家，特別強調「正確地」拼寫希臘原名——無疑係為美感距離效果：因此蘇格拉底務必寫成 Sokrates（通常拼法為 Socrates），埃及女王克麗佩脫拉是 Kleopatra（Cleopatra），而不似近代語言已經做了在地化的改造。德李勒也自近東和遠東擷取題材，還特別標明這類詩為「蠻族」之詩，因為此乃古希臘人奉送給所有異族異民的稱號。但是這些詩中的異國場景，卻與浪漫派那種意外發現之喜的欣然語氣不同，而是一種文字「壁畫」，細節精確，設計精美，以使讀者心生祥和安寧之感。一如叔本華，東方哲學的宇宙在此是一劑治療騷動的鎮定劑。只有在一首十四行詩裡，德李勒才打破他的矜持保留，強調絕不會為媚俗、為取悅一個被「騙子和妓女」壟斷的世界，而展現他的思想與心靈（心與智）。相類於巴那斯派者在義大利是卡爾杜齊，從大學時代就渴慕回歸古典的平衡姿態，在其成熟期的作品中，也流露出那種尋得庇護棲身的需求。

同時代有位詩人，卻一面沉湎於那個世界，從中做出音樂般的文字，同時一面又斥罵它簡直有如撒旦——此即波特萊爾。他專門描寫人類的粗鄙、罪惡，令人不僅對這方面感到噁心，甚至也厭惡起生命狀況本身。他的名作《惡之華》，書名就在反諷和標顯詩人於內在外在世界都看見的惡之「果」。在波特萊爾眼裡，人類似乎如此乖張悖逆，有些人甚至覺得在他身上看見薩德的影響。不過在少數幾首詩裡，為對比作用可能也為放鬆緊繃，他也讚美官感之美，以及因秩序而靜謐的心靈；但是寫實主義畢竟占了上風，在他的客觀性背後，畢竟瞧不起那些他認為他所見的人事物。而且正因此故，他想要尋求「一些什麼新的東西，雖然世上根本無新事」（可讀 Roger L. Williams 著 *The Horror of Life*）。高堤耶亦如福樓拜，澆熄了他的浪漫主義熱情，只是不曾如後者般經歷任何創作危機。他說，他沒法再愛了，因為**分析**太多之故。他寫的詩亦如他自己明白所要，形式精美冷靜，他的詩集更意味深長地名為《琺瑯與玉雕》。

福樓拜另外兩部小說，則顯示他已經受夠了寫實主義，他的想像力要開始自由飛翔了。先前他已經去過近東，發現阿拉伯世界真是愉悅感官；遂選擇重現古代迦太基為背景，寫一部通俗故事，主角是蛇蠍美人莎樂美。然後又不為他早期的狼狽所礙，重回那沙漠中的隱士，寫出了他最後的偉大傑作《聖安東尼的誘惑》。兩部作品都容許他盡情啟用色彩、神話、異國情調的細節和奇異陌生的字眼，使他的書頁發光發熱。有人攻擊他寫的事情根本不可能發生，他就把他的材料來源指向古代有關動物、地理、具療效的寶石等等記載。始也聖安東尼，終也聖安東尼，他繞了這一大圈告訴我們，到底何為文學的寫實主義：尋找出最徹底的平凡瑣事，及其最入微的刻畫描繪。雖沒有理論之助，這種做法在以前就已經是狄福、費爾汀、斯摩萊特採用的技巧了，同樣也為浪漫派諸家從史考特、巴爾札克，一路到斯湯達爾、曼佐尼等人所用——然而亦如前面曾經指出，在任何作品裡面，寫實也絕非浪漫主義者所用的唯一技巧。即如喬治・桑，創作生涯的末了，就沖淡自己過去那種豐溢，開始去描繪她所認識如此深刻的農村風光（可讀 C.P. Snow 著 *The Realists*）。

> 「非常好的故事，」他說，「卻非我所稱的寫實主義。你沒說這事是在何時、何地發生，是一年中什麼時候，或你姑媽那表親的頭髮是什麼顏色，也沒寫那屋子什麼模樣，更沒提事後又發生了什麼。」
>
> ——法傑恩，《十七號》（一九二八年）

對照觀看福樓拜與巴爾札克，最能看出從一組思想感覺過渡到其承緒者之間的變化。巴爾札克那三十五卷巨製，大部分都如福樓拜前兩部小說，以精確刻畫的手法對社會做出批判；在巴爾札克心裡，他所做的觀察跟科學一般可信。而且剛開始構思之時，原將這三組故事都冠以「研究」之名，更在一篇序言中宣稱，正如動物學者聖希萊爾（<729）已經標明了各種動物的生活方式——他巴爾札克在此，也正是標明人類這個物種的棲息百態。後來改採書名《人間喜劇》，乃師法但丁的《神曲》（直譯即《天上喜劇》），則指向這部作品的現代層面，時間與永恆對峙。「一個世代，」巴爾札克說，「正是一齣戲，由四五千人領銜主演。我的書就是那齣戲。」事實上此書涵蓋的角色超過兩千，以區域列部分章：「巴黎寫景」、「鄉下寫景」、「私人寫景」等等。其中有些人物角色在不止一景出現，以造成文化統一效果。

布局如此浩大，光是其中要傳達的洋洋大觀資訊，就足以顯示巴爾札克是個道地的寫實派，包括他的立意與實際的執行——細節刻畫，車載斗量。可是這宏大的規模，也允許他對當前狀況一發己見：金錢至上、慘不忍睹。他主張君主政體，輔以敬虔的牧會，並由人才組成的貴族階級指導，他們必鄙視當前這般腐敗：「國家預算不是保管箱，而是個大噴壺。」

福樓拜則不然，他可能也看過或想過類似事務，但是他只顯示而不說破。他也不會如寫實派般，膽敢去嘗試巴爾札克在〈沙漠中的情欲〉中處理的那類題材，將老虎聯想成女人，頗有日後丹尼蓀非洲素描的況味；或如〈金眼女孩〉這類神祕角色，令人想起亨利・詹姆斯，帶有少許女同性戀的傾向；或如〈未知的傑作〉（927>）。在此再強調一次浪漫主義的全方位性：它的觀照與手法，包括了寫實主義。

> 我們擺脫不了他，他不是在我們前面，就是在我們後面。我們一動，也都是繞著他動；每條路，最後都歸回到他那裡去。
>
> ——亨利・詹姆斯論巴爾札克（一九〇五年）

正因為福樓拜採用了寫實主義的辛辣洞見技巧，並且發現它很難寫，因此他在眾人眼中成了文學上的大英雄。他的朋友已經告訴我們，他係如何字斟句酌地奮鬥，務要使落筆的每一個字都只是唯一可能的選擇，每天只磨出一頁，在他的「穴」裡高聲讀出每一句測試效果。如此用心用力，那麼，最後寫成的一定是完美無瑕的法文囉。非也。福樓拜行文，文法、句構常常有點散漫，正像（說來也很奇怪）多數小說家一般。這類批評常聞於大師級的作品，然而也許正是這種不經意的隨便，平添了他們作品的逼真感。總而言之，福樓拜針對的目標，以及他達成的效果，乃是在描述上絕對正確，如果必要甚至使用起專門術語；吝於對白而且極不顯眼；接近處絕不重複用字，因為會引起注意；而且當然絕無雄辯滔滔。

再度，福樓拜為這等折磨替自己找回補償，寫了一篇未完成的諷刺作品。布法爾與白居榭（兩個名字都意味著喪氣）是兩名退休抄寫員，喜談陳腔濫調，從報刊雜誌抄下一些平凡文字——自己也忘了為啥如此。福樓拜另外還列過一張表，《習見思想辭典》5，列舉當前布爾喬亞的陳腐乏味，原係放在這本枯燥的悲慘誇張小說後面做附錄。寫實主義的高峰，必定是全然的無趣——吉辛在此世紀近結束時即指出此點。在他自己的一本小說裡，便有個角色在苦寫小說，並努力使文字與事件無味到了極點，令任何人都讀不下去6。

＊　＊　＊

長篇小說開始拔得頭籌，卻未立時阻礙詩家獲得廣大讀者的注意——退守成小詩刊的現象，那是後來的事。英法美三地各有一位國家級的大詩人，「詩尊」級的人物——丁尼生、雨果和朗法羅。他們用抒情與傳說填滿了想像；又用詩為公共事務提供顧問。三人之中只有雨果是一八三〇年那一代浪漫主義的流風餘緒，加以本身又是逃離第二帝國在外的政治流亡客，他那一大卷使人讚嘆不已的罵人詩裡所傳達的訊息，遂在在都是對該政權的控訴。此外他還寫了一部《歷代傳奇》——對人類歷史做大規模的全景觀，斷續形成某種史詩風格，以及另一本同屬史詩級的小說《悲慘世界》7（又譯《孤星淚》）。所有這些作品都沒有不羈的抒情，卻冷冷地專注於社會現實。

丁尼生，尤其作為桂冠詩人，也提供同樣表現。《毛特》（838＞），對自私、缺乏詩意的人類，表露出憤怒、絕望。《追憶》則試著要回答科學衝擊之下造成的宗教疑念，《亞瑟王之牧歌》寓言化了現代世界的道德沉淪。只有在少數幾首漫思型的詩中，才見到人與人生獲得愉快的沉思默想，對未來的藍圖帶著幾分期待。同範疇內另一位較年輕的詩人勃朗寧，則是兩人中較樂觀者，但是除了幾首活潑的抒情之作，他的寫實主義手法活像個小說家。戲劇化的獨白，刻畫出消極的譏誚與罪惡，《戒指與書》更是一部歷史小說詩。更有甚者，勃朗寧的文字技巧，在於將平凡陳腐的字詞強擠進峻峭險奇的詩句裡面，結果常不見預期的寫實主義效果，倒成了一系列的謎題，遂有各式勃朗寧詩社產生——由讀者組成的讀詩會，決心要彼此相助，破解其朦朧隱晦的意義。

至於朗法羅在美國受歡迎的程度，可比丁尼生。可惜他在那個角色上的作品，卻掩蓋了他私下個別的聲音。我們真應該讀他這類詩作：比方那三首十四行詩，附在他的但丁《神曲》譯本之前，以及幾首懷思佳作如〈我不再的青春〉。他根據外國詩詞、傳說所寫的版本往往也極佳。至於他的同時代人愛默生，也值得回頭一讀——雖然風格有異，因為那種乾澀的散文式詩如今不但再度時興，而且頗有獨霸之姿。不過細數一八四八年之前的美國詩人，則要數愛倫·坡的見解、旨趣和天才，對西方文學留下了最深刻的印痕，多虧有波特萊爾居間闡釋。愛倫·坡與當時的美國卻格格不入，對其文學更有尖銳批評，因此鑽進各式歐洲作品尋求典範，以構成（照今天的講法）可以稱之為他的美學觀點。最後的產品卻絕對可以稱得上獨創。在〈創作哲理〉一文中，他提出前瞻性的想法，指出在任何長詩裡面，只有這裡那裡的簡短段落才算得是詩，其餘都不過是韻化的聯絡肌。更有甚者，真正的詩不自理念而生，卻絕對是文字音樂。從這些金言之中，遂發展出「純粹詩」的理論與實務，是世紀末象徵派的寶貝。馬拉美的十四行詩〈在愛倫·坡墳頭〉，便承認了這份承續。

此外，愛倫·坡還發明並定義了短篇小說，其形式集中於絕對必要的細節，讀後只留下一個印象

——或人物性格、或情境氛圍。這種效果亦可納入「純粹」之列，與長篇小說的枝蔓延伸正成對比。二十世紀初期，短篇形式似乎要取代長篇，取下最受歡迎的位置；在此同時，也是愛倫·坡的又一發明，卻正開始變成全世界都沉迷的嗜好：偵探小說（1059>）。在他的虛構作品裡面，他的偏好具有浪漫主義傾向：超自然、以死亡陰暗為題、情色氣息、虛無飄渺。除犯罪小說與偵探作品而外，他謝絕寫實主義的單調刻板，證明他是象徵主義的一名獨行先驅。

＊＊＊

十九世紀的英格蘭，長篇小說既是娛樂來源，亦成改革媒介。鐵路交通使其需求倍增，遂在車站設置書店；為滿足這項胃口，被專業工作拒之門外的許多聰慧女子，遂有機會可以賺取一份像樣的生計。小說的產量，不論是男作家、女作家，或天才作家，可謂成果豐碩[8]。狄更斯以娛樂性的小說起家，繼轉為社會改革，終於更具陰鬱性質的作品，糅合了對生活的批評以及對角色的研究。但是他的藝術，從無一刻受限於寫實主義的教條。他同樣厭棄貪財的嘴臉，憂心這種風氣對心靈的不良副作用，一如他在《艱難時世》書中所示；他知道如何描寫後街暗巷。然而，他也為生命的千姿百態感到歡欣，為表現個中精神，他使語言做出奇蹟。他會寫華麗的詞藻、諷刺的諧趣，也會寫純屬意識流的文字；然後筆鋒一轉，又迸發出豐富閃亮的意象；他故意混用成語、措詞不當，以揭露說話者的觀點；他創造出無數字眼，捕捉住某種熟悉情緒及其因由。他是自莎士比亞以來，對語言最具發明才具的操弄能手。沒有一位靈敏的讀者，能夠容忍那種愚蠢意見：竟認為所謂狄更斯筆下人物，都非圓滿的性格角色，卻只是漫畫型的諷刺。桑特亞納很久以前即曾顯示，這種說法正暴露觀察力的薄弱，看不出平凡場景實含深意。更何況如果此等評價屬實，杜斯妥也夫斯基就不會坦承狄更斯對他的創作有所影響了。

至於喬治・艾略特與薩克雷兩人，則較接近寫實主義敘述的清醒冷靜，可是前者的道德、社會評論，以及後者對讀者發出的諷刺絮語，卻使他們的寫實信條有所妥協；同樣的狀況也適用於白朗特姊妹及蓋斯凱爾夫人。所有這些作品都有著強烈的衝動要去精確如實記錄，執行的能力亦屬一流。但若要看最完美的運用表現，務必要讀那位永遠勤寫不輟的特羅洛普，以及憂傷而冷淡的哈代。另一位大小說家則自成一格，只在他自己獨有的類別裡面創作：梅瑞地茲自有一套想法，表現在故事體中，並為此獨創出他特有的散文形式。無疑卻正是這種寫法，以及在敘事場景背後的意圖，使得他今日不受青睞。散文式的文字，以層層疊疊暗喻向前推展，已被比作簡直有如小型的意象派詩——確實偶或難讀，卻不至於難到令讀者變成學者，聚在一起從事苦不堪言的注釋功夫，一如過去為勃朗寧、如今為喬艾思所下的苦功。梅瑞地茲提供的深思與文學樂趣，是在其他任何作家之中找不到的。

他的人生態度，肯定對自然運作的信心；他的社會理想，則是要自然人的男女俯伏於「俳調之神」（the comic spirit，林語堂譯語）的喜趣精神，如此方能成文明禮貌。這種精神的轄區，對道德主義、寫實主義都保持同樣距離，需要高度的智慧和敏捷的機趣，為自我批判服務。不粗糙、不冒失，卻也不妥協，乃是一種帶著微笑的敏銳**自覺**。這種喜趣精神的最佳表現，發生在《自命不凡》裡面：男性自戀自大性格的崩解，再沒有比這本書更精采的展現了，更何況這位搖搖欲墜的男主角（除在某方面外）並非是個傻子，整件事遂更有教化意味了。他夠魅力，可以騙過一位最迷人的女主角，轉眼卻又因無知無覺失去佳人。梅瑞地茲偏愛女性勝於男性，小說中也都是這類吸引人的女性；她們的光輝蓋過了誤入歧途的另一性——也使他們變為文明。

《自命不凡》的讀者，永遠不會忘記密得登醫生這個角色，他是女主角的父親，早已受到文明感化；這個角色正是皮考克其人寫照——梅瑞地茲第一任岳父大人。但是此人值得特別注意，非為此身分，卻係因其本身獨特才華。皮考克擅寫諷刺詩文，至今猶有死忠讀者熱愛；他的小說（所謂小說）則摻和了傳說與對話，飾以詩詞，浸浴在頗有拉伯雷、斯威夫特風味的幽默之中。最接近他這類短篇風格的作品，是老霍姆斯的虛構小說（846 >）。但是因為皮考克的敘事還帶入了古典的學養，音樂、飲饌的議論，以及對威爾斯宜人風光的描繪，所以並不合每個人的口味。但正因其獨樹一格，足以代表十九世紀英國文學形式傑出心靈之一部，卻是不爭的事實（願意冒險嘗新的讀者，可以由《噩夢修院》入手）。

長篇小說這個文學形式，許多人不間斷地讀，每天讀，像讀報或讀聖經一般。這就是為什麼小說具有教育性，也可成為改革工具。所有的讀者，不分階級，都可以從小說中窺得自己生活領域以外的世界。城市居民對小村落裡日復一日的重複生活一無所悉；小鎮鄉親也無法想像大都會裡的多彩多姿。長篇小說正好彌補了這個欠缺，有了小說，英國作家如馬提諾、里德、奧立芬特夫人、金斯理兄弟，以及華爾德夫人，遂有了一個論壇，可以透過書中人物的情感困擾——這些虛構人物有名有姓、有身分有職業，又為讀者喜愛——議論當前社會體制、教會現狀的種種疑惑，遂使眾人意識到某個「問題」的存在。早在一八四五年際，迪斯累利的《西比爾》和《兩個國度》，即已指出貧富之間的差距深溝，因而刺激了工廠改革。至於那些大量製造的一般作品，其教導確曾造成某些弊害，遙觀上流社會而寫就的小說、天使般女郎巧遇白馬王子的浪漫故事，當然會令薄弱的腦袋不知所以。可是這種文類自有其社會化的影響與慰藉的力量，就整體而言是一味鎮定劑，在機械時代使人透不過氣的氣氛之下，甚至有其必要。

至於聰明有才氣的年輕人，又有另一類小說滿足另一型需要：此即日耳曼人所稱的**成長小說**（*Bildungsroman*），歌德的《威廉．邁斯特》是其最早範本。日後所有以此為師的作品，故事都是在講年輕的才子如何四處顛躓犯錯，最後終才找到自己真正的信仰以及在世上的位置。十九世紀出產過幾十位這類角色，托爾斯泰《戰爭與和平》裡的皮耶爾，是其中最突出的一例。這種「認同危機」（套用今天的行話）繼續為後衛小說家們裝備文本、提供說教。

只有在日耳曼一地，默默培養出可稱為迷你型寫實主義的文類，即中篇小說。其勝利卻迄今尚未達至國外，雖然凱勒、布倫塔諾、格里爾帕策和史托姆這些名字，會喚起一點模糊辨識，尤其是史托姆之名，他的《茵夢湖》經常被大學用為中級德文教材。中篇小說作家本身則將之稱作詩意寫實，因為其形式緊湊簡潔，以詩般的眼光觀看世事，正與赤裸裸的現實牴觸，兩者卻又共治一爐。技巧非常嚴謹：只有具體細節，不做任何評論。

長篇小說最後還有一支旁系：科幻小說，一八六三年由凡爾納首創；今日大家記得他，因為《環遊世界八十天》曾被拍成電影，但是他的月球旅行、海底探險和隔空射光發功的故事也具有同樣的震撼力。他活得算久，足以在生時得見威爾斯承其衣缽，而且範圍更廣——不過他到底是否真的知悉此事，就不大清楚了。

十九世紀劇場的成就損益，幾句話即可道盡。一旦雨果式浪漫主義歷史劇的流行浪潮在一八四〇年代消退，舞台上的需要便由通俗劇所供應；這種劇可以粗糙一如由《湯姆叔叔的小屋》[9]改編的舞台劇，也可以打扮起來，嚴肅反映「巧構劇」[10]（well-made play，結構太巧妙、精準，結局太圓滿的劇作）裡的人生。最好的代表典型，是法國多產的斯克利布，以及筆下頗為來得的小仲馬，在國外都受到相當不錯的仿效。英格蘭則搬出莎劇上演——如果沒有其他更好的東西可以替代，但通常都大幅剪裁，為演出明星量身製作（可讀 Wilson Disher 著 *Melodrama*，附有插圖）。

也正是莎士比亞，如前所示，激發了此時最好的詩人的靈感，也使他們狼狽挫折：丁尼生、勃朗寧、斯溫伯恩，都寫有悲劇長詩，卻均如拜倫的嘗試，就只欠缺一項才能：亦即舞台編劇的技巧——這些作品全屬「書齋劇」（僅供閱讀欣賞朗誦）。拜倫甚至說自己的劇本是「茅房」版，就有欠公平。這些作品都值得一讀——一次而已。喜劇在英國，則不見繼承謝雷登的傳人，法國卻有費杜，以及其他一兩位，他們的喜鬧劇有些已重新搬演並獲致成功——如《義大利草帽》，甚至還有一齣拍成影片。

循公式寫作的眾編劇中，則潛藏了一位貝克，天生具有劇場感，再配上強烈卻纖細的心靈，寫出了極出色的喜劇《巴黎女子》以及其他兩部劇本，劇評文字亦豐。今日視他為自然主義劇場之祖，當年卻遭拒斥、算計，氣餒之下未能寫出更多作品。類似的抵制也使易卜生、邦申受挫，封筆了一段時間。為自辯故，他們於一八五九年組織「挪威劇場、音樂和語言協會」；可是卻還得再等上三十年，易卜生開創新的戲劇，才能得到認可。六〇年代，他雖甚受讚美，卻是因寫了一首詩悼念亞伯拉罕·林肯[11]之死。

＊　＊　＊

如果一個人身在十九世紀中期，既是叔本華的讀者，又要向繪畫藝術尋得滿足，以平息那不能安靜的欲望，就得回到過去或在新古典派中間尋求（<807）——寫實主義一派，無法生出靜謐。新起的大師庫爾貝，純以日常景象供人思索；比他年長的老大師杜米埃，不多的作品內容雖也與他相同，卻帶有浪漫熱情，髒汙卑穢的東西遂罩有一層光熱。當然可以這麼說：不管畫什麼，主題並不重要，入眼之事應唯有「藝術」，而非任何他物——不過這可是後來發展出的高級素養，眼前這百年之間多半時候可是聞所未聞。當其時也，觀畫行為與過去四百年無異，純係透過作品的主題、手法——戲劇的、心理的、寓意的，或其他，感受作品的力量或迷人之處。庫爾貝筆下有生命力，也展現最平凡的真實性，他的〈早安，庫爾貝先生〉描繪自己與鄉人，畫面一股欣然。〈畫室〉則在一室藝術家與作家同行中間，畫了一名裸女，用意是要驚世駭俗：作為畫家，依行規他有權凝視不著一縷的模特兒；作為訪客，他們卻無權站在一旁觀看。庫爾貝卻打定主義要顛覆傳統，畫了一名裸女，姿勢開展，這種姿態連現代超級黃色刊物都只能保留做中央摺頁之用；他為此畫起名「生命源始」。

更具震撼力的作品，是他的〈敲石工〉，疲憊的苦力走在路上；以及〈奧南的葬禮〉，也是村景，卻有著寫實主義必要的嚴酷陰森。只有在描繪自然之際——林間空地、奔鹿、海洋，寫實教條的轄制才見放鬆，雖然下筆依舊精謹，不過若用來「批判生命」，就有點遙不可及。這些作品與巴比松戶外畫派的風景畫同屬一系，後者成員此時年事已高，卻仍在作畫：柯洛筆下致密的樹木、米勒的小農，都在寫實主義以先，就已經對平凡的現實與沉默的受苦付出關注。第二帝國敗亡之後，公社起來暴動反抗政府（850>），庫爾貝的政治信念遂使自己與他們站在一邊，也就不足為奇了。他幫著打倒了佛日廣場上那座令人想起拿破崙傳奇的碑柱，還站在一旁照了張相；此事幾乎令他付出性命代價，最後流亡瑞士終老（可讀 Sarah Faunce 著 *Courbet*）。

繪畫上的寫實主義，在中歐、瑞士也招得信眾奉從，人數卻不夠多到足以成派。在英國則從未取得這般氣勢，可是對細部真實的崇奉，的確也使一群極具才氣的畫家聚在一起，組成「前拉斐爾兄弟」（Pre-Raphaelite Brotherhood）畫派（<808）。此名意義其實不甚明朗：他們的意思並非如我們望文生義以為，將自己定位於拉斐爾「之前」，而是要在那些追隨拉斐爾畫風者之前（-ite，後人或某某中人之意）。一般簡稱他們為 **P.R.B**，他們所畫的主題係神話、傳奇，尤其是基督教的神話、傳奇，藉人體美、靈魂美來批判當前的工業與「現實政治」人生。羅塞蒂、亨特、米萊、柏恩．瓊斯，在中歐亦有史溫德，他們如此講究真實性，耗費苦心著力於精確的再現——絕不受德拉克洛瓦戲劇化的扭曲手法引誘（他們推崇他），也沒有任何圖案風格化表現如布雷克（他們一手使之成名），亦無泰納那種流動的光。前拉斐爾派的畫作，色調柔暗、精雕細琢、講究對稱，尤其流露著一股安詳鎮靜，在在暗示著柏拉圖的信念：亦即真正的真實，並不在我們活動所處的粗鄙物事之中，卻存在於形式與本體的理想境界。值得注意的是，羅斯金已說服了世界相信泰納的天才，同時卻也給年輕的前拉斐爾派鼓勵，包括道義與物質的支持。對他而言，畫得好，就是唯一的檢驗標準——讓藝術家揀選自己的主題，只要不穢淫即可：泰納逝後羅斯金接管他的畫室，發現了好大一批色情題材素描，遂俱遵他的良心指示毀去。

寫實主義在繪畫上的壽命顯然比文學為短，甚至在庫爾貝離開這場景之前，馬奈就已經帶著畫家們離開純屬可觸之物，不久印象主義閃耀的光亦將令眾人感到迷惑、吸引。它是一種新方式，克服那刺目粗暴的實體世界：走到火車站去，將它那龐然大物、煙垢煤塵，簡約為莫內〈聖拉薩站〉的熠熠彩光（926>）。在這期間，當然，由畫匠粗製濫造的「彩色石印」（chromo），價格便宜、呆板具象，也始終非常活躍：chromo一詞遂流傳下來，用來批評那種專事模仿，以致毫無生氣，簡直成為虛假的死畫。至於雕刻藝術，則與寫實畫風正成對比，始終保留它對傳統模型的忠實，從神話、歷史、宗教，一直到徹底的人物肖像取材。

音樂方面，唯一屬「物」者在歌劇舞台之上，在那裡，絕對寫實的十九世紀觀眾獲得了全面滿足。布景、道具、驚奇效果，只要辦得到，都儘量將實物實形上場發揮到淋漓盡致（<726）。其他形式的音樂：聲樂、器樂，則表現另一種真實性，也獲得尋求不同感受的聽眾欣賞——以上種種，卻並不表示麥亞白爾、維瓦第、古諾，以及年輕的華格納所寫的歌劇裡面，缺乏這門聲音藝術的偉大傑作。

* * *

教育力量方面，緊緊尾隨於小說之後者要數歷史著作，十九世紀大量產出，大眾也生吞活剝。這個文類，可是毫無疑問的「寫實」，在上個時期已經定下了範疇與風格（<559）——可是如今這股熱切心理，卻又屬全新現象。史考特的小說鐵定開了眾人的胃口（<704），對過去、對最近，都有著同樣分量的好奇心。演化論者，早在達爾文之前，就教導世人知昨可以釋今，而且可以拿來指證當前政治立場的是與非。於是法國大革命及拿破崙這兩段歷史，大部分都成為下筆好題材；法國的米歇萊、合眾國的班克羅夫特也寫有大量作品，揭示國家的興起與成就；日耳曼、義大利的歷史學者，既無其國可述，遂讚美其民。自由一事的進展，也是另一項可以組織成題的中心原則；麥考萊、弗勞德

各寫了一部《英格蘭史》，莫特里的《荷蘭共和國之興》，俱屬此型經典之作。日耳曼人蒙爾森的大型全景觀照，則刻畫古羅馬時的自由之失，以及凱撒在危機時刻展現的政治長才。

麥考萊從那時起，就一直受到指責，認為就是他造成了一派所謂「惠格史家」（Whig historians，民權黨音譯）——惠格一詞，意指十九世紀意義下的自由派。依據這項罪名，惠格派史家曲解了人類的過去，將它顯示為在不斷進步——其實反對者太死心眼，將「詮釋」誤以為真正、最後「定論」。任何歷史作者，自然都打算說出真相，可是這只是附帶目標；歷史之學的中心要務，乃是在呈現固定形態，使諸般波濤混亂的史實可以重新設想。麥考萊的大手筆，涵蓋年代自斯圖亞特朝在一六八八年遭到推翻起，及至後來對路易十四作戰期間國會獲得獨立之始。熟悉史實經過的讀者，也許會質疑麥考萊對人物的評價，或悲悼他認為值得紀念的事件，可是這些不一致處，卻未能動搖這龐大的構造，而且是其他任何地方所不見。簡單地說，麥考萊提供的不只是一個觀點，他是位敘述高手和肖像高手、綜合高手；他那著名的第三章，更是社會史、文化史寫作的典範，他另外所寫的傳記文章，也生動地顯示傳主其人與其思想。

會說出「不是那麼回事」的異議，通常係朋友之間的對話，評斷另一位友人：「他做了此事，表示有彼意。」「不對，不對，因為他另外也做了彼事，可見有此意。」像這樣的爭議永遠沒完沒了，除非大家都向對方的挑戰做出如下反應：「請告訴我，你的

> 另一次，在場的人更為顯赫，世界上最有學問的兩位人士，我根本不需要提他們的名字——就是蒙爾森和哈納克兩位。兩回場合，都冒出同樣問題：誰是歷來最偉大的史家。每一回最先提出以及最後一致同意的大名，都是麥考萊。
>
> ——艾克頓爵士12（年日不詳）

行事標準為何？」如此一來，除非雙方都基於誠信坦承所舉事實有誤，否則必定都不改初衷，無功而返。因此我們讀史，不可只讀「一」史，同一個話題必須兼讀「數」史——遇到矛盾衝突也當不慌不忙審度，萬勿驟下判斷。

詮釋之上，還有一個更大的問題：過去真的可以復原嗎？有些思想家堅稱，我們不可能知道歷史的真相；過去已經消失，遺留的殘骸不足以恢復原貌。這種形而上學的話題，姑且留給愛受它折磨的人去煩惱，因為他們信任自己的邏輯，卻以自己的記憶為犧牲。十九世紀日耳曼史家蘭克就信任他的邏輯，還把這種直觀寫下來，有如希波克拉底式的醫者誓言，成為史學界記事的四字真言：「如」實發生（*wie es eigentlich gewesen* / as it really happened）。

這個用語陳述了一件事：誠實史家查考他的資料，寫下他的發現，對自己筆下之言持有一種把握。這份肯定，部分也來自另一種直覺洞察：亦即聰明的宣傳高手，都「知道」自己提出的事件版本並非事情的真相，卻為了某個目的特意曲解。此中區別自然不見得就保證誠實人所言字字為真，卻的確顯示正如個人可以用信件、日記，或他人的證言，驗證自己對往事的記憶；同理，根植於記憶深處的人類過去，亦可依同樣方式大量描述、知悉。

歷史的可靠度，又與另一主題相關，很容易弄混，尤其是被史家本身混淆——當他們喃喃自言，自以為歷史是一門科學之際（941-944 >）。他們遂追求精細的正確性：認為沒有一個研究成果能夠成立，更別說「定本」了——如果其中有任何字句，不能在法庭之前辯護為真。對「真實性」的盲目崇拜如此強烈，以致有一度，年輕史家所寫的題目，時間上都不准長過區區幾年，地域上也必須同樣狹窄——某位批評家曾嘲弄為「雙年史」[13]，否則豈能確定其間每個細節？

從這種號令之下，遂出現了最不合邏輯的老套想法：「如果，連這麼一點小事都被我發現錯誤，其他大事情上叫我怎能信任這位作者呢？」據此原則，多少年間弗勞德都被佛理門詆毀，說他「有欠正確」；但這名無缺點的同行逝後，卻被人發現他犯的小錯甚至比弗勞德更多[14]。誠然，在物理科學方面，經常連個小數點都得正確無誤，但也有時候，只要大致範圍準確即可。可是一般概念感卻以為，無論大處小處，在科學上都一般重要；這等迷信遂也轉到歷史學上。然而在史學裡面，基於理性的「錯誤論」卻指向完全相反的法則：大處必須仔細，細處則依其後果定其輕重。諾克寫《傑佛遜傳》[15]，便是如此做法，他的結論足可以令那些拘泥形式者閉嘴。

孜孜矻矻於謹慎剪裁限定，這種做法係假定史學亦如科學，有一個前後連貫的巨構，眾史家的作品都必須是其中一環——亦即對於「確」實發生所做的定本報告。專為解決特定題目的專題專文，的確有用可讚，大史家們也靠許多這樣的文字，成就其偉大事業。但是這些單一觀點的研究，卻並不能就此嵌合，共成一歷史巨廈。而且這些自命科學家者，又給自己下了一道誡命：歷史作品絕不可帶文學氣，也就是不得讀來有味：那個麥考萊就是最糟糕的惡例——風格有氣勢、有戲劇性；行文有節奏，彷彿演說家的腔調；豈不見他刻畫人物栩栩如生（整個就是文學，而且特意寫成文學），苦思如何安排章節、段落，一如小說家[16]般。多數十九世紀的歷史作者的文筆，讀來都頗愉悅；那些不敢寫出

> 他那些錯處，既不似是而非，也不誤導人。一些好的地方，則遠勝偶然出現的小毛病，帕頓（十九世紀作家，寫有傑佛遜傳記）之作即是如此，其他傑佛遜傳記則無。此書的價值應據此評定。
>
> ——諾克《傑佛遜》（一九二六年）

好文字的後來者，卻鼓勵他們的弟子寫出更不像樣的文字，最後便眼睜睜看著讀者轉頭而去，不再讀史，把場子留給油腔滑調的通俗家任意胡搞。

＊ ＊ ＊

不屬惠格派又不好英雄人物的十九世紀史家，就可能是些悲觀派和宿命者——比方季佐即是。這些作者一定都知道，自己手上的這些資料，每一片紙頭都是經過某人之手及其心靈的產品。但是同時也感到在那不知名的群眾、國度身上，有一股不可抗拒的推迫力，促使他們取得一種人生觀：從地理、氣候、種族，或其他物質面的事實，看見了人類的宿命。個人的所作所為，其實並無真正選擇；人類也只是一批傀儡角色而已。

這項假定似乎也正為當代科學證實。一八四〇年代，哲學家畢西納便將此說以驚人方式寫出：沒有磷，就沒有思想可言。錯謬的推論隨之而來：所謂思想，「只不過」是磷罷了；這「只不過是」用在任何形式之上，即是化約主義。當時雖非所有科學家都自居唯物論者，卻畢竟都假定物質至上，因此一八五九年達爾文的《物種起源》一出，立即產生喝采與驚嚇兩種反應。在此之前，進化一事都被解釋成生物本身某些行動所致，意味著意志力（即使是無意識地）介入自然的造化運作。如今達爾文卻提出純屬機械性的作用，於是演化這項舊觀念，遂透過「天擇」的新觀念（其實不新，長久以來卻被忽視）也合於物理學之下了。十年之前，哲學家史賓塞即已造出「適者生存」一詞，卻需要實證支持；達爾文在「小獵犬號」上出航的行程中，便觀察到大量所需證據。他與華里士分別採納同樣假設，時間上相差不過數月，再觀諸史賓塞及其他已被忘懷的先驅者，顯示出這樣的觀念其時已沸沸揚揚。唯物觀點此時普遍恢復活力——物登了鞍，成為一切，遂使新的進化論與時代意氣相合。

具有相反心靈的思考者（包括科學界名人），則從多種角度力斥達爾文的假說，尤其是宗教觀點，遂展開了一場長達半個世紀的爭議，以科學與宗教大戰之名聞世。至於大眾，也再不能用不經意的眼光來看演化論，認為它「有趣」或似乎「說得通」而已。群眾漸被說服相信，達爾文已經證實進化屬實。通行的看法如下——人係從猴子而來；遂予懷疑派大做文章之機，笑謔、漫畫、諷刺雋語不斷。迪斯累利即說：人到底是猴子還是天使，他選擇站在「天使一邊」。戈賓諾則道：「雖非猴子變成，卻很快就要是了。」但是人人都看見這「天擇」一事，正是另一道環扣，屬於那條將自然科學、唯物論、寫實主義和實證主義聯絡起來的「物」鏈一環。

即使到了今日，依然沒有提出過任何所言所寫，可以抹消演化與天擇之間的混淆不明。同樣地，科學家至今深信，《物種起源》一書將自然天擇派定為演化的「唯一」成因——事實上，此書的第六版也是最後一版，即曾重申另外兩項成因：拉馬克的「用盡廢退說」，以及環境因素影響。達爾文後來又寫了一本大書，說明「性擇」扮演的進一步角色。但是重重迷霧，如今甚至更深更厚；在此不做抽絲剝繭，找出當初達爾文理論是怎麼變成達爾文主義，甚至更演變成如今各大研究、出版權威中心的衝突看法。大家對演化論都沒有疑義——似乎沒有理由疑義，可是對其性質、機制，講法卻不一致。然而這種多元現象，卻鮮少透露給學子或有程度的讀者[17]知道（可讀 Norman Macbeth 著 *Darwin Retried* 這本小書）。

天擇之說盛時，它在知識分子中間的流行也影響及宗教之外。應用到政治面，遂生出了國家、社群也在無休無止競爭以求最適者生存的教條。這項「法則」如此具吸引力，以致取得社會達爾文主義的稱號，以致赫胥黎（外號「達爾文的看門狗」）最終感到必須否定這項觀念。在同一間牛津大禮堂，三十年前他曾在那裡嘲弄並大敗韋伯佛斯主教，因為後者祭出道德與聖經考量，如今赫胥黎則宣講進化論與倫理學之間的分野：人類群體受道德法所約束。

但是這等撤消立場之舉，並未能改變生存競爭派的想法；一如他收回前文，不再認為人是個自動機器，也未能影響唯物論者。大家只是更抓狂了、更不懂了，正如很早之前，丁尼生就已經被史賓塞式的自然景象弄得心煩意亂——不再是華茲華斯的浪漫風情，而是「腥牙血爪」（〈追憶〉詩中形容大自然）。丁尼生是國家級詩人，史賓塞更是國際級哲人；如果這些意見領袖描繪的宇宙，只見人在其中受盲目的力量驅動，那麼他們的預測，所謂一切都將會更好的預測，帶來的慰藉就不免有點可疑了——他們怎麼

> 生命、宇宙，俱顯自發之性；
> 打倒那可笑所謂神性！
> 教會、教理，都墜入霧中；
> 尋真理務必循實證大師。
>
> 賢明啊他們的教師超越一切
> 才俊，
> 孔德、赫胥黎、丁道爾、莫雷，還有那
> 哈里遜。
>
> 誰人能冒險只為加入這麼個名錄
> 與這般實證大師並列？
>
> 有一隻猴子在
> 從前；
> 多少世紀過去他的毛髮
> 變捲；
> 度過更久遠世紀使他腕上長起個大拇指——
> 然後他便成了人，而且是名實證大師。
>
> ——柯林斯（Mortimer Collins，
> 英國小說家，一八六〇年）

知道會更好？到底該相信什麼？物理學家甚至算出了太陽會在哪一刻熄火。單單是這些想頭，就足夠令人生變成黑暗了。

歷世歷代所倚的那塊大磐石本身，也在崩解之中，因為科學、歷史和**分析**，已經重新使高等批評（<530）復甦。在日耳曼人手裡，聖經正被字字剖析，因而提出了許多理由可供懷疑。施特勞斯已將耶穌一生除去宗教外衣，喬治．艾略特也已將此書譯成英文。法國版本的提出者是個更糟糕的瀆神者，一名被解除僧職的教士，以學者暨文人身分聞名：勒南。他肯定科學一出，終將使心靈所有其他作品報廢：什麼哲學、神學、文學都將消失[18]；信仰更是可笑的愚行。一名英國國教派主教從非洲來，便告訴正為其「錯誤」進行審訊的教會法庭，他那祖魯族的信眾裡面，有人學完「教義問答」之後曾問道：「這一套你真的都信嗎？」另外也有幾位國教派教士寫了一集《論說與評論》，誠實直言，破壞了基督教信仰理論；他們也遭到審訊，卻未革除神職。除了牛津「溥西派」（<773）的瀕死殘餘外，只剩下天主教徒，以紐曼為其一流寫手及護教者，似乎不為所動。

維多利亞時代之人，今天全被看成了自滿的偽君子、過分的假正經；卻忘了當年這場宗教、科學論戰，曾造成多大的沮喪之情與自我檢討搜尋。當時若身為信者，同時又是科學中人，所可能經歷的那種煎熬苦楚，可以在高斯的回憶錄《父與子》中找到。更廣更大的思想戰，則在眾期刊也在形而上學學社繼續進行；這個團體的成員不是專業哲學家，而是由社會、宗教思想界的領袖組成，他們宣讀討論彼此的論文，卻不曾說服任何一人。他們的觀點、性格，馬洛克在其虛擬（而且有趣）的佳作《新共和國》[19]裡戲劇化地展現出來。

身為思想男女非做不可的這些思想抉擇，遂成阿諾德批評、詮釋這混亂場面[20]的主要內容。他本身即為此而受苦；他的父親從無任何懷疑動搖，在拉格比郡創立了英式「公學」典範，立校原則係以摩西十誡為本，認為其道德行為方是良好生活的核心。做兒子的卻無法堅持這種信念；對他來說，宗教只不過是「道德潤以感性」，而且如果道德規範係自宗教啟示衍生，兩者就都沒有踏實根基。

依阿諾德之說，英國社會各階級的行為，既不為精神力量所觸，也不為智性力量所潤；最上一層是野蠻人，中層是無教養的俗物，再往下走（他稱之為黎民百姓）則不能為他們的所做受到責備。事實根本沒有「社會」可言，只有無序亂象。阿諾德唯一能想到的解救之道只有文化，他將文化定義為世上所曾想過、說過的最好事物。這道藥方採取希臘－羅馬與希伯來（聖經）傳統，經近代西方文學加以發揚光大——換言之，亦即人文之學或文科通識之學。

這等無序的時代氣質，還有另一位批評者，則屬完全不同典型。斯蒂芬係一名有學養的法官兼政治理論學家（也是作家吳爾芙的伯父），於一八七〇年代出版了《自由、平等、博愛》，乃係針對彌爾的論文《論自由》所做的答覆。斯蒂芬也是自由派，堅決支持言論與行事自由，卻反對彌爾主張的原則：所謂自由的理想境界，係不得妨礙任何「只跟自己有關」（或譯涉己）的個人行為——比方醉酒即是。斯蒂芬則辯解道，很少有行為只跟個人自己有關；又說，社會的約束力量，繫於共同約定的行為通則：什麼樣的行為可以接受——而且必須強制遵守。根據他在法庭上的經驗，以及曾在印度立法，嚴禁寡婦投身火葬柴堆殉夫這類（涉己）習俗，也證實了他對英國法的研究；顯示所謂自由，各種自由，都隨著增長之際做有明確界定。

針對彌爾、邊沁的抽象字眼，斯蒂芬使用了一些字句——雖然絕對真切，卻嚇壞了當時那個滿有愛心的時代氣質，使他看起來似乎「不合」自由，同時也說明他為何至今為人誤解。比方他說：透過刑事法，「人類正當地、存心地、冷血地殺死、囚禁或折磨他們的公民同胞」。讀者雖不能反駁，卻寧願不要見到這種話硬安在自己身上。再者，斯蒂芬雖贊成統治者必須經由被統治者的同意授權，可是卻也指出，所有政府都依賴力量與威嚇統治——力量愈大，威嚇性愈真切，對和平與公義[21]也就愈佳。

這些赤裸裸的事實，並未使他成為酷吏。他極力衛護弱者與不幸者，不使他們受到誤待；他得到對手的敬意，甚至友誼，多虧維多利亞時代文雅的辯論習慣。要是換作今日，他一定會被視作自由主義「大切換」（989>）的先驅。

不過自阿諾德以來，這種療效不確定的文化治療法已一再為許多優秀心靈提出，包括從威爾遜到哈欽斯，而且是在實際層面——絕非想像而已，乃是針對**科學至上主義**而做的一種抵抗。阿諾德其時，牛津、劍橋兩校其實遠非他定義下的文化之泉源，學生在校多痛飲狂歡，連女王陛下的御意也都認為教育戕害貴族健康。至於工人學校雖然成果良好，使下層階級的人才有機會改進自己的命運，但是訓練內容卻以科技、科學為主，自然是為了實用。反觀大學學府，教學內容薄弱，學術研究不力，國會甚至下令調查進行改革。有了十九世紀中期的大翻修，牛津劍橋這兩個名字，才取得至今依然散發[22]的名校氛圍。

但是學院級重新裝修，卻不能符合阿諾德的期望。作為中等學校的督學，他建議仿效法式公立中學學制改造，可是舊式英國「文法學校」的改良腳步緩慢，一八七〇年教育法通過後成立的學校亦然。阿諾德本人未能親見任何文化大潮的興起便溘然而逝，滿懷的憂傷，表現在他的詩〈多佛海岸〉中，如此感人，末了更幾乎以絕望的口吻敦促儘速採取補救之道。這個聲音自那時起已一再回響：讓我倆這淒涼孤獨的愛人，對彼此真誠吧（可讀 G.M. Young 著 *Victorian England: Portrait of an Age*）。愛，遂救贖了絕望，但是這種時刻不會隨時應需要而生，也無法滿足那些覺得幽閉、厭膩的人；他們對眼前的物質至上，以及那已不堪使用的陳舊教條同感憎厭，卻準備去冒險闖入渺不可知之處——如果在那裡，屬於直覺、希望和未必的一面能夠得到尊重的話。

……那世界，似乎
在我們眼前，有如夢中國度，
如此變化多端，如此美麗，如此新，
其中並無歡樂，愛，和光。
——阿諾德〈多佛海岸〉（一八六七年）

這就是在十九世紀中期發生的狀況：一股狂熱掃遍全歐與美國，風靡地玩起「搖桌降靈」與靈異世界溝通，對某些人只是遊戲，其他人則鄭重其事，許多人更自這種鬼影幢幢的降靈會取得慰藉。誠意的、詐欺的，各種靈媒紛紛從黑暗角落冒出，自陰間的死者帶來信息或現身。這一行中的翹楚是休姆，提供來自另一世界的回應與驗證，並能做超人奇技，比方從一扇窗口飄出，然後又從旁邊另一扇飄入。而且相信這類超自然現象者，並非只有那些容易上當的布爾喬亞，詩人巴萊特（即勃朗寧夫人）也相信休姆大師的「法力」，令其夫勃朗寧大為光火，並將這股怒氣昇華為詩，繪形繪影極其生動：〈靈媒，爛泥先生〉（Mr. Sludge, the Medium）。雨果流亡在海峽群島上，也將許多夜晚用來搖桌降靈，最後才決定實在是樁愚蠢的事[23]。白遼士在他的音樂專欄譏諷這些行事，因為聽見一些無聊蠢話，竟被說成莫札特、貝多芬託言。物理學家丁道爾則用極不哲學的辦法解決這種異象——把桌腳緊緊夾在兩腿之間。但是科學界也有人認為某些「顯靈」可信，好奇思考之下最終成立了「靈學研究會」，進行有系統的研究調查（955＞）。通靈術的弔詭，在於它係為減輕物質（「物」）的暴政而出發，卻反而藉諸可看、可聽和可感覺的「物證」，來證實精神或靈的存在。

＊ ＊ ＊

達爾文式對動物種系的討論，帶起了新的話題，同時也造成有關愛與道德主義方面的熱烈關注。《物種起源》發表之後，又出現一名阿爾布特醫生，對性事提出極端看法，並分享予特定聽眾傾聽，喬治．艾略特即其中之一，史賓塞很可能也在場；所講的主題是繁殖生理學。安柏莉夫人時年二十四，則與其夫（他倆日後生下羅素）前去聆聽另一名女醫生葛瑞特的演座，也是有關生理學。這裡那裡，四處的暗示遂顯示，有關節育的意見與資訊的交換，此時也正在發生。

如前指出（＜798），維多利亞時代其實時時意識到性的本能，如今似乎更在科學的贊助下找到表達，受過教育的心靈因此對其真正的運作開始有了認識。一八六一年倫敦《泰晤士報》刊出的諾森伯蘭大街一案新聞，也為大眾在這相同的主題上了一課，雖然比較概括：一名正派體面的少校，被人誘入一間辦公室，後者曾借錢給少校美麗的情婦，並打算殺死少校奪美；少校雖身受重

> 整樁事歸根究柢，是一股強大、引人、無可控制的激情。某種景象落入眼簾，某個感覺遭到喚醒，某件致命的新狀況突被揭發；魔力之大，已然發出符咒，前一刻猶是自由的靈魂，立時成了不能自拔的俘虜。人類心靈，任誰都無法免疫於此突襲，人人暴露於此之下，不論其心靈肌理為何，或粗糙或細膩，既是人就無所防避。
>
> ——倫敦《泰晤士報》
>
> （一八六一年八月八日）24

傷，卻反把攻擊者給打死。《泰晤士報》提供的內容，等於為「盛怒之下犯罪」辯白。

性事方面的噤默，此時也在另一較高的層面遭到打破。一八六〇年代晚期，年輕的斯溫伯恩出版《詩與歌》，其中有十八首歌謳性行為及其各式幻想，他被罵成「地獄裡來的汙穢小鬼」，他的詩卻有人讀。稍早在法國，波特萊爾《惡之華》中有一些詩，採肉體的噁心處以及性的乖戾反常為題材，也曾引發類似抗議，依法宣告有罪，雖然這些詩在語氣上並不似斯溫伯恩那麼興高采烈。同樣的十年間，亦有另外兩部大師名作出現：華格納的《崔斯坦與易索德》，其中那為春藥所驅動的姦情，帶來了挑逗性欲的「愛之死」名曲的靈感。梅瑞地茲的十四行體敘述詩《現代情愛》，以瞬息具體的細節，剖析智性上不能相配的結合。

但是有一種人不需要這類喚醒。大體而言，藝術家與文學中人已經不再穿戴可敬體面的外衣了；他們不需要它——又不做生意，也不從事政治或任何專業。他們的工作是藝術，為藝術本身，也靠藝術本身——否則就不成其藝術了。為了在製作藝術之時能夠輕鬆自在，並得有意氣相投之人為伴，他們在十九世紀之時配合自己所需，量身打造了一個建制：波希米亞。在波希米亞的世界裡，生活費用低廉，沒有強制的道德規範，愛怎麼奇裝異服都隨你，也不需要你有養家活口的財力。這樣的生活空間，在巴黎河左岸的「拉丁區」首先建立起來（請看以此波希米[25]為主題的兩齣歌劇），在其他都會也有分部（自發成立），至今仍是任何年代有才氣的年輕人與反社會者的庇護地。在那裡，失敗的藝術家（通常正往酗酒或毒癮之路而去）也受到友愛的照顧，經濟支援則來自那些與詩人同居、也餵飽他們的姑娘們做工所得，此外也有賴於當地小店店主或餐館老闆的慷慨——他們都是藝術的贊助者，實在應得獎章掛在店面裡。

對於藝術家這種公然不羈的行為，以及政治或專業人物的私德，維多利亞時代的人態度並不明朗。正如諾森伯蘭大街那名英勇少校，山繆・巴特勒也蓄有情婦，卻非為愛情，也不住在一起——只是為方便而已，雖然她顯然是名聰慧婦人，他也慷慨並帶敬意地相待。他本人則稱得上體面可敬，謹言慎行，他的作品則幾乎不為人知。狄更斯提供的例子則屬正面（意指未因此而損其文名）；他愛妹妹卻錯娶了姊姊，多年來忍受痛苦婚姻，後來又愛上了一名年輕女演員，通姦謠傳流布，事實上並不真確。於是不顧所有勸誡，狄更斯覺得有必要公開闢謠，解說自己的家庭狀況，遂在自家報上刊出聲明，並在別的報上發表新聞稿（不過《噴趣》認為這類消息超出其雜誌範疇，可把他氣壞了），報界紛紛批評，公眾也大為震驚，卻不曾收回對他的愛重與敬意。日後這名年輕女演員的確變成他的情婦——他自然不曾打廣告宣傳這個消息，但是雙方從此都覺得罪孽深重。至於伊凡斯（女作家喬治・艾略特本名），雖與另一位名作家路峨斯「活在罪中」，卻也不曾因此遭到所有正直人排斥放逐。

狄更斯、喬治・艾略特兩人的公眾魅力未受影響，反之，那位最有前途的自由派政治人物笛爾克爵士的事業，卻因為情婦之夫訴請離婚完全被毀；揭發的事實真相的確不美，他為自己所做的辯解也相當差勁。在此同時，數度為相的格萊斯頓也差一點災情慘重，有人看見他深夜從國會返家，路上竟與妓女攀談；不過他證明了自己並非主動搭訕，而且也只是想看看是否幫得上忙，救那名女子脫離性的轄制。種種狀況、後果，聽起來簡直與拜倫、李斯特、喬治・桑、繆塞和梅特涅[26]等人的浪漫主義者之愛大異其趣。當然，僅憑個別事例就驟下整體結論自屬輕率，不過從中卻也可以嗅出幾分低迷氛圍，一種認命、接受次好的將就態度，屬於現實主義心情。

最後還要略談另外一個題目，如今雖已不再遮遮掩掩，一八〇〇年代對它的沉迷卻不比今日遜色。維多利亞年代的黃色書刊產量，比起現在不遑多讓，都是挫折感之下的副產品。挫折一詞並非過當，因為性活動不論如何放任，都不見得能帶來性的滿足（1130>）。至於其文學技巧與別出心裁，維多利亞年代的性幻想作品可非今日紙本和網路可及（可讀 Steven Marcus 著 *The Other Victorians*）。

＊＊＊

達爾文、赫胥黎談到「被青睞的族類」，意思是指得以生存下來的最適者，包括各樣的動物種類。卻也有另一群科學家與宣傳家，使用起相同字眼，特意指向人種的有異。十九世紀是體質人類學的全盛期，將人類分成三種以上的人種，而且被視為一門絕對精密的科學，雖然其中說法時相衝突。更成為歷史學者、社會理論家和政治人的遊戲場，以大量磚頭書、專文、宣傳手冊和雜誌文章口沫橫飛地討論，幾乎淹沒了公眾。這些字眼：居爾特族、高加索種、亞利安人、撒克森人、閃族、條頓族、北方族、拉丁族、尼格羅種（黑人）、含族、阿爾卑斯高地族、地中海民族等等，還有「頭型指數」：「長型」、「短型」、「中型」，以及其他實驗室專門術語，遂全部混在一起摻雜使用。

前面已經介紹過在此之前出現的情況：十八世紀的探險活動，為那些外表顯然有異的遙遠部落提供了資料數據；十九世紀初期的語言學者，創出了亞利安語與亞利安「種」；還有解剖學者的腦相學（<668; 732）等等皆是。於是都與頭蓋骨合為一家；因為正是頭骨，被這個世紀中期的人類學家拿來作為判定種族的標記——如今已經把上面的凸起給忘了。不過在另一個圈子裡面，也尚有含糊的歷史家分類法殘存不去，一路回溯到塔西陀有關日耳曼族、羅馬族、居爾特族之間不同的特徵，以及各有名號數不清的再細分。除此之外，還有聖經上的分類法：閃、含、雅弗，與又一組分類有所重疊

——視覺上的區分：紅、黃、黑、白。

粗略地使用後面這種分法，戈賓諾伯爵於一八五〇年代發表了一部兩卷著作《種族不平等》——其實談文化多於種族，針對西方高度文明的命運發出警訊，可稱這類警訊的最早一則：摻雜黃種、黑種的習俗之下，西方文明勢將宣告滅亡。此書直到相當後日才被廣泛閱讀，書名正與當時各群各國之間游移的敵意共鳴，遂使**人種**一詞更加顯著。不過戈賓諾本人雖談人種，行事上卻不似種族主義者，彷彿其結論並不適用於個人層面——正是一個有理論而無實行27的例子，值得注意。

這些片段思想，以及不同知識分子為人種觀念賦予的不同意義，卻都自頭顱人類學者沾染得科學色彩。他們橫過來豎過去測量標本的長寬，再以後者除以前者，乘上一百即成指數。前面所引的三個希臘字頭，分指長、寬，及中間三型，再依據指數所屬範圍，便決定了一個人的分類。至於兩兩之間那條分界線，自然純屬武斷；某些狂熱派更進一步細分，發現了「更多」人種。

熱心從事這類測量、推論的主力科學家，首推巴黎的布羅卡，他是位名外科大夫並寫有解剖名著，對生理學卓有貢獻（其他方面亦有，最近有書28介紹），發現了腦部主管語言功能的部位：布氏腦迴。但是他竟然又花這麼多時間研究腦殼外部（姑且這麼說吧），足證這類想法在當時流行之盛。不過他也承認頭形指數並非天生特徵，由此推得的人種也只是權宜之計而已。

下一步，就是找出每種頭型在人口中的分布狀況。這項遊戲卻因鐵路的興築而得到意外之便；為築路取得的土地，經常包括棄置的墓地，挖掘出來的頭骨便落入最急切等著利用它們的人手中。於是便發現某一地的前居民，是全部、多數，或少數屬於長或寬顱一族。最後一步便是探查這些頭顱主人當年生時的特性，再與指數結合起來（活人頭骨則難測準，因為有頭髮皮肉附著）；為找出這些特性，必須參考史地。研究結果，長顱者似眾居北部，藍眼、金髮、個高；南方人則寬顱、棕眼、棕髮、個矮。布羅卡的術語、數據，很快便形成一門新「科學」的根基，名為人類社會學；在這門學問裡面，金髮藍眼意指北方族，北方族又意指亞利安人，亞利安人則意味高級。

但是名醫維蕭，也是有名的公眾人物及人類學家，卻注意到一件事——其他人顯然都沒看見，亦即日耳曼人不見得都是藍眼金髮的高個子。他對日耳曼學童進行了一項大規模調查，結果顯示超過三分之一以上都是矮個，髮膚也偏棕。這項發現，照理應該可以使這種解剖上的沙文主義告停了，可是不然。異想天開的主意更繼續下去：優異的長頭顱裡，有著一個能夠自力獨立、富開創精神的腦袋，可以去殖民，去開拓，去創立大帝國；其日耳曼先祖可是真正的高貴人——請讀塔西陀（<14）即知。反之，寬顱則意味受人支配的種族，因生活在強勢政府（羅馬帝國）的團隊編制之下，已對其性格造成永遠影響；寬顱者極可能是普羅階級、社會主義分子。

人種之議，紛紛擾擾進行了六十年，並非所有參與者都相信同一類一本正經的編造；但是凡受過教育的西方人，幾乎都相信其中的根本觀念，亦即人種等同性格，並且也發出他們自家的編造之詞。當年還有居爾特專家，極力揄揚該族的想像；撒克森風格在英國亦受多人攻擊。在南歐，「拉丁」聯盟成立為要阻擋條頓的蠻族；在中歐，泛日耳曼主義、泛斯拉夫主義（多數為宗教性）相互敵對，又與所有其他人對立。歷史與文學紙堆，被仔細搜索，務要找出從前光榮偉大與「血統純正」的證據。也有少數批評家如傅葉，重中人種的合一性，以及思想的自主

> 一大批人，將你死我活地彼此滅絕，只因頭型指數有所分毫差別。
>
> ——傅葉（一八九三年）

性，這樣的聲音卻極為稀有。及至世紀結束，連最優秀的文藝人，也不斷隨意提及種族，或廣義的使用，來解說藝術、心性、人生的命定（可讀巴森著 *Race: A Study in Superstition*）。

＊＊＊

人種之爭，其實經常意味著國族之爭，透露出各種或稱勝或遭挫的侵略情緒，也有著對工業力量、對新帝國主義侵入中國與非洲境內的得意之情。在歐洲，八場不同對象、不同夥伴的戰爭之後，俄羅斯與土耳其終被打敗，義大利與德意志亦分別終告統一。諸項戰事中的第一宗，克里米亞戰爭，暴露出英國軍隊的編制如此不稱職，不管是在本土還是在戰場，簡直不能再被隱瞞。一場大失誤造成的自殺式攻擊，被丁尼生寫成〈英烈傳〉歌詠紀念——明明是軍官團腐敗、無知導致的結果，卻被桂冠詩人吟成詩句予以讚揚；其中的弔詭，愈發升高了對戰士無私英勇的渴慕之情。這種情愫，丁尼生早前已在他的獨腳戲《毛特》之中表達，此劇有著他最好的情詩；劇中男主角心情低落，批評這個使他眼看著真愛失喪於財富的社會。世俗、剝削、「現實的」的社會，丁

> 他們為何嘮叨什麼和平的
> 祝福？
> 我們已使他們成為咒詛。
> 貪欲得利，步該隱後塵，
> 如此較好，抑較壞？
> 當貧窮人被推擠，又陋居
> 在一起有如豬群……
> 當白堊、明礬、灰泥，售予
> 窮人當作糧食果腹。
>
> ——丁尼生《毛特》（一八五五年）

尼生說，需要戰火來燒灼拔除。戰爭真的來到，在克里米亞作戰的兵士，死於疾病、不衛生的醫院者，卻比死在砲火下者更甚。一場戰事也沒有達成太多結果，為英國（延伸之下甚至及於全世界）卻帶來一項大貢獻，一位真正的女英雄從中崛起，她就是

南丁格爾

她的故事，已經訴說如此之多——而且說得如此之好[29]，所以在此只須概述做個提醒即可。南丁格爾十幾歲時，就感到自身使命的激動，從此與家中展開一段長期抗爭，最後終能展開行動步驟。出身既高，她的家人自然不願見女兒從事護理，這種心情是可以理解的；當時人以不公平的眼光看待看護此業，與酗酒、道德鬆弛聯想在一起。南丁格爾堅定的意志終占上風，三十三歲那年在日耳曼小試身手之後，終能顯示她的本領，在倫敦一家私人小醫院為護理這一行設立了新的實務與標準。她的示範引起醫界注意，睿智的戰爭大臣海伯特更徵請她前往克里米亞的戰爭舞台相助。

她在那兒發現的狀況簡直難以形容，但是在不充分的資源以及少數幾名助理之下，她設置了衛生設施與制度，並開發出新的療法，每日巡視病房，即使意味著她一天得站立二十小時。傷病戰士人數一度曾達五千以上，不久即視她如聖人，上天派來救助他們性命的天使。

回到英國之後，她拒絕接受任何官方任命，卻始終保持影響不衰，大筆款項因她的名望募得。她的天才顯然不僅在看護實務，長長一生裡各種活動不斷，顯示她的確可稱得史上最偉大的行政管理長才之一。這門藝術絕對少不了政治智慧，在她身上這情況更如此真切，以致多少年來，大不列顛政府

不斷在許多敏感題目上向她請益，包括她從未去過的印度之事務。她最大的光榮勝利，是將一行本屬卑微的謀生之計，一轉而成可敬的專業。

英國在克里米亞戰爭的盟友是拿破崙三世，一八四八年建立的第二共和被他一手摧毀，手段是先讓自己選上共和國的總統，所憑藉者就是身為「我叔叔的姪兒」。一旦當選，先任自己為「終生親王總統」，下一步就是稱帝（拿破崙一世之子本應為二世，卻早逝從未登基）。登上寶座之前，先有幾場街戰，最後反對者遭到高壓手段威逼、下獄、流放。帝制的不合法性，由所謂的公投掩護，即全民投票。借用這個法子，拿破崙三世遂向二十世紀的獨裁者顯示一條好計，可以聲稱自己的統治來自民主，因為已由全民投票核准。

共和派最後背水一戰期間，巴黎城內有一位性格極其獨特的英國青年，後日因成就不凡，以及他對新凱撒主義（獨裁）旁觀者清的觀點為人所知。這位二十五歲的年輕人名叫

白芝特

首先，應知道他的名字應唸做「Badjet」；其次，就是他那獨特天賦來自他看事的雙重眼光。他能見事的兩面，在任何人事或理念的矛盾牴觸裡面，總能看出沒有一方乖張、愚昧，都有其來勢洶洶的理由；他不只能洞悉這些理由，也能體會其中所附的情感。這實在是一項稀有才能，尤其這位擁有雙重眼光之人，在自己的行動過程中並不因此舉棋不定，實屬難得。白芝特永遠能平靜地陳述本身抉擇背後的理由。

一八五一年際，他為英國一家期刊任巴黎特派員，他告訴讀者：在歷經共和國最後時刻的混亂之後，強勢的元首必不可免：生意停市了，生命財產不保，巴黎與其他各大城市都再也不能忍受這個情況繼續下去。可是於公雖認為走向獨裁合理，於私白芝特同時也表達他個人的選擇，幫助最後一支共和孤軍構築防禦工事。十年之後回顧法國事件的經過，白芝特總結道：（在帝國崩潰之前）凱撒式獨裁政治只是短期治標之藥，延長下去勢成大災難。事情演變的結果，法蘭西第二帝國確見實業與貿易的加增，社會福利亦告開始；卻因政權立足不穩所需，採取了危險的外交政策，這種虛飾門面的需要，最終使它毀掉自己。朝上、城中新起的上層階級，虛有其表又愛現，而非真正地高尚優雅，智識思維也有欠缺。當時的氛圍，奧芬巴赫的絕妙喜歌劇捕捉得恰到好處——以一種相當粗俗的歡樂情緒，嘲弄模仿經典作品。

白芝特該得的聲名其實可以更大，可惜他太快辭世——才五十一歲，而且更因其文字的多樣而受礙。在他涉獵的領域，他都享有高度評價，但是多才多藝的結果，看來卻彷彿使他的能力變成相除而非相加效果。他是位政治新聞人，繼其岳父主編後者一手創辦的《經濟學人》雜誌，十七年間對一周政經事務發表透視評論，集成兩部經典之作：《倫巴底街》（倫敦「銀行街」）描述大不列顛金融體系，《英式憲法》（可讀此書）介紹那無法照抄的英國國會，指出其所以能夠成功運作的社會與心理緣由。

這兩部作品，就足使白芝特名列十九世紀原創思想家之列了，但是他又有十二卷帙文字，每一卷都證明他當得這項榮銜：他評過去與當前的英國政治家，顯示他是一流的政治史家；又論貿易、金融，顯示他是經濟學家；還談文學人事，顯示他是文評家；在哲學、宗教方面展現才思，投下了光線使人一窺那個年代，是其他任何來源所不得見。研究維多利亞時期的大史家揚格，認為白芝特是「那一代最睿智的大賢」。

白芝特筆下能使思想理念生動，每一頁都躍然紙上。美國一間管理學院的學生，有一回在學校圖書館發現薄薄一冊《白芝特情書選》，再度證明此人能同時傳遞兩類訊息。寫給未婚妻的信，封封活潑開朗，不時還穿插一些顯然也會令未婚妻之父感到興趣的消息：公司行號、股票交易的狀況評論；兩位收信人讀了無疑都很高興。白芝特的文字明快又周密，有點蕭伯納之風，不留任何不確之處，因為同時也觸及對手或讀者心頭無疑也在想的事情。風趣卻又帶哀傷，因為白芝特雖是企業、政治方面的專家，他的心、靈卻從不因之而滿足。他說：「不幸得很，神祕主義是真的。」意思是人若只追求最明顯、主要的機會，那就太糟糕了；對他自己而言，光有寫實主義還不夠。白芝特這種雙重心靈的天賦，在短篇作品《自然物理與政治》中驚人展現，威廉．詹姆斯稱此書是一本「黃金小書」，將達爾文應用於政治之事。可是白芝特絕非社會達爾文主義者（<826）；此書一開始，的確顯示文明初期階級的「天擇」——組織較佳、合作較好的群體，征服比較不合一的群體，可是愈來愈多的其他特質、進取心和思想理念——自由、言論的自由、成文法、鎮靜思考以及寬容大度的習慣養成，也助長生存能力，因為可以使凝聚程度更形升高。這些德性正是民族國家的力量，開發程度較低的民族無法有效抗拒。於是便是在這樣一種鬥爭之中，征服之舉至少有可能使得文明擴張。

但是十九世紀的文明新帝國主義，卻非全為文明教化，也非全為謀財圖利。它附帶也產生文明作用；傳教士帶來的東西不僅是「道德口袋裡的一條手帕」，如狄更斯所嘲弄（《匹克威克外傳》）；他們攪動靈魂，同時也經常醫治身體。殖民官員則引進貨物、運輸方法和對自然的控制；他們維持秩序，廢止不人道的習俗。但是這一切畢竟是以武力行之，而非自由，自由一失，很難再復，而自由一立，便不易治理。在此同時，歐洲在十九世紀的第二輪擴張，更將成千上萬的當地人帶到其他各大洲去，造成文化不斷的混合，規模前所未見。語言、風俗、飲食、藝術、對人與人生的觀念——都因此而改變。至於歐洲本身，也打動愈來愈多人赴外旅行，發展到一個程度，湯瑪斯．庫克因此發明了導遊之旅，那生猛野蠻的動物——觀光客，亦隨之誕生；庫克之名從此名垂不朽。最後，廣大的世界，或直接或靠婚姻關係，向一特別的群體招手；這群人公開亮相，將一種原本只屬特異的獨行，一變而成天職般的才賦，此即

> 不管有理沒理，如果要我一直守著，我都會膩。我喜歡讓自己的心靈在兩者之間，依它最喜歡的方式來回搖擺。
>
> ——白芝特致其未婚妻
> （一八五八年二月一日）

女性旅人

她們多為大不列顛人，包括探險家與旅遊作家，而且她們人數眾多無法一一記述，在此抽樣列舉一份名單即足，並建議去讀一部抽樣選本。這張綜合了榮譽與興趣的金榜，將日子推回十九世紀初年，讀來如下：阿特金森夫人、葛楚德．貝爾、迪克希夫人、依斯特蕾克夫人、艾德華、葛許登、馬提諾、派克、菲佛、羅斯、賽沃瑞、施爾夫人、泰艾克（可讀 Jane Robinson 編 *Unsuitable for Ladies: An Anthology*。對航海派有興趣的讀者，還可另讀 Linda Grant 著 *Seafaring Women*）。

＊＊＊

在北美，帝國主義的驅迫本能也露面了，展現在合眾國向南向西進占廣大領域的行動上。與墨西哥短短一戰，增添了加利福尼亞一地，以及從此地與格蘭特河邊界之間的地域，原本是未定之界；然後合眾國又併吞了最近才從墨西哥分離出來的德克薩斯這一大片土地。這些新增的疆土，打破了蓄奴與禁奴各州之間的平衡；兩度妥協未果，再加上一股強大的廢奴運動興起，內戰終於一八六一年爆發，將這個國家一分為二，成為自由的北方與蓄奴的南方。

這場戰爭吸引了不少歐洲觀察人士，部分係因為這是第一場充分利用了現代工業的戰事，不僅在武器、裝備的製造，也在以鐵路運送物資人員。十年前在日耳曼，也曾嘗試過在一地徵集兵員，然後用鐵路快速送往另一地去，結果一敗塗地，原因在於缺乏這種複雜的作業經驗，不知如何流動調度派遣。另一項新鮮做法，至少在合眾國是首度嘗試，則是氣球戰術，過去二十五年間兩度提議，都被軍方駁回。首批陸軍氣球大隊，戰爭之初即編入麥克萊倫（北軍總司令，因用兵過度謹慎為林肯解職）所部。

內戰結束與戰後重建時期，使奴隸制在西方社會宣告結束（<793）。可是合眾國解放黑奴的憲法修正，卻只強迫執行了一小段時間，南方各州還是想盡辦法，不讓他們原先的奴隸取得公民、政治權利，在教育、社會等方面也不予平等合理的待遇（854>）。這種嚴重違法的行為，為日後種下了騷動烏雲的種子，發生時日幾乎恰好是內戰結束之後的百年。

如同任何戰爭，這場內戰也召喚出了各種才能，林肯之長才即因此顯露，爭戰期間他雖常遭辱罵斥責，不久卻取得歷史上偉大領袖之一的地位。他的文字天賦則直到最近才受到注意；早先的意見以為，他是在忽然之間獲有靈感造訪，因為負有重任靈魂擴大開啟，感召之下得了那兩三篇如今赫赫有名的詞章。真相大白之後，就很容易看出其實從成年時起，他的文字便帶有一種無人能及的明白簡練，充滿了律動與力量[30]。

惠特曼也是南北戰爭的英雄，在《草葉集》中以正好相反的方式發出力道。他用表面上看來似乎信手拈來無甚章法的堆砌，傳達出他眼中的美國：種種細節，或自然景色，或社會場景，或他認為國人共有的特徵與習俗。這項主題概念的形成（死亡是他詩中次要的主題），可能係受喬治・桑某部小說人物的影響，一位「人民的詩人」；而惠特曼這種方法的合宜性，托克維爾早先亦已有所預告。其他也以公眾為寫作主題的美國詩人之中，洛威爾在此特別值得一提，因為一般很少想到此人，雖然他亦有經典作品；《比格羅詩稿》的第一系列係講美墨戰爭，第二系列寫各州之間的爭戰，都是用新英格蘭農民的口吻對時論加以譏諷的高明之作。另一首〈寫給批評者的寓言〉，則係以標準英文寫作，刻畫當前文壇隨意吹捧貶抑的光景。內戰還有一項產品，一篇名為〈尋子記〉的報告（847>），藉此正可介紹其文作者，是一位在七個事項上都有其重要性的人物：

霍姆斯

此處所指，是那位思想家與科學家、詩人兼幽默作家的老霍姆斯，而非其子，那位聯邦最高法院的法官。這位老霍姆斯，很早就因一項醫學發現而揚名，遂使他感嘆不知自己是否「再有這麼好的機會，可以有點用處」。這項發現的確很有益處，證明了產褥熱具傳染性，很多婦女產後因此死亡；因為不注重衛生措施，醫生看了病人之後便將此病從一位產婦傳給另一位產婦。霍姆斯必須與整個體制作戰——醫生、看護、醫院管理人員，才能使這個事實得到正視。稍後不久在維也納，塞梅爾魏斯也因同一議題遭到同樣敵意。這個年代，是衛生學（南丁格爾是其化身女神）方才初露曙光之際，必須與舊有習慣掙扎奮鬥，並因工業化帶來不可忍受的「新骯髒」而獲得推動。

> 民主政體裡的所有公民，既然都幾近平等並且近似，詩人就不能單想其中任何一人，而是國家民族作為整體，激起其藝術力之運用。詩人的心像之中，遂將全體包括進去，遂對民眾本身做概括性的考察。
>
> ——托克維爾《民主在美國》（一八四〇年）

霍姆斯還有其他方面的貢獻[31]：在教導一代又一代哈佛醫學生的同時，他也從事詩文寫作事業。他極擅以韻賦事的輕巧社交詩（*vers de société*，風趣反諷，流行於上流圈子），卻使其極佳的詩句不彰，這些詩比嚴肅少了一點，又比輕鬆增了一分；比方說，他那首描寫作家技癢的十四行詩：〈寫作衝動〉即是。〈奇妙的單馬車〉詩中展現的行家手法，已受到批評家的注意，以為非常獨特；事實上他還有許多詩都係如此，諷刺而摻雜同情，卻又不失敏銳。同樣的，〈鸚鵡螺〉、〈最後一葉〉這兩篇撼人詩作，也絕非霍姆斯以嚴肅情緒出之的唯一作品。

散文方面，他的《早餐桌上的霸主》，將人事與意見以戲劇化的手法展現，可謂一種不露藝術痕跡的藝術，比起皮考克的小說亦不見遜色太多（<816）。《霸主》續集（《早餐桌上的教授》）雖不及第一集出色，但是連其中最後一篇〈茶話〉，也都含有原創的省思。讀者若留心，可以發現霍姆

斯因受醫學訓練的解放，總是盡他所能地對抗那所謂的體面可敬的圍欄，放膽向前衝刺。對於道德、宗教、既有權威、年輕人之間的愛等等，他不斷表示（或用暗示，如果題目有點敏感）「事實上比你知道的，或願意承認的為多」。《霸主》中有一角，一個受傷的靈魂，在樓上一間房中過著神祕的日子；這個角色的用意，似乎在顯明那些聚坐樓下桌邊的人，表面平靜其實滿心壓抑。這種猜想如若屬實，霍姆斯在篇章之中夾入的詩句，看似愚騃感傷，就開始有其象徵旨趣，暗示一種向習俗傳統的妥協了。而且讀來儘管無趣，文字之精，不下他肆意揮灑的諷刺詩句。

〈尋子記〉是霍姆斯本人尋子的冒險故事：其子（未來的法官）據報在戰役中受傷，軍方卻找不到他，可能正垂垂待死。又出於不同性質的醫學關切角度，他動念寫了另外三部小說，以一八六一年的《艾爾絲．溫納》為始，關心重點所在一如其他兩部，非為文學，卻是用虛構小說方式，「考查」不正常的心理狀態，是這類作品的首創之一。艾爾絲是位精神分裂症患者，當今有位精神醫師已在這些小說中發現，有不止一處預示了精神醫學這門科學與佛洛伊德學說。如果當初在霍姆斯所居的波士頓，也有過一位包斯威爾，來記錄這位醫生的桌邊談話，我們可能就會多一名對等人物，直逼更早那位因為此事即已流名千古的「博士」（約翰生有榮譽博士榮銜）了。老亨利．詹姆斯觀察最為入微，他指出霍姆斯「超級智慧」的展示，實與其「真心的謙遜」一致。

那位做兒子的，不但霸去了他老子的全名，連帶也獨占了名氣。不過父子霍姆斯之間，在此當然沒有必要貶此以揚彼；法官兒子對法律有極大也極好的影響，在憲法議題上也絕對有資格受國人敬仰。但是在哲學與文學方面，實在未顯出任何表現，足以證明那些歸在他身上的同等功力未有過譽之嫌。他很早就採納了淺薄空洞的唯物觀點，正是那個世紀中期的標準特色，同時又帶著一種例行的譏嘲腔調，讀來常使他那原本生氣十足的書信壞了樂趣——實在再也想不出比這對父子更相反的性情氣質了。

＊＊＊

多虧某樣迅速發展成一項工業的發明，美國這場內戰再度有資格取得另一項「第一」：藉用這項新方法，有系統地記錄了整場戰事。布萊迪帶著他的大箱子，在各地戰場徜徉，拍下了三千五百張照片。回溯這項發明用於實際，至此時已有二十年歷史；約在一八三〇年之際，大量的嘗試錯誤實驗之下，法國的尼布斯兄弟終於將威基伍德（英國名瓷創始人，達爾文外祖）早先的發現付諸實際用途，亦即硝酸銀曝於陽光下會轉為黑色。他們設計出一旦感光之後，可以在紙片、玻璃，或金屬上「定影」的方法。至於影像本身，則自暗箱（camera obscura）攝得——這項工具，長久以來即為藝術家所使用，包括一只箱子（或一間暗房）帶有一個極小的孔隙以容光線進入；箱外的景物，遂上下顛倒映於對面牆上，藝術家便可據此作畫或模仿。日後所有帶著鏡頭、計時器、閃光燈、測光表（近來更有數位電腦）的這種箱子，遂均以拉丁文 *camera* 稱之，意「室」。所攝的圖片也漸漸演進，當初第一位與尼布斯搭檔開發之人是達蓋爾，他用銅版——即銀版照相攝下的肖像，至今仍是珍貴的家藏品，一八四〇年代曾因新奇大大流行。

攝影是一樁奇妙物事，專業攝影家因之獲得靈感，記錄生活中的各個層面；業餘者亦受其吸引，在家或旅途中捕捉儲存瞬間即逝的人生經驗。福樓拜及其友人堪普，長途跋涉赴近東溯尼羅河而上，從那裡堪普帶回了一整卷的豐富材料，成為一項廣受讚譽的新奇玩意——今日那些機器大量製作的

「咖啡桌書」，遂可以慶祝它的一百五十周年紀念。可是在某個圈子裡面，一開始卻用灰黯的眼光看待攝影；聽說正是法國肖像畫家德拉羅什曾說：「攝影會殺了繪畫。」相信不止一位藝術家必定說過或想過同樣的話。最後結果，主要是肖像畫受到影響，以及長久以來專為大眾從事藝術品複製的鐫版業。隨著油畫畫像之去，同時再也不見那些特色強烈、各有不同的容貌——這些是直下十九世紀中期，甚至連最不知名的畫家也都知道如何傳達，並可見諸於眾大學與公共建築壁上的面容。照相館出來的作品，愈來愈傾向做成一種光滑、豐潤、四平八穩、沒有個性的面目，一種噴霧器下一臉走天下的相貌，討好而民主。自有相機以來，的確也出過一些誠實的肖像畫佳品，不過卻極為稀少。

算是補償作用吧，風景攝影以及不為好看擺姿勢的人像照，則已贏得藝術作品的地位。光線、構圖的效果，以及感光、沖洗、晒印過程中展現的技巧，也至少夠格稱得高度技藝。所選的主題，尤其是以系列出之的作品，藉著使社會「曝光」，也影響了輿論輿情，極類寫實主義的那支延伸——自然主義小說（898＞）。至於有聲會動的圖像，則是新世紀之交的文化旁支，在此就不用贅言解說了。

＊＊＊

當合眾國猶在打著內戰，以決定是否將以單一國家的身分繼續生存之際，拿破崙三世在其國內也正失去威望，並想著他自以為「本朝最偉大的主意」。此時墨西哥已發動一場反教士的革命，拿破崙派軍前往打熄，立奧地利王子馬克西米連為墨西哥皇帝。結果遠征任務失敗，馬克西米連面對行刑隊伍，一如馬奈畫中可見。拿破崙先前亦早已試過所謂「自由帝國」的妥協政策，企圖重新恢復他在法國的民心；在墨西哥吃了慘敗之後，現在必須面對俾斯麥正在做出的動作，包括幾場小型戰爭舉措，以圖日耳曼國終成統一的大業。法國人向來難容日耳曼這項欲望，擔心此事後果，笨手笨腳地做著準備。戰爭於一八七〇年來到，備戰不良的法方很快就被打敗，然後是為期四月的巴黎之圍；在此期間，普魯士人大剌剌地坐在路易十四的凡爾賽宮之內，宣布日耳曼帝國復興。於是便從這土崩瓦解之中（關於此事，左拉寫過一部令人心情激盪的小說），浮現了法蘭西第三共和，也似乎走在成功道上——值此關頭，巴黎的藝匠與臨時勞動人口卻擔心會有保守政府成立，遂拿起武器，奪下城池，不分青紅皂白一陣濫殺、逮人，又殺掉一些人質。此舉嚇壞全國其他地方，以致二度巴黎之圍只能又成一場殘忍的相互流血。

包括許多自由分子及社會主義者在內，全歐都否定公社之舉，此名為叛民所選，以顯示他們作為市民的有機約制結合。但是此刻在倫敦的卡爾．馬克思，卻從中看見政治妙用，或許也看出此名價值，遂發出一份宣傳小冊，將這場叛事形容成將要來到的階級戰爭的預嘗——普羅階級被喚醒奮起，建立共產主義社會。但是這種說法根本是大謊言的宣傳；這些公社「成員」（*Communards*），既非普羅也非共產主義「者」（*Communists*），他們要在法國其餘各地設立的「市政共和」，其實正與馬克思計畫裡的中央極權相反。不過馬克思的判斷也算正確，這樁事件的確使工人的武裝奮鬥一事染上了舉世惡名；整幅形象也可能為下一波革命的理念做成生動迷思。

馬克思在恩格斯的持續相幫下，在兩個層次上進行工作。政治一面，原本的理論與一貫性，如今向機會主義投靠，正如上例所示。理論一面，則寫下精心論述，就歷史、哲學和經濟各點，一一提論反對所有過去或當前的權威看法。在那本論公社的宣傳冊子之前不久，他已完成其中心論述《資本論》的上部，這是一本每個知識分子都以為自己讀過的那種名著，正如孟德斯鳩的《法意》、史賓格勒的《西方之沒落》。其風格結構讀來須用很多氣力，因此一八六〇年代的俄羅斯檢查員才會放它流入國內，因為鮮少有人真能將之從頭到尾啃完。待得馬克思主義成為研究主題與大學課程，學院派對它的精通，絕對比當年社會主義政治人物與戰士所曾理解的多上太多。

《資本論》自稱要以科學方式，顯示工人如何受到剝削；工人的勞動力為他工作的物質增加了價值，所獲加值高於他的工資（同樣的話西斯蒙第早已說過〔<669〕）；這項「剩餘價值」卻被資本家拿去。自馬克思以來，「勞動價值論」已為經濟學家棄置，其論證也不再成立；可是其謬誤作為宣傳重中之下，卻極為簡單有力。至於歷史，馬克思的命題是（用他自己的話來說）「黑格爾倒反過來」：不是「理念」之間所謂正反命題的開戰，然後從中出來一個合命題；一場牴觸衝突，其實全在純粹物質力量之間——此即「唯物辯證主義」。在此，馬克思的觀點屬於寫實派觀點，對後者來說，只有真實有形的實體方為真正存在，其餘（什麼藝術、思想、法律、宗教）都只組成了一個上層架構，本身並不能單獨存在有效。歷史向前行進，係因事物之間的移換關係，目前現階段裡，無可避免必將帶來無產階級的共產主義。而最後階級，在無產專政之下，將見「國家機制式微」，一種幸福的無政府狀態。奇怪的是，

> 四月十五日。**Petroleuses**（女鬥士）的組織大隊來勢洶洶，野蠻無比，凡能接近的公共建築，都被她們潑上汽油，引火焚之。她們在柵欄奮戰，顯示出超人般的勇猛。和平大街之上，只見頭一名攀登上去的就是位娘子軍。
>
> 五月十二日。政令終於發布，凡十九歲至四十歲者，若不作戰一律槍斃。聖奧諾雷街上，就有六十人遭到處決。
>
> ——史坦利上校巴黎公社報告32（一八七一年）

這種希望或謂這般期待，卻是十九世紀的典型特色：史賓塞也曾預測其來臨，而且跟馬克思一般肯定。

雖然對馬克思來說，思想此物無用，他卻一直有著思想，並將之付諸使用。他認為革命正要在日耳曼地發生——這是最先進的工業國，因為有著最多的普羅大眾。如此推測頗合邏輯，因為在馬克思的體系裡面，階級的替換取代，並不取決於想要取得經濟力的個人意志，卻在其「與生產手段的關係」；革命對準的目標，亦非國家政府的毀滅，而是為共產主義目的而取得政權。

馬克思深信這些公式法則乃是科學，他之後的列寧亦然，列寧力戰企圖稀釋這項信條原理的傢伙，並使其教誨更新跟上時代。如前所示，馬、列兩人（恩格斯亦然）均名列美國的《科學家傳記大辭典》，認為馬克思做有一項單純貢獻：看出科學也者，乃社會性的產物，因此增進世人對科學一事的理解。因此在他的歷史論、經濟論，以及他的預言均已失去說服力後，正是社會學家這個身分，依然為馬克思所保有。蕭伯納倒也公平，還賜予他另一項功績：這個使多數人陷於貧窮的體系，五十年來曾有過各家批判思想，如今在他手中集了大成，並使世人熱切傾聽；他扮演的角色正如達爾文於演化理論。一度係黑格爾派，馬克思恣意沉迷於**抽象**之中，可是總結起來，他的歷史觀與現實觀卻是：物「驅役」人。

第二十二章　時代的橫剖面：一八九五年前後從芝加哥看世界

普法戰爭之後的十年間，目睹觀念、舉止上許多變化——長鬚不再，女人變得更有主張，社會舊俗一項又一項遭到質疑，「術」和社會理論紛紛推陳出新，都有著長久發展可能。許多日後轟動世界的年輕藝術家，亦於此時首次登場亮相。原本只屬於零星現象的各種騷動，也開始形成真正運動。一八七〇與八〇年代，擠滿了各式新文化的發端。

但是嘈雜刺耳的政商世界依舊蓬勃，並未因此而有任何轉移，從旁觀之，其目標、手法甚至似乎更為粗鄙。美國的馬克・吐溫及其友華納，合撰了一部小說《鍍金年代》描述這種場景，陰森可怕的故事中盡是欺瞞詐騙、政治腐敗和勾誘謀殺，副標題則是「今日故事」。亨利・亞當斯旋即也（匿名）出版了他的小說《民主》，用意亦同，尤其針對格蘭特政府大加撻伐。兩部虛構故事都是刻畫一名沒有倫理原則的參議員，象徵著代議政體的道德薄弱。亞當斯、馬克・吐溫終其一生不改其悲觀立場，也於文字中一再顯示；西岸則有比爾斯，除寫出一系列絕佳的戰爭故事以外，亦寫詩與散文，描繪人類、制度的偽善欺詐。他的《惡魔辭典》被譽為第一部「諷刺家字典」，殊為允當。

一九三〇年代回顧此時，孟福德筆下描繪出一個時見胡亂騷動的藝術不毛時期，他稱為「褐色的數十年」1。一八七三年金融恐慌，波及了整個資本主義世界：失業、罷工（遭暴力鎮壓）、杯葛（既是新名詞亦屬新鮮事）層出不窮，消費低落導致農家破產，鐵路投資詐欺，油鐵的托拉斯、卡特爾，凡此種種都激起普遍恨意，政治暗殺的黑影也籠罩在地平線上（999>）。

在美國，新一波「吉姆克做法」（種族歧視隔離）正式否定了黑人民權。一八九六年最高法院對「普萊西訴弗格森案」做出裁定，指出只要提供「平等卻隔離的設施，以供白人與有色人種分別使用」，就符合憲法上所有公民一律平等的規定（普萊西為帶有八分之一黑人血統的黑白混血，依當時規定應坐在黑人車廂，因坐白人車廂下獄，本案法官為弗格森）——黑人的才幹原本正開始獲得正視與地位，至此情勢又告逆轉。當時已有道格拉斯富於雄辯，又是「國民紀元」周報的編輯，極受矚目，並任哥倫比亞特區保安官，及駐海地大使之職。密西西比州則將林區送進國會，並任一八八四年共和黨全國代表大會副主席。但是這些都屬少有的例外。

不知道是壓制還是改革，同樣這個時代，也起來發動種種聖戰，對飲酒及其他所謂罪惡之事（自由戀愛、避孕和墮胎）進行攻擊。基督教女子禁酒聯盟在各地成立組織；那個魔鬼萊姆酒更引起強烈抗議，爆發成游擊戰，只見凱莉．納遜手持短柄小斧，四處搗毀酒吧，並靠販售「紀念斧」為自己這份使命集得資金。在英格蘭，國會立法限制酒館營業時間，這本是窮人的俱樂場所——種種舉措，究竟是對抗酒精為害，還是遏止社會騷動？

在美國，康斯托克毫不猶疑，肯定自己就是上天派來的使者，專門封堵各種形式的性欲氾流。一八七三年他年方二十八歲，便成立了革弊會，並說服國會通過《康斯托克法》，規定以郵件遞送避孕資訊或裝置屬於犯罪行為。伍德胡爾2是他的死對頭，她公開鼓吹自由戀愛，深信人死後靈魂會回來，並指出在特定狀況之下，墮胎於社會有益。但是她的主張未能得勢，康斯托克接著又為紐約除去了羅斯特爾太太的邪惡所在（她的打胎服務頗受歡迎），最後還逼得她去自殺[3]。他發布詔令，斥責自由女神的複製小像胸部暴露太多；他保護紐約觀眾，不受蕭伯納早期劇本的罪惡感染；又維護公立圖書館的借閱者，強迫館方將《人與超人》一書鎖起。康斯托克的統治一直延續到一次世界大戰。

某些新宗派也擺明反現代的姿態，而且是壓制性質。一八七〇年梵蒂岡大公會議發出的敕令亦然，宣布教宗在信仰與道德事務上絕無謬誤。六年之前，教宗碧岳九世（一般譯庇護九世）即已起草一長串「近代謬說」——身為好天主教徒，務必視這些謬誤為神所親自判定的罪惡。至於新興宗教裡面，基督教科學派否認物質的真實性，不准使用醫藥；耶和華見證人會以各種方式將信眾與現世隔離——這個不久將要被毀的現世。救世軍出兵對付酗酒及其他瀆神行為，不過雖然來勢洶洶，至少係以一顆溫暖的心懷以及令人奮興的音樂出之。

種種保護性的道德措施而外，政治、經濟上也有一波波改革攻勢湧到，不斷取得公眾注意。當其時也，恐慌、失業、暴力不斷——比如在芝加哥發生的無政府主義者投彈、絞死暴亂（與要求一天工作八小時有關），一八九四年普爾曼火車公司罷工事

> 我們要感覺陽光，
> 我們要嗅聞花香，
> 我們肯定這是神的旨意，
> 我們還要八小時制。
> 合唱：八小時工作，
> 八小時休息，
> 八小時做我們想做的事。
>
> ——芝加哥及其他各地所唱（一八八五年）

件、美西戰爭中戰艦「緬因號」被炸等等。社會上更瀰漫著一種共識：所謂興業家根本就是「強盜大亨」，市政府則是貪婪政黨頭子經營的政治「機器」；金融業更為己利，反對鑄造便民利民的銀幣——這一切均使憤慨與騷亂持續不去。大演說家布萊恩前往各地城鄉市集演說，愈使這股怒火旺盛。又有殷格索爾反對所有宗教信仰，益增心靈的不安狀態。

社會的衝突、情緒的激盪，打動一位深思的新聞人寫下一部作品，間接譴責現狀。貝拉密一八八七年的《回顧》，刻畫西元二〇〇〇年時社會將有的模樣，地點是波士頓，一片和平、繁榮，而且全美各地皆然——多虧實行了國家社會主義，雖然並未使用此名。錢，不聞此物，人人憑「信用卡」在國家商店購買多種商品，每人有一定配額，卻絕對足夠眾人使用，而不至不正常的揮霍地步。因為競爭導致的浪費不再，充裕因此成為可能。

於是再無貧窮人的焦慮，對富人的敵意亦消，貧富差異已成過去。但是每人每日都必須工作四小時，直到四十五歲，餘下就都是休閒時間——照例提供有高尚活動以供休閒。這個優托邦著作立時大紅，正如往常，眾人再度生吞活剝書中的烏托邦式假定：亦即所謂社會的傾軋不和，問題都出在簡單的物質欲望無法獲得滿足，但只要稍加規畫便立可獲得解決。

實務派的改革家也各有主張，最接近草根路線者是考克西。他是位富有同情心的生意人，來自俄亥俄州，主張政府應發行貨幣，並興建公共工程紓解失業現象。他策畫了一場和平遊行，赴華盛頓進行「活證請願」，但是當這支「考克西部隊」抵達首都之際，人數卻只有五百；他被制止不准發表演說，更遭逮捕，隨後卻見一千兩百多名生力軍從其他各州開到。但是一場運動下來，畢竟使這方面的需要廣為周知；進入二十世紀，遊行更在美國和歐洲成為常見又有效的抗議工具。而且在我們這個反應比較強烈的時代，有時僅需五百或一千兩百人眾，就足已逆轉政策方向，至少對地方或局部而言如此。

一八七〇年代貧富懸殊顯著，打動了自學成功的舊金山出版家兼報人亨利．喬治，他開始研究這個問題，先寫了兩三篇文章，然後便寫出一本經典之作《進步與貧窮》，指出一地只要有企業活動（亦即進步）發生，地價便自動飆漲，除自身勞動力外別無所有者遂成貧窮。財富既來自地益，非因努力所得，自應課稅以謀眾利，如此一來其他稅項便可一律免去。但是亨利．喬治並不知道，其實他的分析與結論，早在十八世紀已由重農主義者首先提出，其後又有詹姆斯、約翰．彌爾、卡爾．馬克思分別重申——但是無妨，反正多數讀者亦不知悉此事。於是單一稅運動愈盛，使他成為公眾人物，在美英和愛爾蘭各地演說，並兩度參選紐約市長，競選活動雖熱烈卻皆告失利；第一次參選與老羅斯福共分改革派選票。他在國外的影響力則相當長遠，蕭伯納及其費邊社友人認為他與馬克思起碼齊名，如果未能在實質意義上更勝一籌；《進步與貧窮》更指導了奧匈的土地改革。至今仍有亨利．喬治學社運作，在紐約舉辦討論活動並贊助出版事宜。

另一位不同類型的經濟學家維伯倫則在芝加哥等大學的庇蔭下對企業、工業進行剖析。他的個性乖僻不定，使他從一校換到另一校；他的思想卻直接精密，流露在一打作品裡面，以《有閒階級論》首開其端，此書使他在世紀之交成名——雖然故意模仿學院派的風格，嘲弄那類冗長又纏絞的字句。「論」一詞，

> 亨利．喬治曾說，真奇怪，人類竟聰明到能夠造出布魯克林大橋，可是卻沒法不叫那些討厭的繩繩纜纜跑到它裡面去。
>
> ——諾克（一九三三年）

意指這個階級的行事與資財使用，有錢人凡事以價格定高低，更沉湎於浪費惡習，因此從經濟觀點觀之實在可議。維伯倫的名言「炫耀型消費」遂進入語彙，專用來指稱那種偏好購買昂貴之物以示其鄰的炫耀作風。日後，凡可以為這項用途服務的物品，如汽車、遊艇、家具、電器，遂被視為所謂「身分象徵」——不似早先在王公大人的宮廷之上，只能以珠寶與絲綢、盛宴與花園從事揮霍炫耀。炫耀型消費於今更有長進，全拜工業之賜，使昂貴物品不斷繁增。

在此必須再加一句，及至十九世紀末葉，這般有閒階級卻已消失不復存矣；如今有錢沒錢，都無人再有休閒，或知道如何處「閒」——也許除了無家可歸的流浪人是為例外。英國人有周末始自一八八〇年，可是現在大家無時不忙，甚至假日也忙——這也是「物」太充裕之下的副作用。維伯倫的其他作品再度討論群體活動一題，因此首創「制度經濟學」，成為經濟學下新支，向古典學派的權威提出挑戰，也確立了他創立新說的地位。

兩個十年之間，各式各樣的改革者在公眾眼前出現，老羅斯福稱之為「扒糞者」（典出《天路歷程》：有位老兄的眼睛總向下看泥巴，卻無視自己頭部上方的冠冕），其中兩名女子的工作成效，產生了值得注目的影響。一為海倫·杭特·傑克森，是詩人狄金生的同學，通稱「H·H」。她對印地安人所受的殘酷待遇深有感觸，寫作小說成名之後，又寫下《世紀之恥》控訴當前政策，遂因此作受命出任特別委員，調查某些部落面臨的困境，隨後又據此經驗寫了另一部小說《蕾夢娜》，受到更大歡迎。印地安人的苦況並未因此結束，可是問題卻已提出，從此再也不曾埋藏。

塔貝爾之名可能比海倫·傑克森較為人所記憶，因為在馬克思主義的一九三〇年代，她的大名與她的扒糞同業斯蒂芬斯再度復出，被列舉為批判資本主義的人士。兩人都為《麥克盧爾》雜誌寫稿，這份雜誌係由愛爾蘭裔移民麥克盧爾所創，專為對抗大企業以及其他被視為個人權利之敵者而辦（柯南・道爾即曾投資這項冒險事業）。塔貝爾少時原望在生物學上有所成就，但見此抱負在男性壟斷下難能伸展，只好改往索爾邦攻讀文學、歷史，在法國國家圖書館苦讀。返國後接受麥克盧爾的建議，寫有拿破崙、林肯傳記，並再接再厲考察洛克菲勒從小職員爬升至企業大亨的驚人發跡史，五年時光的調查研究，產生了《標準石油公司記》一書，是針對當代企業手法最詳盡的描述。

諸如此類麥克盧爾旗下各式揭密作品，逐漸說服了立法單位著手管理金融制度，尤其是一八九〇年休曼法（反托拉斯法）啟動，開始起訴托拉斯商業行為，連老羅斯福總統本人也承認：限制資產權確有必要。可是另一方則宣稱代表個人主義；卡內基指稱透過競爭可以累積財富，在適當的使用之下，財富集中帶來的公益將遠甚於財富分散。卡內基設立公共圖書館，創辦機構改進教育、促進世界和平；洛克菲勒則自就業之始，便固定拿出百

當我想到他（卡內基）代表著特別一級的百萬富翁，就不得不說——雖對他個人帶有十足敬意，也不以為他該對自己這種不幸狀況負起任何責任——我還是要說，他是個反基督、是個社會怪物、是非常嚴重的政治禍害。

——修霍斯牧師（一八九〇年）

我們這時代的要務，在於適當管理財富，以使貧者、富者依然能如手足相繫。巨大財富有一種運用形式，可以徹底矯治財富分配的暫時不公現象。在其影響之下，少數人的多餘財富，將成為最佳意義之下的眾人資產，因為係為共同福祉而經營管理。

——卡內基《財富佳音》（一九〇〇年）

分之十五的收入捐做公共用途。他與其他富人又提供大筆款項成立大學、學院，這都是一般賺取工資的普通人無法辦到之事。但是改革派並未因此受到安撫；最後邏輯發展結果，塔貝爾擁護福利國制度——當時的版本還不算激烈，此即「大切換」之始（989 >）。但是她並不支持全面開放選舉權，因為如果社會上缺乏普遍贊同，投票、立法之舉其實影響甚微——只看黑人之例即為明證，他們雖已在法律上享有「自由」，實際上卻獲得何種待遇。

沸騰的時代，湧冒著各式政治思想，大都只能匆匆速寫，但若無一語提及杜利先生則不免有欠完整。一八九〇年代中期，他老兄開始在《芝加哥郵報》的專欄出現，用他的愛爾蘭土腔評論時事教化讀者，身分是芝加哥酒館老闆，與友人哈那士以及阿契路上其他各等人物聊天，暢談人生大小事項。這些生動場景乃是鄧恩筆下所創，鄧恩的政治悟性與諷刺才華，較諸一八九〇年代多位美英作家不遑多讓，同使這個時代充滿了睿智

論洛克菲勒：這人有點兒像是防止虐待金錢協會。他要發現有人濫用他的錢，就立刻拿走，自己收下。

論一九〇〇年巴黎博覽會：我打定主意，要去探探那科學的大驚奇。我剛在說什麼哪，您老？噢，在一家劇院的前座上，我雙眼緊盯著那蘇丹後宮的貴婦，快把她自己扭成一團了。

論黑人問題：我是放了奴隸，哈那士，可是啊，老實說，我想，這就像把他從食品間放出來，又送進了地窖去。

—可是除了放他自由，你也不能做更多了。

—是不能，哈那士。只不過，你跟他們說，他們自由了，他們清楚得很，這只是哄他們啦。

——杜利先生（一八九八年）

風趣。只見他輕描淡寫一句：「這桃子裡帶點金屬焊接味。」便注記下罐頭食品紀元的到來——這等文學天才[4]可非等閒。他那七大卷《杜利先生桌邊閒話》，除足證這等評價非虛，亦是其時代全景紀錄：任何話題——從老羅斯福在美西戰爭[5]中攻上聖胡安山頭，到奧林匹克運動會上的國族主義（一七〇〇年後首度恢復舉辦），從「讀書」到「最高法院」——無不見這位酒館老闆意味深長的生動觀察，而且適用於任何時代中類似事例（可自一八九八年的第一集入手：《平時與戰時的杜利先生》）。可惜這些文字無人研究，因此也無緣如馬克．吐溫、比爾斯的作品般重新出版供人享讀，真是美國學界一大恥辱。其實杜利先生與他的夥伴們所用的土語，並不比《哈克歷險記》中那些偏僻地區的方言更成閱讀障礙。

像這類受到忽略的偉大本土兒女，名單其實很長，鄧恩不過是其中一員；這種現象實在有辱美國心靈，亦即學界與批評界（1117; 1142＞）。另一位是馬什，曾於一八九〇年代向農業部長提出一份報告，論西部地方灌溉事宜；他受派委研究這個問題，是因為他方才重刊其作《自然中的人》，改用更醒目的書名《被人為行動改變的地貌》。馬什可謂首位生態學家[6]，三十年間，他觀察、思索並出版相關議題：要大家保持警覺，關心地球，注意其資源補充。羅斯福總統愛好自然，在其主政之下，環境保護行動展開——功勞卻全被平肖（林務署署長）得去。如今每當地球日來到，卻不聞半字提及馬什的功績。

其實對生態一事所做的開拓努力，就足以奠立他的盛名，可是他的興趣、能力並不止此一端：他還是首任派駐義大利的外交使節，美國內戰期間以及接下來的二十年歲月之中，在義國做出了比普通才幹更高超的服務。在此之前，他的駐地是土耳其，因為他兼通多國語言；事實上外語正是他第二項終生嗜好。他的學識既深且廣，曾著有古冰島語文法，他的《英語談》更充滿新鮮見地與原創旨趣，簡直就是一部文化史。因此他確有資格與莫瑞共事，成為《牛津大字典》最早執筆者之一——這部為每個英文字找出可考歷史沿革的字典。

＊　＊　＊

依定義，工業或「術」上所謂的「最高境界」，往往落後於無數發明家的「心靈境界」。在發明家的心靈裡，新事物的創新無止境地發酵沸騰，多數卻無法大展鴻圖，或因為一如美術，受困於外人無法理解，或因為一時尚無法派上實際用場。比方拉鍊這項發明的故事，就是一篇不屈不撓堅持到底的史詩——它是昨日的新奇物事，今日已臻完美境地，亦即誇稱的「最新化境」。至於在本章橫剖的這個斷面時期當中，已經提出或接受的新奇事物如下：電話、留聲機、自動鋼琴、燈泡（非常原始）、打字機（同樣原始）、輕量（所謂的安全）自行車、略具雛形的內燃機、還不到嫘縈層次的人造纖維、DDT殺蟲劑、第凡內彩色玻璃、伊士曼盒式相機、收銀機，以及那人造妙物：象牙牌香皂（可讀 R. John Way 著 *The Bicycle* 等相關書籍）。

至於臻於完美境界者亦非全無，兩項工程成就便得到國際喝采：一為羅布林的布魯克林大橋（<857），使用他發明的雙絞纜線吊懸。另一為依茲橫越密西西比河的聖路易大橋，堅強的承載力掩蓋於優雅的橋姿背後，在落成典禮上獲得實證展示：只見懸臂式結構的中央，一列火車頭緩緩在兩道鐵軌上噴吐著蒸汽駛過，七百噸[7]重量壓力之下橋身穩穩不動。鋼鐵的使用，在這兩件作品之後遂成絕對必要——前不久蘇格蘭泰河峽灣的橋梁坍塌，已證實鍛鐵極不可靠，但是在其後十年之間，鋼

鐵依然是項稀有物品。

至於日常用品的製作，亦隨紙袋、硬紙板箱的出現邁入新階段，這兩項大量生產製造的物事，領頭帶出了如今那「用後即棄」的長列隊伍。紙箱紙袋之生，是因為除了破碎布頭之外，發現其他材料亦可製紙，包括稻草、樹皮、北非蘆葦草和木漿，於是報紙、雜誌和書籍成本降低——紙張氾濫之下，更對智識、社會造成其他影響，不過在此還是莫做省察為佳——倒是另一樁樂事值得一提：約略在此同時，李維·史特勞斯開始製造藍色牛仔褲，銅釘銅鉚，一應俱全。其他亦有多項新的起步問世——至少對美國人來說，只消列舉幾間至今猶在營運的公司行號，即可一窺其中跡象，都是在這同樣幾十年間創立：Borden（奶品）、Heinz（漢斯食品）、Pillsbury（麵粉）、Coors（啤酒）、Anheuser-Busch（啤酒）、Edison（愛迪生電力公司）、Gillette（吉利刮鬍刀）、Lipton（立頓茶）、Nestle（雀巢咖啡）、De Beers（南非戴比爾斯鑽石）、Montgomery Ward（華德百貨）、J. Walter Thompson（湯普森廣告公司）——以及直到最近之前猶屬無處不在的Woolworth（伍爾沃斯百貨）亦是。這段時期的產物，還有藍色臥鋪列車開始在加萊、尼斯、羅馬之間行駛，不久便生出了東方特快車，為巴黎到君士坦丁堡的路程提供了豪華舒適的直達旅途。一八六九年聯合太平洋鐵路公司的路段完成之後，美國也有了橫貫大陸的直達車程，可惜這條路線不久卻犯下大錯，竟必須在芝加哥中途換車，真是既不合理又不方便的安排。

於是在一八九〇年代開花結果之前，這類新奇事物紛紛萌芽——不過結束這段報導之前，以下是當時一些新聞與事件的速寫，想來必曾引芝城居民的注意：一八七一年十月裡的兩天，芝加哥爆發了一場大火，火蛇一下子便吞滅三分之一地區，十萬人無家可歸；災後清理火場，卻成為一個可遇不可求的現代化大好良機。國外有消息傳來，史坦利已在中非找到李文斯敦醫生（蘇格蘭傳教士、非洲探險家），並說了某句話（「我猜，您就是李文斯敦醫生吧？」如今已成名句）。雜貨大亨謝里曼的特洛伊遺址發掘計畫，原被認為瘋狂不可思議，如今卻正漸有所得。新聞界亦有重大突擊斬獲，普立茲派出大膽美麗的白麗（本名依麗莎白．西曼）環繞世界一周，要打破凡爾納設下的八十天（想像）紀錄（<817）；結果她比他快了八天，足證一八七二至九〇年間交通方面的進步。有人照下疾馳中的馬兒，顯示四蹄同時躍離地面；科洛迪的《木偶歷險記》問世，羅伯特出版他的《議事規則》；王爾德訪美，證明他三教九流皆能相處。諾貝爾的火藥，阿爾布特醫生的體溫計，均成普遍使用。白人勞工猜忌中國苦力，激發洛杉磯一場種族暴亂；紐約則有特威德（十九世紀紐約市民主黨頭子）同黨將幾百萬公帑納入私囊，遭到揭發之後，他們的頭子竟這般答覆：「那又怎樣？」遙遠的西部，傑西．詹姆斯一夥攔劫火車足稱經典演出；海上發現了「瑪麗．西蘭絲提號」，毫無損壞地四處漂流，船長桌上還擺著早餐，船上卻不見半個人影。

所有這些「寶貴」資訊，當然都係經報紙傳送散播；報紙的發行量在各地不斷增加，廣告收益豐厚，遂使報價本身可以維持低廉，前面提及的各類醜聞，以及大小事物均予煽動報導的特寫，更使競爭手段無所不用其極。一八九六年，普立茲的「紐約世界報」刊載一格漫畫「黃色小子」，赫斯特說服漫畫家奧特考爾特為「紐約日報」將小子漫畫加長成四格連環；雙方為版權公開憤怒爭議數月，據聞「黃色新聞」此稱（Yellow Journalism，以聳動扭曲手法吸引讀者，與中文裡意指色情的黃色無關），即因此事而興。一年左右之後，這個新名詞更確定已在使用：「世界報」與「日報」兩報聲嘶力竭，高叫美國應在古巴採取「行動」，遂將國家政府推入了美西戰爭——不似後來的學子，當時的大學生可是大聲叫嚷贊成開打。威廉・詹姆斯在哈佛，對著嗜血若渴的群眾發表談話，只能徒然勸阻：「別與狼群同囂！」

* * *

自「饑饉的四十年代」以來，只有一八九〇年代這個十年期，再度獲得綽號：「不檢的九十年代」；接下來在英國又因為《黃色小矮人》（童話故事人物）、「黃書雜誌」（一八九四至九七年間文學藝術插畫雜誌）與黃顏色拉上關係，最終定名為「淡紫十年」。淡紫代褐而興（<853），因為更能勾起「唯美主義」（894>）之思；「不檢」則取代鍍金年代那種消沉氣氛，轉而認可享樂與歡快精神。但是回顧起來，這個時代似乎遠比一堆形容詞所能暗示者更為複雜，而且若要將「九十年代」視作一組文化單位，不應只代表一個十年，而是兩個十年，從一八八五年一直延伸到一九〇五年間，如此才更具指標性與方便性。因為那些年間的重要創新發明，無法只以一個日期，便鎖定在某個單一事件、思想或作品之上；全面全程的徹底轉變，必須透過各式各樣活動萌發的精力與思想，方始大功告成，時空上涵蓋了整整二十年。因此之故，一八九五年左右從芝加哥（或任何一地）看出的視界，並不能及於所有角落，必須在下章裡更進一步多方考察，才能獲其全貌（885>）。

一八九三年的芝加哥，作為主辦哥倫比亞博覽會的東道主，自豪地觀看會中展覽內容：場內展有來自四十六個國家的參展品，共有兩千五百萬人眾前來參觀；一百五十幢會場建築，更使它不論規模或建築展示，都比一八七六年在費城舉辦的開國百年展更為盛大。在芝加哥舉行的這場盛事，係紀念歐洲發現美洲四百周年，但真正誇示的成就，則是一四九二年迄今產生的差異：金屬與機器幾乎已經完全淘汰木製與人工。

> 科學尋之，實業用之，人從之。科學發現之，天才發明之，實業應用之，人則改變自己以配合新的事物，或由其塑鑄。
>
> ——哥倫比亞博覽會指南（一八九三年）

哥倫比亞世博會在一事上異於之前各次展覽：除「物」之外，也注重思想成就；會場內有一棟製造業暨人文館，由專家在此舉辦各項研討會，討論宗教、和平、婦女的要求和青少年問題等等。至於科學、「術」方面的果實，展出亦如此豐富，如此具有層次條理，亨利．詹姆斯認為展覽本身就極具教育功能。參觀者方抵會場，便立時為之神迷，只見巨大的入口處電光四射；照明在場內多站均為特色，尤其是電力館。這麼多的亮光，卻非來自太陽，真是罕見的新事象，芝城博覽會作為整體，遂得了一個白色之城的稱號。不錯，確實因為線路絕緣出了毛病，場中冒了幾場小火災，卻在擊潰黑暗的更大喜悅之中迅即為人忘懷。

兩年前白宮即已裝上電燈、電鈴，可把哈里遜總統一大家子嚇壞了，因怕觸電堅持不碰開關，也不肯按電鈴，電流只在晚間打開，天明[8]立刻切斷。可是喜新厭舊的習慣總是散布得極快，一方面因為如今工廠的產品毫不含糊——真的驗效，何況創新的背後，（假定）都有科學在向前邁進推動。另一類具有市場性的產品，「骨董」，正是從這個時日算起。其實所謂科學先行於工業的做法，預言性更甚事實，因為直到那個時候為止，幾乎每項新器物，都是發明家或工程師根據前此已有實際效驗的裝置發明。只有進入一八九〇年際，才見德裔化學家孟德爵士向一群企業人士鼓吹如今我們稱為研發工作（R&D）的優點——即研究暨發展：由工業界聘請純科學家開發科學程序，再供工程師具現於實際的機器與器用。

九〇年代的發明亦與人類的欲望同步，接連舉辦的世界博覽會則向大眾展示成果，一八八九年巴黎世博會所示更是一枚特大型的果實：艾菲爾鐵塔，證實了一座三百米高的金屬結構可以站立得住，而且只要搜尋得夠遠夠廣，絕對可以找到足供使用的鋼鐵。不久之後，芝加哥建築師蘇利文（932>）也使用類似金屬骨幹，當作辦公大樓的結構；此即摩天大樓的原型，與中古大教堂使用的原則相同：牆壁非為承重，卻只裝填在骨架之間。蘇利文立下標準法則：「形式追隨功能」，他的意思是：一幢建築物，務必清楚顯示用以服務其用途的結構。他感嘆哥倫比亞展覽會場所示的新古典風，那種高度裝飾性的風格，卻必將廣泛為人模仿：「建築將因此倒退五十年。」

結果並未倒退如此之久，雖然美術界的前進速度不及機械藝術——巴黎決定保留艾菲爾鐵塔，不隨會場其餘建物拆除，卻見百餘位藝術家、作家簽署了一份抗議書，指稱艾菲爾君蓋的這幢不雅醜物，玷汙了這座美麗城市。但是「術」終究得勝，一九〇〇年次屆巴黎博覽會上，鐵塔依然矗立，而且不久便用作無線電報塔。一九〇四年的聖路易博覽會，比芝加哥博覽會更上層樓，以思想理念為主要展題。

博覽會頻頻舉辦，另一項常見的商業手法也擴大規模，搖身成為強大建制。廣告的快速發展，事實上出於必要；時代巨獸不斷吐出最新產品，多為一般百姓之用而製，價錢也不昂貴。廣告作為簡單的招徠手段，可謂行之已久——起初只是短短幾行，公告失物或某處新店開張，然後發展成一段形容、自誇的文字。進入九十年代，更見今日所知的廣告術開始興起：醒目的字體、圖片，一再反覆的宣傳口號，誇張的驗效：當年首度推出的早餐穀片 Post Toasties，甚至聲稱可以治盲腸炎；裝上電線的所謂治療器，暗示電力可解腰部及膝蓋疼痛；瓶裝液體、「蒼白人用的粉紅藥片」具有奇效[9]。自行車、汽車、浴缸、爐灶、地毯清塵器、照相機、逃生梯、鞋帽、束腹和機關車，都附有廠商的公開自頌自讚之詞，經常更伴有心醉神迷幾至狂喜之狀的使用者背書做證，以赤裸裸的黑白插圖線條刻畫出來。廣告物品一旁，總是擺出誘人姿態的人物，臉上還洋溢著幸福光彩。

於是「麥克盧爾」等各家雜誌愈變愈厚，一期多達百頁廣告篇幅，街頭也到處廣告單為患。還有那「三明治人」，如此叫法因為他們的前胸後背都綁上大型廣告牌，沿著主要大街招徠展示。戶外廣告豎立起來，公寓外牆亦為生意人與大眾福祉塗抹上廣告；政治和戲院海報而外，更延伸至各行生產事業（可瀏覽 Floyd Clymer 著 *Scrap book of Early Advertising Art*）。市場上的貨品琳琅滿目，可供選擇不斷擴增——說也奇怪，竟需要不斷提醒大家：買麵包、買肥皂、買糖果，不然銷售量就會降低。這些早期的宣傳訴求，文字與設計相當粗糙，內中的原則卻已證明永遠不變；十九世紀的九十年代，甚至可以自詡出了第一位專業廣告文案寫手：一位匿名的廣告英雄。

廣告作用於人的心靈，成效至巨，如今服務對象更廣，世間每一種意圖、教條、政治或私人抱負、衛生措施、公私機構，都以之作為推動工具——其中演變經過，是文化史上有待敘述10的長長一章，必可顯現廣告的內在實質及外在腔調，均富於啟發意義。比方當象牙香皂宣稱，它是「百分之九十九點四四的純粹」之際，就是借用一個社會事實建立身價：亦即公眾對科學已有足夠認識，知道絕對的純粹度無法達到，遂透過這個帶有小數的數值，暗示其精確程度，證明其優異品質。現代人腦海中擠滿了各種名稱、詞彙、圖像，正是這類不受控制的滔滔夸談又一影響，更連同其他方面的文化作用，轉移了文藝才能，稀釋了新起的繪畫風格。

鳥瞰這二十年組定義之下的九十年代，觀諸期間提供的商品器具，清楚地顯示了現代所有的生活便利，幾乎都始於這個新舊世紀之交。以下是一張慢慢發展出來、離最後完成還有距離的清單，其中當然有些必須在日後獲得改良，方才尋得了真正的市場空間。

居家：中央型暖氣；現代尺寸形制並附有自來冷熱水的浴缸；安全刮鬍刀；氯化供水；不鏽鋼器具；使用電力的烤麵包機、熨斗、烤箱、縫衣機、洗碗機。

辦公：電梯；撥盤式電話；無線電報；打卡排序機；手提式打字機；自動咖啡販賣機。

健康：治療梅毒的撒爾佛散特效針劑（商標名六〇六藥劑）；各類抗毒素；鐳射治療乳癌；心臟手術；器官移植之始（動物）；盲腸切除術；精神醫療診所；早產兒保育器；隱形眼鏡；管裝牙膏。

休閒：動畫；音樂喜劇；留聲機；冰上舞蹈；排球、籃球；摩天輪；自動點唱機；報紙頭條；由電話傳送的遊樂場歌曲表演（巴黎）；銀幕接吻畫面；脫衣舞。

飲食：早餐穀片；瓶裝牛奶送府；包裝式農產品（乾李，而非新鮮散裝）；可口可樂；人造奶油；冰淇淋筒；雜碎（一種美式中菜）；罐裝水果；琴雞尾酒；冰箱；保溫瓶。

知識教育：公共圖書館；函授課程；聯合用稿制（「麥克盧爾雜誌」發明）；問卷調查法；留聲機語言課程；書皮封套廣告詞。

購物：全規模百貨公司；連鎖商店；扶手電梯；購物中心，一八九三年首見於俄亥俄州的克利夫蘭，一座四層玻璃外帷建築，內有一百一十二家高級店鋪；投幣式電話；旅行支票。

法律與秩序：採指紋；電話監聽；自動手槍；電椅。

交通及其他需要：汽車、飛機；城市地下鐵；充氣輪胎；無線電報；歌曲與樂團錄音；彩色攝影；膠捲式底片；嫘縈（人造絲）與其他人造織品；賽璐珞電影膠片；口香糖；盒式火柴；橡膠鞋底；拉鍊釦。

具有預示性質的首度出現：絕食抗議；女子（美式）足球俱樂部；股票女經紀；字頭縮寫SCAPA = Society for Checking the Abuses of Public Advertising（公眾廣告濫用監察會）。

簡言之，這是個以便利取代舒適的年月：種種家用器具與包裝式的產品，是生活全套披甲之外增添的外加物，雖然確能減除日常瑣務，卻未曾真正簡化生活，反而常成負累。器物必須添料、保養、維修、「升級」，使用者必須具備新的技能，養成嚴格的習慣、警覺——還有器物不靈光之際帶來的洩氣感。事實上擁有任何事物，都有其不利之處，愛默生即曾做此觀察：「如果我養頭牛，牠就會反過來榨乾我。」某件器物可滿足某項需要，同時卻犧牲其他某幾項需要為代價。新的傳播手段降低了隱私，過度加重了人與人間的聯絡，剝奪了人的時間。單看十九世紀的眾多一流作家，可以在沒有打字機、電話之下，寫出卷帙浩繁甚至令我們吃驚的大量作品，而且通常是在遠比如今平均壽數為短的歲月之間寫就，正可以為上述傳播手段的影響做一注腳。一位瑞典學者即曾細述現代人的景況，他說明「服務經濟之下，為何服務卻形式微」，並提出數學模型，描述機械化愈增與自由時間愈減之間的相對關係（這位學者 Steffan Linder 所著的 *The Harried Leisure Class*，除最後一章外，都簡潔可讀不帶技術細節）。

除此之外，家用產品的設計者也常乏想像力，或只顧視覺吸引，或在製造過程中偏重經濟考量，卻忽略器物本身的不便不適之處。這種缺失是生活在機器之中常見的現象，以致「使用者友善」一詞還得特別拼造出來，作為一項賣點——可是購買者得到的這般保證，往往只印在說明書上，卻不見於物品本身。各式節省勞力的家用器械，只帶來一項良好的明顯效果：僕役階級的**解放**。

約翰・彌爾在很久以前即已指出，人的工作雖可由機械代勞，人的苦勞卻只能改變而不曾減輕。有一件事卻無人注意：家事機械化之後，勞力者背上其實另增負重——原本簡單的貧窮生活，從此不再可能。今天沒有任何人家，可以在沒有種種現代便利器物之下生存，從電話、瓦斯、水電所謂「公用事業設施」開始，一直到汽車、收音機、電視等等皆是。為保住工作所需，或只因鄰居、自家子女加諸的社會壓力，這些設施器物都形成具有壓迫性的「生活水準」之一環，對某些家庭來說，更意味著必須兼差或永久性的負債。若拒絕這種物質生存奮鬥，就變成可恥的赤貧狀態，而不再是前代或可容許的差強人意生活。

以上所言，並無意贊同山繆・巴特勒的《烏有鄉》居民之舉：他們下令所有的機器都必須一律廢去。其實機器帶來的副作用中，有些頗值稱道，比方只消輕輕一彈開關，黑夜立變白日，就已經大大改善了書生研讀與白領工作的環境，也消除了小小人兒的許多恐懼。電力也使工廠完全改觀，從煙霧燻黑的地獄，轉型成簡直可用以展示的堂皇場地。因為機器也是人的作品，而非外來異物；它出於人手，來自人的想像，一如藝術。其物質形貌亦可表現美感與實用融於一體——這項認知，即已強化了蘇利文功能主義的美感層面（<867; 872>）。

＊　＊　＊

一八八二年雖有王爾德造訪美加，卻未使這個國家幡然變成藝術宗教的信徒——何況說起來，美國其時的國民氣質，畢竟正如火如荼地投往另一方向前進。當時種種批判性的思想，若不屬馬克・吐溫、比爾斯的苦澀型，就必然一心致意改革。如前所見，正是美國境內的大企業、方冒頭的殖民主義、敗壞的政壇，以及貧者、幼者、黑人的不幸狀況，令凡有良心的男女感到不安。但是在這樣一個專注於開疆闢土、興築鐵路的國度裡面，亦有另一群人士（藝術家、思想家、學者）感到孤立隔離。如果能力所及，這類「局外人」通常都赴國外寄居，而且幾乎成為傳統。一八六〇年代有位棄法律轉事雕塑的律師斯多瑞，便住在義大利，四周來往流動著一批志同道合的業餘愛好者。另外，梅瑞終其一生幾乎都住在法國，被視為法國象徵主義詩派的成員（892＞）。學者們則感到非得在德國住上一段時間不可；事業生涯中途，亨利．詹姆斯更將英國變成他的永久家園，其兄威廉則在歐洲接受教育。留守合眾國的人中，多數畫家都是歐洲畫派的門生或信徒，將自己選擇的畫風稍事修改，以合美國本地題材，通常係以美洲大陸廣大而野生的風光入畫，卻表現成神祕或誘人的情調，而非崎嶇粗獷或險惡困頓的風貌，科爾、徹爾契、杜南的作品即屬此類。賴德則與眾不同，他筆下對題材的處理，象徵一種退往未知世界的僻隱，那裡既無山川之壯麗，亦無日常生活之平淡無奇；比方〈賽馬場〉此畫傳遞的概念，便有一種奇異懸疑的夢境之感，類似象徵主義眼光，雖然賴德本人並不知道此派或他們的作品。

另一位逆時潮而行者是建築家理察森，他對抗當時例行的仿歐習氣，捨歷史風格另行設計出比例優美、卻特意看來沉重的房子，窗戶的眉目特別強烈。然後他又簡化建築外觀，尤其是私家住宅，但是他特別偏好大型室內空間，好長一段時間因為尚無中央暖氣系統不免有欠實際。摩天大樓興起，更使建築的腳步向無裝飾的趨勢加速：窗緣的邊飾線，樓層的楣簷口或其他任何裝飾，如今在摩天樓的尺寸對襯下均成可笑——更何況，功能主義的信條嚴禁玩弄這些花樣。

在美國藝術家的眼裡，美利堅家鄉的地形風貌與居民言行，此時仍屬未開化的蠻荒；但是我們明明又記得，一八九〇年此年，是公認的停止西部拓荒之年（保留自然）——兩事併作一起，似乎有點矛盾。不過確有幾處「奧克拉荷馬公地放領」，係於一八八九年間開始拍賣，而且一直進行到一九〇六年際，因此在封閉的邊疆背後，依然有拓荒生活存在。整個中部大平原地區的農墾放牧生涯，也得倚靠倒鉤鐵絲網及科特左輪槍方得生存；華特・韋伯的同名經典《大平原》，便將此中生活描寫得非常清楚。被趕離自己家園的印地安人，此時尚未完全屈服，開拓區距離治安警力則經常遙遠又不確定。因此不論眼見或耳聞這種景象，都予人一種建設尚未完成的草莽感覺。

密西西比河以東的況味則大不相同，對許多人來說，城市的吸引力實在無法抵抗，格蘭的小說《達契爾谷的羅斯》，便係刻畫都市生活的魅力對村莊少女的影響。更有一項先驅的統計研究羅列都市生活優點：教育設施較佳，日常生活因有各項便利之助水準較高，智性方面的接觸較蓬勃，休閒娛樂包括音樂藝術在內也較為多樣。尤其在東北部，定居年月既久又近歐洲，正有一群人數漸增的人士開始反轉潮流，提升現有的思想文化手段。博物館在波士頓、紐約及華盛頓等地或成立或整合加強，合唱團體與管弦樂團在更多的城市建立，大學取代了獨立學院——而且不僅是換個名字而已，如一九五〇年代那種不顧後果的魯莽做法，卻是認真地開辦研究級院校。哥倫比亞、芝加哥、約翰霍普金斯、康乃爾等校，領導這一波隊伍前進；中西部地區幾間新設的州立大學，也開始滿足當地在智識與農工業兩方面的需要。

大學應為公眾服務，這項概念來自伯吉斯；十七歲時在南北內戰任北軍戰士（雖然家中蓄有黑奴），此時的他就仔細想過，若能有人比當前雙方政治領袖受過更好的訓練，必早已找出法子避開這一場戰事。安默斯特學院畢業之後，伯吉斯赴日耳曼觀察高等教育系統，又往巴黎的政治科學院，回國後便在哥倫比亞學院籌組政治研究師資，是舉國首創，亦成該校核心（哥倫比亞在幾年後取得大學之名）。接下來則有科學方面的需求；哈佛校長艾略特是位化學家，增辦了一個又一個研究所——勞倫斯科學院與醫學院兩院是他特別關注所在，並除去神學院的宗派性質，遂使學院轉型成為大學。他又爭得同意建立選修制度，學生可以決定自己的修業計畫，但是他也堅持實驗一項為必修；並新設[11]科學士學位，拉丁文因而終於遭到封殺。

更進一步，因相助吉爾曼事業發展，艾略特也間接助成耶魯大學的雪菲爾德理工學院的設立，以及讓約翰霍普金斯大學成為名校。吉爾曼受到德國學制的靈感激發，他在那兩個學校發明了美式博士學位，並創立第一間研究性質的醫學院，由傑出權威人士如奧斯勒、霍爾斯特德負責主持。更早之前，懷特即曾夢想開辦一家大學，接納任何合格的學生入學，不計財力、性別、膚色，而且要成為「科學的庇護所」。幾經奮鬥，並始終有康乃爾支持資助，終在紐約上州將一處贈地農校（聯邦贈公地予各州成立農校的法案）與一間完整規模的大學合組成一所新校，並親任校長。退休之後，懷特著書自述哲學理念，《歷述基督教世界中科學與神學的戰爭》得到廣泛閱讀。同樣也是與普林斯頓的教授們奮鬥衝突之後，威爾森終使該校變成一流[12]的現代大學。

在此同時，哈潑在洛克菲勒支持之下組辦了芝加哥大學。身為聖經學者，哈潑並不特別青睞科學，卻堅持要成立一所「高級學院」（senior college）——即上兩層年級，教授研究調查方法。科學與研究調查雙管齊下，再連同「來一個，全都來」的推廣政策，一八九〇年代成為現代美國高等教育之始，致力於科學與公共服務；至於對藝術方面的護庇，則在日後方才來到。（1070>）

人文式微的悲哀故事卻也從此展開，亦即此地特有的「人文學科困境」。人文與科學，早期原本相處甚佳——當時科學學科分類不細，通常可見物理學者兼任天文教授，或化學教授兼授「自然誌」。而科學學門本身，當然更毫無任何不自由／不文科（illiberal）處，所有類型的知識生而平等。可是進入一八八〇與九〇年代，專門化科學的旗幟開始飛揚，大隊侵入學院門牆，唯我獨尊，自稱唯有它配稱知識。誠然，科學家並未特意出兵殺傷人文學者，後者的傷口其實是自殘所致：因希望能與科學抗衡，讓人文學也能變成科學，人文學界遂在這種心理下放棄了自家與生俱來的知識權，開始教起學子使用瑣屑的學術方法，人文學的底蘊因此變了本性，其價值也開始面目模糊。

「研究調查」這個字眼，誤導了人文學者，使他們把精力都用在挖掘與研究主題「相關」的事實，卻忘記回到主題「本身」。當時另一位大學建校者巴特勒（1070>），就常舉一個發人深省的例子：大學時他曾修過一門希臘戲劇，教到尤里庇迪斯，授課教授開宗明義便說道：「此劇是我們這位劇作家筆下最有趣的一部劇本：幾乎包括了希臘文法中每一項破格。」正是這種本末顛倒的錯置，令今日大學裡的人文學科失去應有的吸引力與實際價值，表面上開了許多「文科課程」，但是若不能人文式地教授，就根本不具任何教育意義。再度聲明，校園這一端文科教授的愚行，無須由另一端的理工科同事負起責任，一八九〇年代的人文學者對科學又懼又羨，根本是一種無稽心理。赫胥黎即曾剴切指出，科學之所以吸引年輕學子，並能開發他們的智識心靈，因為科學其實就是經過觀察與組織的常識——其中並無任何使得主修人文者退避三舍之物。隨著時間過去，今天科學已經不再僅是常識，不過這又是另一個故事了（1076>）。

＊　＊　＊

民粹主義心情，曾激起舒適階級的成員起來，為「人民的需要」採取思想與行動，其中也並未忽視人民的智識之事。卡內基決定在各地成立公共圖書館，其他亦有人成立工人學校，如庫波耳早在一八五九年即已在紐約建立。又有一支別具美式風格的組織，活躍於九十年代，與學院派相輔相成。此即依紐約州雪托夸湖命名的雪托夸社會運動，循道監督會在那裡建立了這樁義舉的事業中心，其餘則在全國各地零星四起，經常係以派出講員與表演隊伍的方式服務農業地區。原本只是為宗教研討舉辦的營火會，旋即發展成音樂、戲劇，以及一般性質的教育場合，並提供函授課程，辦了一份為時三十五年的評論雜誌，還舉辦過一場暑期會，邀請名人講演。威廉·詹姆斯即曾接受邀請，盡責地對成千群眾開講，可是一周尚未結束，他就已經快被場中氣氛窒息——認真無邪的群眾，虔誠熱心地一意向學。依他的典型作風說法——他恨不得能「閃現一把手槍、匕首，或邪惡的眼神」。

另一支團體也向美國文化著力，此即哈伯德在紐約東奧羅拉成立的洛伊克羅佛團體（意王者之居），這些人用他們的雙手工作，出刊「俗人」。不過相關的資料書籍對此機構頗有苛評，因為哈伯德利用它賺錢，產品的品質卻欠佳，與哈伯德自承效仿的凱姆史克特印刷所（莫里斯的手工藝運動）相較尤其相形見絀。詩人兼社會主義改革家莫里斯在英國成立這個組織的用意，是為在工廠劣貨環伺之下，重新振作手工藝的精神；及至九十年代，運動已發揮成效：市面上提供的產品開始以好材料進行製作，設計亦很引人，價錢更比手工便宜。在美國這一邊，因有哈伯德宣傳推廣之力，至少助長了欣賞好東西的品味——雖然這個國家當時大量購入的所謂莫里斯椅（帶有可調整的椅背），其實並不是什麼高級品。哈伯德還發行小冊子，共有一百七十種，總題為《行往偉人之鄉》，也培養了嚮往人類偉大成就之心。他與他成立的洛伊克羅佛團體，承辦的內容確屬大眾文化，但是譏嘲他所做的努力則不公平；而且就算其中有利可圖，今天各地的通俗藝術、思想豈非亦然，卻不受任何責難——他的所為的確算得上開風氣之先。

＊＊＊

隨著政治、經濟的改革腳步而來，對「人」，即個人生活面的關注也愈發強烈。如前所見，哥倫比亞世博會曾開會討論有關青少年的議題；不久，各種青少年保護團體紛紛在德國、法國和比利時成立。一八九九年布洛涅森林公園舉辦青少年節，吸引了大批群眾；一種專門著述開始大量出現，一位作者宣稱務要有「救童軍」（幫助不良少年），另一名作者則視青少年的劣行正是「城市街頭青春靈魂」的展示。瑞典的婦女運動者愛倫．凱在新世紀前夕宣稱，這將是一個「兒童的世紀」，並以此名為書，第一章標題赫然是：〈兒童有選擇父母的權利〉。

許多父母以及關切人士，亦開始著手改革學校。學校的罪名一如往常：「僵化」、「愚化」，是以等於虐待。可憐的孩子一定得從呆板的教師和反覆背誦的機械學習之下解放出來；兒童天生的好奇追究心靈，務必從字句轉回實物（<273）。芝加哥大學的杜威等人開辦了一間學校，將教育從各種錯誤之下解放出來——此即「進步型學校」，由學生自行選擇修業方向，以討論取代背誦，根據本身速度安排進程。老師也只是一個嚮導——如今則是擔任催化、激勵、協助性質的導師（facilitator），將知識呈現出來，作為解決問題的答案。

杜威之所以會落入這最後一項謬誤，因為他假定思想心得必隨著「科學的慎重方法」而來，殊不知科學的慎重處，乃在其驗證功夫。然而歷來許多發現，皆非按部就班如杜威開出的公式[13]般步步得出（杜威認為人類思維循五個步驟），卻如藝術、哲學，或甚至日常生活之中，忽然靈光一現：阿基米德在澡缸中「有了」（Eureka），正是典型一例。近代亦有凱庫勒的著名實例，亦非屬少見：這位化學家本來在實驗碳化合物苯系烴，卻在夢中「看見」那代表分子結構配置的「苯環」，這項發現是一大重要進展，確立了質素的屬性取決於其結構（可讀 Henri Poincaré[14] 著 *Science and Hypothesis*）。反之，「問題取向」的教學法則造成不良影響，為害之處不下於使用「看與說教學法」教導幼童閱讀。

而且不管怎麼說，幼兒是沒法用五個步驟解決問題，或自選課程吧。隨著幼稚園快速普及，心理學家紛紛建議提早入學，專為學步年齡設立的教育需求開始加增。最被稱許的學習方法之一，是義大利醫生瑪利亞．蒙特梭利設計的方式。她的興趣原在教導智障，服膺塞根與伊塔的思想，這兩位是治療智能不足、聾啞等各型殘障兒童的先驅。蒙特梭利進一步在巴黎及倫敦攻讀，在羅馬大學擔任教授，後辭職開辦小兒之家，一九一二年提出《蒙特梭利教學法》，在此之前，「麥克盧爾雜誌」已宣傳報導她的工作多年。

此法以**個人主義**為基調，與進步型學校相同，等於為後者做了最佳準備。嬰兒具「自發活動性」，因此可以「自發自學」，於是針對這個目的，設計出可以刺激感官、肌肉和心靈三者同時發展的教具（立刻使人聯想到貝多斯醫生的教育性玩具，<642）。遊戲如果設計得當，可以維持住幼兒興趣，自己一個人弄上好幾小時，不被大人打擾，養成專注與自律的習慣；因此不到六歲，孩子便經由自己的努力塑成「自己獨有的人格」。蒙氏方法指出：「小孩子是在建造一個成年的男人或女人」，此法顯然正是盧騷原則的發揚光大。蒙特梭利學校廣受讚美惠顧，一次世界大戰後卻失去光彩

——行為心理學家宣布智力受限於身體成長，隨年齡有一定發展階段，因此提早學習經驗並不那麼重要。待到一九五〇年代此派學說失去權威，蒙特梭利學校在國內外重新露面。在此同時，蒙特梭利本人卻已變成神祕主義者，視兒童為人類的救贖者。

至於人生下一階段——青春期，則有美國心理學家霍爾蒐集資料，寫出指導原則。他也同意盧騷所說，在這猶如人生二度出生的青春期裡，是智性後期的萌現，卻常伴隨著風暴與壓力而來；我們必須對人的三大成長變化時期有所了解，才能正確地處理青春期的特殊需要，一如前兩階段。三階段分別如下：從出生到六七歲時是小動物——「小猴子」是也，需要「消極教育」，只消控制住其環境即可提供。八到十一歲是野蠻人，行為舉止自私並具有部落結群性質，這段時期需要操練身體，實務演習而非書本學習，容許他發洩反社會的行為，免得日後才爆發。最後進入青春期，應對知識理念取得廣泛的認識，包括性事在內，因為「自然」所致，無法不去注意。此時男女亦不可再繼續同學，因為男孩和女孩的學習都會因此遭到干擾。

在美國，接下來要上的學還很長呢：不止一州紛紛設立公立高中，畢業之後，宣傳驅使之下許多人又進了大學。免費、強制性質的高中教育，此時除美國外可謂聞所未聞——美國勞工界非常贊同這種安排，因為可以延後進入勞力市場競爭的時間。霍爾認為高中本身，即應是「人民的學院」，而不是為那些他人備極讚譽、他卻認為「無可救藥的學院」預做準備的地方——原因顯而易見。在這項信念之下，一八八八年他親任校長，「救」了克拉克大學，他延聘許多學界牛耳擔任訪問教授，講授那門新科學——心理學（949>）。一九〇九年更因請來了維也納的佛洛伊德醫生，飽受外界惡評（923>）。

* * *

霍爾反對高中男女合校，並非出於反對女性主義，不過即使真的如此，當時的潮流正在大力推動婦女福祉——尤其是高等教育——勢必也會吞滅了他的「科學」結論。女子學院紛紛成立：布林茅爾、巴納德和雷地克里夫，在原有的瓦莎、史密斯和衛斯理之外，加增了東北部女校數目。原有三女校校齡已有二十年，至於最早的一校，更可回溯至一八三〇年代。從各方面而言，女性的解放在美國都領先歐洲，一八四四年的塞尼卡福爾斯女權大會，更是獨此一家別無分號。

從一開始，美洲的移民開拓就極其仰賴女性，包括體力、心力兩方面。她們的貢獻也使她們在家中獲得令國外人士嘖嘖稱奇的權威，而且從此未曾失去。可是她們還要更多——要投票也要可以從事專業，就是在一八七〇年代，要求的呼聲開始前仆後繼不已。及至一八九〇年代，專業世界的門戶終於漸開，投票權的要求聽來也不再駭人——早在一八六九年際，懷俄明州的婦女就已獲有此權，科羅拉多州在一八九三年，猶他州、愛達荷州在一八九六年。提到一八九〇年代美國的獨立女性，很難不想起麗莎．鮑敦，一八九二年被

男人告訴我們，妻子應當順從
她們的丈夫，溫順地，柔弱地；
又說，不管丈夫說什麼，妻子都當
言聽計從，
不得發問，愚昧地，謙順地；
可是我不，我不能，我不要，我才不，
不！我要直言我心，即使因此送命。
——〈讓我們直言心意〉
（"Let Us All Speak Our Minds"，一八四八年）

控謀殺雙親，她顯然不是那種行事「軟弱、溫馴」之人。最後無罪開釋（根據最詳盡的研究顯示[15]，這項判決正確），從此之後雖面對地方上的偏見，卻能始終堅持自己的人格與尊嚴。

或許正因為已經取得相當成果，這個世紀末的美國文學反而找不到英國那種鼓吹婦權的精神。最優秀的美國作家筆下，早已描繪著頭腦清楚、行事獨立，言談上經常對男性表示不屑的女性。美國婦女在征服西部中所扮演的角色，更是人人皆知。因此在這個世紀告終之際，舉凡亨利·詹姆斯、豪威爾斯、德福雷斯特的讀者，都很知道還有哪些限制有待解除——主要是更高的社會成就方面。至於一般的認識，則有老霍姆斯的三部小說（<846），提供了精神異常個案知識；德萊賽的《嘉麗妹妹》，更展現一位意志堅強、富於才華、白手成功的女性。

這些著作的美國讀者，毫不在意所謂文藝理論，國外那些門派論戰，主要只引起文藝中人與批評者的注意。越過大洋而來的新聞、思想，可比文藝理論有意思多了：莫瑞爾的小說《翠兒比》，轟動全球。一如嘉麗妹妹，翠兒比是位出名歌唱家，卻非靠自己成功，她原為洗衣女，後任藝術家的模特兒，卻被邪惡的匈牙利樂師斯文加里控制，用催眠使她搖身一變大展歌藝。她愛上巴黎一位年輕的英國畫家，又喜歡那裡的波西米亞生活，故事因此愈添魅力。斯文加里卻突然死去，翠兒比失去歌喉，故事沒有幸福快樂的結局。翠兒比（Trilby）一字，如今則意指一種帽頂凹摺的軟帽（因此劇首演期間戴此型帽並造成流行）。

另一項迅速獲得成功的進口產品，是英國歌舞劇《佛洛黛拉》，它也是一種新形式的娛樂，漸漸從舞台上趕走了原先那種比較簡單的輕鬆歌舞劇。一九〇〇年博覽會之前不久，巴黎劇院世界最轟動的大事是《貝熱拉克》（又譯《大鼻子情聖》），喝采之聲響徹西方。這部五幕韻文劇，係由年方二十九歲的詩人羅斯丹執筆，全劇「圍繞在」（姑且如此說吧）男主角特大號的鼻子上打轉——這隻大鼻子，當年也真的長在那位十七世紀作家貝熱拉克的臉上。劇情其實無力，其中的浪漫亦乏精采；儘管如此，首演時的熱情轟動卻前所未有，簡直就像今天的運動大賽盛況。女士們紛紛將手套、摺扇投向羅斯丹，觀眾哭泣、擁抱，不肯離開戲院，宛如都是一家人在自家歡聚。如此釋放流露的情感，顯示著一種原先即已潛在的感情狀態：貝熱拉克是英雄式的個人主義者，面貌醜陋且情場失意，卻毫不畏懼地對抗著那些有權、有勢、有錢、說謊而愚昧之人。他是典型的失敗者，處於全然的劣勢，卻劍技美妙，詞令燦然16。

這最後一項，正是此劇最富吸引力的所在。觀者若諳法語，必會被劇中精湛的語言技巧緊緊扣住心弦：其行文技巧純屬雨果風格，運用最鮮明生動的奇思妙想，僅差一點就登想像境界。事實證明，也只有這個部分可以譯成其他語文，其他那些靈光閃現之處根本無法譯出。儘管有此缺陷，此劇照樣在各地一再演出，有些演員甚至專門飾演這個角色，比方過去二十五年就有島田正吾為日本觀眾長期演出 Shirano Benjuro（《貝熱拉克》的日文音譯，日文漢字為《白野弁十郎》，島田正吾專飾此角）。電影電視的製作也層出不窮——這位可憐英雄永遠受人歡迎。

《貝熱拉克》突然現身世界舞台之際，吉伯特與沙利文的喜歌劇早已以同樣精煉的技巧、出色的筆觸，迷惑了觀眾多年。吉伯特的布局安排穩健，人物刻畫如真，更因對白有力，行文手法高超有拜倫的《唐璜》風，更使人印象深刻難忘——這一切又有沙利文的旋律完美配合，經常還故意模仿從韓德爾到威爾第偉大歌劇中眾人皆知的名段。此外，這些小型「吉沙出品」的傑作裡面，也有幾齣以時事為對象：《陪審團開庭》嘲弄英國法律，《皇家海軍圍裙號》譏嘲英國海軍，《約蘭特》譏刺上議院，《艾達公主》取笑女人從事男人職業，《佩西絲》則取笑藝術的造作。

《佩西絲》劇中的男主角，一般看法認為係以王爾德為藍本，但是舉幾個日期即可知此說不確。此劇製於一八八一年，構想、寫就、編曲的時間自應更早，王爾德第一卷詩則於一八八二年問世，當時二十八歲，他在倫敦還不致出名到可以成為被舞台幽默的對象。須知若要對滿院觀眾譏諷人物、時事，所論的對象必須已為一般人聽聞不止一次，此乃通則；莫里哀的《矜持名媛》（<507），就活在他之前的一個世代。因此吉伯特筆下的邦松並非王爾德，而是一位前拉斐爾派畫家，劇中幾處台詞可證，比如他那「中古的手」持著一朵百合云云——這是一種古代美，而非王爾德的現代美。

《貝熱拉克》出現的同一年，另一齣同樣廣泛傳講的演出則是維多利亞女王登基六十周年慶——女王她老人家似乎已經在寶座上好久好久了，事實上此時只有七十七歲，只是在她治下發生了太多事情，改變的幅度太大，以致令人有一種瑪土撒拉（舊約聖經中的高壽古人，活了九百六十九歲）印象，以為她已經非常高壽。她出過意外，不為共和派所喜，也曾被民眾抗議，卻都一一安然度過。她的子孫、親戚，坐滿了歐洲王位；她是印度女皇，也是許多不同族裔、異教、異信國家民族的名義元首。在她的版圖裡面，日頭永不落下——怪的是，其英國子民竟真為此說法沾沾自喜。他們熱烈慶祝她即位六十周年紀念，這一刻，他們也都相信英格蘭在世上的獨霸之勢，全都拜她所賜——或者，再度得歸功於他們自己的優良血統。

西方其他國家，尤其是正上升至強國地位的德、美兩國，可能也同感對一位年高德劭的君王應有的敬意，但是卻無法分享這種自鳴得意之情，或為大不列顛帝國的優異性同做見證。在不列顛本地，卻也出現了一個聲音，來自一位在印度長大也熟知美國的人士，於萬眾歡呼聲中發出警告。吉卜林在

〈退場讚美詩〉中告訴他的國人，要記得公義的神在監看他們的行動。而且「唯恐他們忘記」，他更描繪「他們昨日的顯赫」將變為「尼尼微與推羅」（中亞古城，聖經預言因罪惡、高傲被毀）——亦即徹底地滅亡。

吉卜林常被認為是個極端的帝國主義者，其實他曾在不止一次場合嚴厲批判他的國家。而且當美國在美西戰後首度取得它的殖民地時，他也再度為帝國主義（「白種人的負擔」）下了道德定義：「那些愚昧、沉默的民族，將視你所做或你留下來的事物，衡量你和你的神。」（白種人的負擔意指向異族傳教的任務）吉卜林顯然意識到空氣中變化的先兆，意識到某些將可能帶來推翻、毀滅的風已吹起；女王正備受光榮讚美的當兒，他卻發出這項不同觀察，可謂正是時候。維多利亞時代的建制，以及它們在英格蘭之外的對等事物，都已經不再能夠繼續博得效忠或敬意了。有思想的人都知道，某些觀點務必改變，卻非透過英雄氣息的革命——革命已經生出過它的惡果了。時代思潮其實可以在具體的字面意義下「推翻」——真的翻轉過來，藉著諷刺、藉著完全相反的行事。吉伯特與沙利文筆下的顛倒混亂，不久即將在社會思想與真實生活裡面實地上演出來。

> 論維多利亞女王的登基六十年慶：真真了不得啊，大家普天同慶，我回看過去，真不知有多少改變，世界變得多麼好啊，我都覺得與有榮焉哪。戰爭哪、瘟疫哪，我這時代都發生過，可我認為，比起降臨到我們人類身上的那些好事，這些就都不過小意思啦。
>
> —你在說什麼啊？哈那士先生叫道。你跟這些事情有啥子關係啊？
>
> —哎，杜利先生道，我跟它們，可有關係啦，就跟女王陛下跟它們的關係一樣多啊。
>
> ——《戰時與平時的杜利先生》（一八九八年）

第二十三章　精力聚顛峰

前一章曾主張，一八八五年至一九〇五年期間，新理念與行為蜂擁而出，因此這兩個十年可合稱為九十年代（<865）。其後，改變的腳步也並未停止，卻來自另一種極其不同的驅動力，早早便在二十世紀勃發，使隨後到來的「立體派十年」生機盎然。如果寫文章可以如作曲般，在一頁上同時寫出十二條線譜，這三十年光陰便能總成一個故事。但為對其中的眾家演出者一視公平，在此應先回顧許多豐碩的果實初露端倪的準備時期：一八七〇年代。

新舊世紀流轉，時代確乎轉向，而且不是普通的轉捩「點」，卻有如轉「盤」轉動，直到擠放在上面的事物完全朝往相反的方向。但是這幅畫面有點不盡切實，因為物事不會一體轉向，而且所謂的「新」，也非如出一轍（雖然有時可能如此），或某種如出一轍的肖似。藝術、科學、政治和社會各方面，這個時期提供了兩種截然相反的新觀點以及兩種不同的判定方式：一為歡欣鼓舞，一為極度絕望；大膽勇敢者滿懷樂觀信心，沉默抑制者則在各種新的**原始歸真**形式裡尋找庇護之地。兩者卻都很明顯地同為追求解放，於是便在向前邁進之中，形成好幾支不同縱隊一路作戰而去。

再借用這個「轉向」意象：如前所示，這個動作除了前後「轉」，有時也包括上下「翻」，王爾德的《不可兒戲》（直譯《認真之重要》）正是這種智性體操的充分展現。從一語雙關的書名開始：主人翁即名「認真」，此事之所以重要，並不在他擁有維多利亞時代人所讚許的品德，卻在他所愛的女子喜歡此名。前代所有的道德信念，在劇中均遭顛覆：比方失去雙「親」之人，被斥責太不小心；吸菸可取，因為一個人總得有點事做吧。這齣笑劇，其實正是對那些言之令人肅然起敬的觀念，做出嚴肅深刻的批評。

早前山繆．巴特勒（＜800）也曾做過類似工作，戳破思想的老套：丁尼生的名句「曾經愛過而失去，勝於從未愛過」，被巴特勒改寫成「曾經愛過而失去，勝於從未失去」。他與他那位富機鋒的密友賽維芝小姐，時常交換類此戲語，把傳統的說法改成俏皮話，戲稱為「引用記憶」。王爾德的雋語，也故意把明明希望的事物說成反語，並不只為文字遊戲，也在點破做作的姿態、譴責輕率的思緒。他說：「我時時擔心，唯恐別人不誤會我」，意思是指大眾應該對新藝術感到困惑不解，而非逕自將之簡約成他們原已了解的東西。蕭伯納的劇本也以類似的逆向觀點，判讀人生處境：他的《華倫夫人的行業》一劇顯示，在她的生活環境之下，只有經營妓院得法才是唯一生計，才能教養女兒成長——簡單地說，唯有如此方可「體面」地活下去。因此推翻某一項社會成見，等於譴責整個體系中的多面既定看法。易卜生的劇本最後終得在這個時期搬上舞台，同樣也主張新的立論，指出人生在世，往往被那些最被稱道的德性，以及最受推崇的制度弄得日子不好過：比方婚姻、凡事坦白、尊敬權威、不計代價務必規矩合宜等等皆是。總之但凡以抽象形式存在的理想境界，對個人、最終對社會，都不免造成災難。

不過易卜生與蕭伯納不同，後者筆下為這些道理搭配上高級喜劇，因此議題的嚴肅性在某些觀者眼中不免沖淡幾分。易卜生借取十九世紀的通俗感傷劇型，改編為自己之用，將鮮活的人物角色置於衝突情境，因此激烈而使人難忘。種種新思維、新理念的影響之下，長期低迷死沉的劇場開始恢復生氣：王爾德、蕭伯納外，英國的皮奈羅、高爾斯華綏、瓊斯，瑞典的斯特林堡，法國的白里歐，德國的豪普特曼、蘇德爾曼，奧地利的施尼茨勒，義大利的皮蘭德婁，也紛紛推出造成物議的新劇以饗大眾，亦因此灌輸培養了新的思潮風氣。

新思想的薰陶之路，卻有一個有趣的矛盾伴隨而來：在藝術評論上，王爾德等作家都堅持藝術沒有誨道載道的職責，但是在實際上，他們抨擊舊道德不再能為道德目的效勞之舉，卻明明正是誨道載道——這項藝術聲明顯然應改成：「沒有誨舊德、載舊德的職責」才是。然而試問新守則的規範為何？答案卻沒那麼簡單。藝術本身，而非此訊息或彼旨趣，將作為行事的指南——藝術的真純、和諧、優雅，模塑人的性靈；美感即是倫理的一種形式表現。換句話說，罪惡乃是醜陋可憎的。

以此為準，不啻意味著所謂放諸四海皆準的人類通則，與各地因襲的成規同屬不當，同樣會誤導人生。生命的複雜，必須藝術地而非機械地處理對待，正如蕭伯納所言：「己所欲，勿施於人；別人不見得有同好。」就這一點而言，藝術所教者乃在於「適」：因時、因地、因人，造就出道德人在尋求最和諧的結果之際所面對的獨特情境，正與當時思想家精闢細述的實證哲學真義相合，後文即將介紹（957>）。

藝術遂成道德的準繩，十九世紀視文學為人生批評，這項信念因此亦遍及整體藝術，更重申了十九世紀對藝術的投入，亦即以與「布爾喬亞式思想」搏鬥為己任——用布爾喬亞一詞形容雖有失公允，話中寓意卻再明白不過，如此的「宗教」主張，後遂稱為唯美主義。唯美主義者是社會上新的類型，其態度言談都是特意擺出的姿勢，是一種宣傳手法，用意在消滅所謂的體面可敬。不過那個時代的作家、畫家、音樂家，並非俱採此風，也非全然服膺「為藝術而藝術」的信條。這項半世紀後借自高堤耶的格言，作為戰鬥口號的性質一向更甚於作為頭號的金科玉律，它命令俗人：「欣賞藝術裡面的藝術所在，而非只為耳目之娛或道德寓意」，它責成藝術家：「不可與俗眾妥協，不可為賣錢而寫而畫」。對於其他許多人而言，包括藝術家與藝術的愛好者在內，它又有另一層意義，後文將有所見（892>）。

這樣的藝術觀為何竟如此普及，以致在這樣一個生存手段正不斷穩定改善的時期裡面，繁衍出如此多般的表露？或許，詩的心靈永遠不得滿足；或許，改善之後期望反而更高；或許，正是這改變之中的世界的奔忙，令那些追求美、善境界的深思者感到格格不入。總之這三項解釋，也許或分別或共同地帶來個別不同的看法，卻導出相同的結論。其中則有一事非常肯定：九十年代的創作欲望，部分帶有一股積極避世的意念。

＊＊＊

所「避」者何？先前已有描述：當時的工業社會是也。長久以來，緊張、壓力早已因此而生，累積的怨氣總結成一大罪名：工商企業、帝國主義、勞工不安及戰火連綿，正毀滅人類文明。再加以「世紀末」的迷信——十八個百年即將告終的那幾年間，不知怎的，似乎顯示事事都已快到盡頭，使得現實種種更形強烈。而當時發生的事件，的確易令人發生聯想：法國第三共和搖搖欲墜，飽受「騎在馬背上之人」的威脅（意指軍事獨裁）。英國感到自家在工商稱霸的地位正悄悄流失，勞工界則蠢蠢欲動1。新取得帝國強勢的德國，雖然正沐浴榮光之中，內部卻又陷入分裂不和：政府與天主教人口纏鬥——德國病理學家維蕭稱之為「文化戰」，社會主義及勞工分子在國會內外採取暴力行動。義大利、西班牙兩國，在類此政教議題上的紛爭程度，也同樣不下於德國。挪威醞釀著國族主義，十年之內將因此脫離瑞典。一八九五年法國一家報紙問道：「我們正在頹廢中嗎？」並列舉以下事例為證：國會「種種危機」、殖民地的反抗、出生率的漸低和藝術界的怪異走向。

約近當時，有位醫生諾道2寫了一本《墮落》，已經在中歐地區連出數版，並譯成多國文字。書中自稱有證據顯示，近年來所有知名藝術家不是精神有異，就是酗酒或吸毒成癮，要不然就是瘋狂以終。其書涵蓋之廣，可從主要章節標題顯見：先拉斐爾派、象徵主義、托爾斯泰主義、華格納崇拜、巴那斯派、拜鬼派、頹廢派、唯美派、易卜生主義、尼采、左拉及其門派——整張名單，聽來簡直就是一門十九世紀思想文化課的授課內容，最後兩章則論預後與療法，透露出一股精神醫師的自信滿滿，頗有單挑半世紀的知識思維，一舉為之消毒的氣概。諾道的臨床陳述頭頭是道，其結論是：藝術標示著社會的衰敗，而且更加劇其敗，因此所有正常健康的心靈都應力拒藝術的影響——但是這項警訊無人理睬，藝術不但愈發受到歡迎，其道德、社會訊息也益與社會唱起反調。「有識」之士遂愈發相信，歐洲的確在頹廢之中了，教宗還寫了一首拉丁賦悲嘆這個事實。

對於這類想法的反應，因人因性格而有異。在寫實主義那要命的年頭（<809），波特萊爾曾推薦不妨嗑藥以對——「人造天堂」。他之後的一代，則有那位在十五到二十歲間即已寫畢所有詩作的不凡年輕人韓波，選擇了暴力——至少在文字上如此，事實上如果可能，他更要毀滅一切。一開始他先以粗暴的方式對待語言、詩式（895>），隨後又否定自己的作品，斥之為「洗濯水」，意指洗碗水，而且是從他人作品摻水稀釋出來的玩意兒——他心裡也許是在想著自己那篇借用了柯立芝《古舟子之歌》的〈醉舟〉。韓波的其餘作品（兩首自由詩，餘為散文詩），目標乃在「打亂感官意識」，為要抹去占據心靈的種種聯想——我們對世界的認知，務必如白紙重新開始。成年之後的韓波，主張無政府、反理性，離開西歐往近東住了下來並且死在那裡。生時做點小生意，顯然既無智性方面的興趣，也沒有任何友伴來往。

> 一個高貴的年代，優良藝術的滋生之世，正在死去。誰若高興，盡可以歌唱慶祝，那些已然經人揭露的種種便利與自然法則。但是對我來說，這衰敗世紀的種種逆行，對我的影響卻更為巨大。這使我哀傷，令我憤怒。可恥啊，回首望去，我看見多少駭人的恥辱事例啊！
>
> ——教宗良十三世（一九〇一年一月）

＊　＊　＊

有一幫人，全心全意要毀去整個文化，我曾在他處稱之為「法國廢除派」，韓波不過首開其端。同時代裡後來又冒出一位迪卡斯，也有著同樣目標，筆名洛特雷阿蒙伯爵，寫了一系列散文片段《馬爾多羅之歌》。文中盡是這位年輕作者對人與神的厭憎，以及他對海洋的崇拜——只有海洋，既純粹又賜生命，尤其盛產異形怪物。這般湧流的夢魘光景，經常富詩意又帶情色，頗似象徵主義詩派的朦朧意象（892>），對於過去現在的文化的抨擊之意卻很明晰。這位冒牌伯爵說出了貴族輩的心聲：他們不屑市井小民、厭惡他們的棲息地；同一種心情，也流露於法國作家利爾-亞當之言，他形容理想國度：「過日子？可以叫我們的下人替我們代辦[3]。」

最公然表現的廢除派是法國劇作家詩人雅里，更在每日行事裡賣力具現其信條，他最知名的作品是荒誕劇《烏布王》，劇中的主要角色實有雙重目的：一方面讓人嘲笑他愚笨、傲慢和無用，一方面卻將這份不屑回感扔出去回敬世界。雅里本人則奇裝異服——正如烏布，並用高亢的假嗓說話——亦如烏布，而且行為怪誕無禮，喜歡假充神槍手，無緣無故會忽然拿槍指著旁觀的人，有人即因此被他用空包彈打傷。他還變著花樣重複烏布某句話：「除非連廢墟也給毀了，否則哪能算毀去一切。」最後死於酗酒。

> 雅里，那奇怪的虛偽傢伙，他身上每件事都有裝模作樣的味道——他臉上用麵粉塗得雪白，他說話腔調機械，毫無抑揚頓挫，每個音節都平均間隔，用詞咬字，全都刻意捏造、扭曲。
>
> ——紀德（一九二六年）

雅里其人及其作品，今日仍有其愛慕者，一支專門演出前衛劇本的紐約表演團體即名烏布劇團。其他人看待此劇則沒有那麼嚴肅，純欣賞其中的幽默趣味；更有些人認為此劇故作幽默，卻毫無真正的幽默效果。烏布之名，改造自艾比（Ebe），是雅里當年在校痛恨、捉弄過的一位老師。青春期的玩笑，在雅里日後為此劇[4]所寫的續集與評論裡繼續下去：場景位於波蘭，「正表示無名所在」，想來他係暗指波蘭經常被人併吞，因此毫無自己的面目身分可言。烏布還發明髒話，說話口吻應屬拉伯雷式。劇本文字則將財政（*finance*）一詞拼成 *phynance*，又提到一種叫做「形而上之後學」的科學（*pataphysics*，諷刺語：意指比形而上學更形上的學問）。又為大便（*merde*）一字造出動詞 *merdre*，當年此劇上演之際，這個新字，以及其他一些彷彿頗有意義，卻又找不出任何具體道理的劇中台詞、均曾被視為大膽發明，極具挖苦分量。

《烏布王》一劇受到接納，圍繞雅里其人異行的傳奇也快速廣傳出去，遂使他和他這位劇中主角成為那個時代一大主要訊息的傳遞者，亦即「毀滅」。廢除派身邊則又有另一批作家，雖對當代世界持有同樣評價，卻被動地等著這個世界自己毀掉自己，此即頹廢派。此名是他們的自稱，《頹廢》則是他們眾多小刊物之一；這樣的名稱，既不帶悲哀也無憤怒意味，作為將亡的末世（正如羅馬帝國末年）甚至還有幾分不羈的風情呢。

但是同時另外還有一批作家，則大異其趣，選擇另一種手段來緩和自身感受的苦楚。他們轉過身去，背對凡世的生存，透過自己的詩另行創造了一個理想的生存境界，一個只有精神氣質相合者才能達到的美域。他們的藝術不做描述，他們的理想藉象徵傳遞，為要保存其奧祕與神聖。這些象徵主義詩人——馬拉美、魏爾蘭、拉弗格、泰爾赫德、莫雷阿（此派之名即來自於他），是九十年代初期極其傑出的一群。對他們以及對那些仰慕他們的群眾而言，「為藝術而藝術」的真正精義，乃在「為生命而藝術」——藝術使我們能夠活下去，沒有藝術，生存將不可忍受。當初叔本華即持守這個信條。它也始終是一種慰藉——其間只在立體派的十年遭到中斷（925 >），安慰著那些不願或不能發動生命戰鬥、心性卻異常敏感之人。

這股信念，於世紀之交不僅存在於法國，也見於歐洲各地的藝術中心，英國批評家派特的文字正是其形式、色調的英式表達。他只是小小一名牛津導師，對著繪畫、文學的傑作尋思默想，從中擷取某種魔力以提升生活境界——他也找到了這股魔力，因為他決心使每一刻的感覺，都達到最獨特的高峰：正如他所言：「以純粹如寶石般的火燄去燃燒。」他的小說《伊比鳩魯派馬利斯》主人翁，正是如此去行，可視為這項九十年代宗教的先知。所以稱為宗教，不僅在於它將藝術楬櫫為人類最高的精神表現，也因為其所拒斥的世界，事實上正是基督教意義之下那追求肉體、財富、己身之樂的「世界」——那一切的虛空虛浮。藝術家作為教主，與他的眾門徒雖然也開發感官，卻非出於肉體物質的方式。

不過真正驚世駭俗者並非派特，他有幸教過這項福音的標準傳人：王爾德。後者是享樂主義（伊比鳩魯派的延伸）理想的化身，是社會新類型（唯美主義者）的活標本。但是其實王爾德並不僅止於此，除了扮演這個角色以及在某件出名案件裡面身為受害人之外，他還做有其他事情應予表彰認可。王爾德的真正價值不彰，全被他那種「作勢」的姿態，以及他身為同性戀的身分所覆蓋。他是名劇作家，寫有最燦爛出色的英語笑劇《不可兒戲》（<886），其他劇本亦有助於打破維多利亞時代認為女人有情夫就是下流，男人有情婦卻始終可以保持「體面可敬」的偏見。為成年讀者，他寫有精采童話（原是為他自己的兒女所寫）。他的詩也寫得極好，其中一首〈獄中歌〉更臻大師境界。又善寫諷刺雋語，僅比法國最好的名家微有遜色。他也是一流的評論家，三篇為唯美主義定義所寫的長文，以及對當時書籍所寫的書評，一起奠定了這個地位，文中飽含值得記誦的人生、文學箴言。他的自辯書《悲哀深淵》，可列入眾家自傳中極其感人的一章，而他那篇〈社會主義的未來〉，更再度顯示其均衡豐富的心靈，對俗世、對藝術都嫻熟如數家珍。

以上匆匆速寫，可以看出如果王爾德係特意扮演一種角色——正如蕭伯納——目的也都是為了他們信奉的理念所致。他二人外表看來似是某種名士姿態，但是負責任的批評者務必要能看穿表象，才能正確評價表象背後扎實的諸般成就。說到王爾德代表的這個唯美派或審美派，其詞源始於感官印象——唯美之人是記錄、評判感官意識的行家，比起一般眾生，他更能辨識天地之間的事物，更能做細微的鑑別。至於藝術作品，若屬真正藝術，自然更比普通俗事難於審識，只有唯美者能見人所不能見。於是兩事隨之而生：藝術需要藝評，以助公眾欣賞領略；藝評人亦須如藝術家般富於才賦，才能深入、公正地洞視作品三昧——因此一篇道地的評論，本身就是藝術之作。十九世紀的九十年代，便是這樣一個藝評人輩出的時期，藉諸於王爾德美學論點之力，評論取得了地位，從此不曾動搖。誠然，百年後的今天，評論界也已更上層樓：如今可以有一打不同的概念，來決定到底藝術家做了些什麼連他自己也都不知道的事情，到底是什麼內在外在的力量驅動了他的心靈。最新的一派批評家，稱為解構主義者，更終於取得主導，乾脆把藝術的原作者掃地出門，改而青睞藝術的大眾，於是張三、李四、王五，個個都變成嫻熟於「創造力」的藝術人了（1127>）。

＊＊＊

原初的唯美主義觀，視形式上的完美為判定藝術的唯一準繩，它認定美的真粹乃在形式，其他特色皆屬無關。這種排他性質，使得藝術成為「自在自動」，獨立自外於所謂主題事物，理念、社會、道德或宗教，皆與藝術不相涉，作品本身便是一片完整自足的天地。這種想法自與三千餘年的藝術理論、實務全然牴觸，卻有一項優點：可以將作品自我們身在的世界抽離出來，使觀者進入另一天地感受自己，一個依先天定義即屬完美無瑕的美麗世界。類此種種假設，遂構成所謂「純粹藝術」之說的基礎，而純粹藝術這項概念之始，則應歸於愛倫．坡（<813），經波特萊爾為歐洲人做出詮釋。派特也有功勞，他說所有的藝術都正趨近於音樂的境界；而音樂也者，在這些絕大多數都毫無音樂概念的詩人眼裡，是一種純粹的形式，不受任何意義內涵摻雜，除內在關係外別無長物。純粹性遂成又一

意味著**解放**於當前事物的詞彙。

九十年代也對平面藝術進行同樣的理論化，英國藝術批評家弗萊、克萊沃·貝爾等人，都力主繪畫純由線條、色彩組成，除此之外無他，雕塑則呈現體積與線條；這些元素之間構成的關係，才是藝術關注的興趣所在以及大師技巧的標示展現。至於那些一目了然的所謂主題，只是為設計而擺出的託詞，因此一件作品，並沒有可以用字句表達的意念，只有俗人才自以為看出作品代表了什麼事物或理念（929>）。美國畫家惠斯勒那幅名畫，畫他的母親坐在一張椅上，其實正如畫名標題所示，只是「黑白配置三號作品」而已，別無他意——然而，背後卻隱然確有某種影響因素存在，可能連鼓吹「純粹」信條者本身也不曾察覺：豈不見科學中人，亦如這些自命純粹的藝術家，往往透過**抽象**動作，將具體實地的經驗化約成原則，一點也不酷肖原本的肉眼世界。因此藝術的「形式」理念，正類物理學的「質」概念：摒除外在直抵精髓。透過這整套系統（如果可以稱之為系統）很大一部分原本令人費解的二十世紀藝術，便可以獲得解釋（1037>）。

至於詩人及散文家——不論是廢除派、頹廢派或象徵主義派，則發現若要能創造出適於這類觀點的作品，首先必須把語言重新來過。象徵主義者需要能夠「諭示」而非「述示」的詞彙，馬拉美稱之為：「賦予詩族語言更純粹的深意。」在此同時，廢除一派為遂其破壞目的，須向現有文法、句式做出反叛挑釁；頹廢情緒則尋找濃烈稀有的字眼，以期流露出亞述王沙達納帕盧斯瀕死於財寶、眾女之中那種窮奢極侈的官能縱溺。為要「打亂感官意識」——如韓波所期望，各種來自相違經驗的意象紛陳並置，不具任何聯絡，前後文句也毫無明顯關聯。至於泰爾赫德詩中扔進的奇異字眼，又呈現另一種淩亂模樣，甚至需要另輯小辭典為可憐的讀者解惑。馬拉美更別出心裁進行洗腦，竟把一些常用字早已湮忘的古義[5]，從《利特雷法語辭典》裡挖來使用。遂從這種種旁門左道之中，詩變成了有待研究破解的謎題——傳染所致，連同散文等其他各種藝術，亦皆成「謎」。

這個時期涵蓋了現代詩一切法式：自由詩、扭曲語法、有意朦朧；唯一明顯的例外，則屬今日那種綜合了自由韻體[6]與日常白描口語的詩詞，如美國詩人威廉斯所作，以及童詩、報刊投稿等所見。但是其實連這種詩風，也早在一個世紀之前即已隱現於英國詩人大衛森的作品。總體而言，若將這最後一型風格也不顧格律的現象計算在內，自韓波以來的文學，可謂一路向**集體解放**浩蕩推進。這種任意操弄語言的現象，背後的動機可以了解，也可以體會；因為若要將每日報上可見的外在世界拒斥門外，不但得斬除其陳腔，也徹底改換其心態，亦即那種以平淡的用字、簡短的文句和一成不變的形容詞，四平八穩地解釋著一切事物的報刊體。

唯美哲學最特殊之點，在於力求純粹的同時，卻又採取「派特式」的態度：生活之中處處要追尋強烈聳動的感受。最早崇拜形式之人，首推柏拉圖，他老人家可不曾犯下這種矛盾錯誤：他的愛給了數學，而非唯美派那種耽於肉身意象，沉溺於細膩雕琢、纖妙色彩、聲音和紋理之美——如派特、王爾德的散文，魏爾蘭的詩，尤其是法國小說家魏斯曼那本主人翁名叫「德澤善」的小說所示，後者甚至蒐集香味香精成迷。連馬拉美也願意放下身段，替香水寫廣告詞。誠然，九十年代的藝術主調，是肉感的、纖巧的——的確是「淡紫」而非大紫，卻依然屬乎具體、屬於肉身，絕非數學式的樂趣。

這般矛盾弔詭，卻是無可避免，更別有動人況味。因為不管怎麼說，藝術家的感官印象天生就比常人易感，而且無論哪一門藝術，都需要在一種或多種感官上特別敏銳；而藝術工作者的一大人生目標，即在賦形，使自己的概念成為具象。即使連音樂家也非純然處理形式，卻係將大量的空氣模塑，流瀉成曲——因此所謂「抽象藝術」一詞，兩個字眼放在一起根本不通（1037＞）以上論到唯美派躲往藝術藏身的社會動機已明，卻還有一疑待解：又是什麼動機，使得純粹性成為第二要件？答案正在馬拉美那首語言明澈的好詩〈海上和風〉裡面，這首十六行詩開頭第一句便說：「哀哀肉身，我已閱盡群書。」後面這六個字，向我們訴說了歷來文學的整個重量，都壓逼其身，因此愈增先前即已存在的哀感。而整整百年之前，浮士德即說過相同的話，也是在獨白裡的首句——書皆塵土，而非生命。兩句話相隔百年，分別記載了先後兩個文化年代的結束：一七九〇年與一八九〇年。

* * *

同一時期裡面，還有另一起涵蓋更廣的運動：自然主義，而且正如其名所示，與象徵主義完全背道而馳。除了少數例外，自然主義主要係在小說藝術中找到表達工具，以平常字眼描述人、物，將讀者硬生生推入汙髒、卑俗的人生現實困境，而非飄然渡往美的天地。前面曾介紹易卜生、蕭伯納等劇作如何進行這項任務，小說家則有一張更大的畫布，可以用來填滿更多的恐怖事物，處理一些不易搬上舞台的題材。一如劇本，小說的作用是點明：「你看，事情非你所想」，顯示出社會上另一半人到底在如何生活，藉此打掉所謂體面可敬者的舊傳統。有人也許會問，那麼自然主義與寫實主義又有何不同？在兩方面不同：自然主義者不對自己描寫的場面故作疏離，他們不靠說教，卻能迫使讀者膽寒、憤慨，而且如此深刻，以致有時在震撼之下確能帶來改革。舉個例子，辛克萊的小說《屠宰場》，揭發芝加哥肉製品包裝業的駭人內幕，羅斯福總統因此進行調查，成立衛生食品藥物管理局。這個文類的頭號作手與理論大家左拉，更宣稱自然主義小說的手法合乎科學——起碼他本人使用的手法係如此，亦即在構思布局、角色之前，先蒐集新聞報導及官方的統計數字、社會與醫學方面的研究報告。凡此種種，都是「自然」，供自然主義小說在書中重構「自然」。巴爾札克曾稱自己的作品合起來，直等於一部社會動物學（<810），這些想法在左拉手中建成一套系統。

兩位小說家之間有一代之隔，其間的轉型係由作家龔固爾兄弟帶出。初登場，他們是文藝小青年，興趣在十八世紀的風俗禮儀與女士，以及日本藝術等新奇的美學癖好。以這些題材為書寫對象，他們成為優秀的文化史家，及至筆鋒轉向小說寫作，作品遂以「紀錄」、可信的姿態呈現出來。其中一部主角的身分是個僕人（他們家的僕人），過著無可指摘和放蕩淫逸的兩面人生活，其餘「考察」則包括某馬戲班子的興衰浮沉、某位醫院看護的人生苦惱。這類故事如今已無讀者，部分因為全文係由簡短的印象式場景組成，讀時必須再一一拼湊起來，同時也因其文體詰屈聱牙，兄弟倆自稱為「藝術性散文」。

他們與自然主義（記錄性）、象徵主義（特殊語法）的關聯，正顯示左拉理論中一項不足之處。有人批評左拉的說法，認為小說無法科學；面對這項挑戰，左拉將自然主義重新定義為「透過性格見到的自然」——但是說起來，科學家也各有其癖好個性，怎不見於其科學產物？而且小說的氣質性情，還會隨時改易：自然主義的魏斯曼變成象徵主義；寫出《文苑外史》（又譯《新寒士街》）的吉辛去世前不久，正計畫著要寫一部歷史傳奇；年輕的紀德在象徵主義的氛圍之下成長，待得自己寫小說時，卻棄而改採直接式的言述。

不過左拉雖然改弦更張，自然主義派的風格與基本態度並未因此改變，分別現於多種不同氣質性情：法國有左拉、米爾博、魏斯曼（早期作品）；英國先有莫爾、吉辛、本涅特，後有哈代；美國有諾里斯、格蘭、辛克萊；蘇格蘭的布朗；俄羅斯的高爾基。在最好的自然主義小說裡面——當然非左拉莫屬，改革的意圖為筆下刻畫的世界平添無限活力：絕非寫實主義一系，因為即使在最糟糕的角色、最惡劣的狀況之中，也可以感到生命的風味生趣。描寫某個煤礦區罷工的《萌芽》尤見其妙，因為它喚起了無限熱情；但是即使在《不安寧之屋》的尋常公寓住宅、《酒店》的醉鬼情境，或《娜娜》的妓女生涯，讀者亦非暴露於福樓拜《包法利夫人》或《情感教育》（<811）那般無精打采的心情之下。當自然主義指向社會的墮落衰頹，它乃係指向激揚的鼓號之聲。

當然縱有滿架的小說，不管寫得多好，也不可能揭發（或治癒）所有可以想像的弊病。但是小說連同其他作品，的確強烈地照亮了「性」的祕密，而性就某種意義而言，即是自然本身。而且小說的讀眾比劇本為廣，於是這股吐實的風潮激起風暴，令諾道醫生嚇了一大跳（<889）。一時之間，真相由四面八方呼號而出，哈代的《黛絲姑娘》、《無名的裘德》，俱顯示出軌的性關係並不能玷汙女子的品格——黛絲即是「純潔女子的忠實寫照」，裘德與蘇之間的關係則顯示直覺本能的迫促，以及其所可能造成的劇烈反應。加拿大作家亞倫的《她辦到了》，單單是書名就引起騷動，讀者群再天真，卻也都懂其中的意思——好作品正從驚世駭俗而來。莫爾的《以斯帖・華特絲》、H・G威爾斯的《安・維羅尼卡》，則將性視同一股社會力量，其互動影響在當前系統化的因襲盲目下，不但危險而且是災難之因。因此這項不體面的話題再也不可忽視，這股難以駕馭的勢力必須予以理解——意味著婚姻、家庭的議題必須提出討論。白芝特的友人批評家赫頓很久以前即已指出：「地上所謂的黑暗所在，正是基督徒的幸福之家。」

性與房事的真相，普遍受到結構性的抑制掩飾，而且不獨英格蘭為然。法國作家法朗士在他最精采的作品諷刺小說《企鵝島》中，對性事等禮教傳統發表了小小演說，莫泊桑的短篇小說也處理這類題材。托爾斯泰的《魔鬼》，亦記錄了一段性迷戀的插曲——他的親身經歷。俄國作家索羅古勃在《小惡魔》中結合了性與象徵的情節主題。而在中歐，一旦祕密禁忌突破，以此為題的劇作、小說亦紛紛湧出：德國劇作家魏德金的《春之覺醒》、蘇德爾曼的《瑪格達》、斯特林堡的《茱莉小姐》，以及各種作品都研究出軌之愛。那位如今受到世人不公遺忘的維也納劇作家施尼茨勒，所寫的一整套作品都在探索文明都會裡的各式性關係：從《調情》裡那結局不美的「小小一樁韻事」，到《輪舞》裡的一連串遭遇接觸，串起了上、低、中各層社會階級，此作後曾改拍成一部出色電影。

性的恐怖一面，則有性病的蔓延，易卜生的《群鬼》以及白里歐的《梅毒》（英譯 *Damaged Goods*）一路追蹤記錄。再者，小說竟然又開始暗示，同性戀行為乃屬無可壓制改變的事實——此說很快便被打壓[7]。斯溫伯恩、卡本特的詩，其實已曾做過類此暗指，可是詩是很容易誤讀的。插畫家畢爾茲利的醒目黑白配圖，配合各種不同文字內容，範圍更橫跨性事的全面，包括雌雄同體的陰陽人[8]在內。王爾德兩次受審，更公開了一項議題，及至一九二〇年代中期仍有紀德的《克瑞登》、女作家瑞克里芙．霍爾的《寂寞之井》因驚世駭俗而保持不斷，最後終於演變成今日這般公開討論的話題。

這一股文學人破除前代舊習的風潮，並非針對布爾喬亞所做的例行攻擊，卻是出於道德良心而全力以赴，內中更有一積極目的：要在各方面公正對待女性——包括性、社會，與政治三面。同樣的良心意識，也打動了許多社會學家與杏林人士，他們的作品支持文藝界的觀點。曼特格沙編纂了三大卷的《人類的性關係》，法國哲學家居永的三卷帙分別論《性合法》、《性倫理》，以及政府看待性行為的心態。英國生物學家暨社會學家格迪斯描述《性的演化》，奧地利哲學家華寧該爾寫下《性與性格》，德國學者布洛赫寫下《當代性生活與現代文明的關係》（布洛赫被譽為性學之父），還有英國心理學家艾利斯七卷厚的《性心理學研究》，透過個案報告與評論意見，為這項議題提供一手報導。至於異常性向，先前已有德國神經學家艾賓[9]予以研究。在此同時，早在佛洛伊德以先，醫界即已注意到小嬰兒身上已有性現象的展示——若將「純潔」一事詮釋為沒有性欲，嬰兒可是純潔最後退守的版圖[10]。美國有一個孤獨的先驅路易斯醫生，想要出版他的論文《婦科觀點論性行為》[11]，遭遇同業強力抵制。他指出許多性方面的相關事實，其中之一就是合眾國內有好幾州將性關係的法定自主年齡定為九歲[12]。

＊　＊　＊

徵諸以上現象，可見「性革命」（如果此詞正確的話）發生的年代在**彼時**，而非此時。二十世紀中期擴展延伸的大**解放**，十九世紀的九十年代即已展開作戰並實行。此中的態度改變，可由一事看出：費茲傑羅所譯的波斯詩人奧瑪．珈音作品《魯拜集》，在四十年的沒沒無聞之後，於一九〇〇年重新面世，裝幀得宜的軟皮封面，為咖啡桌面增色。簡言之，二十世紀晚期出版的那部知名性書《性之樂》，宣告的事實其實源起於十九世紀的九十年代。

婦女解放與性解放同時並行，並且相互作用影響。自由戀愛是口號也是時髦，離婚漸普遍，責備意味亦漸轉低，國會著手討論與已逝妻子姊妹結婚之事（原本禁止），而且是以不尋常的公開態度放言討論。下議院早已通過了婦女財產法，廢止了丈夫對妻子財產的支配權。牛津、劍橋分別成立女子學院，在此之前，兩校均已提供延伸課程與學位考試多年；女王亦表贊同。全國性的國民教育成立，識字能力對男女都漸成常事；投票推動這項法案之際，國會議員洛歐表示：「務須讓我們的主人翁接受教育。」富有家庭則不待這項民主措施實現，早已讓自家女兒得到良好的歷史和文學教導。男性劇作家、小說家的意見合流之後，如今在蕭伯納的《調情聖手》劇中，「新女性」終能登上舞台，與舊日禮儀、權限的巨大不同，也開始視為理所當然。

性禁忌解放了，女性可以與男性站在同樣條件上去活、去愛了，但是在此之前，其實早已有過一項大規模的活動與影響，如今卻俱已為世人遺忘。一八七〇與八〇年代的女性，在英文小說的文壇上居於主流，幾十年間的第一個十年裡面，這批女性職業作家之中的九位，一共出版了五百五十四部小說——平均每人約達六十一本[13]。而其餘數十位的產製，亦大量滿足了社會上對浪漫故事、加料歷史，以及「問題」題材的無盡饜求，包括宗教的、社會的或性方面的問題。英國作家斯蒂芬（日後作家吳爾芙的父親）即曾預測，女人很快就會獨霸小說文壇，事實證明，在他的預言的五十年後，英國女作家將數以百計，而非僅僅幾十位而已。喬治·艾略特的《米德爾馬契》，梅瑞地茲的《自命不凡》（<816）自然另成一級，可是英國作家林登夫人的《基督徒共產黨：大衛生正史》，在一八七〇年代則格外受到歡迎。其他另有四十位左右作家，她們的大名如今僅餘模糊回響，但凡曾在夏日旅館消磨的讀者，都曾偶遇其中積存的老書：蘭黛·包樂棠、艾蜜莉·愛德華、布蘭登小姐、奧立芬特夫人、機智風趣的「霍布斯」（筆名），或許還有瑪麗·克萊利，以及熱情的「薇達」（路易·雷米）。在她們那些印刷極佳、插畫激昂的作品裡面，埋藏著大量的才氣與社會思想。如今與之一起隱藏不見者，也包括若干男作家的諷刺作品：奧立芬特的《皮卡底里》去除了上流社會的神祕面紗，傑金的《笨蛋的女兒》不留情地嘲笑國會、法院和宗派團體。特羅洛普亦來出力，尤以那部出色的諷刺

小說《紅塵浮生錄》（直譯：《我們現在生活的方式》）最為顯著，他的價值卻被低估，認為他既不具天才也從不是真正流行的作家。

比起小說界的姊妹，女詩人人數雖少，產量卻很固定，她們出版史詩與長篇韻文故事，她們書寫抒情、歌詠自然。十九世紀流行的饋贈用之珍藏本詩集，便充滿了這類作品，男性評論家者雖予以真誠讚美，卻往往有所誤解——也許是因為材料不足，無法進行恰當評比。作為詩人，愛彌莉・白朗特和克莉絲汀・羅塞蒂兩位尤其突出，不僅僅是優秀的女詩人而已，可惜她們的出產甚少，被早已公認的老牌大詩家，如丁尼生等人的熟悉詩聲掩蓋。至於梅瑞地茲的詩名，則與〈危夜之城〉的作者蘇格蘭詩人湯姆遜一般，簡直從未受到珍視。信仰上無神、政治上激進的湯姆遜，則與斯溫伯恩同樣評價甚差。

為性愛聲張、為女性打開世界，這些好議論的九十年代藝術家們，似乎再度忘卻了自己的藝術主張，亦即藝術與道德毫不相干——他們所指的道德其實是「舊」道德。在此同時，他們也忘了舊的行為規範既去，意味著相反的一套必來，公眾必須學習使用新標準來判讀藝術和生活。訓練過程之中，這一群生活的批評家用「驚世駭俗」使群眾磨練成習慣——事實上更令群眾習於期待震驚的發生，尤其在藝術方面。「驚駭」一課的效果如此良好，以致如今已成藝術的必要條件了呢。

至於一般民眾，向變化的誘惑低頭、向上個年代的壓制與舊習說再見，感覺起來正如走出令人窒息的室內，來到開放的戶外——而且這個譬喻非常接近實際狀況。關注個人，包括關注身體的健康，也正是這個時節。在一股凡事皆要改革的動力之下，個人衛生、公共健康、抽水馬桶和清潔供水等事，成為城鎮計畫工作的內容，在此同時也激發了新的品味、活動、舉止和制度。巴黎時裝取得世界性的支配地位，原本僵硬的服飾逐漸寬鬆，設計師波黑下令：優美的女子穿著，無須藉諸緊身束腹馬甲，數以千計的女子獲得解放。自行車、網球也早已開始放鬆她們的四肢與身上的遮遮蓋蓋，戶外生活正在招手：新式的扔球、踢球等遊戲，賦予「運動」一詞新的意義，不久更成建制，對業餘玩家和職業運動員兩者皆是。一名英國軍人成立了童子軍，學校也加入體操課程。從斯堪地那維亞地輸入的滑雪，更從冬季出門的權宜行動方式，轉型而成終年性質的遊樂工業。

各種機器（鐵路、汽車、自行車、飛機、動畫）在在誘使感官沉溺於一項新的嗜好：速度感。如今火車每小時可以飛馳百英里，可是坐在封閉空間裡面的速度，不久便失去其興奮快感。當時的汽車多數猶屬敞型，呼嘯過耳的疾流予人一種大膽玩命的快感，一九〇一年間，英國詩人布蘭特便在他的日記寫道：「一個小時跑十五英里，這經驗真令人興奮不已。」要是九年之後，他也曾坐在法國飛行員布萊里奧（飛越英倫海峽第一人）的飛機駕駛艙內橫渡英倫海峽，或玩起當今最新運動：從山頂飛降滑翔，他一定會更感到興奮刺激。

這些快活玩意，卻因精神疾病與吸食迷幻藥的現象日益蔓延而打了折扣。工業化文明裡面，似乎存在了某種因素，使靈敏的心靈感到承受不住。卡本特在一篇長文《文明病之因與治》裡面，清楚地說明了這份苦惱，並特別指定**歸真返璞**為救濟對策。在巴黎的里彼里埃醫院，神經學家夏爾科與讓內師徒二人面對著源源不斷的歇斯底里病人，這項病名涵蓋了憂鬱、焦慮、無故興奮、運動神經受擾，以及「擬態疾病」——意指在身體上找不出病由的疾病。少數患者甚至顯出多重人格，史蒂文生的《化身博士》故事，就是反映這類怪異現象。

對迷幻藥的倚賴愈重，暗示著適應能力失調，當時毒癮主要存在於上層階級，被人以同情眼光看待，買賣嗎啡亦不觸法，有段時間，佛洛伊德也開古柯鹼配方給一些容易激動的病人服用。我們也知道福爾摩斯覺得無聊之際，會自行注射一針百分之七稀釋的古柯鹼。聖彼得堡的沙皇伉儷即位之後，為解國事操勞，亦服用大麻、東莨菪鹼（曼陀羅的主要成分）合成的藥劑。一個叫做克勞利的傢伙更為徹底，宣講嗑藥外加邪術之樂，可見已故的美國心理學家李瑞（倡導迷幻藥）絕非此行開山祖師，後世徒子徒孫亦未絕跡：一九九七年便有一部新版的克勞利《魔法》問世[14]。

＊　＊　＊

無數改革家滿腔興奮熱情的同時，卻又有人深深相信：文明已步入頹廢階段，而且太過冷酷無情，有思想之人何堪在其間駐足，再也不能保持清醒。這種極端對比的現象，正與另一項對照相當：亦即在關切個人福祉的同時，卻有著許多暴行，正在以各種形式威脅著人類生活。值此世紀之交，連陷四場大戰及幾場規模較次的衝突，都同有一大特色：凶暴、殘殺，而且非關得勝手段，只不斷地證明了行凶者果然「人性本色」。多年插手於古巴亂事之後，美國與西班牙打了一仗，取得美利堅第一批殖民地。英國長久介入南非衝突，終與荷裔波耳人展開戰鬥，亦因新兵身體檢查意外發現，原來英吉利下層階級男性的健康有多糟糕。波耳戰爭一顯英方將才，並以一紙被譽為精神寬大的和約結束，讓波耳人留下來在這非洲最南端的地方主政，同時卻也遺下歧視印度人與黑人的黑白**隔離政策**，後日必須透過流血方才廢除。日本與中國開戰，主要係為爭奪韓國的宗主權，並因此埋下日後多面衝突的戰端；然後又為韓國與滿洲地區與俄羅斯作戰，俄國之敗不但證明了該國之無能，亦因此令西方深信「黃禍」又起。

在此同時，中國人亦不斷騷擾在華洋人，後者在中國擁有勢力範圍與租界，並一心還想要更多。一支民族主義團體，因握拳手勢稱作拳匪，殺了二百五十名左右的西方人，並在各省殺掠傳教士與貿易商人，最終更迫使歐洲駐京使節躲入使館區。歐美派出聯軍，部分由一位德國將領領軍，解了使館之圍，得手後也在他處進行了多場屠殺。中國被迫付出巨額賠款（即「庚子賠款」），美國將自己那一份設立了獎學金，供中國學子赴美求學。

「職業型」暴力就說到此為止，至於業餘型暴力，則用在國王、國家領袖等各種政治人物身上（999>）。巴塞隆納戲院裡的一枚炸彈，點出了有時為表明用意，看來另無他法，只此一途——而我們這個時代也依樣畫葫蘆，忠實應用這項手法。當年首倡此法的時日裡，禍首被怪罪到「無政府主義者」或「虛無主義分子」頭上，遂使這些名詞從此遭到混用而不明。其實真正的無政府人士，性情溫和且對人有信心，主張一個沒有政府的世界——馬克思也認為在必要的獨裁統治之後（<852），人類社會必將轉成這種模樣。可是九十年代卻有一批無政府分子沉不住氣，急著要一蹴而就，遂借用諾貝爾那項最新發明：炸藥，來取得他們的目標——正是因這種濫用而感到自責，諾貝爾設立了他的獎項。至於虛無主義者這項標籤，也同樣常遭誤用，真正的虛無人士，什麼都不相信，因此也什麼都不做；幻滅之感，加上消極玩世的態度，證明每個行動——甚至包括早上起床，都是無謂之舉。兩部俄羅斯小說，以及狄更斯的《我們共同的朋友》[15]，都刻畫了這種類型。

普遍的騷動感，其影響顯然也及於犯罪階級，宵小、竊盜紛紛出籠，首次從他們一向窩藏的城市窩穴跑出來，進而散布往全城各地做案，破壞了警方過去作業的習慣，增加了自己得手的機會。他們某些戰果，顯然更以一種新奇的方式令大眾感到興奮：標榜紳士型盜賊的小說大行其道：拉佛士與亞森．羅蘋，正是羅賓漢穿著晚禮服再世。拉佛士的創造者是柯南．道爾的妹夫（洪納），舅子筆下的福爾摩斯同樣極受歡迎，比上流社會的盜賊傳世更久，至今依然是那已逝年日的一大時代標記。

另一樁簡直亦如小說家筆下杜撰之事，感覺卻陰鬱得多，此即德雷福斯事件（猶裔法籍軍官，受反猶歧視被誣叛國下獄，後終冤雪），事情經過之久長到難以置信，在全世界各地造成激動、偏見，法國國內則在整件事一連串犯行之下——叛國、恐嚇、偽證、造假、自殺和公然不公，再度分裂成「兩個法國」，這種分裂狀態總在危急時刻一再出現。最近的一次是「一七八九年」，下一輪將在一九四〇年德國占領時期來到。德雷福斯上尉本人在加勒比海的惡魔島上終生監禁，外界則為他的清白與否交戰，分裂雙方的知識分子同時面對一個兩難局面：個人與國家孰重？左拉那篇決定性的呼求，克里蒙梭為之題名〈我控訴〉，其實完全以理性細節出之，而非文章題目所暗示的激昂腔調。最後，**個人主義**終於得勝。

九十年代以來，各國的左、右兩派即已在一堆不清不楚的名目下爭鬥不已。從表面上看，爭執的議題似乎不甚相同，但是背後卻都同指向一種選擇：到底是要大幅度地改變，還是要維持現狀？要走自由派，抑是保守派？其間則外帶著間歇發作的急進派，有時意味著以武力進行改變。也正是在德雷福斯「事件」期間，「知識分子」一詞取得了今天的涵義，意指持有社會、政治觀點的職業勞心人，他們與思想家之間的關係，正如唯美家之於藝術家：意味著社會上有這麼一大群人，他們為某項主張陳言抒理，而且常不免有幾分氣勢洶洶之態，本身卻非藝術家或思想家（可讀 Michael Goodwin 編，一九七七至一九〇一年間的文粹 *Nineteenth-Century Opinion*）。

＊＊＊

道德與社會觀點是一回事，從中而生的藝術作品又是另一回事，至於隨藝術而來的理論化說法更是第三件事。三者之間的連環關係，非但有趣而且可增進理解能力，但是於藝術價值的認定或藝術樂趣的體會卻鮮有裨益。我們可以欣賞一部新古典悲劇，同時卻拒斥它帶有的君主意識；我們可以品讀韓波、馬拉美和拉弗格的作品，卻不見得感受他們感到的痛苦，也不至於因此想要毀滅世界。同樣的狀況於科學亦然——眾人一方面稱道科學的成果，一方面卻不信任它的假設，在這段凡事可疑可問的時期裡，情況正是如此，首先請看一張科學成就小清單：一八八〇年代晚期，麥克森與莫雷的漂亮實驗顯示，過去認為在宇宙間傳送光波的質素所謂以太，其實並不存在16。這個發現對牛頓力學是一大打擊，後者一向以為「超距便無作用」——亦即凡事皆始於推或拉的作用力。

另外也有發現顯示，麥克斯威爾的電磁方程，似乎無法解釋某些最新研究所得的化學現象。一八七〇年代之際，門得列夫製作的元素周期表顯示，具有類似化學屬性的元素往往在表上集成一類，系列元素之間呈現的空位，暗示著還有其他尚未發現的元素存在，其特性可以依此類推。九十年代兩名年輕化學家皮爾與瑪麗．居禮，與法國物理學家貝克勒爾、貝蒙共事，從瀝青鈾礦提煉出某種東西，雖能產生熱與電的現象，卻衰竭為無有——這個現象被稱為輻射。於是接二連三浮現的事實，終導致蒲朗克的量子理論，表明輻射並非連續狀態，卻以各別小單位發生，可是又不能個別處理，只能計算出其全體的「半衰期」。在此順便指出，所謂「量子跳躍」，聽起來鏗鏘有力，事實上可不是這個字眼令人聯想的撐竿跳般氣勢，而是在原子內靜悄悄、不被察覺地發生。同樣無人知曉的是，吉布斯在耶魯對熱力學進行研究，為「物理化學」這門新科學奠下根基，但是其價值及其方法，卻遲遲未被正視。

乘法表需要重新檢討改革。

——《藍色記事簿》

種種發現，固然並未使中世紀以來累積的大量自然知識動搖，卻足以令人對十九世紀精心設定的物理、化學假設起疑。不但打亂了機械觀，連「自然律」這個概念（放諸四海皆準的大法）似乎也不再有效。早在一八七〇年代，就有人指出所謂的自然法則，只不過是小心測量而得的規律狀態，卻不具絕對性。接下來又有美國理論家斯塔洛詳加顯示，物理學上所用的各式觀念，有時並不能夠一致。當然啦，科學一事，從未因根基不穩而受到攪擾困阻，但是時值九十年代這般春季大掃除的氣氛之下，實證主義（<741）觀念裡的這類罅裂，不免令不自在的感覺加重幾分，外行人更完全搞不懂了（可瀏覽 Pierce Williams 17 著 *Album of Science: The 19th Century*）。

美國史家亨利．亞當斯對各個領域的觀念都很注意，他特別因當時演化學界的狀況大感沮喪：倒不是此說為人拒斥，而是在演化論之下，物種如何產生的看法往往造成爭議。奧地利的孟德爾（遺傳學之父）研究豌豆的顏色，三十年間沒沒無聞，此時終被重新發掘出來，一門新的科學遺傳學便以此為基礎，建立了顯性、隱性特徵的觀念。德國生物學家魏斯曼因此推論「生存競爭」係在「原生質」（germ-plasm，或譯種質）之內進行。英國學者貝特森等人則不談理論，直接指出物種事實上遠比達爾文學派所認定者為穩定。德國生物學家博瓦雷蒙透過實驗認為：生活中自外取得的特徵，亦可成為遺傳一環——當年拉馬克即曾如此表示，達爾文派（但不包括達爾文）卻予以否認。畜牧業常見的「變種」現象——生物後嗣殊異於直接原種，令荷蘭學者德弗里斯印象深刻，稱此為「突變」，比起達爾文所說的小量隨機變異，他認為突變因素在演化上更為重要。

就這個觀點而言，演化過程也許並非連續進行，抽象言之，它就像量子輻射。德國的德里希研究胚胎細胞，發現不同的位置影響細胞扮演的角色，他變成了生機論者，當時其他許多科學家與哲學家亦然，尤以蘇格蘭生理學家哈丹[18]最值得注意，而且對兩門學問都勝任愉快。哲學言之，當時似乎對「物質」普遍存有一種不耐煩的感覺，而物質也者，如此威臨十九世紀思想，如此緊緊壓在十九世紀思想頭上——如今種種資料都顯示，不妨將物質一事連同維多利亞年代的其餘玩意兒一道掃出門去。這項大清掃的動作，被某人以一種最為有趣的方式出之，雖然在當時並無成效，此即

> 四十年前，我們朋友總愛把事情解釋一番，把宇宙天體歸節到一個點上，請看達爾文與萊爾即為實例。如今呢，他們卻說不相信有任何解釋存在，或說，有半打解釋可供選擇，每一種都對。德國人是全都搞糊塗了。四十年前下的每個概論，如今全放棄了。被推翻的最徹底的，正是我們溫文的達爾文先生有關生存之說，再也沒有立足之地。
>
> ——亨利．亞當斯（一九〇三年）

山繆．巴特勒

一如威廉．詹姆斯，年輕的巴特勒原以為也許可靠繪畫闖出一番事業，兩人都曾在畫坊師父門下畫出相當可取的作品，也分別留下幾幅不錯的肖像畫。但是兩人最後也都做出同樣決定，認為自己缺乏那份才氣的火花，結果都成為心理學家與哲學家，雖然巴特勒從未主動尋求也未曾取得過這個職業

頭銜。

《物種起源》初問世，立刻說服了巴特勒，他認為演化論是最好的假設，可以用來取代聖經所述的創造。關於這一點，其實早先已有相當討論，達爾文的著作只不過加以證實而已（<667; 729; 825）。可是對於另外一點，巴特勒卻強烈質疑，亦即達爾文學說的主要論點所在：演化係透過競爭、生存進行。他向達爾文提出疑問，卻未得充分答覆，因此很不高興，並以相當不智的方式抗議，從此為自己鎖定了一個怪人的惡名。終其一生，只能在文壇外緣過著他的智性生活，自己掏腰包刊行作品，到了二十世紀初期方才露出身後名，以小說《肉體之道》（或譯《眾生之路》）的作者身分行世。這部作品在時間上吻合了新時代的思潮，巴特勒因此得名。

更早之前在一八七〇年代，他即已匿名出版烏托邦諷刺作品《烏有鄉》（*Erehwon*）——Nowhere（哪兒都不是／無名之地）一字的倒拼，對十九世紀的兩大偶像提出抨擊：亦即「進步」與「體面」。他稱教會為「音樂銀行」，大家在那裡開戶記點，依存入的功過得失兌現永世的幸福或詛咒。所謂罪過，對烏有鄉中之人來說，就是疾病、貧窮，貧病不是值得同情、賑濟的對象，而是應予處罰的罪行。至於進步，烏有鄉這地方有各種機器，而且不斷改良使臻完美，直到大家忽然想到：如此一來，機器豈不會發展出意識，贏得獨立，何況機器比人厲害，人類就要變成它們的奴隸了。於是趕快罷手，更反過來決定毀掉機器——甚至連鐘表也不放過，只留下幾個樣本，在確定沒有害處之後，保存在博物館供人憑弔。

這個匿名故事很快找到讀者——只要他們認為此書係出自某位維多利亞名家之手，銷路便一直很好。但是一旦這無名小子巴特勒的作者身分暴露之後，就立刻銷不出去。如此勢利眼的態度，對這樣一位人格背景受過戕害的人來說——《肉體之道》即顯示其成長經過（<800），實在不是一件好事。巴特勒因此對所有既定事物、制度都看不順眼；他攻擊別人，打算跟對方大辯一場，結果卻只得到不理不睬或責難。達爾文事件只不過再度重現當年家庭的不愉快經驗。然而也正因為這單方面的游擊戰，我們才得以擁有這部不尋常的出色巨作，舒茲伯利版足足有二十卷帙。但是那掩蓋了巴特勒的才名、使他不得為同時代之人所見的雲層，及至今日，也始終只在這裡那裡戳破了幾處小縫，稍透一點光線。符合九十年代、一九二〇年代脾胃的那幾部作品，都已透亮現身：包括《肉體之道》、《烏有鄉》，以及《札記》摘錄的選粹。但是他另外四部原創性的哲思作品——《生活與習慣》、《無意識的記憶》、《新舊演化論》和《運氣抑或巧智》，卻宛如從來不曾存在。以上單看書名，雖能大略標示書中內容，卻想像不出內中多樣的精義，對生命、心靈的種種洞察。綜而言之，大意如下：他反對達爾文所言——亦即演化一事全靠生存競爭一途，因為如此一來豈不全憑「運氣」，不啻「將心靈從宇宙之中逐出」——經驗卻顯示心靈預見結果，而且為此產生行動。心靈又有習慣相輔，習慣則始於「有意」，化為「無意」。這樣的巧妙組合，正是老達爾文當年曾在其演化著述提出的作用力（<667），巴特勒予以贊同，並列出一系列動物學上的事實，指出單憑達爾文式的「運氣」實在很難解釋。巴特勒又說：若要解說新物種的源始，首先必須說明舊物種變異之源，可是截至當時為止，卻沒有任何人有答案，也不曾就此發表過任何說法。這些考量，足使巴特勒躋身當代生機學者之列，而遺傳學家貝特森（遺傳學之名的命名人）在達爾文大作[19]出版五十周年紀念之際，也的確給予巴特勒以公平的感念之詞。

巴特勒作為思想家，係與實用主義世代（958>）同調，他談生活行止，往往注意某觀點會帶來某後果，他的倫理教導也屬於約翰生式的常識一派（<603）。但是他的心靈無論轉向哪一方面，卻都又能生出不尋常的靈感，兩者之間並無相違。他不喜歡當時荷馬譯本所用的華麗文體，便動手複習希臘文，把《伊利亞德》、《奧德賽》譯成白話的英式散文。他喜愛莎士比亞的商籟體詩，想把其中含有的故事一一闡明，於是熟記全部一百五十四首，並滿意地下了結論，指出歷來把好幾首莎詩都擺錯了序位。他重新安排整理，按照敘事路線循序漸進，爬梳出其中自傳性的詩句，研究令人不解的一些題獻，推論出 Mr. W. H.（莎詩題獻對象）其實並非什麼貴族爵爺，而是一個名叫 Hughes 或 Hews 的傢伙，說不定也是劇界同仁——王爾德也曾依同樣證據推得同樣結論，在他的《W．H先生的畫像》故事裡詳細述之。不過他兩人的說法均未獲得學界重視。

> 已故的山謬．巴特勒自成一家，是十九世紀後半期最偉大的英國作家。見到他筆下的《肉體之道》，對英國生活所做的如此出色研究，竟然少人有所印象，真令人幾乎要對英國文學絕望了。所以若干年後，我做了一些劇本，明顯帶有巴特勒那種不尋常的新鮮、自由、透視未來的暗示之風，得到的反應卻只是什麼易卜生、尼采的。英國人真不配有偉大人物。
>
> ——蕭伯納，《芭芭拉少校》（一九〇七年）序言

巴特勒喜歡往義大利度假，那裡的快樂時光為他提供了兩部旅遊著作素材，其中那本《阿爾卑斯山與隱修院》尤其出色。但是四處閒走的成品不僅止於此：他深入西西里探索，認為此地正是當年奧德賽旅程的目的地，部分原因係基於地理特徵，他又認為有內證證明這個傳說係出自女子之手，亦即《奧德賽》故事裡的那位瑙西卡公王——古典學者對他的說法毫不理會。巴特勒因此愈發瞧不起所謂

學院中人：那些傢伙既無好奇心，又不肯面對清楚陳述的理性論證進行辯論。直到近日，才有位學者降尊紆貴，願意討論巴特勒這部作品，予以尊敬正視[20]。此外再加上兩卷讀來有趣的文字，一篇精采傳記，記其祖父有名的舒茲伯利學校校長生平，以及一本《札記》，組成了巴特勒對英國文學貢獻的全貌。一次世界大戰之後，《札記》受到欣賞，因為文中語氣與當時那種刻意輕浮的氛圍頗為吻合。

所幸巴特勒不必靠筆耕為生，年輕時他曾往紐西蘭打天下，養殖綿羊極為成功，帶著相當資產歸國，日後卻有所減損，部分原因係被友人詐財。他過著簡單自制的單身生涯，討厭十九世紀作曲家，生活中最大快慰來自韓德爾的音樂，並愛好這位偶像到一個地步，甚至專門去學對位法，且（與一位友人）合編了兩首小清唱劇的詞曲，其一為鬧劇——還有人能比他更複雜，更令大家迷惑嗎？

「神就是愛」我敢說——可是，愛，是個多麼淘氣的小鬼頭！

預備要寫的題目：「給小孩子們」，警告他們，要防範其長輩的德性。

「大醉鬼」——他可不會把錢拿給清醒人；他說，他們只會把錢吃掉，連他們的孩子一起送進學校。

辯論中，贏家不是論點最精確的人，而是最自制、最沉著的人。

——山謬・巴特勒《札記》（年月不詳）[21]

＊＊＊

正當純粹科學陷入困惑不明之際，醫學卻很有把握地邁出自信大步。世紀中期，伯納德與巴斯德的研究工作，為這門古老的藝術加上了最新實驗方法，新發現快速地接踵而來。伯納德全面研究消化作用，確立了胰臟、肝臟的功能，包括血糖的形成。並首先發現相對神經脈衝之間的平衡調節，釐清了血管舒縮系統的運作。巴斯德證明微生物不但存在，並可做出驚人之舉，如使牛奶變酸等等——遂有巴斯德高溫消毒法。從此又有更多研究人員，先後在各型細菌裡面發現結核病、白喉、炭疽、傷寒、痲瘋、流行性感冒、淋病和梅毒等疾病的成因，以及瘧疾的寄生原蟲。此外又發現紫外線可以殺菌。源源不絕新知之中，還包括抗毒素或謂血清療法。在此同時，哈尼曼的順勢療法（或稱同類療法）——藉小劑藥量產生類似症狀，可以激發自然的自療作用，早已在醫界使用半個世紀之久；如今因與血清療法並行，順勢療法的醫生與病人因此愈發增多。外科手術也不甘示弱大有進展：盲腸切除一時蔚為流行，克利夫蘭總統的醫生金恩甚至宣稱：「人體腹腔，已成外科醫生[22]的遊樂場所。」茲為紀錄再添幾樁當時新猷：系統化的整骨療法；美國農藝學家伯班克妙手開發植物新品種，推出超級馬鈴薯首開第一炮貢獻；以及權威刊物「科學」創刊。

但是再度又有對照性的事物出現：英國人類學家弗雷澤的《金枝》（源自羅馬詩人維吉爾筆下希臘傳說：特洛伊英雄埃涅阿斯因金樹枝之助尋回父靈、參透命運）第一卷於一八九〇年間出版，使得一項在過去僅限於古典門牆之內的興趣所在，開始取得不同的新地位。單看書名本身，就令人聯想到異於科學的領域：此書係以神話為研究對象，這些由世界各地先民文化流傳下來的故事，經傳教士以及自願離開歐洲在外流放的人士觀察蒐集而成。在此同時，早期文化人類學者的工作，如一八六〇、七〇年代的泰勒、摩根，亦使眾人開始對部落文化有所認識。弗雷澤發現某些地理上相距遙遠的神話，卻具驚人的相似，於是將它們分門別類、比照細節。神話製造一事，顯然可視為原始形態的科學，先民藉之解釋宇宙現象，透過概括性的概念，為種種經驗事實整理出秩序來，經由神話人物的行動具現真理。

兩百年來，神話都被鄙棄為無知的迷信，此時卻搖身一變，開始被視為重要思想的表露。神話的象徵性豐富，令象徵主義詩家與不滿科學唯物觀念的人同感安慰；原始的心靈重新恢復名譽，亦使拒棄文明者得到鼓舞。西方的心靈，此時正經歷其定期發作的返璞熱：韓波、史蒂文生、高更、小泉八雲（美國作家，歸化日本以其妻姓氏為姓）紛紛永遠逃離歐洲。其他如亨利．亞當斯、畫家法巨，則啟程踏上近東、遠東之旅，尋求暫時的解脫。一般旅人則不斷地受到旅行社發出的應許吸引：「古老的世界」、「未被汙染」之地，尚不曾被現代城市的喧囂滲入。卡本特為文（<904）鋪張細節，大談身心健康所需，務必與都市生活暫時中止往來。

神話的來到，連同俗世生活的倦怠厭膩，遂助長了華格納主義的興起。這個現象並非某位作曲家及作品一時蔚為風尚而已——如二十世紀晚期馬勒忽然風靡，卻確乎屬於一種「主義」。華格納的歌劇，在觀眾眼前獻演已有三十年了，也得到行家應有的賞識。可是到了一八九五年左右，他的群眾卻更巨幅延伸，因為此時針對其《尼布龍根指環》一劇的題材、訊息和音樂架構，出現了一股組織性的宣傳。愛樂者在知識分子群中，向來只是少數，其餘知識分子一般都以歌劇為嘲笑對象（<484）。此時卻見文藝人士頭一回大量湧向音樂——湧向華格納的音樂，並得到諄諄告誡：過去既如此音盲，若要補救自己與這門新藝術形式之間的落差，務必好好學習研究。於是除華格納本人寫有八大卷散文可為教材之外，又有文章、手冊、講座紛紛現身相助。蕭伯納寫有《完美的華格納風》，巴黎的馬拉

美作十四行詩稱頌華格納為神。若還有人膽敢抗拒華格納風，則有《華格納學報》開始令他們不知所措，並讓狂熱的膜拜者隨時保持新知，取得最新的「華學」詮釋。

至於詮釋之事何在？可見於華氏音樂系統，以及一連串挑釁意味十足的華格納學。大師之作一出（這派理論的命題如是說），空前絕後，頓使過去所有歌劇作品報廢，連歌劇樂種本身也成過去。如今這新的「樂劇」，重現了古希臘悲劇的藝術真味。而且不僅溯往，同時也遙指未來：早在一八六〇年代之際，就已是應許給世人的「未來之音樂」了——而如今，正就是當時的那個未來。這還不足，《指環》一劇的歌詞，也被標榜成一首偉大的詩篇，由大師本人親自執筆，需要好好詮釋一番，因為它乃是一齣社會寓言，描述出當今事物的秩序將注定如何滅亡，以及因何滅亡：人太拜金了，所以必有全面的毀滅。大災難之說，廢除派聞之正中下懷，頹廢派以及一些尚未出走避世的返璞派則覺得果然吾道不孤。甚至有謠傳指出：華格納年輕時在德勒斯登，根本就是個革命分子，而且差點在一八四八大動亂中喪生；因此社會改革家對他也倍感親切。

但是真正掀起這番言論騷動的關鍵，卻在歌劇本身的確展現了清新一面，再也不是寫實主義加上令人煩膩的歷史題材——亦即麥亞白爾、威爾第等人，不論法式或義式，老在用的那類玩意兒。反之，如今多謝老天來了未曾見過的新鮮傳奇——如果是觀賞《崔斯坦》、《羅恩格林傳說》、《唐懷瑟》和《帕西法爾》的話，更是好幾個傳奇合在一起。《指環》一劇，背景奇幻美妙，劇中人名帶蠻族風，穿著有原始味，慷慨激昂地發話，而非各自哼幾首小曲退場。而那一系列稱之為「主導調」（leitmotiv）的簡短旋律，觀眾一旦掌握住其作用，並熟記了出場人物與劇中理念係分別由某旋律代表之後，就可一路領略極其細密的故事情節，沉浸在不斷重複的優美樂流之中。正如湯瑪斯．曼所言：華格納透過這套做法，教他的聽眾學會了音樂，事實上許多學養之士也發現自己真心愛上音樂，至少愛上華格納品牌音樂。福爾摩斯就是可靠的見證人，拉著他那位趣味庸俗的室友前去「科文特園歌劇院聆聽一晚的華格納」，亦不見華生醫生記載下任何抗議表示。

這些過去可能從未參加過半場音樂會的文學家、畫家、雕刻家、建築家和批評家，之所以對華格納的評價升高，還有另一個因素使然：那就是竟然有如此一位藝術家，不但征服了沉悶的布爾喬亞階級與學術界，解除了他們的頑強抵抗，而且去世時還家財萬貫，受到舉國崇敬——的確是今古奇觀。他的一生，聽起來簡直宛如一位大老爺，在他的城堡裡面接受進貢，又彷彿坐鎮拜魯特（華格納曾在此定居並開辦了音樂節傳統）的神人，受信眾膜拜。他是所有藝術家終得雪恥翻身的象徵——更何況他也不擋任何人的路，因為他老人家已經不在了。

華格納為音樂與音樂家所做的貢獻，甚至包括他對文化全體所做的服務，正如達爾文之於科學、馬克思之於政治科學。他們以前人半世紀的開拓為本，分別再產出成果，或對或錯，畢竟都向全世界宣揚了他們所關切事物（進化論、社會財富的分配和戲劇性音樂）的重要性。

正當華格納征服西洋之際，另一支音樂「主義」也正在義大利展開宣傳：亦即寫實主義歌劇，即真實主義，目的乃在刻畫「現實人生」，而非通俗歷史或華格納式神話。馬斯卡尼的《鄉村騎士》表現農村情懷；雷翁卡瓦洛、普契尼分別將《波西米亞人》加以戲劇化，描繪窮途潦倒的藝術家人生；夏龐蒂埃則寫出《路易絲》，這是藝術家的「自由愛人」。普契尼《蝴蝶夫人》劇中有人問男主角：「要不要來杯威士忌加蘇打？」十足展現此劇的實際面向，不過他的《托斯卡》劇情卻擺在一八〇〇年間，布局情節亦一仍舊貫屬老式的音樂通俗劇，只帶有那麼一星半點的現代氣息：女主角詠嘆著

「我藉藝術也為藝術而活」（*Vissi d'arte*）——這可是九十年代的審美觀念。法國作曲家布朗諾則比較一致，有系統地自左拉自然主義小說取材。但是在所有這些作品裡面，只有題材是新的，至於形式與音樂本體，除加上一點自由新意之外，其實都係追隨比才於一八七〇年代中期在《卡門》一劇立下的鮮活典範（此劇初時並不成功），以及威爾第後期製作的《奧塞羅》和《法斯塔夫》。

當其時也，喜愛華格納音樂即等於「先進」，不過當時還有另一支完全相反的風氣，亦即以「絕對音樂」之名反對華格納，亦可稱先進人士。對於這門將「絕對藝術」應用於聲音美學之上的教條來說，戲劇性音樂、「標題音樂」、帶詞的音樂或談樂的字詞，全屬鄙夷譴責之列。信奉這項教條的人，對華格納崇拜現象不免感到強烈遺憾，正如追隨派特者都認為：所有藝術都接近音樂作為純粹藝術的境界（<894）。誠然，如今華格納風起，清楚地顯示了十九世紀的義大利、法國歌劇是多麼俗麗——如今再沒有任何音樂人將之當作一回事了，可是取而代之的這個巨大混種，無論形式、音樂，都太不純粹。絕對派規定，但凡自稱激發情感，或表達戲劇性的作品——也就是說，自古希臘以來的所有音樂都包括在內，在行家眼裡再也不可成其藝術。他們又命令音樂只准堅守賦格曲、聲部輪唱曲（音譯即卡農）等形式，而且只可展現音樂曲式，此外別無他意——這最後一項限定有其必要，因為即使是賦格曲，有些也確能喚起情感，帶有戲劇性質（<571）。音樂、繪畫和詩詞的純粹性到了一個地步，變成純粹鑑賞技巧；這種觀點，真要推而演之，恐怕那些純為炫示獨奏器樂技巧的飛躍音符倒成藝術，而蕭邦、李斯特的作品反為瑕疵——因為不夠純粹嘛。

造成這種謬誤主張的緣故，乃在**標題**（*program*，直譯為計畫或方案）一詞的意義含糊不明。當然，若用它表示音樂係以聲音說故事或描述場景，當然不妥，亦與音樂本質相違。音樂不是語言，哪能說故事、刻畫場景，也沒有任何作曲家曾做過如此嘗試——根本就不可能[23]。因此事實上世間並沒有「標題音樂」，無所謂大怒之下扔石頭將之打死可言。但是若把它視為規畫或綱要，那麼所有音樂都可以標題化。甚至連那些受到高舉的純粹形式，其實也屬於一種可供作曲家遵循的標題方案，一個可供他填寫進詳細內容的綱要。而且除非全係為練習而作，否則作曲家心中、腦中的思想感覺，必會在作品上留下印痕——一首全然「正確」卻枯燥的賦格曲，與一首令人激動的「不純粹」賦格曲之間，差異正在於此。

準此，作曲家也可按照另一層標題計畫的大綱賦曲，比方依歌詞作出既符形式又合氣氛的樂曲。古往今來，普天下的歌曲都在表意傳情：喜悅、情愛或悲傷。教堂禮拜音樂同樣也係遵循這種第二層的外在曲式，神劇、歌劇顯然亦屬此類。甚至舞曲，也在其曲式之外流露出歡樂或莊嚴的氣息。婚喪進行曲各有不同，聽來亦絕對有異。其實所謂標題音樂，抒發的方式正與進行曲、歌曲的方式同，並不在娓娓道來一個故事——對此它無能為力，卻在它能配合情節段落中的角色性格與心情氛圍，同時卻又無礙於既定的音樂格式與作曲法則——任何時地場合，音樂都純粹只是聲音而已，甚至在歌劇裡亦然。西方音樂的傑出之處，正在其藉著音階的挑選，透過平均律予以修正，又開發出複雜的形式與樂器，終將音樂的表現力提升至其他文化都未能達到的高度與深度。

> 所謂音樂的真髓，乃在朦朧可名的表現性，而非明確不可名的印象性——這種謬論若要成立，只有一種做法，就是使表現性變得機械、印象性完全不存。
>
> ——哥內〈華格納與華格納主義〉（一八八三年）

可是傳遞情緒、配合場景、為詞賦曲或表達儀式氣氛的音樂力量，卻萬不可與模仿音效混為一談，但是有時連最偉大的作曲家也難免沉迷於此。巴哈的《馬太受難曲》就有一些段落，要聽眾去想像天搖地動、幔子裂開的景況（耶穌死在十架上時的景象，《馬太福音》二十七章五十一節）；貝多芬的《田園交響曲》也呈現狂風暴雨、溪流潺潺和鳥兒啁啾的擬聲。這類擬聲表現，通常主要靠節奏或音色表現，而非藉諸樂音本身，而且也談不上真正的「表情」之意。那麼，問題就來了：一股匯集的眾音，如何與一種情緒對應？其實「情緒」一詞並不合適，因為比方說海頓的《創世記》裡，在「要有光」那一句上，強轉調為C大調。但是那些樂音與「光」可毫無關係，然而「調門」一轉之下——尤其轉到那特別調上，便產生了一種搗人肺腑的聳動感（找不到更好的字眼形容），一種發現、開闊、釋放、紓解的聳動感——無以名之，並不是單單一種情緒。但是反過來說，同樣這種感覺，又可以配合各種不同的情緒：驚異、喜悅、解脫、得勝等等，因此可以適用於不同情境，而且也經一再證實——豈不見作曲家往往將此歌劇的樂曲轉用到彼歌劇上。古諾在《浮士德》裡所用的戰士進行曲，原係為《恐怖伊凡》所作。穆索斯基在《沙皇鮑里斯》裡面的大部分曲子，也都是為其他題材所作。純粹聲音與外在物事之間的聯繫，不過如此。

須知作曲家為歌詞配曲、傳達戲劇感情，可以依據自身的肺腑之感，知道應該在哪裡運用旋律、和音、節奏，適當地打動聽者。但是有時候，即使沒有任何特定的理念，一曲賦格曲或一首夏康曲也依然能夠打動我們，彷彿它有著情節布局。那是因為作曲家遵循了他本身的內在情緒——無言也無形，同時又實現了曲式的要求。

徵諸古典作曲家們共通的做法，證明絕對音樂此路不通，卻不可因此模糊了後者為何擁護絕對音樂的緣由。一如其他藝術家們，他們要為自己的概念清理場地，尤其要掃除當時那種空氣：大談貝多芬的偉大思想、霍夫曼將莫札特奉成偶像、舒曼詮釋白遼士、李斯特和他的情婦標題化他的交響「詩」、簾幕揭開之前大念特念的嘮叨台詞——總之種種作態、言論，務必淨空。另一樣討厭東西，則是十九世紀的交響樂作曲家同時也都是文學中人，他們發現文學作品就跟先前的教堂儀式與聖經文字一般，具有音樂理念的暗示聯想。跟這些俗世聖經（莎士比亞、歌德、拜倫、史考特或雨果等人巨作）打交道的音樂，遂令人想起舊文化加諸的沉重負擔。絕對音樂、純粹藝術的呼聲，有如清潔劑；但是最後結果顯示，純粹音樂的辯論比純粹的製作為多。作曲家繼續用曲名記下自己從生活、從文學取得的靈感，他們有許多位更毫不在乎地加上「標題」注釋，以加強聽者的領會程度。

純粹呼聲，要將藝術自生活分離出來，並且要在「形式」大名之下，享受藝術作品的骨架。但是如果從這場辯論可以整理出一項通則，那就是人類的心靈本來就不純粹，充滿了根深柢固、早已養成的聯想反應，無法根除也不能忽略，合而形成了心理學家所稱的「類化團（apperceptive mass，類化作用：以舊經驗為吸收新知識的基礎，類化團：舊觀念的組合）。很久以前曾有一項研究，探討在不透露曲名與作者的情況下，聽者係如何「接收」所聽的音樂；結果顯示，無論是業餘或專家，各種與音樂無關的外在因素都進入聆聽經驗[24]——如果真能完全無動於衷，八成精神有欠健全。

純粹主義在九十年代興起，原因可以理解，在此不妨再度重申：它乃是具有實質用意的退避手段。在此同時，則又有另一種矛盾存在：在同樣這個時期裡面，甚至在同一心靈之中，卻往往不介意運用象徵符號，而且欣然接受神話的復起。這兩件事都暗示了人類心靈在感官知覺的物事之外，另外又加上了一層東西，因此不僅在對象物中發現意義，而且是多重意義。不久，就會有一位曾在巴黎與精神醫師研習共事的佛洛伊德醫生，在維也納發展出一套「無意識」理論，遂在所有人類心靈活動裡面，為神話與夢境指派了意味深長的重大地位。

第二十四章 立體派十年

前面簡稱為九十年代的兩個十年之間，文化沸騰翻躍，隨著新舊世紀交接，並未就此停下腳步。各路精力繼續創新，也不斷攻擊十九世紀文化盛時的餘緒——其間卻忽然殺出一支顯著變化，發生於一九〇五至〇八年間，為方便起見，可以將這段戰前期稱之為立體派的十年。用一派畫風之名來稱呼整個時期，並不為過，因為這起新藝術與當時許多事象同時並行，尤其是其他新的文化起步。

較之方才過去的那段時光，第一項大不同便是九十年代耗盡的那股精力，如今轉趨

我實在很難放棄該派理論（我是指馬拉美派形成的理論），改向現實取得新的立足之地，他們往往將現實當做偶然狀況，並主張藝術作品應逃離它的掌握。

——紀德（一九一八年）

當時的我們，並不屬於對抗過去、毀滅過去的負面運動：我們乃是出發建立新事，我們坐在新社會建造者的車中，這個新社會將是自由的、理性的、文明的，並將追求真與美。那一切，真令人感到興奮快活無比。

——吳爾芙（英國作家吳爾芙的夫婿）《播種》（一九六一年）

肯定，不再消極地拒斥世界：動手的、旁觀的，都看來生氣蓬勃，沒有過去那股子受創的痛苦狀。雖然外在事象跟以前沒有兩樣，依然亂七八糟、可悲可嘆，什麼頹廢末世之說卻再也不談了。這股新鮮活力，係隨著一八七〇年代末期與一八八〇年代初期出生的男女而來，他們固然在陰沉的時代氣氛之下長大，也欣賞其反俗世的藝術、思想，卻覺得象徵主義或頹廢派的思想、技巧已經玩得差不多了，有的更以為一味抗拒不是辦法，必須起來向社會的弊病作戰。

要領略這番態度上的改變，不妨回顧一下印象派與後印象派，並看看他們的世界觀係如何轉到這個方向。首先，是那批遭一八七四年年度沙龍美展退選的畫家——馬奈、莫內、畢沙羅、希斯里、竇迦、雷諾瓦和莫里索，自家辦了一場驚世駭俗的畫展，得了印象派這個綽號，一場運動與畫風從此均以此名見稱。印象此名之來，係因某位畫評人拒絕承認他們的作品是嚴肅畫作：它們逃避「現實」，它們僅僅是「印象」[1]而已——莫內展出的一幅作品（「印象．日出」），畫題即如此謙稱。

然而卻是馬奈那幅「聖拉薩站」，竟以火車站為題材，足證這類新玩意兒多麼無法無天——人物、事物，都浸在一片色暈朦朧之中，構圖含糊，運筆潦略。有人假裝喜歡，有人覺得又來了一個新流行病，揶揄為偏執馬奈狂。馬奈霧氣氤氳的火車站景三年之後，莫內也畫了十一幅同樣的聖拉薩站，表現出這幢玻璃罩頂、煙霧瀰漫的建築構造之內不同的光線變化。這七位未獲展出的畫家（不久又有美國畫家瑪莉．卡薩特加入），正是在宣告一種藝術的**解放**，掙脫寫實主義的局限，將另一型新的真實感投到觀者眼前，亦與其他任何所謂「真實」一般，都只是人類感官「所覺」。這項再教育之壯舉最後終受正視，日後王爾德亦因此生出靈感，而有了那句名言「自然模擬藝術」。

印象派畫家的創作原則，乃在光的變化遊戲才是真正實像：「物」並非我們所以為有著確定輪廓、色彩的實體；「影」亦非千篇一律黝黑深暗，卻有著與投影本物互補的色調。這些藝術家運用視覺合成現象，將兩個純色貼近並置——比方黃、藍，效果看來正如兩色合調而成的綠，色調卻更為鮮明，這類技巧遂使印象派畫作取得特有的熠熠亮光。而「光」，更永遠都在變化，因此一幅畫應於瞬間立時繪成——有如快照般瞬間凝像，至少該盡可能如此。莫內就是基於這項前提，為魯昂大教堂系列畫下二十張「取景」——灰、藍、粉紅等色（George Moore 的 *Modern Painting* 的系列短文，記載了同時代人如何看待從柯洛到莫內的繪畫轉型，今日依然值得一讀）。

> 藝術的任務，不在抄襲自然，卻在表現自然。因有光線之照射，造成特定物體之貌，所以我不勾勒外形，卻在輪廓上抹出一股溫暖微妙的色調，讓你沒法指出這些輪廓到底是在哪兒與背景合而為一。近看一片茫茫，退後兩步，一切卻都清晰可見，感覺有氣流包圍全體。
>
> ——巴爾札克〈未知的傑作〉（一八三二年）

新技巧自有其科學依據：一代以前，科學家謝弗勒、亥姆霍爾茲即已解決有關色彩方面的事實。但是印象派畫家並不讀科學著述，卻以自己的目力，以及德拉克洛瓦的作品，證明了他們的技巧站得住腳。德拉克洛瓦筆下的影子有顏色，而且一如他曾向喬治．桑之子解釋：視覺效果乃是繪畫的根本。

說起來過去已有不止一位畫家，多少亦曾顯示過同樣認知，可回溯至十五世紀的威尼斯派。更近於一九〇〇年代，則有泰納在他最後時期，也以鮮亮觸目的衝突色畫出耀眼光簇。這些前例，固然可用來證明新一代技巧的效果有理，可是公認的德拉克洛瓦直接影響，卻在於他證實了先前曾經述及的風格關聯，亦即印象主義一如象徵主義，乃是浪漫主義的最後發揮（<701）。

印象派耗費大約八年時光，才終於獲得認可表彰。他們如此精確地再造「自然」，又從日常生活選取題材，令左拉等自然主義派作家覺得正與其自家作品如出一脈，堅決地衛護他們。但是另一種看法亦可成立：印象派畫家正如象徵派詩人，避開了現實世界的粗糙刺目，將它們變為朦朧模糊。而且既有不少印象派大師的創作時期橫跨入二十世紀相當年日，九十年代的種種後印象派技巧，遂都只是雜鬧紛呈的各式路線，共同抵禦這支自誕生後便獨領風騷六十年的畫風。意外之事卻是被稱為「新藝術」者，並非印象主義或它於一九〇〇年左右生出的叛逆支脈，反而是一股時尚流行風，以其柔細手法，同樣也將寫實主義拋諸腦後，卻偏愛蜿蜒彎曲的色紋與花朵圖案的設計。巴黎地下鐵車站入口的鐵製花紋圖案即是一例，慕夏在巴黎、第凡內在美國，亦是其中兩位受到重視的佼佼者。但是新藝術未曾提出新的技法，亦無長久前途。

> 你可以把最鮮烈的色彩塞入你的畫中，只要再加上一層反映色，把它們全都聯合起來，就不會嫌亂嫌鬧了。大自然用色，豈是保守樸素的？豈不充溢著最強烈的對比，卻絲毫無損其和諧？有些人想在畫中除去這些，不錯，可以做得到，卻有一個缺點，就是連「畫」本身，也被除去了。
>
> ——德拉克洛瓦《憶往》（年日不詳）

有位畫家雖以印象技法起步，隨後卻棄之而改弦更張，此即塞尚。當時人認為他如此失敗，左拉甚至把他放在小說裡寫成可憐角色。塞尚自己的看法，則認為色彩與勾勒不能分家，若忽略線條與輪廓外形，就終成無形無狀。我的目標，他表示：「是要使印象主義能夠實在、長久，就像美術館中所見的藝術品般。」不再是那種瞬間片刻的面向，他改用層層色塊與確定體積感的對比，重申凸顯了構圖。從塞尚始，年輕畫家遂各採不同做法，逸離印象派的薄霧朦朧；原本如幽靈彷彿快要模糊消逝的「物」，在塞尚筆下重新現身，既不似（比方說）庫爾貝寫實主義那般形貌，亦不類文藝復興發現透視法以來密切地仿擬自然，但是卻能強烈地標示出自然天成的形態。

塞尚之時，還有新印象派，如秀拉即是，亦奉德拉克洛瓦為宗師，他們筆下的物事有其外形輪廓，同時卻又保留印象派的閃耀，方法是將顏色分成小抹（非小圓點）——利用視覺融合作用而成光爍。另一位希涅克，更為此種類型提供了整套立論，他的著作具有雙重意義，因為從此展開了有關藝術創新的大量言述，以供公眾理解之用。不過的確也需要理論創作：不似過去每個時期只有一種主要風格，此時好幾支風格同時並存，外行人不免要問：「到底該看啥？」評論家則想知道：「這是藝術嗎？如果是，又是五花八門裡的哪一種？」有了理論，多少可以理性地解答這些疑問。在此同時，畫廊也需要一些說法或原則，用以宣傳招徠，增廣旗下藝術家的名聲與畫作銷量。根據巴爾札克在一八四〇年的估計，巴黎一地就約有兩千位畫家；一個世紀之後，歐美各大文化中心的陣容亦不下於此。每個希望展出或獲予經紀的藝術家，都必須對自己的創作意圖有所說明闡述，對自己特別商標的視野、畫法，鋪陳出一番道理來。

塞尚正忙著畫出體積感與層層平面之際，高更則清楚勾勒畫面的輪廓線，塗色均勻平整，看起來平面不具立體感。梵谷也在開創他那刀痕似的濃重筆觸，由狂烈的色彩構成，給予畫面一種粗糙不平的表面，以及一層不尋常的白熱光澤——高更與梵谷筆下，都刻畫可辨認的形體，趣味所在卻係其處理手法。另有一批畫家亦循他法著墨於此，他們自稱納比畫派（Nabis，希伯來語的先知），外人卻形容他們是野獸派（*Fauves*，法語的野獸）。另一批野獸畫家的公認領袖馬蒂斯，則為美學或裝飾效果扭曲物體形貌，更放鬆了繪畫與「現實的錯覺」之間的聯繫。在高更與梵谷的作品裡面，顏色係用以顯示反差或光耀，而非為再現物體，一幅四分之三側面的肖像畫，兩側也許各以橘、綠展示。觀者逐漸學會了不要去指望畫布上有如實照；這些逸離事物原狀的做法，有些係自東方藝術獲得靈感，尤其是日本。各種不同的「真實」紛呈之下，又出現更多著述，尤以弗萊、克萊沃．貝爾兩人最值得注目，綜合協調了各家表現方式（<894），宣稱藝術無他，唯平坦面上的色彩、線條而已——惠斯勒的「配置」諸圖，也許確顯示出一座橋或一名坐著的女子，但是並不重要；重點是畫中各部分如何安排配置？這個大哉問，就足以令「眼睛」忙碌，拒「意念」於千里之外了。

雕塑方面，體積的量感當然更是構成這門藝術不可或缺之要件，可是在愛勃斯坦或羅丹的某些作品裡面——他二人都與以上畫家同屬一個時代，雕塑表面卻凹凸粗糙，暗示出一種梵谷式的紋路。羅丹的創作概念亦偏離純粹的再現，他為公共藝術所鑄的那尊巴爾札克像，只見巨大的頭、胸，升現於類似桶狀的東西之中，結果招致群情抗議駁回。

＊＊＊

一九〇八年之際，被冠上立體派之名的畢卡索、布拉克作品來到，從此與印象派及其三四種後續路線做出決裂。一如往常，這個畫派名稱相當粗糙，激起的異議反應亦極猛烈——當其時也，內行的鑑賞家終於也欣然接受了印象派與後印象派，但是再從塞尚往前這一躍步，雖然並不真的那麼巨大，卻不免令人心生警惕。某位甚受尊敬的畫評家，早年曾為印象派奮戰，到了一九三〇年代卻為之厭倦不已，痛罵過去四分之一世紀的作品為「繪畫瘋了」[2]。

令人大怒的緣由，乃因這批立體派——不僅是原先那一對開山祖師，緊接著又有許多受過良好訓練的年輕藝術家接踵而至：格列茲、德洛內、梅金傑、奧尚方、塞韋里尼、雷捷、費寧格、盧騷羅、葛利斯——紛紛畫起立體、展出立體，並辯稱立體主義乃是唯一適合當代的藝術。最令觀者光火的是，他們竟公然把一些幾何結構當成值得一觀的東西呈現出來，這些色彩沉悶無趣的平面，既向和諧挑戰，又有違想像發揮。詩人阿波里奈爾遂挑起說明任務，發表一系列文章闡釋其中貌似悖理之處；旋不久畫家本人也親自提筆著述，格列茲、梅金傑合寫了《立體畫派》與《論立體畫派及其認識》二書，指出立體派畫作是形式分析下的產物；立體派選擇完全忽視外觀，只呈現真髓本體，其實正是回歸古典信條；浪漫主義的戲劇性與心理面意圖，如今已發揮殆盡；已經做過的事，再重複就毫無意義了。

其實塞尚亦早已涉及形式的分析，他在艾茲塔克海灣所繪的風景畫中，有些就帶有前立體派的味道；畢卡索讚譽不已的剛果雕刻面具，亦顯示臉部切面多角並置。立體派畫家更進一步，以「形式」意指物體的整個全面，而非僅限於正面而已：我們若圍繞物體走動一圈可見的接連面向，被他們在畫布上合成一圖。這項多面向原則最清楚地展示，也許可見於猶是立體派時期的杜象，他畫有兩種不同版本的「下著樓梯的裸女」，畫中人形連續又同步呈現，暗示沿梯而下的移動。而且這種觀「實」方式，並不僅限於畫家，不知怎地瀰漫於整個空氣之中，可見於立體派出現十年之前的象徵主義詩評吉摩所言：「信不信由你，我可以同時看見一個立方體的各個面向。」

這等「同時性」概念——或謂感覺，也支配著其他藝術人才的作為，因此以立體派之名概稱整個運動不失正確。雕刻家分析事物、人體的形狀，也獲致同一結論：以幾何立方體的各個切面，配合傳達出行動之狀。法國雕刻家杜象－維庸收在紐約市現代美術館花園中的《馬》，並非那四足動物，卻是牠的連串精力。布朗庫西雕塑的鳥，一如阿契潘柯的人形，亦透過流線化的表面，或平或圓，不擬細部，以同樣方式與「行動」發生關係。這些作品與立體派繪畫，對家具、家用器具和織物設計，發揮了長足影響——「裝飾藝術」之名的由來，係因當年第一批這類設計家原計畫於一九一五年展出他們的裝飾藝術而得，結果因大戰爭延後整整十年（1040＞）。大戰前一年，紐約市舉辦了那場今日聞名的一九一三年軍械庫展（現代派畫作在美首次展出，場地原為兵團軍械庫），激起廣泛討論，卻不再如以往偶然展出時那般全然敵意——前總統羅斯福也執筆評論一番，而且首先還非常客氣地寫了幾段，然後才論道：這批最新畫家，乃是瀕於「瘋狂邊緣」[3]。軍械庫畫作接著往波士頓、費城展出，共計有十五萬人參觀。

建築師們（正如大家都知道的）也同樣加入了光禿平面一族，而且比立體派更先開步：因為受到火車站的刺激，加以有鋼鐵作為建材，昂貴的都市空間更須有高聳的辦公大樓之故——早於一八九〇年代，蘇利文即已於芝加哥解決過這個難處。立體派的十年間，或可在葛納、貝倫斯、貝瑞等人的建築之中，窺見後日將演變成「國際風格」的建築樣式組成；最後提及的這位，對於擴大使用當時仍屬新建材的混凝土尤具影響。此君與其他同行最不同的一點，在於他認為到處所見的全然無飾外觀，勢將令人感到乏味，於是想出法子打破了這種平板無趣，同時卻能無礙於素樸冷靜的機能性外觀，他設計的香榭麗舍大劇院即是一例。

＊＊＊

若說同時性是當前顯學，那麼詩人自然也再不能如以往一般，只安於寫出自家單一聲音；如今他必須在紙上交響合奏、展示出他在這個喧譁年代所聽見或所能想像的眾聲。這項新的「議程」，係於一九一二年由H．M巴森[4]所界定，並由他及其他多人在各種不同作品中執行。他們打破了印刷的線性紙頁，寫出相互疊層的複位詩句——同時進行的詩歌或其他抒發，或（再一度）將人人熟知的詩節，在空間上做出改換，視覺地呈現主題意趣——後日[5]的合唱詩與具體詩，即由此衍生而出。這類早期作品之中，最出名者為阿波里奈爾的《視覺詩集》[6]。至於同聲派的手法雖然比較傳統，用意則一，將同時性詮釋為獲得解放的群眾所釋出的強大、共同心聲，並非多元分散，卻需要以某種新的形式表達。法國作家羅曼的自由詩與小說，便具現了這項眼光，維哈仁的《蔓城》亦然。

有人曾說，立體派及其同聲氣的藝術係受科學影響而生——此說其實有誤，因為這些藝術家即使涉獵過當代科學，恐怕也很有限。但是立體派想要鑽入事物表象之下，帶出內在結構取代外觀，這等精神的確與二十世紀初的物理科學若合符節：後者認為原子比肉眼可見的那塊物體「更為真實」，循此，遂一路走入分析一事所能及於的最遠境界。

其實是「術」，而非科學，打動了立體派觀物的眼眸：汽車之速再加上航空成為可能，分別迫使各個視象擠成一片，並將原本是圓整之物打成平面。雖不見有立體派飛行家的記載，但是當時卻有照片顯示幾何平面狀的地球——今天但凡搭飛機的旅人都很熟悉這個景象。電影動畫改變視覺真實，自然亦屬此影響之列：「動畫」（movies，「移動畫片」〔moving picture〕的縮寫）中的物事，並非在動，而是快速連續觀看下造成的「動感」錯覺，即頻閃效應。電影膠片還可以加速播放，或剪接成不可能的動作情節，或用柔焦等方法加以變形改造，種種瘋狂果效都解放了心靈，而不再一味頑抗特意的「誤」現手法。

不久，葛里菲斯的發明天才便創出一系列手法，為電影這門新藝術打下根基。演藝失敗、編劇不成的葛里菲斯，受僱於一家人物記像公司，五年之間專導短片，拍攝了四百部片子，創出各種電影手法：近鏡頭特寫、長鏡頭遠拍、淡出淡入，和變化鏡頭以異於常見的矩形畫面、交叉剪接以示同時進行的情節。現代觀眾早已經習於這類電影效果，自難想像它們係如何改變了正常視覺所見、多麼地撼動了當年第一批觀眾。

同樣那些年間，史蒂格利茲（被譽為現代攝影之父，其妻即畫家歐姬芙）與其工作夥伴史泰欽拍攝的作品與宣傳照，亦使攝影與繪畫分離開來，自成一門平面藝術，而且在行家眼裡的地位亦不下於後者。史蒂格利茲在那間以其門牌號碼見稱的畫廊「二九一」內舉辦展覽、發表講演，亦如葛里菲斯不斷創出新發明，使相機做出如他所願之事：他是首位拍出雪景、雨景和夜景之人——於是又一個媒介無語地打開了心靈之窗，開向它過去從未察知過的世界。巧的是在史泰欽之前，一八九〇年代即有法令規定攝影師非機械工，他乃是專業人士，因此必須付費取得執照。史蒂格利茲是個行動派，軍械庫展尚未推出，他就展示過塞尚、馬蒂斯、羅特列克、盧梭、畢卡索和塞韋里尼等人的畫作，以及羅丹、布朗庫西的雕塑。觀眾的反應雖然幾乎全屬敵意與嘲弄，當時在他的畫廊展出畫作的美國現代畫家，卻覺得受到激勵，馬林、哈特里、多弗、毛爾和韋伯即是其中幾位。

> 他（畢卡索）最近的作品中，對物質做了邏輯性的破壞，然而卻非經由滅除，而是將其各別部分一一拆解，進行建設性的分散。純屬藝術形式的問題，正是他生活中的真正問題。
>
> ——康丁斯基《關於藝術的精神面》（一九一四年）

一如印象派，立體派係從自身四周的生活取景取材——不再是歷史、神話或寓言，至於肖像畫方面，即使有若干心理素材亦屬鮮見。這種日常性質的觀照，又經布拉克發明的「拼貼畫」進一步予以強調——他自尋常物事如報紙標題，剪來零頭碎片，「黏貼」在畫布上凸顯其靜物內容，不過這種以「真材實物」潤飾的手法，在立體派歷經幾變之後便告消失。到了一九二〇年代已有人宣稱：格列茲與德洛內的立體派作品，帶來了我們今日幾乎在全地[7]可見的所謂「抽象藝術」（the abstract art）（1037>）。如前所論，所抽象者，並非肉眼可見、舉手可觸的繪畫或雕塑本身，而是指在其他元素均被抽離之後所餘下的部分。但是「抽象概念作品」（abstraction art）一詞未免太過拗口，比較好的說法也許應該是「分析」（analytic）藝術或「存餘藝術」（residual art）。

將可辨識的部分除去，尤其是立體派人像畫中的個別面孔，與民粹主義浪潮有著微妙關係。民粹之風，如前所論，在世紀之交吹遍歐美，新起之「廣眾」吞沒了「個人」。當然，個人依然存在，卻變成無名之人，沒有了個別面目，成為千千萬萬雷同原子中的一粒。若要刻畫出布雷克曾如此特意強調的個別細目——那曾為浪漫派以如許熱情建立培養的獨特性情，如今在數目字當權之下看來，簡直微不足道：數以百萬計的眾人，如今如此重要，卻又在階級身分、行事習俗上如此不可分辨。

正當法國眼見新潮流背離印象派而去，印象派也在其他國家出現變異修正。德國畫家馬克、康丁斯基領導的德國藝術家團體「藍騎士」，將藝術作品中的「再現」改為象徵地展示生命、物事的精神元素。與諾爾德一夥的「橋派」畫家，則再現人類受盡外力壓迫的情狀。斯堪地那維亞的孟克顯示人處於怪異的驚駭或發狂狀態，維也納畫家柯克西卡筆下的人，則被痛苦折磨得質性大變。於是藝術面對著時代的罪惡弊病，記錄下對於世事錯謬不公的感觸，稱之為表現主義，不過此名用於戲劇藝術可能更為恰當。上列風格有一項共同元素，它們都將外在形體扭曲以致變形，卻非從自我本體之中抽象萃取。出現在義大利的訊息、風格卻與以上不同，那裡的未來派應用立體派技巧頌揚速度、機械，以及一種活潑昂揚的廢除派[8]精神（＜890）。盧騷羅的「汽車之動感」，用意即在暗示向前飛馳衝刺之際，那種空氣湧流的感覺——畫中卻全然不見人、車。

以上便是這段藝術奔騰期的概述，從中浮現兩大結論：其一為「現代主義」此詞之起，最合理的日期並非一八八〇年或九〇年，而是前述這段年日：位於象徵主義及印象派均已功成名就「之後」，以及一九二〇年代「之前」——亦即眾人終於知悉一九一四年開戰前這些年月的藝壇變化之際。因為唯有到了此時，方才普遍感受到「現代」變為一種「主義」下所暗示的時代斷裂感，而且事實俱在：對浪漫派的詆毀，對維多利亞時代人的奚落，均在戰事結束之後方才開始及於報紙讀者，英國傳記作家斯特雷奇與美國新人文主義學者白璧德兩人，便是二十年代文化的啦啦大隊。

第二項結論則隱含於其一之內：我們這個時代的藝術，所有的技巧全部沿襲自於立體派的十年。可是在各別發展之下，藝術家本身的敏感性、他對人世的看法和對自己的感覺，卻又漸漸離開了建構主義，而走向破構主義（Destructivism）。前者是一九一四年之前某些畫家取用的貼切名稱，後者的同源字「解構主義」近來則已成慣見之語，如若特意延伸，亦可包括同樣的深層用意——而且特別貼切，因為意味著「將已建好的成器拆解開來」，而非單單「將之打倒」而已。

在此同時，另一宗舊精力亦陷入迴光返照，從此再難恢復原貌：在此之前，一般文化（不僅是前衛產品而已）大都具有國際性的精神。一九一四年前的中歐批評人士與學者尤然，可謂毫無國家民族立場的偏見，他們懷抱著如此的狂熱、體諒，抒寫過去與當前的藝術，瀰漫出近於十八世紀世界主義氛圍。創作、鑑賞，因此加增一股歡樂意味，以致後來之人回顧那些年日，覺得猶如「美好年代」。藝術家的腳蹤不受任何拘束——無須護照、簽證，許多都前往巴黎，可能待上一段時日，因為那裡的興奮刺激最為熱烈，然後回返柏林、維也納、布拉格、聖彼得堡，將他們在外新得的靈感，與本地的影響及各別的創新融合起來（可讀褚威格著《昨日之世》）。

＊＊＊

「民粹主義」一詞，作為世紀之交期間的一大特色，之前已在各種不同文脈之下出現。但是只有在美國，民粹成為有意識的運動旗幟；在歐洲，它只是一種影響了政治、文化行動的觀感態度。民粹主義，可以定義為強烈地感受到「人民」的存在：他們的需要與權益、他們的想法與行為。十九世紀九十年代的自然主義小說即以它為題材，唯美派亦為之奔往另一個比較美好純淨的世界逃避。當時出現三本以上的傑出著述，專論群眾心理學9；西方各地也都有系統化的調查，全力研究社會對人格形成的影響。美國有華德、顧里和米德，歐洲有滕尼斯、霍布豪斯、帕雷圖和韋伯，均為社會心理學奠定下了扎實的基礎。他們的研究方法，則來自那支最新界定的獨立科學：社會學。

這門新科學的創立者涂爾幹，提出「社會事實」作為社會的根本單位，地位正有如原子。它與心理學沒有關聯，後者的關注面在個人心靈；亦與政治、法律無關，因為它們可以任意隨時改變。比方自殺，即是一項社會事實，被涂爾幹選來進行他第一次大規模研究調查。自殺事件可以數算，可以算出它與其他社會事實之間的相關程度，並可做出預測，亦即特定社會的「定律」——統計下的常態也。這般前提如若無誤，不啻意味著決定論的存在，這門學問遂成科學。

二十世紀將涂爾幹之學發揮得淋漓盡致而成無盡專科。今天透過報紙，每日都有一「究」供大眾享讀，以數目字顯示在既定的陳述條件之下，不同群體內的個人如何行事。立法方向也往往依這類報導而定，治安統計數字即為一例——儘管統計學者不斷質疑這類數據的正確性。「中鎮」（美國印地安州慕尼斯鎮）這整個社區，甚至曾兩度被詳盡[10]分析；而那無孔不入的「全民休閒活動」：民意調查，也是社會學的一大分支。更有甚者，世上每樣行事都有其社會學——科學社會學、藝術社會學、戲劇社會學、性社會學，至於犯罪社會學，則有自己的專門名詞：犯罪學（criminology）。

> 組織性的群眾，在各民各族生活中一向扮演重要角色，卻從未如當前這般重大。
>
> ——勒朋（Lebon）《群眾心理學》（*The Psychology of Crowds*，一八九五年）
>
> 任何行事方式，不論是否常例，只要能對個人行使外在限制，皆屬社會事實；或任何行事方式，若普遍行於特定社會，亦屬之，只要此行為獨立於個別展示之外。
>
> ——涂爾幹《社會學方法論》（*The Rules of Sociological Method*，一八九五年）

各式各樣增繁的社會科學而外，歷史寫作也開始重新檢視、改造，再度與民粹主義的風氣並行。編有《劍橋現代史》的史學界泰斗艾克頓爵士，便告訴後生晚輩：「研究問題，而非時期」，意思是要他們注意社會情勢，而不再是一系列的「事件」。費弗爾在法國領導一群學者，也有類似看法：「事件」退位，「集體心態」出頭。他們刊行《經濟社會史年鑑》，「年鑑」成為一門學術路線與研究方法，各地歷史學者紛紛改投它的門下。史學的內涵與性格遂幡然改變：敘事性、個別性和文學性，從此掃地出門，再不合史學的定義與實務。在德國，狄爾泰更將思想理念史重新定義，近乎社會神話史，蘭普雷希特亦主張歷史應採納心理學、社會學的最新發現（944＞）。

這類史學目標，從此成為學者的標的以至於今，已故的布勞岱爾及其同事芒德魯，就被視為這類改革派史學的大師。有人認為新派史學出，歷史終成科學；亦有人認為「有關人的眾科學」終於因此達到合成境地——新史學鉅細靡遺，探討人生旅程留下的所有生活事實，任何蛛絲馬跡：市政廳、警察局、公司行號和私人閣樓——不管在哪裡，只要有故紙堆積，都成其研究材料。這派理論堅稱，在此可以窺見生活的真實。在這樣的歷史裡面，敘事讓位給了描述，話題性壓倒了時間上的連貫性，史學家變成了專門研究過去的社會學家。他考察特定時地之下的暴力現象、生活物價、宗教習俗或商業行為，因此遂有下列研究：《哈布斯堡王朝時期的西班牙貧窮現象》，或《十七世紀英格蘭的神經錯亂症、焦慮與治療》。膽子再大一點，甚至可以用幾個章節就把這類議題一網打盡，並涵蓋相當的時間長度。比方單一主題的《歷代童年考》；或無所不包的兩大卷冊《一八四八年至一九四五年間的法國》[11]，第一卷的副標題為「雄心、情愛、政治」，其餘章節標題則包括：「富人」、「兒童」、「公證人」、「政治天才」。

這些歷史學家，根據過去未被充分利用的大量細微材料，開拓了前所未有的新疆域，他們的不辭辛勞亦的確值得敬重。早期史家其實並未輕看這類題目，卻只是抽樣取材，緊湊地整合所見，納入其事件內容與人物活動的敘述之中。如今個人在史學中失去地位，不論重量級、中量級人物都不再有影響力；只剩下群眾具歷史力量，而群眾的影響對象也不在事件（事件無足輕重），卻在生活的各個層面。這種靜止不動的歷史，完全違逆了兩千五百年[12]的史學傳統。

新史學帶來的第二項結果，則是一般人再也不似十九世紀之時那般喜愛讀史了。某些專業史家雖然繼續書寫專著論人、論事，但是如同麥考萊、普雷斯科特、米歇萊和蒙爾森型的作者卻從此再無影蹤。繼之而起的新一代史家，都在忙著蒐集各種剪報或資料，好來寫友誼[13]的歷史、人類私生活[14]的歷史或妒羨心[15]的歷史。一般讀者大眾則讀通俗作家的作品，雖然也可以寫得精采，卻往往只是流利易讀的複誦，缺乏具生命力的洞見。

歷史竟被這種「考古型」的社會學努力所取代，實在遺憾，非因這樣的研究無趣——雖然的確有可能變得非常零碎瑣細，而是縱有這般挖掘考據，它還是失敗了。這類新史學家一本誠實，不斷地告訴我們資料不全、不當；結果正如一名英國史學家所曾指出：布勞岱爾的《地中海世界》一書，雖堆積了大量細節，結果我們閱後所得並不比先前那些早期「文學性」記述[16]為多。更糟糕的是，這類研究主題（婚姻、暴力、友誼）都不是可以定義的對象，變成了一種**抽象**大冒險，而且一如社會學，將許多存在性質相異的行動、情境，都放在同一名目之下混為一談了。

但是湯恩比、史賓格勒又如何呢？他們可是年鑑學派的同代人。還有那些在他們之前，寫有部頭著作，自稱可以解釋歷史「意義」之人，又該如何視之？這類嘗試被歸為歷史哲學，因為他們從一團混亂的事件中發現出一套系統與目的，方法是指定一種連續不斷的力量或預定的目標，作為人類歷史的原動力，最終將帶著人類到達某種或美妙或悲慘的結局。也許是神聖的天意、也許是自由的邁進、也許是階級的鬥爭，被他們顯示成翻騰表面下的發動引擎。於是將一些展現出穩定發展性質的歷史事例，進行分類組合，命題便堂堂成立。

這類雄心勃勃的工作，長處卻在其附帶產品：其描述部分經常是極佳的歷史寫作，既富原創性又具說服力。但是一旦作者強把大家熟知的人與事塞進框框裡面，這套做法便告失敗。比方說，湯恩比非把三十年戰爭弄成一場「小戰事」不可，才能符合他設定的模式。所有這類系統的毛病，都出在同樣的謬誤：使用所謂單一成因。首先，歷史的成因，正如人類（歷史之中介）的動機，根本無法窺究。兩者都只能以「可能」出之，比較聰明的做法，是論「條件狀況」而非成因，論「影響所及」而非造成改變的力量，因為真正帶來改變者是有關散布在所有人當中的人類意志，分布在所有活著的人之中。

也就是說，歷史家思索人世的一切：多樣的性格、欲求、權力，多重的社會、政治機制，無盡的改良、設計，數不清地被人熱烈遵守或仇視的信仰、章法、習俗，日增的戰事、衝突，廣大的藝術天地，以各式各樣的語言與風格表現——這一切又都與各種犧牲、不公、受苦、迫害（外力強加的、心甘情願承受的）同時存在。這樣的一位史家，想像力面對如此挑戰，不由得他不承認：這一切實難以合併簡化成一道公式。歷史非中介力，也未曾藏有一股隱祕的力量；歷史，乃是人類整體作為的抽象，若將人類種種作為的衝突結果，視成為要實現某些被隱蔽的目的而行，不啻將人類當成傀儡。

同理，歷史也不可能是科學，而且正好相反，因為歷史的關注面乃在特定事項。正如英國法學史家斯蒂芬在十九世紀指出，歷史科學若成立，應該可以用半張紙寫出它的「定律」。姑且編造一例，那麼這個歷史動力學的第一律或許如下：「事事膠著，無事長在」，而且可以涵蓋所有觀察事例：亦即但凡意圖、理念，莫不有其故障、挫折和暫滯；沒有任何運動、制度或文化，可以永久長存。

既不是科學，也非哲學，可憐的歷史在我們這個如果做不成科學、至少也要有理論的年代裡面，真是一無所成。這位灰姑娘能不能找出任何存在的理由呢？也許有一個說法可以成立：縱使歷史只不過是以不同版本複述的故事，卻依然有其存在價值。它是幅龐大壁畫，繪滿情節、色彩。但是正如前曾指出（<xxxvii），這樣一幅畫若放在有思想的史家手中，筆下呈現的歷史卻可以更為豐富：它可以顯示同中有異的循環模式，一齣齣循起、承、合展示的人間劇；而目標背後的持續性又暗示著主題路線。便在這樣的方式之下，人類的知識提升了。此外歷史還包括精力飽滿的生命，兩兩皆不相同，有如劇中人物各有其性格角色。

這些元素，無須理論相助即可博得敬意。此外，目前還有另一種可能性存在——本書作者敘述之餘，常常來一句：「此乃概括言之」，意指方才獲得的這項結論，若加以必要修正，亦可以適用於其他廣面的事實之上。如此沉思所得，一如歷史本身，既有趣又有用。以下就是十二項此類心得，用以顯示掃描西方過去五世紀之後所印下的心靈印象：

——年代（age），位於紀元（era）之內，時間長度較短，係由一兩件「急迫的需要」而非其「解決的方案」形成，後者往往過多反而造成分裂。

——思想或藝術的運動，往往在上坡搶攻驅敵之時最有成就，所謂敵人即先前的思想、藝術。一旦獲勝，卻帶來模仿，終至「倦膩無聊」。

——所謂「某某」年代（內容填空：理性、信仰、科學、絕對主義、民主、焦慮、傳播），其實都是誤名，因為涵蓋不足——恐怕唯有「麻煩的年代」一詞是為例外，適用於任何年代，只是程度不同而已。

——所有歷史標籤（清教徒、哥德式、理性主義者、浪漫主義式、象徵主義者、表現主義、現代主義）都只是外號，因此有所曲解。可是「正名」之舉往往白費功夫，各人有各人的想法，結果反而再生混淆。歷史賦予的名字，必須全盤照收，同時卻應開放，不得一句話便定死，也不得再細分成次類。

——史家不單獨分列歷史的緣由，因為它們根本無法分類，即使在自然世界亦然。他只能形容自己判定為可能的相關條件，偶或也估計一下它們的相對重要性。

——以下兩種說法均不能單獨成立：「思想是社會的產物」，「社會變遷是思想的產物」。

——以上的否定，也適用於先天遺傳與後天環境、偉大人物與芸芸眾生、經濟驅力與意識目的，以及吾人琅琅上口的其他任何成對出現之事物。這些因素的個別行進路徑，既無由了解，因此亦無法陳述。

——階級也者，並非一群齊步向前走的同質者，卻可以看成一個加有標籤的台面，不同的個人川流不息地上台下台。一旦定居台上，便取得共同特質。

——那些有助於改塑西方心靈、制度的偉大名著，都是透過一兩句公式而成此功，卻不見得合於原先文本的內容。名著往往在功成名就之後，才被其門徒、學者拿起來仔細捧讀。

——藝術創作：確有所謂受某某影響之謂，影響最強處往往最不亦步亦趨，否則即應視同剽竊。而剽竊者即使再有名氣，也不得掩蓋其偷盜之實。

——傳記寫作：以系統化的詮釋說明潛意識的動機，往往失去意義，使得描繪這位個別人物的原意不彰，反使他或她成為心理學文獻的一型案例而已。

——進步：的確會沿著既定路線由此點行至彼點，卻只在既定的一段時間之內發生，而非沿著人類的整個文化面發生——除非硬把抗拒一方扔到陰影裡面，方才看來如此。科學亦不例外。

以上教條式陳述的通則，讀者或學者難免會想到反例或有所更易——這正是原則之一用：磨利我們的敏感度，察覺同中存異之處。原則的另一用處，在於面對任何古今敘述之際，引導我們的思辨能力。對通則進行檢驗，可使記憶精準，此即「識」史。此外亦請切記：以上十二項並非全部，還可以推得他項。但是絕大部分的通則，都只能適用於今我們聯想到這些通則的特殊時地，此外均不適用。

＊＊＊

蘭普雷希特告訴他在聖路易的同僚們：「進步性（因此具侵略性）的觀點，有其社會、心理兩面。」我們已經看過社會性的部分，心理部分也產生了相當衝擊，對傳記的衝擊卻比對歷史的衝擊為大，後文再予討論（1134>）。在此的相關議題，則是人類學亦於此時改頭換面，於是又見一門學科擴大其研究領域。十九世紀的人類學，專以個人為對象：他的頭蓋骨尺寸，順便也瞥一眼他的髮色、眼珠色、身高等等——在最專注的從業人員手裡，單憑這些指數，就足以斷定其種族、政治、企圖心高低和最終之命運（<835）。民粹主義之風吹起，個人標本遂只有那最終命運一途，注意力開始轉向部落。馬林諾夫斯基、博厄斯使人類學成為原始族群的社會學，研究人員跑去與這些部落住在一起，記下他們生活

> 為什麼「文化」一詞，是語言中最常用的名詞之一？其實我們大家都不太知道，自己用這個詞的時候，到底是什麼意思。
>
> ——約翰．凱西[17]（一九九四年）

中每項特徵。這整套風俗、信仰，遂被人類學者標以「文化」之名——正如先前所釋：文化一詞遂變質訛化幾成可笑之詞。種種發現結果，激起了普遍的好奇心，斷章取義使用之下，正好供現代社會用以辯論道德、政府議題——換句話說，返璞主義找到了新的材料可用。

同時發生的還有另一門學問，十九世紀發展為語言學（philology，愛字學），進入二十世紀之初，則搖身一變取得社會科學資格，改名稱為 linguistics（拉丁文 lingu 為語言之意）。易名之舉，也是民粹情緒的副產品：Philology 原本研究文學文本，勾勒出由相關語言組成之語系內部的變化與規律，一直回溯到那個假設存在的亞利安語（<732）。到了世紀之交，斯維特的《英文文法》（此君即蕭伯納名劇《匹格梅林》〔愛上自己所雕女像的希臘國王，電影《窈窕淑女》原劇〕裡面的希金斯教授所本），卻指向新的規定：純由從語言的歷史性出發，只形容而不再規範，亦即不主張語言形式的對錯。於是「正確」一詞失去意義，實際「使用」成為掛帥指標。斯維特也將文法詞類重新分類，將那些襲自拉丁文的類別、術語請出門去。從此英語（或其他任何語言）都必須視為自成一格的自然現象進行研究，研究之處也不再是書本，而是普通百姓口中所言——亦即教育程度最低的一群。

此時索緒爾也在瑞士教授他所稱的「一般語言學」[18]，意指語言現狀的結構，並經他定義為一套符號系統。而符號本身是任意的，卻因彼此之間的差異（而非它們的發音）帶有意義；所以語言純屬形式（可與先前的純粹藝術做一比較，<922）。再者，任何一種語言，絕不可能在個人身上達到完全或完美，只有在眾說話者中，才能臻於此境。因此語言之研究，不能僅研究時間造成的變化，也應該注意任何時間點上的語言狀態。這項新奇的觀念，索緒爾認為與社會學家的工作類似，因此語言學可以自命社會科學。各種形式的結構主義與用途，以及風格學的概念，都源出於索緒爾。

以 linguistics 取代 philology 的文化後效，不但繁多而且深遠。如今真實的語言是民眾之言——此為新語言學者的唯一關心所在，書寫文自被貶為人工造作。既然說話方式無所謂正誤可言，語言的使用就沒有任何價值判斷可以定其高下，什麼正確與否，都是勢利眼的錯誤偶像。新學又認為，言談中發生的語言演變，實為「語言的生命」，因此若對語言的用法做任何批評，比如悲嘆字義的混淆或有用的區分不再等等，都是對母語的「健康」濫施暴力——而且，反正這類抱怨注定枉然，只能證明批評者竟敢與民粹為敵而已。豈不見某位名語言學學者即曾在其名文之中表示：「本地人講本地話，絕不可能出錯[19]。」反之，其「錯」愈發豐富語言的生命，而語言學家亦如生物學家般研究語言的生命。

語言學在教育上產生的影響非常嚴重，文法書的內容倍增，印滿了圖例、定義，因為舊有的詞類、描述詞類關係的標準用語均已棄置不用；比方不再是「一句的主詞」，卻改稱「首字」。字詞本身也被賦以多重標誌，視意義、功能[20]而定：於是 there（那裡）不再只是副詞，它也可以是代名詞，指稱之前提及的地點：I will be there（我會在那兒）。簡言之，因偏愛嚴格的科學性，由淺入深的教學法遂遭輕蔑。更糟糕的是，語言學家各有文法命名分類系統，結果到了大學還得開班重新補救。

為求科學，有些語言學家又去找語言的根本構成單位，弄出了「音素」（phoneme），意指單獨一音，與其他音連用搭配成字——不幸的是，這枚語言分子很快就變出了六種不同定義。而且在索緒爾的系統裡面，聲音又非單位，卻只是負載符號的工具，符號則是一個抽象的指稱，指向它所意指之物。

文法不再，又有新教條規定為「生命」故，務必恭敬對待語言的任何用法，更造成另一種文化影響：鼓勵漫不經心的講話方式，甚至視為資產：一九八八年那位美國新總統（老布希），就因為眾人發現他講話期期艾艾，又不講究文法[21]，因而大獲人心。本著同樣精神，任何人若為行將消失的語言舊義請命，尤其是不同字詞的分野，必遭語言學家擊鼓而攻之。這種非難實在矛盾，語言學者既自命科學家，就應該對所有可能影響語言的因素保持中立才是。何況語言是社會機制，用以交換思想，但凡有關語言的用語愈清晰，語言作為這項機制的狀態愈能良好，一如科學或其他任何技術部門均是。可是這項認知，似乎卻不屬語言學教義一環。語言又有美學的力量與功效，更需要維護保存方能為功，卻同樣不為語言學家認可。

語言學者將書寫文字排除在視界之外，就彷彿文字對言談完全不具影響──聞之頗有民粹主義氣息，亦屬糟糕的科學。殊不知西方人閱讀的書寫文字數以噸計，企業、政府、報章雜誌、廣告和家電藥品使用手冊產生的千百種文字作品，是他們取得陳詞濫調用語的大量來源。甚至有人讀書，吸收作者創出的表達方式以供己用。讀者、作者也都是眾民中的一分子，他們關心語言的效度與美質，因此也應有權開口發言，至少應與那些對語言漫不經心之人享有同等權利。事實上「眾民」之中有許多人，並不採納語言學家的態度，他們也想要說話用字正確，他們購買字典，在裡面發現各種用法：「標準」、「不合標準」、「口語」，有時還有「俚俗」等等標注。既有這等區分存在，那麼看來即使是說本地話的本地人，也難免犯錯，比方在婚喪場合誤出「俚語」。事實上，此事與權不權利無關，否則我們也可以抱怨（正如語言學所言）這些規定未免太過狹隘：既然說本地語的本地人有特權可以犯錯，那麼這項特權也應予孩童、外國人分享才是，後兩者何以要受到糾正呢？

至於語言的生命，這種說法根本不是科學，而是暗喻。語言本身不是活的，只有那些使用它的人才有生命；一旦他們不再說話，他們的語言透過書寫，便依然保有完整，可讀可用，正如古典拉丁文、希臘文即是。至於是否應該鼓勵活著的使用者保存或改弄語言，則應視結果而定——建立標準拼字，廢除舊有各行其是的「民主」權利，結果是今天的我們，仍然可以相當輕易地閱讀過去五百年的文學作品。同樣的五百年間，字彙雖流失變遷，字與字間日增的區別則多屬有益；而流失、混淆，多出於舊日文盲世界的無知所致，這些語言專家對此也不見得高興。然而時至今日，徵諸當前這種狀況，書寫文字想要再繼續個五百年依然可容辨識，恐怕不大可能。不過還得再加一句才公平，如今這有欠嚴謹的文字風，廣受青睞助長，係與九十年代詩人玩弄字彙、句構同步前來；不久散文作家也迎頭趕上，更是二十世紀廣告人、新聞人和大公司經理人極力追求的遊戲。

新派史家談論所謂「集體心態」，意思是指某段時期的主要氣質或心靈狀態，而且有別於前代、後代氣質。心理學正是其時的流行顯詞，前此以「人類理解力」之名見稱的學問，此時亦如其他社會科學，大步邁向前去，為自己贏得了「學」（ology）之名稱。它的議程內容，係以詳細觀察與測量為法，取代前此思想家由通論著眼。

回到一八七〇年代那個預備時期，受過生理學與醫學專業訓練的威廉·詹姆斯，已在哈佛成立第一所心理實驗室；旋踵馮特也建立萊比錫[22]的實驗室，其他各處亦紛紛出現。志願受試者分辨不同重量、色彩等等引發的感官知覺異同，研究人員因此注意到其中的規律性。恩斯特·韋伯發現，若要看出其中變化，刺激強度必須比例加增：如果舉過四十公克後必須加到四十一公克方可感到任何不同，舉過八十公克後便需要八十二公克而非八十一公克。這項發現被命名為**韋伯定律**。

但是此律（以及其他類似法則）似乎只能在中度範圍之內適用。出了這個範圍，效應則因人而異，研究者因此得出結論：感官與其他知覺之作用，不能僅靠分析、數算解釋。馮特假定另有一個內在精神力，將各類簡單成分整合起來。觀察、內省，始終是現代心理學的手段：觀察捕鼠籠、迷宮內的老鼠，尤是研究人員鍾情之法，遂使「鼠賽」（你死我活的競爭）一詞成為流行，暗喻現代職場可謂入木三分。早期實驗時期，巴夫洛夫名列心理學一大貢獻人士，因他設計出狗的條件反射；其實這只是他研究消化作用的意外所得。巴夫洛夫在聖彼得堡指導一間生理實驗室，一向「不滿心理學那些站不住腳的主張」。狗兒跟人不同，因此無法窺得人類心靈的作用，一個突發狀況如火警，就可以解除牠們身上的制約。每當刺激源的差異愈來愈小之際，若再強要狗兒分辨，牠們便會去咬實驗器械——至於接受類似實驗的人類受試者，恐怕會氣得想咬那個主持實驗的傢伙吧——在此無法得知，因為未有記載。

一八九〇年，威廉．詹姆斯的兩冊《心理學原理》問世，被視為劃時代巨著。此書以批評觀點，總論自洛克論心靈、巴克萊論視覺以來所有的扎實發現。他拒絕當時仍在流行的理論如「心質論」、純然「聯想論」，改以自己的立論代之。全書體大析精，地位不僅是一本神聖經典，連我們當代權威也依然不時參照書中洞見，以及其無窮盡的聯想力。更有甚者，此書生命素材豐富，外行讀者讀來亦覺津津有味。

最值得注目之處，也是最具影響力的一章，是詹姆斯對心靈的重新界定。心靈：「主要是一道流，鏈或串無法盡其意；心靈會流動。」這段詳盡描述，詹姆斯冠以「思想流」為題，以表明他反對舊有說法，亦即眾多個別感官感受「思想」，各種思想又不知怎地結合而成心靈。兩年後《心理學原理》出了節本，詹姆斯以更生動的文筆，表達「意識流」的流動事實，從此成為心理學、文學，甚至

> 詹姆斯先生，我是指威廉·詹姆斯先生，那位寫心理學的幽默作家，而不是他弟弟，那位寫小說的心理學家。
>
> ——佚名，私人日記（一八九九年）[23]

一般談話中最後定案的名稱。

詹姆斯顯示，思想之間的關係，同樣也係在流中而來，連同著與之相關的任何事物——當年聯結派正處高峰之際，哈茲里特即對此事實略有所悟。詹姆斯正如同德斯蒂·特拉西（<662），重新肯定「感覺」係附著於波動起伏的思想而來，其中有些完全不具圖像：比方「如若」、「然則」，這些感受我們都很熟悉卻無可描繪。詹姆斯繼續指出，與其說思想是流中的一塊東西，不如視之為我們為了各自不同目的、在流中所做的「切截」——因此心靈具有目的性。堅定追求目的，而非空做白日夢，就是在適當地思考。

論到心靈其他多項功能，詹姆斯表明自己無意建立任何系統，他的科學傾向與「經驗觀」觀點（960>），都與系統化的處理手法背道而馳。與他同代之人卻無此自制，六七種理論興起，教條主義者各持立場辯論。英國學者抱著他們的聯結派觀點不放——亦即思想死黏一處，因為全都源於同時或同處，不過他們也借用新發現進行修正。日耳曼學者則是結構主義者——一切感官知覺都遵循既定次序而來。某些美國學者則強調個人與機體因素；也有些人自稱為行為學派，因為所有的思想都是身體行動的結果。蘇格蘭學者麥克道格則是hormic（麥氏取自希臘字「horme」，意指重要的驅動力，日譯「目的心理學」），意圖與目的的信徒。兩名德國學者柯勒及考夫卡，修改「完形」理論，此論主張我們全人為適應調整，一起向全體狀況做出反應——他二人因此對語言學家非常不以為然，後者認為說話、思想是心靈中兩項分別存在的裝備。眾說紛紜，又想為詹姆斯及其門徒安上標籤，稱之為功能學派。從此門戶大開，各版修正理論不斷。

最後，還有一支以心理分析為名的奧地利學派，與其他門派不同，係以精神疾病的研究起家，正如拿破崙時代法國「意識思想家」一般：經由病患心靈的探討，顯示正常心靈的運作。在此不妨再次指出，一九一二年至一九五〇年間，沒有任何有關心靈的新興學派登場，而且自那時起，所謂新花招也僅只是各種不同版本而已。立體派的十年，至今仍在文化各部門擔任泉源的角色。

維也納學派的腦與心，自然是佛洛伊德，他不斷建立精采的新理論，而且速度奇快，藉諸當年與夏爾科、讓內和布洛伊爾等人共事期間以及其後獲得的經驗。他的弟子榮格、阿德勒和費倫齊，今天仍是一眼即可認出的大名。大師的門徒不論今昔，雖都與師尊有所歧異，卻都一致同意「潛意識」的主宰力量；在他們的手裡，「潛意識」一事成為家喻戶曉的重要玩意兒，不下於當年盲腸的地位，或（今天的）基因。

儘管聲名赫赫，又在所有「深層心理學」中扮演重要角色，有關潛意識的知識卻非自佛洛伊德始——那本九百頁[24]的大部頭心理學史，必須翻到四百一十八頁才找得到他老人家的大名。排在他前面的尚有一大批浪漫主義派思想家，尤其是那位叔本華，視生命受兩項本能掌控——自保心與性驅力，「意識」的內容即自後面這項本能而生。叔本華之後，又有哈特曼主張文化多因潛意識動機促成，並蒐集大量證據予以佐證。其他則涉及死亡意願與夢的解析。威廉．詹姆斯也察覺到當時稱之為閾下知覺之物在心靈中扮演的角色，待得一九〇九年透過霍爾與佛洛伊德在麻州的克拉克大學會晤，詹姆斯早已準備就緒，可以聽取後者的訊息了。

兩位大師不停地談著，用德文交談，一路走向火車站，詹姆斯提著佛洛伊德的手提箱，忽然一陣心絞痛，卻強忍住，不動聲色，佛洛伊德卻還是注意到了。從他們日後的文字引用中，可見雙方互存有敬意，雖然詹姆斯認為佛洛伊德太過強調人類動機中的性驅力成分——詹姆斯那多元式心靈，必然抗拒任何形式的單一成因；不過日後佛洛伊德發表詳細解說，如果詹姆斯仍然在世，想來不無可能接受廣義的生物本能（libido，或譯欲力）及死亡意願。當時其他醫生亦同表反對，一般人聞之更不敢置信（但是他們聽到的維也納傳聞，也多屬道聽塗說）——而且簡直大驚失色，雖然當時已對性事做有公開討論（<899）。

早先佛洛伊德在巴黎的精神導師即曾指出，某些精神性困擾係根植於性的適應不良，十九世紀初的貝多斯醫生亦曾如此以為（<642）。佛洛伊德使「潛意識」成為心靈事物的總代理，這項看法乃是基於他對社會適應不良病患的研究所得。他的天才創見在於能夠從病人暢所欲言之中，細辨出重要成分，再經他強大想像組成系統；更將他自己對神話、宗教和文學的認識，應用於分析之上，為那枝具說服力的文筆平添一股不尋常的風味。不過佛洛伊德雖將這些講稿付梓出版，用以介紹他的心理學理論；可是這套學問系統，主要還是作為心理治療之用。

早先的工作者，即曾用過自我檢視與傾吐的方法解除焦慮；天主教徒的定期告解，只不過有力地促使這種「告白天性」更加形式化罷了。或許，舊日所謂「指導精靈」的觀念——或天使或魔鬼，亦與這份強迫的內在敦促感具有某種關聯。佛洛伊德一出，在他清晰完整的論點之下，這類傳統與臆測遂成過時；就這方面而言，他酷似馬克思、華格納的角色：既是大借用家也是大綜述家。但是佛洛伊德的學說卻非最後定論，榮格另行逸出進入神話的領域，在那兒發現了「原型」——「個人」（persona）與「集體潛意識」心靈狀態的塑成者。集體潛意識係由榮格提出，最後也是榮格的體系、用語，贏得了藝術家與批評家的採用，更促成文學**分析**法，專注於重複出現的意象、符號和神話模型。至於以佛洛伊德觀點闡釋作家心理或歷史人物，在大師的作品裡找不到根據；單單靠文件抽取證據，較之真人現場心理分析，鐵定有所不足。

阿德勒是另一個主要異議者，卻因那兩位大師實在太過顯赫而相形失色，殊為不公。當時唯有他一人，力主社會對心靈的形成具影響作用，日後從荷妮到馬斯洛，不止一位心理分析家證明他的看法正確。而阿德勒提出的「自卑情結」一說，在大眾心理學裡琅琅上口的程度，至少可與其頭號對手匹敵：亦即以伊底帕斯命名的情結（戀母情結）（可讀 Paul E. Stepansky 的 *Freud's Shadow*）。

進入一九二〇年代後期，已經自十九世紀的時代氣質獲得極大解放，佛洛伊德主張性掛帥的說法，終於令人覺得心癢難禁，開始大談特談，尤其在一般談話裡面——如今慎言是老古板，直言才顯其富自由精神。不過那愛掉書袋卻不曾讀過原書的人，並未注意到「欲力」一詞帶有的歧義性。誠然，在許多語境中，佛洛伊德係指性驅力，但是在他處他也使用這個拉丁字指稱**欲望**、**熱切**、**渴慕**——其中固然也包括性的欲望，卻總括了全部的本能驅動，亦即打動人去要、去做、去達成的那股身不由己的原動力。欲力相當於叔本華的「意志」、柏格森的「生命動力」、尼采的「權力意志」，以及其他諸思想家所說的「生命力」。這些名詞在確切適用上各有不同，與佛洛伊德對本我（Id）的看法也非全然一致，可是卻都同樣意味著位於人類核心深處的那同一部發動引擎。佛洛伊德曾用**欲力**一詞談他自己，正顯示此詞可以用在與性事完全無關的情況（1007>）。四年大戰又提供了新鮮材料以供省思，他又把死亡意願也列入驅使精神面的力量之內。

心理分析在兩方面與其他心理學學說相異。佛洛伊德視心理分析為生物科學，遂如其他生物學般可以符合具體驗證的要求。對他而言，所謂本我、自我和超我，都屬於有作用的器官，正如神經或腦；他的研究工作，正是為描述它們的運作組成。他從不承認自己提出的答案之中，有些其實是以假定為論據的循環論證，也未曾承認他創造的術語名詞，雖有助於我們的理解，卻不等同物理學上的公式。

> 我們實在不能忽略：文明之建立，有極大程度係基於人類不去滿足自己的直覺；而文化之存在，有極大程度係以不去滿足（壓抑、抑制，或者還有其他？）強大的直覺力量為先決條件。
>
> ——佛洛伊德（一九三〇年）

其次，對於藝術心靈的運作機能，以及人類社會的性格，佛洛伊德亦著墨甚少。他那兩篇討論達文西、杜斯妥也夫斯基的論文，並未談及他們的藝術——當然不談也無妨，可是這兩個領域裡面的討論，往往過度濫用他的想法，以致這整套理論已被普遍奉為傳記、文學和人類關係的最高解釋權威。關於藝術家，其實他只說過：他們要錢、要名，又要性的滿足；對於社會，他在一本傑作[25]中表示：對文化一事進行心理分析形同冒險。事實上，他並不鼓勵推翻社會上的約束，反之，卻認為「抑制」正是文明不可或缺的先決條件。

* * *

心理分析猶被視為瘋狂、不可思議之際——解夢無異騙人玩意，亦有其他觀念與理論體系正在興起，同樣令一般正常人覺得難以置信。一八七〇年代以來，固有宗教勢力衰微，各種狂熱崇拜開始盛行——科學唯物的批評立論已經打開一個裂口，帶有靈性渴慕者無法再從舊有教會尋得滿足，藝術亦同樣徒然，遂倒向宗派的吸引力。它們使用高度抽象的措詞，提供通往那「唯一」或「合一」之路，外加心靈的平靜、擁有「真理」的自得。瑪麗．貝克．艾迪即以基督教科學派，在這個發展時期一馬當先，對抗醫藥的唯物精神。下一位又來了布拉瓦斯基夫人的神智論（或譯通神論），綜合了宗教性與東方式的玄學，解脫西方**個人主義**的重擔，而且包涵了相當的想像素材，甚至攫住葉慈那強健的心靈。東方式的訴求，也令維偉卡南達的密宗佛教大為廣布。神話復興，以及心理學引起的興趣，亦造成多種「新思想」的興起，使用「自我暗示」或其他方式，引導意識趨向「光明」，提高幸福之感。這一股思想大運動方興未艾，甚至進入今日，加以基督教內部也出現這類外道崇拜性質的新做法，風氣更甚。聖經批評學更把聖經訊息弄得面目模糊，新先知、新預言家愈發任意放言，他們重新定義道德責任、誇口應許救贖——有時係透過集體自殺而得。要緊的是，「不信」已去，如今大家又開始「信」了。

至於那些相信靈媒及死後靈魂歸來的人，因未組織成教，算不得一門崇拜，但是十九世紀中期以來就有的做法與現象，卻因他們而繼續存在（<831）。如今大家「意識」到竟然有「潛意識」此物，更生意想不到的效果：科學界也開始對靈媒現象發生真正興趣，從靈媒諭示到思想轉移術（即傳心術）、鬼魂行徑和小鬼搗蛋無一不究。雖然靈學研究社自一八八〇年代以來，即已在這一行內進行調查研究，其活動卻並未引起太多注意，直到有人顯示原來常見的超自然現象，可能與潛意識暗示作用有所關聯。瑞士心理學家費盧諾埃研究某位靈媒五年，著書發表所得，「創作神話的機能」（mythopoetic function）以及這項功能下「潛意識裡的傳奇」（romances of the unconscious）從此為人所知。這項科學創舉卻有一位烈士，靈學社天才批評家哥內（<920），擔任學社祕書，為人機警

仔細，竟然自殺而亡——原因成謎，友人始終不解。日後發現證據顯示，可能是因為他發現一份曾經自己認證背書、公開出版的靈媒現象報告，原來是不實26之作。

科學界和大眾都對心靈此物感到沉迷，自然愈發使西方的**自我意識**升高。而且即使不是專家，只要自我檢視一下，就會立刻發現動機一事絕不單純，也不單獨存在——此事如今人人皆知，但是與政治經濟學扯到一處卻不免令人有些納悶——事實上確有其道理。因為約莫就在眾家學問開始更易其觀點的同時，這門社會科學也把自己的名稱與原則給改了。當初經濟之學創始，就帶有「政治」一詞形容，意思是財貨生產貿易的影響遍及全國，政府務必予以規範管理（<433）。及至十九世紀第三時期，效用與均衡的觀念取代了這個關係；自政府的控制之下**解放**出來，遂去掉「政治」，另造「經濟學」以合正名需求。

> 生活噁心不潔，沉溺於動物激情、口味，使星體混濁粗糙。純淨有節的生活，控制住低情下品，高度無私的思緒，則能引來最精細珍貴的星質。
>
> ——貝贊特夫人（英國宗教哲學家，社會運動者）〈死後生命狀況〉（一八九六年）
>
> 練瑜珈最大的障礙為何？疾病、精神怠惰、錯誤觀感、不能集中心神，或一旦集中卻又鬆懈。
>
> ——維偉卡南達《勝王瑜珈》（*Rāja Yoga*，一八九七年）

在原本的動機觀裡，「經濟人」是一個標準化的「自動體」：他在最便宜的市場裡買進，在最貴的市場賣出。修正後的新觀點則認為，經濟人依然買低賣高，可是這個可以增進需求、影響價值價位的購入決定，卻受這件商品對**購買者**的「邊際效用」左右。於是這個自動體如今有了心靈——個人的心理狀況進入市場機制。購買者開始考量：從這件產品的最後單位利益之中，自己將可獲得怎樣的用處或樂趣：比方買了三座鐘裝備新房子，再來第四座當然也不錯，可是這份額外享受值得這筆額外花費嗎？最後一座鐘的價值，位於欲求的邊緣地帶，此即邊際。至於第五座鐘，連考慮都不用考慮。當所有這些類似效用——顧客看購買效用、廠商看生產效用、零售商看進貨效用，諸如此類，放在一起計算之後，經濟體就應該達到平衡狀態。耶逢斯、馬紹爾和瓦拉斯諸位思想家都據此建立理論，並使經濟學成為一門獨立的「社會」科學。今天的經濟史學者，依然稱這個世紀之交的經濟學模式為「古典經濟學」之一部分，文化史家卻務必指出前述的異同之處。隨著福利國家來到，政府又重新進場，於是「政治經濟」縱使尚未復名，卻已經重上崗位（1113>）。

＊　＊　＊

佛洛伊德堅持用物質觀來建立他的理論，這一點我們可以體諒；他可不希望醫學界把他看成學術騙子。可是他這項主張的時機卻很不巧。如前所述，此時的生物學觀點已經開始自唯物論主張走入生機論的歧途，演化機制正受砲火攻擊，哲學則把這一切趨勢全部加起來統而論之，否定「物質」或「思想」為唯一的基本真實存在。請看科學家一會兒發現必須把光看成波，一會兒又發現必須是微粒，豈不意味著物質上行為不一、思想上矛盾牴觸。物質與思想雙雙陷入兩難，令人懷疑到底何為真理，又如何予以肯定。遂有一門理論提出了一個極端答案，大名叫做「實用主義」，這個希臘字根之名係由美國哲學家皮爾斯所選用，原意在以此法探討重要字詞的意義：意義也者，乃是一字暗示的「實用」效果之總和。威廉·詹姆斯更將此定義發展成「真理」之學，在《實用主義：舊思考的新名稱》中為之立論並予以應用。但是皮爾斯選用而詹姆斯採納的這個名稱，實在令人扼腕，因為它過去的紀錄不佳，如今又更加糟糕。因此為它消毒是沒有指望了，但是在此為求澄清，不得不再度

離題論字

多少世紀以來，*pragmatic*（實用或實際）一字都意味著：忙碌（古義）、好事（古義）、固執己見、與國事有關的、依照慣例的、實際地——如今又有缺乏原則的意思，區區一字，紀錄真的不太理想。此字的希臘字根 *pragma*，意思是指已做的事、將做的事、正確做就的事，更簡單地說，就是既成事實之意。比方今日報上的新聞標題：「實際派勝選掌權」，「從革命人到實際派」，往往意味著這位報導中的政治人物不大可能保持一定航道向前，他之所以達到今天的位置，一路行來，都是靠妥協並放棄自己原先楬櫫的目標。這等彈性，原有一個很棒的字形容：機會主義——直到新聞界忽然又撞上「實際派」這個聽來更有學問的字眼。

論起實用主義的哲學意義，曾在立體派十年期間造成一場激烈爭辯。或者說，詹姆斯為它界定的那層意義，被人誤會成別樣東西，遭到狂怒攻擊。有這樣的一個過去，如此「主義」實在很難恢復當初立名的用意，更難令人接受其代表的涵義。這個案子簡直沒救，跟「浪漫主義」一詞同樣糟糕，比「清教徒主義」更慘。話說詹姆斯創出的這個實用性真理論，係為回答以下問題：如何斷定某個陳述為真？明顯的答覆是：若能絲毫不差地形容出事實便為真——此即真理的「拷貝理論」，卻如詹姆斯所言，有一個根本缺陷：我們寫下一段經驗，把這段記載當作真實呈上——但是怎麼驗證呢？總不可

能原事再現讓我們再看一遍吧；如果可以，就能夠逮到大錯或大謊了，但這是不可能的。然而若回去三看四看這同樣的陳述，也許只在重複同一個錯覺而已。印象既可能有誤，就得想辦法走到表象背後，取得其他東西加以比照——這卻是不可能的。

詹姆斯則說：不要回頭看陳述的源頭，卻應往前看它的結果。亦即若我們相信陳述所言，並根據陳述所言行去，會產生何種實際果效？這道檢驗方法，也可以用於「物品」。所謂一樣物品的真正概念，是把弄使用這樣物品之後全部觀察的總和。依照某項假設而行之後，後果自可肯定或否定這項假設的真偽。在如此觀點之下，任何理論或系統都必須符合我們的期待，同時也必須合乎我們先前經由使用已予驗證的知識。但是若有牴觸，又該棄何取何？以具體結果測試是唯一答案。過去的經驗再肯定、權威的意見再偉大，都不能用來驗證真理。

詹姆斯表示，實用主義其實是老觀念了；他的意思是指歷世歷代以來，即已用各種措詞重複表達過的一項說法，其中最為人所熟知者是：「憑著他們的果子就可以認出他們來」（《馬太福音》七章二十節）。他也是在說：其實我們每個人，科學家或非科學家，都在用結果進行實用測驗，因為除此無法找到任何東西，可以用來驗證陳述的真假。

然而實用主義爭議期間，反對派人士為破壞此說，硬把那句「真理就是經由後續經驗逐漸證明之事」總結成「真理就是沒人能掀底之事」。歐洲批評界更逮到詹姆斯的出生地作文章，說他的立論正是典型美式玩

> 光談信賴倚靠，只是表面的無謂講法。不如談那個去做出信賴倚靠的，因為它才是真正作用、存在之物。
>
> ——愛默生（一八四〇年）

意：「專供工程師用的理論」——意指那種僅知行動卻昧於思想的心靈。

除了非常少數例外，這場辯論中的專業哲學人士，並未因他們的主張現出任何異樣神采。他們不理睬對方的答覆，也不查考詹姆斯書中提出的豐富應用——他以實用主義之法，顯示如何解決那些永遠常在的問題：決定論、大自然中的設計、物質與精神等等。對他們而言，真理（Truth）一字的T是大寫（意指絕對唯一的真理），脫離現世的形體，宛如女神般高高在上，必須膜拜以待，而且以絕對的姿態居於文字陳述之中。陳述如此神聖，若對之採取行動，實在褻瀆了其高貴之質。詹姆斯竟將真理視同一個指針，指向那臨時又欠完整的所謂實用——在他們眼裡簡直是個異端。

歐洲這些批評家們，也多半把科學忘了個一乾二淨。須知科學追求真理，就是靠著測試：從假設著手，再看它是否與過去的真理吻合——這一切都以嚴格、誠實的態度與方法進行。驗證，意味著「使」之為真，乃是一項程序，一個達到欲得目標的手段，而非某種命題之下的靜態特徵。學院派哲學家的愚昧，更因他們之中的一位達於極致，這位仁兄為文駁斥實用主義，理由是他親自試過，發現並不靈光。其實工具主義此名可能較佳，詹姆斯的支持者中也有人使用，卻已與他們俱逝。

一提詹姆斯的大名，往往就令人想到實用主義思想；但是其人之所以在西方思想家中鶴立，卻非因他指出了這個行之有年的尋找真理之法有其優點。先為心理學家，後又成形上學者，他為追求這門學問的人重新指引了方向。而描述真理係如何做成，只是詹

> 大家認為實用主義一定很簡單，用一道公式就可以總結出來。我一再指出：其實正好相反，實用主義是歷來哲學之中，最微妙、最有細微差別的學說之一。
>
> ——柏格森（一九〇九年）

姆斯的成就之一，第二項成就還有他的極端經驗論——這個名詞係為表達他提出的前提：亦即經驗乃是「真實」的唯一立足點，並沒有所謂心靈、物質，靈魂、肉體，思想、感官之分。

為讓人認識極端經驗論這個概念，詹姆斯特別發表了一篇文章，題為：〈意識真的存在嗎？〉此問可不是玩笑話。當然，詹姆斯絕不否認人類有意識：不但意識到自己，也意識到世界的存在；他所否認的，乃是那個所謂獨立存在，站在一旁，審視著經驗內容一一走過的那個名為「意識」之物。我們的所感、所知，詹姆斯表示，都來自正與其他經驗結成關係的經驗之中：當我們思及自己，檢查自己所為、所思之際，或當我們分辨任何物事帶有的各個質性之際，或甚至當我們將經驗之流分割成個別物事之際，就正是這樣一種情況——所有這些活動都發生於此流「之內」，並服務我們所需，涵蓋實際性與智性兩面——這兩面需求性質上並無二致，因為經驗一事，包括好奇心與尋求真理在內，正如實用主義的理論所示：好奇和求真，都與生活用途脫不了關係。

極端經驗論是哲學，實用主義是方法，相互獨立存在。從方法而言，如果實用主義的說法無誤，那麼我們其實都是實用主義者而不自知。追隨詹姆斯思想，可選擇極端經驗論，看出一般耳熟能詳的普通常識、哲學觀念，係如何在詹姆斯包羅完備的全面經驗觀中定位。對他來說，宇宙大千既多元又開放，絕非已經做就的現成品，卻隨科學、藝術更加深入身心多面的真實之中，而不斷發展形成。因此方法學與世界觀之間有所分野。至於那些也許可以稱為實用主義者的一代，之所以屬於「實用」中人，則在於他們有新鮮的認知，透過各自不同表述，見到了經驗在各方面的首要性——政治、社會思想、美學和宗教[27]。

集合於那「實用」一代的影響力可謂多重多面：柏格森、狄驥、馬赫、懷欣格爾、克羅齊、辛默爾、狄爾泰、希勒、杜威、尼采、弗雷澤、涂爾幹、蕭伯納、奧德嘉・嘉塞、帕雷圖、安傑爾、費邊社成員——他們的傳承有異，處理各種議題時亦分別保留沿自傳承的不同成分。*Pragmatic Revolution in Politics*[28] 可以一讀，也可以在西吉威克的作品中讀到形式邏輯的不當之處，以及實地辯論[29]中扎實的立論之法。再度強調，這是一門「經驗」價值之課，為維多利亞風氣解嚴的整個過程之中，都應用到了這一課；維多利亞時代的毛病，出在全然否定了有關經驗的某些事實——雖然在當時有其用處。一旦以新方法「取觀」經驗，舊習氣立時粉碎。（我們已見）九十年代中人是自發的實用派，他們輕易便顯示出：在舊思想下生活的結果，足以證明這些舊思想有誤，而且恐怕得全然逆轉方為正確。因此懷海德歸功詹姆斯，譽其使「光線為之一變」。

> 若將哲學新頁的展開，全歸於威廉・詹姆斯，等於忽略了當時其他影響力。話雖如此，詹氏那篇論文〈意識真的存在嗎？〉，確可與笛卡兒那篇《方法論》相提並論。詹氏清除了舊物場地，或者說，他將其照明全然改換了。
>
> ——懷海德（一九二五年）

至於詹姆斯對「信仰」（與真理對照）的貢獻，雖廣為人知，各方表達卻總未能盡其意。在《宗教經驗之種種》一書中，他研究人類「信心衝動」採取的多種形式與方向，以及這些形式與其他精神特質之間的關聯。他警告我們不要用簡化觀點將神祕主義解釋成性受挫折，或將清教徒式的自我折磨視為一種慢性的消化不良。在《種種》之前，詹姆斯即已顯示信仰此事——這個未經證實的想法，在無法測試的情況下，既可以成立也有其價值，並造出「信仰的意志」一詞。他舉登山者為例：若想救自己一命，非得跳越眼前巨大的山溝不可：若對自己有把握，成功勝算即大增，若沒有把握則可能意味失敗——事實上「不信」，也是一種「信念」。人生不斷呈現這類選擇，有信心者勝過躊躇之人。

依理類推，宗教信仰便站得住腳，而且就此觀點而言也已獲得驗證。批評者卻往往把這個有條件的陳述，曲解成：「信你所信，此即真實。」殊不知詹姆斯的定義很仔細，明白指出他的立論在什麼狀況下才可以成立，正如某位邏輯學者所言：「詹姆斯真正的提倡所在，是要人使用『操作假設』，雖然這些假設可能多屬無法驗證[30]。」後來他又將信仰的「意志」改為信仰的「權利」，卻都與所謂「一廂情願的空想」不同。詹姆斯世界觀的幅度廣，影響深，更能存之久遠，無數學問與議題都引用他的所見所言；今人追昔，更不時對他的能力[31]深廣感到無比驚異。

> 正因與生活的事實面保持如此接觸，才有詹姆斯那生動、美好的文字，如此易讀，卻如此難懂。我們可以感覺到其中的豐富，卻忽略了其特有的精準。這裡，正是一名抽象的哲學家，做出具體的聯絡與應用；而且對他而言，具體的狀況同時也抽芽茁壯成為哲學。
>
> ——史坦（一九四八年）

＊　＊　＊

這段時期另有一名思想家，極端程度不下於詹姆斯，雖於一八九〇年之前即已完成他的著述，卻到一九〇〇年代方才開始廣為廣人知。他的立論，係比照希臘宗教中兩種觀照的不同而出發：亦即太陽神阿波羅式靜態的理性秩序，對照酒神戴奧尼索斯式動態的衝動本能運作。這位思想家就是尼采，而勃蘭兌斯則是他的預言者——多虧後者，這門棲身於警語、格言式文字的哲學，開始較為全面地現身。但是世上沒有所謂尼采主義，倒不是因為欽佩或詮釋無人，而是他的作品是由一系列批評與遠見組成，雖然清晰又首尾一貫，卻未曾架構成為系統。這項事實卻正點明了經驗一事，對尼采一如詹姆斯，都是尚未完成之事；經驗包含著新奇一面，尤以人的本質為然，現階段的人，可謂既不足亦未完工。

超人、權力意志，還有上帝已死等語，在一般稍有淺薄知識的腦海裡面，都被視為標準的尼采式八股——然而正是在這樣一種理解範疇之內，這些詞語往往產生誤導作用。尼采可不是粗糙的無神論者，他對耶穌甚表敬意，亦非唯物論者；他認為精神性靈是心靈所固有，具有能力創造；而超人則是人自我開發進展的結果，層次遠勝於現在所處的狀態。至於「已死」之上帝，係指君臨基督宗教的那一位——基督教是為性靈弱貧者所設計的教條，它使無助成為光榮，遂使懼怕、憎恨生命的受害者加增。

健康時，人可以感受到內在有一股權力意志，一股驅策人行動、成就的力量，包括自主能力在內，是超人本色也可建立新的風氣。因此當前的正邪觀念，將為另一型的是非標準取代，與西方世界裡的基督教義或世俗美德俱皆相反。尼采在倫理學上，以及在真理的尋求方面，都屬於實用主義派。一如易卜生，尼采看不起當時的理想典範；亦如實用派，他要以結果來判定向習俗成規提出的挑戰，而結果的高低，則以提升生命的程度而定。又如唯美派，他無法忍受專靠報紙或「思想性」刊物餵養的心智；那些所謂「愛好藝術」、「思想先進」的知識分子，其實正如一般大眾愚懦而無主見，尼采稱他們為「文化俗物」。入目處既不見個別特色，亦無勇氣與想像

> 我以根本的或然，取代根本的事實——它們是暫實性的假定，人依此生活、思想。
>
> ——尼采（一八八二年）

力，更沒有去擴大增廣獨特性質的熱情，卻一味使之規律——因此只有靠違逆、攻擊，才能創造出適於居住的世界，配以表達性的藝術。但是尼采所用的某些暗喻，比方前面列舉的幾項，極易令人誤會他的意思：「金髮掠食獸」、「超越道德善惡」等語，以及那侵略氣息洶洶的意象，都意味著一名粗暴的戰士、「超人」、暴虐的大君。加以他對弱者、對基督教的愛心嗤之以鼻，又蔑視好人好行為，令人覺得他追求的目標似乎是野蠻而非超人境界。尼采這些措詞的確令人遺憾，而且異常惹眼，但是其實尼采並不常做此語；在他大量的文字裡面，他係以另一種真面目出現：亦即心理學家、社會批評者和藝術詮釋人。

然而並不是說，一個適於居住的社會，便可以建立在尼采牌的**個人主義**之上不過他的設計卻亦非烏托邦，而是新人與新文化。尼采的心理學觀點也頗扎實：比方他論同情心，指出這種心態很容易流於帶有自私意味的樂趣，助長自以為義的感受（1126>），而且窮人和弱者的供應必須源源不絕，方能滿足同情心的存在，反而不鼓勵人健康、自立。

尼采抨擊俗眾，以及隨俗的知識分子性格。他這場攻擊戰在一八七〇、八〇年代發動，此時正是工業勃興、資本企業無情肆掠和帝國主義重新出動蹂躪都正處於高峰之際，空氣中因此充滿了一股沾沾自喜的快活心情，日耳曼德國尤然。俾斯麥藉由三場戰爭做成了一個帝國，卻與尼采那好戰性的詞藻完全不合——擊敗丹麥、奧地利和法蘭西之後，德國境內瀰漫的那種自鳴得意氣氛，令尼采深惡痛絕；這種心態完全與貴族氣質背道而馳。

除了是哲人、古典學者而外，尼采也會作曲，而且程度在普通業餘之上。他曾循白遼士樂風[32]寫過兩部交響曲，聽了比才《卡門》，更推崇為「地中海型藝術」之典範。所謂「地中海型」，係針對冠在華格納頭上的「北方型」音樂而言。尼采一早便拜倒華氏風格的魅力之下——迷他的理念，也迷他的音樂，不久更與大師建立友誼，變成他的衛隊。接下來卻迷破夢醒，寫了兩篇文章抨擊華派教條與作品，因為他在其中看見一種表現，正是整體而言他所不喜的文化現象：巨大厚重、長篇累牘和誇張做作。而藝術一如人的靈魂，應該有貴族氣，貴族的標誌是直接、簡潔，因為精氣集中、感識敏快。比才的《卡門》就正合乎貴族規格，不只與華格納式體系大異其趣，亦與日耳曼學術、哲學那種緩慢沉思的步調呈鮮明對比。尼采的散文明晰優雅，與歌德、叔本華並列，實踐了一向為日耳曼傳統忽略的明快要求。

這樣的尼采，天生自然就對民粹思想的傳染免疫。他眼中的模範貴族乃是「瑣羅亞斯德」，因為他乃是真正地只做自己，冷淡孤高，與集體激情保持距離。希特勒和他的智囊團搞錯了，才誤把尼采列為他們的先知，以為他預示了他們本家品牌的社會與種族教義。不久便發現他並不合這個角色——而且正好相反，於是很快便把他撇在一旁（可讀 George Allen Morgan 著 *What Nietzsche Means*）。

暴露自己所居的文明真相，方式不止一種，最常見的法子就是將上流階級的道德與精神弊病，拿來與那些受他們支配的百姓所擁有的強健美德，做一番對照即知。盧騷、傑佛遜即用此法，分別選出清明的工匠和知足的農人，作為其理想公民的標準；托爾斯泰更下層樓，歌謳俄羅斯的小農。須知這些選擇並非憑空抽象做出，都是在他們與自己所喜的典型接觸熟稔之下而生；在托爾斯泰的例子裡，這股返璞思想更是在他與顯貴權勢（此乃托氏生而得有的權利）具有同樣熟悉度之後而發出，而且是在全世界都已對他的文學傑作同聲讚譽之後。

這些小說作品，日後卻為托氏否定，遂以同樣的影響橫掃西方藝術的產出。他要證明小說、劇本中展現的人生經驗是多麼人工，其主題事物多麼狹隘——若非生於長於首都大城，若非本身也被這些荒謬習俗、造作愛好所腐所染之人，根本看不懂這些作品的描述。托爾斯泰曾描繪現代歌劇，真正是精采的諷刺文章，至於文中所引的劇情、演出可能是他杜撰，因為沒人認得出到底是哪一齣（可讀托氏批評文字〈何謂藝術？〉33）。

托爾斯泰尊敬的自然人，乃是正面意義下的單純人，他們心思簡單，被世人視為無知。這樣的人，知道怎麼做自己的工作，盡職盡責，為人謙恭，雖是基督徒，卻非傳統正教教會所理解那種信徒；對他們來說，只要有耶穌的話即已足夠。托爾斯泰晚年，亦如小農般生活在他先前的農奴之中，證實了他的言行一致——生活中的舒適便利、衛生清潔或精食美衣，全都不要了。為教導這些農民，他特為之寫下四冊《讀本》，都是依據民間說故事的傳統改寫的傑作。

這位近乎聖人的大文豪，竟自社會與知識生活中退出；消息傳到國外，掀起宗教似的崇拜。眾人前來向這位末世的「原初」基督徒致敬，或出於好奇或為肯定自己的效法決心。他的反戰主義與不抵抗教誨，更影響了另一批人，鼓吹和平的人數愈發增多。因為正在此時，以仲裁排解國際糾紛的主張首次出現，亦有人期望為國際和平成立專門機構。一八九八年沙皇提議次年在海牙召開會議，共有二十六國派代表與會，討論解除軍備，並將戰爭法正式條文化。大家同意（紙上同意）禁止從氣球上扔炸彈、禁用毒氣瓦斯及達姆彈頭（軟彈頭，彈頭鉛質核心外露以增彈頭效率）；戰犯應予人道待遇，衝突經由仲裁公斷，並設立永久法庭指導仲裁事宜——但是這項申訴管道卻沒有強制性，也未曾達成任何軍備設限。

沙皇此舉，一般認為他的動機是出於缺乏財力，無法與其他國家從事軍力競爭之故。但是這個動作並非徒勞；二次海牙會議在老羅斯福總統敦促之下，八年後再度舉行。此會改良了仲裁的機關運作，並簽立公約，規範戰爭的規則、中立國的權利，以及收取國際債務時可以採取的行動。兩次會議之間，和平社亦在多國紛紛成立，和平議題也一直沸騰到一九一四年際。威廉．詹姆斯卻知道人性的侵略本能需要一個出口，寫下了〈等同戰爭的道德力量〉，建議徵用年輕人往大自然或在社區服務擔任艱苦工作，正是二十世紀中期和平軍的先聲。

四年大戰終於爆發，遂使和平主義等同叛國，雖然某些作家（羅曼．羅蘭即是其中一位）始終堅持和平，從中立瑞士國的避難所發出宣傳呼聲。也就是在那裡，列寧與他那一小隊正統馬克思主義者，利用他們的《火花報》（又譯《火星報》）謀畫並進行了一場無休止的哲學辯證，對抗其他社會主義者、哲學家、科學家，或任何逸離歷史唯物論的人。當時看起來，較諸思想、科學上的種種新趨勢，列寧等人實可算是教條式的反動派，他們理念的前途似乎也非常渺茫。

> 以戰止戰，可不是休假出遊或營地玩樂。「和平」也者，今日在軍方口中，與「預期中的戰爭」是同義詞。但凡與時並進的字典，都應該指出「戰」與「和」實屬一事，一會兒有其可能、一會兒真有其事。不過和平時期的經濟若真要能長久，卻不可純屬玩樂經濟。我們務必創出新的精力，持續耐久下去。
>
> ——詹姆斯論〈等同戰爭的道德力量〉
>
> （一九一〇年）

＊　＊　＊

立體派十年固然帶來了新奇的文學，卻不似繪畫造成的那種震驚程度。小說劇作的外在形式，觀之似未受任何攪擾，但是在創新者的手裡，實質其實極端新穎，雖然一開始因常規小說氾濫湧出而掩蔽不明。此時譯本紛出，俄羅斯作家正被納入主流，他們對角色性格所做的呈現，不但與當時趨勢並行，更具影響力：亦即關注的焦點從身體轉向心靈，以及心靈那狂野不羈的變化起伏——正與當時反物質的潮流同步。俄國文學中的個人行動理由，尤其在杜斯妥也夫斯基和契訶夫筆下，經常無從解釋，既不合理性也違反自利，而且有時雖繫於宗教信念或祖傳風俗，較之西洋作家習用的社會狀況因素，卻又疏離許多——內在生命的因素遂比外在常態為強。這一新的視界，頓使自然主義小說相形之下顯得幼稚薄弱，同時更為小說作品散發出一種神祕兼恐怖的氣息。

風味與此完全不同，深度則一，亨利．詹姆斯的最後幾部作品也極力抒寫感覺、意念的複雜繚繞，形成強烈的戲劇張力。書中人物的環境背景、職業，甚至行動，他都著墨極微，但是懂得如何讀他的讀者，卻宛如親見書中那些令人難忘的場景。小說發展了一百五十年，至此終於放棄了作為一種「虛構歷史」與社會批評的角色，只留下心理現象作為研究的領域。亨利．詹姆斯更在他的札記中界定如何使小說成為藝術：應限制對話與外在描述，將注意力投注於形式——處理主要素材時保持平衡、對稱。書中人面對面解決彼此之間的欲望衝突，做出影響到他人的決定，對他而言，這種種決定即平衡、對稱的一部分。一般人與批評家則敬謝不敏，藉口他的風格變得實在難於下咽，卻不曾注意在各種情感與限定副詞的身後，他那微妙的餘緒不時穿插著口語化的用詞，使其作品保持了與日常生活面（以及自然主義技巧）的聯繫。

以另一種不同的方式，康拉德描寫發生於異地或海上的狂暴行動，又不斷探索常人內心的奇異思緒與動機，將兩者結合為一。不尋常的事件和如畫的場景，使他的作品極受歡迎，乃詹姆斯所不及，後者最後三部作品簡直找不到讀者。康拉德所以吃香，得益於一般印象，以為他只是位專寫海上故事、革命政局的作家。這種寫作方向的改變，早前即已出現：魏斯曼與自然主義領袖左拉分道揚鑣之後，改寫與社會狀況無關的小說，專注角色本身的怪異性格，其中第一本：《反自然》，還特別做有長序說明旨趣，解釋這項改變。

> 沒有人比自然主義者更不了解靈魂。他們本意是要研究靈魂，卻把生命全部視為一物，認為生命只受到言之成理的因素控制。如今我卻因經驗得知，不可信的事情——在這個世界上——不一定都屬例外。
>
> ——魏斯曼《反自然》序言〈反其道而行〉（一八八四年）

至於其他未受改革洗禮的小說，仍然有欠原創。其中頭號人物如法朗士、羅曼．羅蘭、浦爾傑，以及他們在各國的同類作家。這些作品固然未曾忽略角色性格，用以充任書中趣味焦點，但是卻更喜歡對思想理念進行批評。他們的小說其實是議論文，只是外帶對話、修飾，好讓這味苦藥較易下咽而已。只有巴萊斯、洛蒂，在他們的「自我中心小說」裡面奏出新的音符——遠在斯湯達爾發明了這種風格之後，吟誦著夢囈般的迷惘徘徊以及異常的官感欲念，以滿足自戀、怪癖之情。然而，反對自然主義小說之聲卻未曾從此消失：久在魏斯曼之後，維琴尼亞．吳爾芙繼續在《本涅特先生與布朗太太》裡面疾呼這項訴求——本涅特是位受敬重的作家，讀者甚廣，專門「研究」英國社會各個階層的生活；布朗太太則是想像人物，根據吳爾芙所述，本涅特幾乎完全藉外在描繪這位布朗太太：從祖先到階級，從服束到家居生活——至於她的心靈、感覺，固然未受忽略，卻只是膚淺的表象處理而已。

心理狀況，顯然是新世紀青睞的關注首選，既是專業心理學的研究項目，也是文學端出的主菜：

或純粹出之，或佐以舊有的社會面細節——而那最純粹的形式，則在文學作品開始重現書中角色的意識流之際來到。老一代法國作家杜雅丁，即曾在其一部短篇小說裡，來過一段他稱之為「內心獨白」的內容。更早之前，狄更斯也寫過一兩小段這類意識之流，由當事人大聲道出。杜雅丁這項手法未受注意，狄更斯那小段文字則無人記憶——文字寫成的意識流係人工所設，由作者經營，為表達某些旨趣。而真正的意識流，意象極其流動、飄忽，誰都不能把它們記下來，日後喬艾思在《芬尼根守靈夜》中採用的技巧，最後卻不免弄巧成拙（1034>）。總之，所有這類內省式的表現，根本上都異於九十年代，後者嫌惡現實物質，創造出另一個不同的世界——二十世紀初的藝術家們則反其道而行，絲毫不打算退避任何可以想見的真實，反倒以強烈的熱情，探索任何尚未征服的領域。

> 但凡不專屬於小說的成分，統統除去：什麼外在事件、意外、創傷，都屬於電影，讓小說把這些交出去。甚至連角色人物的形容，也不屬此文類。純粹的小說——藝術之中，只有純粹至上——不用關心這些。
>
> ——紀德《偽幣製造者》（一九二六年）

＊＊＊

立體派十年期間，劇場方面倒還不曾太過大膽，推出那些費解的玩意兒擔綱。反之，斯特林堡、蕭伯納、易卜生、高爾斯華綏、皮蘭德婁等人，則以才氣縱橫、透徹明晰的文筆，處理自覺心靈的疑慮，取代通俗劇慣用的例行動機（<818）；皮蘭德婁更強調自我與行為根由的模稜情狀（可讀 Eric Bentley 著 *The Playwright as Thinker*）。在此同時，舞台製作也在藍哈特、克萊格和史坦尼斯拉夫斯

基手裡進行了大改變：藍哈特動用新式機關布景，大製作、大演出；克萊格的布景拋棄寫實，偏愛具有畫意與建築元素的美感——非為劇情之用，卻為提升劇情效果。史坦尼斯拉夫斯基更立下規則，日後以「演技法」聞名，後文將有所描述。有影響實力的製作人，地位也日益重要，甚至比劇作家及演員更為重要。

當時演員之中，仍是老一派領銜，尤以莎拉．柏恩哈最為有名，拜其金嗓之賜，十九世紀劇目的演出生命得以延續。艾利諾拉．杜絲是另一位引人注目的演員，詮釋得更為細膩微妙，具備些許新派氣息——「彷彿根本不在演戲」，因此合乎當代觀念劇場的風格。事實上正因主智、重智，賦予史坦尼斯拉夫斯基生氣，他訓練演員演出現代劇本，比方說契訶夫作品，方法是掌握住人物「心理」；因此需要研究劇中角色的生活空間，亦即劇本的全面，包括外在世界——劇本內容只是這外在世界的其中一部分而已。為此目的，眾家演員與史坦尼斯拉夫斯基本人都必須把劇本讀之再三並討論達數月之久。及至排演，他還不斷分別要脅他們，最致命的一擊，就是一再說：「我沒法信你（我還是覺得不像）。」他自己的研究範圍則更廣，所以在舞台上他簡直是在舉辦博士研討會——最後，他果然否定表演，稱之為「腦袋滿滿，心中空空」。

說起來，蕭伯納刊行的劇本也帶有一絲「演技法」的味道，劇中主要角色，都先寫有幾行介紹：年齡、背景狀況和基本態度等等；但是若與史坦尼斯拉夫斯基本系統帶來的那種洗腦作用，簡直小巫見大巫。它所暗示的個人獨特性——又是強烈心理氣質的副產品，也在詩人中間找到表達。許多人追隨德國詩人格奧爾格——雖然他們本身並非詩人——形成一種崇拜，亦是建立在同樣的核心理念之上：那不可複製的自我。義大利作家唐南遮也具有同樣信念，而且不只書寫，更身體力行以凸顯這項主張。里爾克的詩更受推崇，則將自我經驗拆解開來，尋找其中的神話成分——其表達方式卻必須透過解碼，方能辨識出感官背後蘊涵的真正意涵。

有人說，理查．史特勞斯歌劇劇本的作者霍夫曼斯達爾，在早期詩作中即已嶄露頭角，頗有發展成莫里克以來最偉大的德國抒情詩家姿態。卻因一次精神壓力過大，轉而深信字句徒勞，改居輔助角色，專為歌劇寫詞——所有歌劇觀眾認識的他便是這個身分。歌劇所需，顯然是簡單明瞭、可唱的言詞，他也的確如此供應，卻更透過劇中密致的詞句、奇特的動機，為筆下的安排布局加上一層纖細，誠屬一般或可稱為抒情劇的演出中所少見。

立體十年告終，時間上正好向新面目的葉慈致敬。一八八〇年代中期以來，那種文字性的音樂感、對感官知覺的流暢回應，種種已成葉慈詩中特色的表面特質，卻在一九一四年問世的詩集《責任》中全然消失。這部新集子裡的詩，句句扎實緊密，用字嚴峻尖利，處理社會、道德主題，毫無田園牧歌之風。也是在此同樣十年之間，更大的驚奇卻來自另一名新詩人的出現，此君的年紀與寫作資歷均頗老：一八九〇年代晚期，哈代因其書中的性主題受到嚴酷批評（<899），從此放棄小說改而寫詩，出版第一批威塞克斯詩作，其中有些係於三十年前寫成。之後又出了描寫拿破崙戰史的韻文史詩《群王》，分成三部曲。於是新舊詩作不斷推出，一再贏得立即喝采；七本內容豐富的詩集，最後一本於一九二八年逝後不久問世，為哈代建立了一代大詩家的文名。哈代的詩受到熱情回響，主要因用字遣詞富於創新，離奇而清晰，與英文的氣質同步；同時也出於詩中那不帶感情的吟誦，底下卻是濃縮的戲劇張力，終止於死亡、絕望。有的時候，悲劇的緣由純屬偶然，受害者無力看見、無力行動，因而注定步入不幸下場；有的時候，即因思想乖張、心念不正而招致災難——遂有以下篇名：

《生活中的小小諷刺》、《環境的譏誚》、《時間的笑柄》。沒有其他任何英國詩人曾如哈代一般，能使農家的生活、行事如此令人扣人心弦、如此不帶感傷氣息。他筆下流露的情緒，經常是一種無望的淡漠，顯示科學決定論主宰思想心靈之下，所形成的那種敏感感受。然而讀他的詩，卻不致令人陷入沮喪，反而喜悅昂揚——正是詩中悲劇精神的表記。

＊＊＊

以立體派揭幕的十年時期，在音樂、舞蹈猛烈爆發新活力之中結束：俄式芭蕾，以及一支後華格納的新派作曲家開始露臉。俄國的舞蹈家、編舞家、設計家，以及俄國那位主要音樂大家史特拉汶斯基，一九一〇年推出《火鳥》一劇，震驚巴黎；隨後又有《彼得洛西卡》、《春之祭》問世。第一齣及第三齣裡的神話性質，以及第二齣中的馬戲團，均屬同一風格，製作演出也令人為之目眩。巴克斯特的布景鮮豔無倫，主舞者尼金斯基、帕芙洛娃的舞藝令人嘆為觀止，佛金的全新編舞，狄亞基列夫的完全製作，史特拉汶斯基樂曲那不尋常的嘹亮度與節奏，在在激起了興奮的狂熱與批評的怒火。《春之祭》一劇挑起的憤慨，不下於當年第一批立體派畫作，在那間由貝瑞設計的現代建築：新落成的香榭麗舍大劇院首演，引發了一場混亂，觀眾站在位子上高叫怒罵，痛擊意見不同的鄰座。

巴黎人（以及其餘歐洲）卻對另一位舞蹈家提出的新式表演，予以非常不同的接待。這位自我放逐的美國女子鄧肯，表現自然式的舞蹈，肢體動作自由，節奏變換多樣，正與古典芭蕾的技巧呈對比。只見台上一人獨舞，赤著足，薄紗輕掩，這小小震撼可是美妙可喜，鄧肯對貝多芬、華格納音樂的「詮釋」亦如是——其他人跳舞，她則「再造[34]」。她成為詩人歌謳的偶像，她鼓吹的「自由的愛」（不考慮婚姻與承諾，只要碰上喜歡的人就可以發生肉體關係），更形成宛如宗教崇拜之勢。她在各國成立舞蹈學校，現代舞蹈[35]遂在她的門徒手裡堅定奠立。又有達克羅茲發明「律動教學」，教小孩子學習自然地伸展肢體，隨著音樂欣賞起舞。

史特拉汶斯基開創（又有鄧肯相得益彰）的這股**返璞主義**，活力充沛，無疑來自他的節奏強勁，並特意展現不協和音，直搗人的神經。相形之下，更令一八九〇年代晚期那些作曲家令人招惱的「新」，聽來簡直理性、悅耳至極。這群作曲家各有其敏感纖細，卻同有一份決心：發誓要擺脫華格納主義；雖流露情感、意境，卻不必藉諸十九世紀的抒情與戲劇手法。德布西、戴流士、夏布里埃、沃爾夫、斯克里亞賓、撒提、杜卡和布索尼，只不過是其中最突出的創新者大名，僅占這支音樂大隊的半數而已。至於十九世紀傳下來的技巧，此時也依然有高手繼續活躍，他們改編、延伸，與現代派同時並立：布魯克納、馬勒、艾爾加、弗漢威廉士、史特勞斯、西貝流士、普契尼及寫實主義歌劇道（<918）皆是，作品的魅力至今猶在。

德布西領導的現代派，結果以印象派音樂見稱，因為他們曲中的和聲、音色，亦如點描法般各自分立，並且迴避長段旋律、對位法，以及節奏感等強調手法，因此與十九世紀的曲法大異其趣。事實上他們處理的對象，正是一個承自前此時期的困境，亦即透過半音體系（使用主調之外的樂音）逐漸去除調性（二十四個大小調）。這個難題卻由來已久：凱魯碧尼聆聽貝多芬的《菲德里奧》，就抱怨聽不出序曲的主調為何。德布西也使用不尋常的音階，以打破熟悉的音樂氛圍。這份影響力的發展路線，卻出奇地迂迴——德布西的靈感係拜一八七〇年代的「俄羅斯五子」之賜，尤其是玻羅定及穆索斯基，他們則認為自己係欠白遼士及其調式之情。德布西更進一步：他的和音宛如潑色點彩（近似印象派畫家用筆），不循旋律指引，故意與一種邏輯唱反調，以建立另外一種。這個技巧如此有效而且可塑，後日有位作曲家兼音樂史家回顧那兩個十年時期，發現連史特拉汶斯基及荀白克在戰前均曾強有力地使用（此書頗值一讀：Constant Lambert 著 *Music Ho!*）。

荀白克，如眾所知，幾乎自事業生涯之始就對調性問題感到煩惱，一九一一年還出版了專著論和聲學，想來正是為整理自己的理念。他的同時代人康丁斯基，認為此文對現代派成立建功至偉，雖然文中並未提及這套體系——此系終成一種技巧，某段時期裡面為各地作曲家所採用。荀白克因此成為音樂的救命恩人。在此論述之前，他其實早已於一九〇九年的第十一號作品第一首中踏出第一步，這是一首無調性（或依他所喜的說法，泛調性）鋼琴曲，亦即沒有主調。同一年裡，《交響樂五曲》亦依此法式，那些學術派或訓練有素的耳朵聞之，可完全亂了章法。自音調之中**解放**出來，不再以此為西方音樂的構組原則，正與此時其他藝術所做的極端新猷相互應和。

同樣的年月中，美國則對古典音樂做出兩項貢獻，其一可能受到忽略：此即蘇沙所做的進行曲。他的佳作極多，而且絕非普通軍樂，不論就旋律或對位都不同凡響，在這個連大師級人物也不吝為之作曲的樂種裡面，他堪與其他任何作曲家相較而不遜色。其二是劃時代的新發明：黑人音樂家作曲、演奏的繁拍樂與藍調，最先見於紐奧爾良，然後在芝加哥。他們的作品，乃是混合傳統之下的開花結果，在全面爆發為爵士年代（1058>）之前（此名相當貼切）原只在當地流行。

當這支新種的美國音樂，正在南方與中西部快速發展之際，東北部則受到來自歐洲的現代主義洗禮，來源不一：有華格納派與尼采派的追隨者，有易卜生、蕭伯納和立體派的推崇者——亨涅克、溫德爾、馬修斯、史隆、史蒂格利茲、克萊恩，以及為孟肯、納森主編的那份「理念型刊物」《時髦人士》寫稿的眾家作者。

總結之，現代主義的醞釀共經三個時期：預備階段，大約從一八七〇年到一八八五年間，舊有的樣式受到質疑，或試驗性地予以嘲弄。然後是九十年代（一八八五至一九〇五年間）：十九世紀的思潮風氣以及其藝術限制遭到顛覆，唯美派日增疾俗避世之心。第三階段也是最後階段：立體派的十年（一九〇五至一四年），各種發明轉換了肉眼所見的事實，科學觀點否定了常識所見，年輕一代受前者刺激，與後者並進，也將藝術的目標與形式做出根本改變。在此同時，民粹主義的巨大浪潮，於一八七〇年代興起，激使人重新界定了歷史與社會科學。從此之後，二十世紀所做的貢獻與創造，便是藉分析而精煉之，或藉歪改濫仿而批評之。不過這些藝術表現，必須在四年大戰那巨大罅隙之後，方才來到公眾眼前，引起他們的注意。

第四卷

從「大錯覺」到「西方文明，非滾不可」

第二十五章　大錯覺

一九一四至一九一八年「大戰」的狂風襲來，將現代世界猛然擲向自我毀滅之路。所以稱大，是因其規模浩大，而非有任何價值偉大。待得續集於一九四〇年爆發，為對這第二場衝突亦表尊重之意，遂將先前那場改稱為一次世界大戰。其實叫錯了：因為十八世紀的歐洲諸戰也是世界性的戰爭，在印度、北美及五大洋上糾纏不清地打成一片。不過這些戰爭均非民族百姓之戰，因此並未威脅文明，亦未造成一個紀元的結束。

在這場大災難之前的十五年時光，一向被稱為美好年代，又稱「盛宴年華[1]」。這份懷舊的記憶，係針對立體派十年之間的高度藝術成就以及那些傑出心靈而發：他們鼓吹社會改革，迫使政治為之轉向，塑成今日普遍存在於西方的國家觀念。此外尚有另一種不同形式的精力，此時也正在運作：暴力猖獗，甚至受到崇拜，當代人卻大都對此視而不見，一味興奮追求豐盛的原創藝術與智識；另外則有許多人或深感恐懼、或滿懷狂熱，滿腦子除暴力外沒有其他念頭。

流血事件的類別與成因眾多，但是在此應先大致描述一下當時政治上建設性的努力，以顯示與今日政體形態的相關程度。戰前十年期間，以下四位人士：威爾斯、卻斯特頓、貝洛克和蕭伯納，激發了英格蘭閱讀大眾進行思考。威爾斯一度為費邊社會主義者（985＞），後來卻認為此派主張難以實現而退出，雖然他對民主性質的自由主義亦同感懷疑。他的長處不在政治，卻在社會狀態，被他寫進小說討論，還有辦法使之相當暢銷。這些作品事實上應該算作「故事」——根據先前的定義：其中角色可以採信，卻不致難忘；情境雖係編造，卻極逼真；結局則清楚顯示社會困境，有時更藉由常識，再加上頗富創意的預言性建議獲得解決，他的議論文字攻擊火力則較直接。威爾斯的知識多靠自修得來，又帶有一點現代概念氣息，在凡爾納收筆之處，接力拾起科幻小說寫作。這些故事或長或短，今天讀來依然津津有味——如此精采，再讀後繼者的同類作品，多有敘事過於粗糙之感，除技術面的新奇差強人意，想像力亦嫌不足。

卻斯特頓不贊同蕭伯納的社會主義，也反對威爾斯的改革主義。他與貝洛克都支持天主教會提出的社會與靈性教導，他本人則係在生涯中途方才皈依天主教會。至於如何結束資本家金權財閥的罪惡，他的方法是分配式——擴大資產的持有，個人因此可以重獲獨立，創造出真正民主性的選民，不再受那些可以用金錢收買的報業操縱，後者甚至能夠左右統治階級（＜864）。

九十年代已經看見廉價日報的來臨：刺耳的宣傳、罪案和醜聞，是其提供的主餐，卻非唯一的吸引。哈姆滋沃斯，後封為諾斯克里夫子爵（或譯北岩，英國《每日郵報》、《每日鏡報》創始人），於一八八〇年代開始出版單張小報，稱為《有問必答》（*Answers to Correspondents* 先前稱作《絮聞》，讀者來函必以郵覆，有關公共議題者並予以刊載），自此報紙變成某種通俗百科式的玩意，至今猶未改變——每日除一道字謎、一幅漫畫，以及一篇冗長的連載浪漫小說而外，還有各類特寫：運動、時裝、劇院，各種建議：健康、事業、財務、牌戲、烹飪——所有這一切又擠在大量廣告之中，報紙版面遂從傳統四至八頁純屬政治新聞、重大意外和訃聞，一變而成大眾教化啟蒙的主要來源。廣播電視只不過併吞了這項同樣做法而已，卻犧牲了真正新聞——而且更加長菜單內容：六部肥皂劇、五十個廣告，而非一篇連載故事、二十幅廣告。

新一型的報紙，可沒有容納蕭伯納稱之為「卻貝二人檔」的那兩位，以及威爾斯或蕭老本人發表觀點的篇幅。嚴肅的觀點須藉他種出版形式表達，比方小冊單張；但是這種方式卻只能及於早已志同道合人口，因此需要另一種新聞專業報導的形態。《G．K周刊》的內容，幾乎由卻斯特頓及其兄弟一手包辦，正是這樣一種刊物，反制報業大亨的《機關報》以及他們巨額的發行量。於是英國的《周六評論》、《新年代》、《新政治家》、《觀察者》，美國的《國家》、《新共和》，以及其他國家的類似雜誌，滿足了受過教育的讀者的需求：他們對新知好奇，尤其是社會議題：「最下層的十分之一人口」（指社會中最下階層，赤貧），可是也談新書——彷彿回到十八世紀的《閒論》、《觀察者》、《漫談》，以及其他或一人作業，或由一小批同道中人執筆的期刊，只是換上了新的面目。至於眾同道團體中，最團結也最有組織者首推費邊社，他們當中精力最旺盛、也最才智橫溢的宣傳鬼才則是

> 報業主要之務，姑且假定為新聞。如果新聞是昨日發生之事，報上印的就都是假新聞了。新聞也者，其實是報業製作出來的東西。多數所謂世界「新聞」，都是報業自己製造而成：訪問要人、報告重大事件、政治調查、「有據的推測」等等。很大一部分報界，其實已經放棄了純粹呈現事實而已。
>
> ——馬修[1]（一九五九年）

蕭伯納

他的劇本至今仍經常演出，遂使其大名及某些想法依然家喻戶曉；但是他的天才範圍之廣，以及他在西方文化演進中所占有的地位，卻已變為朦朧，被偉大人物都難逃過的那片常見「身後」雲霧所蔽。

他那不尋常的一生，始於都柏林沒落仕紳，乏人資助亦無前景，完全靠自我意志，終使自己的影響力遍及半打不同領域，更在文壇和社會思想界作為世界級人物長達半世紀之久。如此生平，透過其著作新版及大小傳記，始終保持在公眾眼前。蕭伯納作品量極其龐大：劇本、序言文字、政論單張、音樂與戲劇評論及書翰——二十五萬封信札，多數亦屬小型論述，談他專長的主題，不啻二十世紀的伏爾泰，傳遞盧騷的訊息，宣揚政體、道德、美學和宗教的極端改造。能言善道，筆下來得，雄辯滔滔，勢不可當。

他的劇作不僅限於觀念喜劇，還有一種少人察覺的形而上學在其中演變衍生——此中奧妙，那些為他長篇作傳的傳記作者尤其不察。這些劇本前面往往帶有極長的序言，兩者之間的關係也鮮為人正確解讀。一般誤以為蕭氏劇本僅只是機智之言，其實當中充滿了因不同信念衝突而起的情感、希望和悲

> 二十年之久，此君從不曾令人覺得他做過任何不公之評，或出過任何虛矯之言。同這樣一位人士辯論，豈是易事。我可以作證，蕭伯納所做的一切回覆，閱後無不令我心平氣和、心思清明，無不似來自永無耗竭之源，滿了公平之心與藹然之智。
>
> ——卻斯特頓論蕭伯納（一九三六年）

愴——正是循亞里斯芬、莫里哀傳統的戲劇正宗。劇情本身也非為戲劇化表現序言的要義而已；後者是導言，為劇中各種感情定位提供複雜背景——每篇序言都等於一篇文化史研究。蕭的心靈係由十九世紀詩人、史家及哲學作者所模成，他對次要人物亦有涉獵，了然其中的牽連與意義，頗具當行學者姿態。序言之後的劇本，則取材生活本身：當前爭議所在的種種欲念、需求與過失，一步步探源溯始。

將蕭氏劇作與（比方說）高爾斯華綏之作比較，可見前者較為客觀。一如白芝特，蕭伯納能以雙重視野觀事，甚至在（尤其在）他本身鼓吹的事項尤然。他提倡易卜生、華格納和社會主義的教導，卻指出適用的局限。他談莎士比亞，責備大詩翁太過悲觀、缺乏信條——如此批評不免令人誤會，事實上他比大多數論者都更了解莎劇；他抨擊某些演員和劇院經理擅自改動原劇內容，以方便自己之用；他發起成立國家劇院，以像樣地製作演出。

蕭伯納是個自覺的實際派，正如每位真正的藝術家：藝術作品首在其效果，不論此效果如何取得；一味屈從過去的形式典範或任何種類的限制，只能產出學院派作業。實用主義，也是蕭氏筆下男女主角的天然性向，一如他本身亦因此成為費邊社社會主義者。他承認自己受到馬克思的影響，摒棄資本主義，同時卻指出馬派方法與經濟理論有誤。費邊之名係此團體自取——總算有這麼一回，不是他人加諸的綽號，源於羅馬將軍費邊大名，將軍專門出奇兵行小規模突襲或拖延戰術，以此消磨敵方戰力，而非正面作戰。這等「漸變」，正合英人脾性與英式政體，遂由民生必需事業收歸市有做起，遂步建立社會主義，扎根深植。採取每個步驟前，都應先經統計、經濟專家對社會條件狀況加以調查，如那對有名的學術夫妻檔韋伯：西德尼與碧翠絲，也是蕭最親近的同道夥伴。後日的英國工黨，即係由費邊社及其他社會主義團體衍生，透過費邊化的手段，終使英格蘭成為福利國——養老金、全民保險、免費醫療，並透過所得及遺產兩稅對財富進行課徵（可讀 Ann Fremantle 著 *This Little Band of Prophets*）。

蕭伯納進行政治宣傳、主張素食、反活體解剖且提倡較健康的衣著；他無所不評，一網打盡：醫生、學校、監獄、父母、政治人物、演員、主教、音樂家、指揮家、俗人和劇本檢查員——在此種種之外，甚至比寫劇本、導戲更占去他的心思之事，則是哲學與宗教。他不屬任何教會，也非獨立信徒，卻不斷以現代語彙重新定義基督的教導與教會的教條，尤其是「普世」教會：「每種教條深處，都有其靈魂。」「普世」一詞，對他更意味當代最新宗教應有的模樣：一個共同的信仰——任何社會若要內部和平、政事得宜，都必須如此。他舉耶穌之例，指責當前法律施行的處罰之不當；他宣稱每條生命，都是純潔無瑕的生成。一般稱之眾思想家與藝術家進行的「大對話」，他視為聖人的交通分享；眾聖眾生，人人在世上都擁有一個位置，即「聖靈的殿」。身為實用主義的一代，蕭伯納反唯物也反唯心：現實並非一分為二，由其一左右其二；生命力乃單一成分，活潑賦予生命，質和靈是其一體之兩面或展示。因此他與達爾文派作戰，支持山繆．巴特勒（<912）；人自我成長演化，正如尼采所言（<964），由「事實的大師」——藝術家、政治家、宗教家——帶領向前向上。蕭式超人的優越性，在其本身自動自發，無須奮鬥掙扎就能做出正確行動。

重新定義神話與教義，以滿足現代人的信仰需要，這項工作到此時為止可謂相當容易；但是終極「真實」之屬性，卻難以設想多了。因為從抽象傳統的理想性，趨向人事上具有實效的行動以及實在的果效，並不能滋生可供追求的未來目標。而目標也者，又非為抽象式的理想不可，直到成真方才落實——或變成習俗傳統。這樣的危險時時存在。蕭伯納忠於自己對生命的宗教詮釋，一再於劇本中將這份困境表現成神魔間的爭戰。人間男女，上天堂、下地獄，全視其在日常事務中所選的角色而定——顯示出人的性靈狀態。《人與超人》劇中地獄一景的那篇偉大言詞，便將流水帳式的日常瑣碎動機，與真正的道德激力做成對比，一顯兩者之不同：後者推動生活力創出超人，前者卻因敵意、怠鈍，成為生命力的拖累。如前所示，超人不必與自私、肉欲掙扎，即能自自然然地行正做當、合乎倫理，因此倫理面的計較遂成沒有必要。而生命力更使另一份累贅逐漸去除，亦即它與物質面的結合。這就是《回歸千歲時代》五劇的最終結局。

如此優托邦，卻禁不起人世的風吹雨打。戰爭年間的最谷底之際，蕭伯納眼見人的種種殘暴本能，好撒謊、誇言空泛理想的天性，遂對人類克服本身缺點的能力感到灰心。他愈來愈悲觀，流露在《心碎之屋》裡面，此劇於一九二〇年推出，顯示世界轟然結束，而非低泣而去。他最後幾部劇本都是處理這同樣主題：宇宙幻滅、人生茫然。

> 你那些朋友沒信仰，只是上教堂坐椅子。他們不道德，只是守禮教。他們沒品德，只是膽子小。他們甚至也談不上壞，只是很「薄弱」一罷了。他們不懂藝術，只是好色。他們算不得成功，只是有錢。不勇敢，只是好吵架。沒派頭，只是霸道……
>
> ——蕭伯納《人與超人》
>
> 劇中唐璜對魔鬼言（一九〇四年）

待見工黨雖行費邊路線，社會卻絲毫未有改變，蕭伯納更感這份悲觀果然無誤。他最後的心境，正與他所責於莎士比亞者同：兩位大師，都被人類行動的亂象沉重地打擊而不起。

最後的年月裡，蕭伯納盛讚俄式共產主義，正如羅素、韋伯夫婦，以及數以百萬計的知識分子——但是在蕭的動機裡面，卻可以嗅出一絲不同的精神。他認為可以藉殺戮手段進行統治——這種態度，宛如賭客走投無路而孤注一擲，不僅有違其奉行一生的明澈實用思想，因為暴力不斷，實際上正意味著失敗；而且也與那幾部寫來亦係為鼓吹實用思想的劇作背道而馳：《蘋果攤》、《遇礁》、《日內瓦》，前兩部斥責迫害異己之不當，即使民主岌岌可危亦不得出此下策——第三部嘲弄希特勒、墨索里尼，他兩人的手法實與史達林不相上下。作為宣傳家的蕭伯納，疲倦生厭，棄絕了他的信仰；作為劇作家的蕭伯納，卻執守著這份信仰。

> 總罷工這個概念，透過暴力式罷工發動，暗示一發不可收拾之處，不免令人感到害怕，而且會愈來愈可怕，因為暴力在普羅心中占有地位愈演愈烈。然而社會主義者一旦從事起這份嚴肅、不容輕視且盛大的工作，卻能超越我們這個愚昧輕浮的社會，得以為世界指出一條新路。
>
> ——索雷爾（一九〇八年）

理想破滅的社會主義者，非僅蕭伯納一人。在他之前十年，法國工程師索雷爾看見社會主義進入國會與內閣，效果卻乏善可陳，遂建議採取直接行動，在《思索暴力》中敦促工會聯合起來，形成單一團體，透過總罷工及其後續——與警方做最後一決，將可推翻資本主義體系。這股新的力量需要靠「神話」焊接在一起，亦即那未來幸福國度的理想圖像。年輕報人墨索里尼，便深受這計畫所撼動，始終不曾忘懷裡面最突出的特色。

＊　＊　＊

蕭伯納以及其他所有政治評論家們，極力鼓吹社會議題，加速了「大切換」的發動。它的來到，係在社會主義理想的壓力之下所致，主要來自在朝的改革團體，以及在野的費邊社人。大切換一詞，筆者係指「與自由主義的原意完全反轉過來」，一八八〇年代首先在德國悄然開始：俾斯麥設立養老金等社會立法——如觀察家所言，「竊取了社會主義的鋒頭」。及至新世紀之交，自由派也多轉而同意有此需要，從各方面而言：經濟、社會和政治，均應立法幫助眾多老、病、無業等再也無法養活自己之人。新世紀過了十年，勞合．喬治的預算案亦將英格蘭推進福利國之路。

自由主義在原則上取得勝利：最好的政府乃是管得最少的政府；如今在所有西方國家裡面，政治「智慧」卻已將這份自由（liberty）的理想重鑄成慷慨（liberality）之意——如此轉向，遂使此字義變成一團混亂：在美國，自由派變成贊成管制、支持優惠福利和主張各種保護措施的傢伙；保守派反而提倡政府愈小愈好，有如昔日飽讀亞當．斯密調教長大的自由派人——只要他們敢，便盡可能反對任何社會計畫。在法國，傳統上政府本來就管得較多，**自由派**一詞保留了自由市場的經濟意義，政治上則只是某派半保守小黨的黨名——左派、右派之名，就足以分野法國主要政治傾向之別。英格蘭亦然，新成立的自由黨人數極少，此地的保守黨和工黨，相當於他處的保守黨與社會民主黨。至於政治上的實際，國家的真正性格，則與這些名目全不相干；反之卻是徹底的大雜燴，由各種先前看來根本不可能相容的目的、主義混合而成。如今通曉事理的選民，不管選情如何，都應稱自己為自由派保守社會主義者。改黨換邊，也只意味這每一項傾向稍有增減，端看眼前計較之事而定（相關論點，可讀 Lowes Dickinson 著的老書 *A Modern Symposium*，對政治意見的不同光譜做有扼要而優美的戲劇化陳述）。

＊＊＊

一九一四年，將大戰惹上己身的西方，比起四個世紀之前因更正教革命而分裂的那個社會，已經擴大許多。日期上較晚的歐洲，如今還包括俄羅斯與土耳其；捲入戰爭的「世界」，則又有非洲、澳大利亞、紐西蘭、南太平洋在內；大戰打到三分之二，美國也加入西方世界。海洋面積因潛艇立時倍增，空中也加進來成為浩大的新舞台。果然「進步」，如此事實孰能否認？

大戰起因，眾說紛紜，而那個暑熱八月天裡的所有主要演員——包括國家和個人，都曾被冠上罪名，竟使戰爭一發不可收拾。眾說紛紜，卻沒有定論，因為任何行動均不成單獨理由。若要怪罪到官方頭上，最多只有奧地利參謀長霍尊多甫的確想要一戰，以及英國外相格雷爵士游移不決，最後才宣布不列顛與法國站在一邊。至於其他外交人員與國家領袖，全都在努力迴避大災難的爆發，事實上也沒有任何隻手可以回天。同樣，也沒有任何單獨「成因」，或公然或隱晦，驅使如此多人前去流血送命。長久以來即已存在的各種狀況，不同的文化特質、智性缺陷，或大或小的意圖目的，全部湊在一起，才使得如此眾多的不同心靈，一同走上集體的意志行為。

至於最後觸發戰火的「導火線」，則無庸置疑：因一名年輕的塞爾維亞人行刺奧匈帝國的王儲斐迪南大公及其妻蘇菲而起，時間在那要命的一九一四年六月，地點是薩拉耶佛。這個地名，從此令人想起當年這樁暗殺，直到最近才改為浮起另一幅屠殺畫面。先後兩起事變的背景則同：一九一四年，巴爾幹地區的民族陷於騷亂已有數十年了，一九一二年以來亦已兩度作戰揪住彼此拚命（請讀蕭伯納劇本《武器與人》）。長期在土耳其統治之下，巴爾幹人口的血統、語言和宗教都很混雜，而這每一項成分都有礙於穩定國家的組成，尤其是當隔鄰的俄羅斯、奧地利，以及積弱的土耳其，更在各謀己利不斷地挑撥助長不安。種種權謀密情，再加上歐洲其他列強中間的錯綜聯盟，更為複雜。大公遇刺一個月後，大戰遂一觸即發。

因此之故，有人曾說國家主義乃大戰根源。不錯，那份激情確是一大推動理念，然而卻正是國家主義在中歐、東歐宣告失敗，才造成大戰之起：德國、奧地利、義大利和俄羅斯遲遲方才成「國」，漫長的延誤裡面，整個區域養成了一種永遠處於緊張焦灼、貪多務得的心靈狀態。此中證據，雖然複雜糾結卻明明可見：奧匈帝國是個拼黏欠牢的帝國，其中的匈牙利以及某些斯拉夫地區——彼時的波士尼亞，就已經跟此時一般惹眼，都想要更多的獨立。大公本人看中一種三角聯盟，使斯拉夫不再只是屬地而已，然而人家西方諸國君主當年進行革命（<357），已成氣候的國家達成了國族融合，到了這個時候才再來做這種融合想望，未免太遲。而且在這樣一個有著國會與自由思想知識分子的歐洲，分離分子與收復國土分子（本國疆界之外住有本族同胞之地，因此「尚未收復」）的感情自然平靜不下來。於是動之以情：某種過往的光輝偉大、「獨有的語言」、「國族史詩中歌謳的九世紀大英雄」、宗教的訴求——所有這一切，再加上成立國會、取代傀儡君王的政治訴求，在在

> 有那麼一天，塞爾維亞會令歐洲起紛爭，為歐陸帶來全面戰爭。我簡直沒法告訴你我們這裡的人是多麼惱火，那小小國家竟然受俄羅斯鼓動，令奧地利頭痛個不停。照現在這種危機下去，歐洲若能避開一場大戰，那真得靠老天保佑了。
>
> ——駐奧地利大使卡特萊特爵士致外交部言
>
> （一九一三年一月三十一日）

騷動著各類小團體，唯有不時以暴力手段鎮壓——弱勢一方逼迫強勢一方，遂使所有妥協折衷都成為不可能了。

至於另兩個羽翼新豐的國家，也未改其舊有的狼子野心。一九一二、一三年間巴爾幹局勢正亂，義大利趁機對土耳其發動戰爭，把北非的黎波里那塊不毛地帶硬搶過來，稍稍滿足義大利國族本位的貪婪，對義大利的國家統一卻未有任何加強作用。不再有俾斯麥外交天才指引的德國，在大戰爆發之前的十五年間，則冒冒失失好幾回誤入「危機」地雷區，細究緣由，都可納入同樣總因：想要在「陽光下找個地方」（進入下次大戰，希特勒稱之為生存空間〔*Lebensraum*〕）。德皇威廉二世又到處虛張聲勢咆哮，遂使戰爭期間的法英兩國，把所有德人都說成宛如當年匈奴人，由一位新阿提拉所統領。事實上薩拉耶佛危機之後，德皇曾盡一切所能穩住奧地利避免開戰。

種種對立都與領地有關，包括在歐洲，如奧地利的領地，以及全球各處，如德、英、法等國領地。至於義大利，在非洲擁有的地域實在太小，因此動機始終都在：飢渴得想要更多。徵諸這等熾烈爭執，尋找大戰的單一成因遂改弦更張，開始指向帝國主義，後又更名為殖民主義。這當然是一項顯著狀況，卻無法解釋衝突雙方的加盟陣容：一八九八年，英法兩國曾因非洲一處地方引發危機對峙，不久卻將成為戰友；英、俄為中東某些地區一向是宿敵，到了一九一四年卻攜手對付德國。三國協約，係對付德奧兩家聯手，後者雖有義大利加入，開戰之後又突然退出。

雙方都有相當理由全副武裝，將軍備建到極致。英格蘭造了大戰，又再造超級戰艦，德國則密觀裝甲、火力之間來回拉鋸，又拓寬基爾運河以通北海。法國延長兵役為三年。到處只見「下場戰爭」的話題充斥報上新聞與一般談話。某位德國將領[3]甚至以此用作書名，德皇不時挑釁發話，益使緊張氣氛高漲不下。

在此務必更進一步指出，其實非因財政之故，使各國覺得值得為自己的二十世紀殖民帝國一戰——正好相反，帝國乃是一項開銷，只有某些個人可以從中得利。帝國的存在創造了無數機會，可提升也可打擊威望。因此才有日不落國這等誇稱：擁有土地之廣，幸運到連太陽都下不了山。簡言之，帝國主義是經濟貪婪，也是「國家榮譽」攸關——強硬沙文外交，成為一種心態，兩者交加，成為另一項致戰之因。

姑舉一例即知：德、法正試圖解決摩洛哥商權危機之際，「和平為懷」的英國首相勞合．喬治在倫敦發表演說，不滿這場交涉竟忽略了英方。德國政府激烈抗議，認為英國在摩洛哥又無利益可言，所以一定是出於對德國的恨意方有此言。德國的非難如此強烈，英國趕緊備戰，而且不只是做做樣子而已。時為一九一一年。

一九一四年之前，每個國家都有某些團體組織起來，表面上係為維護國家民族利益，實際上都暗懷攻勢野心，反覆訴說某種特定「威脅」當前，務必撲滅不可。在法國，這些愛國聯盟均係反德，誓為一八七〇年的戰敗之恥以及亞爾薩斯、洛林之失復仇；在德國，英國是目標；在英國，德國帝業及工業的大幅進展，令英國感到不僅僅純屬競爭——簡直是直接侵犯，某位名新聞人刊出系列報導，第一篇文章第一句便寫道：「德國處心積慮，正準備摧毀大不列顛帝國。」而英法只有到了一九一四年時，終於在「德國威脅」的共識下達成了協議，在此之前，兩國同樣也疑神疑鬼盯著對方，而且幾乎為埃及和蘇丹打了起來——法國佬在拿破崙領導之下，一向已成無可救藥的好戰民族；英國佬則是「背信忘義的阿比（不列顛舊稱）」，專好在歐陸挑撥戰爭，等到最後一分鐘才忽然加入勝方，特來撿人家的現成便宜。睥睨而讀歷史，對那些始終感到缺乏安全感的心靈，有著塑造模成的影響力。

至於巴爾幹島上的糾紛，涵義則清楚明白；但是對於另外兩場更大的戰事，雖係隔著距離遙觀，各方意見卻強烈不同：英人已經在萬難之下，鎮住南非的波耳人；美國人不費吹灰之力，一舉抹銷了西班牙海外帝國。兩戰都發生於世紀之交（<905-906）。如前所見，英人立下慷慨和約，鞏固了頑固偏執的波耳政權；合眾國本身則也變成擴張主義的強權，在域外擁有了殖民地。波耳戰爭對這個方才破曉的新世紀亦有其「建樹」，可不能輕輕帶過：包括達姆彈、使戰地軍裝與景物合成一片的迷彩服，以及一個空前的新奇建制——集中營。

在歐洲之外，也發生了一場「準」戰爭令人注目，即前述的拳亂（<906）：外交人員被困，由一支德國將軍領導的國際聯軍來援解圍。此事雖顯示面對共同敵人之際，可以促成合作，然而危機狀況過去，卻鮮能持續下去。

這一類的暴戾事件，或同時發生或快速接踵而來，使得有意識的心靈不勝其驚：憤怒、羞慚、驕傲、困惑、寬心，然後又被報上新聞弄得憂心忡忡。公立教育不斷加增工人階級的讀者，閱報率前所未有地普及。報刊取禮拜講壇而代之，成為當前事件資訊的媒介，白紙黑字印在紙上，可比口說更具權威，訊息更是日日登場，而非僅在周日每周一次。加以講章內容往往可以預測，新聞（不管真假）聽來卻總是又新又鮮，而且外加刺激作料供你享用。報業力量的十足展示，可見於一例：在它攛掇之下，美國與西班牙打了一場令國人躊躇滿志之戰。

＊　＊　＊

具有教育水準的周刊讀者，也許可在其中找到如此這般的正當開戰理由，至少可能有所辯論。當其時也，這個話題非常熱門，因為各路作者，不分國籍與智識階級，都屬於社會達爾文派（<826），他們相信自然天擇的理論，既適用於物種也可用於國家：競爭之下，最適者勝出。基於這種信念，日本擊敗俄羅斯之後，黃禍遂成「事實」。美國人荷馬．李，此君是個駝子，在中國軍隊擔任將領，即已於《無知之勇》中發出警告，應注意抵制日本對外野心，又在《薩克森人之日》指出，大家有責任協同政策，抵擋來自東方的威脅。西方務必準備好面對衝突，絕不可有所退縮——發此論者不只荷馬．李一人。戰爭的生命、金錢代價可能昂貴，回報卻很值得：這支「種族」將獲改良，更強、更好、更能幹。「為生存而奮鬥者」（*struggle-for-lifer*）的說法，遂收入法語，各種相當詞彙亦進入其他語言。美國總統老羅斯福將這個概念概約為「生命奮鬥不息」，並將外交政策界定為輕柔移步，卻隨身帶著一根大棍子。

這種論點更自經濟競爭的比擬取得其他

> 戰爭是促成前進的一個條件，有這根刺，國家才不會打瞌睡。
>
> ——勒南（一八七六年）
>
> 戰爭是一場風雨，使空氣變為清新，將樹木毀去，只餘下強壯的橡樹屹立。
>
> ——馮．史坦蓋爾男爵（一九〇一年）
>
> 同樣法則控制一切生命——動物、植物或各族之民，也控制自然物。這些法則放諸四海皆準，有不變的因果關係，其價值只在我們對之是否認識、服從，一味抗拒、否認、違背，則再蠢也沒有了。
>
> ——荷馬．李（一八九五年）

似是而非的道理：較強大的公司行號，征服吞吃較弱的公司，足證前者績效較高；於是貨品變好，價位轉低，世人受惠。有人反對這種簡單的眼光——但是人數甚少——指出大吃小之下，什麼都可能，就是難有經濟效益：公司愈大，愈能獨占價格。至於民族之間的戰爭，往往則是最適、最年輕、最無私的個人喪失生命。勝利即是毀滅，敗北反而得利，一八七〇年普法戰爭的法國，一八九八年後的西班牙即是兩例：法人重新滋生活力，很快就付清了高額的賠款；西班牙則工業大興。打敗了法國，對德國的害處卻比好處多，經濟上、道德上，正如尼采指出，粗鄙、「唯物」，成為初出茅廬的第二帝國典型特徵。

> 我很喜歡現在那些主戰者的精神，他們認為戰爭能使人精神振奮。既然如此，不妨把他們派到索爾茲伯里平原（南英格蘭白堊土原，上古巨石陣所在）去彼此廝殺，直打到生還者（如果有任何人能夠生還）覺得自己的精神果然大振為主。
>
> ——蕭伯納（一九一四年一月一日年）

另有一條思想路線，亦與社會達爾文主義會合，強化了主戰精神。自命人類社會家的學者，毫不猶疑地聲稱：棕眼圓顱的「地中海人種」不喜靠自己，也不愛冒風險；他們天生偏好社會主義——由國家予以保護。反之，北方族則屬拓荒型的個人，天賦勇氣與創意，隻手成就偉業，一切進步都繫於其身。這種偽科學的政治寓意，便是英、荷、德、美和北歐諸國將注定發達繁榮、領導世界，而地中海國家（「拉丁國家」是也），卻將被遠遠拋在後頭，愈落愈遠。

那位遠赴南非的幸運冒險家羅德，對此預言深信不疑，甚至為世界的未來統治者做出準備，一九〇三年遺贈以己名成立獎學金，專為品格高潔、能力傑出的英、德、美三國學生而設。入選者前往牛津受訓，學習英人之所以能夠移山倒海、震撼世界的態度與傳統。牛津那些了不起的學院，顯然有一些東西可以傳授給他們的北族兄弟，並使大家同在兄弟愛下締結。待得戰爭來臨，德國人忽然失去其種族之長，獎學金當然也飛了。

另一項改進世界的建議，自稱純屬科學，也輕易便助長了種族題目的辯證。此說源自於對精神疾病與缺陷的關切，高爾頓、皮爾森使用遺傳病的統計數字，展開優生之學大計。天才與弱智的現象，似乎暗示先進文明應該採取措施，造出更多的前者，而使後者減低至無有：禁止有缺陷者結婚，鼓勵健康聰慧的人交配。

遺傳一事以及優生的可行性，出版甚多，討論甚烈。有人建議蕭伯納應與鄧肯共同生出後代，聽說蕭如此答道：「（孩子）也許會有我的身體，她的腦袋。」皮爾森是首位優生學教授（或許也是最後一位），門生雖多，卻未能創出一支長久的追隨隊伍。高爾頓之作開了先河，好幾本書也跟著紛紛出現討論天才，多係為比較各個國家的天才指數，以大藝術家、大思想家的人數作為測量。

這門教條之所以有誤，錯在誤以為國家等同種族，共有同一個生物血統上的祖先。將國家視同種族，有違最基本的史識，從不可記憶的遠古開始，歐美兩洲就已是種族大混合的場地：居爾特人、匹克特人、伊比利人、伊特拉斯坎人、羅馬人、拉丁人、匈奴人、斯拉夫人、韃靼人、吉普賽人、阿拉伯人、猶太人、西台人（或譯赫梯人）、柏柏爾人、哥德人、法蘭克人、盎格魯人、朱特人、撒克森人、維京人、諾曼人，以及其他許多被認為曾經獨具特色的小型部落，都在羅馬帝國之內與彼族相雜，合成了龐大的混血人口。居爾特人從不列顛，一路橫被到小亞細亞；蘇格蘭人從愛爾蘭來，日耳曼族概括西方之地，阿拉伯人與北非人則持有西方世界的南部地區——諸如此類，不一而足。日後，被稱為國家的大規模聚合，同樣亦透過自願的移居、流外，以及多國傭兵參與的戰爭之下，帶來的血統交融（或暴力或志願）摻雜而成。最後，更有拿破崙自全歐吸收人員，組成軍隊；其後，出門旅行漸易，也對基因做出多彩多姿的貢獻。若要論斷任何現代人係盎格魯族或拉丁裔，就等於稱溫斯敦．邱吉爾為朱特人或諾曼人般（或乾脆因其母而說他是美國人）同樣荒謬。

如果個別國家係由混合的「人種」組成，那麼任何一組國家的人口必然更為混雜，為這樣一群國家起名毫無意義。「北方族」一詞，完全不能道出任何「血源」或屬性。而且此名雖附有那個偉大的天命所歸，防備其實現的行動也從未因此而罷手：如前所見，泛斯拉夫聯盟正係針對泛日耳曼聯盟而發，後者務要聯合所有說德語的民族，前者則有其自家的相同目標，更有著一個拉丁國家同盟在後虎視眈眈。顯然，圓顱者不全都是缺乏起而行勇氣的傢伙。

但是就在如此歸類分組的基礎之中，可以察覺希特勒第三帝國利用的原則。國族的建立，藉由接連不斷的戰事以及時間的流逝融鑄而成，在此結果尚未大功告成之前，卻必須發掘其他手段促成。於是偽科學、命定論提出種族信仰作為替代：種族信仰乃生而就有，正是一支「天然」黏合劑，而且每個公民身上都有，如果形成意識，可以跨越宗教、政治和階級的鴻溝。當然，任意分派種族，也可能為分離主義效力，培養出次種族或氏族的內部感情。從當年德國尋求完美的合一，到今日完全背道而馳的趨向，依「根」而分族群愈分愈小，西方世界眼見一場混戰，在其四股統一驅力之下打得不可開交：此即國族、階級、種族，以及前此曾予批評的出於流行講法的「文化」（<xxxvii）。

＊　＊　＊

雖有激烈辯論，大切換立法當時卻未被人視為大改變的開端，包括社會或政治兩面。雖有兩位作家，卻斯特頓與貝洛克，對「奴性國度」[4]的來臨表示警惕，他們卻不曾留心各種暴力思想、事件的騷亂現象。人稱為安那其主義者（即無政府主義者）或虛無主義者的男女（其實就是早年的恐怖分子），以暗殺手段宣傳他們的觀點。各國元首和高官大員，遂成瀕臨絕種危險的物種。前者之中，最出名的案例為法國總統卡諾、美國總統麥金利、奧地利皇后和義大利國王——都先後在五年之內發生。接下來就輪到一些俄羅斯官員和意欲繼承巴爾幹等國王位者，然後便是斐迪南大公及其夫人了（請讀王爾德的通俗劇《維拉》，又作《虛無主義者》[5]）。

另一種不同的恐怖主義，雖乏哲理思想卻表達可憐人的反叛情緒，也在巴黎爆發，時間正值大戰前夕。這是第一支機動化犯罪集團，由二十名少年組成，十七個男孩，三個女孩，十八個月內搶銀行、突襲槍枝店搶武器，還殺死了八個人。最後就逮，卻發現這些年輕強盜面有菜色，營養不良，作案期間已經死了四名。（值得記上一筆的是：巴黎的大吉尼奧爾劇院，此時正好專門上演令人毛骨悚然的短劇，除了新鮮刺激好玩，當場演出暴力流血之外，沒有任何趣味或意義。此名後成「恐怖戲劇」之意。）

至於另一批吃得較飽、穿得較暖的年輕人，則為完全不同的目的而偏愛暴力。他們是法國學生與知識分子，一心一意想推翻共和，改立專制統治或乾脆君主復辟，而且不管走哪一制，都極端反猶。這些反德雷福斯、反共和的年輕一輩，係受到較他們年長的思想家灌輸鼓勵，有時連街頭示威也係由其領導。後者地位崇隆，著書表達對當代文化的全然不滿，這類人士不只在法國，也可在德義兩國找到。

至於英格蘭，眼見國會對投票權要求始終充耳不聞，「新女性」於是也轉成行動派，被賞臉頒賜「婦女參政權論者」之名的她，卻做了一場毫不淑女的精采演出。在潘克赫司特夫人的領導下，這些年輕女子遊行高叫，把嗓子都喊啞了；她們瘋狂湧入下議院；把自己的手腕銬在公共建物的門把上；或乾脆放火焚之；她們在特拉法爾加廣場與警方格鬥，被捕下獄就絕食抗議。一名年輕女英雄，一心要做烈士沖昏了頭，竟跑到賽馬場面向迎頭衝來的馬群。在此同時，美國女性也在爭取投票權，卻有和平的進展。塔虎特總統夫人亦表贊同；美國女性的遊行、請願，使公眾逐漸習於這個奇怪的念頭。

雖然如前所見，為利鋌而走險之舉已蔓延各處城市，卻仍屬「專業」性質，而非暴力或出於報復——沒有街頭的襲擊搶劫。警察通常都知道對手是誰，雙方玩著一種遊戲。刑期短，坐監苦，殺人有清楚動機。

正在那你來我往終成大戰的緊張月份裡，巴黎及其他首都則以慣常的心情，津津有味地等待巴黎一樁謀殺案的宣判結果。知名人士卡約，原是法國唯一與德國有良好默契的政壇人物，曾化解一場重大危機，讓出法國在非洲某處不重要的屬地。某家報紙激烈反對他的政策，開始誣衊他的名聲，公開他寫給妻子的情書（偷來的），寫時其妻猶是他的情婦。丈夫不知情之下，卡約夫人到報社會見主編，要求停止刊登被拒，從手袋掏出左輪槍把對方打死了（可讀 Peter Shankland 著 *Death of An*

> 班格太太：女人要的，是當兵的權利。給我一隊騎馬帶刀的女兵，跟一隊有投票權的男兵對上，看看是誰先倒下去。這問題非得用血與鐵解決不可，就如同俾斯麥所言。我相信，他一定是個女扮的。
>
> ——蕭伯納報上語（一九〇九年）

Editor）。湊巧的是，這名被打死的編輯卡梅特，正打算將普魯斯特的小說拿去出版。

結果卡約夫人無罪開釋，陪審團卻頗吃了一番辛苦。此事毫無前例，各方分門結派使用的政治辯論手段也是前所未見。或許陪審團認為，新報業的風格正是挑起暴力的主因。當然，日復一日在法庭之外上演的戲碼，也沒法讓他們靜下心來審度。暴民聚集遊行，向進出法庭的辯護律師辱罵；任何時候，只要卡約本人露面，就高呼：「殺人兇手！」鬧事者都來自反對共和的黨派，尤其是「法國行動會」，因此被稱為「國王的忠實黨羽」——他們可非無賴的烏合之眾，卻是年輕的中產知識分子，與萊因河對岸的國家社會主義[6]先驅，同受一種傾向所動。

＊＊＊

觀諸後來發生的事件，這段戰前時期的俄羅斯主要心態，亦與此處的討論有關。幾十年來，俄國知識菁英階層已做過各樣爭論及密謀，對付羅曼諾夫王室的專制政權。暗殺、處決和西伯利亞鹽礦強迫勞役，都未能平息反抗精神。小說劇本也鼓勵這股精神，俄羅斯一向的政治文字檢查制度，已使前類作品不僅是文學也是宣傳。一八八一年，那位解放了農奴、甚至懷有某些改革想法的沙皇，竟然無故遇刺身亡。於是更多的鎮壓處決、更多的反抗行動相隨而至。及至一八九〇年代，叛逆的心情和自由的盼望，占據了許多人的心頭，在高爾基的小說與劇本中得到最清晰的表達，遂使他成為抗逆意見的領袖。及至一九〇五年，俄國遭日本擊敗，知識界與大眾普遍不滿，高漲的情緒使起事看來時機大好。一場有效的總罷工後，整整一年，政府恩威互用，輪流使出或高壓或讓步的手段。工人對抗士兵，組織蘇維埃（行動委員會之意）。由自由派領導的「都馬」（帝俄時期國會）成立，各省亦未躊躇。然後浪頭忽然變了方向，在軍方支持之下，宣布沙皇為絕對君主（唯一的統治者），得控都馬所有的立法大權，並派軍赴省清剿，以慣用的殘忍手段完成處罰作業。

所有的希望為之一碎。被動消極和肉欲情色，開始取代精力與異議。高爾基不再是英雄，安得葉夫也在小說及劇本之中，成為漠然與絕望的聲音，面對著冷酷的世界，鬱迷在揮之不去的死亡，以及存在的恐懼憂思之中（請讀《七個絞刑犯的故事》）。

擊倒安得葉夫的那份重壓，不僅是宇宙中人的孤獨，也包括城市中人的寂寞。俄羅斯此時正在工業化，帶來了必然的擁擠與個人的消失無名。意義深長的是當時在西方，社會觀察家已開始批評現代城市，並提出計畫以使其較為可居。蓋蒂斯在不列顛固然非常有名，中歐也有西提等人開創一門新藝術（都市規畫），同時也是一門社會科學[7]。

於是一八九〇至一九一四年間，流血衝突的教唆與行動不斷，回顧那段時期，怎麼竟看成理想時光，配稱**美好年代**呢？對此，之前曾提出過一個答案（<937），這裡只消補充數言：智識與藝術的菁英，就某種程度而言甚至包括上流社會在內，此時係住在自己那創作、評論和欣喜新事物的世界裡。他們當然也意識到周遭危機重重，但在一次次事件過去之後，就很少思及可能引發的後續影響。而且無論如何，那些從事高等藝術與科學之人，的確鮮少去注意外界；只有通俗文學才描繪當前事務：柴

> 我詛咒你給予的一切。我詛咒我出生的那一日。我詛咒我的一生。我把每樣東西都扔回給你，你這無情無義無感無覺的所謂「命運」。我最後一口氣，也要叫在你耳邊聽：「你該死的，可惡的！」
>
> ——安得葉夫《人的一生》（一九〇六年）

德斯在《沙岸之謎》警示德國存心不良、柯南．道爾筆下福爾摩斯揭發外國盜取祕密文件的陰謀。似有無窮精力的阿本海默，更在他的諜報小說裡面，高明地利用新聞提供的資料，使這個從此盛行不衰的類型小說，從此有了一個標準模型。

世界主義的精神也牢牢不去，因都會間的大量旅行而獲得持續。我們看傳記可以顯示，那些仍為我們記憶的藝術家與作家，多麼頻繁地出門，造訪他們在巴黎、維也納、柏林、倫敦、布拉格、布達佩斯或聖彼得堡的同業（可讀 John Lukacs[8] 著 *Buda-Pest 1900*）——務要直接親睹當時正在創造、展示、讚嘆與憎厭的種種不尋常事物。由通信開始相識，繼而發展成友誼。數不清的期刊和動作快速的記者，報導著新的事物。德國人尤其知名，最具國際觀、接納速度也最快。

在美國，文化鴻溝也正在縮小（<976）。西方作為整體，都在歡慶著這份共有的活躍文化，不斷交互地豐饒給養、繁榮茂盛，超出國族或任何物質性的利益。他們幾乎都浸淫在這種非政治性的心靈架構之中，鮮少例外，因為悸動跳躍、要求嚴格的美感生活，很難與任何政治動機結合在一起。對許多藝術家來說，公共事物似乎不值得他們注意，政客、群眾運動和新聞報業，往往受他們輕視，正與他們對企業整體的不屑心態不相上下。他們不只瞧不起自己家族的財富來源，也看輕那些發達的「學院」藝術家，對於出版商、藝術經紀或音樂經理人，態度更為嚴厲。

這種忽略社會與政治現實的傲慢姿態，使我們可以了解為什麼當戰爭臨到，富有文化素養的階級會有如此反應：數百名德國知識分子簽署宣言，譴責「另一方」的作為，宛如被友人或兄弟背叛一般。宣言立即得到回應，亦出以類似詞令，由數百名法國知識分子作答。敵人的意圖定然邪惡——因為我方乃屬無辜。

至於一般大眾，聽到報憧高叫：「宣戰了！」簡直有如腦上挨了一記重擊，思緒如野馬向四方奔去：不可能，然而的確發生了——**戰爭**一詞，先前已曾說過幾百萬次，懼怕的心情與希望的心情，以說話者能夠描述的圖像表達、浮現。如今戰事迫在眉睫，這等景況直如靈魂忽生爆炸。下一刻，情緒不一、反應各異——有人驚駭，也有人欣喜；懸疑終告一段落，可以鬆口氣了；付諸行動的積極熱情、寧死不降的消極決心，所有這一切，都投射在萬花筒的眾生面背景之上——兒子、兄弟、丈夫、朋友。除英國外，當時各國都有強制義務役的規定：凡十八歲以上到一定年限的青壯男子，都已收到識別手冊，明列一旦戰火爆發，必須前往何處報到——無須再另發召集令。如此政策係為省時，美名曰「動員」。

除了擔心自己、心繫親愛之人，這種心情又摻和了突然生起的同胞愛，強烈之情，包括所有公民同胞不分高低在內。危難和榮譽，使眾人緊緊合在一起，成為平等共體，同赴那只有天知道的何種災難險惡。此外又有一種興奮激昂的正義之感。大家心頭同有一事，一切遂大為簡單：人人知道戰爭為何物，都向其唯一目的俯伏。長期以來已形冬眠的動力，突然全部蹦出來了，抖擻有力：英雄主義——無私地冒險犯難，犧牲自己保家衛國，為婦孺而戰；男子氣概——進火線做超人之舉；鎮壓胡作非為的侵略者、野心家，他們正在犯下滔天罪行。在英國、在法國，更屬高貴情操——捍衛民主制度，對抗「普魯士軍國主義」，挫挫那名嘴上留著可笑翹鬚、頭上戴著尖釘頭盔的德皇傲氣。

總加起來，戰爭帶來了解放，從生存的無聊單調之中釋放，連同那些自私自利的小奸小惡。新的生活展開了，全無腐敗動機，亦無粗俗自溺。主張戰爭本身有其益處的人，如今可揚眉吐氣了。就主題性質而言，這第一場工業化世界的大戰，綜合了**返璞**與**解放**——前者是卡本特曾大聲呼籲的治療文明之法（<916），後者孰能反對？

不管怎麼說，後面這項欲求：**解放**，係以多種方式達成——戰爭一出，階級障礙淡化、傳統習俗鬆綁。戰士脫離朝九晚五的辦公室或工廠生涯，也走出家庭與家庭的限制。緊盯著你的鄰人，四散各處；夫妻分離，人人得著性的自由，如果確有這個需要——至少可以從不好的婚姻中脫身。對國人、同伴、雇主或國家當局的不滿，如今也在合法一致對外，向著那個沒有面孔、不知名姓的仇敵發洩之中，找到紓解出口。這樣的自由，不久便視為理所當然，更助長女性主義運動。女人在「戰爭任務」裡是不可少的一員，不僅在軍中護理或勞軍表演，也出任司機、文員、工人和「女農」。她們顯示女性也可以在原為男人保留的領域，如同男人般幹活做事——而且經常更盡心盡力。到了戰後，就再也不能辯稱她們能力不足，拒絕給她們投票權了。

除了這些戰時副作用外，戰局的千變萬化，亦使一些思想與態度興起，使眾人心緒大亂，更因此永遠留下傷痕、失去方向。西方文化的連續性被打斷了，藝術家跨越邊界的相互了解，在瞬間便告消失。同樣的事也發生於社會主義運動，社會主義運動原本常被人視為自動煞車，可以遏止戰爭在歐洲爆發：豈不聞工人階級的團結先於一切，各國支黨部不會交戰，只會兄弟親善。結果，這等好事根本不曾發生：在英國，少數工人領袖退出政治，以示抗議；在法國，可能依先前所想行事的法國社會黨領袖居奧斯，則於宣戰前兩天遇刺身亡。一九一四年八月之後，社會主義者如果再唱〈國際歌〉，就再虛偽不過了。

知識界的裂縫，遠比政治界還要糟糕。教養階級毫無託詞可言；知識分子的定義——這可是他們自家的誇口，乃是獨立的思想者，在藝術、科學和社會思想各面都擁有最新的真理。法國的知識分子，更因德雷福斯事件各占一方發言，有意識地體驗到自身群體的力量（<907; 999）。如今可好，他們的判斷能力似乎完全不見，一夕之間，成群如乖綿羊般，也都變成極端的超級愛國大將。

這種集體「變節」反應，最不尋常的特徵不在交戰各國如出一轍，都發生這種狀況——這一點，從西方文化的共有特色早就可以看出端倪。真正令人吃驚的現象，乃在眾人異口同聲，這種意見一致狀態，除了遇上戰爭或敵人之事，簡直聞所未聞。瀏覽一下文學、繪畫、音樂、哲學、科學和社會科學各界的偉大人物名錄，其中未曾口吐過半句辱罵、自誇式標語者，絕不超過六名。這等異常之舉，如果真來全面調查，將會有引述不完的這類大人物之言，重複而且令人沮喪，汗牛充棟、寫滿書頁（可讀 Ronald N. Stromberg 著 *Redemption by War: The Intellectuals and 1914*）。以下茲引數例，以示極少數異議人士，當時被人如何期待，要他們也說些合時中聽之言，以及必須要有何等樣的勇氣才能拒從，或甚至說出相反的話。

首先，戰爭受到詩人歌謳美化。格雷夫斯：從未有過如此古老的浪漫之情，如此佳美的甘蜜，自心胸湧流而出。布魯克：現在就獻上感謝，神使我們與此時同在。克羅代、阿波里奈爾、龐德、鄧肯，以及其他詩人，也都高舉作戰為神聖之事。威爾斯在他暢銷著作《布里特林先生看透一切》裡面，更使戰爭帶來宗教回歸。才氣較差的小角色，則寫些仇恨的歌，配上理查·史特勞斯和馬勒的編

> 只有在自我犧牲中也發現到美，才稱得上是理想主義者。如果能為俠義動機臨時起意去死，理想意味就更大了。若不為任何動機就能犧牲，更是理想主義的極致。
>
> ——保羅·蘇代《日內瓦時報》，一九一七年五月十一日

曲；在此同時，德布西、貝爾格和史特拉汶斯基則寫出愛國樂自吹自擂。佛洛伊德筆下有此字句：「獻出他所有的生物本能（libido）」給奧匈帝國。史家、社會學家（蘭普雷希特、梅涅克、韋伯、拉維斯、歐樂、涂爾幹、托尼）也都在各自的領域材料裡面，找到有力的論點頌揚戰爭、正當的理由嚴責敵人。湯恩比寫下大量的文字宣傳敵方暴行，日後他希望藉由自己的十卷《歷史研究》，能夠稍彌此過。柏格森等哲學家，也唱起同樣的曲調。

更有甚者，各處的神職人員，竟美化這場戰鬥最力，教唆仇恨最激。愛兄弟與不可殺人的誡命，都無法再教導宣揚。只有教皇本篤十五世，算得上和平主義者，但是他雖於一九一五年開始，一再向所有交戰國家呼籲談和，他手下的各國主教卻依然大聲疾呼全面開戰——更把神也拉來助戰：「祂肯定站在我們這邊，因為我們的目標無罪，我們的心地純正。」最溫和的一派則說：「可以殺，卻無須恨。」某位英國教士談及「羔羊的憤怒」（《聖經啟示錄》），另一位則推論，雖然耶穌本身當不致加入戰鬥，但鐵定會加入戰地醫療隊伍（可讀 Caronline Playne 著 *Society at War*）。

這種史無前例的文化奇觀，需要有所解釋。拿破崙戰爭年間，從無任何類此情事發生，那時的知識分子，大都能保持冷靜，未被全國皆兵的備戰熱情激昏了頭。二十世紀的這股怒燄，卻令人想起宗教戰爭，或英美兩國的內戰。可是一九一四年的宗教，不再是主要的侵略刺激源，而「藝術的宗教」更非組織化力量的信仰。再回到十九世紀，誠然，確有過一兩位思想家，發現自己在戰時與全民共有敵愾同仇之氣：比方托爾斯泰即曾兩度如此，雖然他主張和平；杜斯妥也夫斯基亦於一八七七年的俄土戰爭中顯示同樣態度。可是只有到了一九一四年之際，才出現這種全體智識階級共同嗜血好戰之狂流。到底是何事使然？使得文化菁英放棄了自己的理念、習性和友誼？

有人曾說：藉由戰爭，可以「淨化」人類的動機——這類事例，自然比將軍或革命分子的宣言更可接受。如前所見，十九世紀中期的丁尼生即寫過一部韻文體的小說《毛特》，顯示社會政治的腐敗，經戰爭的精神洗禮一掃而空。不久又有羅斯金向年輕戰士演說，極力主張戰爭有兩張面孔，高貴一面與不高貴的一面。正義之戰，自動獻身而非強制之戰，而且係根據騎士精神規則而戰，不只可欽可羨，更可以導向優良藝術的創造，兩者同樣高貴。這種推理，實在了不得，部分內容可以用來譴責全國皆兵式的戰爭，以及後來艾森豪總統斥責的「軍事－產業複合體」式戰爭。可是進入一九一四年，雖無人憶及羅斯金、丁尼生的文學作品，「以戰救贖」的念頭，卻成了大眾自發的普遍感受——不久即可看出其中謬誤。有人靠戰爭發財、儒夫一味尋找安全崗位、限量管制品出現黑市、性規範宣告鬆弛，在在顯示所謂戰爭可以洗滌道德之說，實乃過譽（可讀 Magnus Hirschfeld 著 *The Sexual History of the World War*，此版係「譯自德文，專為教育程度成熟的讀者使用」）。

> 繼續作戰，贏得和平——這般方式，絕對可以達成教宗本篤十五世的願望。
>
> ——卡伯里瑞蒙席，一九一七年八月二十八日

接下來還有一種解釋：原本正常的愛國主義，因古老的深層侵略本能重新得力，可以一轉而成其天職，變為「貴族」標誌，一如中古時代以及其後多少世紀為然。也可以這麼說，和平的愛國主義，已經被激為暴力性質的各種主義——國族主義、帝國主義、君主制主義、黷武主義、軍國主義、無政府主義和虛無主義，因受戰前的危機與對峙年月使然。我們卻得再思：不錯，有些知識分子根本只是空談的教條主義，所謂「統合型國家主義者」。但是絕大多數則否，此時卻有這般一百八十度的大轉

向，與他們重新發現公共事物務須講求公義有關。先前已有德雷福斯案，攪亂了他們的心境，因為他是受到國家力量迫害的個人——正如同被社會苛待的藝術家。戰爭既來，同一個模式再經改造，適用到國家身上：「小小的比利時」，遭「野蠻鐵蹄」入侵，無辜的婦女兒童，慘遭殘殺，為所謂「原則」，竟犯下滔天暴行（砍掉小孩的手、女人的乳房）。這最後一項罪名指控，所有的政府均曾提出，可能也都有幾分事實根據，一如在任何戰爭裡面，通常數字也往往不免誇大。這些概念遂形成無休止的宣傳材料，宣傳則是為了「心理戰」所需。心理戰既是新式戰法，亦屬藝術形式，不僅在新聞從業人員手上臻於完美（如一般預期），也因小說家、詩人、評論家、平面藝術家和攝影家而登於極致。

然而還有另一種動機，或許較不顯著，使得這些文化製造者也跳起來參戰：一生當中，他們頭一次有了用處、變得重要、為人「所需」。無疑，戰前社會也給予他們甚多關注，有譽也有毀，「純藝術」（連同其他事物）更被推舉為偉大之國的表記。可是這種膜拜，多係付予已逝大師（過去的藝術家）的腳前及其作品。至於活著的藝術家，就只能以同業的認可為已足。精緻美好的世界交流，的確形成了一組真心誠意、自滿自足的菁英，卻仍供不起每位藝術家都得到他所想望的普世名聲。作為階級，這些藝術工作者不覺得自己身屬那「真實」世界的擾攘繁鬧。一方面瞧不起舊俗世，新世界的創造者卻又感到對方同樣以此回敬他們。戰爭讓這些未被承認的領袖人物重返社會；戰爭喝采迎迓他們為戰士，讚美他們的作戰能力，還奉上報酬——或寫公報、或畫海報、或檢查通訊、或為「戰事」所需從事歷史研究。他們終於也是實際派人了。

不幸的是，軍方與文人當局卻未能協調用人計畫，任由許多藝術家，尤其是年輕天才，在戰壕裡消失殞滅，至多也只能在其他地方浪費時間及才幹：小提琴家提堡在前線的那些年間，根本無法練琴；立體派畫家的格列茲派到都爾，在伙房削馬鈴薯皮。至於不幸死去的許多位，如年輕的作家迪克森．史考特，如今只有在舊期刊、回憶錄，或私印的文集裡面，才能偶然撞見他們的名字。

＊＊＊

如果雙方都對，為什麼兩邊卻都這麼膽戰心驚，都在它為國內外「消費」的宣傳如此賣力競賽呢？中心勢力同盟國的首腦德國，務必捍衛自家方才贏得的統一，以及在科學、工業和世界貿易上取得的偉大地位。世仇英法兩國，眼紅嫉妒之餘，非把俾斯麥的建樹拆解，重新分裂新帝國的版圖不可，以徹底消滅這號競爭對手。往東則有俄羅斯這野蠻國家，務要奪疆掠土，加進其下的巨大帝國集團。對奧匈帝國而言，關鍵議題則是王朝生存，必須「圍堵」住俄人透過巴爾幹而來的斯拉夫威脅。自衛而外，人人又都另有一套完美說詞。精神武裝如此至極，交戰諸國除了全面勝利別無其他可能想法——遂有這無限冗長、與死為謀的黑暗年月。

在西方陣營這方，如前所述，和平民主政制這座神主，務必拯救，免遭帝國軍事主義毒手——他們卻有俄羅斯同屬一個陣營，論點立時有點兒站不住腳。比較好的說法，則是德國竟敢違反那已保證比利時中立幾近百年之久的條約，實乃無法無天之舉。德軍長驅直入，通過那「英勇的小小國家」，稱那份條約不過「廢紙一張」，匈奴式的野蠻本質，開始暴露無遺——其實英國自己本已計畫做出同樣的事，但那可是軍事機密；隨著時間過去顯示，全面出擊一旦發動，誰還識得何謂中立，國際法也等於無物。大量人口陷入衝突戰火，只意味著無情又不專業的消耗戰，不在戰場上打，卻只在壕溝、散兵坑，或其他任何視需要而在的地方耗下去。

這一切，事前卻無人預見。一七九二年法國革命分子發動的舉國皆戰，時日太久早已湮忘；上一場歐洲戰爭發生在一八七〇年間，也過了有四十四年，而且那時是兩軍行進交戰。一九一四年八月，全民都預期自己會時時聽聞行軍、圍剿或布陣對決的消息。職業軍旅舉足輕重，實行戰役計畫，並視需要隨時徵兵強固。法國許多人都很有把握：「三個月內進入柏林。」參謀本部，至少在聯軍方面，對戰情的預估也離此不遠。他們又估量將有騎兵出馬：一九一四年八月，兵士用枝椏填滿巴黎四圍溝渠，以阻撓馬匹前進。制服也依然講究：法軍的紅軍褲是在德國染就，來福槍、刺刀和野砲也都是先前用過測過的類型——沒想到德國工業的先進，卻使這一切「準備」泡湯。

未曾料到的事情，有些全屬新奇，也非全部源自德國：毒氣瓦斯、空襲首都、潛水艇擊沉船隻，管你掛哪國旗、載什麼貨，因此中立國只好挨餓。教堂鐘塔變成瞭望站，不免紛紛被毀，此外又發行偽幣攪亂敵國金融，並組織廣告般的大型文宣。簡言之，全民和經濟一體動員，支援「前線」作業。

雙方戰略均告失敗。德國的希里芬計畫，原本是通過中立的比利時，一舉擊潰法國；不想後續動作卻無法有效跟進，因為東邊戰場的普軍抱怨俄軍人數超過己方太多，只好從西線抽軍增援，從此便無法全盤作業，只能一步步臨機應變，最後沿漫長戰線陷入對峙僵局。這個前線區很快變成飽受蹂躪破壞之地，纏滿了帶刺的鐵絲網，處處是一人高的坑洞用作戰壕。作戰部隊蹲在汙髒裡面，自己訓練自己歷練這種苦境——泥漿、惡水、毒蟲之外，還得時時準備突襲，殲滅敵方壕溝人員占領壕溝。上方淨空努力則透過猛烈轟擊先行——連串砲火不停發射，以減低敵方反擊力量。死傷人數，以及每個戰役的規模都大得嚇人：普通一日作戰，傷亡或許就高達五千，一如雷馬克多年後在其名著小說所記，作戰公報讀來：「西線無新事」。

現代民對民的戰爭裡，人員宛如彈藥，都成了消耗品；戰場上的他們固然重要，卻不及工廠中製造軍火的男女。更重要的則是用以製造軍火的物資、用以付帳的金錢，以及可以創造出更好、更新奇武器的發明才能。這場大戰造出了坦克、小型活動砲「法式七五」、長距離潛水艇、小型軟式飛船、瓦斯面具、各型飛機、齊柏林武裝飛船，最後還有大口徑的貝爾塔巨砲，可以從七十英里外一砲打到巴黎。作者還記得此砲的啟用及其果效，比嘈雜的「鴿」機（Tauben）來襲更恐怖，因為這管大槍隨時都在發射，飛機夜襲卻只集中於短時間內，事先還有預警。夜晚跑到地窖躲避，對我們小孩子來說（剛開始）滿好玩的。

……只見一個個在泥地的路板上蹣跚欲倒。受傷者則倒栽蔥就直倒在彈坑裡，很可能有淹死的危險。騾子在路上滑倒，常常就淹死在旁邊的巨大彈坑裡。槍砲也沉在水裡，都沒有用了，步槍卡住開不了火。甚至連食物也免不了濺滿泥漿。

——麥肯提上校《世界大戰軍事史》（*Military History of the World War*）

及至戰事快告結束以前，連十六歲的男孩都得補上永遠填不滿的溝壕空缺。單單從亞非首度啟用殖民部隊參戰，並不足夠，卻首開第三世界進入歐洲國家定居之門。像這樣的希望始終未曾中止：忽然一下子擴大推進戰線——亦即「攻勢」，把敵人打散到一定程度終而潰敗，結束戰爭。一九一六年德軍在凡爾登發動攻勢，四個月內一舉抹消了七十萬條性命，卻沒有決定性的戰果。同年不列顛在桑姆河的攻擊，一天就損失了六萬兵力。

海上戰局亦然。同年日德蘭半島外海海戰，顯示德方的戰術與射擊命中都優於英方的大艦隊，卻不及英國主力艦的尺寸與數量。英方噸位損失係德方兩倍。其後，德方發動所謂無限制潛艇戰，任意擊毀商船，導致美國參戰。新增的美方生力軍及補給，為攻勢重新帶來動力，終使德、土帝國終結，又將奧地利帝國分成小塊；並使擾攘不堪的巴爾幹，聽任政治人物和新聞從業人員支配。他們非得為西方重畫地圖不可。

那簡直是不可能的任務，主要係因為列強首領之間早有密議，協商好坐地分贓，分配未來的戰掠品。他們交換省份，完全無視族裔或其他任何權益的概念——其實仍是舊日王朝的操作典型。戰後，條約開始見光，引發劇烈的厭惡反應，遂有公開外交之呼籲。大使的重要性因此告終，展開國家元首「高峰」會議新頁，還有隨侍在側的新聞界、故意走露的風聲和令人懷疑的實效。一九一九年的和約條款卻充滿了自私與報復，新畫的地圖遂難穩定。和約強迫德國付出物資賠償，更打算讓德國永遠一蹶不振，都係基於一種過時觀念，包括勝利本身以及中歐地區的性格（1021>）。凱因斯披露《和約的經濟後果》，立時聲名大噪。

凱氏著作之前甚久，甚至早在戰前，為利而戰的無謂與危險則已有所證實。英國報人安傑爾向西方世界所有用腦思考的人發出明白警告；他在一九〇九年寫了一本小冊子，題為《歐洲的視覺幻象》，論點很簡單：強國之間的現代戰爭，對勝負雙方都意味著毀滅性的損失。內容吸引了廣泛注意，安傑爾因此增潤原文，改寫成正式著作，重新命名《大錯覺——國家軍力與其經濟社會優勢的關係研究》（指西方各國誤以為戰爭猶是強國之道，殊不知大家早已脣齒相依）。書中旁徵博引，列舉各方懷有這個大錯覺的領袖之言論。他顯示依照當前的國際金融情勢，一國財富完全繫於另外一國之手；戰事若起，雙方必同蒙損失。殖民地實非資產，卻是有賴補貼的開銷；併吞殖民地或戰敗國部分地區，或占領以徵稅貢，其實更浪費。除此之外，最新式的戰爭代價太高，簡直就是毀滅性質，將榨乾所有參與者的一切資源。無國無人能自戰勝得益，二十世紀的歐洲，若來一場大規模的戰爭，貌似為自益出發，實則自殺。

他的論點如此明晰、適度且可信，但凡仔細傾聽思索者無不信服。可是相信自己過去的想法不對是一回事，根據新揭露的正確事實而行動又是另一回事。習性、社會壓力，加上幾分宿命，使得我們一起循著那早已挖好的凹槽繼續行去。《大錯覺》無人警覺，卻不幸地上演了。

＊＊＊

從這場鬥爭最早期開始，交戰者內部也都在進行思想戰，社會上也普遍出現迫害。首先，「敵人的藝術」務必從舞台、博物院和音樂廳中禁絕。更有甚者，還必須透過學術書籍顯示，敵方思想家早在很久以前，就已經創出敵國那種惡意侵略的本質——豈不見史實也支持這項罪名：對聯軍來說，日耳曼人一向是野蠻入侵者，他們搗毀了羅馬文明，蹂躪了無助的西方世界，永遠奉「強權即公理」為座右銘。黑格爾、費希特與尼采，不是讚美征服國的國家，就是征服人的超人——尼采自己不就說過：「金髮掠食獸」（<965），兩種情況都可以適用。

德國人的理由也半斤八兩，就某些層面而言甚至更有道理。法國人雖然衰頽已久，卻還在拚命追求他們縈繞不去的征服中歐美夢。在他們的美好年月裡，中歐原是其遊樂場地，於是一再興兵入侵，無助小國落得遍體鱗傷，國窮勢弱、居民減少、分裂不合——成為世界的笑柄。好不容易漸漸地，從腓特烈到俾斯麥，總算發展出國家狀態、建立國格，更終在一八七一年於凡爾賽完成勝利大業。日耳曼人合法集結，合成日耳曼民族國家，卻在法國生出一種君主制主義者、民族主義者、帝國主義者、反猶主義者、報復主義者——而且全都是急進的黷武者，深信為了法國利益，以及法國內部各派的成功，務必將德國再一次打散才是正理。

英國自然也參了一腳。干涉歐陸事務，是其多年的老國策，總是與歐陸最強、最先進的國家作對，為的是藉海權與貿易控制全世界。日耳曼人性格高尚、英勇、誠信（加以科技上也是先驅），當然有理由輕視那些衰頹老大的法國佬，以及由小生意人組成的英國——拿破崙就是這麼稱呼他們。雙方的意見領袖卻都背叛了自己的最好傳統——其中到底有幾分真實姑且不論，此時都在預演（姑言之）不到十二年後將會發生的事情：作家、藝術家和學院中人，紛紛或攻擊或捍衛法西斯、共產黨及國家社會主義政權的侵略再現。

狂熱的情緒之中，卻有兩個醒目的例外：一是法國小說家兼樂理樂史家羅曼羅蘭，一是劇作家兼社會思想家蕭伯納。一九一四年末，羅蘭出版了一本小書名為《超然於征戰之外》，試圖顯示西方文化實為一體，所有的相互攻訐實在愚不可及。結果立遭謾罵，被斥為叛賊、間諜，戰前的名聲一筆勾銷。在此則要指出，寫此書時他身在中立的多民族國家瑞士——此事無損於他在戰爭中途顯示的勇氣與清楚的眼光，卻顯明當時傳染蔓延的厲害，令歐洲的腦袋全部中毒昏瞶——柏格森、本涅特和湯瑪斯．曼盡皆染上此熱，可是請注意——理查．史特勞斯卻不在內，他拒絕簽署日耳曼宣言（<1004），表示做出有關政治或戰爭的宣示，不合藝術家的身分角色——而且始終一貫，十五年後的二次大戰裡也一聲不吭未做任何抗議，因而招致甚多指責。

同樣在一九一四年，法國文壇大老法朗士也保持沉默，令友人及公眾大為吃驚——有人質疑，他更表示惱怒。他絕不參加這種大合唱。最後受不了各方圍攻，只好寫了一點關於家國的宣傳文字，卻如此甜蜜感性，恐怕只有幼稚天真之人才會把它當真。只有在英國，好幾位政治人物包括未來工黨首相麥當諾在內，辭去公職進入半退隱狀態（可讀蕭伯納的 *Common Sense About the War*，將那些吆喝作戰者的思想陳腔，靈巧地拆解粉碎）。

> Seltzer Water（塞爾茲碳酸水）：查查你的地名辭典，就在「Seltz」條下面——找到沒？「普魯士村莊，距 Mainz-on-Ems 四十公里，以礦泉水聞名。」好，現在我看你還敢不敢把「seltzer」摻到你的開胃酒裡去（大戰期間反德之故）。
>
> ——《巴黎晚報》（*Paris-Midi*）
>
> 一九一七年七月三十日

＊＊＊

從個別的表述，轉到集體的心態，給予我們同樣一種印象：亦即理想主義已然失控，更受到錯誤信念腐化，認為支持理想，務必祭出虛妄、仇恨。誠然，數百萬人對國家的前途、對前線親友的命運不斷感到憂心，清醒的思考因此永遠窒礙難行。一開始的震嚇、憤慨、氣餒之後，眾人開始發展出各種方式，以求適應現實，調整情緒壓力。因為殘酷的事實不只包括大家所知道或所設想的戰況本身，也涵蓋後方家國情事，而且明明可見：家庭生活破碎，簡直與離婚無異；事業前途告終；生計減到最低，僅容政府允許的可憐額度；身分分野泯滅、禮儀解體——甚至連服裝言談都改變了，以配合新的人際關係，中產階級的自豪與舒適更可謂全失——簡單地說，未曾預料的眾人平等狀態忽然襲到。

這個時候，尤其需要人人出力，除非身體殘障，誰都不能豁免進入壕溝作戰。如此一來，藝術、科學、智識和人才之中的佼佼者，與其餘眾人一般，將照著同等比例減少。藝術作品、建築、圖書館等等，也暴露在同樣的眾生平等之下。說來可笑，雙方都假定係為捍衛「真正文明」之國的文化遺產而戰，結果卻根本不關心、不照顧文化遺產藉之具現的人事物。不過的確也難，照當時的時代氛圍與手邊擁有的方法資源看來，恐怕根本就做不到。及至下次世界大戰，大家已經學到教訓：有價值的作品與工作者，最好還是好好保護起來（可翻閱 Henry Lafarge 著 *L'Europe blessée*〔書名雖是法文，內容則係英文〕）。此時的心態亦已改變，無人再以言談行動針對敵方藝術經典，只偶見一兩名哲學家或史家，拿出單篇文字指證：卡萊爾或那免不了的黑格爾，曾經教唆煽動法西斯主義云云。

至於一般平民如何調整適應，面對一九一四至一八年間的壓力緊張與改變，若要加以描述，就得大張旗鼓，詳考各國各群情況——本身就成一本書。在此只舉幾項具暗示性的事實，顯示當時國內外的典型舉止。

用以抵擋戰爭死亡景象的保護盾牌，包括對通靈術重新大發興趣。皈依者甚多，柯南·道爾不是其中唯一要人[9]；男男女女（多為無神論者或不可知論者）強烈地想要與已逝的親友溝通，轉而向此求助；算命師大受歡迎，大發利市。其他受傷的靈魂，亦因同樣的死亡景象變成無神論者。這種必死之感，在前線則產生另一種影響：危險變得極有魅力。月復一月在戰壕裡面待著，如此經驗奇特地轉成死亡誘惑：「來死吧！」詩人布魯克喊道：「會很好玩呢。」佛洛伊德就是觀察這種新的迷惑現象，推測人心裡有一種求死欲望。一小群散布四處的道德或基督式心靈，則轉變成「良知異議者」，不過這個類別專只為英國子民設置，而且會因此下獄，羅素和傳記作家斯特雷奇，即是此中最為人銘記的榜樣。至於歐陸，唯一相當的拒絕戰鬥任務模式，是要求擔任擔架員或救護車的駕駛。

持續焦慮之下，間諜恐懼症便成形。奸細也者，當然是潛在威脅，雖然他們提出的報告，往往不為其雇主及時信任或採用。當時發生的兩樁知名間諜處決案，結果均為誤會。依迪絲・卡維爾只是個護士，幫著聯軍兵士逃脫；馬它・哈莉（後被寫入音樂劇成女主角）也只是假扮刺探，稍微滿足一下自以為的浪漫情懷，實際上什麼也沒做（前者被德方處死，後者被法方處死）。任何有德文名字，或被人以為是德國名字的人事物，都被定罪譴責。許多本地人和外國人均遭拘留，有人失去工作，被迫與配偶分離；至於受到孤立，已算是最好的下場了（一九一七年後德裔美人也有同樣境遇）。在歐洲，八月初那段時日，凡有外國名字的店鋪，櫥窗都可能遭人打破，生意也陷入倒閉——比方法國有一家乳品連鎖店麥姫（Maggi），就遭到如此命運，其實是瑞士行號。

在英國，也在法國，改名易姓成為安全措施或忠誠證明：我們今天認識的那位小說家福特・馬多克斯・福特，生下來原叫福特・修佛，父親是德籍音樂家，在英國定居已久。英國王室原來自漢諾威（始於維多利亞女王高祖之父喬治一世），後又為撒克斯－科堡－哥達（維多利亞女王之夫艾伯特王子），此時也連忙改名溫莎王室，其貝登堡一系親戚，則有幸改頭換面，以蒙巴頓之爵名活躍昌盛。不幸的是，任何人若養有一頭德國種臘腸小犬（dachshund），亦成疑心對象，於是毫

> 我們燒、殺、擄、掠。我們惡毒地從貧婦手中搶走她們可憐的一點存款。我們把一個男人捉起來，他經過倫敦，只不過為去看看自己老婆尋點安慰，我們卻狠狠地處罰他，好像他是個罪大惡極的流氓。報紙編輯則刊登卑劣的來信，主張如果有德國戰犯死了，不可以把他當作為國捐軀的戰士安葬，卻扔到糞坑裡，叫他們像狗一樣爛掉。
>
> ——蕭伯納論英國國民反德怒火（一九一七年）

無選擇只有把狗兒解決——牠那側面輪廓實在太獨特了，再改名沒用。

但凡絲毫不合正統的言論，都可以招致罪名。優秀學者暨散文作家狄金生，便被他大怒的同事逐出劍橋的國王學院。蕭伯納竟能躲過這等凌遲，是奇蹟也是其善辯技巧的功勞。迫害妄想症的現象，與戰事一般長久——倒也不足為奇：這場戰爭本身的形式就是瘋狂，陷在反理性、畏失敗的兩頭壓力之中，唯有胡言亂道、將挫折隨便發洩在別人身上，才是唯一的出口管道。「荒謬」當道，如今已成一種文學類型，正始於當年大戰。

> 我見到那隻「隱匿之手」的指紋，在外交部、在唐寧街、在財政部、在愛爾蘭，以及在海事上，只見海軍的管理由海事大臣跑到德國化的外交部去。
>
> ——阿諾・懷特《隱匿之手》
>
> （英國極右派文宣，一九一七年）

有些人早在一九一八年之前即已看穿大錯覺，或發現相互毀滅實屬無益，卻保持沉默，將自己的厭憎心情與聽天由命合在一起。其他人則反其道而行，發現了一股新的奮戰決心，不是基於光榮成功的希望，卻係為求一切快點結束：趕快辦完事，好重新回歸和平與正常理性。政壇在位者也想趕快結束戰局，動機是早了早好，以在和平時期趕在對手黨派與同僚領袖之前出頭。兩項目的，解釋了各國政府內部何以意見持續不和，以及做法和將領的頻頻改換。除非偶有例外，各國的戰爭策略往往被國內的政敵或錯誤的概念削弱了效果，可謂一場糊塗，缺乏效率。

事實上他們的任務也的確艱鉅——全民作戰直等於共產治國：政府得付老百姓工資、餵飽他們、保護他們，前線和後方都得編制成隊伍。還得保持民心忠誠、維持適度的敵愾同仇，老百姓才願意接二連三接受徵召上戰場，而無二心二意。信件報紙亦得檢查，宣傳機器隆隆運轉、磨聲霍霍。至於戰略與全面指揮決策，又得讓各方主子高興：內閣的異議者、盟國的領袖和輿論的意見。因此若有失誤，務必改裝、遮掩。

意義深長的是，思想心靈的控制，卻最快也最常在壕溝裡面崩潰。在那裡，任何美好的言詞，都無法與身心道德的強烈感受抗衡。與敵方交好親善，戰事初起便已發生，而且持續不斷。聖誕節、復活節，以及其他日期，都曾停火休戰。生活在同樣狀況之下的人，會產生休戚與共之感。一九一七年間，經歷了兩年半的悲慘，加以一再無功而返，顯然攻不下某個困難據點之後，法國前線爆發兵變。結果鎮壓下來，真相祕而不宣（一九九八年時，法國總理曾談到當年兵變，認為他們值得尊敬紀念，新聞界亦表同意。英國也同樣免除了英方與事者之罪）。八十一年之前，當時正占有優勢的德國人也曾提出談和意願，卻遭拒絕。然後消息傳來，美國宣布參戰對付德國，戰事重新得力。

大錯覺造成的損失，已有各種不同估計。有人說一千萬條性命，在五十二個月內消滅，受傷人數還要加上一倍；其他數字有高也有低。這種做法其實不得要領，因為**損失**也者，內容豈止死亡：傷殘的、染上肺癆的、終生難癒的、被砲火嚇至失常的、哀傷的、逼瘋的、自殺的、精神崩潰的、事業前途被毀的、天才初萌旋即被碾平的、錯過的生命都是損失，卻是難以估量的。戰後進行調查：《世界大戰經濟、社會史》於一九二〇年代初期進行，由蕭特威爾教授編輯主持，卷帙滿架，因此焉能一讀；而且到了二次大戰開打還沒編完。只消看看各篇標題，就可以想見每一種道德、物質的破產，達到了什麼程度。

更有甚者，停戰協定亦未能止住喪鐘的敲響。戰火方歇，中歐地區突然爆發斑疹傷寒，而且全球疫疾流行：一種西班牙型的感冒，毒性奇高，多數病例都致命以終。然後胡佛以專責歐洲救濟的委員身分，在他那份著名的報告裡告知世人，歐洲大陸的廣大區域在戰後均呈飢餓狀態，許多人無家可歸，疫癘橫行。所有資源、人力物力，年復一年都倒入熾熱的大汽鍋中——然後驚人大事一告結束，就馬上期待一切恢復原狀，重拾正常生活，這是不可能的妄想。

戰事本身，也未隨一九一八年停戰日的來到而告終，此日至今仍為大戰的休戰紀念日。小型戰鬥仍零星四散進行——在俄羅斯係對抗布爾什維克政權，波蘭、捷克、匈牙利、羅馬尼亞、希臘、土耳其和北義大利，也時或有槍聲響起。除了俄國願意為和平付出任何代價之外，其他這些民族顯然尚未嘗夠戰爭長期耗損自家土地的好處，因此他們很樂意損失更多生命，為求那說不準的斬獲。

浪擲寶貴生命的結果，注定使戰後的世界人才不足，更與戰前文化失去了必要的聯繫。後續發展中還有一項同樣要命的事情：此即盟國對戰敗德國的政策——他們據以行事的財務觀念，早經安傑爾揭露錯誤，於是在中歐造出了一個化膿傷口。茲舉一例以示其苛索之一斑：及至一九二一年的一月，和約簽定後約十八個月，德國即已交出價值兩百億馬克的貨品，盟國卻說這堆東西只值八十億。為懲罰故，他們又占領更多的工業中心，損失全算在德國身上，並對德國輸往聯軍國家的貨品徵收特別稅。

德國貿易逆差持續上升，在此同時德國還須以付現與煤炭等貨物方式，每年繳納不等金額，總值三百二十億美元。於是通貨膨脹發動，煤的交貨量落後，法國乾脆占領了煤源產地魯爾——到了那裡，還故意挑撥煽動，激起魯爾獨立建國運動，結果不成。此時最富有的德國資本家，卻對共和國的命運漠不關心，反往國外投資，德國老百姓的困境愈發惡劣。誠然，盟國是為了極力付清欠下美國的債務——的確亦相當逼人。但是無論如何，這場大錯覺，正是盟國一幕又一幕預演的腳本。二十年後，希特勒被德國人民直接投票送上台去當權，眾家演出者對此收場不免大吃一驚。

大戰結束未久，有遠見的觀察人士就預測戰事再起的可能。而且情況很明顯，西方文明已將自己帶入無法全面恢復的境地。物質、道德兩面均飽受蹂躪，這份荒蕪與破壞扎得這麼深，已使創造精力轉向，走岔了路，先入輕浮虛巧，然後更投入自我毀滅之途。

第二十六章　藝術家做先知、扮弄臣

有個傢伙，大戰期間無疾而終，此事卻無人紀念，其實連提都沒提：此即缺乏文化素養的「俗人」也。這個遺漏，無疑因他從未被看作英雄，雖然也算得一類奇人——說起來，的確要有最頑固的勇氣，才能一代復一代地，面對十九世紀一派派新藝術新文學被產製出來，從被人恥笑到被人接受，最後更被表揚，並由公眾掏腰包安居落戶博物院、圖書館和音樂廳，都堅持其不表苟同的「俗人」立場。

所謂俗人或俗物，在立體派的十年（<930）依然活得相當健朗，然後便與眾人一樣，消失到戰壕裡去。及至一九二〇年，任何一息尚存者，都已經奇蹟似地轉了性，倒不是變成審美家，而是變作了牆頭草和膽小鬼。任何東西只要被叫做藝術，這批新種人便自動肅然起敬、嚴肅細看。就算某件新作品或新風格實在難以下咽，觀賞起來實在痛苦，甚至噁心反感，但是不管怎樣還是「有趣」。更有甚者，半個世紀之後，若不能令我們這位評論者覺得「不安」、「困擾」、「殘酷」、「乖張」，就立刻一筆勾銷成了「學院派」，不僅「沒趣」而已，而且甚至還可鄙呢。

愚昧的中產階級經過戰火洗禮，搖身一變，已經煉成二十世紀中晚期的溫順消費者。讓人頭昏腦脹的前衛，被他看成理所當然，正如地球當然是圓的一般——甚至儼然取得了聖議會（東正教會最高管理）的權威地位。如此隱喻絕無誇張之嫌。藝術已經一再被定義為人類的最高靈性表達，就某方面而言，比宗教更勝一籌，因為藝術是唯一不會導致殺戮的活動，而且事實上，更能救贖否則邪惡痛苦已極的人生。藝術家更是聖經意義之下的先知，長久以來，他的作品就被稱為「對生命生活的批判」，譴責著當代世界的罪惡。如此觀點，許多一流藝術工作者狂熱地奉為圭臬，如今亦為相當數量的公眾接收，其中許多人視藝術為排遣，或根本就靠藝術吃飯，至於社會上的中堅（公司企業、教會、政府）對此亦表同意。藝術作為宗教，終於一九二〇年代初期獲得最後勝利，「通俗」現代主義的濫觴，應該就是從這個時候開始吧。一八〇〇年代首度發出的那個訊息：「為藝術而藝術」，終於向識字階級傳達了它的真諦：「為人生而藝術」（<888）。

將普世現代主義揭幕的日期定在此時，可以免於另外兩三種日期的混淆，也無損現代或近代——不帶 ist（主義者）字尾的 modern 一詞沿用的涵義，後者係指一五〇〇年以來的時代[1]。回到那個時候，如前所見（<338），中世紀一詞尚未啟用，modern 則指時新、流行意味下的「常見」之意——中古拉丁裡的 *modernus*，字根源於 modo（近期之意）。又花了很久時間，「新而常見」才轉變成「新而不常見」的意思。在此，十九世紀初又是關鍵時刻：一八三〇年代，高提耶領先嘗試，以稱許的意義使用現代一詞；一八四〇年代[2]夏多布里昂開始用 modernit（現代性）；一八五〇年代波特萊爾發現這個字可以用於藝術批評。此外還有一個小小徵兆：法國書誌學者雨桑編纂《書》雜誌多年，一八九〇年起改名《現代書》。多虧現代一詞的寓意有了這番改變，藝術遂也加入科學，一起來廣傳二十世紀的中心教條——愈近者愈佳。現代派人向前看，生來就是未來主義者，舊有認為祖先有智

慧、謹慎持守有價值的假定，於是反轉過來。難怪老舊即過時、即錯誤、即無趣，或者以上三者皆是。

一九二〇年代某些年輕才子，便是如此深自信仰。不似重新改造的俗人，他們無須壓抑肉體，便能享有這新而駭俗之事。他們已從戰爭的野蠻獸性活過來了——那場戰爭是那些比他們年長的笨蛋、壞蛋所掀起。如今新生活務必不受所有舊錯誤的羈絆，務必充滿新的樂趣。於是他們的議程表上，快活是主要項目，雙手擁抱生命，包容別人（以及自身）的善變與異行，遇到壓力仍能滿不在乎。海明威將膽氣定義為壓力下依然優雅不亂，他心頭顯然正是想著這項特質——真是挺奇怪的想法，豈不見肉體之勇，往往很不優雅、既醜又急，但若用於道德性的抵制，就頗合此處描繪的氣質特色。徵諸戰後初期的氣氛頗為放鬆，拒斥過去，連同以各樣方式補償自己近日所受的驚怖，可算是以最少的付出而達到**大解放**吧。

* * *

信念與感覺，雖有此半途中輟，兩戰之間的空檔卻見三項運動再度進展。這些始於十九世紀後期的事物，在前面為方便故稱作九十年代的時期即已發軔繁盛，而且質性亦屬反叛，因此與戰後氛圍頗能相投，可以繼續發展。若非大戰再起，原本在一九二〇年代便有可能大功告成，而不必再延後到一九五〇、六〇年代方才完事。這三項大事乃是：性解放、女權和福利國（<989）。

這些改變屬於道德、社會和政治習俗層面，而一九二〇、三〇年代之所以為人所憶，主要因其藝術與輕浮的時代氛圍，以致大家早已忘卻當其時也，已向二十世紀末的風俗、政治情狀跨出了第二步，反將二十世紀中期視為許多新開始的肇端，殊不知它只是一八九〇年代起始的大解放最後階段。不過藝術既難與其他事物同時描繪，而藝術表現又在那段年月最為顯著，以下便先就此進行討論。

一九二〇年代初期，年輕的知識分子就開始興奮地注意六七部稱得上具有定位意義的文學作品。這些作品的作者均屬上一代，作品孕育於大戰時期，內容則處理每個活著的生命都已在近期歷經的經驗。艾略特的《荒原》，詩名與內容都具體而微地顯現出倖存者的思緒感受。荒蕪的味道，開篇第一行即已點出：「四月，是最殘酷的月份」——須知從喬叟到莎士比亞，再從莎士比亞到勃朗寧、惠特曼，四月一向被歌謳為最溫柔、最宜人的月份。如今四月所代表的一切，尤其它那生發生命的力量，卻只激起反感——生命，令人厭憎。

接下來，《荒原》記錄了由各種事實、想法、迷信和興趣混成的大雜燴，都在那場苦難裡生出或甦醒。第一組詩中，「荒原」的景象即已有所預示——這個名字，是為地球也為靈魂而取，為那些無意義的共存事物：藝術與其夜鶯；酒館的歌曲片段；佛教的虛無思想；下意識的欲求，終於鄙俗、不知所云的押韻笑話；噁心坦承的性——凡此種種，不相屬的意象與腔調，歷歷確證所有的分野均已模糊，世界是一片凌亂，支離破碎。歐洲文化中的這個時刻，全在《荒原》裡面畢露，自歌德的《浮士德》、拜倫的《查爾德．哈洛德遊蹤》（<708）以來，可稱絕無僅有。

極其不同，卻具同樣時代標記性的作品，是喬艾思的《尤利西斯》：批判性的意識，與無可逃遁的日常生活需索之間，存在著巨大反差，於是便以此造出了一段「冒險經歷」。故事一開始，首先瞥見詩人，那位藝術家，他的能力使他能夠保持旁觀，是冷漠世界裡的異鄉人。接下來的場景，以及最後那段獨白，界定了其餘整段「飄泊」過程的框架，兩處都屬於肉身物理性的表達：前為布盧姆如廁之中，一面想著疏散，後是摩莉想著性器官與性交之事。兩者之間，這名旁觀者走遍另一處稱作城市的荒原；骯髒的後巷、忙碌的大道，畫定了現代生活的疆界。赤裸無飾的描繪、透過模仿的譏刺，與特意做出的絮叨，令人體會出不同的厭憎心情，有時甚至帶有某種悲傷意味的同情。這項文學創新手法：「內心獨白[3]」，係借自一名籍籍無名的法國作者，類似精神病患治療所用的「自由聯想」。

另兩部傑作雖在戰爭期間即已完成，卻於一九二〇年代方才推出，則顯示過去的行為準則與信念均已報廢，社會亦陷於腐敗，從而具現了戰時經驗。一為蕭伯納的《心碎之屋》，一為普魯斯特的《追憶似水年華》。後面這本由史考特－孟克里夫所譯的書名（*Remembrance of Things Past*），讀來雖然頗具魅力，卻沒搞懂真正用意：原書名係指「尋找失去的時光」，帶一點文字遊戲，暗示「被忘卻的時日」以及「被浪費的時間」。故事內容強調世間萬事的瞬息短暫，尤其是敘述者想要在記憶之中重建的那個社會的與藝術的世界。有趣的是，這份回憶還頗表敬意地關注許多當代科學事項，或直接或透過暗喻——不過直到一名美國學者專門研究[4]之後，方才引起注意。

普魯斯特這部小說的長度，實乃其記憶方式的合理結果。它同時也是聯想式的：那塊有名的茶點糕餅，以及其他類似細節，點明了如今已經強調得不能再強調的事實——我們的心靈，骨子裡並不理性。內心獨白亦然：對此普魯斯特係間接使用，他不用非邏輯的「流」，卻另創一種蜿蜒曲折的漫式句法——法文為屜式句法（*phrase à tiroirs*，子句套子句個沒完），子句接子句地擠進前句，但是如此不斷加長的句群，不知怎地卻能整束成同一句法單位。不好讀，更常常難以讀懂，完全不合散文特性，當初首批評論者即已注意到這一點。前文曾經介紹（<520），散文乃是高度人工化的文類，因為必須將腔調語氣收馴為明晰曉暢。普魯斯特的大作，層次卻拉得比講話還更徹底，直入思緒、意象

的瞬息萬變。

針對這種批評，理由是若不藉諸漫式筆法，就無法傳遞出那種尋尋覓覓、艱難疑惑的印象。只消一讀普魯斯特首部小說作品即知：《尚・桑德伊》長一卷，易讀可喜，但是那種明快的言述顯然不合日後的追憶書寫。過去的「過去性」（遑論其重新發現）需要改用這種尋找舊憶的寫法，不幸從此大開劣作之門，每種文學語言都產生了大量的惡劣文字，卻非「始作俑者」之過。

也有很多意見認為，普魯斯特此作，意在暴露法國上層中產階級與貴族餘緒的醜相，使他們的口味、罪惡看來如此令人作嘔，以致這最上一層終必滅為粉碎——正如馬克思所宣示。這種說法其實會錯了意，將描繪誤認為宣傳。誠然，若讀巴爾札克的《人間喜劇》，確可看出「他的」主題所在，確是他那個時代貴族與上層中產階級的口味、罪惡；但是若說一個世紀之後，這些傢伙的後代依然存在，足以供普魯斯特進行觀察，豈不表示雖歷經革命與戰火，新錢與舊銜卻都同樣地苟存下來。問題是，這等人還擁有幾分影響力呢？普魯斯特筆下所記，其實是菁英的逝去（正如巴爾札克所懼）被如今完全「已興」的民主潮水覆沒。一九二〇年以後，如前所述，另一波比第一波力量更大的民粹主義（<858; 936），鋪天蓋地席捲了西方文化。這股潮流係從戰時的「共同公有生活」經驗而生，並因俄羅斯革命而更加速。人民成為唯一的興趣與關注所在。藝術、文學、社會理論、風俗儀禮和道德規範改塑了眾人的感覺，為這個已經改頭換面的社會設定了調門。

蕭伯納的《心碎之屋》，對戰後的情緒大波動做了濃縮寫照——劇本的肌理一向比小說緊湊。蕭氏的教化啟迪手法，均透過高級喜劇進行，此作亦然：心碎之屋的住戶或訪客，一如普魯斯特書中人物，無所事事，囊中都頗有幾文，共分成兩三種對比典型，其中包括一名竊盜，以及一名發狂的船長。船長大人正是房東，把自己這幢房子當成他的船，卻無力管理：船已在漂流之中。他只能對船上人員的輕佻無聊表示意見，看著他們做愛、爭吵、吹噓自己有多麼厲害。眾人的言行思想相互衝突，卻完全無悉於宰制著這些現象的主客觀情勢。每個人都不快樂、都一無用處，只有年輕的艾莉例外，天真無邪，卻很快地變得老成世故。其中那位生意人，以及那名竊盜，雖稍悉人生真相，他們的生活動機卻太狹窄，而且對他人、對自己都有破壞性。船長則偶然習得一些智慧言語，這裡那裡忽然迸出兩句，有時會嚇壞講話的對象，有時卻被當成他的瘋言瘋語——不論哪一種情況，反正都沒有用。危險之際，金玉良言也成廢話，經驗是無法用以溝通的。糾結的生命、欲念、臆想和道德規範，無法細細解開，只能倏然斬斷，空襲來臨之下正係如此，有如貝多芬某曲交響樂的終了，突使一切沉寂。那兩名賊（竊盜與生意人）都死了，沒死的興高采烈，期待次日再來一場轟炸。此中寓意了然：西方已經為自己帶來了一場大清掃，正是其髒汙所需；任何人向四周張望思索一下，都會歡迎這場清掃。

另一位偉大人物，也發出同樣觀感，亦帶寓言象徵。此即最後一位偉大詩人：葉慈，原屬深思冥想型的象徵主義及一八九〇年代的神祕主義一員。其後雖保持神祕主義觀點不變，但是年事漸長，加以政治責任攸關（愛爾蘭獨立後葉慈曾任參議員），亦使他成為先知型的人物，用語轉趨冷硬精煉，其中如「中心站立不住」（上半句為：世事分崩離析）一語，更被人一用再用，已成描寫「吾人情狀」的陳腔濫調了。

* * *

年輕一代的人才，不管他們是否仰慕這些長輩中的任何一位，都被「拜新教」驅往另一方向。

新，已成必要，深印心靈，以致連討論都不再需要：十九世紀已經討論得很詳盡了。不過回到那個世紀，新也，是某些位天才人物改弦更張，不久便產生一門新派，被許多能幹人物大加利用。如今一九二〇年代的創意，卻萌發一大奇景，只見眾多相疊的風格同時存在。看似收穫極豐，實乃損失，因為如此一來，這個時代頓失原本可以具有的典型風格，更使各方競爭團體屈從於時尚的偶然之下。及至二十世紀結束，普遍的說法已是：任何風格都只有三個月的壽命。對於這一類的藝術創作者而言，那句古老格言得反過來說成：「生命長存，藝術短暫。」

現代主義何以未能取得單一風格，具體實在地界定其所謂「主義」？答案所在，並非全因叛逆的自我中心所致。整個過去的擔子，直下十九世紀之交——所有的傑作，或大或小，重重壓下，令人癱瘓。能做的都做過了，實質與技術都已交出其所有。

誕生於文藝復興的那股衝刺力，已經用光了；一九一四年之前那些年月發動的新猷，被半途打斷了；其創作者本身，則不能或不願重拾斷緒再走下去。種種事實，使得年輕的人才感到陷入歷史泥淖——他們必須創新，前人留下的遺產卻擋在路前，重新開端又無從做起，因為文化斷裂已使資源、手段流失。他們站在新的出發點上，卻享受不到場地淨空的好處，那一切重新開始的狀態。

回溯之下，他們零星散亂的努力，或可歸納成以下幾項傾向：其一，將過往與現在的一切，都拿來嘲弄、模仿、取笑、褻瀆以表拒斥之意。其二，回歸藝術最赤裸原始的成分，並排除思想理念與外在意圖，只把玩變化這些基本元素，純顯示其感官美感，以及純由技術提供的樂趣。其三，依然嚴肅，卻想辦法擺脫過去，方法是徹底毀去藝術本身的概念。

於是就在這些範疇之內，多少才華賣力推出他們個別的藝術大計，其總量之巨，令人滿心讚佩其執著，卻也對他們所處的歷史困境充滿同情。他們都是在做藝術家的本分——反映所見的人生，對其壓力做出或明或暗的批評回應。他們所走的殊途，顯然也同歸於負面：嘲弄、否定、反藝術和回歸純感官——凡此種種，正意味著文化與社會處於衰頹階段，人人有責清場整地。誠為**回歸原始**的大規模展示。

> 過去最偉大的天才們，依然從墳墓裡統治我們，依然到處走動、絆倒活人、神祕地堵塞交通，混淆藝術與風格的價值。這大隊高明人馬決定不死了，要永遠擁有這地。
>
> ——劉易斯（英國作家暨藝術家，一九一五年）

也正是大戰期間，一小群年輕人揭開了這類現代式毀滅技巧的序幕，故意做出瘋狂不負責任的模樣。時間地點是一九一六年的蘇黎士，在瑞士的中立地位保護之下，情緒上卻未能「超然於抗爭之外」。他們為自己這場反抗運動取名「達達」，是法語稱呼搖搖木馬的小兒語，其用法具有迷戀與淘氣的雙重涵義。新文學帶上這等標籤，意味著嘲弄、推翻前此一切詩文所用的既定形式與理性語言，連同印刷版面的成規。

> 時代要我等高歌
> 卻割走我們的舌
> 時代要我等流轉
> 卻夯緊塞兒不讓通
> 時代要我等起舞
> 待得最後，時代手上滿是
> 他要的臭屎
>
> ——海明威5（一九二五年）

伴隨著達達宣言，詩與散文也紛紛出籠越過邊界而去，及至一九二〇年時，由詩人查拉領銜的達達主義，已成批評界恭敬對待的新派之一。其出產被歸為「有意思」一類，卻無損其「重要性」於一分——透過鄙夷進行毀滅的手法，此時已經得到認可。它的新奇，在於戲謔背後的虛無。他們不是以有條理的語言，針對任何特定目標，卻打亂一切，以抨擊一切。達達的重要性即在於此，其平面藝術的同類亦然（1036>）。他們為全面破壞提供了一種新的模式，一股新的推動力，直奔雅里、洛特雷阿蒙和馬里內提戰前的廢除主義（<890）。其中奧妙極易掌握——連小孩子都懂。

一九一六年同一年裡，喬艾思也在蘇黎士跟從布索尼研究音樂，打算成為歌唱家。但其實在那個時候，便已流露出文學傾向；同門的美國作曲家魯文在自傳中回憶，喬艾思非常喜歡用文字為音樂作品6多所詮釋。達達處理印刷文字的手法，與日後喬艾思拆解重組音節是否有所關聯，我們只能臆測。如果純屬巧合，這類似的表現不啻顯示其時的時代精神——正是要打散語言、文字的舊習。阿波里奈爾求告出現新的語言，馬拉美想要思想能有新的視覺編排，H．M巴森尋求聲音的交響進行（<933）。時間之流與戰爭之火，將他們的求禱詮釋為搗毀字典，破除文字成規。那位戰前的未來派馬里內提，更新他的

> 我甚至不想知道，任何活在我之前的人。
>
> ——《達達》第三期封面（一九一七年）
>
> 每個字都不對，每個都是浪漫的、陳腐的，可能是所謂十九世紀詩人所用的字。他再度嘗試：**ochreous residue**（赭色殘餘）、**heart's dregs**（心的糟粕）——總算看起來不像丁尼生了，卻還是不行。**Heart**（心）仍然是個又老又壞的舊字。可是，幹嘛非寫秋天不可呢？——嗯，又是個禁忌字眼。這一切，都顯示我真是個二流作家，他下了結論道。
>
> ——布列特《陪審團》（*The Jury*，一九三五年）

教義以便跟上時代，在《字的自由》[7]中列出十大原則：對智識宣戰，終結句構文法與字的通用拼法，創造出醜陋、機器般的生命，同時發生的感官知覺，以及「混亂之極致」。多型詩歌、小說，便從這樣的自由形式而生，直到今日，還會偶見某些當代作家在版面上玩花樣作為表達手段。共同不移的圭臬則是，作家有權完全不顧讀者的想法，更不必管讀者能否了解。

待得超現實主義在法國詩人布列東領導下出現，這項權利更獲得認可基礎。達達主義者聲稱自己是其老祖宗，因為他們拜在本能衝動的膝下。超現實一派則具「科學」優點：他們對自然、潛意識的運作很熟悉，又靠夢境以及那知名的自動書寫，作為其詩與小說的適當根基——正是此時大肆揚名的心理分析之分支。於是心理分析在上，文學理所當然不必再講求理性、一貫、可懂。豈不見我們每日生活，還有企業政府，也多不見這些玩意兒了嗎？就讓那無所不在的「偶然所至」負責發言吧。

這種態度，顯示**個人主義**主題又一轉向。每位藝術家開發自己的心靈花園，讀者觀者也動用自家積存的心靈圖像詮釋眼前之物。一八九〇年代的批評理論認為，每件藝術作品都是「一個獨立存在的自主世界」，更印證這種做法。從另一個觀點來說，這類作品亦屬「純粹藝術」，因為既從潛意識來，便忽略外在世界的所有意義。在精神、靈魂領域裡，溝通陷於最低點，價值微不足道——因為溝通也者，畢竟要靠成規慣例，這些卻已不堪再用。「無意義」君臨天下。

結果雖然矛盾，卻具決定性的效果。藝術家譴責社會，不是描繪其愚行，而是其瘋

> 超現實主義純屬精神面的自動作用，透過這種自動作用，發抒表達了思想的真正功用——這是不受任何理性控制的思想，也沒有任何道德或美學考量，完全自動自發流露而出。
>
> ——布列東（一九三四年）

狂。他乃是那弄臣小丑，發出貌似可笑之言，卻能警示國王域中何事出了差錯。二十世紀的作家，沒有義務言詞清順——達達的語言，正如《芬尼根守靈夜》中的模糊不清，以及葛楚德．斯坦因的結結巴巴，天生便是「反」社會。又如馬拉美，瞧不起觀眾，卻又要求他們的注意，注意他這位描繪出世界本相之人。在此同時，藝術的作品純粹、自動，不受任何規矩約束，確證了藝術家的無條件大解放。

達達、超現實主義，以及它們各種後續者，產生了一個副作用：亦即「藝術」與「藝術家」二詞得到民主性的擴大。既然一切都仰賴潛意識，事情便大為簡單：潛意識，依定義無須學問也不必深思，人人有之。潛意識透過自由聯想或自動書寫所做的抒發，更免了改寫這道手續，否則豈不失卻其「真」。因此個別的藝術家，在任何方向

達達之歌

電梯在歌唱
達達在胸膛
累壞了馬達
達達在胸膛

電梯啊電梯
帶著一位王
又重又脆又自動
砍下了自己的大胳膊
送到羅馬給教皇

這就是為啥
電梯它
胸膛不再有達達
吃點巧克力糖
洗洗你的腦袋瓜
達達
達達
喝點兒水吧

都無有責任，真的是超然於評論之上了。不啻回歸古希臘對「保護神」（genius）的概念——如蘇格拉底所稱的「護靈」（daemon），乃是一種活在生命體之內的精氣，卻不受其操控。

當然，超現實主義的最佳門徒所動用的水源，確乎不僅於直覺所驅使的那股「聯想」地下水，加以他們往往在題材中展現某種趨向，超現實遂取得另一比較狹窄的意義，亦即如今僅存的常見用法，用以形容任何有違一般日常經驗而令人恐慌沮喪的事物。既然潛意識看來像是可怕事物的總堆棧，探索其中，遂使那些殘酷的、乖張的或淫猥的（「有毛病的」）愈來愈被視作理所當然。媒體報導的意外不幸，也被冠上「超現實」之名；有了這些實事來源，更鼓勵作家競相寫出最令人髮指的場景。科幻電影與小說，不斷想像出難以言喻的玩意兒，作弄我們的心靈，更可能促使某些人在真實生活中如法炮製——較之十八世紀晚期的哥德式恐怖小說，果然大有進步（<601）。

＊　＊　＊

壕溝歸來，較長一輩的畫家與音樂家感到辨不清楚方向。許久以前（在本世紀猶是零字及一字頭的時日）所循的那條路徑，已然失去蹤跡。如今再不可能用舊法作畫、雕塑或譜曲，但是像新手般重新起步，也同樣沒有可能。何況最年輕的一代，不再有緊前一輩的導護，而且更抗拒他們，因此這些甫歸之人，若不受達達打動，便立感茫然不知如何著手。

結果，這些老一輩往往回躍百年，甚至更多的世紀，向已為人忘懷的作品汲取刺激。阿波里奈爾從東南前線掛彩歸國，便改變技巧，轉以十九世紀中期的用韻，向他的新歡寫起詩來。史特拉汶斯基，那顆在一九一四之前帶領著樂界先進的明星，則自十八世紀義大利音樂家裴高雷西尋得靈感。

雷捷與畢卡索，也放棄了他們的分析與合成，改而透過再現、圓滾，否定自己先前的幾何手法。有一陣子，大家都以為清明冷靜的新古典主義，又要重現江湖了。

> 今日每位作曲家的大衣，都在過去的衣帽間裡有著相對應的掛勾。
>
> ——藍伯特（一九三四年）

但是贏得賭注的一記，卻是杜象擊出的超現代，其人也屬於較長一代。此君的脾氣個性，早在戰前就好唱反調，對自己也對藝術同業不滿。他那幅「下著樓梯的裸女」雖然才華橫溢，卻始終只成遠處一抹強光，而非引路的燈炬。杜象對當代及後來之人發生的深遠影響，來自他發出的另一道信號燈光：他在一張蒙娜麗莎微笑的複本上，加了道八字鬍，聯結了兩項強有力的象徵符號，一舉解決了文藝復興及其遺緒，正與達達相互呼應。建構告終，反其道已然展開。

混合意象之舉，這道八字鬍可說開了扇門，發下通行證，亮起綠燈，從此只要好好用鉛筆或銼刀做成任何東西，都獲准稱之藝術——或者說，夠格視為實現了反藝術這項集體目標（這些作品複本，請觀 Calvin Tomkins 的 *The World of Marcel Duchamp*）。新名詞「自由形」（freeform，自由發揮），總括了這場大解放所用的各種不同技巧。創意的眼光，能夠在普通物事之中，辨識出其他事物的「自由形」，比方阿爾普的八字鬍鬚帽與八字鬍鬚表即是。明明不相合的東西，融合一處卻放出模稜意義的火花——端看文字的「自由形派中人」（free-former）即知——而模稜兩可，益增其亂。

這類新式作品掛上的名字，更充分表彰令人不知所措的目的。有的像謎題，有的毫不相干，有的甚至淫猥。在以後的年月裡，所有東西不斷湧來令觀者覺者「有意思」：玩具羊肚上套個輪胎，在倫敦的泰特美術館娛賓；梯子倚牆而放，在紐約的惠特尼美術館邀請大家從中走過；二十二架小型電視螢幕圍室而放，在南美變換擺動不定；衣架上掛套灰毛呢男裝，在慕尼黑堂堂展出——這又是杜象首創，當年他用的是綠色背心，也是掛在衣架上。這類戲謔可是非常嚴肅，也務必視為嚴肅。須知為文化的摧毀推波助瀾，焉可視作玩笑——如果這名打手滿腹禁不住的才華技巧，則非將之壓縮成某種**化約主義**不可，而非任其盡情馳騁。至於其他藝術家，則找到一些比較直接、要求也不這麼嚴格的手法，來為此努力共同效力：遂有發現藝術（如海灘發現的漂流物，或譯實物藝術或拾得藝術）、廢物藝術（如拋棄不用的舊冰箱門）、用過即去藝術（如透過放大鏡觀看或由薄脆材料做成的物品，或將橋梁、建築物以布罩住）——凡此種種都告訴世界：藝術作為帶有道德或社會目的的建制，已然壽終正寢。

同樣的信息，也可在以下藝術之中讀出：偶然或即興藝術（用骰子或電腦任意產生的點數而成）；機動藝術，包括以無意義運轉的無用小機器做成的「雕塑」、來回走動的一雙鞋；顯示簡單或複雜幾何線條的畫面（一整個系列都「探討正方形」）。這最後一項，又打開一條新路：以細菌、雪花或內部器官為內容對象的畫作及攝影。此中精義乃在：唯有「設計」獨存，或兩度或三度空間，或有色或無色。花樣是一切——任何樣式皆能討喜。

畫家和雕塑家筆下刀下不再重現人、物，卻青睞毫無暗示意義的形式；有鑑於此，評論家也開始大談特談抽象藝術。如此用語，顯然以為這種形式便是抽象，亦即由自然中存在的某物推衍而得。如此標籤實在不妙，用以簡稱或許可以將就，當作正式名稱實在欠妥，原因如下——首先，它完全抹殺了一個事實：所有藝術都是具象的，都係由物質做成，離物質便不存在，甚至連文學也是，包括口述或文字。任何人若以為音樂可以豁免這個條件，就請他老兄去計算一下，一場兩小時的音樂會，不知有多少空氣以一定形狀受到震動。其次，「再現」的藝術，其實也藉「抽象」為之。任何肖像、風景或胸像，都不能完全複製對象本體予人觀看的全貌。最後，現代派畫家和雕塑家手裡的形式，也不盡然全係向自然取材，亦即將所見之物剝除到只餘骨架。再者，假定作品的確在傳達某種抽象意念，抽象藝術一詞也不見得適用。雷諾茲爵士有幅畫名為「純真年代」，畫布上卻見一個小女孩的身形。這類分野極其重要，因為另有那真正的，已被科學與「術」交織入現代生活中的立即可見之事。只有「那」一型的抽象擷取，如前所示，才配得抽象之名：乃是自經驗中直接抽取，比方去歲現場演出的那場音樂會，今朝效果稍減地再現於卡帶之上。

杜象式的形式，不久即為達利式的形式增補，後者顯然係自超現實主義躍生。這名藝術家也覺得必須藉蒙娜麗莎的上唇來標他的新，遂在上面加賜了一道他自家那撇德皇式的大括號八字鬍。至於其餘作品，他筆下展現的物事正如夢境所見——或「可能」所見，而且最好是噩夢所見：豈不見那只搭在桌緣的彎曲手表，姿態如此難受，顯然無法準確報時。達利的技巧本身，卻屬非常舊式的「照相式」精細工筆，為其他超現實派畫家紛紛仿效，正可以盡情賣弄自己的本事。他們的風景、裸體和靜物，包括那罐不愧有名的番茄湯[8]，都是學院派裡最棒的爛貨——此中意義，正顯示連這種被人瞧不起的風格，也排就衰敗之期了。

富想像力的畫家之眼之手，另外又發現開啟觀者心眼之道，方法是使線條、色彩和肌理，成為唯一的興趣所在。戰前的評論家即已有言：如此這般的三位一體，方才是任何作品之中唯一可欣賞的部分（<895; 929）——不過他們並未假定其他成分亦應就此排除。時至今日，此計卻全面徹底實行：大型畫板上是「震顫」的色彩，層次漸變或對比，或由點、線、平面、格子、沒有既定花樣的潑點構

成（有些乃隨意滴落於畫布之上），卻都能牢牢抓住注意力，雖然在本質上非常靜物（後文將指出音樂的類似走向，1043＞）。心靈、感官都務必導回其無邪狀態，以使高等文化回歸其原初元素。

最後，最強烈的藝術心靈採取了最直接的路徑。他們用石頭、木頭或金屬，在畫布上以非人的形態再現人類——身體扭曲、切除、憔悴，背景和附件令人噁心，色彩與肌理死氣沉沉。某位藝術家更在紐約展出終極模型，將自己的身子漆成綠色，裸身躺在一具打開的棺材之內。其後，又有英國畫家選用糞便作為畫材——徵諸現實戰亂帶來的物質與道德毀滅，如此做法倒也理由充分。天下沒有任何想像，能比砲火造成的殘破面容、撕裂軀體或傾圮山河更甚；若稱畢卡索那張《格爾尼卡》為「寫實」作品（西班牙古城，遭德機轟炸，面目全非），其實也並不為過，只是稍許誇張而已。將這些滿目瘡痍變作具體，可以想見這批最新一代的現代人，對自己的生存有何感想，又從這些不具人形的肖像中認出了什麼（可讀奧德嘉・嘉塞著 *The Dehumanization of Art*）。

徵諸現代派藝術使用的各項手法，不免得出以下結論：原來生產製作可讀可看之物，不是什麼稀奇特殊的才能——這份才情，頗合民粹精神地分配在所有人之中，或幾乎所有的人。起碼其中某些類型如發現藝術，並不需要長時鑽研或大量練習。其次，主題事物既不再重要，作品中也就毋須心理或任何方面的真實。換言之，如今已經用不著天才了。因此之故，遍西方世界冒出許許多多的博物館、藝廊、工作坊和街邊展覽，政府及企業也推動計畫，展出、銷售愈來愈多的作品，或作為宣傳品送往國外。繁華景象，不僅在都會發生，也在小城小村出現。這些新的藝術中心，又有學校、醫院或其他牆壁空間跟進，以容納兒童藝術、身心障礙者藝術、罪犯藝術或黑猩猩的藝術。藝術也證明可以用來治療，或使監獄及收容所中那些不受管教的傢伙安靜下來。

至於另一型需要較多思索咀嚼的作品，觀者則經常發現若要能夠欣賞領會，必須對過去的偉大傳統稍知一二。取笑模仿，不可避免地一定是影射藝術，若對影射對象有欠熟悉，嘲諷便失去意義。其他的藝術走向，同樣也含有過去的回聲，因為不管願不願意，現代主義的心靈都受到過去作祟。比方畢卡索，就似乎著魔於德拉克洛瓦的「阿爾吉爾女子」，十五次之多，一再將自己的作品取法於那幅浪漫主義畫作，而且每次都更比前次「亂塗一氣」，卻依然均可辨認。其實他這一系列作品，不妨標為「職責戰勝仰慕」——職責也者，乃係抹掉過去。至於另一型影射，可讀巴爾札克一八四七年的劇作《莫卡蝶》，請注意劇中一再重複的那句台詞：「等待果陀。」（Waiting for Godeau）每個人的問題都等著他來解決，他老兄卻始終不曾露面（貝克特聲言他的《等待果陀》〔*Waiting for Godot*〕與此劇無關）。

＊＊＊

建築和音樂，當然也得現代不可——以它們自己的方式。建築師與裝飾藝術的工匠，並不排斥正走在他們之前的先行者，其中原因可能出於他們處理的事物，具有公共或家居實用性質。前者必須在狹窄的地段，容納數千名上班族，於是起建高樓；後者透過一九二五年的裝飾藝術大展，以豐富璀璨的內容，妝點得這個時期優雅多姿。那場因戰事延後十年的展覽，遂使裝飾藝術一詞成為歷史性的名詞。拉利克的玻璃、羅狄埃的織品、呂薩的壁毯，連同新款的桌、椅和燈，一起在心眼中留下不可抹滅的痕跡。不僅重塑了公眾對家常傢俬的期待，「設計」概念也獲得特殊身分，更從此建立了一個新的行業（1042>）。其成員為商業世界效力，為每件東西決定形貌，從香水瓶、電腦，到真空吸塵器與衛浴設備。這一品系的藝術家，早在當年已與九十年代的新藝術同時興起，如今的裝飾藝術則揚棄蜿蜒流動，改趨較為嚴峻的機器線條。蘇利文的功能主義（形式跟從功能）於是繼續統治著現代主義的建築。這項教條雖有謬誤，卻造出許多美麗的產物。然而任何人造物事，都鮮少只有一項功能，設計者若偏好甲功能，往往意味著忽略了乙功能。比方把汽車設計成有如一隻烏龜，雖可增「空氣動力」（在空氣中的速度），對使用者進出車子這項功能而言，可就成反效果了。不同的目標衝突牴觸——這個困擾如此真切，甚至因此冒出一種新形容詞：製造者不得不修改他們功能性的產品，以安撫那些硬要產品也能「使用者友善」（user-friendly）的顧客。

裝飾藝術型的器物與家具，滿是直線、銳角，低及地面卻平滑流暢，先前已有九十年代的新派建築前導，亦受機器工業影響（<802）。戰後愈發開花結果，貼切地形容為國際風格，幾何傾向更重，更不具裝飾。現代都市的街角剪影，遂開始有如鞋盒堆積，不過各別建築物即使看來大同小異無奇，整體效果卻能令人震懾不已（可瀏覽 Henry Russell Hitchcock、Philip Johnson 合著 *The International Style*）。只有一名建築師比利時人貝瑞，戰前開發試驗玻璃、水泥營造（<974），戰後繼續發明各種方式，使用裝飾藝術的風格，以及內縮或突出的平面，增添建築表面的多樣趣味。其他多數建築，則只靠變化窗戶位置，在二樓高度加上些平淡的裝飾線條、悄悄玩點柱頭簷式，稍示微弱效果。至於二樓以上，牆面就一路灰撲平板地往上直升，宛如千萬張打了洞的卡片。

在此同時，可稱之為「術」類的建築產品，也已自成一型，受到熱情讚揚的傑作包括郵輪「諾曼第號」[9]、紐約市喬治・華盛頓大橋，還有後來在聖路易跨越密西西比河的大拱門。華盛頓橋原打算將金屬橋堡包藏在石板之內，幸有藝術影響前來「救駕」打消此意——正是此中典型的新奇特色所致。家中若擺放裝飾藝術家具，也特意在壁爐架上安裝以打光金屬製成的真正活閥等裝置。

混凝土派的大祭司科比意，為證明他這型單調風格有理，更指出房子乃是一個供居住的機器。他造出一排又一排的工舍，並在萊因河上建了一座水閘管理門，也出以同樣的功能風格（頗讓人覺得具自殺風格）。二次大戰之後，反應來了，又有新建材及舊材新用之助，遂與其他藝術再度會合，一起對「意料之內」做出藐視。連教堂也採取圓滾滾的動物模樣，博物館亦取得鍋爐外形，當今豪華住宅的最新概念，則有如巨石堆砌——所有這一切，都宣示著奇思幻想解放出籠。

將房子稱作機器，並利用可移動的隔間、大片的玻璃，以及其他工廠式的特色，使之感覺起來有如機器，結果再度造成了為方便犧牲舒適。這樣一幢房子，乃是化約主義之精神，直接承襲自新石器時代那座後來被精緻化成火爐與家的「溫馨」洞穴。自由的形制與機械化，兩者加在一起愈增那股來勢洶洶的信念——百無禁忌，凡事可行。

若以為現代主義藝術的特色，只模成菁英一族的靈魂，不啻忽略了「文化滲漏」效應這項事實——透過向藝術與知識界借材的廣告，透過將新事物變為大眾化的高度組織化的娛樂工業，透過一種具有自覺意識並被人稱為這個時代之特色的新式活動——「設計」，文化進行滲透，風行草偃。設計一事，因受一九二五年裝飾藝術大展影響甚巨，經濟大恐慌期間即已開始：法國陸軍上尉洛伊來到美國，脇下夾著自己的設計圖，積極地向製造商展開遊說：他說他們的產品既難看又難用，而且還可能有危險。他畫下草圖，接到訂單，重新設計多樣產品，從聽寫機到火車頭不一而足，第一座流線型火車頭即出自他之手。不久其他設計製圖者見此有利可圖，也紛紛抄襲他的構想，入目之物無不流線。洛伊又導入色彩觀念，並指出某些產品如香水看起來如此大同小異，再廣告也沒有用，遂將包裝也併入設計門下——這門新行業的技巧，從此無限制地應用，結果如今我們買東西，外面往往比裡面更吸引人（可讀洛伊自述其奮鬥史 *Industrial Design*）。

現代主義藝術還做了另一件事：世紀中期以來即常聞的抱怨——規矩廢弛，便有其貢獻在內。抨擊權威，嘲諷任何確立成規之事，故意扭曲語言、物事，漠視清晰的意義，破壞人的形貌、回歸感官知覺的原始元素——這張以「反」字起頭的長串類型名單，根本原則即在「無所期待」，已使現代主義成為一面鏡子，反照出種種崩解現象，而且推波助瀾，日增其崩。不僅此也，所有這一切都早已發生，遠在道德、政治和性方面的反叛，在一九六〇年代震撼了西方世界之前。

* * *

除了一個小團體外，音樂家並未立即找出方向，為自己的藝術做出達達中人與建築家完成之事。這支例外的前鋒，與未來派有所關聯，自稱「音效派」，亦即製造噪音之人。他們的音樂既屬城市型的正字音樂，同時也回歸一項根本事實：只要將各種不同材料混雜一處，就能夠創出聲音。遂成真實人生眾聲喧譁的對位樂，交雜著警笛的迴旋鳴響與救火車的高低兩記音符。當年這項創新，最近又被重新請出，現身於義大利和法國舉辦的紀念活動。而未來派的嘗試，正預現了前線的砲火合鳴。大戰之後，靈感稍事修正，產生了安太爾的《機械芭蕾》，進入我們這個時代，凱吉等人亦重新起用純然雜音的流瀉。

凱吉使用具體方式，將改變鋼琴琴音的本質，推出在木塊上擊打組成的作品，在他最著名的作品《四分三十三秒》裡面，還特別安排經過仔細計算的無聲。這些作品的用意，係為教育大家尊重藝術的元素。無聲當中，音樂廳內可聞各式各樣的聲音，如此「真相」一經揭露，有助於聆賞者放鬆對音樂的概念，不再那麼嚴峻，而作曲家的耳中則眾音平等。像這類的事件，不由得使人恍然大悟：原來二十世紀的藝術，相當多數都屬於指導藝術，藝術家身兼教育家，擊打已死的俗物，正如比利時畫家馬格利特畫的那支大型石南根製菸斗，標題卻說「此非菸斗」——正如它當然不是。

> 安太爾在他的樂譜中加進十六架鋼琴，一兩個信號器，一架飛機推進器，一把氣鑽——這種做法也不過就是一般打電話時的背景聲音罷了。
>
> ——藍伯特〈機械性刺激〉10
> （The Mechanical Stimulus，一九三四年）

戰前十年時起，一九二〇年代的音樂家便承襲了一種強烈信念，認為對位律系統已經玩完了。極度使用半音體系之下（使用所選音階之外的音符），已經破壞了音階本身傳遞意義的價值。借助複式樂法（兩三個音階同時使用），再向「無調性」借將（完全不管音階概念），遂為音樂引進完全的**大解放**，亦即現代主義的共同狀態。交響樂團也開始失去它作為音樂表現工具的顯要地位，其成員組成的小團體反受青睞，而且特別強調敲擊，正回鳴著人生的不協雜音。但是瓦雷茲那微妙複雜的作品《電離》，卻顯示出雖然字句顏料可以不循系統組織，音樂卻無法照辦。隨便一個文字音節，就可引發意蘊，隨便一道或一抹色彩，亦能激起情感——單靠樂符本身卻無法達到同類效果。作過許多無調性的曲子之後，荀白克發明了一種稱作音列的體系（他本人較偏好「泛調」之名），吸引了大多數音樂家，同時也嚇走了大部分聽眾。

公眾其實也很努力地試過，俗人並未自墓中重現江湖，反之，他在那裡據守著他的美感距離。主要異議原因，在於使用「十二音列」而做的「音列式作曲」只能討好心靈，無法取悅聽覺。它釋出「不協和音」，強令聽者細辨，後者的耳力卻完全未受訓練準備。這套系統的要求，乃在一開始就決定只准用哪些音符，卻不限任何排列組合，直等於挑戰作曲者：「且看你在這些限制之下，可以變出什麼花樣」——整套做法，是一種畫地自限的創造。布列茲更宣稱決意「毀去一切」，並「拆解了音樂，又在新的法則[11]之下全盤重建」，得到批評界的認可。

在荀白克、布列茲、普瑟爾、史托克豪森諸位之後，某些音列派作曲家也使用數學探索其中可能，結果令人驚奇的是，此中音域之富比原先預期更廣。見此，電腦也開始進場，用以做隨機選擇——「即興音樂」是也，正如以類似方法製成的詩、以滴下顏料做成的畫。有的音樂家則將選擇權交予演奏者，也至少有過一位宣稱，如此這般的結果不能再稱之為音樂，卻只是震動而已。傳統的五線譜表記號，亦退位讓予曲線——不同色彩的蔓藤花紋，暗示演奏者可以來點自行發揮。爵士樂的做法在前，被引來證明此事可為。

發明才情、技巧、偶然，以及**科學主義**不可抗拒的誘惑，遂取代了以音調做有序表現的用意。新音樂的這些層面，正似喬艾思以字造字、建築師「雕刻」房舍、畫家精繪幾何圖形，以及雕塑家尋找新材料與現成物品進行「安裝」。一九二〇年代的藝術家，開始大談特談其「研究調查」、其「問題」

> 這部作品等於是集體之作，邊奏邊作，因此匯流成同一個幾近魔幻的創作藝術。我試著將你，演奏者，與我放在同一道流穿我身的流中，好讓你一同來共飲這不竭之泉，它的脈動淹沒了我們，因此傳達出來的不是音樂，而是一個來自更高行動之區的撼動。
>
> ——史托克豪森（一九六九年）

與難度，暗示著不得了的作為。正如史特拉汶斯基曾如此提及自己某部作品，他們也向公眾透露：「這玩意兒，可煞費了我的氣力苦心。」

音列式作曲，對抒情歌喉（亦即旋律）不大討好，但是貝爾格的天才將此系統做了修改，倒也創出兩部歌劇——《沃采克》與《露露》12，贏得這門樂種的熱愛者的歡心，他們可是很挑剔的。這些作品的音樂，雖然就義式美聲而言有欠旋律，卻的確傳達了貝爾格想要傳達的東西，這一點無庸置疑。至於純粹型系統的應用，就得聆聽魏本的作品，都合乎典型地短，全部作品可以錄在兩張小碟上。

本世紀下半時期某個節骨眼上，「術」的方面出現一項進展，可比十九世紀創出交響樂團（<791）。此即合成器，可以用任何音量，奏出任何音符、節奏或音色，而且可以立即錄製。每種樂器似乎都一下子有了無限幅度與能量，不再需要人的肺活量及手指之助。這型機器在一九三〇年代即已有過先行，俄人特雷門曾展示用手控制電流波動，產生「電音」音樂，可惜無人採用。

二十年後，卻見不止一位受過古典訓練的音樂家，開始向合成器熱情招呼，因為它既富彈性又容易操控，除合成音效本身，亦能與其他常用樂器合鳴。這類「電子音樂」一如打擊樂，使得作曲家可以反映生活中的暴戾與酷厲。然而現代派的感受性，並不傾向於巨幅的規模，現代派音樂家偏好小型樂品，多以不尋常的樂器組合出之；正如現代派詩人專門追求個人心聲，從未嘗試具有重要公眾性質的大型作品。小型作品的好處是演出機率較高，因大型交響樂團有一定曲目，要想獲得他們演出，開支一項便令人卻步：印製各部曲譜要錢，困難的編曲也需要額外排練。而且一如劇場，勞方工會化下，更在藝術家通往觀眾之路造出重重路障。

另一項音樂發明，也帶有這類設限性格：帕奇使用四十三音符音階編寫獨唱作品，需要特製的樂器配合，遂在工具、樂式俱屬陌生之下，這類清唱曲很長一段時間都無法獲得大量注意（可讀帕奇本人所著 *Genesis of a Music*）。及至本世紀的末了，才開始漸受賞識，那位作品得到大量演奏的匈牙利作曲家李格替，便承認受到帕奇的影響。至於范德倫的音樂，亦屬絕無僅有的特例，卻仍在等待它應得的嚴肅注目。

＊＊＊

大戰以來的文化場景，看在任何當代觀察者眼中，都知道未能得窺全貌，也知道若對任何部分做出評價，往往會有偏失。帕奇、范德倫受到忽略，即證明這份不完整性；對於瓦雷茲、史托克豪森、科維爾、卡特、魯文、巴比特、布列茲、塞申斯、沃瑞恩和尤薩契夫斯基等眾多作曲家以及電子音樂，各方也意見不一，亦凸顯其中危險。這項原則更適用於其他各門各類的現代藝術。評論者若本著良心誠意，會發現自己面對各式主張的密集砲火——統統有理，卻相互矛盾，不可能全盤收納，不做選擇卻又不行。

至於找出共同特徵，這份任務也頗困難。請看當年現代主義的首項評論名詞即知：所謂現代主義藝術，係以「實驗性[13]」之名推廣、接受，用以代表各種不同的無盡嘗試——實在是我們這個時代裡的又一誤稱。實驗也者，係在嚴格的條件下執行，遵守一套方法，借重他人最近研究所得，並須受同儕審核鑑定。而藝術家的努力，則全然屬乎個人，不受控制，根本談不上什麼嘗試錯誤，因為藝術何來標準，可容比對錯誤、改進實驗。現代主義的成就，無法自實驗室借來榮銜形容，卻不致因此有損其價值。較好的說法（原因不止一項——應該是「暗示藝術」〔*suggestive art*〕；法國俚語的說法

「試放氣球」立時躍入腦海）。暗示一詞，可以涵蓋現代藝術中的諸多部分：嘲弄模仿、驚世駭俗、具現潛意識的模糊意喻，以及（或許是其中暗示最清楚者）將各部集合起來，疏離情感與過往藝術的距離。不過**實驗性**一詞用起來確也方便，可用以打開心靈；長久以來已習於科學的眾人，遂能鎮靜地接受原屬於不可能之事物。它可以緊緊蓋住俗人的棺材，不容他再復起。

可是單靠藝術家的暗示性努力，不能隻手便推廣了現代主義。比前更甚的是，只見創作者向群眾口沫橫飛，理論氾濫不絕：書本、期刊、訪談、展出目錄和節目注釋，無不熱心解釋且正當化他們的技巧，並使技巧掛帥勝於一切。言詞不夠便給者，就難免有些吃虧，只能虛晃著手勢跟隨流行。口齒清晰者若覺得有些心虛，不能單靠作品本身造出印象，更把這種感覺藏在不斷重複的陳腔濫調名目背後。於是他們的藝術，乃是「密集之研究：空間與線條的交會」、或「空間之決定：透過與平面、線條的關係」。這等宣傳用語，賣弄空間、線條、色彩、體積與素材的變化，或帶進（在其他藝術裡面）**自然**、**感官**、**感觸**、**研究**、**嚴格**和**宰制**云云。多數無疑不假，極具誠意，對觀者已有的認識卻無增益：亦即畫家與雕刻家這個族類，本來就心懷空間、線條和體積，其他藝術亦如其所稱各有所懷。

> 工作者本人往往醉心於觀察、思考與動手之中。因此很難使他去談或解釋自己的作品。不過既然他和他的作品每每被人放錯了地方，我想，他確是應該為自己說點什麼吧。
>
> ——馬林（約一九一〇年）

即使作品命名之意，不在戲謔或刻意激怒，也往往故作科學或莫測高深：《第十二號調查》、《兩座鋼琴之雕塑》、《曲線與方形之研究》——這最後一項簡直多餘。所謂藝術不露言詮（art conceals art）的古老格言，已經不再通行了。

戲謔嘲仿的風氣，盛行於一九二〇、三〇年代，而且至今猶存，不時為新作品添加作料。看在不做此事、卻依舊偏好嚴肅苦幹姿態的藝評者與藝術家眼裡，前者是現代主義裡的「半吊子成分」。這等稱呼，部分原因係基於這些藝術家中有許多非常年輕，同時也鑑於這些笑話的品質之故。

達達主義的詩文，內容有欠機趣，他們的嘲弄不能一針見血，用字不見才情、創意。蒙娜麗莎脣邊加上幾筆鬍子，很難被視為足以令人興奮懷想觀之再三的啟發。攝影家曼·雷的確稱得上大師，但是他那張作品亦然，只見坐姿裸女的背部，飾以仿小提琴上的F形鏤空。薩提為自己的樂曲所取的名字亦予人同感：「三枚梨狀物」、「乾掉的胚胎」、「不帶眼鏡觀物」[14]。杜象後期，曾在一張未動過任何手腳的蒙娜麗莎複本上簽下大名，標以「去鬍版」字樣。這類突梯行事，來自如今已供奉在萬神廟內的藝術家，在此需要再贅言幾句。

半吊子這個說法，意味著以愚行表達的智慧，或反過來說：以智慧出之的愚行。但是若只是嗤之以鼻，卻又不合此中情況——因為從達達主義及其後效可以看出，這類譏嘲其實一點兒也不蠢，甚至頗具效力。然而半吊子一詞卻也相當合適，只要想想那道八字鬍，以及那具人體背部小提琴，用意都在故作「缺乏」靈感創見之貌與未成熟的幼稚狀——是「嬉笑」（jape），而非戲謔（joke），不只嘲仿外物，也嘲仿己身。現代主義的揶揄，不會激發笑聲，事實上也意不在此，卻是在「假裝好笑」，實屬嚴肅。那些被稱作「有意思」的作品，亦非要人莞爾，而是打動反省。我們對新一代諷刺漫畫風格的鈍然反應，亦屬此類：克利、賽爾的作品，與杜米埃到畢爾邦一系的舊畫風顯然有所不同。

> 達達誕生於許多青春期共有的反叛之心。
>
> ——查拉（一九二六年）

這種不出聲的自得，正是其時眾人彼此敦促並自誇擁有的心情，卻被誤名為「幽默感」。它並非那種能將人生視為喜劇的功力——這種能力毋須任何舉薦，而是一種隨時可在人群之中自嘲的本領，鮮少能點燃爆笑，卻只是自覺意識變為習慣性的自我菲薄。這樣的意識並不求大家自我改革，卻能先發制人防堵批評。如此辯白不應視作虛偽，其受歡迎的程度，正對應戰後民主情緒的高漲，後者需要人不斷顯示自知之明，意識到自身的不足。既不從容自在，也不覺得高人一等，卻向他人保證我們也不過「只是人而已」，或「畢竟是人」。在此同時，透過與嘲仿藝術的關聯，現代派的「幽默感」（實在需要換個名字）卻又保證，我們凡事都能看透。

*　*　*

雖說俗人未能留後，卻也不該以為那項意欲解放藝術的大動力便得以長驅直入，未受到任何阻力。現代派的抗拒者與譴責者，都係極具資格的批評家、有文化素養的男女或無懈可擊的知識分子。他們的論點立意也較高，而非僅一味拒斥某些藝術前衛為幼稚、重複，或批評其朦朧非因思想深邃所致，根本只是懶散粗疏致之。這股反對的力量，係用大寫的文化範疇（指人文藝術方面的「文化」定義，而非一般中性如青少年「文化」所謂的文化），抨擊整個一批文化製造者（作家、思想家、談話家，還有藝術家）。一九二八年出現一部著作《知識人的背叛》（*The Treason of the Clerks*），得到廣泛閱讀，便簡扼地陳述出這項指控（在此 clerks 一詞屬廣義，如柯立芝的 clerisy〔知識階級〕）。背叛之行徑，則包括背棄了理性，也背棄了凡事致用理性的職責。精神面的真理具永恆性，更設有絕對不可逾越的界限。此書作者邦達認為，正是柏格森之類的哲學，使意志成了脫韁野馬，遂使現代派這等典型的任性氣質胡作非為。

邦達前後，出過許多作品做此同類論調，如馬西斯的《防衛西方》、白璧德的《盧騷與浪漫主義》和摩爾的《雪伯林文集》（後兩位作者為美國人），都帶領讀者回到一百年前，尋找致使西方文明陷入衰退的根源：原來毛病出在浪漫主義，它放鬆了規矩，跨越了界限，對傳統成規加以恥笑——簡言之，正是那股如今已然稱勝的群起**解放**之風。

反浪漫主義，可不是一項新的批評立場，法國[15]尤然，（對某些人來說）更帶有政治與宗教上的必然結果。反浪漫之戰，於墨索里尼當道時日極為高張，艾略特便說自己是古典派加上英國國教派與君主派，而且做此言者非僅他一人而已，只不過出了英國，後兩項效忠對象往往換作其他宗教信仰與獨裁形式。在美國，一支以「南方農派」為名的文學團體，亦甘為「反動派」，意指抵制藝術、道德和政治[16]三方面的放蕩馳縱。

能言善道的世界，遂分為兩大陣營，雙方都看見一組不同的邪惡力量正岌岌威脅文明——同時斥責對方為新型的野蠻主義與反動的鎮壓勢力。至於第三派團體馬克思，則偏好「社會寫實」，亦即所有藝術均應做直接式的表現，簡簡單單就是傳遞給廣大人民一個訊息，以支持社會主義化的國度。最後這一型概念下的藝術，已然鞠躬下台，另外兩型也漸自討論核心退去，如今的熱門話題則是後現代主義——這項標籤之起因，往往令人難以參透。不過當今平面藝術卻又出現一個現象：「再現」的功能復起，變得比較可以接受，詩也回頭啟用清晰正常的說話方式，「音列」式作曲亦不再是強制義務。至於那股不滿的政治情緒，當年曾促使人與獨裁眉來眼去，如今也必須另尋出口。值此世紀之末，能夠激起黨派激情的事物，卻是道德與宗教議題上的意見分裂。自稱為自由派的那項觀點，到處都遭逢右派擋駕，後者的要求一如邦達當年：棄「變」回歸「固定不變」。

＊＊＊

兩戰之間的群眾，帶著有趣或嫌惡的心情，觀看前衛中人向過去的文學與當前的社會射出箭矢，在此同時，僥倖活過大戰未死並仍在大事生產的戰前一代作家，則更受眾人欣賞愛戴。威爾斯、康拉德、葉慈、哈代，都正處全盛時期；吉卜林的聲譽也邁入新的階段，他戰前傑作《吉姆》已享譽文壇，此時的題材則從有關印度的故事以及不列顛帝國的詩作，轉向為兒童寫了一套《叢林之書》故事，其次又及於充滿英國鄉間氛圍的故事，還有鬼故事、社會諷刺文學、有關船隻引擎或想像的越洋航空故事，正與某些藝術家、設計家崇尚機械之風合鳴。有位評論者卻抱怨吉卜林一路下滑，從人類情境起始，次及野生動物，這下可好，竟然寫起蒸汽鍋爐與推動桿了。對這樣的批評，可以辯駁道：正是高明藝術功力的表現，才能使動物或機器的行為，也抓住成年讀者的注意力。

另一群作家——紀德、羅曼．羅蘭、高爾斯華綏、本涅特、諾曼．道格拉斯、德萊賽、湯瑪斯．曼——則是西方小說界的公認大師。而正在興起的一代——考克多、吳爾芙、卡夫卡、莫洛亞、辛克萊．路易士、費茲傑羅和海明威，看似前衛，實則較超現實派扎實許多。其他亦有幾位——佛斯特、契訶夫和普魯斯特，戰前即已有著作出版，卻在戰後方才得到注目。

小說的大量出產，都受到一項根本的理念或所謂主題激發：在中產階級式的生活與制度當行之下，生命狹隘得令人可怖。從湯瑪斯．曼的《布登勃洛克一家》描繪這戶人家的崩解，到高爾斯華綏的《富賽特世家》、路易士的《巴比特》、普魯斯特與紀德的長篇累牘，雖各以不同國家為背景，卻顯示同樣一種衝突，靈性生命在其中受窒受抑，或甚至毀滅不存。社會對藝術家有敵意，家庭更使平凡男女縮減成零碎，遠不及人類天性原本能及的範圍。那段時期的美國小說家，都與孟肯志同道合，後者痛罵他所謂的「愚民階級」，以及被他們宰控的民主政制。從他的抨擊聽來，彷彿十九世紀的九十年代從未真正打破維多利亞時代的狹隘，人類需要一個新的**大解放**。

正當這類人士抨擊「體制」的同時，自壕溝回來的作家也將自身經驗轉化成無數戰爭小說——實乃反戰小說。許多都將那些恐怖的光景，或重返平民生活的經驗，與性自由的場景混合為一，不啻九十年代的再現。這場文學聖戰，因戰時的感受與場合而發，戰爭將許多人的念頭貫注於性的滿足——性，因戰火使男女分離而窒礙，又因分離所製造的機會而助長。沒有多久，赤裸裸的性愛場景，就變成每部小說在某個點上勢必切入不可的成分。勞倫斯那本普遍被禁的《查泰萊夫人的情人》，其實是方法論述，所用的字詞（雖係方言）重新建立了一種基本英語。猥褻是否違法的議題因此而生，至今猶存。詩也改了作風，不再是維多利亞晚期的幻夢與嘆息，胸脯、大腿等意象百無禁忌。遲早，同性之愛[17]也來報到，成為頌揚吟詠對象，雖然比較懷著戒心。

幸有桑格、斯黛普諸位勇敢女性，避孕知識於一九二〇年代大有進展，社會思想亦在人數加增的專家指導之下，對性滿足更大開眼界。做愛成為一種藝術，亦是必須掌握的技巧，才能做出恰當（遑論職業性的）水準表現，這種觀點愈發受到多人關切。「性學」也堂堂成為一「學」，佛洛伊德理論日益大眾化下，更使眾人深信壓抑性本能乃是危險之舉。行為禮儀的改變，尤促成這方面的**大解放**。「不正式」成為潮流，人與人的邂逅因此簡化；因為禮節實乃障礙，隨意的風格形同邀誘。軟領、短裙與無扣便鞋，隨同兩性間新升的一種同袍感，助長了開著跑車約會兜風之勢——也能方便那項稱為

「交頸」的休閒活動。削薄短髮、平胸和及踝短襪，加上合宜的鞋，遂使爵士年代的「新潮女郎」（flapper）與其前代的閨女形象大大不同（視覺證據，請看 John Held, Jr. 的繪圖，再讀 Percy Marcks *The Jazz Age*）。年輕女子也來「稱兄道弟」，卻並未減低性的吸引力，友伴間意識此事，也討論此事，只是含蓄地稱以「那個」而不名——「她或他有那個」。至於這男孩子氣的外表，是否出於下意識的反應——因為壕溝年月培養的袍澤之情，已使男人比較偏愛男性的形象與舉止——則只能任人臆測。軍中生活往往刺激男性之間的情愛，也許永遠地偏轉了「性向」。

刺激的氣氛及報上的討論，也促使婚前性行為與性「實驗」出現，並在「心理成熟度」的大旗下授予正當理由。美國法官林茲更鼓吹「伴侶式婚姻」，主張以法律明文規定同居的試驗期——如今則是家常便飯，毋須法條亦毋須遙請這位法官大人之助。羅素、賀柏特等人，亦起來鼓吹改革離婚法，過去除通姦外不可離異的規定，此時在各處幾乎也已修正，改為只要表明雙方不適合即可成立。一股聲浪力促社會正視「交配」一事乃是人權，也是眾人常有的興趣所在——抵制這種風氣，顯然是在打一場必輸之戰。這裡那裡，雖以猥褻之名時有禁書，或不准上公共圖書館的書架，但是「波士頓禁書」一類的標籤，反而更助長他處的銷量。一九二七年際，伍爾西法官裁定《尤利西斯》可以在「清教徒美國」發行，那一刻，九十年代的叛逆目標遂終告完成。各處的作家與藝術家，已向「體面可敬」展開最後的攻防戰——毛姆將之重新定義為「那襲蠢人用以遮掩其愚昧[18]的罩袍」。

* * *

快活之情，如前所見，在流血悲哀的憂心年月之後來到。這股欲望的滿足，則由那些既可取悅心靈、又不失輕鬆愉快的娛樂挑起大梁。「高雅成熟」一詞，便開始專門用來形容這種快樂組合。舞台生意興隆，精采劇本源源不絕。毛姆、米爾恩、考爾德、莫納、巴瑞等位尤擅廳堂喜劇。諷刺時事的輕鬆歌舞劇也以更高一級的幽默，取代了歌舞雜耍，哈特、羅傑斯才氣煥然的作品、喜劇女演員莉莉精采的諷刺小喜劇，與（來自莫斯科的）貝利夫《蝙蝠歌舞劇團秀》都是好例。歌舞劇也花繁葉茂，歌詞、樂曲和舞蹈均較先前為佳，製作也更加講究。

輕鬆的詩文及幽默的論述，亦取得文學地位，或以書本形式在《噴趣》、《鑑裁》、《生活》及《巴黎人生活》等雜誌露面。畢爾邦、賓契里、A．P賀柏特、帕克、李卡克，都是知識型的諷刺大家，帶來笑聲而非傷口，諷刺漫畫家威廉茲與卡達[19]亦然，畢爾邦也不例外。正是從這個時期開始，或散或韻的「胡言亂語」，也漸被視為文學裡的重要一部分——豈不見莎士比亞的詩歌正是證明。路易士．卡羅的詩，以及他的《愛麗絲》故事系列，都成了值得尊敬的藝術之作。兒童書的設計，也開始以吸引成人為導向——請看米爾恩的《小熊維尼》以及H．G威爾斯的《湯米》即知。在此同時，最早由李爾寫給兒童看的五行打油詩，亦於戰前獲得了現代化：最後一行原本只重複第一行，如今急轉彎提出新鮮意念，出其不意嚇人一跳或帶來驚喜。此風盛行之下，亦帶給詩人和小說家以靈感，也將他們的奇思異想（多數為帶點「異」色）包裝成同樣形式推出。諾曼．道格拉斯即於一九二八年刊行了一本經典的打油詩集。

《浮華世界》作為高雅成熟型雜誌稱霸之後，《紐約客》也聘得大批具有同樣機智才華的聰明才子為其撰文繪圖。約在此時，孟肯的《美國水星報》（或譯《美國信使報》）則使用反諷、譏嘲，記錄中產階級的作為與看法。在英國，《生活與文學》、《新政治家》、《準繩》和《噴趣》也都主導品味，正是在「生活」與「文學」兩面。

帶著同樣目的，熱心的劇作家也將社會、道德議題編成戲劇。都柏林是愛爾蘭文學的文藝復興中心，阿比劇院推出葉慈、辛格和奧凱西的不衰作品。倫敦的沙德勒井劇團，巴黎的老鴿巢劇院，柏林的自由劇場，紐約的行會劇院、普城劇場，都啟動了年輕劇作家的事業。在行會劇院或百老匯他處，沉鬱的歐尼爾帶領的劇團包括安德森、希爾伍德、貝爾曼、豪爾德和懷爾德諸位大將（以上除貝爾曼外，均獲普立茲獎）。其後又有路絲及海爾曼兩位女將，也來證明她們的同等高才。

這些作品，則有一批優秀演員可供演出，他們是史坦尼斯拉夫斯基誘發自發自然派演技之前（<872），最後一批在口白發聲與移動走位上受有古典訓練的演者。老一輩的演員經常演出標準的莎翁劇目；紐約某劇團更以現代裝束，推出一場令人記憶深刻的《哈姆雷特》，國王桌上赫然擺著一具電話：「來，葛楚德，讓我們找來我們最智慧的友人們」（Come, Gertrude, let's call up our wisest friends，call up 除「找來、召集」外亦指「打電話」）。

此時，電影已經使更多觀眾著迷，創造出前所未聞的新習慣：每周出門一趟專為娛樂，後日再發展下去，就是每日每時的電視蠱惑了。一九二〇年代，拜葛里菲斯之賜（<1056），電影動畫已經發展出自己的手法，適用於任何種類的景象或故事。早期一捲長的笑鬧劇，以及每集劇情幾乎一模一樣的系列故事，至此已經讓位給了喜劇片、劇情片，以及「豪華巨片」，也為各種不同的表演人才打開大門，成為專門化的男女「英雄」，他們的生活情事，在畫報雜誌上逐日詳載。卓別林稱王時期，更透過他的譏諷鬧劇，榮登無可比擬的諷刺大師；瑪麗．畢克馥和范朋克這對明星，也被推崇為浪漫、冒險的具體化身；騎馬放槍的西部片，由六七位帶有嚴峻面孔的詮釋者擔綱；海外所製則有邪惡型的

故事，如德國經典名片《卡里加利醫生的祕屋》（利用夢遊患者殺人），令千萬觀眾顫慄刺激。隨著《藍天使》一片，也出現首批具有嚴肅意味的電影，此片係根據德國文學家海里希·曼所著的嚴肅小說《屁眼教授》改編。

另一型娛樂形式，亦與電影、小說競爭，即不標榜任何文學意圖的短篇故事。周刊或月刊型的雜誌，此時增衍繁多，比書便宜，內容花樣則不止一味。又有年度《最佳故事》，以書本形式填補那無底的閱讀胃口。半世紀的產出，卻只殘存下幾本的表現可資久觀，有些則具長篇小說的最佳特色，如曼殊斐兒與契訶夫的短篇故事，後者其時方由俄文譯來。吉卜林外，其他人也寫有可在文壇占得一席之地的故事：包括梅辰的奇幻詭異，柯南·道爾的醫學及其他奇異冒險，以及M·R詹姆斯和布萊克伍的鬼故事。最後還有真實犯罪紀錄與出名審判實錄，是亨利·詹姆斯喜愛的讀物，亦因皮爾森、拉夫伊德等名家之手，升格為一種身分確立的敘述形式。

除去以上所述，兩型傳記寫作亦同受歡迎。斯特雷奇是布盧姆斯伯里團體的一員（英國著名文化圈，吳爾芙所居倫敦區名，成員包括佛斯特、凱因斯等文化名人），創下以小篇幅寫意筆法「揭穿人生真相」的模式。《維多利亞女王時代四名人傳》的章節，重複著九十年代透過嘲弄進行的抨擊，卻摻雜了一些不實與虛言。在此同時，莫洛亞發明了以虛構的細節、對話，使之生動的傳記寫法，卻絕不假冒為真。欣欣向榮的文類，還包括利用已逝者的事業生平為材料，或加以藐視或為之翻案，如巴萊福特式的「心理圖」。這類作品而外，又有自傳氾濫，多係傳主生涯早期所寫，販售其童年與求學時期的悲情。同具傳記性質者，尚有E·C班特萊所創的諷刺四行詩[20]，由四句自由韻組成，講述名人某次人生偶遇。正如五行打油詩，這個形式遂也激起霍根、奧登[21]等名家，大顯其「無意義」文字遊戲的身手來。總合起來，一九二〇、三〇年代，喜見高等知識心靈也來放下身段玩耍，不論是達達中人或「無意義風」作家。這種做法可以放鬆身心，也更具「人味」。

好玩滑稽，也可以活力充沛。一九二八年美國黑人舞者喬瑟芬・貝克來到巴黎，激起一股激情，巴黎人瘋狂地愛上她的**野性舞**（*danse sauvage*）非指「野蠻」〔savage〕，而是「野性原始」）。巴黎已經準備就緒，早就在跳著某些人視為原始的舞步：一步、兩步和狐步。這股野性，來自那新的音樂：爵士樂，同樣也來自美國。它很吵、它使你脈搏狂跳、它強烈要你的注意、它充滿了切分音與交錯的節奏；它的樂聲乍止，你更覺頭昏耳聾。爵士樂令人神迷——甚至毋須飲用那另外一項海外進口：布朗克斯雞尾酒（法語發音為 bronze），即已感到醺然。此物由橘子汁與琴酒調拌而成，很奇怪的混合，喝起來有藥味，跟任何食物都不能搭配。這味飲料時過境遷，爵士卻非一時流行，而是從此長留不去。甚至在那個時節即已擁有出名的演出者，雖然其時尚未發展出爵士樂的理論家與史家，也尚未使其後續各種形式的創造者地位提升，進入萬神廟內與古典作曲家同奉。爵士樂繼續作為一種「實用音樂」，專為「腳」之用，同時卻也漸成音樂會的曲目，吸引著愛好者與音樂學者。

舞台上的「現代舞」則有另一意義。鄧肯（<947）之後，它乃是新的藝術，自由發抒成長，來自各國的創意舞者找到國際性的觀眾。魏格曼、阿根廷那、朗西、克羅伊茲柏格、荷西・李蒙，各有創新，有些還設立學校。印度來的香卡（兄弟中的哥哥，弟弟拉維〔Ravi〕是印度音樂巨匠）亦帶其舞團耀目西方，他們的舞蹈與節奏，在音樂性與儀式性上均令人大開眼界。

德國獨立發展出一支亦屬實用性質的音樂（*Gebrauchsmusik*，即實用或應用音樂之意），由亨德密特等人推動。目的為恢復音樂在家中、也在戶外成為固定攝取的地位——重新啟用此古老習俗，以期結束十九世紀那種將音樂隔絕在音樂廳內、每隔一段時日才前往造訪的做法。這項運動雖未獲任何進展，可是它追求的用意卻預示了日後對室內樂和巴洛克音樂的喜好，以及那種類似嚼口香糖的習慣：打開背景音樂邊聽邊做別的事情——在家中、在電梯內、坐在計程車上或打著電話之時。

在此同時，戰事快告結束之前的巴黎，作家薩提與考克多身邊聚集了一批年輕的作曲家「六人組」，其中最有名的是歐瑞克、浦朗克和奧內格，不久又有米堯加入，寫了大量可用作品，多數都有那段時期的輕快氣息。同樣的氣質下，德國的奧福也作了一首清唱曲《布蘭詩歌》22，如今非常流行，由中古僧侶的飲酒喧鬧作樂的歌聲組成。在美國，艾伍士以原創風格作了許多首歌曲、進行曲及舞曲，還有五首交響樂。前面曾提及安太爾的《機械芭蕾》，此外還應加上華爾頓的《門面組曲》，女詩人西特韋爾為聲樂與小型交響樂所寫的詩詞，藍伯特絕妙的《格蘭特河》，以及湯普森、葛蘭傑、湯姆森等人所作的類似歡快作品。這些作曲家也受端莊肅穆的題材吸引，但是就普遍而言，家喻戶曉之作還是以他們民粹性質或喜劇意圖的作品居多。過去沉重的雷聲，已為戰爭之牆所隔斷了。

＊＊＊

怡情養性，卻毋須發出社會議題，這種心態在一九二〇年代吸引了更多群眾傾向某種文類。而且自此時起，這一文類的評價與受歡迎的程度均日見成長，甚至登堂入室，如今已成大學課程及博士論文主題。這個文學類型即犯罪小說，初起以偵探故事見稱，後亦稱迷情推理或驚悚奇情——後二者其實屬於差別甚廣的次類，在此毋須占有篇幅，因為書迷自了解其中異同，非書迷則無法辨識一般用語所指的特色。重要的一點，則在犯罪故事（story）並非長篇小說（novels），而是故事（tale），兩種敘述的分野，前文曾予述及（<173; 519）。簡短扼要言之，前者的關切重點在心理與社會；後者描繪的事件卻僅只涉及社會上常見的典型，雖假猶真，扣人心弦。小說分析個別人物角色，以及他們的社會背景。故事則講述冒險，將動機及背景視作理所當然。

偵探故事的理想形制，亦如希臘悲劇[23]，遵守一固定模式。一具屍體被人發現，無疑係他殺；警方笨手笨腳，把調查搞砸了。於是換由這位極具天才的業餘偵探，在一位仰慕他的友人兼立傳者的陪同之下登場。天才偵探用逆向推理思考，循線回推出犯案者，一舉破了案子。案情的推演務必遵守某些限制——不可有超自然居中作用，也不能有不為科學所知的毒藥，或「物理現象」上不可能發生之事，甚至連發生機率微乎其微的物事亦應排除。而且既然主要的興趣乃在發現過程——自混淆的事象與人性的動機中找出真相，就絕不可深究心理，或全力鋪排愛情事件。

戰後第一段時期裡面，喜好「迷情推理」（mysteries）被視為不入流的口味，讀者往往得為自己的上癮找些理由，某些著名的文評人士甚至不嫌麻煩，極力申斥它們是淺薄東西[24]。事實正好相反：偵探故事這個文類，係由上等知識階級所作，也是為這類人而寫，黃金年代由英國女作家領銜：賽兒絲、馬許、艾林罕、海葉兒與克莉絲蒂諸位一流的構思與技巧無人可及，充分提供文學藝術的樂趣——布局、機趣和敘事手法，俱為其巧思的編造服務，而且務必常保新奇。前有威爾遜總統、羅素，較近則有波赫士和聶魯達嗜讀此類作品。

> 偵探的朋友，具有雙重地位，又是一般讀者，也是希臘劇中的合唱隊；對自己不了解的事物隨便發表意見。
>
> ——E．M朗（一九二六年）

其後有觀察者將這種愛好加以心理化，

認為閱讀這類故事，可以滌淨做壞事的欲望——這種說法暴露完全的無知，因為這型文類於殺人的具體動作著墨甚微，屍體也都在頭幾頁便處理完畢。故事提供的滿足感，乃在推理的迷人——正是**科學主義**之一面，連同看見罪行得解的樂趣。換句話說，正是理性與正義。若說那四年的集體屠殺慘況，與這些故事受歡迎的現象有任何關聯，一定也是出於反向作用，因為犯罪小說係對付殺人者，關注點在正義，以及那天賦「推理能力」的稀有心靈。

喜好抽絲剝繭的這種口味，並非一九二〇年代才有的新事。十八世紀中期之時，伏爾泰即已寫過一個故事，依主人翁之名命名《札第格》；此君乃「東方人」，具有偵探本領，以此為其王效力。一段時間之後，博馬舍也以其當代為背景，寫了一篇同類型的幽默短篇。兩篇故事均無涉於殺人案件，只是純用推論重建事情發生經過。十九世紀初期，又有美國作家雷格特將此技巧運用到槍殺事件[25]；接下來遂有短篇故事形式的創造者愛倫．坡[26]，將他的天才印記表現在四個故事裡面，「調查」是其中主要動力。從愛倫．坡到克莉絲蒂之間，犯罪故事沿兩路開發成長：法國人發明了**警探小說**（roman policier），大肆鋪排通俗感傷的情節，思考部分卻短。英國作家則偏好短篇故事體裁，在柯南．道爾手上出現大師之作[27]，他不但具有維繫推理趣味所需的設計巧智，更創造出一對角色，名列

史密斯（下述作者筆下主人翁）望之不大似偵探，但是他每個小動作，卻都冷冷地帶有某種精細氣息。只見他坐下跟祕書喝茶，那細長的手指捻了片檸檬片落入杯中，像科學一般刻意仔細。

——R．T．M史考特〈孟買鴨〉（Bombay Duck，一九二九年，中文稱狗肚魚，印度人醃製為佐料）

全球最有名的人物之一。福爾摩斯和華生醫生，直與唐吉訶德與他的忠心侍從潘沙同垂千古——如此出名的搭檔，實在很難再想出第三對。而且若從根本意義觀之，這兩對其實就是同一對，都一心一意從事類似的追求探索，只不過服裝有異，前後有三百年之隔。

> 犯了任何罪，就好像有一層雪落在地上，林間每種禽鳥、狐狸、松鼠和鼯鼠都會留下足跡。你沒法抹去這些腳蹤，你也不能收起梯子，不留下半點線索。
>
> ——愛默生〈補償〉

這兩位現代拍檔是如此生動鮮明，已經變成世界級的膜拜對象，連帶興起了一宗煞有介事的學術研究：好幾十家福爾摩斯學社的成員，都假裝福大偵探及其友人在史上確有其人，那六十則故事則是他們的生平詳錄。當初作書之時，既無意於前後一致或內容完整，於是根據書中資料做出種種推斷，便成社中人無盡辯論的主題，而且多以不動聲色的幽默意趣進行——剛好也正是道爾敘事風格的迷人之處。這類現代炫學的表現，與其他專為研究個別作者而成立的學社，或收藏家關注版本所表現的作風，其實如出一轍。可是所謂福爾摩斯、華生學的「發現」卻也顯示，即使在沒有任何真相可言之下，多麼容易透過言語暗示，推得貌似言之成理的結論。

福爾摩斯之後，正如某名學者所言，洪水氾濫來到（可瀏覽巴森與 W. H. Taylor 合編 *Catalogue of Crime*）。結果長篇形式占了上風——而且一開始有過長之嫌，又被故弄玄虛的障眼法搞壞品質。其後縮減成短篇小說長度，後又重新膨脹為磚頭尺寸。變化增減的理由，在於真正別出心裁的設計很快就用光了，加以又有外在興趣來源分心。於是業餘天才的作為，先讓位給了「警察辦案程序」——後者與「私家偵探」並行，然後又交予律師、醫生、保險稽查員，或其他專業人員。這些人物雖然比較樸實，效力卻不下福爾摩斯，協同著正規警力破案——到福爾摩斯的時日，瞧不起蘇格蘭警場卻為正理，因為在他的年代之前不久，才剛有好幾名探員被判貪汙[28]或瀆職。

對犯罪小說的愛好之中，又衍生出另外兩類同源作品：前曾提及的間諜故事與真實罪案演義（<1059）。所有這些故事類型，都提供有一項共同質素，卻一向鮮少為人注意：它們都忠實記錄了時代的品味與時尚。有人說得好，我們所以一再回味福爾摩斯的冒險，因為在那些故事裡面，時間「永遠是一八九五年」——是二輪馬車、鴉片小鋪和德．雷斯克在科文特園歌劇院表演的那個倫敦。福爾摩斯本人則是科學人，也是九十年代的審美派。同樣地，美國的漢密特與錢德勒，亦如他們在西岸的文類後輩，筆下亦反映流行語言與時尚風格，甚至包括他們那個十年裡面的爵士、影片和藝術作品，當然更免不了其時其地對性事的著魔。如此這般的文化性新聞記事，為他們筆下非因觀察卻係憑空發想的情節增添了幾分逼真性。不幸的是，近年來這類上層漆飾卻變得未免有些太厚，反而模糊了本文類的中心意旨所在——主人翁一味炫示自己對音樂與裝飾藝術的知識，卻忘記展示自己的調查能力。

偵探故事的形式與長處，最佳的評論文字首屬

桃樂絲．賽兒絲

她生來即富文字稟賦與熱情，生於牛津，是家中的獨生女，父親為牧師兼樂師，母親的教育程度

雖然平平，卻擁有充沛的活力和高度的智慧，祖上更有一位與哈茲里特是親戚。對於這對母女而言，不幸的是，孩子出世之後四年，一家人便遷往劍橋郡一處牧師宅，地處偏遠卻待遇豐厚。在那裡，做妻子的愈來愈厭倦丈夫，孩子則在簡直沒有任何小朋友或其他社交來往之下長大。賽兒絲終日以大量讀書、寫故事、寫詩、想像外面世界的模樣和沉思基督教的信仰細節自娛，甚至把最後一項也當成故事來讀。在此同時，她也是個小男生型的女孩，充滿了生命力，一如她的母親，日常事務方面也很實際。這些特質塑成了她日後一生特色：天真、活力、腳踏實地，卻無損其想像能力，對於所謂的「基督教史詩」更具一種奇特的親密情感。

她往牛津的薩默維爾學院求學，成為優秀學者（請讀她最後第二部作品《歡宴夜》），是第一批獲得牛津正式學位銜的女子之一，而非僅一紙證書——事實上她在同一個畢業典禮上獲致兩個學位：文學士與碩士。截至此刻為止，她的人生尚稱平順愉悅，但是從此便得開始謀生了。她找到一份祕書職務，老闆的業務與法國某間學校有關。兩人算是發生了點愛情過節——在紙上，是她在愛情領域裡面遇上的第一樁不幸遭遇。賽兒絲長相平凡，身段也不引人，性欲卻極強。接下來的兩個插曲之後，生下了私生子，孩子長相又好又聰慧。人生到了後段，她終於覓得了意氣相投的丈夫，雖然其夫後來生病、酗酒，而且脾氣壞到極點，使她的晚年頗為陰鬱。

開展文學天賦的同時，賽兒絲必須忍受如許既不光彩又苦痛的人生經歷，這番遭遇就說到此為止。作為年輕女子，在倫敦最大的廣告代理商擔任文案工作，對她極有助益（請讀 *Murder Must Advertise*），而且也是樂事一樁：甚至在廣告裡也有好文字。她筆下所寫都著眼於俐落、直接。

一如亨利．詹姆斯為長篇小說所做，賽兒絲也使用她的學術知識，為推理故事[29]寫下一套成熟理論，輪流以嚴肅和幽默出之。她曾就此題目接受訪問，展現其直截了當的說話風格：「那些低能傢伙還有雜誌編輯」，要她「從女人的觀點討論犯罪小說。像這種要求，只能回答：『拜託閃到一邊，別蠢了。』何不乾脆問我：女性對等邊三角形有何觀點好了。」對於一般美學，她寫過一本不尋常的小書《造者之心》，立論如下：平常製作任何東西的經驗——不論是藝術創作，或將手藝應用於任何物事，都與三一律所象徵的意義相符合。首先，發生了創意理念，預見整個作品的完貌；這是父。其次，是創造的精氣能力，與物質進行奮戰、克服一個又一個的難關；這是子。其三，是作品本身的創造能量，對使用者兼觀者的靈魂發生果效，進而對世界產生影響；此即聖靈。三者缺一不可，在作品中獲得合一，才能成就「完全」。

這種論點，具有批評性與宗教性的雙重意蘊。分析人類創造的同時，正顯示基督教神學所表露的神「工」，也係遵循同樣的模式法則，而人也確以神的形象所造。在寫作這本高度創意的小書之前，賽兒絲即已講說宗教主題，並為坎特伯里主教大教堂及其他教堂慶典寫有這方面的劇本。執筆之際，更特別研究中世紀的歷史、文學和語言，旋以知識型福音分子的身分，得到全國注目。英國廣播公司委託她以戲劇形式編寫六個節目，描繪耶穌的生平與釘死。她的腳本糅合了字句、理念的單純素樸，以及不帶感傷性質的深刻情感。亦如天主教傳統之下那些天生即具宗教性情者的氣質，對於她的信仰標的，賽兒絲也喜歡流露出一種幽默意趣。

她繼續不停歇地從事她自認的天職：使用理性和舉證，標榜信仰所具的位置與正當性，同樣的風格亦使《造者之心》一書長保不衰，直與魯益師作品並列。可是賽兒絲卻非絕對主義者，她認為人生在世，必須信神，才能答覆那些不可避免的宇宙之疑，也可以作為定點，解決屬世的疑問——但若要求或強制人必須對神持有特定概念，保證只會造成分裂與鎮壓。她是十足道地的務實型相對論者，不止一次在不同文脈下寫道：「原則所做的第一件事，就是去殺人。」

研究了中世紀的歷史與文學，使她相信自己可以勝任但丁作品的翻譯。精通希臘文、拉丁文和法文的她，又開始學義大利文，將但丁譯成原文採用的三行詩押韻法（三行一組，中間一句與下組頭尾兩句同韻）。年輕時代的塗鴉，已經訓練她可以用格律思考，又選擇最單純、最簡潔的語體，充分展現但丁的機智、諷刺和幽默。這些都是之前的譯本所無，起碼相當罕見，因為之前的譯本都對原詩主題必恭必敬而太過嚴肅。

賽兒絲在六十四歲之年突然去世，全書尚未譯畢。幸有友人補全，譯本遂由企鵝經典出版問世，評論反應不一，有些極其興奮，魯益師尤其讚不絕口。她的譯本有兩項長處：輕易上口可讀，戲劇張力亦足，一如山繆．巴特勒為《伊利亞德》和《奧德賽》所做的散文譯本。她對但丁的詮釋也站得住腳，須知流亡在外的但丁曾寫過一小冊詩，詛咒他的公私敵人，吹捧他的友人，並提出不全屬正統的主張。

賽兒絲的作品，整體而言將遺下何種餘緒，只能留待臆測。犯罪小說的意態及散文風格，如今已有改變，她有幾部作品卻仍一印再印。《造者之心》有創意，表述發揮亦

> 聖眉姑娘（直譯為聖女眉毛，是賽兒絲戲擬之名）那不像樣的老子，殘暴地命令她嫁給一個男人。這男人雖然有德又細心，又頗富資財，卻只通曉六種語言，數學也不行。我們的聖女見此不覺大怒，眉毛挑得老高，把她整個人都挑得離了地面，從頂層的窗口伸了出去，只見她就此往北方飄走了。
>
> ——賽兒絲《戲說萬神》

臻完美，也有留存價值。賽兒絲其餘的宗教文字，則走在時代之前，值此對聖經、耶穌和創造又開始關注不已之時，勢將導引這類思索重新回看她的觀點。至於她那語體式的但丁，若得不到長久青睞，至少其中學術性的導讀與注釋，對學者而言始終相當重要。

賽兒絲做出「原則會殺人」的結論，即深受大戰爆發與戰爭期間的行徑所影響。國家的榮譽、海軍的優勢，為炫示而非實益而持有的殖民地，務必征服以「救贖我們同種之民」的地區，以及「不和就不降」種種論調，均成如此頑強堅持的追求目標，以致歐洲已將自己變成一宗巨大的燔祭——浩大的屠殺，卻不曾見及雙方其實正在通力合作，基於相同原則，同往那個目標而去。如今卻有些人說，同樣的事可能再度發生，若果如此，生命就不值得再活下去了。褚威格及其妻在巴西為難民，便於一九四二年雙雙自殺。

> 我們相信今天地上眾國的主要問題，在於懼怕——怕死，尤其怕生。人心因此沮喪不安，建設性的努力因此癱瘓不振。我們相信這種懼怕心只能靠一種法子驅除，就是強烈地意識到生命的價值。我們的目標是使國中之人個個都有值得為之生、也值得為之死的建設性目標。
>
> ——賽兒絲：書系編輯說明書（一九四〇年）

第一場大戰膠著期間，德國數學教師史賓格勒修改完成了數年前即已著手書寫的一部巨著，兩部卷帙分別在一九一八及二二年問世，可謂正是時候。《西方的沒落》正如任何大型的知識展示，激起了各種不同反應——有人立予拒斥，有人說理辯駁，有人被說服而贊同，有人前此即已如此深信因此予以肯定；書中所舉的事例與概論，因有討論餘地更引起爭論不休。正反相減所餘的淨效果卻是，看在許多不曾分享當代那種歡快之情並厭憎無謂戰爭之人的眼裡，史賓格勒的論點獲得了驗證。豈不見所有的新聞都證實他所言不誤：嚴重的蕭條與失業襲來；一紙未能尊重民族情感的和約之後，歐洲各處掀起小型戰火；德國的共和搖搖欲墜，無力繳償賠款；盟國也同樣付不起肩上沉重的戰債；義大利在墨索里尼的獨裁政權之下；難民繼續流離失所、餓殍遍野；全球性、地方性疫疾爆發；滿目瘡痍、肢體殘破的慘狀，在腦海中久久不能隱去。

如果這就是西方文明的親手所為，西方文明之終，就不但確鑿，也沒什麼好可惜的。一些心頭未被藝術之愛占據、亦非滿心只想找樂子的憂思之人，此時便預測再來一場大戰，就是最後的末世哈米吉多頓大戰了。其他人則開始相信「光從東方來」：蘇維埃的俄羅斯，掌握著人類唯一可以存活的未來。

第二十七章　擁抱荒謬

一九一七年六月派往歐洲的美國遠征軍，不僅使協約國打敗了同盟國，也等於向舊世界獻上謝禮，因為新世界將因此受惠，汲取了「文化」帶回家園。在法國服役的戰士們，從這片西方地域蒐得了新的印象與思維，有些人不禁想要重返歐洲再去獲取更多。一九二〇年代末期的所謂美國海外人士，年紀都很輕，蒙外幣貶值美金匯率相對升高之利，得以逗留歐洲，直到一九三〇年代的大蕭條迫使他們回國為止。這段寄旅，等於是一種旅行獎學金，效果卓著，縮減了歐美兩地在藝術與智識上的落差，通常約有十年之隔。一九二〇年代的巴黎，有畢卡索、喬艾思和龐德等人物在場，又有葛楚德．斯坦因提供會晤場所，懷有大志的藝術家與作家可在此尋得前輩與彼此的身影，激發出理念沸揚，相互得益（可讀 William Wiser 著 *The Crazy Years*，雖然書名似有謗意）。

年輕人離鄉遠揚，踏上文化追尋之旅；在此同時，美國本土則陷入激烈的孤立主義情緒及「反紅」的焦灼氣氛之中，出航之舉遂更見吸引力。待得他們歸來，學院卻頗能接受這些本土之子帶回的意象、理念，原來歡迎的地基已經打就。美國的學校系統，其時正值全力投入與效率精進的最高峰：小學教育已使數百萬各地移民得到同化；更大膽提供免費公立高中，令其他工業化國家豔羨不已；這裡的課程屬於「自由藝」的文科教育（現代說法是菁英制）——拉丁文、英詩、美英歷史，再加上一門現代外語，每學年更少不了數學、科學，毫無那種甜點式的無意義科目。紀律一事更施行於學業、操行兩面。於是這片學校天地，雖有大同小異，戰爭期間都已對歐洲充滿印象：不論是「自由公債」的銷售，或鼓勵大家捐輸，幫助軍隊、難民及比利時孩童等等活動，歐陸概念可謂時時在懷，而且是活生生的概念。因此當歐洲的藝術、文學（及其奇異食物）開始涓涓滲入，此地的心靈毫不抗拒，反而熱切渴望。

這種現象在高等學府尤然。大型大學如哥倫比亞，由自封美國學界赴歐巡迴代表的巴特勒領導，以及洛厄爾主持校務的哈佛，近年來均已紛紛打開校門，向更多的群體開放，比以往任何時候都更甚。第二代的美國子民，表露出他們對一切知識的渴慕，前此他們的雙親已然錯過，上層階級則一向以為是其專屬。新興之民，如今輕而易舉地便登堂入室，上層階級卻顯然不想再囤積自用了。

某些復員戰士，也走入大學學院重續中斷的學業，或展開新的一頁教育。這股成熟心靈的注入，亦使那些年月的校園得到不尋常的活力，一直持續至上述海外人士回來。後者因經濟所迫，此時開始出現前所未見的安排：學院開始接待藝術家，予以庇護亦請其授業——這可是全屬美式之創舉。在此之前，學術與藝術從未共聚一堂交往。一八九〇年代的羅曼．羅蘭，就發現想憑他的音樂學論文取得巴黎大學博士學位，頗費了一番功夫——可說是極端妥協的特例。戰後的美國，先怯怯在幾處試行，然後大學逐漸成立全套的音樂、美術和戲劇院系；英文系也徵聘文評家與小說家，不久，校園更擁有駐校詩人、弦樂團、劇團和藝術中心。

校園之外的美國卻處於孤立主義，背後動機倒也說得過去。雖然威爾遜總統在凡爾賽和會，出有奇招對付勝利者[1]的貪婪野心（這一點與傳說正好相反），卻未能說服美國本身加入國聯，歐洲的詭譎衝突情勢，也令人心灰意冷地持續不去。分成好幾部分的這份和約，並非一紙解決之道，猶如一八一五年拿破崙戰敗後的維也納和約，反而不智已極，為二十年後下一場民族混戰埋下禍端（可讀 D. C. Somervell 著的那部小書 *Between the Wars*）。

在此過渡期間，蘇維埃政權開始牢牢掌控俄羅斯人民，土耳其則在凱末爾領導下展開現代化，義大利屈膝於墨索里尼的獨裁，西班牙由李維拉極權統治。日本侵入滿洲，中歐一些小國或陷入武裝共產，或掙扎力拒。德國瀕臨餓死，被通貨膨脹夾逼得衰弱不堪，卻無法團結其共和機制，威瑪政權付不出協約國規定的賠償（<1021），隨之而來的處罰性占領，更令德人對勝利國生出同仇敵愾之憤，亦使希特勒找到小小的立足之點。歷史學界和新聞界把上次大戰的發動責任，全怪到德國一家頭上，自然更無益於減少德方憎恨。在此同時，美國因收不回盟國欠下的戰債，只好幫德國恢復經濟，以期補償損失，結果反增復仇意志的手段。

遍及歐美兩大陸，紛紛有人投入共產主義門下。大戰與和平，兩相使人幻滅，知識分子在「俄羅斯實驗」中看見以乾淨雙手進行的嶄新開始——列寧與托洛茨基那兩位偉大領袖，都曾譴責此戰，也從其中脫身，更成功地打退了帝國主義與資本主義的軍隊。作家和藝術家都相信蘇維埃護教者的承諾：政府定將如同支持勞力者一般，也支持勞心者；俄羅斯的文化工作者們，再也不必面對西方那種抓多少算多少的藝術贊助方式，普羅階級也毋須擔心失業。馬克思的著作再度為西方讀者做出節錄的通行本，共產黨的「細胞」基層組織，也在受過莫斯科訓練的幹事主持之下紛紛成立。新手入教，則依其口味，施以精神面或性方面的引誘進行學習培養。另外也有許多同情者留在外圍，稱作同路人，在輿論上提供助力。一九二九年後期發生世界性的股市崩潰，大蕭條隨之而來，企業、銀行破產，幾百萬人失去工作，馬克思的預言獲得證實：資本主義果然因自身內部的罪惡走上命定滅亡——各種參與層次的共產黨員，人數到處激增。所有的當前思想，都被馬克思主義的浪潮沖到一邊去了，天主教的新托馬斯主義亦不能免。稍早之前，後者原已招納了不少信眾投效。

某位記者前往俄羅斯寄回報導：「他已親睹未來——而且未來真有效驗。」前此的民粹主義和社會主義人士，也紛紛接受這項新的主義，視為自家舊有夢想的實現。年輕的作家與各型藝術家，合力做出馬克思劇場及音樂，出版馬派小說，畫下馬派壁畫。馬克思學院也成立了，至少在課堂上講授討論馬家思想：若對此「未來波」的學說一無所悉，此人哪算「受過教育」——正如某位懷疑人士有言：「共產黨宣言一文，每門課都指定必讀，只有生理衛生除外。」法西斯主義（不久國家社會主義亦然）開始失去一九二〇、三〇年代初起之時贏得的徒眾，反而變成凡思想正確者都必須打倒的敵人。世界看來好似那場永恆之搏的戰場，善與惡在此做殊死聖戰。兩個十年的第二個十年裡面，西班牙內戰在年輕的共和國與意欲獨裁的佛朗哥將軍所部之間進行，成為上述兩大「法西斯」勢力測試其對抗自由派與左派（社會主義者）力量的戰場。後面這組搭檔，有許多作家和藝術家自英美兩國前來加入，最終導致年輕人才的耗損——在這場戰鬥殞命的西班牙本地人才，以詩人羅卡最為可惜。

幻滅卻來到了：原來那些聽從莫斯科發號施令的共黨戰士，表面上與自由派一起作戰，暗地裡竟幫著消滅自由派的某些領袖，把他們視為自家敵人。但是真相雖經揭發，那個已經得到眾家理想人士如許支持、在東方發出亮光的勢力，卻未因此失去擁護。只有在史達林大肆屠殺國人的恐怖手段曝光之後，部分人士才撤回贊同立場。然後不到六年時光，蘇維埃社會主義共和國聯邦又搖身一變，成為西方世界對抗德義法西斯主義之聖戰的高貴戰友——雖然希特勒與史達林早已簽定一紙權宜盟約多年。

這紙盟約只是暫時，兩國卻因同以屠殺為國策，而在歷史上更永久地聯名。發生在二十世紀的這兩樁極端事例：俄國屠殺富農（kulaks），德國屠殺猶太人和吉普賽人，以及其他因信仰而遭害的受難者，有別於他種大量殺戮行為，因為這兩國乃是有系統地蓄意謀殺，德國更受到科學唆使。兩者都不是士兵在勝利下殺得眼紅，亦非一般民眾報復鄰人舊恨。任何屠殺當然都無藉口可言，歷史卻畢竟設有某種標準，像這類國家級的政策行事，顯然已有違底線。想不到羅馬盡屠迦太基的前例，竟留待二十世紀再度效行——縱使當年羅、迦兩強，確曾在之前的兩場戰役裡種下可以理解的根由：漢尼拔在其中一戰曾侵入義大利境，為羅馬人帶來極盡恥辱的挫敗。

反觀現代有計畫的滅種屠殺，卻出於不名譽的知性動機：富農這個階級的存在，與共產主義理論大大不合，而德國的受難者則於該國有「種族之害」。當然，其中必摻有其他目的——德國是為找替罪羔羊，俄國是為錢財土地，對兩國又都同具團結效果——即使如此，汙點卻長久不去。這兩大已臻成熟的理念，被「應用現場」之外的千萬人奉為真理，卻竟然犯下如此特別精心製作的罪行。

不宣而戰，雖為國際法所譴責，卻非沒有前例。拜日本偷襲珍珠港之舉，美國再度捲入一九三九年原以一場「假戰」開端的歐洲戰事——所以稱假，係因雖宣戰卻無甚動作。戰爭伊始，羅斯福總統便低調援英。德國占法國，戴高樂領導「自由法國」，抗敵運動在「樹叢」（*maquis*，法國地下抗敵組織）間進行。上回大戰的法國英雄貝當元帥，如今卻聽命德方號令成立維琪政府，打算終以超級保守政權的首領姿態露面。六年浴血，在世界各地進行——這些猶如上一場大戰回聲反射的戰爭場面，至今尚未從所有的記憶中退去。卻少有人知道賴伐爾扮演的角色，此人兩度出任反動政府維琪的共同領袖，為維護法國完整，他與德國占軍的頭目阿貝茲搏鬥，以免法國工人送往德國工廠、猶太人送進死亡集中營裡。他竭力守住糧食等物資供應，維持國家基本運作而不致失序——所有這一切，不見得完全達到，卻盡其可能發揮他的優異能力，設法自敵人手上爭取讓步——這種做法也算得一種抗敵方式。一九四五年他以叛國犯罪名遭槍決，徵諸其戰時紀錄，卻應該列為愛國人士方為公正，更何況其身處加倍危險的職位（可讀 René de Chambrun 著 *Laval, Patriot or Traitor?*）。

及至一九四五年，希特勒已然失敗自殺，日本被投了原子彈，投降後遭到美國占領。一場大戰已使西方各國經濟陷入勉強存活的苦況，在此同時，福利國則已堅實確立。論其始，係由一八八〇年代的德國發端，然後是英國及其一九一一年的預算案（自由派建立福利制度的「人民預算案」）。決定性的關鍵是一九三〇年代，羅斯福總統及其大切換的自由派（<989）智囊，設立政府專責機構全面推動。及至今日，遍西方各國不可能再設想另一種與此不同的政府形式，對立黨派之間的唯一爭議，只在政府到底該增肥還是減瘦，而維生所需的這樣餐點內容，不管在官僚或個人眼裡，都是同樣難以下咽的苦事（1116>）。

＊　＊　＊

世界大戰重新爆發之前的這段二十五年擁擠歲月，可以總結成兩種相異心情：一為無憂無慮，某些在大錯覺幻象中活過來的人，如今快活地沉浸於藝術與知識的新奇事物，並且一致同意，「再也不」去為國王、國家，或什麼祖國（*la patrie*）賣命了。布克曼成立的「牛津小組」，提出全球親善，連同這種普遍滲透的和平主義，糾合了許多人心。在此同時，卻見刺激最後一場殊死鬥爭的事件不斷，而且分布更廣，一開始事態就不如先前第一回合那般意氣昂揚，於是危機再現。不過這還只是金字塔的兩邊，第三邊前面已曾提及：眾人開始普遍意識到現代主義在知識與科學上的成就。哲學家怏怏不樂，科學人則眼睛發亮；他們對宇宙有了新的看法，科學的視野因此改觀，心理學家、小說家和詩人，則使人類心靈加深前所未有的自覺，深深相信人的思想行動都受到驅策力的推動。

愛因斯坦與佛洛伊德，是附著於新信息上的主要大名，可是如前所見，他們的工作其實是前此半世紀發現與認知的總成——龐加萊差不多就要提出相對論；詹姆斯、法國多位精神學家，以及他們的前輩，也都考慮到潛意識與性所扮演的角色。誠然，過去的關聯並不能剝奪後面這兩位成就的殊榮，卻只在指出他們的思想理念，之所以在一九二〇年代造成震撼，事實上只是外行人的感受。至於對後者來說，新傳來的消息不僅驚人，連感覺與態度也快速改變，以適應這種對內外世界的新看法——同時亦不免於思想理念傳布之後，常有的那種曲解現象。

> 「當然，我們應該更難過一點才是，這麼偉大的宇宙，竟然就這樣突然沒了。」
>
> 「哪個宇宙？」
>
> 「咦，昨天那個宇宙，牛頓的宇宙啊。本來各種不同的天體系統，在我們的腦袋裡都待得挺合適的。現在這個新來的，卻拒絕合作。從街頭普通人的角度來看，它根本就是荒謬，卻正是其偉大之處。」
>
> ——法朗士（約一九二〇年）

愛因斯坦的相對論，提出光速作為終極的碼尺，一個時空連續體以及多度空間的世界——在其中，觀者也是事實判定的一部分。太陽四周呈弧狀的光線，證實了這套理論，其他弔詭說法也開始冒了出來：比方，除了光速之外，不再視任何物理性的事物為絕對。科學也不再是組織化的常理常識，過去這項如意想法從此告終。如今牛頓成了架上的古典，仍然可以成立，卻只能到某個關鍵即止，過此即歉難適用。

新科學再也不是聰明的業餘人士所可掌握。它的概念以及它的數學，都需要一種特別模成的心靈。對這些特殊心靈來說，如此概念毋須名稱，單以數字公式即可表識。科學家因而更顯得神奇了，同時也成了與眾不同的特異品種。

一般小民怎能理解如下這類描述呢：一個無限值大於另一個無限值；量值可以彼此相加，卻不變其和？「電子，只不過是在其環境之中，各方面與電磁場[2]有所關聯的層面之模型」？還有更要命的：也許，人也，「必須」視為一組事故而已——遵守這個「必須」，可真是非常困難。如此這般，結果是現代派的物理一來，從此剝奪人類對宇宙事物所做的任何冥思推想。天體的真正秩序和自然在地上的運作，都變成難以想像之事——詩人再也沒法從中作出半首史詩，如當年魯克雷修斯與彌爾頓所為，或再對月亮致上一曲抒情。我們依然可以凝望銀河系，此物卻屬過時之物（*vieux jeu*）；所有因它而掠過心頭的想法，俱已過時；任何喚起的情感，也都成未開化的幻想。科學鑄造廠做出的新名詞，沒有一個能發人幽情：電子、光子，還有後來的夸克、魅夸克，縱有科普作家不斷以宇宙的「基造磚」稱之，卻難以令人產生半點磚的聯想。甚至連「粒子」（particle）之名（成員有四十餘眾），也是個誤名：既然它瞬間的存在狀態，只在感應版上留下一點，哪能飛入人眼，使眼睛流下淚來（通常跑進眼睛的小東西亦稱 particle）？

物理學上發生的現象，在其他熟知的科學學門也產生了類似效應，新起的科學亦然。後者要將各門科學聯合在一起，以期最終可以就所有這一切做出統合性的陳述。奇怪的是，隨著普通人被科學拋在後面，完全弄不懂科學所言，科學本身所用的描述語言，卻一反過去一度所禁，用起擬人意味表達。本來「力」這個字不對，因為暗示有人的臂膀在中作用——「能」才是正確的中性字。如今卻見「力」成為正式講法，所謂弱力、強力。類似的狀況也可見於生命科學，豈不聞某某質素傳遞「資訊」給另一質素云云——「神經元向晶片發話，晶片又向神經細胞發話」，甚至還有所謂的「碼」，規範著這些資訊的交換。所有這一切，都有一種不真實感，再度造成思索體會的障礙。

世界各地協同進行調查研究，帶來快速的進展，日復一日，不斷更深更細地發掘出比昨日更新的發現以及更微妙的關聯。遂使人加增如此印象：科學之任務，宛似剝洋蔥，一層又一層愈剝愈細，永遠剝不到底。這般過程之中，隨著科學的移步，身後卻留下一個影子——亦即迷信，而且無可避免。因為若說十年之前的事實認定係如此如此，如今卻如彼如彼——或許更完全相反，那麼十年歲月，大家豈不都在迷信之下大做苦工。幸好，多數科學人起碼都是小心翼翼從事，不致信口開河，而這條不斷展開、露出最新可信的真相之帶，正擔保眾人戒慎恐懼——只是在任何時候，對這些科學中人來說，真理都不盡相同，更何況門外漢了。

或許只有醫學，若據其一時的保證行事，後果可能堪虞。醫學方面的發現，有許多係根據「前為後因」的謬誤（post hoc fallacy，因甲事正好發生在乙事之前，就誤以為甲是造成乙發生的原因）：如此治療，可有這種效果，然後另一項研究又發現原來不然。但是除此外別無他法，然而錯誤雖不見得致命，卻依然可能造成傷害。世紀初期，托爾斯泰的醫生梅奇尼科夫，在歐洲醫譽頗著，他立下規矩，指出消化所餘的產物務必儘早自體內除去，否則毒性就會滲透身體系統，造成「自體中毒」。頭痛、欲吐、臉色不好，都被歸因於這類中毒，對小兒尤其有害。結果好幾代的幼童，都被他們開化的父母折磨，務必根據這個準則行事——最後證明根本無毒濾出，方才停了這種做法。

至於純然機械性的物質，危險性較少，不過早期放射亦曾引致死亡，包括手表的鐳漆工人（上漆的表面，刻度可在暗中放光），以及在牙醫處曝照X光或腫瘤放射治療過度的病人。我們今日則有鉛與石綿問題，與當年這類不幸經驗相當，在工作場所吸入這些物質的人員當然因此受害，可是即使未造成空氣汙染，就一定無害了嗎？目前的狀況之下，雖然眾多受過專業訓練的心靈係一本良心工作，許多領域裡的「科學」報告，卻往往自相矛盾，大肆宣傳的程度則一，外行人根本不能決定該信哪一方：全球暖化、土壤中的氡氣、橘劑（劇毒脫葉劑，美軍用於越戰以對付越共叢林戰）、食物添加物、基因改造——都無法做出明智定見。待得更有證據顯示，原來還有大企業與政治動機在後面作祟，影響不止一項「科學」宣告，十九世紀那種對科學口唱心和的信心，從此不再復見。

在此同時，原子彈的發展以及用來對付日本之事，也引發了倫理議題：科學家應該從事毀滅性的工程嗎？好幾國「深表關切的科學家們」，攜手建立了一項全新原則——科學並不超然於一切道德考量。其後不久，遺傳學上的進展也令人對某些看似有益的做法提出相同疑問：比如幫不孕者得子、改變動植物品種，以及最後那「複製」大事——宛如機器複印文件一般，將生物原本複製到最後一個細節。

前戰已了，後戰未起之間，「術」造出許多令人印象深刻的機器。航空方面，可駕駛的飛船（齊柏林）雖然加大成巨型體積，

> 科學，是人的僕人，還是偶像？
>
> ——書評標題，《科學》雜誌（一九六二年）

也有許多利於旅行的優點，為時卻不甚長——因為遇到颳風或暴雨便現弱點。飛機則很快因戰爭獲致改良，雙機翼成為標準配置，而非原先的四翼，一對上方還有一對。此時也開始以噴氣推動，取代舊有的螺旋槳推進器。二次大戰期間，德國的火箭工程大有進展，不出幾年，人類便首度航向大氣之外。俄國的人造衛星史普尼克（同行者之意），一九五七年送上軌道，開闢了一條新徑，終使美國人完成人類首次月球漫步壯舉。如今外太空已成眾家遊樂之場，擠滿了各式遊走器械與移動家屋，取著古典式大名，如阿波羅。這類成就，重新喚回一些想法——可謂相當不具理性：說不定其他世界也有生物呢。科幻小說的創作亦因此愈增動力、素材（H·G威爾斯早已於一八九八年想像過《宇宙大戰》）。廣播則先有無線電，繼之以電視，於是大家可以盡情聽看，而且全球都令人驚異地如出一轍。傳播加速，遠距偵察的方法如雷達亦快速繁增，發揮到今日，更見各種不同器械如章魚觸鬚般附於電子計算機之上（即電腦）——此器雖有計算之名，基本上卻非計數之器。科學與「術」已然凌駕一切，勢力與影響牢牢在握，即使時尚再改、流行再變，都不再可能自其手中奪權。

＊ ＊ ＊

歐洲再度陷入戰爭，在此之前，各方都犯下政治錯誤，而且及至今日依然為人牢記，因此如**姑息**、**第五縱隊**、**通敵**、**慕尼黑**等詞，仍是報界所用的縮寫符號。回到那段時間裡面，英國的時代氛圍，包括各種一時的流行、電影、戲劇、小說和音樂，留下了一份精采有趣的紀錄，本身就堪稱這項文類的傑作。此即那部稱作《說吾》的日記，長九小卷，時間涵蓋十五年，作者是

艾吉特

戰爭年間，他曾在法國戰地服役，後來又在那兒待了一陣時日，這位蘭開夏郡來的年輕人遂能說兩種語言，並嫻熟法國文化，所以作品中不斷重現法國當代面向。一開始，他將自己的經驗寫成小說，結果證明這項文類非己所長，於是改試另一種形式的寫作。不到三十歲，他的劇評、影評即已廣受閱讀，同業之中，以他的舞台及整體文學知識最富；他的評論文字簡潔有力，非常可讀。而他也是個奇人，品味、嗜好和友誼皆有其獨特之處，成為倫敦場景上的惹眼人物。

他是名優秀的音樂家，固定出席音樂會；他喜愛美食與上等香檳；他以科學般的專注殷勤打高爾夫球；他親自下場參加展示用馬的莊嚴表演。一九三二年，他決定開始寫日記，立誓描繪自己生活的全部細節；這項決定意味著除每日思想、行動都得占有篇幅之外，舉凡自己的言談與書信往來，也必須鉅細靡遺，對象包括他的兄弟姊妹——他們的獨特處也不下於他的本人。最後成就的敘事，帶有一些令人笑不可抑的模仿文字片段，刻畫之生動、歷史細節之飽滿，與當年畢博恩日記可以相提並列。

艾吉特（他自己念成與 Haygate 同韻，不同一些熟人卻念做 Ay-git）發現，自己的

這就是一九二六年的情況。倫敦劇界裡，很多都改演什麼嗑藥狂、爵士瘋的戲，不然也多去搞那些空洞無聊的歌舞劇。大體來說，但凡稍有一絲半分智力，或對戲劇稍帶一點感覺的人，四分之三的倫敦舞台都給他們吃了閉門羹。電影院也在各地冒出來，吸引了很多人，因為價錢便宜、場地超級舒適，節目也比較有內容。

——艾吉特

品味很昂貴，錢總是不夠，因此任何文學性質的工作一律來者不拒。他的速度很快，卻極其仔細，細數自己每年變為印刷字的幾十萬字作品。他為法國女演員哈雪兒寫過一本不錯的小傳，他的一流評論文字，集成《八點過半》、《值得紀念的夜晚》、《英國劇場短評：一九〇〇至一九二六年》出版。他也編過同類主題的經典作品；他的書信數量龐大，卷帙浩繁，但從未蒐集成冊，今天可能多數都已散失。

這些浩大工程，有一系列祕書相助，其中丹特本身便極優秀，同時也是一流的評論家，在他身邊工作最久，在《說吾》中的身影更添其會話之精采。艾吉特曾幫助許多作家和音樂家起步，尤其是劇評家泰南。他本人則具約翰生式的「常識」風格，因此沒法成為徹徹底底的現代派人——他不似其他人那般力捧克里斯多夫．弗萊的劇作，覺得其意象有些造作，也厭憎巴爾托克的音樂。卻因為這類評斷，某些人瞧不起艾吉特，視他為半個俗人——請看他關心溜蹄式拉車賽馬的分數（同側兩蹄同時移動，拉著兩輪輕便馬車），似乎就是證據。而且他本人雖嫻熟莎士比亞，卻竟然認為應該讓休假兵士觀看歌舞劇而非《馬克白》；如此「低眉」（low brow，低級無品味），更令那些自以為是的「高眉」（high brow，自認高級有知識有品味）揚得更高了。

同樣的透視能力，使得艾吉特察覺到那些自我中心的前衛人士未能見及的先兆。正

> 女人的尖叫竟然跟火車進山洞的聲音一模一樣，希區考克——或是其他什麼人——發現此事的這一天，真是個悲慘的日子。於是融合手法大為流行，鏡頭中先是一個女人，然後就變成火車，至於她為什麼尖叫，或者到底是誰坐在火車上，卻不再重要了。
>
> ——艾吉特《說吾》（一九三五年）

如評論家威絲特論某卷《說吾》所言：「命運的意識在輕薄身後聲聲擊響，如大低音所奏的莊嚴主題。」一九四〇年時，朋友們以為他會暫時停寫《說吾》，他卻說自己不會停筆，大家不以為然地告誡他：「難道你以為，自己的日記比戰事還重要嗎？」——「怎麼，難道不是嗎？這大戰雖然生死攸關，可並不重要。如果說我忽然得了癌症，癌症就得變成我整個世界嗎？除去我是個膽小鬼不論，戰爭還占不去我全部心思。」

正因為艾吉特的心思精神，隨時接觸真誠知性者的思想感覺，因此他的劇評功力一流，他的音樂愛好廣泛，對兩事也都有深入認識。他這方面與蕭伯納極似，亦如後者般不介意說出自己也喜歡一些不怎麼「雄渾」的事物——人可以喜愛精緻美好，卻不見得就得過分挑剔。艾吉特文字圓熟，足證他是位文體好手；他的聲音屬於他自己，他的才情自然流露；若須掙扎苦寫，他不可能寫出那洋洋幾百萬言。《說吾》一到九卷，必須再等多少時日才能重返讀者眼前，在此就無法臆測了。實在可惜，他的日記不是用暗號隱語寫成，如畢博恩般，否則就可以因著一些不相干的興趣著眼點而受惠，偉大作品往往因此而得推廣，請看斯湯達爾著作即知（圖書館架上倒有《後期說吾》一卷，係巴森[3]據八、九兩卷合編而成）。

＊＊＊

荒謬一詞，是法朗士聽聞愛因斯坦的宇宙觀之際所做的反應；而戰後國家社會的狀態與運作，也愈來愈常聽見這般形容。同樣的年月裡面，一種兼具專門性與大眾化的人生哲學，更開始使荒謬成為人類生存的根本定義，「荒謬劇場」於焉誕生，其他文學類型亦出現類似改變。這個字眼到底所指者何？字源而言，意味著「不能聽」，用例則又加上悖理、無稽、荒謬、違反常理而且可笑等義。

但是這些哲學家卻笑不出來，那些發現自己處於當代社會造成的「荒謬困境」之中的人，更覺得沒啥可笑。這種情境之下的荒謬，意味著各懷心思、目的不一、自相矛盾。雖說歷來社會向難完美，都不免內部矛盾——試想如此眾人，在各種時間點上做出各種制度，當然不可能有完全調和一致的目標或行動。但是除非差異過深（比方同一國內有奴隸與自由兩制），通常文化都會略過一地一時的荒謬而繼續運作下去——直到這些荒謬變得太多或太刺眼了。

哲學性的荒謬，則指向另一種不同性質之物：亦即對人生情境懷有的一種心靈狀態。這項天然狀態，據此想法，乃是不安（Angst），即苦痛。當年由丹麥神學家齊克果首度提出，是一種宗教性的焦慮。他對黑格爾的宇宙觀極其反感，後者認為理性與真實乃絕妙巧合，如此神聖、絕對而有序，人竟然身在其中，真感歡欣鼓舞。人的靈魂由此而來，在眼見理性果然成真之後，也將回歸於此。齊克果卻不以為然，他看見的狀況則是：人世紛繁，與神有一個不可接壤的鴻溝，因此需要全然屬乎個人且謙卑的敬拜。

二十世紀已經將這種直覺轉譯成存在主義的無神論觀。人就只是在這裡而已，宇宙也並無敵意，卻陌生不穩確，人必須就此盡力自求多福。人也從未被派予任何目的或使命，必須自行設定，同時卻知道它們的完成也得不到任何外在的正當性酬報——十足荒謬情境。追根究柢，這種形而上式的所思所感，乃是出於對當前世紀的評價：兩次大戰瘋狂無謂；文明沒有方向，人卻無能為力；人的一舉一動，更與其堅稱的理想有著落差，尤顯人類無來所謂的既定命運。

不過以上描述，並未解釋在眾家教義之中，存在主義者如何與為何偏做此想。其中的共通點則在於：現代的人生哲學，必須自事物被感知的狀態、按我們所經驗生活的存在為出發點，而非任何預存的思想。據此前提我們可以假定，在歷經世紀兩場世界大戰之後，這些思想家之所以做此想法，與其說是因為生存的永遠狀態或多數人的不同生存狀態使然，倒不如視為他們對本身人生所做的自發觀感所致。他們飽受西方文化困境的折磨，圍陷於罪咎、焦慮、漠然和異化之中，種種感受遂在他們的體系中找到位置。

> 你這傢伙是我頸上的痛（直譯，意指頭痛之物）
> 為了不讓你弄得頸上痛
> 我保護頸子，弄緊頸上的肉
> 結果反而給了我頸上的痛
> 就是你這個痛
>
> ——賴恩〈結〉4（*Knots*，一九七〇年）

以上說法，顯然可以詮釋存在主義所言的「荒謬」，因為在此同時，某些心理學家和社會學家也診斷出人與世界俱已失常。蘇格蘭精神學家賴恩，因指出下列弔詭現象而成名：失常，其實正是面對不正常世界下的正常反應。他寫了一些小詩，描繪精神失常病人的荒謬現象，顯示典型的現代心靈陷於不斷來回打轉之中。

至於其他作家，亦即馬克思和佛洛伊德的門徒，大致可以法蘭克福學派之名稱之，則主張將馬克思學說裡的自由派（liberal）一面，與心理分析的情欲成分綜合起來，達成人類又一新的解放，掙脫那不可忍受的身體、社會和經濟壓迫。在美國，類似呼籲也在《生死對抗》的醒目標題之下出現，作者布朗因此取得堪與馬庫色相提並論的影響力，後者是法蘭克福學派在美國的代表人物。又有心理學家李瑞，提倡嗑藥以為提升自由生活的手段，這些精神導師已被列為激發一九六八年全球年輕人運動的始作俑者。

小說家、劇作家也不落人後。寫實主義已被他們視為錯誤的路線——事實上，此時幾乎已成感傷性的現實詮釋。為表抗拒，他們創造出各式各樣的「荒謬」文學：包括以荒謬為名的劇場——原稱「殘酷劇場」，頗為耐人尋味，這一系有亞陶、貝克特、品特、尤內斯庫諸位，並有卡繆等人的小說，也對這同一種新倫理提出理論與刻畫。整體而言，他們筆下浮現出的共同形態乃是：荒謬也者（亦即反理性），才是可以用來解釋社會與個人生命的公式，也是藝術的指定形態。這種情況，說來古怪，正與科學的走勢若合符節——如今在科學裡面，「常識」同樣沒有地位，再不能用以預期科學調查自然所得的結果。

但是不論多麼吻合時代的氛圍，存在主義者的怨懟似乎不值一提。其悲嘆係因為宇宙無情無緒，人必須自訂目標——然而兩項假定都有疑問。我們可以這樣說：人與自然乃是一：自然的自覺，在於人也透過於人。而人自世界所達成者，包括智性或物性兩面，正是人的任務——固然是其所擇，卻又如此普存普在，幾乎直等於宿命義務。除此之外，自然真有那麼陌生、那麼不友善嗎？它當然沒有任何目的，無所謂善意惡意；它甚至不是以一個自存的本體而在，其乃人造，造自人的經驗，為人的目的而造。可是一旦以此視之取之，「它」又成為人的供應，以千百方式供其處理使用——而且它很美，它的風姿入目，常令人不知所以地欣喜。人與宇宙的這一切關聯，向為人歌頌、紀念，若果嗤之以鼻視之為錯誤，就是忘記了縱使心靈「錯取」，也是因為它有「取」的動作，而當前這種向荒謬屈服的態度，亦是一種在生命之內而非之外的「取」——因此何來資格一味詛咒？

科學，遂與哲學和文學理論在反理性上大會師，不禁令人想起一九一六年在蘇黎士寫作的那批達達主義者年輕人。他們同樣也是在奉行「荒謬」，雖然並未祭出此名亦無此論。其後的超現實主義亦然，尤其是畫家與雕刻家（＜1045）。從中可以推得一項老生常談的結論：這些藝術家及思想家，都對周遭環境有同種評價，受此驅動，作品不僅「反映」、「映照」，更進一步展現出這等環境的真切特徵——卻帶有一處不同：荒謬一路的作品，並不迸發正電火花，也不引爆對荒謬之荒謬性的反叛。反之，卻接受它為生命固有的本質。

對比之下，先前的哲學思想則視生命為清醒之源、正常之本；「正確」以它做度量，它沒有腐敗之虞；在大寫的「生命」與此時此刻**我們**短暫的生命之間，隱然有所分野。新的思想與新的藝術，正顯示生命的要求。甚至連斯多噶派，雖不因「活著」這念頭而高興得手舞足蹈，也依然容許生命和宇宙保留其正當效度。荒謬，卻標顯其膽氣全失。

誠然，某些法國存在主義者，尤其是馬賽爾，確能將自己的哲學思維與天主教信仰予以調和，後者告訴我們要認命，不要抗命。可是一般的主流思想，由沙特和西蒙·波娃所代表，卻採取馬克思思想，並成為其忠實的宣傳者。但是馬派學說，用來對付荒謬實在算不上創意，事實上根本自相矛盾。遵行馬式教義，等於相信前面的路已為當前的歷史階段命定——亦即其物質狀況，而非出於人意志的自由選擇。馬克思派歷史的目標，更是優托邦式的存在，既無律法，想來連「不安」也不存了。

從原創的哲思推論，到進入公眾心頭，甚至登上報紙版面，這段思潮之旅在二次大戰結束之際的世紀中點快速發生。空氣中充溢著與常識常理直覺有違的科學真理；詩歌、劇本和畫作「表現我們這個時代」，卻盡是沒有線索的啞謎；各種批評理論，使我們恍然大悟：原來表面的意義都只是外衣，只有藏在下面的才有意義；或者乾脆就是作者無意，作品亦無可辨之義；最後，法則與規條使人糾纏於難以言喻的困境——正是可供卡夫卡磨坊研製的好材料，每日與荒謬做著數不盡的接觸，已使荒謬成為心靈的固定裝備。其實荒謬一向在我們日常生活裡占有極大部分，若不信，請參考一下伊拉斯謨斯的《愚人讚》即知。可是二十世紀比十六世紀更上層樓，竟使「荒謬」成為「正確」之符誌，具有說不出的吸引力。任何學說、綱領若祭出與「常識」相逆為標榜，都有一大假定的好處——看來重大發現就要突破了。過去被視為江湖郎中，如今卻成受歡迎的新知灼見旗手。

這類教義綱領，細數起來真不少，在此姑且試舉幾端實例：西方國家花費幾十億於全民教育，一旁亦有公眾吶喊追求卓越。在此同時，社會卻猛力抨擊任何優異性為菁英主義。同樣這些國家，一面悲嘆年輕人暴戾、雜交，一面又放任色情暴力氾濫在影片、書刊、商店、俱樂部、電視、網路和流行歌詞之中——為「思想的自由市場」之故。在這面偉大旗幟之下，言論的定義（至少在美國）已經擴大到包括行動在內：焚毀國旗可以無罪，此乃意見之表述。如此拘泥於法條，似乎連暗殺都可以成立。

二次大戰結束之前，西方有一些團體開始鼓吹採取手段，保護即將到來的和平。成立大西洋聯盟和加強國際聯盟等等提議，獲得相當支持，從中也的確生出了北大西洋公約組織與聯合國，後者還包括多項組織，推動教育、勞工關係等諸如此類的善工。在此之外，英國等地也有人提出舊議，主張創立國際語言，以助世人相互了解。此事當初十七世紀即已倡議，十八世紀

> 民主文明，是史上第一個在另一支力量想要毀滅它時，反過來怪罪自己的文明。
>
> ——賀維爾（一九七〇年）

發明出來，一八八〇年代更成效卓著，一口氣設計出兩種世界語：Esperanto（意希望之人）、Volapük（意世界語）。二十世紀初，數學大師皮亞諾又創出「媒介語」（Interlingua），主要為科學之用，亦如其他國際語乃係依據歐洲語源而造，並將文法予以簡化。

一九四五年後，同樣說法再度提出，卻向另一方向獲得成效，與其他方案完全不同——此即基本派英語，出自英國心理學者暨教育家奧格登之手，友人理查茲是位文評大家，與他合作並大力推動。他們的假定相當正確，英語早已具國際性，於是設法簡化成核心要件，以供初學者用。結果卻適成可笑的歸謬法，所謂的基本字彙一點也不簡單，許多常用字被排除，卻規定一堆由 make、have 組成的片語，不但難用，而且根本難記。若忠實遵守這套方法，就難以靠讀報或聆聽英語母語者所言進一步增進英語能力；即使深諳其中規定，彼此更恐怕也說不出任何有意義的內容。說平常英語者若想向流利的基本英語派進行溝通，可能也會發現那八百五十個字彙的限制實在歉難遵守：一共由六百個名詞、十八個動詞組成。他會發現「湯」沒有問題屬於基本字彙，馬鈴薯則不行，必須用規定之內的基本字彙自行創造：**那個有著厚厚棕色外皮、從地裡冒出的植物**——可憐的餐廳領班，除了得練就多種語言的本領之外，恐怕還得加上讀心術一項。奇怪的是，最會用詞的邱吉爾，竟對這種不通氣的講法頗表讚賞。

> 基本英語是經過仔細設計的計畫，為實用企業交易與理念交流之用，是促進多族間認識的媒介，有助於建立維持和平的新機制。
>
> ——邱吉爾於哈佛（一九四三年）

當前這種嗜用字頭縮寫而不用全名，或為機關行號取一長串名字以做成假字的字頭語風氣（acronym，取每字第一個字母組成，如聯合國為UN，本係為方便縮寫，現在更流行先定出有意義的字頭語，再回頭湊出全名），則屬孩子氣的荒謬。不但增加記憶負擔，相同的字母組合愈多亦製造混淆，打開外縣市報紙或外來期刊文獻，更難以了解其中所指。結果是浪費了時間，連傳記也受此作風入侵，用縮寫指稱人物，不啻連傳主帶讀者都一起侮辱了。

有關藝術方面的嚴肅型荒謬，先前已著墨許多（<1036）。在此再論其副作用——如今為使古典劇本或歌劇為人接受，已衍生出一種標準做法：對大多數導演來說，所謂現代化的「古劇今演」，意味著另行編造模仿，更動原劇背景、主旨，以造成驚奇或驚嚇效果。於是塔圖這傢伙不再是只顧自己的偽君子，卻是誠懇的愛人，只因熱情所迫不得不找藉口欺瞞。或見整齣《喬望尼》（莫札特歌劇）中，這名登徒子都坐在輪椅上，因為他愛誇自己在性方面的能征善戰，事實上都為掩飾不舉。

這類作品的台詞與音樂，其實都與「詮釋」相違，卻無人介意。隨著修正主義之風而來，還有「不辭勞苦」的大動作，以強調其中涵義——只見跪呀躺的、在地板上翻滾、緊抱在一起久久不放等等，務要觀眾看懂這對愛人正一心向「性」。台詞也不再用說的而用喊的，更將劇場的荒謬性發揮到淋漓盡致。

至於現代的理論建立，「打倒常識常理」這股驅力再度一轉，分裂了眾人意見：有些人拒斥某個學說，覺得它簡直胡說八道，叫人忘了事物的多樣性及具體性；另有些人卻覺得某種望之牽強的說法正合心意，因為以語言的抽象取代經驗，而且這些用語

> 那個時候，如果我還在這兒，我真正想做的，是（蕭伯納的）《回歸千歲時代》。我想把它弄個粉碎，徹底地搞一場。
>
> ——加拿大5蕭伯納藝術節藝術總監
>
> （一九九五年）

常常很有意思。三位大名——李維史陀、麥克魯漢和孔恩，雖然通常並不被聯想在一起，透過其理論系統卻如出一家，各有熱情信徒，因為同具此類特色。

三位中的第一位是人類學家，從研究原始民族中提出「結構」觀念，這是一種形式面的形態，由具有指標性的項目組成，比如一民族的飲食習慣係屬生食或熟食。於是不同民族的多樣性從此退位，改以結構化的分類代之。結構主義的觀點立即沿用至其他學類，在語言學者當中一時尤其蔚為風氣，弄得「文法」在學校成了不可說的東西。亦為文學批評提供了新的準繩，使其批評詞彙大為更新。

麥克魯漢是行為學的理論家，他那句魅力十足的「媒介即訊息」之語，意味著系統性、強制性的「術」，壓倒了語言本體與意義本身。事實上如今字詞已成作廢，改由圖形式的視象統制思想，形式抹去了內容。現代心靈從「線性」習慣釋放出來，加以適當地錯置易位，遂在新的結構關係之下擁抱整體。於是以線性透視作畫的文藝復興，以及那發明了害人印刷術的谷騰堡，從此終告鏟除[6]。

湯瑪斯．孔恩是物理學家暨科學史家，提出「典範轉移」（paradigm shift）概念廣受同業讚揚。典範也者，係指科學上不時出現的新思維，而且是整個典型模式（pattern）之新，不僅在個別真理，遂致所有研究範疇為之一變。甚至可能立即影響到整個場域，因為舊思維提不出適當自衛，無法抵擋這新起的有機結構。

> 從事物的模樣到外觀的結構：
> 觀看外在的呈現，可以對內在的結構有所了解，（可是看著送進電腦的東西，）我們所見之物就類似我們腦中進行的計算過程。
>
> ——米勒論繪畫之果效（一九九〇年）

科學主義的氣息，在這三項思想運動中當然都非常明顯，更可以嗅出長久以來科學界喜用「模式」的作風，亦即事物的基本輪廓。將新鮮的實驗數據對照假設、驗證假設，新得的通則概象遂能嵌入預設的設計架構。將經驗之實拋諸身後，力求以最小量的數學陳述描述形構，確是科學家之事——但也是眾人之事嗎？從這個哲學性立場出發，以及在一些個別事例之上，李維史陀的結構主義與麥克魯漢、孔恩的公式，已曾遭到質疑。何況縱有麥克魯漢之言，任何人毋須太多探查，就可以看出字詞之用至今依然未滅。請看「術」雖是電視之母，電視中興旺的談話節目卻屬語言洪流；電子郵件更是印刷的一種形式。至於結構主義在語言與批評學的地位，亦已為其他學說取代，而且（孔恩先生，抱歉得罪了）與孔恩先生意見相反，好些個史學專家都已表示，科學思想的翻來倒去，並不會讓他們想到煎鍋裡的蛋餅。

* * *

道德倫理方面，今日最公然的荒謬都包裝在「相對主義」這個可怕字眼裡面了。此詞在當前之濫用，實在是嚴重的錯誤，不只影響到大家對自然和社會科學的認識，任何有關今日道德言行的論理，也往往難以為繼。抗議相對主義之聲，十有九回純屬機械性的自動反應，更別提無所用心。好似每個人都知道這個詞是什麼意思，變成了一種陳腔濫調，只要一見任何鬆弛放蕩，就都是相對主義之過：敗德敗行，被認定是相對主義人生觀的產物，再與自由派政治勾搭在一起，更意味著志得意滿的不負責態度。

指控的罪名如下：相對派那幫傢伙，否認世間有一定的對錯和絕對的好壞——於是追求流行從眾之心遂起——「什麼都可以」、「大家都這樣」。相對主義此物與良知正呈對角反立。然而，所有這所謂「相對」，到底所意者何？它意味著有彈性、可以調整，正像一把滑尺，可以上下移動，在類似狀況下讀出不同刻度。道德曰：「不可撒謊」，相對派則說：「徵諸這個或那個因素，我會毫不遲疑或後悔地說謊。」——或為截住壞人，或免焦慮之憂，或其他任何正當理由。反對相對主義者見之，則推論這同樣一個人也會欺騙、偷盜、諸如此類一路沿著不道德的階梯上去，反正總能基於某項特別理由，「相對地」正當有理——甚至更可能連藉口也不需要，因為「相對」已成習慣，無庸祭出任何想法，只管自家放縱任性就行了。

另一項罪狀，則是相對主義者看待不同的道德規範、宗教或文化，竟然都一視同仁；相對於它們各別的時地、歷史與生存手段，所有這一切在價值上一律平等：就像五之於十，等於十之於二十一般——交叉相乘都是一百。這類不滿，係針對史家與人類學者而發，因為他們筆下所用，乃是因地因時制宜的內部標準，而非永恆的外部準則——他們認為能同其情，才能識其事。比方說人類學家堅稱，在沒有數字觀念的部落裡，若能數到五就不啻數學天才；歷史學者發現，十六世紀有位統治者以容忍態度，寬待所有基督教的宗派，真可稱得道德與人道主義先驅。反對者遂從這類相對式的評價推得結論：那個會數到五的部落民，竟與愛因斯坦居於同等地位，那位寬容的統治者，亦與美國憲法的設計者同價同值。這種邏輯實在是嚴重錯誤；相對**評價**，並不表示終極定位或高低。

在此，可以窺見隱藏在這術語誤用之中的「荒謬」身影。誠然，西方文明確可以此自豪：我們已發展出多元論的概念與運作機制，同一個政治體遂可容納各種相互矛盾的宗教、道德規範與政治學說，在地位上一律平等。但是這種做法，並無一語涉及它們各別的優點、價值，遑論其價值之等，否則便無意義。從社會文化的包容觀點言之，攻擊相對主義者亦無異議，他們本身也受了惠——卻從來不提。至於「相對」的反面，乃是「絕對」，絕對則意味著只容許唯一原則，單一的思想行為標準。

不免要問反相對主義者了：「那麼，又該採納和厲行誰家之絕對呢？」多重的國度之中，這種絕對可太多了，直下任何宗教裡的各種支派。然而一個社會到底可以容納多元主義的多樣性到何等程度，確是個真正議題。單單是兩大語言群體對抗，就可以把國家分裂到無以復加——只看比利時和加拿大即知。但是一見多樣化造成不安，就把責任怪罪到相對主義頭上，卻又模糊了非以政治力解決不為功的情況。在此同時，荒謬性繼續存在，只見一面擁護多元，一面又嘆息缺少一個可以治療道德弊病的「絕對」。

> 世界更瘋狂了，更甚我們所想
> 多重到無以復加。我剝而又分橘子，吐去了籽，感覺到
> 事情如此多樣的暈醉。
>
> ——麥克內斯〈雪〉（一九七〇年）

尋思之下，更進一步顯示任何人只要思想，其實都不斷地用到相對標準——此乃心靈在任何判斷過程中的必然運作。比較兩個長度，得用碼尺對照；法官或陪審員也得將案情與法律做一比對。即使在絕對法下，這般相對照的手續依然不能省去，才能定罪量罰。沒有任何標準，可以像自動機器一般作用，也沒有文明社會，能夠缺少相對式應用的不同標準：雖說在法言法，法官量刑卻往往輕罰初犯，重罰累犯。狀況雖典型，處理卻不盡等同，乃是智慧行動之準則：小孩子的飲食或藥量，也都隨年紀、身量有所不同。

然而，世間至少總有幾項基本的行為準則，是全人類都認可具有約束力、絕不因狀況而有異的恆法吧？——顯然沒有，甚至連「不可殺人」都不是。回到那了不起的習慣法初起的十一世紀，贖金

（*wergeld*）才是定例，亦即殺人的罰則乃是**賠錢**——*murther* 的原意即是罰鍰（<342）。愛斯基摩人要求殺人者離開本族（也是過去式了），兇手亦如此聽命，鄰族則不發一言便予以收留。今天在最先進的國家裡面，自衛之下也容許殺人；戰爭亦然，算得上是遠距離的自衛。一次大戰期間，基督教神職人員正是在那種相對的意義之下，解讀其第六誡的規定（<1007）。絕對標準式的良心，在人類似乎不存在呢。

誠然，為求內部安定祥和，多數社會都定罪處罰殺人的行徑，以及各種人身傷害、嚴重的說謊背信和詐欺偷盜——如果財產制是其體制之一部分。但是特定的法律條文則落差極大，而且還不時相互牴觸。就資產一事而言，一八八〇年際的西方事業家，其道德良知可與其一九八〇年的後人大大不同。同樣的差別也因地而異：在西方世界屬於刑事的重婚罪，在非洲部分地區卻是獲得身分地位的第一步。因此反相對主義者悲悼當前的道德狀態，其實正是基於他所認定為固定恆久的前此狀態，在做著相對式的判斷呢。

或許，為釐清這等頑冥陳腔，應該來談談「關係論」。首先，就會注意到科學根本就是關係之論，科學的全部努力，都是在為現象建立關係，最終則是以物質或數字的量碼為媒，在定義完好的兩兩感官印象間定出關係。如此大功告成之後，就可以導出各式比例以資實際應用。藝術裡的形式（以及任何事物的「適態」）也是由部分之間的關係組成，或微妙或鮮明，都無法以絕對的公式手段取得。立身處世，更講究圓融老到這門藝術，社會才能文明有禮，而圓融一事，不是別的，正是最最微妙的關係主義在行動。

＊＊＊

本世紀的二次大戰，一如首次，留下小型烽火繼續在多處燃燒，亦只見美俄兩強獨大，顯然強勢到可以動輒影響世局走向。既不能達成協議，雙方遂在冷戰裡對峙了四十年，亦即一種「代理戰」。又因為這場對德對日戰爭告終之後，眾殖民帝國亦隨之崩潰，從中造出一大堆小國——實在不應該稱之為國家，這類新國與新戰的重要程度遂因而增高，正代表兩大強國間的對敵狀態。從此（雖有蘇維埃解體）西方人口就每天憂心忡忡，只聞各地衝突鬥爭不斷：東歐、東南歐、中東、遠東、南美和非洲全地。

解放後的殖民地，又繼續不斷分裂，共產攫奪政權，接下來則是反極權抗爭，旋轉門效應此起彼落（以及愈來愈多的地理性名詞轉換），和平大國遂任由侵略性小國宰制。在許多區域，基本教義派鼓搗人心沸騰卻不能造成團結。為在戰略地區維持些許秩序，較老牌的國家（零星片段地）擔起警察任務，因為在許多角落，時有「解放軍」侵入屠殺，好從這個方才自另一較大單位分割出來的迷你小國，再切出一塊地來。傳播的速度，以及世界各地對西方娛樂的需求，終於使世界成為一家——這份可供誇口的成就，卻因民族間的阿米巴分裂而抵銷。

另一種非常不同的自由驅力，則在美國改變了整個社會的人際關係。漫長的多年之後，怒火終在南方諸州爆發，起來反抗事物的現狀。黑人民眾發動各式抗議，要取得百年前已由內戰入祀憲法卻依然為邪惡習俗所礙的神聖權利。群眾的行動有節制，他們的領導人智慧、英勇、雄辯且溫和，因此民變幸未演成流血抗爭。國家作為整體，也視此在道德及法律上俱為正當，如今更設立國定假日，紀念那位傑出人物馬丁・路德・金恩牧師（黑人民權領袖），其名具預言性質，其人則領導運動臻至重大成果。

後續演變，卻非盡如先前所願；偏見的消解，速度很慢。除此之外，又見種種步驟放大了種族概念，幾成所有文化事物的決定關鍵。這種情況並非立法者一手造成，一九六四年通過的那項強制平權法案確為明智；卻是在此法之後，某些公私單位開始強制規定，保障「少數群體」的優先工作權或職務資格。這個荒謬的名詞，包括女性在內，新有的特權遂加增個人之間以及群體之間的相互敵意。歐洲也有莫名其妙的同類政策，傷害了本地人與移民間的關係。環顧國內國外，國家當局都已失去其不偏不倚的美德，因此也失去其道德權威，無法使公正性成為一體遵行的大法。

藉由各地戰爭中的一戰，美國策動在遠東圍堵共產黨，亦即一九六〇年代的越戰，此時卻發生一場遍布各地的年輕人反叛運動。中南半島上的前法國勢力，已經一蹶不起；在半島叢林內作戰的美國軍力，對付北方下來的游擊部隊，也未見出任何進展。警覺的美國大學生開始逃避徵兵；在各方支援與金錢相助之下，學生中的天生領袖將一股不滿情緒首先攻向校方，不久更演變成對整個「現有體制」的抨擊與破壞。

暴力對峙於一九六五年在加州展開，一路向東延伸，及至一九六八年際已癱瘓了校園生活。狂飆吹抵歐洲，幾乎推倒了戴高樂的法國政府，影響了英德兩國，歐洲其餘地區亦受零星波及，本屬紀律碉堡的日本大學則深受擾動。動亂以不同形式，延續至一九七〇年代中期，在一代人的心靈上留下深刻印記，其形貌至今依然影響著政府政策與學術世界。

年輕的美國人先帶著如同一九二〇年代的和平反戰情緒——「做愛，不作戰」，然後又取得一九三〇年代的馬克思反資本主義心態，再依各人氣質性情，將這些情感與返璞或虛無加以結合。叛逆青年之中，有人組成公社，如早期基督徒或十九世紀烏托邦人士般群居共處——大家都是兄弟姊妹，財產共有、工作同擔。有人躲在地下室製造炸彈，爆破公司行號，以宣傳他們的觀點。歐洲學生不住校，人數更多，而且本來就有鬧事傳統，可回溯至十二世紀。他們的怒火在政治上因此更有效果，也從政府獲得讓步，不但提高了生計，更使他們始終是一種威脅。

依國家或城市不同，運動的計畫自也有異。芝加哥某場示威受到殘酷鎮壓，示威期間曾發有傳單列出八大立即性的迫切事項，包括廢行金錢、「人人都是藝術家」——想來某些藝術家大可認為，他們自家的狀態早已如此。大家也難忘後來在加州某名校舉行的抗議活動，因有某位活躍於全國政治界的教士在場激勵人心，以及那句他與示威群眾反覆吟誦的口號：「西方文明，非滾不可！」此處的文明，係指當時核心課程裡的一門，卻非為學術因素而受譴責。這個名稱顯示著一種情緒，今日在許多大學課堂依然普遍而有系統地發抒。

一九六八年的美國學生，其實有一項真正可資抱怨的理由，卻鮮少在他們的言論與海報中出現——那就是教師棄他們不顧，反交給助教照顧。教授不授業，乃是雙重作用下的結果：聯邦政府不僅徵用科學界人士為戰爭服務，其他各門從外語到海軍史也都不放過。又有基金會的大型款項賄賂，大學遂容許自家的優秀師資，成為「前」教授策畫的社會等研究計畫之成員。這類學術經理人也在校園成立專門中心或研究機構，吸走了教學部門原本該獻予本身院所與學生的心力，其財務來源也轉由基金會提供。

叛逆小子若仍在學，抗議方式乃是占領校舍，尤其是校長辦公室。並大肆亂塗亂寫，破壞研究紀錄及設備亦屬手段之一。大學的行政當局，則以最高的謹慎行事，亦即膽小怕事。他們列出一張張清單，要求討論「沒有討價餘地的議題」，吞下所有侮辱——校長大人站在台上面對學生群眾，任由油漆淋頭——毫無主見反擊學生的要求。極少數的幾個例子裡面，校方召來警力保護員工與外人，亦都招致怪罪。激情高潮關頭，也聽見有些教授表示：自己從未感到如此充滿生命；衝突能使人有活力，正如一九一四年間的知識分子所感（<1007）。英國的紛亂時期較短，多虧劍橋大學副校長及時與他校負責人接觸，共同起草了一份聯合聲明，誓言他們定將會商，若有必要更將改革，但絕不容許任何形式的暴力手段[7]。

這場不尋常的運動，不曾推翻政權，卻嚴重地震撼了西方。對之進行評估，則難有任何把握。學生領袖之中，一些聲音最高、能力最強者，日後變成沒有鮮明面目的企業人或專業人；也有人成功投入常態的政治活動，然而除了歐洲某位人士[8]是為例外，卻未能產生出任何政治家。學生運動最廣泛的影響，則在使學生對師長不敬成為當然。教授的權威，不論得自其學問或頭銜本身，如今受到某些帶中古餘風的做法（<344）監控。每年由學生考核教師的好壞，作為薪資和升等考量。某些學校甚至讓學生參與課程的計畫與內容，更可以自由辯論決定成績。一九六〇年代的叛逆感，使權威位於守勢（權威一詞本身即是禁忌），所有的決定都務須依照協商諮議——正是**大解放**的邏輯。

* * *

以上討論，曾以小寫方式論及**抽象作用**與**分析**，這兩項常常一起出現的主題路線，皆與實質物事有關，原因顯而易見，而且是係以實質意義存在。此外卻還有一些比較不明顯的現代習慣與事物，也同時涵蓋這兩項主題，論其起因後果，也帶有一點荒謬風味。

「機器行使抽象」，可視作一項概述，因為機器在經驗與知覺之間，放進了一個仲介者（中間物），由此而產生的經驗，係一種推衍而得和人工的經驗。比方說，電話或電影裡的聲音，並非人聲，而是原聲經過扭曲的殘餘，足以讓人聽出到底所言者何而已。稱這一類機器轉化之工為**抽象作用**，自有其依據，因為機器之設計，本就是為截取或改易實物的某一部分，以獲得某種益處。其他部分雖不再存，這筆交易看來卻很划算，比如罐頭食品可以長久保存，交換條件就是減其微妙風味，有時更從原件抽料，製成完全不同的產品，正如立體派畫家處理面孔或身形的手法。

所謂電腦網路（cyber）世界的功能則更進一步（原意為制控，現多指網路環境），提供使用者更多更廣的人造經驗選擇——每樣事物，從名畫的複製，到儼如真人的女性軀體，做出誘惑的表情姿態。在歐洲觀者的眼中，這些數據交際女的豔光，更勝真正女人，正顯示對抽象的喜好之盛。「虛擬實境」，如今可比具體的實境更為強勁；機器製的愛，征服了一切。

這並不是說，機器問世之前，從實體進行抽象的做法就不存在，或謂人生可以毋須抽象——抽象在嬰兒時期就開始了。名字抽象：**母親**、**父親**、**樹木**、**椅子**、**五**、**六**，都是抽象物事，並以一種粗簡的方式縮減了個別事物的實像——比如「玩具」，具體言之都是用以玩耍之具，「做菜」亦然，不管是什麼菜。在高度的文明裡面，這類抽象設置則愈衍愈眾，更從分析發展出超級抽象層次。先前已曾提過，「分析」將整體打散為部分，以期對研究對象的質性或行為更增了解。但是有得必有失，因為分析之下，反不見整體之所以有趣或有價值的構成特色。我們往往以為，鐘和其零組件都是同樣的東西，可是不到拼組起來成為整體，這些「部分」絕不是鐘，不能上發條報時間。零件已被具體地抽象了，直到在空間中重新適當地組合起來之前，都只是一堆廢五金。

為計畫故，我們心中也須進行分析而致抽象。比方社會學家若想知道本州每戶平均有幾個小孩，就必須在分析可見的實像之後，架起一組抽象設定：所謂一戶家庭，係已婚夫妻或任何有兒女的伴侶？收養的孩子算不算？死胎又如何處理？如果用取樣而非實際數算，更進入新的抽象層次，必須分析人口的某些特徵而界定樣本。所得的結果，可能是一家平均有三點二個小孩，這種數字當然更屬超級抽象。

成千上百的統計數字，這個「指數」、那個「率」，應用於數不清的活動與行為，都是分析抽象作用的結果，與原事原物有一種雖獨斷卻（希望如此）有用的關係。這些數字很確切，其價值卻經常不確定；如此不確定，以致統計報告不斷招致三項批評：分析內容摻雜了不相關物、統計方法有誤、干擾因子未予考量。大家常常忘記：完美算出的相關係數，並不能暗示兩事之間就存在著因果關係。統計數字（如此處所示的「統計生活」）至多只能在我們面前展示儼然如真的複本，與真正實事有一級之距。

但是某些更進一層的抽象，所差更不止一級，此即對「指標數」的信賴。指標乃符號，用以代表某些難於直接掌握的事物。借用符號行事，古已有之：發疹子意味痲疹，醫事之道藉諸病徵而卓有成效。但是抽象的疹子（姑且如此言之）就比較靠不住了。求職者回答問卷，標明他的嗜好習慣，就能夠標示他未來的在職表現嗎？兩者之間的相關係數，人事主管以為管用，事實上可能只在自圓其說。作答可能多數不真，即使誠實正確，又有何相關之處？意見調查不可靠，重點即在於此。

若說當前文化的所行所是，簡直活似斯威夫特筆下的拉普坦島島民，倒也不失公允——他們腳不沾實地，盤旋空際。人類的直接判斷不受信任，我們的社會乃是一個只看資格履歷的社會，個人的能力品格，係以拐彎抹角的迂迴方式評定。當面閱人高低，反而不受認可：豈不聞「不要遽下評斷」——其實這種鑑定方式亦非不用指標，只是不易辯證。反之，藉數字表達的分數則不管效力真假，完全不容議論餘地。

在學術科目方面，同樣也是由分析提供材料，藉抽象表達結果——亦即各行學問的專門術語。遂使學術報告與教科書變得如此空泛，不見任何具體實在的字句，讀者必須把一串串以 tion 結尾的字語（意指學界喜將動詞予以名詞化的風氣），轉換成活的畫面，直到想像力告罄為止。

一如科學界的工作者，經濟學家也愛使用模式：包括製售品的數額、不同時間定點間的比率等等。抽象性的相互關係再行精進，更成全然以數學公式表達的模型——稱為計量經濟學。然而過去十年間的經驗，卻很不給經濟學家面子，他們提出的警示與預測，往往被製造廠商、消費者和投資人的作為弄得完全失準。這種難於駕馭的行為，更增凱因斯派與反對者之間的混亂，為政策爭執不下。有人呼籲從經濟的供應面著手，有人則要政府保持需求面不斷，甚至不惜祭出赤字支出。事實上兩邊對一事的看法卻很一致，亦即凱因斯在其劃時代巨著《一般就業、利息與貨幣理論》中所描繪的運作機制。

同樣地，也有人將數字運用於歷史之學，比方「計量」出某時某地的暴力現象，彷彿它是具有同質性的實體——這等努力並未獲太大成效。另一種較老的抽象形式，亦屬結構主義，則是歷史哲學。前此已予描述（<939），亦指出其誤導作用，主因乃在歷史哲學往往堅持單一成因；他們將事件大致處理一番，排出複現性的範型，各種範型加在一起又成歷史的結構。本世紀初曾有美國史家亨利・

亞當斯借用科學概念，以期加強這等史觀，想把複現型的系統，應用到自己對中世紀與近代史的認識，以及本身的人生經歷，亦即人受多重力量所控，既不能抵擋也無法全然了解。不過他不採單一成因或相同形態，卻提出「能」作為歷史的驅動原力，並引用熱力學定律解釋文明進程：能，雖然從不減少，卻愈來愈失去組織而不能使用——木頭燃燒生熱，卻只能燒上一次。亞當斯認為，現代文化、社會裡日增的多元多樣現象，正是「能」在減損之象。他又加上一個「階段法則」，借自吉布斯——卻顯然誤會了原意。他以此法則判定出「能」比平常損耗更大的時刻，亦即加速發生之時，並預言一九一七年將是此時。爆裂一再發生之後，勢將產生失序，造成文明滅亡。

「將事件結構化」——此乃時髦說法，意思就是「把事情理出秩序」。這種做法本身，並不見得產生荒謬。事實、思緒和意圖，確需要有所秩序；若無形態模式可循，記憶將難以招架。為眼前行動與制控之便，當前事象也務必理出秩序，甚至得犧牲例外事例。如此結果，可確保所謂「社會學上的用意」。荒謬之處卻在我們的習慣，以為秩序即真相，卻把事實放過。同樣糟糕的，則是把這層思想鑄模與行話套用到沒有必要之處，比方不說人人逐樂避苦，卻說成「人人都傾向於最大化其價值」——姑且假定這句模糊抽象語的背後，的確是這個意思。在任何語境或文義裡面，**價值**一詞，肯定已成當前最空洞的用語。總結起來，分析與抽象本身不是妖魔，無須作法驅趕，卻如機器，必須掌控而非服從。但是一味使用這類不嚴密的字詞與朦朧的概念，雖然多少可以轉換成為實在，卻太耗「能」，滅盡了生趣。街頭若有人說「降水率為百分之二十」，絕對比他說（並感覺）「稍有可能下雨」少了那麼一分生氣。

* * *

思想之人，若參與（也許是隔著距離，以獨自沉思的方式投入）當今最激烈的戰役，亦即因國家觀念與宗教地位而起的深刻分裂，應該讀一讀下面這份文章，以集中思緒並導引抉擇。此即杜斯妥也夫斯基《卡拉馬助夫兄弟》書中一段長約二十頁的文字，由其中一位兄弟伊凡，正式以詩的形式說給幼弟阿利歐沙聽，詩名是：〈大審判官〉。伊凡立刻又加上一句，其實它算不得詩，也沒有寫下來，如果阿利歐沙願意聽，他就開始說，事實上也許可以稱作奇幻寓言。伊凡是無神論者，信奉理性主義，既不敬天也不服地，或可視為厭倦生命的存在主義者吧。阿利歐沙則一派坦誠善良、信仰單純——也急於聽哥哥的「詩」。

詩中場景，是西班牙宗教審判高潮期間的塞維亞，這一天，有一百名異端被火刑燒死（auto-da-fé）。然後基督現身了，在場的人都立刻認出祂來，大家跪倒在地敬拜不已，求祂使一名女孩復活，女孩的棺材正由教堂抬出。祂一開口，她就微笑地坐起來；祂一發話，失明老人便重見光明；基督不是幻影亦非錯覺。如此的奇妙情境之中，那位年事已高、非常年老的審判官樞機主教大人也來了，他也認出這名陌生人是誰，並下令侍衛立即將祂逮捕下獄。群眾立時又受到震懾，毫無抗議之意，且又跪倒在地向主教大人敬拜不已。

那一晚，這位大審判官往獄中去見基督，嚴厲指責祂的行事——不僅再臨人世，而且對人太過殘忍。詩中詳述這項指控，等於對政治科學與基督教信仰做了一番小小論述。審判官一路回到當初的三個試煉，魔鬼想藉此將基督變為它的一員：先是在曠野裡面，給受飢的祂食物；然後又慫恿祂從高處跳下，以顯示祂可施神蹟得救；最後更展現世上帝國的權勢誘惑祂。三樣誘惑，基督都拒絕了；審判官說道，因此基督係透過自己的人位，重新肯定了人擁有的自由天賦；人的良知良能做了抉擇，無須強制亦無須模仿。

可是（審判官說）人卻是脆弱、糊塗、有罪的，無法負起這樣一個擔子。有鑑於如此無情加諸的重荷，芸芸眾生中遂有賢能人起來，取過重擔放在自己的肩上，好讓其餘人等得以從容度日。這個中介，就是教會的神職組織。它供應食物，人也需要食物，卻不能單靠食物活著；軟弱的、不定的良心，還需要「確實」，要神蹟、要奇事，要權威指引；教會也供應這些。人最後一項欲望乃是合一，因知道大家人同此心、心同此理而生的那種安心平和。這等殊恩，事實上也正朝向實現走去，多虧有思想控制，以及其他各類恩賜的無比吸引——尤其是食物。

整場滔滔不絕之中，基督始終安靜不言，只溫柔地微笑著。可是大審判官還沒完呢：基督不只讓受造者自由，因此害到了他們，而且竟還把不可忍受的重擔加在那些賢能人身上——亦即在地上經營這場大哄騙的十萬名神職人員。他們活在悲哀裡面，不再有自由維持這場表演——亦即「改正神所做的工」，他們做這場秀，可不是為了愛權勢，而是出於憐憫人啊。

聲聲控訴期間，阿利歐沙不時發出抗議，認為伊凡對福音與教會的認定有誤。伊凡愛弟，並不與他辯論，卻只靜靜地繼續說下去。微笑的基督雖然不發一言，四個角色間升起的戲劇張力卻無比強烈。最後到底如何解決，此處無須著墨，因為我們在此的關切重點，正是這種進退兩難的困局（以上摘述，應該會使讀者去讀這段傑作，位於書中第五卷第二部第五章。另外也有[9]幾種單獨成篇的〈大審判官〉抽印本）。

杜斯妥也夫斯基本人曾是伊凡，後來變為成熟的阿利歐沙，然而他對人的觀點卻未劇烈改變。他選擇自由，卻又同意東正教聖議會教長波比通諾斯代夫的政策──須知後者並非大審判官，卻是獨裁者，手下掌理著一種類似天主教的正教神職系統。在小說裡，卡拉馬助夫家的私生異母弟弟斯邁迪亞可夫，正有著伊凡寓言中所述的多數人特性：軟弱、易騙、罪惡、虛榮、忿恚，還有半吊子的知識，得自隨便亂讀超過自己智慧所及的書籍。看起來，杜斯妥也夫斯基正如同從波特萊爾到奧德嘉‧嘉塞等人，他們批評現代社會，將所有階級都歸為可鄙的「大眾人」一型，不論其出身或教育程度。

俄羅斯這個國家，則在共產主義大名之下，企圖實現那位審判官的食物加奇事手法──伊凡的創造者如若有知，想來也不會感到訝異。殘忍的威權與全面的一致，俄國這項傳統可回溯至彼得大帝（<472）；而農奴的解放和工業的興起，卻為時尚短，尚不足以發展出新的做法；異議的知識分子則缺乏政治技巧，一再遭到鎮壓。糧食確保了眾人對蘇維埃的服從，一如書中那篇西班牙寓言，卻比不上大審判官那十萬人員的效率──蘇維埃政權之潰，係敗在麵包而非思想之上。

二十世紀後期的西方福利國，既非共產俄國亦非十六世紀的塞維亞，某些目標與做法卻頗有類似之處。老百姓依然欲求安全感，雖然同時也想要自由。這等組合正如大審判官所暗示，根本上自相矛盾，很可能無法實現。論到西方世界這場長期奮鬥，想要將所有人從祖先的羈絆與自然的限制下解放出來，寫到這裡已經快至終篇，此時正好應該一探各種西方制度當前的成敗。不過在冒險清查之前，必須先就時代氣質與風俗道德的元素有所勾勒──這些成分，則見於個別人的行為。

第二十八章 常民生活與常民時代

第四項革命或所謂社會革命，因一九一七至一八年間在俄國發生的事件而引發——不過並未就此完成——改變了世界許多地區的政體。很多地方變成共產制，正式國名則經常暗示著自己是西方國家之外新成立的民主政權。那段時期的領袖，都喜歡號稱「人民當家作主」，這些新興政權的選舉與國會制度，卻只是在假扮民主。當然，說起來其實連西方國家也不配當得「民主政治」，因為民主意味由全民統治——猶如鄉鎮市民大會，一切事務在會中辯論表決。當時卻沒有這回事。因此如果真要名副其實，應正名為代議制政體。「民主」一詞，又更進一步被隨便亂用，讚美各類不同事物——比方這家餐館的「價位很民主」，某人舉止「非常民主」等等。因此若要對那段衰落時期的時代氛圍做清楚思考，不妨改用**常民**（*demotic*），意指「民有」（of the people）。

如此分野，非為賣弄學問。因為西方那段年代進入尾聲之際，不論從廣義或狹義言之，個人與社會的思想言行方式都不甚合所謂民主——比方說，明明是法有明文的規定，卻有人在街頭演出抗議；或者做了一場民調，就要求立法機構投票做出符合民調的結果。

本章的內容，係刻畫一個文化的落幕時期，觀察的成分則屬於「風格與社會」類別。風格意指個人所做的選擇，社會則表示各種建制的作風。界定雖然不是很清楚，主要的分野則在：一為個人或私人面，一為公共或官方面。兩者的目標和欲望，固然有所重疊，一般而言卻往往矛盾牴觸——也算得小型內戰，因為這些受到其他「個人」抵制挑戰的官方需求，其決策與實行者也是一些「個人」（此章係以過去語態，回顧二十世紀下半時期）。

* * *

二十世紀後期最強烈的趨勢實為分離主義，影響及於先前所有的合一；本書論文化，一開始即曾指出此點（<xxxvii）。多元論的理想已然瓦解，分離主義取而代之，正如主張這項新目標的某位黨派中人所言：「沙拉碗，比大熔爐來得好。」大熔爐並未泯除各種多樣，只是造出了一種共同核心。

剛開始，分離主義也許貌似一時情緒，很快就會過去。但是細究西方世界與全球，卻可發現西方最大的政治創造——民族國家，已經受到打擊。在大不列顛，先前的蘇格蘭、威爾斯贏得自治國會；在法國，不列敦尼人、巴斯克、亞爾薩斯大聲疾呼要特區權力，科西嘉也打算獨立，並使用自己的語言。義大利境內則有一個聯盟，一心想把南北切離，威尼斯更出現小黨，主張自成一國。北愛爾蘭、阿爾及利亞和黎巴嫩更是內戰未已。

西班牙的巴斯克人多年奮戰，要從西班牙獨立出去，加泰隆尼亞始終表示叛意，一如以往。比利時因語言差異而撕裂，而且是沿地理而不同，兩個半邊在多數議題上對陣不休。統一未久的德國，並未重新鑄成一體。前蘇聯聯邦無力地分成許多部分，其中有一地仍然稱作俄羅斯，但有叛亂導致車臣和塔吉克的戰事。土耳其與伊拉克必須和庫德族的分離分子作戰。阿富汗人執戈武裝。墨西哥面對札巴達叛軍。魁北克不時要求自加拿大脫離出來。巴爾幹那些自稱國家之地，更繼續其族裔與宗教屠殺，目的也是為著分離。

在美國，這種分離病則多數象徵性質。一小群人想要德克薩斯恢復獨立共和國的地位，政府必須派兵敉平。亦有武裝黨派及宗教團體，說話行事儼然完全獨立於現有秩序之外。次級行政區單位裡面也有威脅：瑪莎園島說它想要脫離麻薩諸塞州，史坦登島執意與紐約市分家。有一個團體更使用「國」此字，自稱伊斯蘭國，卻不聞其他團體或當局指正，病徵真是再明顯不過了。若回到美國史上其他任何時候，這般名稱可能不招任何議論嗎？波多黎各作為美國領地，則有兩般心意：當地人民有的想成一州，有的則要自成一國。幾支美洲大陸原住民的部落，也稱自己為國，當年在舊地約下失去的正當權益，最後亦終於開始扳回，不過他們的要求是共有而非分離。還有人一再要使英語成為美國官方語言，卻也一再失敗。

其他「去國化」作用也在著力。遠處被解放的殖民地，遷來了大批移民，將外邦語言風俗帶入歐洲。他們聚居在貧民窟區——這裡一個土耳其族裔聚落，那裡一個阿爾及利亞裔郊區。法國有個非洲村，連同巫師與祭典吟唱、舞蹈全部齊全。發生於二十世紀的這種西方「殖民化」現象，糾集的卻只是弱勢力量，這些外來的可憐人或失業或從事卑下工作，主要係因宗教而結合，頗能打動福利國濟貧扶弱的情緒。若遭跟他們一般貧窮的白種鄰人騷擾，或受壓要他們符合西方生活習俗，地主國往往出面衛護這些外來「部族」，出於憐憫，也擔心若要求他們「從眾」會有「種族主義者」之嫌；有時國家警力甚至不敢貿然進入這類地區。基於同樣的尊重心理，亦見官方鼓勵重振地方方言；於是發生於羅馬帝國後期、直至中世紀方才漸漸消失的眾民族大混亂場面，如今在歐洲再度上演。

分離主義在全球各地都猖獗不已。印度剛脫離不列顛統治不久，巴基斯坦就立刻分裂出去，只見新國方立，孟加拉又與之分手。舊名錫蘭的大島，更名斯里蘭卡，打了一場二十多年的內戰。在喜馬拉雅山區，印度再度為喀什米爾與巴基斯坦開戰。東帝汶人幾乎毀了印尼。不管往任何方向看去——愛爾蘭、中東、南美、東南亞、非洲全境、加勒比海地區，以及島嶼星羅棋布的大洋區，都可見到某國或某個自命為國的地方正在打仗，以贏得獨立或防止獨立發生。印度洋上，馬達加斯加尖端向東三百英里處，有一個葛摩——四個島嶼加起來總面積為八百三十平方里，人口四十九萬三千人。自法國所屬下解放出來之後，成為葛摩伊斯蘭聯邦共和國——卻難以長治久安，只見其中最小島安如，與中央政府口角達十二年之久，最後終於宣布分家，鄰近各國紛派代表團前來慶賀這樁**大解放**的勝利。民族國家不再是政治社會所要的形式，這種狀況非常明顯，雖然以此為名的蕞爾之國不斷增加——及至二十世紀末約達兩百之數。

另一種使國家離散的形式，則是歐盟的出現，由十五國組成，均名列生產力最強大的國家。歐盟已逐步取得了干預國家事務的權力，其位於布魯塞爾的主管機構，可以管制重要的經濟交易、取消法庭裁決的效力、強制成員國接受移民，且為其中十一國規定中央銀行利率。學者紛紛撰文討論所謂「主權」一事，問自己也問大家：「國家因何而成？[1]」這個問題的答案，很大一部分在於共同的歷史記憶。當一國歷史未能在學校好好教授，又遭年輕人忽略，更被具資格條件的年長者公然否定，對傳統所餘的唯一意識，就只是想毀滅它了。誠然，「史」這個字仍然被隨意使用，方式與場所卻與之無關。電影以及所謂的「紀錄劇情片」，往往斷章取義、虛構編造，使「歷史」一詞蒙受恥辱。因對出土之物或海裡打撈上來的玩意兒充滿好奇幻想，被新聞捧成「一截歷史」，更使歷史感完全終結。

徵諸種種事實，當代人若還認為那些無所不在的武裝衝突乃是國族主義的表現，未免太過荒謬。其實徹底相反；正如藝術家在製造「反藝術」，這段時期也在創造「反國家」。眾人要分立成國，卻不真正獨立，反而倚賴強國的保護與金援，這不是向前而是倒退。半個千年末了，毀滅了當初之始千辛萬苦方才達成的成就，亦即終止了封建領地的戰爭——焊連了接壤的地區、同化了外來民的聚落、設立了強大君王統領著廣大地域，並且無所不用其極，培養出眾人的忠誠感，獻給一個比眼目所能見的更大之物。一套共同的語言，一組有著英雄和壞蛋的核心歷史記憶，還有強制義務教育與兵役——種種措施，最後終使十九世紀的民族國家，成為文明的傳遞者。

以上成分卻全在朽壞之中，再也不能復原。敏銳的觀察者一定覺得相當可悲：一九九六年，法國政府曾組織活動紀念「克洛維受洗」，此君乃五世紀的法蘭克酋長，不僅自己成為基督徒，也命令全部落一起皈依。這場紀念盛事，係為提醒這個現代國家，古早之前祖上即已統一，彷彿法國乃克洛維一手做成——其實五世紀時哪有這回事。當年沒有，二十世紀亦無，所有左派立即起來抗議紀念之舉，正顯明分裂不合的真相；左派黨派超過全國半數以上。

＊　＊　＊

民族國家的主要優點，在於其廣大的疆域之上，暴力已經減少：先有貴族，後有公民，大家都服膺在同一個法律之下，一體認可、一體通行。進入國家年代的最後年月，暴力卻又重返，西方世界的犯罪現象再度猖獗。家中、辦公室內、城裡的街道上，襲擊施暴均成家常便飯，而且格外險惡。兒童（甚至包括嬰兒）經常成為父母狂怒、亂倫、殺害的受難對象，更令人大惑不解，不禁懷疑起「人類天性2」迷思裡的所謂親子之情。監獄人滿為患，得不斷起造新獄，才能容納無故殺人的兇手、吸毒者、毒販和組織性犯罪之徒。即使如此，真正遭起訴定讞的，卻只是舉報犯行的一小部分而已。監獄本身非但不能發揮法律的全部效力，反成暴力層出不窮的場地。人道之情已使獄中生活沒有以前那麼嚴苛，幾乎可以說成舒適，獄犯的權利也大幅提高。他們在獄中結黨成幫，發號施令，威懾獄卒，以性虐待或其他方式傷害同監，鬧事越獄時有聽聞。

最感挫折者，則是公立學校亦成暴力行為的固定場所。武裝校警巡邏教室走廊，維持學生秩序；老師遭到襲擊的比率之高，甚至成為教書這一行的預期風險。大州裡面，一年之內[3]約有五萬件此類事情發生。十三四歲開始，學生就帶槍彼此攻擊，不時還來一場小型屠殺，用連發武器向人群濫射。

如下將見，某些一再出現的情況，與權益一事以及施放管理權益的單位攸關，令人突生狂怒，極可能變得具危險性。那種被規條密閉的感覺，一如被人包圍——兩者都多得[4]令人透不過氣來。**個人主義**已然經歷意料之外的逆轉：在福利國的時代思潮之下，個人成天都在與其「他我」（alter ego）陷入衝突——亦即其他也具有同等權益之人。除了在企業中、在專業上進行人才競爭，私人生活裡也有無盡對峙，而且常常是為了雖瑣細卻很重要的事：比方市郊社區規定你家大門必須漆上什麼顏色。

糾過規正，可以通向美好生活——這是優托邦式的想像作祟。福利國的理想則更上層樓，不僅要窮人能夠活得下去，更要人人在千百種事上安適無虞。除提供醫療照顧、養老金（「社會安全保險金」）、職場意外補償之外，還一肩挑起保護每名員工、每位消費者之責，

> 違法非常刺激，雖然也可能會弄得有點瘋狂。
>
> ——Ice-T，國際聞名饒舌歌手（一九九八年）

設立工作場地管制條例，防範不良食品藥品，以及工業製造的各種危險。所有家電用品都必須通過設計控制與品質檢查。公民大眾更須受到進一步的保護，免於某些不為肉眼可見的惡事所傷，或天生惡性所害——比方那些在商界、投資界和銀行界中想像力特豐的傢伙所幹下的壞事。

> 如果你覺得透不過氣來，不妨早上四點起來，若能趕在其他人之前起床，在多數地方都可以自由自在。
>
> ——斯戴佛（美國詩人）〈自由〉（一九七〇年）

在此同時，尚主張國家還有以下責任：資助藝術、科學與醫藥的研究、環境生態的保存，確保所有兒童不僅識字，還得一路受教育讀完大學——各種規定、條例、界定、分類、特例（即等於發火）以及訴訟。福利國難逃司法國的命運。

福利的金錢成本極大，精神付出則更離譜。何況政府還有一些舊角色需要顧及（幾乎已成附帶想到的事項）：國防、治安、開路、施行一般司法、遞送郵件，以及運作政治、行政機構本身。單單福利分配一事，就已經吃不消了。高額稅制因此無可避免，浪費亦然；此外還得加上貪汙腐敗——但凡有所謂稽查人員活動，此事即無可避免。這些偉大的計畫若未能如願達成，當代人也無庸訝異。依然有貧窮存在、有無家者流浪街頭、有病患未得照料，以及各式「還不夠」的怨聲，輪流來自各個福利群體——工、農、商、醫生、藝術家、科學家、教師、獄犯和流浪漢。

＊＊＊

像這樣建基於機器的文化，走上福利國之路乃屬必然結果。為免危險而設立一系列防範措施，就足以使這般體制稱為正當。其次還有一個理由，亦因機器而起，此則大量生產。眾人務必擁有購買手段，不可稍懈；而「社會安全」一詞的對象，也必須包括這豐富供應的生產一方。只有人人在買、時時在買，才能維持偉大的機器運轉不停。這個明顯的事實，並不意味福利背後的動機全屬物質，人道情愫往往與實際用心摻雜，亦與某些歷史記憶混合。沒有人要再回到十九世紀那種任意而為的經濟狀態，帶著它不時的「富裕之中卻有貧窮」（<669）。這一回，若再有此事，中產眾階級將與工人站在一起抗爭。這個時期的社會乃是常民的社會。

因此便見廣告的身分地位奇特，得以公然進行欺騙引誘。既有「術」不斷驅動生產，就必須時時保持新愛好、舊胃納於高處不墜——事實上不分貧富，務必讓人人始終感覺不足，總是有新的「必需之物」。這般無有饜足的刺激花費，常造成永遠的負債狀態，有識者見此不免痛斥「消費社會」，簡直如動物本能般必須密集滿足生理需求。消費者大可反駁：我也是沒有辦法——生活水平，正式成為壓迫的作用媒介。

先前論二十世紀曾經指出，自拿破崙之後，行政管理藝術從未受到考量。如今福利國的計畫多端，每一件都需要專門單位處理，受有適當訓練的人手卻顯然不足，工作遂難以推動。誠然，有關「管理」一事，亦即經營大型公司的手冊車載斗量，卻皆屬陳腐之見，隱身在軍事術語似的名詞裡面，年年改，年年實質不變。唯一值得注意卻鮮見的作品，則是以第一人稱，現身說法所成就的事（有興趣的讀者，可以自 Louis B. Lundborg 的 *Art of Being an Executive* 獲悉良好的二十世紀企業管理之道）。

不論別的，單就規模太過龐大，大公司企業、醫院和大學等亦面臨政府官僚系統的同樣難處。事實上，它們都是一個模子印出來的，職掌業務者往往臨時湊合程序，一如立法條文劇增，各種規定條例亦滿坑滿谷，官民都在此叢林中迷路。且說一九九九年某大城頒布一項管控平價住宅拆除的新法令，新聞報導不經意地提及：此乃原有五十六條外的又一條。辦理普通事務也往往窒礙難行，一路規繁矩重，沒有專人幫忙簡直無法做就。於是顧問業生意興隆，這些人員精通某套複雜程序，心強體健，企業家方才得有耐性達成他們的目標。

在此同時，一般人為需要及權益之故，不得不去接觸這些機關行號，反成其運作之一員。因為他的存在本身，產生了大量表格，必須由他來填寫——遂成其不支薪的寫字員，在同一張紙上把自己的姓名地址連寫三次。辦事過程之中，必須沿著機關運作的齒輪而動，等於與其中無數的代表人員展開協商共事，有的和藹可親、有的嘀咕勉強，一律配備有電腦，在種種糾纏混亂之中，幫他一把或反而更推他一記。如同法國大革命之前的年月，常民社會已成一團錯綜複雜的迷宮。大家卻常常忘記：常民社會的各項目標，是集合了十五代優秀男女的智力方才為功，他們有才幹勇氣，因此非比常人。姑不論另行發明創造，單單去依樣葫蘆，並不需要同等的集體才具，至少也得有同等程度的常識與機敏吧。立意雖美，卻超出實現能力，心有餘而力不足，正是這個文化開始步向衰頹的徵兆（可讀 Philip K. Howard 著 *The Death of Common Sense*）。

＊ ＊ ＊

福利國的職責，阻礙並扭曲了「政治民主」的行使。真正由民選而立的西方政府，整個系統卻已自原有的構想及操作的形態漂離。首先，投票率大幅下降，常見全國大選的勝方，得票率不及選票半數——大家不再以有此公民特權而自豪。這種漠然態度，係因不信任政治人物並蔑視政治而起，雖然此二者正是代議政體的運作器官所在。「政治」變成具有貶意的字眼，一旦被烙上「政治化」的印記，任何努力或機構就立刻失去貞操。

立法方面，非但無力制定多數民眾認可的政策，立院領袖有如行走鋼索，小心翼翼進行聯合協商。黨派過多——十餘黨亦非少見，若行比例代表制，弊病更形惡化。有的選民只關心單一議題，組黨推出自己的候選人；後者加入聯合立場貢獻票數，拱出一個脆弱多數，以換得對方支持本小黨的獨門政綱。如此作為，對立法品質的影響可想而知。福利國必須通過大量法案，造成的影響自然規模更大。

美國雖非國會制，卻也陷入同樣情況。所謂兩黨只是外觀，背後是各方目標不一的派系，因此政黨本身的政綱，也是協商統合之下的產物；總統大人若想成功推動計畫，安撫懷柔的對象不僅限國會兩黨，還包括其中好幾個次級黨團。美國國會（一如在其國外對等機構）內部的委員會勢力強大，且有幕僚人才辛勤指導；後者人數甚眾，未經民選，各有自己的想法——最切實具體的辯論，可能正是在此地下立法單位發生。各種法案如預算案，動輒數以千頁，個別民意代表不過是名旁觀者，思忖著自家想法。推動期間，他亦與其他所有成員一般，受到各方專門手腕的宣傳：遊說團體或利益群體，基於每一種動機組成——石油、養豬，或老年團體等等。

顯然，當今的代議體制已經一再改換假定的前提。當初原意，國家利益係由每位代議士個別決定，根據其個別立場，決定其黨派所屬與投票意向。如今卻是由委員會主席衡量各方遊說，與其他主席講價還價，事先便掌握最後會中的投票結果。誠然，群體利益一向有其影響力，但一旦遊說成為機闢運作的一部分，其目的卻成在許多競爭群中取得平衡，而非探究國中大型選民體如土地、商業、金融、帝國和窮人的所需。常民時代國會議事的這般德性，已不再令公眾感到興趣，媒體則乾脆無視其存在。

在美國，類此改變因競選公職所費不貲更成定局。想要當選，非好幾百萬元不為功，由各型經濟或意識形態的利益團體負責供應，而且經常各方均霑，所以不管是誰當選，獻金宗旨可以得到照顧。競選活動則往往略過議題，專務攻擊對手人格，並有專家指導候選人發話內容。公眾的資訊來源，是三十秒鐘的電視「短訊」。最後又有民調此習，徹底扭曲了國會的根本概念。任何人都可以舉辦民意調查，宣布民眾意向為何；然後候選人和民意代表便得在民意所裁、金主所索和遊說所求之間，設法取得一致。

福利必須與時並進，民主政制深陷其中，早已無能使治國機器也同樣日新又新。有關改革的討論甚多，許多亦已無人質疑，政治家談論「新政府運動」。真正發生的狀況，則只見一個又一個的法案提交立法機關，卻或旋即或緩緩而終。如此缺乏意志力，亦即有意願而無行動，正是衰頹中建制的典型徵候。

＊　＊　＊

二十世紀常民性質的個人，前此都係以公眾的面目出場：他是一名公民（移民、自由鬥士或罪犯），無精打采地投票，受害於不彰的法律與秩序，自不適任的政府與企業官僚手中領取福利。他只以個人的身分露過一次面，亦即他感到缺乏呼吸空間，被規定緊緊壓抑，並在衝突權益的分配上，與大量敵手競逐幾至窒息。走筆至止，必須換個角度，改以假定為其獨有的行事面來觀察他——他的愛好及習慣，合稱為他的風格。

他的頭一樁愛好，就是「無條件地活著」（Unconditioned Life）。五百年逐步穩定地**大解放**後，這項偏好顯為意料中事，已成西方性格之一部分。至於其他那些直到世紀中期之前，都被輕視惡待成次等人的大型群體，如今既取得共同權利並日益受到尊重，自然也激發了想要更多的欲望。但是不受任何拘束地無條件生活，卻與享權利、得善待有所不同——前者直如一路行去，每個願望都能不受阻礙。以此心態行事，會以為凡事可期，有反彈也視若無睹。不尋常的心靈，若渴求無限，可稱之浮士德式，能導向新知與靈性的發現。換作一般靈魂，這股驅促卻是為求小得。於是在此支配之下，這段時期的男女所做的選擇，恰成其典型意義的風格：所謂常民風格，正是一種不合不宜的（the Unfitting）風格。

此風是隨意風格下的自然產物，後者如前所見，始於一次大戰之後（<1053），並以多種形式出現。穿著又破又髒的牛仔褲固屬隨意，卻只在一開始如此；待得可以到店裡買到現成的牛仔褲，上面還打著斑點、補丁，褲腳剪短、綻線，另一種新意圖就很明顯了。當年輕女子將舊毛衣、耳環、晚裝高跟鞋做成一身打扮；當年輕男子穿著西裝出門，袖口蓋過手，褲腳踩在腳底——他們是在宣示對優雅的拒斥、對女性魅力的否定和對「劣勢者」的同情。這類穿著可不便宜；其風格乃反禮數、反布爾喬亞；暗示著與窮人站在一邊，後者身上都是人家穿過的破舊衣裳。邋遢、不修邊幅，最好再加上蓬頭垢面，乃是那整個年代的正字標記。一如之前大家力求上等，外表動作都要「有品質」，無分貴族或上層布爾喬亞，如今則恨不得打扮成沿著社會最底層浩蕩前行的模樣。自我修飾或虛榮背後的動

機，本來是為隱藏自身缺陷，因此也表示對他人觀感的尊重。如今正好反過來，故意地不加打扮，一顯常民反勢利與自我的性情。

不宜風格，吸引年輕人卻非他們獨有，請看成年男子的隨意風格，已經是穿著上班服裝去聽歌劇；更進一步則襯衫領子敞開、不打領帶，或穿著運動服圓領衫到處亂跑，甚至在教堂也不例外。略往機場一瞥，便可見這種典型的時裝展覽。辦公室若仍規定工作人員穿著正式服裝上班，往往也有「自由周五」讓大家輕鬆一下，以迎周末到來。極端不宜之風，在學校則造成反彈：學生挖空心思設計奇裝異服，又不見父母遏止，校方為約束這種分心，只好強制規定服裝，不顧學生抗議、罷課。結果課室內外的紀律竟見改善，再度證明服裝不宜，乃是不受約束生活的一項層面。

> 加州巴沙迪那市議會上，有位議員被控開會時口出惡言。美國公民自由聯合會衛護他，反擊議會禮儀守則「愚蠢」、「呆傻」、「尷尬」且是個「大笑柄」。最後大勝召開記者會，自聯會宣稱此（議會之敗）是全巴沙迪那的勝利。
>
> ——茱迪・馬丁（社交禮儀專家）
>
> （一九九六年）

> 義大利國會已經通過法案，取消一百種不當行為的罪責，包括侮辱公職人員、公眾場合醉酒、攻擊性乞討、褻瀆國旗等等。
>
> ——新聞報導，一九九九年六月十七日

服束只是常民風格最明顯的符號。其他選擇也透露同樣品味，比方在地下鐵車站、在游泳池畔著泳裝結婚。不宜既意味著自由，其他傳統成規亦應予蔑視挑戰，尤其是所謂禮儀舉止。禮儀一詞不再常見，做法也高度有異；公司行號和航空公司過分熱情答謝顧客，人與人間的禮數卻稀薄少見，尤以城市為然。

對女士的禮貌也日趨減少，有時甚至為女性主義者所憎，認為有故意示惠之嫌。對長者的態度也不比對平輩更為恭敬守禮。才見面沒多久，就開始不帶姓地以名相稱——這種怪習慣，正顯示常民風格對於習俗成規，有一種自相矛盾的態度。

> 既在一九六〇年代長大，我對任何抗議行動從未有過反感。那些高聲喊出的目標或抗議牌上的褻瀆言語，我也許不見得同意，可是這些事情看來，正是我們美國的特色。
>
> ——《紐約時報》讀者投書（一九九一年）

凡事都得匆匆，不論是真的匆匆還是自以為必須匆匆，遂有速食應運而生，任何時候皆有供應，隨之而來的是任何時地皆可吃喝——商店、公家辦公廳、圖書館和博物館還得掛上「請勿吃喝」的告示，以保護自家場地，免於意外之虞與垃圾清理的麻煩。於是消費社會不斷消費，甚至到達可以體諒這股衝動本能的地步。在一個莽撞橫行、不顧禮節的世界裡，需要的衝動一興，就必須趕快加以照料，寵溺自己以慰勞之。縱容心態其實正是**解放**習慣的延伸；加諸人欲望的束縛阻礙，不知已去除了多少（新法新習請走了舊律舊俗，科學之助，以「術」鏟除了自然之限）放任之舉，事實上更從福利社會的運作中躍生，連同另項奇技：按個鍵鈕，即可做出無數事物。

樂趣至上，而且要快，在一個沒有蓄意壓抑的社會裡面，必然造成直覺性的反叛。工作上若聞批評指責，是可忍孰不可忍；豈不知犯錯乃是人之權利。有人觀察指出：權威已趨不振；此乃當然，人人平等之下，何來權威可言？任何事若稍留半分權威陰影——老人老想法，和領袖或老師應該如何行事的老概念，都令人起疑不信。基此同樣精神，這段時期遂孕育出「反英雄」來——正面積極的英雄榜樣，會令人有**壓迫感**。大家的確也談「楷模」，但是被選出充任這項角色的名人，提供的楷模卻很有限。運動界好手確能激發具有運動細胞的年輕人仿效，真正抓住群眾想像者則是娛樂界的藝人。不幸的是，舞台或銀幕上成功，人生卻往往失序，從早到晚被人報導，再加上這些實驗道德家本身的不當言論：嗑藥、入獄、雜交或自殺，將他們的表象一一戳破，某些運動明星亦然。

> 我那時並不知道怎麼讀書，可是我喜歡那種生活方式。你想怎麼穿都可以。我穿著睡衣，披上一件運動夾克，套上鞋，就去參加正式活動了。大學其實很糟糕。我完全沒把它搞懂。不過上大學倒是讓我出了門。
>
> ——比爾・莫瑞，演員（一九九九年）

總而言之，常民性質的個人，都被假定有自己的「生活風格」，這個新字彙也正做此暗示。事實上呢，卻鮮見特立獨行之人。與十九世紀那批不顧維多利亞時代虎視眈眈的豪氣前輩相比，二十世紀後生小子的表現實在有夠差勁。若真有任何古怪之處，也多屬犯罪行為。一般人則只會從眾隨俗，在他們所謂自家特製的生活風格裡尤其如此。由此觀之，似乎凡事都可得到**解放**，只除了無法自同儕之中解放。

＊　＊　＊

從品味習慣，再及嗜好，研究二十世紀後期的史家注意到當時人特別酷愛「複合」（conglomerate）。此詞原指大型事業集團，在此則表示希望把樂趣、活動，以及其他貨品全部合聚一堂，一處搞定。用意本身其實不新：鄉間什貨鋪、城裡雜貨店或百貨公司，都是傳統就有，為方便而成立。但是如今出於某種因素，卻使藝術館也賣起珠寶、提供影片欣賞、推出系列演講，甚至舉辦弦樂演奏。不止一處大型圖書館，除品茶與晚間聚會之外，也辦有此類活動。大學亦不落人後，為校友提供導遊帶團服務，觀光世界風景名勝，又為本城鄉親舉辦各型藝術活動。連鎖書店提供角落，設有桌椅可喝咖啡，又有玩具供親子同樂，店員則用電腦查尋系統在線上尋找那本遍尋不見的書本。某處火車站進行裝修，更覺得有需要勻出空間，做成站內小教堂，以備隨時有人等車等煩了可以前去禮拜或結婚之用。這等複合經營，不能全用經濟需求解釋，也非創造而是向欲求做出反應。多數結合之中，具有意外驚喜的元素，因為有一點不宜的味道在內。多重滿足和多樣媒體，暗示著多重自我，帶來一種豐裕之感，雖模糊了分野，卻能使心情明亮活絡。

> 訪客往往察覺到他們有多少的時間，很關心參觀經驗是否兼具娛樂性與教育性。
>
> ——理察・福斯特〈二十一世紀博物館之界定〉（一九九八年）
>
> 「美術館：是教堂還是遊樂場？民主社會的博物館。」
>
> ——朱力安・史博丁，（英國）曼徹斯特市立美術館館長（一九八九年）
>
> 「這間圖書館會嚇你一跳，」館長表示：「這裡的咖啡吧，跟舊館的形象完全大異其趣。我們是想，圖書館不但是念書的地方，也是社交的地方。」
>
> ——東北區某大學（一九九八年）

還有精神面的大「複合」，恐怕更該稱之為「混亂型思維」，在那種「以此為彼」的習慣裡最為顯明：比方以手勢「為」語言，以曲棍球「為」劇場，以服裝「為」活的雕塑，以風景「為」活的藝術等等。直接式思想的說法，則是以語言「取代」手勢，而且由於極端不同，比手勢更為有效。手勢可有意涵，也能表意；然而語言是語言，其他東西都不是語言。同樣地，曲棍球偶爾也會變成戲劇，意味衝突，但是劇場也者，乃是有凝聚性與涵義性的戲劇，事先即已安排妥當。

最能體現當時時代理想的大匯集，乃是大型院校所開的課目，已不能稱為「課程」，字典上的課程定義如下：「為畢業必修的一定系列課目。」有資格的鑑定裁判，稱大學的課目表單為自助餐，而非均衡的餐飲，而且極大部分毫無營養。學科數目不斷加增，因為基於以下信念：人類任何行事、興趣、嗜好或困境，都可以作為學術課目的內容，因此務必提供給高等教育裡的眾人學習。於是從攝影到伸縮喇叭，從婚姻諮詢到旅館管理，各種可敬的職分都有學程成立，都有學位可得。

懷特拍攝窗上的霜，看見的是天上的星河；他拍攝就著某種光線的枝椏，代表著整套神祕思想。他的攝影作品，本身就是完整的世界，即使它們只是從外在捕捉到一點東西，這樣東西卻不再是它自己，而幻化成別樣東西。

——大衛・特拉維斯（一九九四年）

「五十多門主修、三十多門專修、幾百種選修。」

——某長春藤大學教務長對新生致詞

某大學提供「感官情色學」博士學位，課程內容包括「好意與惡意」、「人體神經系統間的愉快互激」。一九九二年時（有人形容得好）：這樣的學校是一間「肉體知識學院」。

——《紐約時報》（一九九六年）

在許多校園裡面，甚至會遇上不喜閱讀的學生，所以他「改走視覺路線」，或見到某位專研「家庭生活」的助理教授。

學子要享無限制的選擇，校園裡數百種選修科目，正是為迎合他們而生。這般大堆頭名目，並不難產製，因為外在世界的趨勢同樣也助長此風。文科的通識教育，被專門主義分裂成一點一滴的學術興趣，對年輕的心靈卻毫無助益，因為他們對更廣的學門領域缺乏知識基礎。因為心繫社會性的解放，又有專門主義推波助瀾，新學系紛紛成立，各立門戶，全力專講某族群或某性別群體的成就。然而並非所有群體，都值得這般注目。

＊＊＊

眾生平等的常民，因對傳統成規起疑，日常生活的境遇裡常感不知所措：到底該謹慎客氣，還是當仁不讓伸張自己的權益？職業可以授人以身分地位，用以炫耀示人嗎？在整個狀況裡面，我的位置到底何在？我又是誰？這類問題，遂形成精神學家研究的「認同危機」，他們的病人尚未「找到自我」。有人則與「自視過低」奮鬥，亦有人坦承自己也有過痛苦徘徊，所幸最後幡然改

在我裡面，一直有著另一個陌生人，鎮定、具觀察力、有批判性、不為所動，啊好膩——討厭透了！如影隨形，老走在我旁邊，像個似的懷疑、解剖。我簡直沒法忘記他的存在。

——萊頓爵士（一八五七年）5

……只顧宣傳而不去成就，愛暴露而不抑制，光誠實而不正經，情願可憐而不負個人責任，對抗而不守禮，一味心理學而無顧道德。

——莫琳．多德（美國名報人，一九九五年）

念得救：也許是宗教信仰——通常屬崇迷教派性質（cult），也許是心理治療。受苦的患者據聞甚眾，始終是家人、雇主和社會服務的困擾。

找到自我，其實是一種誤稱：自我，不是用找的而是用造的；反英雄、反歷史等偏見，正是「創造自我」的一大障礙，因為缺乏由過去出發的起步，只好從頭造起。這種情況正像人窮困潦倒流落異鄉，再也不聞人如伊拉斯謨斯或華茲華斯那般，喜呼：「活著是多麼快樂！」（<12）反之，無數小說裡的人物，都在自怨自恨，旋即更升高為恨惡生命。並不斷重複某事，用以強調此點。且說我們的反英雄忽見一人，這張臉他一見就覺討厭——原來是自家面孔在窗玻璃中反照。**自我意識**，已隨心理學的每項進展，被詩人、小說家和各種**分析**專家的不斷挖掘，而日益加深。這種自我折磨卻與路德、本仁不同；他們的自苦，乃是集中於靈魂以及自身信仰的純正，現代人的自擾，則遍及每一項行動本能。

自憐自憫之感日益倍增，因為心知「形象」勝於真正表現。這個包羅甚廣的字眼，可以界定成一組指標，雖暗示卻不能真正指向所尋求的事物。依外表跡象評定人的高低，自非新俗，幾乎是無可避免，有時也不失公正——如果這些外在跡象正是內在人格的發出。但是二十世紀這段時期則不然，必須刻意做成姿態，若要出人頭地，就得建立

> —對什麼覺得有罪？
> —覺得做我們自己有罪，覺得不做我們自己有罪。我也有不知道啦：對覺得有罪感到有罪，對不覺得有罪感到有罪。總而言之，我們一心想表白想吐露——對任何人，對任何事。
>
> ——西莎・珍肯斯《天狼星來的訊息》（犯罪偵探小說，一九六一年）

形象、照應形象。不僅個人有此義務，企業、政黨、學校、博物館或教會——任何以公眾為對象的建制、機構，都務必呈現此時此刻青睞的形象。公共關係這門技藝，正是為製作外觀而出現，連一旁的觀者也承認：「觀感是一切」——且慢，或許並不完全是一切，如果再往常民心靈的另一角落望去：在那裡，對「扮戲」仍有一份厭惡，對真實仍存幾許感受，對真正的獨立突然萌生情愫，敏感之人因此暗覺衝突掙扎，滋生罪咎之感。

＊　＊　＊

以上逐一列舉，令人頗覺氣餒，在此應該做此提醒：任何時期的風格，影響都不會及於全部人口，絕大多數人依然故我，不受其時最凸顯的事物所改變，同時卻也不能動搖他們拒絕追隨的這些新風氣於分毫。這批相對人口的存在，自然也無法改變報上的熱門話題，眾人口中重要的、鮮活的或可喜的各種新事。舊口味舊欲望固然未去，卻為人忽略，或如此視為當然，以致直等於已然不存。風格一如名人，正因為有名[6]而有名。當然，那些保持疏離的絕大多數，也並非全然脫節，他們雖否定新風格，卻也意識到新風格的概念態度，許多人更同有其中某樣特色。常民文化有三項概念最為突出：同情心、不敬和創造力。

同情，是擁有正當心地、真正人情味者的標記。富**同情心**，是獻予任何活者、逝者的最高禮讚。所有受難者都配得憐憫、援手，何況如今的受難人數，比其他任何一種人都要多得多（姑且如此言之），因為任何人都可能一夜之間遭逢變故，需要同情憐憫的機會實在不少。高舉同情，並非口惠而實不至；大家隨時都準備好受到感動，出手相援國內外不幸之人。除了知名的紅十字會、和平軍外，幾十種組織在世界各地跑來跑去，教導治療，拯救女子於出賣靈肉、兒童於苦勞飢餓，聲援被不公下獄者、提供食宿予難民，抨擊暴政，為各種慈善目標募款。二十世紀的義舉係延續十九世紀傳統，卻脫離了宗派門戶意義，因有政府參與，大幅提高了援助的數量與種類。

國內的火災、水災和地震，也為災民帶來即時救助，有個人也有組織出力。體障、智障，或因任何形式而遭到排擠者，都有輿論在後面支持，為他們掙得補償待遇。受害者聲請適當援助，是人權信條的合理延伸；後者已高奉入國際憲章之中，不受任何界定所限。而且正不斷擴張延伸，因有群體的宣傳、個人的提訟致之，連獄中犯人也獲得了守法公民的大多數權利；動物、嬰兒及胚胎，亦名列同樣的保護名單。一九九九年，紐約州明令公開餵哺母奶乃屬民權之一項。此等無止境地濟助與認可的努力作風，是之前任何文明聞所未聞的奇觀。

第二項概念是不敬，則為聰明大膽者所專擅，毫無同情敦厚。他們看穿說破每件事，而且莞爾一笑，覺得頗為有趣。他們這項本事，訃聞中必定提及，或出現在那些介紹新鮮事的文章裡面。卻鮮有人察覺：一旦天下無事可敬，「不敬」本身，就不再是一種批判式的思維了。

不過常民內心最鍾愛的概念，自然是人人身上都擁有或潛藏著創造力。如今回看起來，這種想法與其說是錯誤，不如說安錯了標籤。誠然，幾乎所有人都會感到「創造」驅策，許多人也確有這項能力，或用雙手製造個什麼東西，或用頭腦發想出什麼新思想來。繪畫、唱歌、作詩、打比方和寫散文記錄下情感等等，這樣的技巧本事分布確為廣泛——然而這種活動並不屬創造性活動，事實上，這類「創造力」的出產鮮少被稱為「創造」，創造一詞，係保留給天才的創作專用。

然而這樣的誤稱，對個人、對社會依然產生了害處。有些人只不過平庸之才，或嘴上會說兩句，就被視為有創造力，鼓勵他去追求專業，結果注定失望。更有太多的人，能力僅足以勉強登堂入室，反而降低了水準，使得藝術為之氾濫（1131＞）。毛病出在誤以為只要有先天的技能，加上後天的技術，就可以做出藝術，殊不知如此做法，只能產生認真盡職的模仿藝術。創造需要非常的心靈與強壯的意志力，對人生、對世界有著原創性的觀點（可讀 Max Eastman 著 *Journalism Versus Art*）。

尤其在工業社會，稍有天賦的敏感心靈，往往渴慕著藝術家的生活，他們過分放大了那份自由自在、擺脫掉日常例行人生的感覺。或許，在白領詐欺犯罪、在沉溺娛樂之中，包括沉迷於性的圖像，也可以找到如此替代。詐欺一事，正如暴力，是那個年代層出不窮的新現象，看來也同樣愚昧。雖然在兩種情況下，這樣的行動想必都可以滿足某些蠢蠢欲動的想法，也必須選擇出某種實行手段。總之，白領階級需要有點才智：豈不見每個國家的監獄裡面，都有好些位頂尖的企業主管、領頭的政治人物正在服刑，等著被起訴的也所在多有。他們不缺錢也不乏名望，想來他們需要的東西，也找到了的東西——乃是冒險，以及一個可以讓他們運用自己的想像力、以智取勝打倒體制的場地。詐欺是能幹人、高傲傢伙所玩的把戲，他們想要超越商場層次，遊戲人間。它是以昂貴媒材表現的創造力，必須制定、再制定專業規範，追不勝追，才能涵蓋他們所做的最新出擊。簡單一點的欺騙行為，在大學生中也很普見，這類作風的利弊，常在校園報刊上提出討論。在此同時，他們有錢的父母則在商店順手牽羊，在汽車旅館將任何沒拴緊的東西據為己有。

> 「我的意思是，」另一人說，「我們活著不就為這個。」也就是說，「大災難，大混亂」。或者正如他又加上一句：「你不能老是靠偶一為之的地震，來重新發動你的心吧。」
>
> ——《紐約時報》訪談稿（一九九六年）

像這類行為，顯示了一種活動欲求，對精力充沛者是一般娛樂所不能提供的。不論是運動大賽、電視連續劇或搖滾演唱會，二十世紀的主要娛樂形式，都是以坐姿被動觀賞。以量而言，數目史無前例——帝國時代的羅馬也難望其項背，在兩地卻都是老百姓生活中的主要大事。因為對千百萬芸芸眾生來說，工作已然失去其滿足精神的能力；不再是做成任何實物，卻只在紙上線上，抽象地以字句的形態發生，實地完工的成就感始終瀕於飢餓狀態。如今盡是苦差而無回饋，煩膩而無解脫，連工廠的生產線上都比較有真實感，雖然後者也可能造成類似的「藍領憂鬱」。相形之下，那些最例行的娛樂內容至少有色彩、有形狀，何況又刻畫暴力與性，可以激刺已接近麻木的感官。

小孩子，本來很容易就感到無聊，又靜不下來，卻可以一連幾個鐘頭，目不轉睛緊盯著電視螢幕不放。原因亦與上同，學校無法令他們獲得向知識邁進的行動感。

性氛圍，也同樣散發出彷彿真實生命的幻覺。氛圍一詞，暗示著一種圍攏態勢的臨在、侵入性的力量。半裸的軀體和誘惑的姿態一出，空氣頓覺濃濁沉重。廣告、影片和流行雜誌都靠這些圖像來吸引大眾，抓住他們的注意力[7]。

性行為本身，也只要可能就儘量模擬，舞台上、螢幕上，不一而足；有些演出者甚至如此逾越界線，公然在現場觀眾前做出不雅動作。還有人專門崇拜裸體，在嚴肅的劇作裡或公開的海灘上，彷彿只要放在這類背景之下，赤裸的肉體即不致春色無邊。色情

> 那張顯示動物交配的啤酒廣告，經酒廠抗議從哈林區的店裡移去了。可是這個廣告活動卻會在別處繼續進行，凡賣啤酒的地方都張貼出這張廣告海報。畫面裡只見犀牛、大烏龜在交配，標題寫著：「研究發現，性有助啤酒銷售。」
>
> ——新聞報導，一九九九年二月二十日

每個十六歲的青少年都是春宮派啊，皮瑞納西小姐。我們總得知道有什麼可以選擇吧。
——卡利舍（美國小說家）
《奎尼》（一九七一年）

印刷品更受到言論自由保護，多至不可勝數，若與彼特紐斯以來的古典作品相較，卻盡屬低劣品質，連十九世紀所作都還稱得上不錯的文學作品。與之密切聯手者，還有無數醫生和心理學家的著述，又有雜誌報刊專欄作家的附和，為性交技巧和吸引異性手法，提供各種建議忠告。這種迷「性」心態，大約從十二歲便開始，與刺激源8呈比例存在。

性解放造成的最大傷害，發生在公立學校，因放任有關性的話題與行為，致令課業分心。結果年紀輕輕便懷孕，各種後果不堪設想。但是性對人的奴役如此強烈，學校當局的對策只有靠開課輔導、免費提供避孕裝置、使用手冊全面說明這個課題以及其五花八門的變項。同樣可嘆者，則是**自我意識**對整個社會造成的重大影響。於是匆匆造了個詞，又把它跟女性自男性之下解脫得自由的理想連在一起，從此所有自己不想要的「獻殷勤」（這是過去的舊稱），都被汙名成了「性騷擾」9。區區一個手勢，或不過盯了一眼10，都可能招致這個罪名，處置方式則包括從法律刑罰到強制「敏感意識訓練」等等。

性的真實面，反而常常缺把勁而且令人掃興，迷溺有餘卻熱情不足——正是勞倫斯所謂的「性在腦中」（原句：可悲的是性只在你的腦中，卻不在下面該在的地方）。雖有號稱的「革命」，結果並未如原先所期，令男男女女得益。有些人的確從中獲得了他們所要的隨性所欲，更多人卻被迫推向並不合其天性與能力的道路上去。

穆罕默德的天堂，不曾因此在地上實現，雖然入目所見，似乎事事在暗示它確已降臨。色情書刊其實是一種烏邦托式想像文學，一如「欲望」訴求的廣告，設立出一種使人麻痺的標準。一見某種勃起藥上市，病弱的老爹或健康的小子，成百萬男人迫不及待衝去購買，女性聞言也立刻要求推出女用版本。顯然大家都不明白：欲望也者，必須先堵起來，才能自我更新，重新得力。

> 聲光化電，無所不性，刺激著大眾；同時發生的，則是個別伴侶之間的興奮張力相對減低。大眾「性文化」裡的夢幻人物，完全失去任何品質，變成了私人所有。就像蘿絲瑪麗，她們隔著距離製造出性的氣氛，因此酬勞極佳；她們令人想望、使人幻滅，以不邋遢的替代品，取代真實的經驗。
>
> ——艾瑞克．古比（德國小說家、報人）
> 《蘿絲瑪麗》（一九六〇年）

＊＊＊

當時也有些人能夠自種種蠱惑中抽離出來，將自己的心靈轉向藝術——卻發現藝術裡面，也含有上述的自我毀滅徵候。單單所謂藝術作品的數量之多，就足以貶低其價值。藝術終於明顯地走進了死巷，此事發生於該世紀的最後一年：那一年裡，有人表示，沃荷那件雕塑作品「布瑞洛牌洗衣粉盒」——其實完全就是雜貨店架上「真品」的複本，向觀者提出了「那個大哉問，亦即在一件藝術作品與另一件非藝術作品之間[11]，到底有何不同——如果在知覺上根本觀察不出兩者有任何不同？」那一對天下無敵的大破壞者——杜象與畢卡索，終於大功告成，完成了他們的志業。

再看文學，性與暴力也同樣在場，充滿了想像的精緻與老到的變戾，不時還賣弄一下偽技術的花邊，如亨利・米勒那句惡名昭彰的：「塔尼亞，我使你的卵巢發光發熱[12]。」黑色幽默，也是最為人愛用的調味品，取代了真正的活力；另一項常用佐料是精神學家所稱的好髒癖（*le goût de la boue*）。黑色幽默（與黑人無關）與舊日那種無心腸的惡作劇如出一轍，只是改以字句捉弄，設下困境，結局殘忍；受害者可能是被敵人、命運，甚至（二十世紀的獨家風味）陌生人所害。這等口味的流行，或可解釋何以薩德（<656）其人在本世紀獲得翻案恢復名譽，同時也可能暗藏了某種心理，希望可以藉此預保自己免於要來的災難——亦即當年希臘的米斯里戴特之法，長時服毒以抗毒。黑色幽默卻讓人笑不出來，只能難看地咧嘴抽動。

以髒為號召，同樣也是舊風，顯示於自然主義小說，進入後期，更有兩大常民之戰前來加強力度，大戰的老兵，對泥濘血汙握

> 衰頹之來，是因為作品產生的方式太容易，製作的態度太懶散，是因為藝術過剩，太好新奇古怪所致。
>
> ——伏爾泰（一七四八年）
>
> 凝視作業，滲透在整個作品裡面，意味著內在本質以及畫框以外之事。那幅無名圖（兩個裸體）中被驚嚇的模樣，暗示出有一個畫中不見的人闖入。另一幅油畫上的兩個凝眸，導向相反方向……是一種去中心的怪異狀態。
>
> ——某畫評評羅斯科（一九九九年）
>
> 他的畫作反映孤絕，他的素描如同低語——有如石板上的粉筆畫。他考驗我們既定的成規。
>
> ——某畫家論另一位同行
>
> 有些形式具有一種觸媒作用，生自雖朦朧卻能強烈感受的自然泉源，常帶有雙重意義與感覺，這樣的形式令我著迷。
>
> ——某雕刻家論其作品

有一手經驗。及至電視來到，更把血泥一起帶入起居室內。空檔期間，詩與小說也貢獻己力，提供起某位義大利批評家談及痞子一代運動所用的讚語：「卑俗、粗糙和汙髒[13]」。痞子一代之前，喬艾思即已經常打算叫人作嘔，偏好「腥綠海」而非拜倫的藍海。待得紀元告終，藝人和表演團體也紛紛根據時興口味，深悉取名之道：什麼「垃圾」（Garbage）、「強尼腐爛」（Johnny Rotten，「性手槍」的主唱）、「性手槍」（Sex Pistols）、「報恩亡靈」（Grateful Dead）等等（皆龐克或迷幻搖滾等樂團歌手或團名）。

> 音樂可以界定成一種比例系統，為精神面的脈動衝擊而服務。
>
> ——克藍伯（美國當代作曲大師，年日不詳）
>
> 只要你能得逞，就是藝術。
>
> ——沃荷（一九八七年）

一個世紀以前，康拉德曾為藝術下此定義——「專心致意，為所見之宇宙做出最充分的呈現」，思及此，不免令人懷疑：二十世紀的眾作家們，是否已經不打算再做此忠實呈現了？如若初衷未改，那麼這天地宇宙的外貌，八成業已極端改變？批判性的思維認為答案並不單純，傾向於比較複雜的判斷：藝術家依然在忠實描繪，可是百年之間，他的作品卻一起扮演了破壞的角色，使我們所見的宇宙惡化變質了。人的感覺果然大亂，正如韓波所求告的（<890），不幸的是在此混亂之中，藝術家和一般人都陷入沒有嚮導的迷境。批評界也放棄了理性評論的本分，只忙著讚美推銷，卻不曾在一片翻滾亂象中建立秩序。即使這些評論家的用語並非故作隱晦，卻依然模糊弔詭，徒然加重了困惑不解。

＊＊＊

困惑的、震驚的、怪異的（名曰超現實）、噁心的、侵犯私（性）領域的、困擾人的和被困擾的，這種面向的暴露接觸如此眾多，不免令人對人類的動機感到非常好奇，必欲知之為快。結果是「心理化」這項消遣大為盛行，一旦佛洛伊德思想普遍散布之後，心理分析遂成常事，一門新型的迷信（大眾心理學）讓錯誤的術語，開始在談話、公式小說和報章媒體裡屢見不鮮。凡事都加以心理化，行事、觀點無一能免，這種做法關上了討論之門——無須再細想論點相應，反正一切都歸到動機頭上。如此一來，變成另一種罵人方式，把人歸了類，定了性，掛上標籤，畫上句號。心理化手法在傳記中尤具毀滅性，傳主被壓縮成個案，降至與其他同類案例共同的層次。反英雄才是真正傑出一面。常民的好奇追究並不就此止步；因為對私人面特感興趣，傳記作者又去訪談一些仍然在世的同時代人，整個傳記裡遂填滿閒話。傳記作品的熱心讀者，也跟大家一般奢談所謂人類尊嚴，卻忘記尊嚴也者，繫於個人應有的適度隱私。

將常民風格的種種元素放在一起觀看，難怪當時人急於追求舒適與自由空間。嚴以律己，已經必須換成寬以待己，並非基於本身表現傑出，而是因為大家都有這些權利。因此集體的精力雖然無邊，為無數人提供了充滿便利物事的生活，對文明泉源的貢獻卻極少，更令許多人陷於各種不滿不快的狀態。自我與世界

> 尊敬人真是樂事！我看書，根本不管作者本人愛不愛玩牌或怎麼玩。我只看見他那了不起的作品。
>
> ——契訶夫《札記》（年日不詳）

如此關聯，這般概念的緣由，已隨西方故事的展開一一細述。一方面令人油然而生同情，同時也得以解釋西化文化落幕的迷途。

因為務必記得：形成了常民風格的種種習俗、欲望，雖然住在個人心裡，但眾人遵行的規矩制度，卻是由他們當中最有能力也最活躍之人制定領導。前面已經顯示，有些公共建制已然陷入解體之中，與原初的美意完全相違，卻無能為力進行任何改變。在此不妨就其中幾項簡略地觀察一下，尤其是那些非官方或不具組織性的建制——比方語言，可以有助於判定這個文化就整體而言，到底是否該稱為衰頹。

> 總體而言，可以說這種學校，想要複現民主社區生活的實況，建立社會生活的習慣與態度，尤其是科學思想的習慣。
>
> ——某篇論進步派學校的報告（一九一九年）
>
> 以下是某位八年級社會研究科的老師，解釋「中學的當代歷史課」的開場白：「通常有一種誤解，以為歷史課是研究過去。」
>
> ——西蒙·沙瑪（英國歷史學家，一九九八年）
>
> 我看見有條拖船拉著艘駁船。我知道了渡船是什麼樣子。我喜歡渡船發出好大吱嘎一聲的時候。我覺得這次遠足很好玩，不過沒什麼價值，因為我以前都已經看過了。
>
> ——凱西·H，四年級生（一九七二年）

常民性質的語言，當時已呈衰頹，因為用語膨脹，誤用頻仍，已經干擾了其活力、準確和清晰。不再有「正確性」可言，反之若講究正確反遭指斥。結果是寫不出好的文字：語彙中充斥真假術語，濫用流行暗喻，偏好標示著概括思維的冗長抽象字眼，取代指向具體行動物事的短小實在字句。若用日常慣語寫作，聽起來太過簡單，不夠高深。所有的西方語言，都染上類似毛病。

先前曾經提及，十九世紀的偉大發明——公立學校，此時已失去使兒童增廣知識的能力。新的教學方法不能達此目的，教師的養成訓練荒謬可笑，不喜用功讀書，酷愛各種小玩意，一味抄襲和改變外在世界的作風，已經使得西方各地的教育為之一毀，因為美國一興出 14 新概念、新作風，國外往往也忙著學步（可讀 Lawrence Cremin 著 *The Transformation of the School*）。美國的學校教育步步衰退，進入最後階段，更祭出此乃家庭之過，點名叫家長前來相助，因為父母都沒有「涉入」兒女的課業，不認識老師也不了解課程，更抗議孩子在校受到管教。因此他們也應成為教育制度的一員，學校沒有他們不行，當然更不能與之對立。

教育承認失敗，但是「家庭」此制又是什麼？一八九〇年代對這個制度發出攻擊，隨後又有那兩場使家庭破裂的大戰與種種性關係的新思想，已使此制改變到一個地步，「家庭價值觀」一詞竟令眾人分裂為信者與異端兩極；甚至連信者，也不一定是模範的實行者。傳統的結合形式雖未消失，各式變種（為電視連續劇所頌揚）卻搖身一變成為新的傳統：父母都在職的家庭、雖在職卻有一位或都在家上班的家庭、單親家庭（這名單親也許有、也許沒有工作）、有前次婚姻子女的「二度家庭」（繼親家庭）、終年累月都在離婚之中的家庭、撫養第三代孫輩的家庭、有小孩或沒小孩的未婚同居家庭、有一個小孩（親生或收養）的同性戀家庭。這般狀況之中，又興起了兩項新奇事物：托兒中心與半孤兒狀態。

調整時間、能力和情感，以配合撫養小孩的工作，還得應校方之召提供支援，這份

> 從鋪設蒸汽引擎的鐵路系統開始，到研究建築師萊特建造的房舍，再到設計遊樂場裡的遊戲設施——我們課堂上的物理課程就是這樣進行。
>
> ——賓州麥肯吉鎮教師（一九九九年）

吃重任務實在令人驚慌——即使沒有貧窮無知這兩項阻礙在中作梗亦然。結果愈來愈多的兒童，在家中找不到勉勵向學的動力，基本的舉止禮儀乏人指點，道德意識毫無概念。這些宛若無主的小可憐，往往染上吸毒，不到十幾歲就變成小偷，犯下錯稱為「無心」之過實屬殘忍「無情」的惡行。他們組織幫派，男孩女孩一夥，有著能幹的頭兒與嚴格的規定。正是「他們」，而非總理或首相大人，重新發明了新政府。他們加入那所謂的撒旦教，又重新發現了「儀式」——若非宗教。至於人數更多的那群塗鴉族，他們在城裡的牆壁畫亂塗亂畫，則與手過即去式藝術的製造者站在同一陣線，一心一意，要摧殘這項媒介，也毀滅這個文化。

＊ ＊ ＊

一八九〇年代之際，猶屬幼年期的各項運動受到讚美，認為可以發展出高尚的道德觀，稱為運動家精神。短短不到百年，運動的魅力雖仍舊在，卻早已失去這項榮譽。競賽巨幅提升了技術，營養大大增強了體力。運動員和觀眾均數以百萬計[15]，業餘精神卻愈發不振，墮落腐化時有所聞。職業選手為錢作弊，或服藥提高體能，冠軍得主犯下強姦等暴力罪行。兩國隊伍對陣，球迷彼此攻擊；暴動傷亡，已成當日運動精神。在此同時，若無運動，大專院校便有失去排名地位與校友捐獻之虞。運動乃是愛國主義的最後所在，遇上如一九九八年法國贏得世足賽這種場合，全民興奮歡騰，連敵對政黨的領袖都友愛如兄弟，宣布這樁大事已使國人重新凝聚。旋即，也是在十九世紀九十年代恢復的奧林匹克委員會，竟爆發醜聞，主事者竟向爭取主辦的國家收受賄賂。

其他稱作自由業的專業，也同樣失去自尊自重，以致喪失一度擁有的聲望。過去極受人崇拜的醫生，被控不關心病人，只知道搶錢，醫療糾紛時起。從早期智囊團時代開始，歷二次大戰期間極被看重的教授，也不再是不可缺少的專家。他們將「政治正確」帶進學院，結果怪事叢生，把自己弄得非常可笑。學術成了自命不凡，穿著沒人看得懂的外衣。律師不再分成「值得尊敬」和「令人瞧不起」兩類。至於那句從莎劇中[16]斷章取義的台詞：「第一樁事，咱們把所有的律師殺光。」（覃學嵐譯本，《亨利六世中篇》），如今也成家喻戶曉的老詞，這種態度的形成，是因福利思潮的保護精神之下，訴訟大幅增加所致；跟大公司企業打產品責任官司，令律師業大發利市，陪審判決的賠償也往往到了過度的地步。

> 史考提（即雷斯頓）想辦法弄到每個主要國家的建議全文，「（紐約）時報」也每日刊登不誤——弄得政壇好不狼狽，同行五體投地。
>
> ——雷斯頓訃文[17]（一九九五年）

本來就不是人人視之為專業的新聞界，也逃不過社會上一片嫌惡之聲。報業已然放棄其公正客觀的理想，新聞人筆下都夾敘夾議，為事實加上色彩，同時也回應所謂常民的需要——新聞要「人性化」。不再用前此的「導言」概述事實，反而像小說般開頭先描述場景，然後再隨便找個對象，引述一句可以預測的意見，來代表典型狀況。通常在揭示重點之前，還列出一大串專家意見。結果新聞報導變成懸疑故事；還興起一份新的專業：所謂「調查性報導記者」，侵犯人隱私，教唆人竊取機密文件，並主張自己有豁免權，因為「公眾有知的權利」。

升遷或開除的消息，有時正式公布一周前當事本人竟由報上獲悉——這種事已經不稀奇了。對公眾人物來說，記者是脾氣不定的狗，只有新鮮消息才能使他安靜。至於廣電新聞，則貧乏而重複，僅限於可以拍攝的新聞；自然災害或各種災難，遂成它最好的「生存理由」（raison d'être）。

新聞從業人員本身，也不滿自己這一行的狀況，不斷在刊物和討論團體[18]中批評同業的表現。歐陸各國有協會，英格蘭則有半官方的組織，嘗試著限制過度現象——這些是多數新聞人本身也不贊同，卻因追求獨家狂熱而無法阻擋的業界行為。在此同時，報紙的具體生產製作則令人嘖嘖稱奇：張數之多，文字量之大，各種合宜的標題、圖片，廣告也齊整如期刊出，周日還有厚厚一份附刊，分門別類依次疊得整整齊齊——所有這一切，又都是以相當不錯的文字寫出，鮮有引人注目的錯誤，真真是黑暗時刻裡面每日完成的奇蹟。

關於當時的「媒體」，還有一事可資回想，亦即它們向國外廣傳最新發現，統計生活即由此而生（<777; 938）。透過新聞與廣告，大家遲早都會知曉身心健康之所需，以及生活中的種種危險，連同平均行為所設立的常態。統計生活成了一種從內部發動作用的抽象監督力量。

* * *

我要你
戒菸　繫安全帶
吃蔬菜　別曬太陽
減肥　給後座的孩子綁上安全帶
討論種族議題
用保險套　當義工
少吃紅肉

——某幅漫畫字樣，中間是山姆大叔拿指頭指著讀者（一九九七年）

被電腦釣上鉤的人們，一日比一日多。網際網路應許了奇蹟不斷的未來，連對它敬而遠之者，也無法不為之瞠目結舌。它證明了一件事：「術」的勢力高大強壯。然而，使用這個新的「神諭」，並不見得能使事情全都變得比以前容易。比方圖書館，就為研究者帶來某些新的障礙，不過若一一點明，就得提及只有專業人士才有興趣知道的細節；在此只提兩項明顯之處即已足夠：大型圖書館內的電腦終端機數目，永遠趕不上等待查閱人數，但過去他們可以同時查閱倚牆而立的圖書目錄卡片。小型圖書館更只有唯一一台電腦，不是有人在用，就是「當」機，一時之間，整館收藏都無法與外界[19]溝通了。

連同科學，「術」算是唯一未受任何「衰頹」觸及的建制了——意思是指它的「結果」；這個限定詞有必要，因為科學與「術」也未能免於嚴厲的社會與哲學批評[20]。除數據造假之外，科學與「術」也已失去其神聖性質，有識者更認為這兩者合作之下，必須為當代最糟糕的弊病負責。理性、機械的事物過多，被視為對人的精神一面有害。還有那些無所不在的數字、專門術語、技術概念，以及對系統、公式的無任倚賴——不論它們是否正確，更醞釀出一股監獄般的氣氛。於是多樣性不存、空閒缺乏、「未經加工」的事物不再，滅熄了生活生命之愛。重新興起的宗教渴求，同樣也未能獲致滿足。分裂的教會，想要與其他教會聯合卻徒勞無功；世紀初期的神學雖在智性上有所加強，其後又見弱化，再也不能將文化從其俗世的科學根基上移動分毫。

這股不安的感覺，又被其他恐懼的陰影弄得更陰暗：核子武器可能帶來肉體的毀滅，基因操控可能造成精神的失序。複製，只不過是這些令人不安的做法之顛峰。然而任何抱怨，都無法抑制研究人員和工程師的熱情與發明巧智。不過，那種生發巨大原創思想、造成既有概念重新調整的時代，的確已然結束，唯一一項具有重要意義的新玩意，對現況卻更動極微，雖然其大名的戲劇意味甚濃：渾沌理論，物理學的新支，專門處理不規則的現象，如天氣或瀑布內部的動象。渾沌並不界定「部分」，只在「整體」中尋找一定的形態，因此正與典型的**分析**手法背道而馳，迴避了後者的**化約減項**。記錄質能永恆不滅的熱力學定律因它受到質疑，卻未能因此解決。然而，渾沌理論未能動搖知識即力量之人，他們可以誇稱，已然驗證了從培根到赫胥黎所有這些宗師提出的主張。

至於「術」，單單是太空計畫的奇妙成就，就足以證明其想像力與豐富多能。這方面的進步，可以從一九九三年六月一幅畫面做出測量：佛羅里達的太空中心向空中伸展開一捲一千六百四十英尺長的銅線，以在另一頭的管線產生電力。不由得令人想起富蘭克林，對之完全有了新的看法。

外太空是這類「術」大展身手的場地；電腦網路空間則是人類好奇心、時尚、饒舌和貪婪大匯演的熱鬧場面。全球資訊網對常民性格有何影響，尚難論定；它已使那種缺乏活力的生存狀態（坐著、盯著）更加普遍，個人因此更為隔絕孤立。它擴大了**抽象**的領域；掌控虛擬，減低了對具體的胃口。在此同時，網際網路的內容則是同樣的老套，卻愈發不可收拾地混亂。所謂使用者有著「全世界的知識供他支配」，正是其中荒謬之一種，就像以為電腦最終會進行思考一般可笑——等電腦做出莫名其妙的答覆時再說此話不遲。只有在早已知道許多知識，而且想得到進一步的資訊，衡量其價值，然後再轉成更多知識之際，才談得上「全世界的知識」任其支配。網際網路分發錯誤的資訊，與其他資料一視同仁，其中最好的資訊則係從圖書館藏書轉換而來。

有關二十世紀「全球資訊網」的最後一項報告，乃是它大受歡迎，以致上網之路出現大塞車；又因為無所限制、任人貢獻，大量的字句、數目、概念、圖片和愚昧，製造

> 正如網路的力量在於其混亂，我們的自由的力量，也倚靠無限制言論的混亂與嘈雜，乃是憲法修正第一條所保護的自由。
>
> ——美國聯邦區域法院法官史都華．達爾滋爾語（一九九六年）

出一團混亂——換句話說，以電子形式複製了這個世界。至於真實世界所餘的唯一價值，只在其內容的分散疆域甚廣，因此自己腦袋瓜裝不下的東西，就無庸去費神操心了。

＊ ＊ ＊

走筆至此，不免想起一事：在那個常民氣息的最高潮期——二十世紀的下半時期，很難找出一位智識世界的人物，可以與先前曾經一一指名的前代人物並列。卻必須回到上半時期，才能找到足以在範疇與能力上相提並論的思想大家：最明顯的一位，就是奧德嘉·嘉塞，他著有《群眾的反叛》，以及其他無數對文化史卓有貢獻的哲思研究（可自《現代論衡》著手）。奧德嘉·嘉塞於世紀中期去世，他的藝術、教育、心理學和社會理論論述，不但對當代觀察入微，更勾勒出下半時期重要特徵的輪廓。身後雖未得多所引述，卻不表示他的評價已定（可讀 John T. Graham 著 *Ortega y Gasset: A Pragmatic Philosophy of Life*）。或遲或早，他的大名一定會再度入耳，作為時代的見證人——而且這等見證人將不止一位。若要對這整個世紀有恰當認識，史家還必須聆聽其他好幾位也屬於其形成時期的人士之言。在此，只消提及三位美國人的大名：查普曼、諾克和史坦[21]。

＊ ＊ ＊

以上綜觀個人風格與社會建制，從中顯見一事：這個衰頹中的常民文化，並未病苦於怠惰。它的活躍，其實正與其窘態成正比；它在一個領域裡面無力，也在許多事上[22]無能，卻激起了生氣活力，要克服這些障礙。許多精明頭腦準確地注意到這種停滯狀況，呼籲各種看似可行的救濟之策。當時之人並不否認：除了科學與「術」之外，其他方面缺乏任何進展。但是若要他們將衰頹一詞用於整個西方，以及整個年代，卻顯得有些遲疑——不似我們如今與之有了距離，可以毫不顧忌地[23]做此斷言。

這種不甘願的心態在所難免，但是（再一度）不能便因此杜絕洞察的眼光或勇氣。當時曾有一份文件，未注日期也不知作者姓名，最能顯出這種常民的心靈與性格，很適合用來結束本書的敘述。此文名為

讓我們用開場白作為結束

全文如下：

「謹慎用心的史家，在冒險預測歷史走向之前，往往會先對自己喃喃低語『謝德爾』。這不是什麼魔法之語，卻是日耳曼一位飽學之士的大名，此君於一四九三年（注意這個年代）彙編出版了一部《紐倫堡紀事》。書中宣布：人類七大年代裡的第六紀（他將人類世界分為七紀：創世到大洪水、亞伯拉罕出生、大衛做王、被擄往巴比倫、耶穌道成肉身、世界末日、反基督，然後是最後的審判），已經步入尾聲，書後還包括幾頁空白，以記錄最後年月中可能發生的任何要事。結果如眾所知，接下來發生的事情卻是一個『新世界』開了大門，以及各種隨之而來的新猷——根本談不上任何結束。值此當代告終之際，切記此前車風險為鑑，在此且寫下依本人看來，某些可能存在也頗能言之成理之事。

我們這個年代

某些可用以描述的標籤：**不確定的年代、科學的年代、虛無的年代、屠殺的年代、大眾的年代、全球主義的年代、獨裁的年代、設計的年代、潰敗的年代、傳播的年代、平常人的年代、電影與民主的年代、兒童的年代、焦慮的年代、憤怒的年代、荒謬期待的年代**

「某些作家，已稱我們這個年代為歐洲年代的終結。這種說法就某種意義而言不失正確，在另方面卻有誤導之嫌：它忽略了全球都在歐洲化的現象。科技與民主雖然尚未在全地當家作主，事實上頗有一段距離，在某些地方甚至遭到激烈反對，但是總體而論，它們已經抓住了人民的想像，點燃了他們的欲望。全世界都要——不是自由，而是**大解放**，也都要追求愉快享受。西方正是地球上那個所在：其子民向所有其他人大量借取，已經顯示了達成第一項目標的方法，也提出擁有另一項目標的手段（可瀏覽 Humphrey Jennings 著 *Pandemonium*）。至於下一個紀元的形狀色彩，不是任何人所能界定，若能臆測，就無所謂「新」可言了。不過在我們今日與真正明日之間，這段過渡時期的性格，倒可以推論一番。史家體內，往往還住有一名同夥，這傢伙已經無可救藥，專好建立模型，寧可受罰，也非要為未來算命不可：

「且以過去時態，形容這段過渡時日，彷彿某位編年史家從二三〇〇年回顧。正如那位古賢迪斯累利所言：『我們不可能錯，因為我們已經研究了過去，而且我們又最會在未來已經發生之時發現未來。』

「其時的人口，大致可分成兩『群』——他們不喜歡『階級』這個字眼。第一群人數較少，這群男女，幾乎天生即能操縱科技產品，並且精通自然科學之法，尤其是數學——數學之於他們，正如拉丁文之於中世紀的教士。這群現代菁英，有著幾何式的心靈（<325），遂與眾不同，得以投入研究與工程的生涯。培根爵士即曾預測：一旦科學的行事方法與觀點封王之後，就會發現這一型的心靈相當普遍。撥盤、雙向開關、鳴器、量器、螢幕上的小圖示、發光的兩極管，以及用符號公式表現以節省時間、思考——凡此種種，對這一群人而言，是其情感滿足的來源、是統治他人的手法、是本行術語的實質、是生活之喜悅、是生命之正當所在。

「當其時也，心靈便係由這些複雜事物所塑，幻想力亦由它們所填滿，正如更早之時，這項任務係由神學、詩歌和美術所擔任一般。在此『新人』眼中，世界猶如一座倉庫，裡面存放的事物可以經由一具鍵盤取用，任何人若能增加這個倉儲的總和，都能獲得美名。他，以及愈來愈多的她，也許是發明家——也許是理論家，因為對於宇宙之創造與生命之起源，假設推論的興趣依然沿前一時期繼續不減，甚至更形加強。這種覺得終於要推出最後方程式的感覺，延續了兩百年之久。

「各機構制度的主管及領袖，便從這個階級（不，從這個群中）招聘而來，與中世紀實在極為相似，只是一為教會聖職人員，一為電腦網路家（cybernist）。值得後者驕傲的是：古希臘文 *cybernetes* 一字，正意味著舵手、總督，確立了他們統治眾人的地位。至於眾人，此時則既不能讀也不會數了，可是能力雖然較差，卻也絕不是野蠻人，只是任何學校教育在他們身上都將白費；此事早已於二十世紀後期證明。如今則有人以為，當初教育失敗，都是學校之過，學生無罪——然而等到連老師也表示小孩子實在沒法教了，『無校社會』這項運動，很快便將大家都吸收到其門下。

「眾人卻畢竟不曾變成野獸，多虧五百年西方文化裡的文學、歷史，有許多殘存下來（雖然形貌頗為奇特），並摻雜相當分量的東方成分。未曾受教的人群當中，有些人自修學會讀書、整理摘記、改寫偉大的故事、稀釋偉大的理念，總算為一般人提供了一道在電視之外也比電視層次較高的文化餐；及至二十一世紀時，這道文化餐點早已拌好調勻。朗讀活動、吟詠新詩（根據舊詩而作）、簡單的劇本演出、公眾辯論一些永恆性質的議題（上層階級則覺得無聊極了），在在供應著普通小民的心智與靈魂。種種渴求、圖像和資訊混合摻雜，酷似中世紀僧侶、詩人和吟遊歌手自希臘羅馬文化遺產採製而成之物。古今兩個年代的宗教信仰現象亦同，五花八門，從虔信深刻的，到習慣性、神祕性皆有。

「至於社會組織，當時之人依住處職業，自動分成不同的利益團體，有時也依照基於某種社會目的而授予的個人特權。國家不再存在，改由區域取代，面積則小得多，非據語言歷史，卻合理地改依經濟條件結合。區域事務由大公司高層主管掌理，他們對本身角色的認定，類似其中古時代的前輩。他們人生的唯一目標，也不再是開疆闢域，而是購併公司、掌控市場，凡事向效率看齊。藉口雖鮮能站立得住，戲法卻玩得非常成功，遊戲者的性格也遵從另一項中世紀的原型：長期緊張不斷，中間突然爆出對付個人與公司的暴戾行為。解僱、辭職和大批開除員工，是天天發生的家常便飯，表面不見流血，傷害憂痛也都被遮蓋，而且自有日益改良的全面福利系統負責修補損壞。整套系統的決策均已電腦化，根據每位公民所屬的一組識別號碼為準，合理的抱怨自然極少。若有任何手民之誤，也都會（及時）更正。因此不再有選民的位置，也不再見那沒完沒了、已然癱瘓了代議政體的意見衝突。

「平等之目標不僅獲得保存，平等之感覺也更見提升。大家對科學有信心，排除了在重要事務上的異議；科學方法亦使眾人心態一致。至於每日生活，凡事都有計量化研究向人人發號施令：消費者、父母、老的和病的。偉大紀元之終，一如當年之始，無疑出於巧合，都有著一宗新出現的世界性疫疾，（而且一如舊病）係經由性接觸而傳染。幸有密集的醫事研究，時候一到終於找出治療與預防之道，頭號殺人疾病再度由心臟病奪魁，多半與過胖有關——人類對自然的控制，顯然老差那麼臨門一腳：就是控制不了自己。還好有政府機構專責統計生活，在安全社會的諸多領域，促成了許多成功的計畫與宣傳。過渡時期之初，雖曾有道德失序亂象，卻突然一個轉向，變成人人嚴密相互監督。隨著時間過去，嚴格程度總算漸鬆，詐欺、腐化和雜交等現象雖未完全消失，家中和辦公室也仍見高壓統治，卻必須遮蓋隱瞞，因此這些惡事只能吸引膽大魯莽的傢伙——甚至連後者也不免同意，這層面紗絕非偽善之徵，而是對人類的尊嚴表示敬意。

「至於和平與戰事，前者正是西方有別於世界其餘地區之處。歐美兩地的無數區域，已形成一個鬆懈的邦聯組織，全體一致地服從布魯塞爾及華盛頓發出的號令。這些地區繁榮又守法，防衛性武器之盛天下無敵，卻決定讓域外各民族各派別自相殘殺，直到大家都筋疲力盡，開始將和平列入行事方案為止。

「一段時間之後，算來約有一世紀長，西方心靈又受到枯萎病的打擊——此即倦膩。病勢發作之猛，以致這些娛樂過度的人們，在少數上層來的男女率領之下，起來要求改革，最後終以常見的手段強加施行，亦即不斷重複同一個想法理念。這些極端分子已經開始研讀被遺忘的古老文本，包括文字與照片，他們認為這些文字所記錄的生活顯然豐富完整多了。遂呼籲大家以新鮮的眼光，打量仍在四處閒置的遺物；他們重新打開一批批作品、藝術——長久以來，這些玩意兒都看來如此沉悶乏味，早就沒有人想要接近。他們開始區別其中的不同風格、辨別出現的年代——簡言之，他們發現了一個『過去』，並用它創造出一個新的現在。所幸，他們的模仿不精（除了少數食古不化之人），對手上的材料又持有特異看法，反而因此為我們這個新興的（或許應該說：復興的）文化奠下根基。它使有才氣的年輕人興奮再起、熱情重燃，不住地讚嘆道：啊，能活著是多麼快樂。」

＊＊＊

不消說，以上這篇匿名作者的狂想曲，並不能代表當代任何整體之見，卻只是他個人想法。至於他老兄係於何時並何以對未來做此想像，在此也不得而知。但是對於之前有關常民生活與常民時代的調查報告，時間上卻可以斷代並描述為

一九九五年前後從紐約看世界

作者注

讀者若參看邊欄引語，會注意到有些經過濃縮，卻未加上省略記號，此舉意在節省篇幅，因受版面設計限制。有些引語的譯文非本人所譯，在此亦略動一二，以彰原意。多數都未加注，或因附有部分出處資料，查考甚易，或因引語本身乃廣泛觀點，若特別標明作者，恐有誤導讀者之嫌，以為乃此人原創，有時亦失公允。拉丁文專家應可看出，同樣的原則亦曾有另一位史學家援用，塔西陀有言：「不名其人，名其類足矣。」

以下注釋，出版凡在巴黎者以P示，倫敦以L，紐約以N。

注釋查證，在此謹謝以下人士：我勤勉的文編 Shelly Perron 、哈波柯林斯出版社的 Sally Kim，以及德州大學聖安東尼奧分校圖書館那位同樣能幹的 James Nielsen。

開場白

1. repr. in *Memories and Studies*, N.Y., 1911, p. 318.
2. *New York Times*, August 8, 1995.
3. *New York Times*, September 17, 1995.
4. See Samuel Huntington, *The Clash of Civilizations and the Remaking of World Order*, N.Y., 1996.
5. E.D. Hirsch, *Cultural Literacy: What Every American Needs to Know*, Boston, 1987.
6. John Cowper Powys, *The Meaning of Culture*, N.Y., 1929, Preface.
7. 確還有一位尚存 Ralph Smith, of Mariemon，俄亥俄州，近辛辛那提；根據紐約時報，此君逝於一九九五年八月十四日。
8. *Obiter Dicta*, L., 1884, essay on C Carlyle.
9. 這是自命實務者往往會有的口氣，因此在此無需指名道姓。請參考上述塔西陀原則。

第一章　西方在分裂

1. 此字精確，techonology 則不。
2. Otto Jespersen 懷疑路德對德文的影響力，不啻否認文字的重要性。
3. Quoted in J.A. Froude, *Life and Letters of Erasmus*, L., 1906, p. 49.
4. 一九九一年五月一日。
5. 精神分析觀點，見 Erik Erikson's *Young Man Luther*, see Roland H. Bainton's Psychology and History in *Relgion and Life*, Winter 1971。
6. 較完整的版本是 Bohn 系列裡的 *Life of Luther*，2nd ed., L., 1872。係根據米歇萊十九世紀法文譯文的重譯改訂，還加有實用注釋。

第二章　展開新生活

1. See Sigmund Freud, *Civilization and Its Discontents*, N.Y., 1930.
2. *The City of God*, ch. XX.
3. See Josiah Royce, *The Spirit of Modern Philosophy*, Boston, 1893.
4. See R.C. Churchill, *The English Sunday*, L., 1954.
5. 一九七八年瓊斯牧師帶著人民殿堂的教眾一同赴死。從那以後又有大衛・柯瑞許及其大衛教派也告歸西，太陽神殿幾支教派亦循同一目標而去。做此同樣末世想法的千禧年教派，在西方數以百計。
6. N.Y., 1941, See the chapter Scalene Trinities, pp. 149 ff.D47
7. See Max Weber, *The Protestant Ethic and the Spirit of Capitalism*, trans. Talcott Parsons, with an Introduction by R.H. Tawney, N.Y., 1958, Chapter V.
8. "Appeal to the Council of Trent," quoted from his Eirenikon in *The Renaissance Reader*, ed. by J.B. Ross and M.M. McLaughlin, N.Y., 1953, p. 666.
9. "On the Perception of Reality" in *Principles of Psychology*, N.Y., 1890, v. I, p. 321.
10. 例如美國境內不斷有聲音出現，抗議在公立學校教授演化論學說。
11. *Judgements on History*，逝後出版，Hans Zohn 譯，Boston, 1958, pp. 98,105

第三章　優秀的文采

1. 一九五〇年代 Warren Allen Smith 向數百位作者進行調查，得到的回覆分為七大類，包括古代、古典、共產式。See *Free*

Inquiry, v.1, no.1, and *New York Times*, Oct. 15 and Nov. 8, 1980。

2. 美國公立學校雙語教育議題，請閱 Jorge Amselle, *The Failure of Bilingual Educaiton*, N.Y., 1996, pp. 111 ff.

3. 這項成規如今遭到攻擊。見 *New York Times*, August 1996, passim.

4. Besides Henry Adams's *Mont St. Michel and Chartres*, see J.J. Walsh, The Thirteenth, Greatest of Centuries, N.Y., 1907.

5. 英文版於一九二三年出版。Rodney J. Paxton and Ulrich Mammitzsch 新譯書名 *The Autumn of the Middle Ages* 於一九九六年問世（Chicago Press）。

6. John Herman Randall in *The Making of the Modern Mind*, N.Y., 1926/1976, p. 118.

7. 修正論者懷疑他真的爬上 Mont Venoux，不過這個說法仍屬文化史的一部分，顯示對自然的愛好。

8. 證據請見 Norman Douglas, *Old Calabria*, L., 1915（N.Y., 1956）, ch. 21。

9. See the article of that title in *The Bible Review*, February. 1992, pp. 35 ff.

10. See Charles Edward Trinkaus, Jr., "Lorenzo Valla on Free Will," in Ernst Cassirer, ed., *The Renaissance Philosophy of Man*, Chicago, 1948, pp. 147 ff.

11. 事實上，斜體字是根據當時人文主義者的草書連體而來。

12. 因此卡斯克頓實可與但丁、阿米歐、路德同列，卻鮮少得到功勞。

13. 聽說聖喬姆是第一位只用眼讀的人，自己讀時口中無聲亦無任何脣部動作。

14. 某隻大象從里斯本到羅馬，長途跋涉、翻山越海的痛苦旅程，請見 Silvio A. Bedini, *The Pope's Elephant*, L., 1997。

第四章 「藝術家」誕生了

1. *Two Treatises*, trans. by C.R. Ashbee, L., 1888; N.Y., 1967, pp. 122-23.

2. in the selection made by Edward McCurdy: *Leonardo da Vinci's Notebooks*, N.Y., 1923.

3. 在這段西方「好畫」期間，拜占庭藝術家也開始使他們的作品「自然」一點。見 Charles Diehl, *Choses et Gens de Byzance*, P., 1926, pp. 146 ff.

4. 此乃習稱之名，非提香畫作名稱。

5. See H. Pirenne, *Optics: the Illusions of Perspective, Painting, and Photography*, L., 1970.

6. 見本章注2。

7. 這篇論述是由 Piero della Francesca 在一四八〇～九〇年間寫的。

8. See J.B. Bury, *The Idea of Progress*, L., 1920, p. 35n.

9. 見上注。

10. N.Y., 1948.

11. Ralph Roeder, *The Man of the Renaissance: four lawgivers*, Cleveland, 1933.
12. in English in *Montaigne's Complete Works*, trans. By Donald M. Frame, Stanford, 1948.
13. 現代譯本請閱巴森的《費德兒與費加洛》, N.Y., 1961（拉辛的〈費德兒〉係由 Robert Lowell 譯）。
14. 炭筆與蠟筆畫，存 The Century Association, New York。
15. 一九六〇年代一文詳盡非常可讀：*The Landmarks of Classic Feminism From Plato to the Seneca Falls Convention of 1848*，作者 Harrison 及 Edas Steeves。此文未曾出版。原稿由原作者交筆者保管，承蒙慷慨借本書使用現存哥倫比亞大學善本書圖書館。亦請見 M.P. Hunnay, *Tudor Women as Patrons, Translators, and Writers of Religious Works*, Kent State, Ohio, 1985。

第五章　時代的橫剖面：一五四〇年前後從馬德里看世界

1. 他這話是流傳之言。事實上他在一五二五年二月二十三日致其母的信中是這樣寫的：「只剩下榮譽，命是保住了。」
2. 到底是何島猶有爭議。見 *New York Times*, Oct. 12, 1985 以及 Samuel Eliot Morison, *Christopher Columbus, Mariner, Boston*, 1942; in paperback, N.Y., 1985
3. 這張名單包括：腓尼基人、羅馬人、中國人：St. Brendan 於六世紀：Herjohfson 與 Leif Ericson：威爾斯王子 Madoc：Zeno 兄弟與 the Pole Jan Korno：某些英格蘭漁人及葡萄牙水手，在哥倫布之前十年：以及在哥倫布之時的威尼斯人：有位法國人聲稱高盧人是首位。
4. 見本章注 2 中的 Morison。
5. 美國直到一七九二年前均不曾紀念哥倫布。不久即見年輕的歐文歌謳他，史學家 Charles Francis Adams 和 Justin Winsor 則屬早期詆毀哥倫布者。
6. 這句話是 William R. Shepherd 在他的演講中提到的，他是一九二〇年代哥倫比亞大學的史學教授。
7. A.H. Lybyer, "The Ottoman Turks and the Routes of Oriental Trade," *English Historical Review*, October 1915,pp. 577 ff.
8. See Woodruff D. Smith, "Complications of the Commonplace: Tea, Sugar, and Imperialism," *Journal of Interdisciplinary History*, Autumn 1992, pp. 259 ff.
9. 談到以各種不同名字與意義描寫煙草，請參考 Isaac Taylor, *Words and Places*, L., 1864/1921. p.360。
10. A British Council Publication, L., 1958. See also James Anthony Froude, *English Seamen of the Sixteenth Century*, N.Y., 1898.
11.《錯盡錯絕》第三幕第二景（1592）。
12. 根據其時文件，維斯浦奇的姓為 Alberigo，可見美利堅是後來才以 *Amerigo* 的形式變成他的姓。見 Sir William Fraser, *Hic et Ubique*, L., 1893, p.103
13. See J. Barzun, *The French Race: Theories of its Origins and Their Social and Political Implications*, N.Y., 1932.
14. J.B. Trend, *The Civilization of Spain*, L., 1944, p.101.

15. See Piero Camporesi, *Food and Fantasy in Early Modern Europe*, N.Y., 1989.
16. 除馬羅、歌德外，使用這個傳奇者包括德拉克洛瓦、白遼士、博寧頓、舒曼、李斯特、古諾、柏依多、布索尼。
17. Quoted in J.P. Hughes, *Is Thy Name Wart?*, L., 1965, p. 17. See also C.M. Matthews, *English Surnames*, N.Y., 1967.
18. J.H. Brennan, Nostradamus: Visions of the Future, N.Y., 1992.

第六章　書寫「優」托邦

1. See John Rawls, *A Theory of Justice*, rev. ed., Cambridge, Mass., 1999.
2. See Edward E. Lowinsky, "Music in the Culture of the Renaissance," *Journal of the History of Ideas*, Oct. 1954,pp. 509 ff.; see also the exhaustive study of one city: Frank A. D'Accone, *The Civic Muse: music and musicians in Siena during the Middle Ages and the Renaissance*, Chicago, 1997.
3. 《暴風雨》第二幕第一景。
4. See the work of that title by Hiram Haydn, N.Y., 1950.
5. Illustrated, N.Y., 1934.
6. 致蘇格蘭教會大會，一六四三年九月
7. 《暴風雨》第一幕第二景。
8. See Alfred Harbage, *As They Liked It*, N.Y., 1947.
9. See *The Shakespeare Allusion Book*, by successive editors, London, 1909/1932, 2v.
10. 《第十二夜》第五幕第一景：「時間如走馬」；E.E. Kellett 從此句造出「品味如走馬」。

第七章　史詩與笑劇、詩詞與音樂、批評與公眾

1. 葡萄牙王約翰二世為它取了個好名：好望角。
2. See J.B. Trend, *The Civilization of Spain*,D132 L., 1944.
3. 其密友聖桑下的評語。
4. See Cecil Gray, *The History of Music*, L., 1928/1947.
5. See Ernest H. Wilkins, "A General Survey of Renaissance Petrarchism," *Comparative Literature*, Fall 1950.
6. jongleur 此字現在意指耍瓶子弄戲法者（juggler），不過字根既來自拉丁文 jocum，長久以來即用以指任何玩耍之人，包括玩牌者。
7. See Joan Peyser, ed., *The Orchestra*, N.Y., 1986.
8. Hee Harold Rosenberg, *The Tradition of the New*, N.Y., 1959.

9. 還有六行，不添任何感情意義。見 Thomas Percy, *Reliques of Ancient English Poetry*, new ed., L., 1847, v.2, p. 134.
10. *Recherches de la France*, 1560, Bk VII, ch. Vii.
11. *A History of Literary Criticism in the Renaissance*, 2nd ed., 1954. See also Marvin T. Herrick, *The Fusion of Horatian and Aristotelian Literary Criticism*, 1531-1555, Urbana, Ill., 1946.

第八章　時代的橫剖面：一六五〇年前後從威尼斯看世界

1. See *Diplomacy*, L., 1939, p. 51.
2. 伽利略逝於一六四二年一月八日；牛頓生於一六四二年十二月二十五日，換算為歐陸時間，應為一六四三年一月五日。英格蘭於一七五二年才採納西曆，俄羅斯於一九一八年。
3. See his small book *What Is Art?*, first published in English in 1898. It is coupled with *The Kingdom of God* in the N.Y. edition of 1899 (Thomas Crowell).
4. See Geoffrey F. Hall and Joan Sanders, *D'Artagnan the Ultimate Musketeer*, Boston, 1964.
5. See "The Significance of John Amos Comenius at the Present Time," Introduction to *Comenius on Education*, Teachers College Classics No. 33, N.Y., 1967.
6. 此字雖至十九世紀方才開始使用，美食烹飪的事實則有 Jean-Francois Revel 的 *Culture and Cuisine* 書中的事例佐證。N.Y., 1982, ch.6。
7. A new design of blue jeans called Flip Fly: news item Dec. 7, 1997.
8. For example the five volumes of *Historiettes* by Tallemant des Reaux (c. 1655-1660).
9. 細節請見第四章注15。

第九章　無形的學院

1. 劍橋三一學院的惠威爾在 *The Philosophy of the Inductive Sciences*, L., 1840 提出，無異議通過採納。
2. See Neil C. Van Dusen, *Telesio, the First of the Moderns*, N.Y., 1932.
3. Published for the Board of Education and the Science Museum by *His Majesty's Stationery Office*, L., 1939.
4. 想弄懂伽利略的觀念，見 James Brophy 和 Henry Paolucci 著 *The Achievement of Galileo*, N.Y., 1962。
5. See P.J. Davis and Reuben Hersh, Descartes' Dream, Boston, 1986. and Alain Laurant, *Du Bon Usage de Descartes*, P., 1996.
6. See Wm. Theodore De Bary, *Message of the Mind*, N.Y., 1989, General Introduction.
7. See A.C.L. Day, *The Economics of Money*, L., 1959, pp. 150-151.
8. 不僅是化學家，波義耳還做出熟知的波義耳氣體定律。

9. See Saul Jarcho, "Seventeenth-Century Medical Journalism," *Journal of the American Medical Association*, April 3, 1972, p. 32.
10. For its authenticity, see Morris Bishop, *Pascal, the Life of Genius*, N.Y., 1936.
11. N.Y., 1970, 15v.
12. 此名暗示「快樂的哲學家」。那位「老」德謨克利特是名希臘古賢，聽說總是笑看人類愚行。
13. 這名詩人是 Frederick Mortimer Clapp，交談中語。
14. 其書名頁加了一句：In consultation with George W. Mohr, M.D.
15. See Dale Keiger, "Touched with Fire," *John Hopkins Magazine*, Nov. 1993, pp. 38 ff.
16. See Nathan Edelman, "Early Uses of medium aevum, moyen age, middle ages." *Romanic Review*, Fall 1938, pp. 327 ff. See also George Gordon, "Medium Aevum and Middle Age," Society for Pure English, *Tract* 19, 1925.
17. 意指朦朧，這段時期又曾稱泥濘、鏽蝕、沉悶、出家、哥德之名。見前注，Tract 19,p.15
18. 法國有季佐所寫的《法國與歐洲史》，首開後日種族理論之始；英國則的薩克森論則出現更早，見第五章注13。
19. See Ferdinand Lot, *The End of the Ancient World*, N.Y., 1931; R.W. Southern, *The Making of the Middle Ages*, Marc Bloch, *Feudal Society*, Chicago, 1961, 2v.; Carolly Erickson, *The Records of Medieval Europe*, an anthology, N.Y., 1971.
20. See Marc Bloch in preceding footnote, v.2, p. 343.
21. 同前，pp. 410 ff.
22. Quoted in Patrick Devlin, *The Judge*, Chicago, 1981, p. 170 n2, quoting John Keegan, *The Face of Battle*, L., 1979, p. 112.
23. *Kubla Khan,or A Vision in a Dream*, 1797.
24. See George L. Burr "The Year 1000 and the Antecedents of the Crusades." *American Historical Review*, April 1901, pp. 429 ff.
25. See Jacques Le Goff, *Les Intellectuels au Moyen Age*, P., 195.
26. 學生生活與大學行政管理，見 Pearl Kibre, *The Nations in the Mediaeval Universities*, Cambridge, Mass., 1945.
27. 中古抒情詩的背景，多數興高采烈，見於巴伐利亞的本篤修院。見 Helen Waddel, *The Wandering Scholars*（書中對這些詩歌加以討論、翻譯），N.Y. Anchor Books, 1955 以及 Anthony Bonner, *Songs of the Troubadours*（附譜例），N.Y., 1972。
28. 見本章末注。
29. See H.S. Bennett, *Chaucer and the Fifteenth Century*, N.Y., 2nd ed., 1954, pp. 8 ff.
30. 貞德在 Domre my 出生，因此不是 Arc 人，因傳說而弄混。
31. See R. Howard Bloch, *The Scandal of the Fabliaux*, Chicago, 1986.

第十章　君主之革命

1. 如孟德斯鳩所襲的法官職銜即是其父購得。

2. 此人青雲，多賴其姊妹 Arabella 之光，她是紐克公爵的情婦，公爵後來即位成為詹姆士二世。
3. See Jean de Bonnefon, *Les Curiositésheraldiqués*, P., 1912.
4. 見第十二章釋此句之意。
5. See Julian H. Franklin, *Jean Bodin and the Sixteenth Century Revolution in the Methodology of Law and History*, N.Y., 1963.
6. 始於中古史的無心插柳，見孟德斯鳩《法的精神》（1748）Books XXX 及 XXXI。
7. 此習始於羅馬皇帝，一般以為他們意指治下眾國，因此自己是多位皇帝集於一身。
8. See George Boas, Vox Populi, *Essays in the History of an Idea*, Baltimore, 1969.
9. See Paul Doolin, "The Kingdom of France in the Last Three Centuries of the Ancien Regime Was a Limited Monarchy." Paper given at the American Historical Association Meeting in N.Y. City, Dec. 1940.
10. See Ernst H. Kantorovich, *The King's Two Bodies*, Princeton, 1981.
11. 見狄德羅在Rameau's Nephew 中的形容這「小小朝儀之舞」（比喻說法）：人人不分身分高低，都必須一再在陛前舞之蹈之。
12. This account, shortened, is drawn from *Chéruel, dictionnaire Historique des Institutions, Moeurs et Coutumes de la France*, P., 1885, v.2, 1117 ff.
13. The letter is dated Dec. 10, 1513.

第十一章　清教徒做民主人

1. by Percy Scholes, N.Y., 1962.
2. See William Haller, *The Rise of Puritanism: The Way to the New Jerusalem as Set Forth in the Pulpit and Press from Thomas Cartwright to John Lilburne and John Milton*, 1570-1643, N.Y., 1938/1965.
3. See John Rawls, *A Theory of Justice*, rev. ed., Cambridge, Mass., 1999.
4. See his work of that title, Book III ch. 10, and Book IV, ch. 12.
5. 見一九九一年十二月其快訊，由 American Academy of Arts and Sciences 針對基本教義派所做的五年期研究，卷一結論部分。又見 William H. McNeill, "Fundamentalism and the World of the 1990", *Bulletin* for Dec. 1993。
6. Quoted in Charles Harding Firth, *Oliver Cromwell and the Rule of the Puritans in England*, L., 1900, repr. L., 1953, p. 381.
7. 此處的獨立意指主張寬容的小型異議團體，而非一般稱之為獨立派者，後者反對寬容。見 "Orthodoxy in England and New England, 1640-1650" in *Proceedings of the American Philosophical Society*, 1991, p.401。
8. 他在賓夕法尼亞建立的寬容美名固然無愧，卻掩蓋了他激烈的政治生涯，多在英國發生。見 Joseph Illick, *William Penn the Politician*, N.Y., 1965。
9. *The Apologia of Robert Keayne, the Self-Portrait of a Puritan Merchant*, ed., Bernard Baylin, N.Y., 1964. 遺囑認證法庭得處理的這份

文件頗為困難，因為卓越的編輯技巧而至少有一半可讀。

第十二章　禮儀臨天下

1. 記者會言，*New York Times*, June 29, 1958.
2. See Gabriel Boissy, ed., *Pensées choisies des rois de France*, P., 1920, p. 197; see also pp.144-45 nn.
3. 這個習俗自艾森豪總統診察得了迴腸發炎即始。
4. See Gabriel Hanotaux, *Etudes Historiques*, P., 1886, pp. 262 ff.
5. 見一九九七年法國選舉後《世界報》語。
6. On this and related details, see Cheruel, Histoire de l'Administration monarchique en France; James E. King, *Science and Rationalism in the Government of Louis XIV*, N.Y., 1972; Paul Beik, *A Judgment of the Old Regime* (Columbia University dissertation, 1943); and Lionel Rothberg, *Opposition to Louis XIV*, Princeton, 1965.
7. see the work by James E. King in preceding note. 530
8. See records in the Columbia University Rare Book and Manuscript Library.
9. See note to fraudulent on p. 244.
10. See J. Barzun, *The French Race, Theories of Its Origins and Their Social and Political Implications*, N.Y., 1932.
11. See Barbara Swain, *Fools and Folly During the Middle Ages and The Renaissance*, N.Y., 1932.
12. See Edwin D. Mead, ed., *The Great Design of Henry IV from the Memoirs of the Duke of Sully*, with "The United States of Europe" by Edward Everett Hale, Boston, 1909.
13. 他種區域包括國家「行政區」（pays）、前自稅制區、習慣法區、成文法區、自贖故只繳單一稅區。
14. Abbe Gregoire 如是言。這個說法可能有太泛泛之嫌。這些不說法語之人前進巴黎慶祝七月十四日時，想來總是唱著法語版的〈馬賽進行曲〉吧。

第十三章　時代的橫剖面：一七一五年前後從倫敦看世界

1. See Trevor H. Hall, *New Light on Old Ghosts*, L., 1965. In *Poltergeists*, N.Y., 1959, Sacheverell Sitwell 印出衛斯理家關於這項宣言的信件與日記，pp. 157 ff.
2. See Rupert T. Gold, *Oddities*, L., 1928, ch. 5，有實驗報告與機器的圖片。
3. 沃邦的言論與其他關於防禦工事的細節，都來自 Christopher Duffy, *The Fortress in the Age of Vauban and Frederick the Great, 1660-1789*, L., 1985, pp. 72 ff.
4. 原先只表示本地、同胞。

5. Uncel Toby 對 Namur 之圍非常著迷，極為有趣也有教育意義。
6. Translated from the 3rd ed., 1744, by T.G. Bergin and M.H. Fisch, Ithaca, N.Y., 1948. See also Vico's *Autobiography*, trans. by M.H. Fisch and T.G. Bergin, N.Y., 1944.
7. See Robert Beverley "The Historical and Present State of Virginia," L., 1705, quoted in *The Annals of America*, Chicago, 1968, v. 1, pp. 326, 329. 67
8. 這名雨格諾教派詩人，在亨利五世麾下作戰，作有 *The Week of Creation*，為一宗教作品，經 Joshua Sylvester 翻譯，不出幾年即有三十版。
9. See Wilfred Mellers, *Music in a New Found Land*, N.Y., 1965.
10. 此時尚未發明高中，所謂學院（college）亦非大學（university），卻是從蒙童（pupil）長成為學子（student）之處。
11. Alexander Isaevich Solzhenitsyn, *The Russian Question at the End of the Twentieth Century*, N.Y., 1994.
12. See Tim Congdon, "John Law and the Invention of Paper Money," *Journal of the Royal Society of Arts*, January, 1991.
13. 筆者完全是按字直譯。
14. Swift's *Examiner No. 13*, Nov. 2, 1710, pp. 916 ff.
15. 這個名詞，用於密切基於當代史實寫作的小說，意義朦朧。筆者於《大西洋月刊》（July, 1946）首用，後又在 *The Energies of Art*（1956, p.125）中用以指稱卡夫卡、紀德、斯諾等人的小說。這些作品的虛構氣氛闕如，卻有事實性的報導，雖然故事本身卻全屬虛構。
16. 她寫給未來夫婿之信，可見 Edward Abbott Party, *Letters From Dorothy Osborne to Sir William Temple*（*1652-1654*）, Wayfarer's Library, L, n.d.
17. 此典出於古希臘故事，也可能係指莎劇《雅典的泰門》。
18. See Jae Nunn Lee, *Swift and Scatological Satire*, Albuquerque, N.M., 1971.
19. See the commentary in *Master Poems of the English Language*, ed., Oscar Williams, N.Y., 1966.
20. 這個說法常歸阿諾德所言，其實早在斯威夫特的《書的戰爭》即已出現。
21. For diagnoses other than madness, see Milton Vogt, *Swift and the Twentieth Century*, Detroit, 1964.
22. Waller 與 Denham。見高斯 *From Shakespeare to Pope*, L., 1885。
23. See Ernest Weekley, *Something About Words*, L., 1936.
24. See Hazelton Spencer, *Shakespeare Improved*, Cambridge, Mass., 1927.
25. 如今被不明狀況者去掉冠詞，以為可以重現韓德爾為此曲所做的小注中不合英語習慣的文筆。
26. See Linoln Kirstein, *Four Centuries of Ballet*, N.Y., 1970/84, p. 94.
27. 見第八章注 6 。

28. 此名可能是 Condom 一字的英語化。後者原是法國西南方一主教座區及郡治所在。博敘埃即此地主教。

第十四章　入目滿豐盈

1. See Philip John Stead, *The Police of Paris*, L., 1957.
2. The full title is Artaméne ou le Grand Cyrus, P., 1650, 12,000 pp.
3. For Calderón in translation, see (besides a fragment by Shelley), Kathleen Raine and R.M. Nadal, *Life's a Dream*, N.T., 1968. In Eric Bentley's series of translations called *The Classic Theatre* (Anchor Books, N.Y., var. dates, there is a volume of Spanish plays that includes Calderón.
4. 見前注 *The Classic Theatre* 譯本。
5. 《費德兒與費加洛》，分別由 Robert Lowell、巴森譯，N.Y., 1961.
6. for a full survey of Moliere's language see F. Genin, *Lexique...de la langue de Moliere*, P., 1846.
7. 兩部相當作品的日期分別為一六四三、一六九〇年，卡森迪居先。現代對其重新評價，見《科學家傳記大辭典》。
8. 其友 Des Maizeaux 說動他將作品出版，譯成英文，共分三卷，L., 1728。*The Letters of Saint-Evremond*，L., 1930 也譯成英文出版，由 John Hayward 作有引人入勝的導讀。
9. 這本格言沒有合適的英譯本，因其簡練不易復現。若只求其意義，可讀 Louis Kronenberger（N.Y., 1959）譯本，大致可靠。
10. For comparison, see Richard Aldington, *A Book of Characters*, L., n.d.
11. The French text in the edition by A. Chassang, *Oeuvres Completes*, P., 1876, 2 v., has a useful discussion of La Bruyere's method and his language.
12. William James to his parents, May 27, 1867, in *The Letters of William James*, L., 1920, v. I, p. 87.
13. See George P. Marsh, *Lectures on the English Language*, N.Y., 1880, p. 263.
14. 這個句子共出現兩次，一在《列王紀》下十九章三十五節，一在《以賽亞書》三十七章三十六節。
15. 貝克所下的定義，見 *New York Times*, Feb. 17 1996。
16. Thomas Rymer.

第十五章　大百科世紀

1. 原計畫總集 Moreri 裡的錯誤。貝勒的作品則於一六九七年以兩大卷出版。
2. 此典非後人自伏爾泰論哲學、宗教的零星文字輯成的兩卷字典。
3. 此言據聞出於 Marquis Caraccioli，那不勒斯駐英大使。他並未說有百種，而是六十種。
4. E. Beatrice Hall, writing as S.G. Tallentyre in *The Friends of Voltaire*, L., 1906, p. 199 and, slightly modified in *Voltaire in His Letters*, L.,

1919, p. 65.see Burdette Kinne in *Modern Language Notes* for November 1943.

5. Henry Reeve 的第一部譯本流傳甚廣，卻有許多錯誤。Phillips Bradley 的修訂本一九四五年在紐約出版。最新版由 George Lawrence 執筆，L., 1969，更見改善，但仍有進步空間。
6. See Bernard Faÿ, *The Revolutionary Spirit in France and America*, N.Y., 1927.
7. particularly in his four letters to Dr. Bentley; see Derek Gjertsen, *The Newton Handbook*, L., 1986, pp. 176, 218-9, 348, 416-4.
8. *Boswell's Life of Johnson*, August 5, 1763.
9. 最流行者為 Moreri 的一卷（1674/1691），貝勒批評帶有天主教成見。
10. 原稱 *Memoires de Trevoux*，改名之舉顯示打算及於並打動更多類型的讀者。
11. See D.H. Gordon and N.L. Torrey, *The Censoring of Diderot's Encyclopedie and the Re-established Text*, N.Y., 1947.
12. See Louis Biancolli, ed., *The Book of Great Conversations*, N.Y., 1948.
13. 及至一九八〇年代，都還有一家美國大學刊物出書大大講論這個無稽之談。
14. In his *Letter on the Deaf and Dumb* (1759) about art and esthetics.
15. See J. Barzun "Why Diderot?" in Stanley Burnshaw, *Varieties of Literary Experience*, N.Y., 1962.
16. See the "Conversation Between D'Alembert and Diderot," in J. Barzun and Ralph Bowen, *Rameau's Nephew and Other Works*, N.Y. (Anchor Books), 1956.
17. 詹姆斯在 *Essays in Radical Empiricism*, L., 1912 對此詞加以定義並運用其原則。
18. 有關富蘭克林科學研究的簡要介紹，可見 Samuel Devons, *American Journal of Physics*, Dec. 1977 的 Franklin as Experimental Philosopher。
19. 有作 Bernouilli。
20. *Poem Upon the Lisbon Disaster* (bilingual text), Lincoln, Mass. 1977.
21. Lyrics by Richard Wilbur, music by Leonard Bernstein.
22. 瑞典國王，驍勇善戰，一七一八年侵挪威時為彼得大帝所敗身亡。
23. See George R. Havens, *Voltaire's Marginalia on the Pages of Rousseau*, Columbus, Ohio, 1933.
24. See Mary Osborn, *Rousseau and Burke*, N.Y., L., 1940.
25. in M.J. Gaberel, *Rousseau et les Genevois*, Geneva, 1858, pp. 143-44.
26. 此乃 Ernest Hunter Wright 的 *The Meaning of Rousseau*, L., 1929 表達的有力主題。
27. For further details, see Joan Peyser, ed., *The Orchestra: Origins and Transformations*, N.Y., 1986.
28. 同前注。

第十六章 時代的橫剖面：一七九〇年前後從威瑪看世界

1. 見其在自傳 *Poetry and Truth*,BKII 第四段自述其事。
2. 尤其應讀 *The Brigands*，此乃其早期劇本，鼓吹反叛一切現有制度及所謂「君父」。
3. 迫害詳情，見 Colin Nicolson, "McIntosh, Otis, and Adams Are Our Demagogues", in *Proceedings of the Massachusetts Historical Society for 1996*, Boston, 1998, pp. 73 ff.
4. 一九二八年哥倫比亞大學校園業餘演出。全面調查見 Kenneth Silverman, A *Cultural History of the American Revolution*, N.Y., 1987.
5. See Wilfrid Mellers, *Music in a New Found Land*, N.Y., 1965.
6. 此詞由 J. Hector St. John（M.G.J. Crevecoeur 筆名）所創，指美洲化的歐洲人，出自其書 *Letters From an American Farmer*, L., 1782.
7. 韃靼的專制君主，是 Khan（汗）字另形。這個外號係斯摩萊特敬奉約翰生。
8. 約翰生先是說：「它缺乏足夠機鋒令其甜美」，然後又立刻換詞：「它缺乏足夠生氣而難免生腐」。係指白金漢公爵的喜劇 *The Rehearsal*。一九八四年五月三十日記在 Boswell 書中。
9. 兩人之間的誤會，請見 J.H. Sledd 與 G. J. Kolb, *Dr. Johnson's Dictionary*, Chicago, 1955, ch. 3。
10. Abbé Redonvilliers of the French Academy: *De la maniére d'apprendre les langues*, P., 1768; and Nicolas Adam, *Vraie maniére d'apprendre une langue quelconque*, P., 1787.
11. 婚「禮」比婚「姻」更為恰當。
12. 限於 *Idomeneo, Re di Creta* 其中部分。這是一部嚴肅歌劇，一七八〇。
13. 富有的稅商，拉摩的學生，贊助音樂，首將號、單簧管、豎琴引入其私家交響樂團。
14. Baltimore, 1966.
15. 大仲馬小說 *The Queen's Necklace* 開篇幾章對卡里奧斯特刻畫頗為入微。
16. 新版本於一八二〇、一八二五年分別問世，重刷見 *The Oxford Library of Prose and Poetry*, ed., W.A. Gill, Oxford, 1912。

第十七章 被遺忘的隊伍

1. 其中某些論點，可見 Censer, ed., *The French Revolution and Intellectual History*, Chicago, 1989。
2. See Crane Brinton, *The Jacobins*, N.Y., 1930.
3. 通常譯為「我活下去」，卻無法表達原意：他不是說「J'ai surveçu」。能夠「活著」（living）本身，就是件了不起的大事了。
4. See F.J.C. Hernshaw, ed., *The Social and Political Ideas of Some Representative Thinkers of the Revolutionary Era*, L., 1931.
5. See Bernard Faÿ, *La Franc-Maçonnerie et la révolution intellectuelle du XVIIIé siécle*, P., 1942.

6. 蓋德拉在 "A Russian Fairy Tale"（The Missing Muse, L., 1927）裡創出此語。很長一段時間之後，歐威爾使此話成為流行，不過他可能也是自家想出的。
7. See also David M. Vess, *Medical Revolution in France 1789-96*, Gainesville, Florida, 1975.
8. On this and related subjects, see the pioneering papers of Dora Weiner in various learned journals.
9. 他的生平與成就，詳見 John Edmonds Stock, *Memoirs of the Life of Thomas Beddoes, M.D.*, L., 1811。這本奇書長五百頁，全寫成一章。概要介紹可見巴森 "Thomas Beddoes, or Medicine and Social Consicence," *Journal of the American Medical Association* April 3,1972.pp.50 ff.
10. 李希屯伯格警語及書信選集，連同生平詳介，見 F.H. Mautner and Henry Hatfield, eds., *The Lichtenberg Reader*, Boston, 1959。德文全集，見 Werke, Hamburg, 1967, Carl Brinitzer 作跋。
11. See Theodore Caplow, *Peace Games*, Middletown, Conn., 1989.
12. 本書所敘，所本幾乎全出自 Robert Sole, *Les Savants de Bonaparte*, P., 1998。See also Christopher J. Herold, *Bonaparte in Egypt*, N.Y., 1962.
13. 《大英百科全書》如是說（15th ed. micropedia），見其姓名條。
14. *de la Bretonne Les Nuits de Pairs or the Nocturnal Spectator*, N.Y., 1964。亦見 Alex Karmel, *My Revolution*，半虛構體自傳，據其 Journal, 1789-94所做；N.Y., 1970。有關薩德之研究，見 Francine du Plessix Gray, *At Home With the Marquis de Sade*, N.Y., 1998。
15. 他在巴爾札克半打小說中以 Jacques Collin 出現——這巴爾札克為他編造的「真」名——然後又在 *La Derniére incarnation de Vautrin*, 1845 中為 Vautrin。
16. Bohn edition, 1854. The French is in 4 volumes, 1828.
17. See Christopher J. Herold, *Mistress to an Age: a Life of Mme de Staël*, L., 1959.
18. *The Physiology of Taste: Transcendental Meditations on Gastronmony*, N.Y., 1948, a very poor translation.
19. 欲知英國菜，Rupert Croft-Cooke, *English Cooking: A New Approach*, L., 1960，讀來合理又有味。
20. 此說出現在 Lévis 公爵的 *Réfelctions* 中，時 1808 年。公爵大人聲言來自法國最古老的貴族家系，某位祖先據稱參與首次十字軍東征。「高貴人的義務」觀念，經過相當時間方才露芽。
21. *Zoonomia*, L., 1794, translated into German, 1796-97.
22. Quoted in Mao-han Tuan, *Simonde de Sismondi as an Economist*, N.Y., 1927, p. 38.
23. 這兩位女子的事蹟，如今概本 H.R. 與 Edna Steeves 兩人所述（見第二章注），以及 Simon Schama 的 Citizens（見本章）。亦見 Gwyn A. Williams, *Artisans and Sans-Culottes*, N.Y., 1969。
24. A paperback reprint of the 2nd ed., L., 1792, was published by Dover Books, Mineola, N.Y., 1996.
25. See Boris Schwartz, *French Instrumental Music Between the Revolutions*, 1789-1830, N.Y., 1987; and Jean Mongredien, *La musique en*

France des Lumiéres au Romantisme, P., 1986.

26. Hélène Delavault.

27. 布雷克在《畫論》上的眉批忽略了這項轉變，就此而已，對雷諾茲有欠公允。

第十八章　智與心並用

1. 約翰霍普金斯大學已故的 Arthur Lovejoy。
2. In *Classic, Romantic*, and *Modern*, Boston, 1943/1961.
3. 同前，p. 158.
4. Dan Hofstadter, *The Love Affair as a Work of Art*, N.Y., 1996.
5. 任職於植物園（Jardin des Plantes），內有動物園，因此巴里得以研究他想要雕塑的動物。
6. For example "L'Egout de Rome" in *Les Châtiments*, Bk VII (1852).
7. 其首部劇本〈克林威爾〉序言，宣揚藝術自由（1827），聲聲入耳。
8. See P. Thieme, "Notes on Victor Hugo's Versification," in *Studies in Honor of A. Marshall Elliot*, Baltimore, 1911, v.I.
9. 其不朽之作：身後出版的自傳，*Memoires d'Outre-Tombe*（1849-50）。
10. See J. Barzun "Romantic Historiography as a Political Force in France," *Journal of the History of Ideas*, June 1941.
11. See the edition in English, abridged and introduced by Frank E. Manuel, Chicago, 1968.
12. 蘇格蘭及中古。
13. 見哈代的短篇故事及懷舊錄。
14. *The Vision of Judgment and Beppo* (1818-1820).
15. 後日吉伯特與蘇利文的歌劇，亦見此風。
16. 亨利・詹姆斯小說 *The Bostonians* 中的 Miss Birdseye，即以這位女士為藍本，只是他自己未察覺到。

第十九章　時代的橫剖面：一八三〇年前後從巴黎看世界

1. 第一家公司失敗。見 L.A.G. Strong, *The Rolling Road*, L., 1956, pp. 93 ff.
2. 正式報導紀錄，見 *Le Romantisme*, Bibliotheque Nationale Catalogue, P., 1930, pp. 174 ff.
3. 原為 E.T.W.，W 代表 Wolfgang，他將 W 改為 A，以示向莫札特致敬，後者第二個中名為 Amadeus。
4. See Katherine Kolb Reeve, *The Poetics of the Orchestra in the Writings of Berlioz*, Yale dissertation, 1978.
5. Nat Turner 起來反抗要釋放黑奴，只是當時美國南方諸州及西印度數起類此事件之一。
6. See Angus Holder, *Elegant Modes in the Nineteenth Century*, L., 1935.

7. Robert the Devil 一劇的製作準備及首演，見 Mark Edward Perugini, The Omnibus Box, L., 1946, Ch. IV. 的生動刻畫。亦見 William L. Crosten, *French Grand Opera, an Art and a Business*, N.Y. 1948。
8. 以此為刊名的季刊，乃是 Phi Beta Kappa Society 的機關報，目的在推廣愛默生的文化概念。
9. 此詞為 Quentin Anderson 語。見其同名書，副名為 *an Essay in American Literary and Cultural History*, N.Y. 1971。
10. For a critique, see J. Barzun, "Thoreau the Thorough Impressionist," *American Scholar*, Spring 1987.
11. 同前，pp. 255 ff.
12. See A. Véra, *Introduction à la philosophie de Hegel*, P., 1844, pp. 4 ff.
13. 有人問此詞何來，認為大概是抄寫員把他的哲學稿件放在他的自然學（physics）「之後」（after / meta）。遂有妙語將形而上學重新定義為「裝訂工人誤解了作者的指令」。
14. 類似的關係，也有同樣影響發生在彌爾身上。見其 *Autobiography*, ed., Mortimer J. Adler, N.Y. 1924。
15. 在莎士比亞大會上言，Bowie State University, Dec. 5, 1998.
16. See his *William Hazlitt, Critic of Power*, N.Y., 1978; and for the details of his life, P.P. Howe, *William Hazlitt*, L., 922 (Penguin ed. 1949).
17. 原為 Woyzeck，以訛傳訛而變了拼法。見 *The Plays of Georg Büchner*, trans. Geoffrey Dunlop, N.Y., 1928。
18. 安東尼及其兄 Thomas Adolphus。後者著有小說及其他作品，今已湮忘。
19. Frances Trollope, *Domestic Manners of the Americans*, Cincinnati (1828), N.Y., 1904, p.91.

第二十章　眾國會之母

1. 出自一七九一年六月十四日通過的法令，依夏佩利埃之名命名。
2. See François Pejtö, *Heine: a Biography*, L., 1966.
3. For several of these quotations and others of equal interest, see Lady Holland and Mrs. Austin, *Memoir and Letters of Sydney Smith*, new ed., L., 1869; and Stuart J. Reid, *A Sketch of the Life and Times of Sydney Smith*, N.Y., 1885.
4. In his *Confessions of an Opium-Eater* (1821).
5. See Peter Quennell, ed., *London's Underworld, Selections from the Fourth Volume of London Labour and the London Poor* by Henry Mayhew, L., n.d.
6. In "Locksley Hall" (1842).
7. 速度感係與習慣建立的「正常」感相對而言，也與身體的舒適程度或曝露於自然力的程度有關。
8. 這位現在很出名的日記作家同時也是反對鐵路的下院議員，就在一八三〇年九月十五日著名的首航之前，他在一八二九年十一月四日曾經受邀試乘一小段。

9. 見巴森譯文，*New Directions*, N.Y., 1968.
10. See J. Barzun, "The Imagination of the Real," in *Art, Politics, and Will*, ed., Quentin Anderson et al, N.Y., 1977.
11. 他原是東北區一間女子學校的校長，Charles F. Dowd 撰文、演說，推廣他的想法直至退休。見其 *System of national time and its application, etc.*, 1870; 以及傳記 *Charles F. Dowd...a Narrative of His Services*, by Charles N. Dowd, N.Y., 1930。
12. In his *Philosphy of the Inductive Sciences*, L., 1940.
13. See Michael Murray, *French Masters of the Organ*, New Haven, 1998.
14. 這個運動的效率與程度，最近才被披露。見 Jeanne Gilmore, *La République clandestine: 1818-1848*, P., 1997.

第二十一章　物御人

1. News item, August 25, 1999.
2. Ode Inscribed to W.H. Channing (c. 1848).
3. Max Stirner (meaning *the Impudent?*) was the pseudonym of Kaspar Schmidt (1806-56).
4. 漢斯利克確切想法，見 Geoffrey Payzant, "Tones Already Fading: Hanslick on Music and Time."，在 Time Symposium 14, University of Toronto, Feb. 3-9, 1992 發表的論文，亦登載於 *Journal of Musicological Research*, 1989, pp.133 ff。
5. 見二十章注9。
6. *New Grub Street*, L., 1891.
7. See Victor H. Brombert, *Victor Hugo and the Visionary Novel*, Cambridge, Mass., 1984.
8. See Harley Granville Barker, ed., *The Eighteen-Seventies*, N.Y., 1929.
9. 這本小說改編無數，在好幾個國家演出，據聞因此展開了聳動戲劇（Sensation Drama）時代。見 M. Wilson Disher, *Melodrama*, N.Y., 1954, pp. 2-4。
10. 實例可見第十四章注3的 Bentley series。
11. translated by W.H. Schofield, *American-Scandinavian Review*, 1918, pp. 104-06.
12. Quoted in James W. Thompson, *A History of Historical Writing*, N.Y., 1942, v.2, p. 300.
13. Frederic Harrison in *The Meaning of History*, N.Y., 1894.
14. See W.H. Dunn, *James Anthony Froude*, Oxford, 1961, 2v.
15. Washington, D.C., 1926, Appendix.
16. See in G.O. Trevelyan's *Life and Letters of Macaulay*, the diary for Dec. 1838, Nov. 1841-July 1843, July 1848.
17. See also Norman Macbeth, Darwinism, San Francisco, 1985; and for a scientist's detailed account, Søren Løvtrup, *Darwinism*, L., 1987.
18. 勒南於一八四八年寫出他的 *Future of Science*，卻到一八九〇年方才出版。

19. Subtitled: *Culture, Faith, and Philosophy in an English Country House*, L., 1877.
20. 介紹阿諾德思想精義的定本，見 Lionel Trilling, *Matthew Arnold*, N.Y., 1939/1977。
21. 斯蒂芬思想的全面介紹，見 James A. Colaiaco, *James Fitzjames Stephen*, N.Y., 1983。
22. See Michael Sanderson, ed., *The Universities in the Nineteenth Century*, L., 1975.
23. See Gustave Simon, *Chez Victor Hugo: Les tables tournantes de Jersey*, P., 1855/1923.
24. 報界一般反應，見 Richard. Altick, *Deadly Encounters*, Philadelphia, 1986。
25. By Leoncavallo and Puccini.
26. See *The Private Letters of Princess Lieven to Prince Metternich: 1820-1856*, L., 1937.
27. See J. Barzun, *Race: A Study in Superstition*, N.Y., 1937/1965.
28. Francis Schiller, *Paul Broca, Founder of French Anthropology, Explorer of the Brain*, Berkeley, Calif., 1979.
29. by Cecil Woodham-Smith, *Florence Nightingale*, L., 1950/1983, and Elspeth Huxley, *Florence Nightingale*, L., 1975.
30. This is demonstrated in J. Barzun, "Lincoln the Writer," in *Essays on Writing, Editing, and Publishing*, Chicago, 1971/1986.
31. See his *Medical Essays*, Boston, 1861/1881.
32. 引自 Lady St. Helier, *Memories of Fifty Years*, L., 1909, pp. 102 ff.

第二十二章　時代的橫剖面：一八九五年前後從芝加哥看世界

1. 他們也被用來陳述這個標題：1865-1895. Publ. N.Y., 1931.
2. See Barbara Goldsmith, *Other Powers*, N.Y., 1998, and Mary Gabriel, *Notorious Victoria*, Chapel Hill, 1998.
3. See Allan Keller, *Scandalous Lady, the Life and Times of Madame Restell*, N.Y., 1981.
4. See his life written by Elmer Ellis, *Mr. Dooley's America: a Life of Finley Peter Dunne*, N.Y., 1941.
5. Sticklers 堅稱是 Kettle Hill，而非聖胡安，聽起較無魅力。然而一如征服者威廉的登陸地點一般，無論是 Hasting 還是 Senlac，世人已然將較好聽的那個供奉在上。
6. See his *Man and Nature* edited by David Lowenthal, Cambridge, Mass., 1965, and the same editor's *George Perkins Marsh: Versatile Vermonter*, N.Y., 1958.
7. See Quinta Scott, *The Eads Bridge*, Columbia, Missouri, 1979.
8. 安裝經過，據白宮雜役 Irwin Hood Hoover 在其 *Forty-two Years in the White House*, L., 1935。
9. See James Harvey Young, " The Paradise of Quacks," *N.Y. State Journal of Medicine*, Feb. 1993, pp. 127 ff.; and "Sex Fraud," *Pharmacy in History*, 1993, No. 2, pp. 65 ff.
10. See Sir Charles Higham, *Advertising*, L., 1925: J.S. Wright and D.S. Warner, eds., *Speaking of Advertising*, N.Y., 1963; and Edd

Applegate, *Personalities and Products: A Historical Perspective on Advertising in America*, Westport, Conn., 1998. For a brilliant sidelight, read H.G. Well's novel, *Tono Bungay* (1909).

11. 參見第二章引述的 Dean Briggs 的評論。
12. See Hardin Graig, *Woodrow Wilson at Princeton*, Norman, Okla., 1960.
13. See John Dewey, *How We Think*, Boston, 1909.
14. For a critical survey of the varied methods of science, see R.M. Blake, C.J. Ducasse, and E.H. Madden,*Theories of Scientific Method: The Renaissance Through the Nineteenth Century*, Seattle, 1960; and Jacques Hadamard, *The Psychology of Invention in the Mathematical Field*, Princeton, 1943; other works by Abraham A. Moles (Geneva, 1957) and W.I.B. Beveridge (L., 1955) make the same point of diversity in method and inspiration. On *Vitalism* see L. Richmond Wheeler, L., 1939.
15. See Edward D. Radin, *Lizzie Borden, the Untold Story*, N.Y., 1961.
16. 欲知歷史上那位做為思想家與諷刺作家的貝熱拉克，見 Erica Harth, *Cyrano de Bergerac and the Polemics of Modernity*, N.Y., 1970。

第二十三章　精力聚顛峰

1. See Helen Merrell Lynd, *England in the Eighteen Eighties*, L., 1945.
2. Max Simon Südfeld（1849-1923）的筆名。
3. Axel, P., 1890; trans. by June Guicharnaud, Englewood Cliffs, N.J., 1970。亦見其小說 L'Eve future, P., 1886,愛迪生也是其中一角，「術」更每日改變生活。
4. See Maurice Saillet ed., *Tout Ubu*, P., 1962.
5. See Charles Chassé, *Les Clefs de Mallarmé*, P., 1954.
6. 最早實行者及最好的理論家是 Gustave Kahn。見其序，*Premiers Poémes*, P., 1897，以及對此主題 *Le Vers libre* 的處理手法，P., 1812。一般相信惠特曼對此有塑成影響，實在沒有根據。見 P. Mansell Jones, *The Background of Modern French Poetry*, Cambridge, Mass., 1968, pp. 159 ff.
7. *The Hazard of the Die.* See S. Beach Chester, *Anomalies of the English Law*, Boston, 1912, p. 135.
8. 為表公平，他那異性戀的 *Lysistrata* 圖畫亦遭禁。
9. 其 *Psysopathia Sexualis*，一八九二年首次譯成英文（Philadelphia），直到一九二〇年代都只售與醫生。
10. 醫學界的調查報告，見 Stephen Kern, *Freud and the Emergence of Child Psychology: 1880-1910*, Columbia University Dissertation, 1970.
11. 一九〇〇年出版（Chicago），之前 *Journal of the American Medical Association*; repr. Weston, Mass. 1970 拒登。

12. 同前，p. 21.
13. See H. Granville Barker, ed., *The Eighteen Seventies*, N.Y., 1929; and also: (Anon.) *Women Novelists of Queen Victoria's Reign: a Book of Appreciations*, L. 1891.
14. For this annotated edition, see *Magick: Liber Aba*, York Beach, Maine, 1997.
15. 書中的 Eugene Wrayburn。
16. 不過有位在 *Physics Today* 寫稿的物理學家對此提出質疑。見 *New York Times*, Feb. 2, 1999。
17. 可惜，漏列了門得列夫的元素周期表。
18. 此哈丹非那位比他年輕的親戚 J.B.S. 哈丹。
19. See *Darwin and Modern Science: Essays in Commemoration of ...The 50th Anniversary of the Publication of the Origin of Species*, Cambridge, Eng., 1909.
20. David Greene, Introduction to *The Authoress of the Odyssey by Samuel Butler*, Chicago, 1967.
21. Additional notes were published in *Life and Letters*, Oct. 1931.
22. Dr. W.W. Keen in *The Progress of the Century, a Symposium*, N.Y., 1901, p. 254.
23. 白遼士是頭一位做此表示者，見其一八三〇年的〈幻想交響曲〉曲目說明。亦見 "Is Music Unspeakable?" *American Scholar*, Spring 1996。
24. See P.E. Vernon's report, originally published in *The Musical Times* (London), repr. in *Pleasures of Music*, ed., J. Barzun, N.Y., 1951, Chicago, 1977.

第二十四章　立體派十年

1. Louis Leroy in *Charivari*, Apr. 25, 1874.
2. by Camille Mauclair, L., 1931; it is the English translation of a series of articles in *Le Figaro*.
3. Roosevelt's review appeared in *The Outlook*, Mar. 22, 1913.
4. "Voix, rythmes, et chants simultanés" in *Poème et Drame*, P., 1913; see also *Simultanisme/Simultaneita*, Quaderni del Novecento Francese 10, Rome, 1987; and Léon Somville, *Les Devanciers de Surréalisme*, Geneva, 1971.
5. For a collection of such poems, see John Hollander, *Types of Shape*, N.Y., 1979; Emmett Williams, *An Anthology of Concrete Poetry*, N.Y., 1967, and S. McCaffery and B.P. Nichol, *Sound Poetry*, Toronto, 1978.
6. P., 1918.
7. See Daniel Robbins, "From Cubism to Abstract Art," *Baltimore Museum of Art News*, Spring 1962, pp. 9 ff.
8. See F.T. Marinetti, *Les Mots en Liberte*, Milan, 1919.

9. by Gustave Lebon; Gabriel Tarde; Scipio Sighele. Lebon's *The Crowd* was reissued with an introduction by Robert K. Merton, N.Y., 1960.
10. First by Robert and Helen Lynd in *Middletown*, a study in American culture, N.Y., 1929, and again in two other volumes, 1930 and 1937; finally in successive volumes under the editorship of Theodore Caplow in the 1980s.
11. by Theodore Zeldin, Oxford, 1973, 2v.; *Centuries of Childhood* is by Philippe Ariès, trans. by Robert Baldick, N.Y., 1965.
12. On the features and arguments about the new of history see J. Barzun, *Clio and the Doctors*, Chicago, 1974; and Gertrude Himmelfarb, *The New History and The Old*, Cambridge, Mass., 1987.
13. Anne Vincent-Briffault, *L'Exercice de l'Amitié*, P., 1995.
14. A series of volumes under the editorship of Philippe Ariès, P., 1985-87 and Cambridge, Mass., 1987 ff.
15. Helmut Schoeck, Vienna, 1996 and P., 1998; see also *A History of Rudeness* by Mark Caldwell, N.Y., 1999.
16. See *Encounter*, April 1973.
17. in the London *Sunday Times* for Mar. 1, 1994.
18. *The Course on General Linguistics*, La Salle, Ill., 1986/1994。對比的文化觀，見Roman Jakobson, *Essais de Linguistique Générale*, P., 1963。
19. Allen Walker Read in 1964.
20. 此原則最透徹的應用，見 Ferdinand Brunot, *La Pensée et la Langue*, P., 1936。
21. Noted by William Safire in his column "On Language," Mar. 6, 1988.
22. 時間次序係由 Robert S. Harper 在 *Harvard Alumni Bulletin*, 1949, pp. 169 ff 所確立。
23. Anonymous; attributed to H.C. Beeching, L., 1898.
24. Henri F. Ellenberg, *The Discovery of the Unconscious*, N.Y., 1970.
25. *Civilization and Its Discontents* (1930).
26. See Trevor H. Hall, *The Strange Case of Edward Gurney*, L., 1964.
27. 這場思想的運動，見巴森 *A Stroll with William James*, N.Y., 1983, Chicago, 1986。
28. See W.Y. Elliott, The Pragmatic Revolt in Politics, N.Y., 1928; Hans Joas, Pragmatism and Social Theory, Chicago, 1993; and Louis Menand, "The Return of Pragmatism," American Heritage, Oct. 1997.
29. See first: *The Use of Words in Reasoning*, L., 1901; then *The Process of Argument*, L., 1893, and *The Progress of Disputes*, L., 1910.
30. See Edwin Leavitt Clarke, *The Art of Straight Thinking*, N.Y., 1929, p. 217n.
31. See Sigmund Koch and David E. Leary, *A Century of Psychology as Science*, N.Y. 1985.
32. See Charles Andler *Nietzsche et Sa Pensée*, P., 1920 and *La Jeuness de Nietzsche*, P., 1921, p. 280.

33. 見第八章注3。
34. Sir Frederick Ashton in the *New York Times*, June 26, 1981; and also Anna Kisselgoff, *New York Times*, July 1, 1981.
35. See Fredrika Blair, *Isadora*, N.Y., 1986.

第二十五章　大錯覺

1. See book of that title by Roger Shattuck, N.Y., 1955/58. See also Sisley Huddleston, *Paris Salons*, Cafes, Studios, Phila., 1928.
2. *The Sugar Pill: an Essay on Newspapers*, N.Y., 1959。貝洛克的 *The Free Press*, L., 1918 雖不免派別之見，卻也同樣抱懷疑口吻。
3. Friedrich von Bernhardi, *Germany and the Next War*, N.Y., 1914 (1912).
4. By Hilaire Belloc, L., 1927/1948.
5. 這些事件的時間地點，雖係一八〇〇年的莫斯科，但放在一九〇〇年也依然說得通。
6. See Fritz Stern, *The Politics of Cultural Despair*, Berkeley, Cal., 1961.
7. See George R. and Christiane C. Collins, *Camillo Sitte and the Birth of Modern City Planning*, N.Y., 1965.
8. See also Mary Gluck, "Endre Ady: an East European Response to the Cultural Crisis of the Fin de Siècle," Columbia University Dissertation, 1977; and Carl E. Schorske, *Fin de Siècle Vienna: Politics and Culture*, L., 1979.
9. 道爾的興趣始於戰前，在他眼中此事與科學態度並無違背，可以相容。見 Owen Dudley Edwards. *The Quest for Sherlock Holmes*, Edingurgh, 1983。

第二十六章　藝術家做先知、扮弄臣

1. 幾部論近世現代主義意義的作品，頗值得注目，尤其是 Robert Crunden, *American Salons: Encounters with European Modernism*, N.Y., 1992，以及其文集 *The perfluous Men*, Austin, Texas, 1977 ⋯ Christopher Faille, These Last Four Centuries, N.Y., 1988 ⋯ William R. Everdell, *The First Modrens*, Chicago, 1997 ⋯ and Noel Annan, *Our Age*, N.Y., 1990。
2. In his *Mèmoires d'Outre-tombe*, publ. 1849 but completed by 1843.
3. 這部中篇小說是 Edouard Dujardin 的 *We'll to the Woods No More*，法文原文版 ,1887-88。Stuart Gilbert 的英譯，N.Y., 1938。喬艾思在一九〇一年時讀過此書。
4. Charles Scribner, Jr. "Scientific Imagery in Proust," *Proceedings of the American Philosophical Society*, v. 134, no. 3, 1990.
5. in *Der Querschnitt*, Feb. 1925.
6. See Otto Luening on the group in his autobiography, *The Odyssey of an American Composer*, N.Y., 1980.
7. *Les Mots en libertè futuristes*, Milan, 1919. See also Marjorie Perloff, *The Futurist Moment*, Chicago, 1986; and Léon Somville, *Les Devanciers du Surrèalisme*, Geneva, 1971.

8. 已故的沃荷之作。
9. 二次大戰之初便因大意在紐約港因一場小火而致焚毀。
10. in *Music Ho!*, L., 1934, p. 239.
11. Antoine Golea in *Musical Quarterly*, Jan. 1965.
12. 未完篇，卻依然可以演出，也拍成電影。
13. 布雷克曾用過一次，百年間無回聲。
14. See Nigel Wilkins, ed., *The Writings of Erik Satie*, L., 1980.
15. Baron Seillière 數部作品以此為主題，亦見 Hugo Friedrich, *Das Anti-romantische Denken in Modernen Frankreich*, Munich, 1935。
16. 美國詩人蘭塞姆宣稱自己是貴族風格、傳統藝術風格、儀式性宗教風格。
17. Notably in Gide's *Corydon* (1920) and Radclyff Hall's *Well of Loneliness* (1928).
18. See *A Writer's Notebook*, L., 1949.
19. Emanuel Poire 的筆名，將俄羅斯文的鉛筆一字改成聽來有法語音的名字。
20. 創於其 *Biography for Beginners*, L., 1905。見其 *Clerihews Complete*, L., 1951。
21. 見其 *Academic Graffiti*（其中包括 *Homage to Clio* 的早期選本），N.Y., 1971。以及 *The Clerihews of Paul Horgan*, Middletown, Conn., 1984，以詩做有技術說明。
22. 見第九章。
23. 示範說明可見賽兒絲論文，"Aristotle on Detective Fiction", *Unpopular Opinions*, N.Y., 1947, pp. 222 ff.
24. 尤其是威爾森及格雷夫斯。威爾森後來讀了柯南・道爾的《巴斯克維爾的獵犬》（*Hound of the Baskervilles*），便立刻收回前言。
25. William Leggett, "The Rifle," in *Sketches by a Country Schoolmaster*, N.Y., 1829, reprinted in Mary Russell Mitford, ed., *Stories of American Life*, L., 1830. *Beaumarchais, Caîté faite à Londres*, trans. in J. Barzun, ed., *The Delights of Detection*, N.Y., 1961.
26. 他以此艾德格・坡之名為當代歐美所知，直至今日。愛倫・坡之名，是他身後編輯人等所為。
27. 道爾在此文類裡的作品，見第二十五章末注書中研究。
28. See George Dilnot, *The Trial of the Detectives*, L., 1928.
29. in the Introduction to *The Omnibus of Crime*, N.Y., 1929.

第二十七章　擁抱著荒謬

1. See Klaus Schwabe, *Woodrow Wilson, Revolutionary Germany, and Peace-Making: 1918-1919*, Chapel Hill, 1985.
2. Whitehead's formulation in *Science and the Modern World* [Boston] 1925, N.Y., 1954, p. 191. See also "features of a conceptual

scheme" (Polykarp Kusch), and such discussions as Bernard d'Espagnat, "The Quantum Theory and Reality," *Scientific American*, Nov. 1979, pp. 158 ff.; and Murray Gell-Mann, "Is the World Really Made of Quarks, Leptons, and Bosons?" *Bulletin of the American Academy of Arts and Sciences*, April 1976.

3. Crown Publishers, N.Y., 1951.
4. Pantheon Books, N.Y., 1970, p. 30.
5. Interview in the *Toronto Star*, May 20, 1995.
6. See Marshall McLuhan, *Understanding Media*, N.Y., 1963.
7. 這位副校長是 Sir Eric Ashby，見其與 Mary Anderson 合著 ,*The Rise of the Student Estate in Britain*, Cambridge, Mass., 1970.（1976 年起，劍橋大學名義上的校長是王夫菲力普親王，副校長則是實際行政首長。）
8. Daniel Cohen-Bendit.
9. 俄文評論，見 Vasily Rosanov, *Dostoevsky and the Legend of the Grand Inquisitor*，Spencer E. Roberts 譯，Ithaca, N.Y., 1972。

第二十八章　常民生活與常民時代

1. See *New York Times*, Dec. 5, 1992, and article by Sophie Gerhardi on the "cracks" in the nations of Europe, *Le Monde*, May 16, 1996.
2. 「人性」，具有如此多樣的文化因素，所謂一致的人性，除天然一面似乎別無可能。見 Laura Bohannan 的個案研究，"Miching Mallecho", *From the Third Program*, John Morris, L., 1956。
3. 一九九八年德州的報導。
4. 遂有沙特的「地獄就是其他人」（Hell is other people），更早還有王爾德在《理想丈夫》（*An Ideal Husband*）第三幕裡寫 Lord Goring 說道：「其他人真是可怕。只能跟自己作伴來往。」（Other people are quite dreadful. The only possible society is oneself.）
5. in Mrs. Russell Barrington, *The Life, Letters, and Work of Frederic Leighton*, N.Y., 1906, 2v., v.I, p. 18.
6. 這話是 Daniel Boorstin 所言，名史家及國會圖書館館長。
7. 一項有關美國圖像學現象的早期研究，Geoffrey Wagner, *Parade of Pleasure*, N.Y., 1955，顯示從漫畫到牆上海報，這些畫作如何為人類視覺提供愉悅快感。
8. 此事也許是騙人，來源是一九九九年某場討論會發出的信函，談論「The New Sexual Frontier: Safe Sex With Your Pets; the Courage to Break Through the Human-Animal Frontier」。此信鼓勵大專院校學生送交「談資」並出席參加。
9. 若偶然發生就如此稱之，實為誤名。
10. 「如果你覺得有人在盯著你看，不用容忍他的行為……（立刻）報警。」某中西部一流大學圖書館告示。
11. 批評陷入其他困境，見 Arthur Danto, *After the End of Art*, N.Y., 1987 。

12. See "The Last Pages of Sexus"in *The New Olympia No. 3*, 1962, pp. 44 ff.
13. See Fernanda Pivano, *C'era una volta un beat*, Rome, 1976; and *Album Americano*, Milan, 1997. See also Henri Raczymon, De l'ordure en litterature," *Le Monde*, Oct. 3, 1998.
14. See Liliane Lurcat, *L'Echec et le désintérêt scolaire* (P., 1976) and *Le Temps prisonnier*, P., 1995; and the frequent articles of Max Beloff in the British press.
15. See Richard D. Mandell, *Sport: a Cultural History*, N.Y., 1984; and E.E. Snyder and E.A. Spreitzer, *Social Aspects of Sports*, 2nd ed., Englewood Cliffs, N.Y., 1983.
16. 亨利六世中篇第四幕第二景。Jack Cade 及其他叛黨要「一切共有」、「取消金錢」，不但該殺律師，任何能讀會寫的傢伙也一律出清。
17. 登載於 *Proceedings of the American Philosophical Society for June 1998* 的訃聞。
18. Notably the Media Studies Forum, seconded by the *Columbia Journalism Review*.
19. 圖書館傳統的宗旨精神，經常被人以不同方式訕笑。這種宗旨精神，見 William E. Henry, *Upon Libraries and Librarianship*, Freeport, N.Y., 1931/1967。
20. 這些批評人士分別為：Celia Greene（1976）George Perec（1991）、Susan Haack（1999）。
21. To sample their contributions, see the J.J. Chapman anthology, *Unbought Spirit*, ed., Richard Stone (Urbana, Ill., 1998) ; Albert J. Nock, *The State of the Union, Essays in Social Criticism*, ed., Charles H. Hamilton, Indianapolis, 1991; and Leo Stein, *Appreciations: Painting, Poetry and Prose*, N.Y., 1947.
22. See Victor Bugliosi, *Outrage*, N.Y., 1996, pp. 32-36.
23. 比較性的評判，見 Joseph R. Strayer, "The Fourth and The Fourteenth Centuries," 美國歷史協會 1971 會議會長致詞，登載於 *American Historical Review*, v.77, no. 1, 1972。

中外文對照及索引

人名索引

英文

一畫

三畫

四畫

五畫

六畫

七畫

八畫

九畫

十畫

十一畫

十二畫

十三畫

十四畫

十五畫

十七畫

十八畫

十九畫

二十畫

二十一畫

二十二畫

二十四畫

主題索引

保留原文者（內文出現的參考書目）

一畫

二畫

三畫

四畫

五畫

七畫

八畫

九畫

十畫

十一畫

十二畫

十三畫

十四畫

十五畫

十六畫

十七畫

十八畫

十九畫

二十畫以上